国家社科基金
后期资助项目
GUOJIA SHEKE JIJIN HOUQI ZIZHU XIANGMU

东法西渐

19世纪前西方对中国法的记述与评价

李栋 著

商务印书馆
创于1897 The Commercial Press

图书在版编目 (CIP) 数据

东法西渐 : 19 世纪前西方对中国法的记述与评价 /
李栋著 .— 北京 : 商务印书馆 , 2024
ISBN 978-7-100-23904-2

Ⅰ.①东… Ⅱ.①李… Ⅲ.①法制史—研究—中国—
古代 Ⅳ.① D929.2

中国国家版本馆 CIP 数据核字（2024）083720 号

东法西渐

19 世纪前西方对中国法的记述与评价

李栋　著

商 务 印 书 馆 出 版
（北京王府井大街 36 号　邮政编码 100710）
商 务 印 书 馆 发 行
南京新世纪联盟印务有限公司印刷
ISBN　978-7-100-23904-2

2024 年 8 月第 1 版　　　　　开本　700×1000　1/16
2024 年 8 月第 1 次印刷　　　印张　37

定价：180.00 元

国家社科基金后期资助项目
出版说明

后期资助项目是国家社科基金设立的一类重要项目,旨在鼓励广大社科研究者潜心治学,支持基础研究多出优秀成果。它是经过严格评审,从接近完成的科研成果中遴选立项的。为扩大后期资助项目的影响,更好地推动学术发展,促进成果转化,全国哲学社会科学工作办公室按照"统一设计、统一标识、统一版式、形成系列"的总体要求,组织出版国家社科基金后期资助项目成果。

全国哲学社会科学工作办公室

目　录

序　言

　　李栋教授的新作《东法西渐》要出版了。他真诚地邀请我为这本书写几句话。我非常感谢他的信任和好意，也为能够担任这本书的第一读者而深感荣幸。对于该书涉及的史实背景和相关的文献材料，我在撰写《沟通两个世界的法律意义》(2001年)时大都接触过，并不陌生，但是要把这些材料按照某种概念统合起来，围绕预计的研究目的加以解读并作出系统的阐释，在我看来，这不仅是一项极为艰辛的工作，而且事实上对于我个人的阅读和相关思考也是具有挑战性的。

　　本书的逻辑起点是探寻晚清中国为何一改相沿数千年的"祖宗成法"，转而全面学习和移植西方的治理模式。显然这是一个长久以来不断被追问的问题。作者抛开以往"器物不如人""制度不如人""文化不如人"等传统思路，把对这个问题的追问，与中国在他者眼中形象的变化联系在了一起，认为除物力因素外，还有一个长期被忽视的因素，这就是在他者眼里，中国形象经过了一个从乌托邦到"无法"和"无主体"的变化。更重要的是，这个颠覆性概念的发生，与西方不断把中国作为陪衬来形塑"东方学"或"法律东方主义"等概念工具是相伴而行的；无论是西方努力实现或证成自身价值的合理性和正当性，还是推进中国传统法的近现代转型，都不过是西方将这些概念用以推进殖民实践的结果。中国形象在西方的传播和影响是促使西方形成中国陪衬式现代化的重要因素，关于这一点，作者与其在论题阐释中屡屡提及的美国学者络德睦的分析颇有类似之处。所不同的是，后者论述的重点是19世纪以降西人对中国法的偏见何以发展成一种美国的意识形态与帝国实践，从而使美国法在缺乏法律的东方实施治外法权成为必要。而作者认为，关于这个论点的分析仅仅局限于19世纪以来的历史研究是不够的，还应当放眼追溯19世纪以前中国形象在西人眼中演变的全部情形。正如作者所言，把中国法放在全球法律史的视野中探究其在"西渐"过程中如何参与西方法的构建，在历史上如何进入世界，在全球化早期如何成为世界性学问。本书的标题"东法西渐：19世纪前西方对中国法的记述与评价",十分清楚地表明了作者的研究意图。本书的研究旨趣,注定了这是一项有关中国法在他者眼中如何呈现的比较的和历史的研究。循着这个思路,作者依次追溯古希腊罗马时代、马可·波罗时代、伊比利亚时代、耶稣会时代、启蒙时代与殖民时代西方镜像中中国文明和中国法的图像。至于这项研究的意义,作者提出了两点有说服力的判断:一是有助于拓展法律史研究领域,极大弥补一直以来中国法律史、外国法律史知识体系各自封闭的缺陷;二是有助于校正中国"无法""无主体"或"无法治"等传统偏见,揭示甚至彰显长期被遮蔽的中国法潜在的世界意义。

以上是关于该书主旨和内容要略的一些初步印象。晚近以来,中国的思想与学术无不以博通古今中外相尚。然而,中国学者的治学与著述,注重西学如何输入中国,或者国人如何走向世界、学习西方方面的主题,较早如张锡彤的"The Earliest of the Introduction of Western Political Science into China"(《燕京学报》1950年),晚近如钟叔河等裒辑散佚刊印的大型系列"走向世界丛书",大多如此。反过来,有关中学如何输入和影响西方,西人如何了解中国,或西人如何构建中国形象方面的研究则少之又少。在中外关系史研究领域,冯承钧、张星烺、陈垣、阎宗临、方豪、何高济、谢方、耿昇、许明龙等老一代专家学者孜孜以求,遵循质朴严谨的文献考据之法进行扎实的中外文献的收集、整理、翻译、校勘、编辑、解题与著述,出版了一大批有关东西文化交通史上的经典作品,取得了中外瞩目的学术成就。然而在法学领域,至今仅能举出杨鸿烈《中国法律在东亚诸国之影响》、史彤彪《中国法律文化对西方的影响》以及马小红和史彤彪《输出与反应:中国传统法律文化的域外影响》等屈指可数的几部著作。从这个意义上讲,李栋的这部作品为这个冷僻领域的研究增添了一股暖风。在强调全球视野背景下构建中国自主法学知识体系的今天,这个视角的思考和写作具有基础性意义。

该书的内容设计与络德睦的《法律东方主义》之间有着某种显著的关联。一方面,全书以明确指出法律东方主义的不足或缺陷作为立论的出发点,并在结尾处作出螺旋上升式的分析和批评,这使读者对整部作品获得了一种史论结合、以史为证的深刻印象。另一方面,由于络德睦界定的研究范围是19世纪以后的情形,作者则针锋相对,将全书的主体内容设定在从古希腊到19世纪这个漫长的历史上中华文明或中国法在他者视野下的梳理和呈现上面。这反映出作者采取的某种选择性写作策略,但在客观上也为19世纪之后同样内容的论述留下了足够的拓展空间,因为越是晚近,世界图景就越是丰富和复杂。

本书尽其所能地囊括了迄今为止有关该书主题全部的中文文献材料。

除极少数英文文献外,这些中文文献材料绝大部分是语种各异的西人著述的中文译本,其中相当部分早已成为经典的西文史料,也有相当多的最新研究成果。尽管如此,必须看到的是,西文有关中国的文献数量浩如烟海,难以尽数。这些文献涉及欧洲大部分语种,尤其以拉丁文、葡萄牙文、意大利文、西班牙文、荷兰文、法文、英文、俄文为主,分藏在罗马、里斯本、马德里、巴黎、伦敦、莱顿、柏林、莫斯科,乃至果阿、澳门、南洋等世界各地的图书馆和博物馆。在开展相关的研究工作时,这些文献既可在与中国相关文献的对照比较中显示其不可替代的独特价值,又可借助不同语种的文献对同一事件的不同记载进行互补互证,从而廓清复杂的历史真相,提升学术的品质和水平。黄时鉴在回顾和评价王国维关于经由新材料做出新学问的判断时指出,19 世纪末以来经由殷墟甲骨、流沙坠简、敦煌文书、内阁档案、四裔遗文做出的新学问,今天仍处在发展之中,但新材料又增加了许多,至少有史前遗存、历代考古、清代档案、海外文献、外销遗物这五种。黄时鉴这里所说的新材料,在不同程度上都与中外关系的研究有关,是做出新学问的重要支撑和依据。例如,仅就海外文献来讲,江树生于 20 世纪末将荷兰收藏的《热兰遮城日志》由荷兰文译成中文并陆续刊印,即属此类。这套文献是 17 世纪上半叶荷兰占据台湾时期从事各种殖民活动的珍贵记录。在探讨诸如全球化早期东西方关系以及彼此想象世界的方式等课题时,它也许能够提供另外的一些思路和素材。中外关系史的研究如此,那么扩展和提升本书主题的研究领域,也同样如此。

新书付梓之际,谨缀数语,馨香诚祝,期待李栋教授在这本书的基础上继续谱写出新的篇章!

王健
2024 年 7 月 6 日于长安

导　论

一般认为,中国固有法自周秦以来,虽经损益,但始终自足,且独具传统,被后世誉赞为中华法系。然而,陈陈相因两千余年的中华法系却在近代遭受挫折,并被迫走上移植、学习、借鉴西方法的道路,亦即"西法东渐"。究其原因,除了我们惯常的叙事,即列强通过坚船利炮迫使我们丧失治外法权,进而变法修律以外,笔者认为,中国法在西方人视野中地位和功能的变化也是一个不容忽视且长期未受重视的原因。

揆诸历史可以发现:自古希腊罗马以降,尤其是自 16 世纪大航海时代以来,西方人不仅对东方抱有"乌托邦式"的想象,[①]而且在他们发展自我法律的过程中,中国法始终是他们关注的重点,亦即存在一种"东法西渐"的历史。本书将细述东法西渐这一漫长而丰富的过程。中国法对于西方而言,不仅不是陌生的,而且在某种程度上构成了他们反思、发展、完善和证成自身法律的重要参照和资源。

一方面,作为一种结果,西方法律之所以在近代以来成为一种世界主导性的法律,成为具有普遍意义的法律规范体系,很大程度上是因为它们在构建自我的过程中,参考、分析并扬弃了包括中国法在内的异域法律文明,具有很强的开放性和包容性。另一方面,当中国法促使西方完成现代性转换过程后,一种所谓"法律东方主义"(Legal Orientalism)的观念,[②]反过来又将中国法视为西方法律文明的对立物,来证成西方法自身的合理性和正当性。鉴于中国法在西方法发展历史上的地位和意义如此重大,因此,作为一方主体而存在的我们非常有必要静下心来回顾、梳理和思考这段历史。

---

① 参见周宁:《天朝遥远:西方的中国形象研究》,上册,北京大学出版社 2006 年版,第 1～413 页。

② 参见〔美〕络德睦:《法律东方主义:中国、美国与现代法》,魏磊杰译,中国政法大学出版社 2016 年版。

一、络德睦"法律东方主义"的缺憾

当然,作为这一研究的起点,指明上述络德睦"法律东方主义"概念的缺憾是首先需要进行的。所谓"法律东方主义"是美国学者络德睦(Teemu Ruskola)受美国后殖民理论学者爱德华·W. 萨义德(Edward W. Said)1978年出版的《东方学》(*Orientalism*)中"东方主义"概念影响,提出的一个关涉法律领域的"子概念"。萨义德"东方主义"指的是"一种根据东方在欧洲西方经验中的位置而处理、协调东方的方式"①,受其影响,络德睦将西方学者对历史上和当代中国法律的存在和实践,抱持否定的看法和心态,称为"法律东方主义"。②

在此"法律东方主义"的观念之下,中国法不仅被认为是与西方法相对的"他者",而且作为单一观察者的西方,往往会将自己的分析标准和框架投射于中国法之中,并在此过程中形成价值上的判断。相应地,在此西方主导的价值判断下,中国当代法及其历史上的法自然得不出良好的评价结果。用络德睦的话讲,"我们将'东方'化约为一种被动的客体,而我们——'西方'——则是在认知意义上高人一等的主体","中国是传统的(甚至是原始的),美国则是现代的,彰显现代核心价值的法律也是如此"。③ 更为严重的是,"法律东方主义"这一话语本身又衍生出实践效果,即"法律东方主义"所蕴含的知识和话语演化成了一种殖民者对于被殖民者所享有的正当性权力。因此,"法律东方主义"就成为西方在东方推销其法律,或者证成西方法优良性的一套"话语知识"。从这个意义上讲,"法律东方主义"与之前我们耳熟能详的一个类似概念"西方法律中心主义"的内涵大致相同。坦率地讲,笔者认为"法律东方主义"这一概念尽管由于络德睦作品在中国的翻译而引发热议,④但该概念并不如"西方法律中心主义"来得明确。

如果抛开络德睦对"法律东方主义"概念的界定,单纯从逻辑上看,该概念仅仅是西方检视中国法的一种单向度视角。这一视角有点类似于演绎逻辑下的"法学三段论":"大前提"是西方法及其内在价值,"小前提"是中国当下法及其历史上的法,演绎的结论是中国法"有没有"西方法的内容或者

① 〔美〕爱德华·W. 萨义德:《东方学》,王宇根译,生活·读书·新知三联书店2007年版,第2页。

② 参见〔美〕络德睦:《论法律东方主义》,魏磊杰译,载魏磊杰编《法律东方主义在中国:批判与反思》,商务印书馆2022年版,第36～37页。

③ 〔美〕络德睦:《法律东方主义:中国、美国与现代法》,第4～5页。

④ 国内已有三本重要的法学刊物对此主题组织专题研讨,收录17篇文章,具体参见《人大法律评论》2017年第1辑、《厦门大学法律评论》2017年第1辑和《交大法学》2017年第3期。

"符不符合"西方法的内在价值。如果"有"或者"符合"，那么对中国法的评价就是正面的、积极的；如果"没有"或者"不符合"，那么对中国法的评价就是负面的、消极的。笔者认为，此视角属于人类认识异种事物的惯常思维，属于"一阶判断"，即把自身的价值观或标准投射到观察对象上，进而作出"有/无""好/坏""对/错"等"非此即彼"的评价或判断。

因此，如果认真审视络德睦界定的"法律东方主义"，其研究缺憾在于：第一，从时间上看，其似乎只是将19世纪殖民时代以后的中国法作为观察对象，并没有观察中国法之于西方法发展的整个过程和全部内容；第二，从方法上讲，其只是将中国法单向度地作为映衬西方法优良的对立物，而没有使"法律东方主义"获得一种多元主义的视角。从这个意义上来说，原有的"西方法律中心主义"反而能更好地表达络德睦所限定"法律东方主义"的内涵。因此，笔者认为络德睦所界定的"法律东方主义"不仅在概念内涵上没有超越原有的"西方法律中心主义"，而且遮蔽了"法律东方主义"这一概念可能具有的更为宽广的视角和更为丰富的内容。

实际上，本书的研究旨在表明：在东法西渐背景下络德睦所谓的"法律东方主义"并不能完全涵盖"西方学者在历史上对中国法所抱有的看法和心态"，"法律东方主义"还应该有更为丰富的内容和意义。

第一，应当对"法律东方主义"进行时段的划分，在爬梳西方观察中国法整体过程，即在东法西渐的基础上，根据历史经验性材料的内容和特点，对其进行阶段划分，并提炼出每个阶段中国法对于西方法发展、建构的作用与意义。显而易见的是，19世纪前西方对于中国法的观察和评价，恰恰与络德睦限定的"法律东方主义"相反。西方在此之前并不是将中国法作为证成自身优良的对立物。与之相对，西方是在憧憬、描述、美化、虚构中国法的背景下，构筑和发展自己的。只是到了19世纪殖民时代，西方人的中国法律观才发生了心态上的变化。西方由学生变成了老师，由谦虚谨慎的借鉴，变成了居高临下的蔑视，出现了络德睦意义上的"法律东方主义"。

第二，应当对"法律东方主义"在内容上进行区分，不仅要区分出其中的"意识形态"成分，而且更要区分出"事实描述"的内容，并对后者予以充分的重视。西方对于中国法的认识是一个渐进的过程，经历了早期无意识的零星记载，中期以经商、贸易、传教为目的的多方面记载以及后来为了证成西方法自身优良性的专门记载。其中既有西方将中国法作为"他者"，包含积极面向和消极面向在内的"意识形态"意义上的内容；同时，也包含他们对中国法客观性的描述和记载。我们不能像络德睦界定"法律东方主义"那般，以"后殖民理论"的视角将一切西方历史上对中国法的记述都看成某种

"意识形态"化的表达,忽略其中"事实描述"的部分。实际上,中外交流史学界早已证明,西方"游记汉学""传教士汉学"以及"专业汉学"的很多历史记载信息是补全中国史的重要史料来源。①

第三,应当对"法律东方主义"的功能进行转换,由过去的"一阶判断"变为"二阶观察"。正是由于历史上的中国法在事实层面对西方法发展和建构起到了非常重要的作用,中国法在客观上对于西方法而言,扮演了德国社会学家尼克拉斯·卢曼(Niklas Luhmann,1927~1998)所说的"二阶观察"(Beobachtung zweiter Ordnung)的角色。② 中国法并不像后来络德睦"法律东方主义"所界定的那样,仅仅扮演着映衬西方法优良的负面角色;相反,中国法在19世纪殖民时代之前一直扮演着反思、构筑、更新西方法的正面角色。从某种意义上讲,络德睦所说的"法律东方主义"在本质上是一种区分彼此界限的"一阶判断":"中国由道德管理,美国由法律管理;中国人是盲目的从众者,美国人是有个性的人;中国是专制的,美国是民主的;中国是静止不变的,而美国则是变动的。"③在"一阶判断"视角下,中国法在历史上只能成为区别于西方法的另一面,而无法展现中西法律交流、对话、融合的面向。尽管络德睦最后也提到,在中西法律比较中,要有"比较的伦理"(ethics of comparison),提倡由"法律东方主义"迈向"东方法律主义"(Oriental legalism),突出中国法的主体性价值。④ 但是,笔者认为,突出主体性的"东方法律主义"反过来会将西方法作为客体,以中国法为标准对西方法进行"一阶判断",进而重复中国法在"法律东方主义"中的所有不公正遭遇。⑤ 因此,由"一阶判断"到"二阶观察"功能视角的转换,而不是中国法主体性的提升或强化,才是"法律东方主义"所真正应该改变的。用梁治平先生的话讲:"正需要不只是针对他者,而首先是针对自我的真正有力的批判意识去拓展其想象力。"⑥对此,郑戈教授也指出:"对于中国法律人而言,法

① 参见张西平:《基歇尔笔下的中国形象——兼论形象学对欧洲早期汉学研究的方法论意义》,载张西平:《游走于中西之间——张西平学术自选集》,大象出版社2019年版,第199页。
② 对于"一阶判断"和"二阶观察"的内涵,参见〔德〕Georg Kneer、Armin Nassehi:《卢曼社会系统理论导引》,鲁贵显译,巨流图书公司1998年版,第103~104页。
③ 〔美〕络德睦:《论法律东方主义》,第83页。
④ 参见〔美〕络德睦:《论法律东方主义》,第74~89页。
⑤ 对此,梁治平先生也有深刻的洞察:"在各界竞相鼓吹主体意识、社会上民族主义情绪高涨、各色帝国主义阴谋论流行的今天,这种倾向可能只会有增无减。这种情形反过来又会刺激和强化作为其对立面的自由主义式的自我东方主义。而一旦落入这样的语境,络著也是当年《东方学》力图要破除的本质主义的二元对立,恐怕不是被消除,而是愈加强化了。"梁治平:《有法与无法》,载魏磊杰编:《法律东方主义在中国:批判与反思》,第275页。
⑥ 梁治平:《有法与无法》,第275~276页。

律东方主义这一分析视角的意义并不在于让我们用西方人自己提供的武器来揭露'西方法律的虚伪性',而在于帮助我们破除'自我东方主义'的困境,以开放、自信的心态去建构体现文明主体性的法治话语。"①

因此,我们不仅首先要放弃络德睦"法律东方主义"的那种界定,而且更要拉长和放宽历史的视界,站在东法西渐的视角下重新审视和定义"法律东方主义"。一方面,我们要认真地梳理东法西渐的基本历史,厘清其中的史实、阶段和特点;另一方面,把中国法放在全球法律史的视野之中,探究"东法(中国法)"在"西渐"过程中如何参与西方法的构建,中国法在历史上曾经如何进入世界,在全球化早期如何成为世界性的学问。

二、东法西渐史研究的价值与意义

更为重要的是,此一主题的研究有助于拓宽国内法律史学研究的领域和范围。

就拓宽中国法律史学研究而言,过往学界已经注意到中国法的域外影响问题,但既有研究大都将其限定在中华法系对于东亚儒家法文化圈的影响方面,②鲜有学者站在全球史的角度谈论中国法的域外传播与影响问题。近些年虽有部分学者关注中西法律文明交流史的问题,但这些研究要么只是专注于记述,且所记述内容并没有将东法西渐过程的全部内容展现出来,遗漏了很多重要的史料和内容;要么将关注的重点放在了19世纪之后。③ 同时,这些研究也未充分论说中国法对于西方法发展的重要意义。因此,超越东亚儒家法文化圈,更为详尽地记述并阐发中国法之于西方乃至世界的价值与意义,实是中国法律史学研究可以继续推进的地方。

就拓展外国法律史学研究而论,既有的对于西方法学之研究主要将对象集中于作为法律文明群体的西方本身,侧重于关注大陆法系、英美法系,以及两大法系下各民族国家法律发展的历史,而忽略了西方法学与伊斯兰法律文明、儒家法律文明之间的交流与融合问题。换言之,过去的外法史研究更关注历史上古希腊、古罗马、英格兰、法兰西、德意志、美利坚等政治法

---

① 郑戈:《法学是一门社会科学吗?》,法律出版社2022年版,第88页。
② 参见杨鸿烈:《中国法律在东亚诸国之影响》,商务印书馆2015年版。
③ 这些典型的研究如马小红、史彤彪主编:《输出与反应:中国传统法律文化的域外影响》,中国人民大学出版社2012年版;田涛、李祝环:《接触与碰撞:16世纪以来西方人眼中的中国法律》,北京大学出版社2007年版;徐爱国主编:《无害的偏见:西方学者论中国法律传统》,北京大学出版社2011年版;王健:《西方法学邂逅中国传统》,知识产权出版社2019年版;李秀清:《中法西绎:〈中国丛报〉与十九世纪西方人的中国法律观》,上海三联书店2015年版;李秀清主编:《镜中观法:〈中国评论〉与十九世纪晚期西方视野中的中国法》,商务印书馆2023年版。

律文化共同体的法律发展问题，或者城邦法、领地法、庄园法、教会法、王室法、城市法、海商法等类型化法律，抑或是原始社会法、奴隶制法、封建制法、资本主义法、社会主义法等以经济形态为基础的法律，将注意力放在了对外国法的"纵向"研究上，而在外国法的"横向"研究上关注不够。因此，对于东法西渐这一主题的研究无论从还原历史的完整性来说，还是从拓展国内外法史研究范围而言，都是十分重要的。

海德格尔曾说现代是一个"世界图像"的时代，这个图像的时间维度是现代与古代，空间维度是西方与东方。① 以此为照，可以说我们过去的中国和外国法律史研究主要是围绕着时间维度展开的，关注的是中国法或者是西方法自身内部发展演变的内容。很显然，这样只有"古今之争"的研究是不完整的，还缺少空间维度"东西之争"方面的内容。因此，东法西渐的研究不仅能够在一定程度上补全国内法律史学研究的完整图景，而且揭示出中国法之于西方法发展的更多意义和价值。

笔者认为，国内法律史学的研究应当将涉及中西法律交流的内容，尤其是西方法观照中国法东法西渐的内容，纳入学科研究范围之内，并予以加强。本书如下的研究便是秉持这一思路的初步尝试。

如果放弃掉前述络德睦所界定的那种"法律东方主义"，揆诸西方人关注中国法的全部历史，笔者认为在此东法西渐视角下，西方人的"法律东方主义"大致应包括如下6个时期：(1)13世纪中叶以前的古希腊罗马时代；(2)13世纪中叶至14世纪中叶的马可·波罗时代；(3)整个16世纪的伊比利亚航海时代；(4)17世纪至18世纪初的耶稣会时代；(5)18世纪初至18世纪中叶的启蒙时代；(6)18世纪中叶至19世纪初的殖民时代。需要说明的是，这些时代的划分只是笔者为了研究的方便，依据相关史料记述所属的时代作出的。实际上每个时代之间并非如上面划分那样泾渭分明，而是存在一定的重合。例如，耶稣会时代中后期某些耶稣会士对中国法的记述，就与启蒙时代甚至殖民时代的相关记述存在时间上的重叠。启蒙时代"哲学家们"的言说也与殖民时代初期"法学家们"的论说存在明显的论争。笔者在这里仍将它们区分开来，主要是为了表明这些记述主体及其背后所述的时代，在整体类型上还是存在差别的，而这些不同的类型差别代表着西方对中国法多样化的态度。

---

① 参见孙周兴编选：《海德格尔选集》，下册，上海三联书店1996年版，第897页。

第一章　古希腊罗马时代西方
对中国法的映像与幻想

在相当长的时间里,西方人对东方和中国的了解是模糊的。尽管成书于公元前 8 世纪的《旧约》中就有可能涉及"秦国"①的记载:"看哪,这些从远方来,这些从北方、从西方来,这些从秦国来。"②但是,19 世纪有欧洲学者认为,生活在公元前 7 世纪,居住在巴尔干半岛上的阿里斯特(Aristeas)在其叙事长诗《阿里玛斯培》(Arimaspea,又译《独目篇》)中记述的希伯波里安人(Hyperborean),是西方关于中国的"最早知识"。③ 对于这一叙事长诗的相关记载,古希腊史学家希罗多德(Herodotus,约 B. C. 484 ～ B. C. 430/B. C. 420)在《历史》(Historiae)中有过转述。④ 英国学者赫德逊(G. F. Hudson,1903～1974)在《欧洲与中国》(Europe & China)第 1 章"朔风以外"也有过专门的讨论。⑤

如果说《旧约》的记载以及"希伯波里安人"的说法还让人半信半疑,那么"赛里斯"(Seres)和"秦奈"(Sinae)的称谓则开始表现为一种西方对于中国及中国人较为明确的认知。"赛里斯"和"秦奈"分别代表着西方陆、海两路对中国的称谓。对此,英国学者亨利·裕尔(Henry Yule,1820～1889)说道:

> 我们称之为中国的这个幅员辽阔的古代文明之邦,在西方人看来,

---

① 这里的"秦国"原音"希尼",即 Si-nim,指中国人,而且很可能最初是从中国丝的传出而得此名。因此,Si-nim 或可认作"丝人"的译音。参见忻剑飞:《世界的中国观——近二千年来世界对中国的认识史纲》,学林出版社 2013 年版,第 27 页。另见〔英〕裕尔:《东域纪程录丛:古代中国闻见录》,〔法〕考迪埃修订,张绪山译,商务印书馆 2021 年版,第 20 页。

② 《旧约·以赛亚书》第 49 章第 12 节。

③ 参见张国刚:《中西文化关系通史》,上册,北京大学出版社 2019 年版,第 16～17 页。

④ 参见〔古希腊〕希罗多德:《历史》(详注修订本),上册,徐松岩译注,上海人民出版社 2018 年版,第 391 页。需要说明的是,在该译本中徐松岩将"希伯波里安人"翻译为"海珀伯利亚人"。

⑤ 参见〔英〕G. F. 赫德逊:《欧洲与中国》,王遵仲、李申、张毅译,中华书局 1995 年版,第 1～26 页。

总是朦胧若庞然大物;尽管相距遥远,但还是形成巨大的视角。我们发现,在不同的时代,它或者被视为沿亚洲巨大的半岛和岛屿形成的南部海路的终点,或者被视为横穿亚洲大陆北方陆上通道的终点,依照上述情况它以不同名称被区别开来。

在前一情况下,它几乎总是以"秦"、"秦奈"、"支那"(Sin、Chin、Sinae、China)之类名称见称;在后一种情况下,这个地区在古代被称为赛里斯国(Seres);中世纪为契丹国(Cathay)。①

一、古希腊罗马时代有关"赛里斯"和"秦奈"的记载

(一)赛里斯

学界一般认为西方古典文献中留存关于"中国"的最早记载,来自公元前5世纪末公元前4世纪初希腊作家克尼德的克泰西亚斯(Ctesias of Cnidus)完成于公元前392年之后的《波斯志》(Persica)。② 作为服务于波斯帝国阿契美尼德王朝国王阿尔塔薛西斯二世(Artaxerxes II Mnemon,B.C.404~B.C.358在位)的宫廷医生,克泰西亚斯在以希腊人视角介绍波斯帝国时,提到了波斯帝国以东的"赛里斯人",并称那里的人身高达13肘尺(1肘尺等于43~56厘米),寿命约200岁。③ 这里我们暂且不论克泰西亚斯笔下的"赛里斯人"到底是不是真实的中国人,也不论其身高、年龄的描述是否客观真实,《波斯志》中记载"赛里斯人"的意义在于:"赛里斯人"成为后来希腊罗马时代西方对于中国人乃至远东地区居民的重要称谓。对此,方豪说道:"此记显多无稽之谈,惟出现'赛来斯'(赛里斯——引者注)之名,为可贵耳。"④

后来,马其顿的亚历山大大帝(Alexander the Great,B.C.336~B.C.323在位)在东征印度期间,曾写信给他的老师亚里士多德(Aristotle,

---

① 〔英〕裕尔:《东域纪程录丛:古代中国闻见录》,第12页。
② 现存克泰西亚斯的《波斯志》的保存有赖于公元9世纪君士坦丁堡东正教牧首弗提乌斯(Photius of Constantinople)对古典文献的抢救和修复。现存关于克泰西亚斯对"赛里斯人"的记载见于弗提乌斯文库(Bibliotheca of Photius),其他传世的《波斯志》残片并没有关于"赛里斯人"的记载。参见万翔:《映像与幻想——古代西方作家笔下的中国》,商务印书馆2015年版,第8~9页。关于《波斯志》更为详细的介绍,参见吕厚量:《古希腊史学中帝国形象的演变研究》,中国社会科学出版社2021年版,第42~72页。
③ "据传闻,赛里斯人和北印度人身材高大,甚至可以发现一些身高达十三肘尺(Coudée,法国古代长度单位,指从肘部到中指长,约等于半米——译者)的人。他们可以寿逾二百岁。"〔法〕戈岱司编:《希腊拉丁作家远东古文献辑录》,耿昇译,中华书局1987年版,第1页。
④ 方豪:《中西交通史》,上册,上海人民出版社2015年版,第55页。

11

B. C. 384～B. C. 322)描述东方的见闻，其中也提到了"赛里斯人"。这些《关于印度奇闻的通信》(*Epistola Alexandri ad Aristotelem de miraculis Indiae*)后来经早期基督作家帕拉迪乌斯(Palladius of Galatia，约 365～430)的整理而保存。其中涉及"赛里斯人"的记载这样写道：

> 八月里我们顶着炎炎烈日在沙漠中行军。我向那些能带我穿过未知的印度地区的人们许以赏赐，只要他们能引领我和全军安然无恙地穿过巴克特里亚(Bactria，今阿富汗北部)。那里生活着一个被称为赛里斯人的民族，还生长着叶子像羊毛一样的树木，当地人采集这些树叶，然后用它们做成衣服。①

很显然，这里亚历山大将巴克特里亚地区的人和赛里斯人混淆了。于是，这些来自亚历山大大帝东征和之后希腊化时代关于"赛里斯人"真假难辨、以讹传讹的记录，成为古罗马共和国后期和元首制初期的知识来源。如古罗马诗人维吉尔(Vigile，B. C. 70～B. C. 19)在成书于公元前 30 年的《田园诗》(*Georgics*)中写道："叫我怎么说呢？ 赛里斯人从他们那里的树叶上采集下了非常纤细的羊毛。"②普罗佩赛(Properce，B. C. 50～15)在《哀歌》(*Elegies*)中也提道："赛里斯织物(Serica)和绚丽的罗绮怎能抚慰他们(不幸的情人)的忧伤?"③古罗马元首制时期博物学家老普林尼④(Pline L'Ancien，23～79)在公元 77 年所作《自然史》(*Natural History*，又名《自然志》)中也记述道：

> 人们在那里所遇到的第一批人是赛里斯人，这一民族以他们森林里所产的羊毛而名震遐迩。他们向树木喷水而冲刷下树叶上的白色绒毛，然后再由他们的妻室来完成纺线和织布这两道工序。由于在遥远的地区有人完成了如此复杂的劳动，罗马的贵妇人们才能够穿上透明的衣衫而出现于大庭广众之中。赛里斯人本来文质彬彬的，但在这件事情上却显得野蛮。他们不与别人交往，坐等贸易找上

---

① 转引自万翔：《映像与幻想——古代西方作家笔下的中国》，第 9 页。
② 〔法〕戈岱司编：《希腊拉丁作家远东古文献辑录》，第 2 页。
③ 〔法〕戈岱司编：《希腊拉丁作家远东古文献辑录》，第 3 页。
④ 张星烺将其翻译为"白里内"；方豪将其翻译为"不里尼乌斯"。参见张星烺编注：《中西交通史料汇编》，第 1 册，华文出版社 2018 年版，第 96～97 页；方豪：《中西交通史》，上册，第 152 页。

门来成交。①

如果说"赛里斯人"最初在西方人眼中的主要特征是从树上取线制作衣服或织物的话,那么,从地理学家斯特拉波(Strabo,约 B. C. 58～21)开始,"赛里斯人"所在的地理位置也逐渐清晰起来。

斯特拉波在公元前 7 年所作的 17 卷《地理学》中不仅引述了亚历山大大帝部将尼亚格(Néarque,约 B. C. 360～B. C. 300)关于赛里斯人的说法,而且还提到了赛里斯的大致地理位置:

> 尼亚格说,人们可以利用这种羊毛纺成漂亮而纤细的织物,马其顿人用来制造座垫和马鞍。这种织物很像是足丝脱掉的皮织成的赛里斯布一样。
> ……
> 印度的地势呈菱形,其北端是高加索山脉,从亚洲一直延伸到它最东方的边缘,这一山脉把北部的塞种人(Sakai)、斯基泰人(Scythes)和赛里斯人同南部的印度人分割开了。②

古罗马史学家弗劳鲁斯(Florus)还记载了来到古罗马的"赛里斯人":"在远道而来向奥古斯都寻求友谊的各国使团中,也有来自赛里斯国的使节。"③当然,这里提到的"赛里斯人"很可能是访问古罗马帝国的私人商团,而绝非官方外交使团。

古罗马克劳狄乌斯元首统治时期(Claudius,41～54 年在位)的地理学家旁波尼乌斯·梅拉(Pomponius Mela,? ～45)在《世界志》(*Chronography*)中也有关于"赛里斯人"地理位置和性格特征更为具体的描写:

> 从东方出发,人们在亚洲所遇到的第一批人就是印度民族、赛里斯人和斯基泰人。赛里斯人住在临近东海岸的中心,而印度人和斯基泰人却栖身于边缘地带。

---

① 〔法〕戈岱司编:《希腊拉丁作家远东古文献辑录》,第 10 页;另见〔古罗马〕普林尼:《〈自然史〉节录》,载〔英〕裕尔:《东域纪程录丛:古代中国闻见录》,第 213～216 页;〔美〕欧文·拉铁摩尔、埃莉诺·拉铁摩尔编著:《丝绸、香料与帝国:亚洲的"发现"》,方笑天、袁剑译,上海人民出版社 2021 年版,第 10～11 页。
② 〔法〕戈岱司编:《希腊拉丁作家远东古文献辑录》,第 6 页。
③ 〔英〕裕尔:《东域纪程录丛:古代中国闻见录》,第 28 页。

……

一直到达俯瞰大海的塔比斯山（Tabis）；在辽远处便是高耸入云的陶鲁斯山脉。两山之间的空隙地带居住有赛里斯人。赛里斯人是一个充满正义的民族，由于其贸易方式奇特而十分出名，这种方式就是将商品放在一个偏僻的地方，买客于他们不在场时才来取货。①

当然，英国学者裕尔认为，这里梅拉和前述老普林尼的记载"或者是相互抄袭，或者抄自共同的材料"②。

古罗马元首制时期对"赛里斯人"地理位置最为全面详细的记录是公元2世纪居住在亚历山大的克劳丢斯·托勒密③（Claudius Ptolemy，约90～168）撰写的《地理学》（Geography）。首先，托勒密转述了推罗地理学家马利努斯④（Marinus，约70～130）大致介绍从两河流域，中经"石塔"⑤（Lithinos Pyrgos），最终到达赛里斯国首都"塞拉城"（Séra，今洛阳）距离的记载。⑥ 托勒密写道：

据他（马利努斯——引者注）认为，从幼发拉底河河道到石塔之间的距离是八百七十六雪尼（Schoenes）或二万六千二百八十节，从石塔到赛里斯国的首都塞拉城（Séra）之间的距离步行可达七月，即由同一纬度算起，共三万六千二百节。⑦

—————————

① 〔法〕戈岱司编：《希腊拉丁作家远东古文献辑录》，第8～9页；另见〔古罗马〕梅拉：《〈世界志〉节录》，载〔英〕裕尔：《东域纪程录丛：古代中国闻见录》，第212页。
② 〔英〕裕尔：《东域纪程录丛：古代中国闻见录》，第27页，页下注。
③ 张星烺将其翻译为"托雷美"。参见张星烺编注：《中西交通史料汇编》，第1册，第103页。
④ 张星烺根据裕尔在《古代中国闻见录》（Cathay and the Way Thither）中的资料，提到马利努斯所记内容"皆取自马其顿商人梅斯（Maes）亦名梯家努斯（Titianus）者"。参见张星烺编注：《中西交通史料汇编》，第1册，第106页。
⑤ 石塔是位于中亚山区的一个有名的城镇，是中亚地区连接东西方的重要商路枢纽，同时也是西方人由中亚进入中国的必经之路。学界对其具体位置存在争议，李希霍芬认为它在今天乌兹别克斯坦境内的塔什干，而杨共乐认为它应该在帕米尔高原的西部地区。参见杨共乐：《关于"Lithinos Pyrgos"之谜》，载杨共乐：《早期丝绸之路探微》，北京师范大学出版社2011年版，第131～137页。
⑥ 马利努斯的著作《地理学概论》大致完成于公元107～114年间，它是托勒密撰写《地理学》的主要来源。马利努斯的意义在于，他之前的地理学家虽然知道赛里斯，但是不知道西方人到过赛里斯，更不知道存在一条通往赛里斯首都的道路。参见杨共乐：《两汉与马其顿之间的关系》，载杨共乐：《早期丝绸之路探微》，北京师范大学出版社2011年版，第85～86页。
⑦ 〔法〕戈岱司编：《希腊拉丁作家远东古文献辑录》，第20～21页；另见〔古罗马〕托勒密：《〈地理志〉节录》，载〔英〕裕尔：《东域纪程录丛：古代中国闻见录》，第201页。

但是,托勒密并不认同马利努斯记载的距离,认为从"石塔"到"塞拉城"的实际距离应是一万八千一百节。其次,他在书中用专章介绍了"赛里斯国的情况"。最后,他还介绍了"赛里斯国"南部的"秦奈的位置"。[①] 很显然,他认为"赛里斯国"和"秦奈国"是两个不同的国家。[②]

因此,与西方人将中国称为"赛里斯"相并存的是,"秦奈"的称谓也是一种存在。"秦奈"之所以重要是因为它是今天西方人称呼中国为"China"的来源。对此,方豪指出:"欧洲人称中国,英文作 China,法文作 Chine,意文作 Cina……其源皆起于拉丁文之 Sina,寻常用复数,作 Sinae,初作 Thin。"[③]

(二) 秦奈

中西交流史的相关研究表明,"秦奈"这个希腊文名词来自波斯和印度。大约在公元前 5 世纪的波斯古文献中就有对应中国"支尼"(Cini, Saini)的记载。成书于公元前 320 年至公元前 315 年间的《考铁利亚》(Kautilya),将中国称为"秦那"(Cina)。[④] 至于这一名称的由来,有论者指出它是丝织品的音译,甚至前述提及的"赛里斯"(Seres)也来源于此:

> 丝的古音是 Si 或 Ci,传至中亚时,因当地语言惯于在单数词尾加 r,在复数词尾加 n,于是 Si 或 Ci 的单数变为 Sir 与 Cir,复数变为 Sin 与 Cin。可作为辅证的是,古康居文称中国为 Cynstn,去除表示"地"的后缀 stn,则剩下的 Cyn 与 Cin 实为同一词的异写。传至印度后,进一步增加了收声音符 a,于是丝的复数变成了 Sina 或 Cina。后来这个以"丝"之复数称中国的词又从印度传入希腊。而大约公元前 4 世纪出现在希腊文献中的另一个对丝国的称呼 Seres 则是"丝"在中亚的单数称呼传入希腊后的演变结果。[⑤]

现存最早记载"秦奈"的是一本最初约写于公元 50 年希腊化时代的《厄立特里亚海航行记》[⑥](Periplus Maris Erythraei)。这本具有实用性的商

---

① 参见〔法〕戈岱司编:《希腊拉丁作家远东古文献辑录》,第 31~45 页;另见〔古罗马〕托勒密:《〈地理志〉节录》,第 208~211 页。

② 参见〔美〕欧文·拉铁摩尔、埃莉诺·拉铁摩尔编著:《丝绸、香料与帝国:亚洲的"发现"》,第 12~13 页。

③ 方豪:《中西交通史》,上册,第 55 页。

④ 参见张国刚:《中西文化关系通史》,上册,第 17~18 页。

⑤ 张国刚:《中西文化关系通史》,上册,第 18~19 页。

⑥ 张星烺将其翻译为《爱利脱利亚海周航记》。参见张星烺编注:《中西交通史料汇编》,第 1 册,第 98 页。

人手记,是由来自埃及的罗马商人匿名完成的。[①] 该书记载,在航行过恒河以东的"金洲"(Chryse)后可到达"秦奈":

> 经过这一地区之后,就已经到达了最北部地区,大海流到一个可能属于赛里斯国的地区,这一地区有一座很大的内陆城市叫做秦尼(Thinai)。那里的棉花、丝线和被称为 Sérikon(意为丝国的)纺织品被商队陆行经大夏运至婆卢羯车(Barygaza),或通过恒河而运至利穆利。[②]

可见,前面提到公元 2 世纪托勒密误将"赛里斯"和"秦奈"看作两个不同的地方,很可能是受到成书更早的《厄立特里亚海航行记》的影响。但无论怎么讲,可以肯定的是,"赛里斯"和"秦奈"的称谓都与中国产的丝绸有关。

丝绸甚至在古罗马帝国时期成为罗马上层显示身份的重要标志。例如,赫罗迪安(Hérodien,170~240)在《自马可逝世后的历史》中写道:"安东尼(Antonin)鄙视所有的罗马或希腊织物,他所提出的理由是这些织物所使用的羊毛都是不值分文的东西,他仅仅看重于赛里斯人的织物。"[③]菲罗斯特拉特(Philostrate,170~250)在《书简》中也提道:"丝绸来自赛里斯人中,我们对所有这些东西的酷爱超过了自己的土产,因前者很难获得,而后者对于占有者来说则是毫无价值的。"[④]有论者甚至认为,丝绸倾销是古罗马帝国后期经济枯竭的重要原因。[⑤]

此外,《厄立特里亚海航行记》关于"秦奈"位置的描述直到公元 5 世纪依然可以在很多文献中找到,如赫拉克勒斯的马尔希安(Marcien d'Héraclée)的《外海航行记》(*The Periplus of the Outer Sea*)。[⑥] 大体说来,"赛里斯"是西方人走陆路交通得来的名称,而"秦奈"则是他们走海路交通得到的名称。对此,美国学者拉赫(Lach)指出:"当中国被视为海路的末端时,就被称为秦奈。中国的北部被认为是遥远的陆路末端的'丝绸之地'。"[⑦]尽管关于"中国"在西方一开始有上述两种表达,但赛里斯"在古典

---

① 参见〔美〕唐纳德·F. 拉赫:《欧洲形成中的亚洲》,第一卷(发现的世纪),第一册上,周云龙译,人民出版社 2013 年版,第 15~16 页。

② 〔法〕戈岱司编:《希腊拉丁作家远东古文献辑录》,第 18 页;另见佚名:《〈厄立特里亚海周航记〉节录》,载〔英〕裕尔:《东域纪程录丛:古代中国闻见录》,第 196 页。

③ 〔法〕戈岱司编:《希腊拉丁作家远东古文献辑录》,第 60 页。

④ 〔法〕戈岱司编:《希腊拉丁作家远东古文献辑录》,第 61 页。

⑤ 参见方豪:《中西交通史》,上册,第 145 页。

⑥ 参见〔法〕戈岱司编:《希腊拉丁作家远东古文献辑录》,第 89~93 页。

⑦ 〔美〕唐纳德·F. 拉赫:《欧洲形成中的亚洲》,第一卷(发现的世纪),第一册上,第 19 页。

作家作品中的出现更为频繁,且时间至少早一个世纪"①。

需要说明的是,与之前老普林尼时代西方人认为丝出自羊毛树相比,随着公元2世纪东西方海陆交通的发展,他们已经认识到丝是一种名叫"赛尔"(Ser)的虫子所吐之物。例如,生活在公元2世纪马可·奥勒留(Marcus Aurelius,161～180年在位)统治下的包撒尼亚斯(Pausanias)在《希腊志》(*Description of Greece*)中这样描写道:

> 至于赛里斯人用作制作衣装的那些丝线,它并不是从树皮中提取的,而是另有其他来源。在他们国内生存有一种小动物,希腊人称之为"赛尔",而赛里斯人则以另外的名字相称。这种微小动物比最大的金甲虫还要大两倍。在其他特点方面,则与树上织网的蜘蛛相似,完全如蜘蛛一样也有八只足。赛里斯人制造了于冬夏咸宜的小笼来饲养这些动物。这些动物作出一种缠绕在它们的足上的细丝。②

然而,奇怪的是,包撒尼亚斯对于丝来源的准确记载并没有在当时流行开来。很多公元4世纪的学者,如阿米安·马尔塞林(Ammien Marcellin,330～?)、圣安布卢瓦兹(Saint-Ambroise,340～397)和克劳狄安(Claudian)等,还在各自的著作中援引之前维吉尔和老普林尼关于中国丝的错误说法。③ 直到公元6世纪拜占庭作家赛萨雷的普罗科波(Procopius of Caesarea,约500～565)在《哥特战争》(*Gothic War*)中,记述了优士丁尼皇帝从印度僧侣手中获得蚕卵并成功生产丝绸的经过,④关于丝织品的生产秘密才彻底被西方人所熟知,并催生了西方自主生产丝绸的产业。⑤

笔者认为,老普林尼时代所说的"羊毛树"可能不是"丝",而是中亚一带的"棉花"。而公元2世纪包撒尼亚斯所说"赛尔"虫子所吐之物,才明确指涉的是"丝"。

---

① 〔英〕裕尔:《东域纪程录丛:古代中国闻见录》,第24页。

② 〔法〕戈岱司编:《希腊拉丁作家远东古文献辑录》,第54页;另见〔古罗马〕包撒尼亚斯:《〈希腊道程〉节录》,载〔英〕裕尔:《东域纪程录丛:古代中国闻见录》,第218页。

③ 参见〔法〕戈岱司编:《希腊拉丁作家远东古文献辑录》,第72、75、76页;另见〔英〕裕尔:《东域纪程录丛:古代中国闻见录》,第30～31页。

④ 参见〔法〕戈岱司编:《希腊拉丁作家远东古文献辑录》,第96～97页;另见〔古罗马〕普罗可比:《〈哥特战争〉记蚕种传入罗马帝国》,载〔英〕裕尔:《东域纪程录丛:古代中国闻见录》,第221～222页;〔美〕欧文·拉铁摩尔、埃莉诺·拉铁摩尔编著:《丝绸、香料与帝国:亚洲的"发现"》,第15页。

⑤ 参见〔美〕唐纳德·F.拉赫:《欧洲形成中的亚洲》,第一卷(发现的世纪),第一册上,第23～24页。

二、古罗马时代对"赛里斯"法律的最初记载与评价

或许是由于古希腊罗马时代西方对于中国丝绸的迷恋,大致从这一时期开始,西方对中国人所生活其中的政治、法律、经济和文化环境有了"直观而理想化"的表达。据学者考证,"从梅拉开始,我们就可以在国外文字记载中读到对中国人的评价了"[①]。如前述梅拉对中国人独特贸易方式的评价。这种评价在古罗马帝国中期以后逐渐增多,且内容开始涉及法律。

古罗马帝国时期叙利亚诺斯替教作家巴尔德萨纳(Bardesane,154~222)在《阿布德·厄赛波,布讲福音的准备》一书中对中国的法律进行了评价。[②] 他写道:

> 在每个地区,人们都制订了一些具体文字。我想介绍一下自己所知道以及我所能回忆起的情况,首先从大地的一端开始讲述。在赛里斯人中,法律严禁杀生、卖淫、盗窃和崇拜偶像。在这一幅员辽阔的国度内,人们既看不到寺庙,也看不到妓女和通奸的妇女,看不到逍遥法外的盗贼,更看不到杀人犯和凶杀受害者。……尽管在他们之中,阿瑞斯战神每时每刻都在天中央巡视,赛里斯人每天甚至每时每刻都在生育。[③]

巴尔德萨纳这段关于中国人遵守法律、秩序良好的描写,在古罗马帝国时代几乎成为一种通说。

之后,《伪托克利芒蒂纳的看法》不仅在大体上照抄了此通说,而且还增添了中国人因"畏惧"而遵守法律的表述:

> 在每个地区或每个王国内,人们都制定了一系列法律,它们是通过文字,或是通过习惯而使之永存,任何人都不能轻易地违犯之。
>
> 所以,赛里斯人首先是居住在大地尽头的,他们拥有一整套法律,严禁凶杀、通奸、卖淫、盗窃和崇拜偶像。在这一辽阔的国度内,既没有

---

① 忻剑飞:《世界的中国观——近二千年来世界对中国的认识史纲》,第44页。
② 据考,在目前保留下来的巴尔德萨纳作品中关于中国及其法律的记载取自两位著名基督教作家尤西比乌斯(Eusebius of Caesarea,263~339)的《宣讲福音的准备》(Preaparatio Evangelica)和伪托凯萨里乌斯(Caesarius of Nazianzus,约331~368)的《对话》(Dialogues)。参见万翔:《映像与幻想——古代西方作家笔下的中国》,第78~80页。
③ 〔法〕戈岱司编:《希腊拉丁作家远东古文献辑录》,第57页。

寺庙也没有偶像，既没有妓女也没有通奸者。那里从不会把盗贼传庭公审，从来也没有人记起那里有人被谋杀死。……但在赛里斯人中，对法律的畏惧比人们在其之下降生的星辰还要强烈。①

巴尔德萨纳的学生菲利普（Phillipos），也称伪巴尔德萨纳（Pseudo-Bardesane），在《各地法律集》中则在上述通说的基础上，分析了中国法律与西方法律的不同，即前者来自权力，而后者则是上帝赋予人们订立法律的自由。文载：

> 因为人们在不同地区制定了不同法律，而且都是根据上帝所赋予他们的自由仲裁法的准则而制定的。事实上，这种赠赐本身就是与天生的冒险相违背的，因为上帝能确保并没有送给他们的东西。我将尽自己的记忆而讲述，首先从东方开始，那里是整个人类的发源地。
> 赛里斯人的法律：赛里斯人有一些法律，禁止他们杀生、私通和崇拜偶像。所以，在赛里斯的所有地区，既没有偶像，也没有妓女；既没有杀人犯，也没有被杀者。尽管每天，甚至每时每刻都有赛里斯人诞生。当残暴的玛斯星位于天中央时，它也不影响赛里斯人的自由仲裁准则，以至于强迫一个人用一件铁器使自己的同类洒血。当维纳斯与玛斯相合时，也不迫使赛里斯居民中的任何人与其邻居的妻妾或其他任何女子保持犯罪的暧昧关系。然而，人们在他们之中却发现了富贵者和贫穷者，病夫和身强力壮者，统治者和附庸，因为这一切都是由统治者们的权力机构所主宰的。②

同时，中国法律的世俗性特征也在这段记述中得以体现。甚至中国人不信上帝的做法，在古罗马帝国中叶也被奥里热内（Origène，182～252）在《反对赛尔斯》一书中进行了批判："他们都不懂得上帝；那些最为作恶多端和最为放纵的民族都不容看到寺庙、祭坛和偶像……"③

公元4世纪中叶，西赛尔（Cesaire，？～368）在《对话》一书中在巴尔德萨纳这段通说的基础上，认为中国人的法律规定不是来自成文法，而是属于不成文的习惯法，来自"先祖的习惯"。他写道：

---

① 〔法〕戈岱司编：《希腊拉丁作家远东古文献辑录》，第57～58页。
② 〔法〕戈岱司编：《希腊拉丁作家远东古文献辑录》，第58～59页。
③ 〔法〕戈岱司编：《希腊拉丁作家远东古文献辑录》，第61页。

在我们之中或其他民族中的每一个地区，一概都存在有国王的法律，无论是成文法还是不成文法。在有些民族中具有成文法，另一些民族中的习惯则具有法律的效力。因为对于那些没有法律的民族来说，便以祖传的习俗取而代之。在这一类型的民族中，首先应该指出居住在大地边缘地带的赛里斯人。他们的法律是先祖的习惯，习惯法严禁他们卖淫、盗窃、通奸、崇拜偶像和求神等活动。……尽管阿瑞斯整天都处于天中央，但在赛里斯人中，先祖之法要比天体的威力更强大。①

这段来自西赛尔的说法在教会中一直延续到公元10世纪。例如，这一时期教士乔治在《年表》中对此记述完全照抄。②

巴尔德萨纳这段对于中国法的评价影响了整个古罗马帝国时期。西方对一种"世俗、平和、有序，来自祖先习惯的且文明的"中国法有了最初的印象。

公元3世纪中叶的索林（Solin）在《多国史》中虽然对丝的来源问题还在延续老普林尼的错误说法，但对中国法律与社会的评价大体上接受了巴尔德萨纳的通说，并提出中国人排斥商业交往的新说法：

赛里斯人高度文明开化，相互之间非常亲睦和气，但却躲避与其他人相接触，甚至拒绝同其他民族保持贸易关系。然而，这一国家中的商人渡过他们那条大江，双方在某江岸上没有进行任何语言交流，而仅根据简单的目测估价的方法进行贸易，他们出售自己的商品，但从不采购我们的商品。③

索林的这一说法在同一时期稍晚的阿米安·马尔塞林所作的《事业》（Res Gestae）中得以延续，同时一种中国人倾向于"和平安宁"的特征得以凸显。马尔塞林写道：

至于赛里斯人自己，他们生活在最大的安宁之中，完全不用诉诸战争和动用武器，因为安稳和宁静的人超过一切的爱好是休息，他们不会使任何近邻感到不安。那里的气候宜人且有益于健康，空气清洁，阵风

① 〔法〕戈岱司编：《希腊拉丁作家远东古文献辑录》，第67页。
② 参见〔法〕戈岱司编：《希腊拉丁作家远东古文献辑录》，第67～68页。
③ 〔法〕戈岱司编：《希腊拉丁作家远东古文献辑录》，第64页。

格外温和美好,深色的森林相当丰富。赛里斯人经常向这些树木喷水,使之变软之后便从中采集一种柔软而纤细的产品,这是一种充满液体的绒毛。然后,他们再将这种线织作赛里斯布。从前,这种布是为贵族阶级专用的,但今日最低贱者也毫无分别地用于穿戴了。他们在追求所需方面非常有节制,特别喜欢和平生活,以至于极力避免与其他人建立关系。如果有外人渡过江去采购丝线或某些其他贸易商品,他们便以目测而估量商品之价格,甚至连一句话也不交谈。赛里斯人的兴趣也非常简单,在交售他们自己的产品时,不要求进口其他任何物品作为交换。①

需要注意的是,上述索林和马尔塞林有关中国人交易习惯的描述,基本可以认定来自前述公元 1 世纪中叶老普林尼在《自然志》中的说法。例如,老普林尼在《自然志》中曾写道:

拉奇阿斯的父亲曾到访过赛里斯国,而这些使节也曾在游历中遇见过赛里斯人。使节们描述说,赛里斯人身材高大,超乎常人,红发碧眼,说话声音沙哑,没有共同的语言与之沟通。使者所述其他情况,与我国商人所述完全相合。运往彼处的商货放置到一条河流的岸边,与赛里斯人出售的商货并列;赛里斯人如对交易感到满意,则携走货物。事实上,赛里斯人做生意时似乎对出售的奢侈品并不重视,他们对商货流通之对象、目的地和结果似已了然于心。②

对于这一时期西方对中国法略带幻想化的记载特点,裕尔认为其中有真实化的成分。他指出:"对于他们诚实、正义的声誉,虽然人们也许可以说出许多事情加以反驳,但一定有其坚实的基础,因为直到今天这种声誉在最遥远的亚洲邻国中仍彼此相互传诵。"③

公元 476 年随着西罗马帝国的衰亡,西方进入了漫长的中世纪,拜占庭帝国对于中国及其法律的记述和评价几乎没有超越之前的记录。④ 对此,有论者指出:"总体说来,这时的西方世界(晚期罗马和拜占庭早期——引者

---

① 〔法〕戈岱司编:《希腊拉丁作家远东古文献辑录》,第 72 页;另见〔古罗马〕马赛利努斯:《〈历史〉节录》,载〔英〕裕尔:《东域纪程录丛:古代中国闻见录》,第 220 页。
② 〔古罗马〕普林尼:《〈自然史〉节录》,第 216~217 页。
③ 〔英〕裕尔:《东域纪程录丛:古代中国闻见录》,第 27 页。
④ 参见〔法〕戈岱司编:《希腊拉丁作家远东古文献辑录》,第 94~125 页。

注)已经逐渐与远东隔离起来,对对方的认识也变得非常模糊。"①拉赫甚至说:"欧洲全身心地投入到处理那些在一定程度上因伊斯兰(Islam)的威胁而导致的即时问题,几乎完全忘记了东方作为一块陆地而存在的事实。"②

三、阿拉伯游记中的中国法

虽然这一时期偏安一隅的拜占庭帝国曾经与中国有一些联系,③但公元 7 世纪以后,随着阿拉伯帝国的崛起,西方与中国的交流与认知主要是通过这个中介完成的。对此,有学者指出:"当然,这一时期最重要的还是阿拉伯文化在时间和空间两个意义上的中介和参与。就与本书有关的问题而言,几乎所有中国的重大发明都是经由阿拉伯再传到欧洲的。"④

例如,公元 7 世纪初埃及的希腊人塞奥费拉克图斯·西摩卡塔(Theophylactus Simocatta)将中国称为"陶加斯"(Taugas),而不是之前古希腊罗马时代的"赛里斯"或"秦奈"。⑤ 据日本学者桑原骘藏(1871～1931)考证,"陶加斯"这一称谓与中世纪伊斯兰称中国人为"堂格资"(Tamghaj,或作 Tomghaj, Toughaj)相关,实乃"唐家子"的音译。⑥ 西摩卡塔在《历史》中还有一段对于隋朝战胜陈朝,统一中国的记述,其中还提到了中国将统治者称"天子"。文载:

> 桃花石(Taugast)国的统治者称作 Taissan,希腊语的意思是"上帝之子"。桃花石国从不受王位纷争之扰,因家族血统为他们提供了选取君主的办法。桃花石国盛行雕像崇拜,但有公正的法律,生活充满中庸的智慧。有一种风习类似法律,禁止男人佩戴金饰,虽然他们从规模巨大、利润丰厚的商业活动中获得大量金银财富。一条大河将桃花石国土划分为二,这条大河过去是彼此争战的两个大国家间的边界,其一国衣服尚黑,另一国尚红,但在今日毛里斯(Maurice,582～602 年在位,拜占庭帝国皇帝——引者注)皇帝君临罗马时,黑衣国跨过大河攻击红

---

① 万翔:《映像与幻想——古代西方作家笔下的中国》,第 99 页。

② 〔美〕唐纳德·F.拉赫:《欧洲形成中的亚洲》,第一卷(发现的世纪),第一册上,第 24 页。

③ 如《太平御览》记载,从东晋穆帝时期起,中国与东罗马帝国开始有了第一次使节往还,而据《魏书》载,东罗马帝国曾三次遣使中国,分别是泰常二年(417 年)、和平六年(465 年)和皇兴元年(467 年)。参见马小红、史彤彪主编:《输出与反应:中国传统法律文化的域外影响》,第 200 页。

④ 忻剑飞:《世界的中国观——近二千年来世界对中国的认识史纲》,第 76 页。

⑤ 参见〔美〕唐纳德·F.拉赫:《欧洲形成中的亚洲》,第一卷(发现的世纪),第一册上,第 24 页;另见〔英〕裕尔:《东域纪程录丛:古代中国闻见录》,第 38～39 页。

⑥ 参见忻剑飞:《世界的中国观——近二千年来世界对中国的认识史纲》,第 56 页。

衣国,取得胜利,一统全国。①

有论者认为这段关于"桃花石人"的记载来自突厥人的文献,其意义在于:"这是西方人历史上关于中国知识的第一次最为具体的记录,并可以在中国历史中得到印证。这一记载也被后来的西方汉学家所证实。西方人关于中国的朦胧记忆开始逐步从神话走向现实,实际的知识也逐步形成。"②

今天所知最初撰写中国游记的阿拉伯人名为苏莱曼(Suleiman)。作为商人,他曾于公元9世纪上半叶到中国旅行,在广州居住了好几个月,并于公元851年著成《中国和印度游记》(也称《苏莱曼东游记》)。③

在这部游记中,苏莱曼首先认为世界最伟大的王有四个,分别是阿拉伯的哈里发、中国的王、拜占庭的王以及印度人的王,其中阿拉伯的王地位最高,中国次之,拜占庭与印度最后。④ 接着,他称中国境内共有二百多个大城,"每个大城,有一个〔封建式的〕王和一个太监统治着",大城管理着很多小城,其中一个海船停靠的大城叫"汉府"(Hanfu,即广州)。⑤ 对应这些城市的是地方官,他提道:"中国地方官的名目,随其品级及所管城市之大小而定。小城里的主管人,名叫都商(tusang),就是'管理以城'的意思。像汉府(即广州)一样的大城的主管人,名叫提府(difu)。"⑥值得注意的是,苏莱曼还在游记中以褒扬的态度评价了中国统治者所实施的"威权统治"。他认为:"国家的威权,非用专制手段不能维持,因为百姓是不懂得什么公道正义的。所以,我们必须用专制手段对付他们,然后我们才可以受到他们的崇敬。"⑦

其次,或许是因为苏莱曼是商人,他在游记中有很多关于商业交往的记载。其中有对商品征收百分之三十的实物税,以及中国皇帝遵守商业诚信

---

① 〔英〕裕尔:《东域纪程录丛:古代中国闻见录》,第39～40页。
② 张西平、马西尼主编:《中外文学交流史·中国—意大利卷》,山东教育出版社2015年版,第33～34页。
③ 该书于1718年由法国人雷脑多德(Abbé Eusebius Renaudot)译成法文,名为《第九世纪回教二游历家印度中国闻见录》(*Anciennes Relation de l'Inde et de la Chine de deux Voyageurs Mahometans qui y allerent dans le IX ieme siècle*)。1845年法国人莱奴德(M. Reinaud)又依据阿拉伯原文重译,定名《耶稣纪元第九世纪阿拉伯人及波斯人之印度中国纪程》(*Relation des Voyages faits par les Arabes et les Persans dans l'Inde et la Chine dans le IX siele de l'ere chréienne*)。参见张星烺注:《中西交通史料汇编》,第2册,华文出版社2018年版,第584～585页;另见〔英〕裕尔:《东域纪程录丛:古代中国闻见录》,第136页。
④ 参见〔阿拉伯〕苏莱曼:《苏莱曼东游记》,刘半农、刘小蕙译,华文出版社2016年版,第27页。
⑤ 参见〔阿拉伯〕苏莱曼:《苏莱曼东游记》,第32页。
⑥ 〔阿拉伯〕苏莱曼:《苏莱曼东游记》,第35页。
⑦ 〔阿拉伯〕苏莱曼:《苏莱曼东游记》,第36～37页。

的记载:

> 商船从海外到了中国,就有〔管理海口的〕人来把所有的商货悉数抄去,由他代为闭锁在栈房里。在六个月之内,他们担负完全责任,把东西保护得很好,直到〔乘着同一季候风而来的〕最后一条船进了港口为止。于是就各抽取〔原物〕百分之三十,作为入口税,余下的交还物主。货物之为中国国王所买者,都照最高的行市给价,而且立刻开发现钱。中国国王对于商人们,是从来不会待错的。①

苏莱曼对中国的商业交往中的"借贷"有过如下的描述,并给予了积极的评价。② 文载:

> 中国人在商业上和公事上,都讲公道。譬如有人把银子借给另一个人,应由他写一张票子;借户也写一张票子。票子上应由借户把中指和食指并列着打一个印,〔作为花押〕。于是把两张票子放在一起,一同卷起来,在两张相接之处写〔几个字〕。然后分开两纸,〔各执一张〕:借户承认欠债的一张,即由借主收执。要是到了后来,借户要想赖债,人们就可以向他说:"你把〔借主给〕你的票子拿出来看。"要是这借户假说他并没有〔借主的〕票子,又说他也并没有写票子给债主,而债主所持的一张票子可又遗失了。那么,人们就要向他说:"你应当写下一张凭据,宣布你并没有借这一笔债。若然到了后来,债主能把你借债的票子找出,那就要在你背脊上打二十大杖,还要叫你拿出两万'发规'(Fakkuj)的罚款来。"……至于背脊上打二十大杖,却往往是可以把人打死的。所以,中国人谁都不敢写下这样的凭据,因为恐怕要破财,还要丧命。中国人彼此相待,都很有公道。所以,在中国,从没有受到冤屈的人。〔打官司的时候,也不像回教国一样:〕用不着证人,也用不着立誓。③

接着,他还介绍了中国对待"破产债务人"的处置方法,十分特别。文载:

---

① 〔阿拉伯〕苏莱曼:《苏莱曼东游记》,第34页。
② 对此,法国学者艾田蒲(René Etiemble)也有过记载,参见〔法〕艾田蒲:《中国之欧洲:从罗马帝国到莱布尼茨》,上卷,许钧、钱林森译,广西师范大学出版社2008年版,第38～39页。
③ 〔阿拉伯〕苏莱曼:《苏莱曼东游记》,第39页。

要是有什么人破了产,债主们就把他送到国王的牢狱里去,使他承认他所负的债;所有的费用,由债主担任。到一个月之后,国王叫人把他牵到外面去,叫他当众宣布:"某人的儿子某人,现在破产了,〔浪费了〕某人的儿子某人的钱。"〔要是有人查出〕这破产人还有钱寄存在别人家里,或者是还有不动产或奴隶,或者是无论还有什么可以抵债的东西,人们就要每月把他〔从牢狱中〕牵出一次,用鞭子打他的臀,因为他还有〔值〕钱〔的东西〕,而在牢狱中〔所〕吃〔所〕喝,〔却是债主花的钱〕。无论人们能不能证明他的钱,他总得受鞭打;无论是这样,或是那样,他总得受鞭打。人们〔一面惩责他,一面〕向他说:"你没有做别的事,只是拿了别人的钱浪费了。"又向他说:"把〔你所借的〕钱还给他们罢。"要是这破产人真的已还不起他的债,而且国王也已断定他实在已经什么都没有了,人们就召集了各债主,把巴克布尔(Baghbur)的库里的钱偿还给他们……于是发出这样的一个布告:"从今以后,如有人和这个〔破产的〕人往来的,处死刑。"这样,就再没有人〔愿意和他往来以至于〕损失银钱了。要是后来再有人发现这债务人仍旧有钱私藏在别人家里,而代他私藏的人却并没有自行告发,此人〔一旦被发觉〕,便应打死杖下。至于债务人,却没有什么处分,只是要把他的钱取来,分还给债主们;可是从此以后,他不能再和人们有什么商业上的往来了。①

最后,苏莱曼还在书中记述了他所观察到的唐代司法的状况:

大法官名叫拉克西曼公(Laksimankun,即唐代地方监察官)。……中国人不满四十岁,不能做主管地方的官。据说,必须到了这个年纪,他的阅历才配做这样的官。

次级地方主管官裁判讼事的时候,坐在大堂上的一张大椅子上。他面前(另)有一张大桌子,告状人的状词,都写在纸上,递给主管官看。主管官的后面,还站着一个人,名叫吏胡(Lihu)。要是主管官裁判错了,这吏胡就〔把他的错处指出〕,叫他改正。告状人口中说的话,是不作为凭的。他应当把他所要陈述的话,一起写在诉状上。在告状人见到裁判官之前,法庭门口先有一个人把他的状纸诵读;要是这状纸做得不合适,他就立时退回给告状人,叫他修正。这种状纸,应由懂得法律的书吏代做了,才可以递给裁判官。书吏在状纸上,应当写明:"这(状纸)是某人的

---

① 〔阿拉伯〕苏莱曼:《苏莱曼东游记》,第40~41页。

儿子某人所做。"要是做得不合适,那就是书吏的错,应当受棒打的刑。裁判官在审事之前,必须吃饱喝足,以免审错,〔因为一个人在饥渴的时候,总不免要有错误〕裁判官的薪俸,即由所管地方管库中支给。①

这段描写比较真实地再现了唐代司法审判的情形,在真实性上超越了古希腊罗马时代西方人对于中国法的介绍。对此,法国学者艾田蒲指出:"在我们看来,阿拉伯观察家们对中国很不了解,但是,他们所描绘的中国的图景,内容之忠实,应该令我们感到钦佩。"②

此外,苏莱曼还记述了唐代民众"撞钟投诉"的制度:

> 每一个城市,都有一样东西,名叫达拉(dara)。这是悬挂在地方官头上的一个钟,〔钟上〕系着一条绳,直通到外面街上,使无论什么人〔都能够拉着〕,借以和地方官沟通〔消息〕。这条绳大约有一个巴拉桑斯(约合一米)长,只须稍稍一拉,钟就会动起来〔响起来〕。凡有受到屈害的人,都可以拉动这条绳,使钟在地方官头上动〔而且响〕。这样,就有人把他叫进去,使他在地方官面前自己陈述案情和所受到的屈害。这样的一个办法,是中国各处通行的。③

古代中国有登闻鼓制度,但不是这里描写的撞钟。张星烺先生认为:"或者,唐时南粤之地用铃也。"④除了"撞钟投诉",苏莱曼还在游记中提到了唐代民间化解纠纷的裁判者:"在中国,有一种〔特别〕法官,判断中国人之间的〔或各种〕事项。这种特别裁判和地方官〔的裁判〕是并行的。"⑤

值得注意的是,苏莱曼在游记中还顺带提及了唐代"为父母守丧三年"的法律规定。他写道:"中国人死了,亲属们要示哀三年,如果有人不遵守,就该受到棒打的刑——不论男女,都受这同样的刑——而且人家要向他说:'难道你的亲属死了你不痛苦么?'"⑥

实际上,自公元9世纪苏莱曼《中国和印度游记》之后,至12世纪之前,阿拉伯世界的很多商人和地理学家也有类似的著作问世。如公元916年阿

---

① 〔阿拉伯〕苏莱曼:《苏莱曼东游记》,第35~36页。
② 〔法〕艾田蒲:《中国之欧洲:从罗马帝国到莱布尼茨》,上卷,第30页。
③ 〔阿拉伯〕苏莱曼:《苏莱曼东游记》,第38页。
④ 张星烺编注:《中西交通史料汇编》,第2册,第591页。
⑤ 〔阿拉伯〕苏莱曼:《苏莱曼东游记》,第46页。
⑥ 〔阿拉伯〕苏莱曼:《苏莱曼东游记》,第34~35页。

蒲·赛特·阿尔·哈桑(Abu Zayd Al Hasan)虽未亲至中国,但编辑了苏莱曼的游记,并根据他人叙述,写成《续叙关于中国的消息》,编于苏莱曼《中国和印度游记》后部。[①]

在哈桑的补录中,哈桑有意识地对之前苏莱曼游记中记载的内容进行考证。例如,哈桑就对苏莱曼提及的中国太监进行了补充记录。[②] 对于中国唐代,哈桑首先认为在黄巢叛乱前,"中国人所处的〔平安〕境界,是国外人所意想不到的"[③]。

接着,哈桑在书中记载了一个名叫霍拉山(Horasan)的阿拉伯商人在广州遭受当地官府太监随意扣押其财物,去唐帝国首都长安("户姆丹"[④],Humdan)拉动上述苏莱曼游记提及的那根绳子告御状的案子。这个案件的结果是,霍拉山的权益得到了保护,而那个太监被革了职,派去守皇陵。[⑤] 于是,哈桑用一大段文字赞美了中国的司法:

> 中国行政上有一件可以赞颂的事,就是诉讼的判决很公平,这种判决可以得到〔大众的〕信赖。政府选择法官,务使百姓们不感到丝毫的不安定,所以〔所选的人〕,必须精通法律,必须有恳切的热诚,必须在种种不同的情况之下都一样的公平正直,必须能够做到不和富贵人有关系的任何人等往来,以免法律上受到牵制,必须对于穷人们的财产以及一切其他经手的事务,能够严谨公正。
>
> 当政府决定派某人为大法官之前,必须先派他到各种重要的城镇——可以认为是国家的柱石的城里——去游历。他在每一个城里住一两个月,考察人民的情况、掌故、风俗等等。他选定了说话可靠的人向他们探消息,因为得到了这种人的消息,就可以不必再问别人了。他这样游遍了全国各重要城镇,就回到京城里去任大法官的职务。
>
> 各地的法官,都由大法官选择任命。因为他知道全国〔各大城镇〕的情形,又和受了他的命令在本籍或外地做法官的人熟悉,所以,要是有人向他提供一个不公正的意见,或向他作一个不正确的答语,他都可

---

① 参见张星烺编注:《中西交通史料汇编》,第 2 册,第 592 页。
② 参见〔阿拉伯〕阿蒲·赛特·阿尔·哈桑:《续叙关于中国的消息》,载〔阿拉伯〕苏莱曼:《苏莱曼东游记》,第 63～64 页。
③ 〔阿拉伯〕阿蒲·赛特·阿尔·哈桑:《续叙关于中国的消息》,第 85 页。
④ 这里的"户姆丹",也称"库姆丹"(Khubdan),是突厥和西亚各族对长安的称呼,这一点可以从 1625 年在西安府发现的"大秦景教流行中国碑"叙利亚文中"Khumdam"频繁出现,得到证明。参见〔英〕裕尔:《东域纪程录丛:古代中国闻见录》,第 41 页,页下注。
⑤ 参见〔阿拉伯〕阿蒲·赛特·阿尔·哈桑:《续叙关于中国的消息》,第 85～87 页。

以追寻得出根源来。所以他不怕法官们向他报告不确的事实,或将事实的真相改头换面了去蒙蔽他。

　　每天有一个人,在大法官的门口当着大众这样呼唤:"有什么要向我们臣下所看不见的皇帝控告他的文武官员或百姓么?我是皇帝派来专管这些事的,他已把这权柄交给了我,因为他任命了我。"这样一连叫唤三次。就通常而论,中国皇帝是不出宫门的,除非在各省长官的来文中找出了明显的不公平时,或者是司法上或地方行政上有了疏忽。到这两方面的事一旦明确规定了,各省长官的来文都只能说公正的话,司法方面也全由法官们照例行事,国家就有了秩序了。①

　　哈桑在赞美中国司法公正的同时,还找到了背后的原因,即对于法官选任的审慎、严格。充任中华帝国的法官,不仅需要掌握法律,而且还需要通过游历了解民情,同时还有制度上的监督,所有这些对帝国秩序的稳定意义非凡。此外,在这个案件中,哈桑还提到了中国皇帝为了查明霍拉山的案件,命令"右丞、左丞、中丞"共同查找真相。根据张星烺先生的说法,"阿布赛德(哈桑——引者注)之中大臣、左大臣、右大臣,必即中书令及左右仆射,或左右丞相也"②。

　　这一时期,除了上述这几部主要的游记外,马苏第(Abu Hasan Ali al-Mas'udi,912~956)的《黄金草原与珠玑宝藏》(*Meadows of Gold*,亦称《黄金草原》)、依宾库达特拔(Ibn Khordadbeh,830~912)的《省道记》(*The Book of Boutes and Provinces*)、依宾麦哈黑尔(Abu Dulaf Misar ibn Muhalhil)的《游记》以及阿尔比鲁尼(Abu-r-Raihan Mohammed al-Biruni,973~1050)的《地理书》等也有对于中国法的零星介绍。③例如,马苏第在《黄金草原与珠玑宝藏》一书中有对中国皇帝和法律的描写:

　　　　他(中国皇帝——引者注)指出帝国的唯一基础是公正,公正是造物主的一杆秤,专心于行善以及连续的活动都属于公正的组成部分。他将其臣民作了区别,为他们制定了贵族等级并授予他们荣誉桂冠。他就这样根据其臣民们的级别进行了分类,把他们维持在他为他们确

① 〔阿拉伯〕阿蒲·赛特·阿尔·哈桑:《续叙关于中国的消息》,第87~89页。
② 张星烺编注:《中西交通史料汇编》,第2册,第599页。
③ 参见张星烺编注:《中西交通史料汇编》,第2册,第599~613页;〔英〕裕尔:《东域纪程录丛:古代中国闻见录》,第145~156页;郭筠:《阿拉伯地理典籍中的中国》,商务印书馆2020年版,第171~175页。

定的职业中……

当他把国家的达官显贵们传到自己身边时,便向他们宣布说他认为必须把全体臣民都集中于一种单一的信仰约束下,这种信仰成为他的一种锁链,从而保障秩序和安全;当一个帝国中秩序和法制不占统治地位的时候,那就会面临各种损害并受到近期毁灭的威胁。因此,他制定了一种旨在管理其臣民的法典,规定他们将此作为以理智为基础的必须遵守的行动总则。他使行凶杀人和伤害他人者要受同等报复的刑律生效;确定了合法的婚姻,从而使人有权占有妻子并确保亲子关系的合法性。这样颁布的法律被分为几类:有的是必须遵照执行的,具有绝对权威,不能违犯之而不服罪;其余的则是额外的和非强制性的……

他为对付那些私通者而预先规定了一些惩罚,强迫那些希望在乱婚中生活的女子缴纳一种税,她们在任何时候都无权结婚,但在放弃了她们原来的生活方式之后便可以摆脱纳税。她们的男孩子属于国王,充作兵卒和奴隶;她们的姑娘仍留在母亲身边从事同样的职业。他还命令在寺庙中供奉祭祀品和为星辰焚香,并且还为崇拜各个星辰而规定了在什么时间,使用什么香和什么药品等。这位王子井井有条地组织了其臣民的所有事务,他的统治是顺利的,人口得到增长。[1]

至于这一时期阿拉伯人为何热衷于中国,艾田蒲指出:"他们这样做,完全是遵循了先知的教导,先知认为,一个好的穆斯林应该去寻求知识,直至中国。"[2]公元651年,伊斯兰教哈里发奥斯曼(Caliph Uthman)派使来唐,成为阿拉伯世界与中国正式交往的开始。[3]

四、古希腊罗马时代中国法之于西方的意义

综上可知,自古希腊罗马时代梅拉起,西方对于中国的知识随着时间的推移,逐渐摆脱了道听途说,开始对具体事物有了一定的介绍。但从整体上讲,这些认知还是"碎片化"和无意识的,并没有形成整体图景,更遑谈形成"中国观"或"中国形象"。

尽管如此,从这一时期开始,西方对中国法已经开始了某种意义上的评价,且这些评价呈现出"直观而理想化"的倾向。这或许是由于西方对中国

---

① 〔古代阿拉伯〕马苏第:《黄金草原》,耿昇译,中国藏学出版社2013年版,第146～147页。
② 〔法〕艾田蒲:《中国之欧洲:从罗马帝国到莱布尼茨》,上卷,第26页。
③ 《旧唐书》记载:"永徽二年,始遣使朝贡。其王姓大食氏,名啖密莫末腻,自云有国已三十四年,历三主矣。"《旧唐书》卷一九八,中华书局2017年版,第3616页。

"丝"的迷恋而爱屋及乌。但从文化交流的角度来讲，这些"直观而理想化"的表达源于文化交流中的一种互补心理。对此，有论者说道："太熟悉的东西往往使人麻木不仁，提不起兴趣，而异国情调往往让人耳目一新，兴趣盎然，连评价也常会远远高于实际情况，这时的不识庐山真面目，不是由于身在此山中，而是由于身在此山下，过于抬头仰视，带上了感情和理想的色镜。"①

如果说古希腊罗马时代西方对中国法的记述和评价带有某些"直观而理想化"倾向的话，那么公元 10 世纪前后，阿拉伯世界对中国法的记述则开始出现了某些真实性。

我们不仅从上述阿拉伯籍游记作家的表述中印证了这一点，而且盛唐时期的中国法在事实上也的确如此。艾田蒲甚至指出，17、18 世纪耶稣会士对于中国的某些赞美，早在 8 个世纪之前，阿拉伯人就已经这样介绍了。"《游记》还向他们展示了一个繁荣富强、兴旺发达、组织出色的中国——确实，这里谈及的是唐代中国，是最为富强，管理最好的朝代之一。"②阿拉伯人对于中国法的表达，此时影响到了西方。对此，法国学者雅克·布罗斯（Jacques Brosse）指出：

> 这种对中国（其耀眼的光彩在唐代已达到鼎盛）的描述，在数世纪期间始终被继承了希腊人之衣钵的阿拉伯舆地学家们奉为楷模，西方人直到文艺复兴时代，还从他们的著作中吸取其有关遥远的世界，特别是中国的大部分知识。③

如有学者考，公元 7 世纪初拜占庭历史学家西摩卡塔与阿拉伯人关系密切，他就这样记载中国的政治和法律："陶加斯国王，号天子（Taissan），犹言上帝之子也。国内宁谧，无乱事，因威权皆由国君一家世袭，不容争辩，偶像崇拜，法律严明，持正不阿。"④受阿拉伯人影响，西西里人爱德利奚（Edrisi）在成书于 1153 年的《地理书》中写道：

① 忻剑飞：《世界的中国观——近二千年来世界对中国的认识史纲》，第 44 页。
② 〔法〕艾田蒲：《中国之欧洲：从罗马帝国到莱布尼茨》，上卷，第 37 页。
③ 〔法〕雅克·布罗斯：《发现中国》，耿昇译，广东人民出版社 2016 年版，第 12 页。
④ 忻剑飞：《世界的中国观——近二千年来世界对中国的认识史纲》，第 56 页；另见〔英〕裕尔：《东域纪程录丛：古代中国闻见录》，第 39～40 页。

> 中国面积甚广,人口甚庶。国王称号曰拔格伯格(Baghbugh)①。
> 为人聪明谨慎,有威有势。行政宽惠公平,度量宽洪,不吝施舍。外国
> 之事,亦极留心。惟自己臣民疾苦,则更视为切心矣。人民可自由觐见
> 皇帝,不必经由臣下之允许也。其国宗教与印度相同,略有异而已,国
> 王笃信之。对于贫困者,尤多周济之也。②

非常明显的是,这里西摩卡塔和爱德利奚对于中国的表述与前述阿拉伯史
地作家马苏第在《黄金草原与珠玑宝藏》中如下一段表述非常接近。文载:

> 中国中原皇帝从其臣民那获得了"贝格布尔"(Baghhur)的荣誉称
> 号,也就是"天子"。然而,中国中原君主们的特殊尊号和在与他们讲话
> 时对他们的称呼则是"桃花石汗"(Tamghāǒ khan),而不是天子。③

这里需要注意的是,一方面,这一时期西方对于中国的溢美还只是直观
的和不加修饰的表达,其中基本不包含西方自身的目的和欲求,这与接下来
马可·波罗(Marco Polo,1254～1324)引发的对中国法的赞美与想象有着
本质的不同。这说明西方最早对于中国法的记述和评价基本不存在前述络
德睦所说的那种"法律东方主义"。另一方面,随着阿拉伯世界关于中国法
的记载出现某些具体化特点,西方此一时期开始逐渐摆脱了之前古希腊罗
马时代那种对中国法记述道听途说的特点。但总体而言,此时的中国法对
于西方而言,还未成为一种重要的、促使他们关注的存在,而是一种可有可
无、可信可不信的异域信息。

---

① 古代阿拉伯或波斯著作皆将皇帝称此名,后来《马可·波罗游记》(亦作《马可波罗行纪》)
亦是如此。波斯古文称上帝为"拔克"(Bak),称儿子为"富尔"(Fur)。故拔格伯尔,或发克富尔,都
是中国"天子"的意译。参见张星烺编注:《中西交通史料汇编》,第2册,第615页。
② 张星烺编注:《中西交通史料汇编》,第2册,第614～615页;另见〔英〕裕尔:《东域纪程录
丛:古代中国闻见录》,第152页。
③ 〔古代阿拉伯〕马苏第:《黄金草原》,第151～152页。

第二章　马可·波罗时代西方
对中国法的赞美与想象

12、13 世纪随着蒙古的迅速崛起,原先因阿拉伯和拜占庭战争而暂时阻断的中西交通被打通。成吉思汗开创的"蒙古世纪"瞬间推进了欧亚大陆之间的相互交流和一体化进程,世界市场的雏形开始出现。当时的一个商人称:"从顿河河口的塔纳(Tana)到中国,无论白天或黑夜一路上都平安无事。"[①]自那时期起有越来越多的旅行者、探险家、商人和传教士来到中国,记录中国,并向西方介绍中国。对此,19 世纪法国学者莱麦塞说道:

> 蒙古人的西征,将以前闭塞的路途完全打开,将各民族聚集一处。西征的最大结果,就是使各族人民可以相互迁徙。不仅堂堂使节东西往来如织,还有不计其数的不知名的商人、教士以及随军的人,也络绎地往来。王公贵族到过亚洲的中心的有仙伯德、小亚美尼亚的海敦、乔治亚的两位大卫王、俄国大公爵雅罗斯拉夫等。意大利人、法兰西人、福勒铭人都有以大使资格往蒙古大汗的京城的。而蒙古贵族也有到罗马、巴塞罗那、瓦伦西亚、里昂、伦敦、北安普敦去的。有那不勒斯的方济各会士任北京总主教。他死后,由巴黎大学宗教学教授继位。以上都是有文章记载的知名人士,其他不知名的人,为牟利或由于好奇而到东方去的,更是不可胜计了。[②]

在此基础上,西方的中国形象及其内含的中国法形象开始出现,并呈现出一种"赞美与想象"的集体意识。对此,赫德逊指出,蒙古世纪欧洲发现旧世界的最大意义是发现中国:"抓住了拉丁欧洲的想象并改变了它的思想观点的,更多的是去中国的旅行,而不是去亚洲的任何其他部分。当大多数欧洲旅

---

① 〔英〕G. F. 赫德逊:《欧洲与中国》,第 107 页。

① 〔英〕G. F. 赫德逊:《欧洲与中国》,第 107 页。
② 转引自马肇椿:《中欧文化交流史略》,辽宁教育出版社 1993 年版,第 33 页。

行家既前往中国,也到过波斯和印度,但是他们把最高级的描绘留给了中国。"①

　　这里需要说明的是,本书使用的"中国法形象"概念,来源于跨文化交流研究中的一个术语。从主体上看,该含义是指对于中国法的描述、认知和评价来自西方。从内容上看,之所以用"形象"而非"观念"或"信息",主要是因为"形象"一词具有高度包容性,既有西方人对于中国法经验事实描述的部分,也有他们基于自身认知或意识形态对于中国法正面或负面表达的部分。

一、圣徒行记中的中国法

　　1219 年成吉思汗西征花剌子模(Khwarazm),1237 年成吉思汗之孙拔都(Batou)和 1253 年旭烈兀(Hülegü)先后两次西征,使中国到达欧洲的交通已无障碍。面对蒙古人的威胁,教皇英诺森四世(Innocentius IV)于 1245 年在法国里昂召开主教会议,试图以武力对抗。后来,罗马教廷改变策略,开始派传教使团远赴蒙古,打探虚实,并劝说蒙古人停止西进。罗马教廷之所以作出这种改变,有论者认为,由于在中国西北地区及阿拉伯中亚一带确实存在信奉基督教聂斯托利派②(Nestorianism,中国人称"景教")的信徒,这让罗马教廷误以为东方存在一个同样信仰基督教的民族,能够帮助他们。③ 这些带有政治性和宗教性的目标很明显与之前时代那种纯商业目标有所不同。

　　(一) 约翰·普兰诺·加宾尼
　　1245 年 4 月 16 日方济各会④(Order of Franciscans)修士约翰·普兰

---

　　① 〔英〕G. F. 赫德逊:《欧洲与中国》,第 135 页。
　　② "聂斯托利派"是基督教的一个异端派别。聂斯托利(Nestorius,约 380～451)主张基督"二性二位说",即主张基督具有神和人的双重本性,作为人的耶稣是玛利亚所生,后被钉死在十字架上;作为神的圣子和基督并非玛利亚所生,也未被钉死在十字架上,故不能称玛利亚为"上帝之母"。公元 431 年的以弗所公会议将"二性二位说"定为异端,聂斯托利被革职流放,其追随者遭到迫害,只能向东方传播,于唐代进入中国。有关唐景教和元聂斯托利异教之详情,参见徐宗泽:《中国天主教传教史概论》,商务印书馆 2017 年版,第 58～92 页。
　　③ 参见忻剑飞:《世界的中国观——近二千年来世界对中国的认识史纲》,第 63 页。对此,阎宗临有不同说法,他认为教皇英诺森四世派遣了三个使团:"因增爵四世,方选为教皇(1243 年),放下他所提议的里昂会议,即刻决定向蒙古领袖派遣三个使臣。向中国北部来者,系柏朗嘉宾——曾为西班牙及德国方济各会会长。其余二位则向南去,一以罗兰为首,系方济各会修士,取道叙利亚;另一位以安息灵为首,系多明我会士,取道波斯,有西蒙与居斯加为赞助。"阎宗临:《元代西欧宗教与政治之使节》,载阎宗临:《中西交通史》,商务印书馆 2021 年版,第 351 页。
　　④ 方济各会又称"法兰西斯派",亦称"小兄弟会"(Order of Friars Minor),天主教的修会之一,13 世纪初由意大利人方济各(Francis of Assisi,约 1182～1226)创立。参见〔英〕道森编:《出使蒙古记》,吕浦译,中国社会科学出版社 1983 年版,第 1 页,页下注。

诺·加宾尼(John of Plano Carpini，1180～1252，亦称"柏朗嘉宾")在其波兰翻译弗莱尔·本尼迪克特(Friar Benedict)的陪同下，奉教皇英诺森四世之命，持"教皇国书"，从里昂启程，经波兰、俄罗斯，出使蒙古。另一使团由方济各会修士葡萄牙人洛伦佐(Lorenzo)奉命，经亚美尼亚，前往蒙古。后一使团不知何因，后来没有了消息。加宾尼使团不仅到达蒙古，还带回蒙古大汗对于教皇的回函，以及他的经历和收集的"情报"。

1245 年 4 月 16 日已经 65 岁的加宾尼带着教皇给蒙古大汗的两封信从里昂出发，①用 15 个月抵达蒙古的哈拉和林(Karakorum)，并参加了 1246 年 8 月 24 日窝阔台(Ogedei)之子贵由(Kügük)的登基大典。尽管后来贵由于 1246 年 11 月回复教皇的信表明蒙古并不想皈依基督教，并要求西方教会降服于蒙古；②但是，加宾尼返程后所作《蒙古史》(History of the Mongols，亦称《柏朗嘉宾行记》)在很长一段时间成为西方了解蒙古和东方的重要资料。对此，阎宗临先生指出："关于蒙古习俗与组织，柏朗嘉宾都有丰富的记述，给当时史学家一种精确的史料和浓厚的兴趣。因欧洲正被蒙古侵略，他们便竭力搜罗旅行家的叙述，以著述动人的读物。"③

更为重要的是，加宾尼的记述是西方人第一次正式且专门介绍中国的文献。对此，有论者说道："从国外中国知识的发展角度看，如果这类记述仅是对苏莱曼时代重视中国当代史的一种继承，那么柏朗嘉宾对中国宗教和中国文化的重视，则属于某种首创。"④拉赫也指出："这本书标志着有关亚洲的中世纪文献的一次转型，因为该书首先是对一个行程的真实描述，它立足于约翰及其同伴的所见、所闻、所思的基础之上。"⑤

《蒙古史》除"引言"外，共 9 章。对于这 9 章的安排与内容，加宾尼有着自己的解释：

> 由于我们希望以这样一种方式来写关于鞑靼人⑥的报告，以便读者们能容易地弄清他们的情况，我们将按照下列各章来安排。在第一章

---

① 这两封信分别写于 1245 年 3 月 5 日和 1245 年 3 月 13 日，其具体内容，参见《教皇英诺森四世致鞑靼皇帝的两道敕令》，载〔英〕道森编：《出使蒙古记》，第 90～93 页；另见徐宗泽：《中国天主教传教史概论》，第 94～95 页。

② 蒙古大汗贵由的这封回信，参见《贵由汗致教皇英诺森四世的信(1246 年)》，载〔英〕道森编：《出使蒙古记》，第 102～103 页。

③ 阎宗临：《元代西欧宗教与政治之使节》，第 355 页。

④ 忻剑飞：《世界的中国观——近二千年来世界对中国的认识史纲》，第 64 页。

⑤ 〔美〕唐纳德·F. 拉赫：《欧洲形成中的亚洲》，第一卷(发现的世纪)，第一册上，第 35 页。

⑥ "鞑靼人"(Tatar)一词最初见于 9 世纪，由当时在中国北部的 Thata 部族名演变而来。参见〔法〕艾田蒲：《中国之欧洲：从罗马帝国到莱布尼茨》，上卷，第 71～72 页。

中,我们将叙述他们的国家;第二章,叙述他们的人民;第三章,叙述他们的宗教;第四章,叙述他们的风俗习惯;第五章,叙述他们的帝国;第六章,叙述他们的战争;第七章,叙述被他们征服使之服从于他们统治的国家;第八章,叙述怎样同他们作战;第九章,叙述我们经过的路线、[鞑靼]皇帝的宫廷以及我们在鞑靼境内遇见的见证人。①

就中国法而言,加宾尼首先看到蒙古人的宗教信仰与基督教不同,"他们并不用祈祷或赞颂或任何种类的仪式来崇拜他"。同时,他发现他们宗教信仰的偶像很多,除了神,还有皇帝、太阳、月亮、火、水和土地,而这和基督教所提倡的"一神教"完全不同。此外,他还发现蒙古人"对于崇拜神不遵守什么清规戒律",也"没有强迫什么人否定他的信仰或清规戒律",实现"宗教宽容"。②

其次,就具体的法律制度来说,加宾尼发现蒙古人的法律与风俗、习惯密切相关。他记述了蒙古人的"收继婚制度",即斡罗思切尔涅格伦(Cherneglone)公爵安德鲁(Andrew)被拔都处死后,强令安德鲁弟弟按照"鞑靼风俗"娶其寡嫂。此外,诸如故意用刀接触火、用马鞭接触箭、捕捉或弄死小鸟、把奶或任何饮料或食物倒在地上、在帐篷里小便、脚踏首领帐幕的门槛等,都要被处死;如果非故意,则需要支付一大笔钱给占卜者,由他帮助其涤除罪恶。③ 相反,加宾尼发现"杀人,侵略其他民族的国家,以任何不合法的方式夺取别人的财产,男女私通,辱骂别人,从事违反上帝的禁律和戒律的行为,所有这些,在他们看来都不是罪恶"④。

再次,就支撑法律制度背后的社会风俗而言,加宾尼认为蒙古人尽管"对其他民族最为傲慢,蔑视一切人",但他们对于自己人还是具有良好的风俗。他说道:

> 这些人,这就是说鞑靼人,比世界上任何别的人(不论他们是信仰宗教的或是不信仰宗教的)更服从他们的主人;他们对主人们表现极大的尊敬,并且不对他们说一点谎话。他们很少互相争吵,或从来不互相争吵,并且从来不动手打架。在他们中间,殴打、口角、伤人、杀人这类事情从来没有遇到过。在那里,也没有发现过从事大规模偷盗的盗、

---

① 〔意〕约翰·普兰诺·加宾尼:《蒙古史》,载〔英〕道森编:《出使蒙古记》,第5页。
② 参见〔意〕约翰·普兰诺·加宾尼:《蒙古史》,第9~11页。
③ 参见〔意〕约翰·普兰诺·加宾尼:《蒙古史》,第11~12页。
④ 〔意〕约翰·普兰诺·加宾尼:《蒙古史》,第12页。

贼,因此他们的帐幕和收藏珍贵物品的车子不用门闩和栅门加以保护。如果任何牲畜丢失了,看到它们的人或者不去惊扰它们,或者把它们带到指定看管丢失牲畜的人那里去;牲畜的失主到这些人那里去认领,他们没有任何困难就可以把它们领回去。他们相互之间表示相当尊敬,十分友好地相处,他们乐意互相共享他们的食物,虽然他们的食物并不是很充足的。他们也是能够忍受长期痛苦的……他们不爱好奢侈;他们不互相嫉妒;在他们之间实际上没有诉讼。没有人轻视别人,而是帮助别人,并在环境所许可的范围内促进别人的利益。①

最后,就蒙古政制而言,加宾尼向西方第一次较为全面、细致地介绍了蒙古的兴起、王位继承以及“鞑靼皇帝”的权力。其中,他记述了 1225 年成吉思汗从西域班师后颁布《扎撒全书》(*Great Book of Yasaq*)这个历史事件,并列举了其中的两条法令:

> 一条法令是,如果任何人由于骄傲,自行其是,想要当皇帝,而不经过诸王的推选,他就要被处死,决不宽恕……另一条法令是,只要他们自己还没有遭到屠杀,他们就要使全世界降服于他们,他们决不同任何民族讲和,除非它们首先向他们投降。②

接着,他提及“鞑靼皇帝对于每一个人具有一种惊人的权力”,“一切东西都掌握在皇帝手中,达到这样一种程度,因此没有一个人胆敢说这是我的或是他的,而是任何东西都是属于皇帝的;这就是说,货物、人、牲畜等等”。③ 此外,他还发现鞑靼皇帝“没有检察官,因为一切事情都按照皇帝的决定予以处理,不须经过法律审判的麻烦”④。就权力的实现方式而言,皇帝支配各个部落首领,首领们支配治下的臣民。对此,他写道:“不管皇帝和首领们想得到什么,不管他们想得到多少,他们都取自于他们臣民的财产;不但如此,甚至对于他们臣民的人身,他们也在各方面都随心所欲地加以处理。”⑤

由于贵由汗回复教皇的信充满了傲慢,鞑靼人根本不想在精神上对罗马教廷表示服从,于是英诺森四世于 1247 年又派出了第二批使团。这一使

---

① 〔意〕约翰·普兰诺·加宾尼:《蒙古史》,第 15~16 页。
② 〔意〕约翰·普兰诺·加宾尼:《蒙古史》,第 25 页。
③ 参见〔意〕约翰·普兰诺·加宾尼:《蒙古史》,第 26~27 页。
④ 〔意〕约翰·普兰诺·加宾尼:《蒙古史》,第 66 页。
⑤ 〔意〕约翰·普兰诺·加宾尼:《蒙古史》,第 28 页。

团由多明我会①(Order of Dominicans)修士阿塞林(Ascelin)、图尔内人西孟(Simon of Tournai)及其他三位修士组成,但他们带回了内容与加宾尼那次一样的回信。② 加宾尼带回有关蒙古的消息,引起了法王路易九世的注意。为了结盟蒙古,进行第七次十字军东征,他于1248年也派出了一个多明我会修士隆主麦人安德鲁(Andrew of Longjumeau)率领的使团,③但获得的回信依然如故。④

(二)威廉·鲁不鲁乞

安德鲁使团出访失败后,法王并不甘心。当他得知亚美尼亚大将军三帕德(Sempad)使团曾于1248年出使蒙古,并获知拔都之子撒儿塔本人为基督徒时,决定再派使团同中亚细亚基督教徒建立联系。

1253年12月方济各会传教士威廉·鲁不鲁乞(William of Rubruck,1220~1295)奉法王路易九世之命造访蒙古,同行的还有克雷莫纳人巴塞洛缪(Bartholomew of Cremona)和教会执事戈塞特(Gosset)。⑤ 与之前各使团相比,鲁不鲁乞使团是"纯粹宗教性质的"。⑥

由于拔都并没有授予鲁不鲁乞使团在蒙古传教的权力,于是1254年1月3日使团被送到哈拉和林面见蒙古新大汗蒙哥(Mangu)。同年5月31日使团再次被召见,并获得一封大汗的回信。该信不仅拒绝了使团在蒙古传教的请求,⑦而且劝解法王"应该听命蒙古可汗的意志",并扬言"欧洲应该成为蒙古的一个殖民地"。⑧ 无奈之下,鲁不鲁乞使团于同年7月6日踏上回程。

1255年鲁不鲁乞在回归安条克(Antioch)的路上,用拉丁文写成《鲁不鲁乞东游记》(又称《东方行纪》),作为呈递给法王路易九世的出使报告。尽管鲁不鲁乞使团的出使经历和结果与8年前加宾尼使团大致相同,但两

---

① 多明我会又译"多米尼克派",亦称"宣道兄弟会"(Order of Friars Preachers),天主教的修会之一,由13世纪初西班牙人多明我(Dominic of Guzman,约1170~1221)所创。参见〔英〕道森编:《出使蒙古记》,第18页,页下注。

② 阎宗临先生称这一使团并未达到中国,只是在1247年抵达蒙古成将拜住镇守的波斯,获得了回信。参见阎宗临:《元代西欧宗教与政治之使节》,第352~353页。

③ 参见阎宗临:《十七、十八世纪中国与欧洲的关系》,载阎宗临:《中西交通史》,商务印书馆2021年版,第468页。

④ 蒙古大汗回信的内容,参见〔英〕道森编:《出使蒙古记》,第14~15页。

⑤ 参见方豪:《中西交通史》,下册,第440~441页。

⑥ 参见〔英〕道森编:《出使蒙古记》,第16页。

⑦ 按照阎宗临先生的说法,蒙哥之所以拒绝鲁不鲁乞传教的请求,是"因为要守成吉思汗遗训,对任何宗教,一律平等,无所偏袒"。参见阎宗临:《元代西欧宗教与政治之使节》,第361页。

⑧ 蒙古大汗蒙哥的这封回信,参见《蒙古可汗致法国国王路易九世的信》,载〔法〕艾田蒲:《中国之欧洲:从罗马帝国到莱布尼茨》,上卷,第54~55页。

部行记的内容和风格还是存在较大差别。对此,英国学者道森总结道:

> 普兰诺·加宾尼主要关心于把当时被认为是对基督教世界迫在眉睫的危险的蒙古人及其帝国的情况,向教皇提出一个全面的报告,特别注意于论述他们作战的方法和怎样才能最好地对付他们的攻击。鲁不鲁乞的游记(除了有关蒙古人生活方式和风俗习惯的九章的简短介绍性文字外)则是对于其旅行和个人经历的老老实实的充分详细的叙述。他是一个罕见的观察力敏锐的人,具有一位艺术家的气质和眼睛。他自己写道:"事实上,如果我知道怎样绘画就好了,那我就可以为您(指圣路易)画出每一事物的图画。"①

《鲁不鲁乞东游记》除"结语"外,共有 38 章。该书最大的意义在于:他第一次向西方人证明契丹就是西方古代传说中的"丝国人"(赛里斯),古希腊罗马时代一度中断的中国形象又被接续上了。对此,鲁不鲁乞写道:

> 是大契丹(Grand Cathay),我相信,那里的居民在古代常被称为塞雷斯人(Seres)。他们那里出产最好的绸料,这种绸料依照这个民族的名称被称为塞里克(Seric),而这个民族是由于他们的一个城市的名称而获得塞雷斯这个名称的。②

需要总结说明的是,这里的"契丹"是欧洲人在 13~15 世纪对中国的称谓,是西方陆路交通系统对中国的表达。对此,有学者总结道:

> 西方历史记载对中国的称呼很多,以海路与陆路两个不同途径分成两个系统。由海路到达印度,自印度人那里获得的对中国的称呼是 Cin、Cini、Cina 或 Cinasthan 等,最终转化为现代人所熟悉的 China。从陆路接近中国时获得的中国名称则较复杂,希腊罗马时代称作赛里斯(Seres)、桃花石(Taugas);契丹人在中国北部建立辽朝(907~1125),以及辽灭亡后其余部在中亚建立西辽(1124~1218),使亚洲大陆上的其他民族如俄罗斯人、波斯人与突厥人熟知其族名契丹,并以此名称指呼中国。西辽灭亡以后,"契丹"之名沿袭下来,用以称呼中国。蒙古时

---

① 〔英〕道森编:《出使蒙古记》,第 17 页。
② 〔法〕威廉·鲁不鲁乞:《鲁不鲁乞东游记》,载〔英〕道森编:《出使蒙古记》,第 161 页。

代的欧洲旅行家游记(包括《马可·波罗游记》),都用 Cathay 这个名称指称中国,甚至在 15 世纪末哥伦布从事航海所寻找的国家仍然是 Cathay。近代以后,西方人终于明白 Cathay 与 China 实际上是同一个国家,从而实现了 China 与 Cathay 的接替。①

作为"中法关系史上第一位官方史官",鲁不鲁乞在行记第 8 章"关于他们的司法和审判"中对中国法有较为集中的介绍:

> 关于他们的刑法,我能够告诉您的是:当两个男人相斗时,没有人敢于干涉,即使父亲也不敢帮助他的儿子。但是被打败的人可以向法院控诉,如果对方在他控诉后再碰他一下,就要被处死。但是,他必须毫不耽搁地立刻前往法院,去时,由这个受到伤害的人带领着对方,像带领俘虏一样。
>
> 除非一个人在犯罪时当场被捉住或自己供认了罪行,他们不处以死刑。但是,当一个人被一些人控告时,他们就严加拷问,使之招供。谋杀、同一个不属于自己的妇女同居,他们都处以死刑。所谓"属于自己的",我的意思是包括妻子或仆人,因为,一个人随心所欲地使用他的奴隶,是合法的。大规模地抢劫,他们也同样地处以死刑。至于小偷小摸,例如偷一只绵羊,只要这个人没有屡次偷羊并屡次被当场捉住,他们只是残酷地拷打他。如果他们打他一百下,那么他们就必须使用一百根棍子。我说的是根据法院的判决而受到拷打的那些人的情况。假的使者,即冒充使者而非使者的人,他们同样地也处以死刑。②

对于汉族人生活的地方,鲁不鲁乞与之后的马可·波罗一样,将那里描写得很富有:"在那个国家里,有一座城市,拥有银的城墙和金的城楼。那个国家有许多省,其中的若干省至今还没有降服蒙古人。"③

加宾尼和鲁不鲁乞的行记"最早将复兴起来的关于远东大洋岸边那个文明发达的伟大民族的知识带给西欧。他们以契丹称呼中国:这在当时的欧洲是第一次听到"④。方豪先生甚至称,鲁不鲁乞在巴黎旅居期间曾把他

---

① 张绪山:《亨利·裕尔与〈东域纪程录丛〉》,载〔英〕裕尔:《东域纪程录丛:古代中国闻见录》,"译者引言",第 xv～xvi 页。

② 〔法〕威廉·鲁不鲁乞:《鲁不鲁乞东游记》,第 122～123 页。

③ 〔法〕威廉·鲁不鲁乞:《鲁不鲁乞东游记》,第 161 页。

④ 〔英〕裕尔:《东域纪程录丛:古代中国闻见录》,第 167 页。

关于中国的知识介绍给英国公法学家培根（Roger Bacon，约 1214 ～ 1294）。① 阎宗临先生也称：

> 吕柏鲁克的《东方行纪》纠正了欧洲许多错误的传述。如蒙古并不是基督教的国家，而是多种宗教可以并存的；蒙古没有侵略欧洲的意图，却有征波斯的准备。以后旭烈兀西征的事实同伊尔汗国的建立，证明吕柏鲁克的观察是正确的。②

然而，他们的行记在某种程度上只是为西方提供了一个中国法形象生成的起点，真正让中国法形象鲜明地进入西方人的知识与想象视野是从马可·波罗开始的。例如，美国汉学家史景迁就指出："鲁布鲁克关于中国的报道虽有价值，但影响有限，基本上只是法王路易九世的私人读物。"③对此，裕尔也说道："的确，在马可·波罗光芒四射的星空旁，到达契丹的所有其他旅行家只是黯然失色的星星。"④

二、马可·波罗行记中的中国法

1260 年以后，蒙古帝国分裂为一个宗主汗国和四个附属汗国。掌握帝国宗主权的被欧洲人称为"大汗"，具体管辖今蒙古国本土和中国，其大汗位置先由成吉思汗次子窝阔台一系继承，后在 1251 年经"宗王大会"选举，传给成吉思汗幼子托雷（Tule）家系的蒙哥，后来的忽必烈（Kublai）及中国的元王朝的其他帝国均属这一系。托雷一系中蒙哥的兄弟旭烈兀则统治波斯和美索不达米亚地区，号称伊尔汗（Ilkhan）。成吉思汗的次子察合台（Chagatai）一系统治中亚，管辖准噶尔、喀什噶尔和不花剌地区。中亚西北部是成吉思汗长子术赤（Juji）的后裔斡鲁朵（Orda）和拔都一系的领地。斡鲁朵王朝统治今咸海以北的地区，被称为白帐（White Horde）或东金帐（Eastern Kipchak）；拔都的领地则在今俄罗斯和伏尔加地区，被称为金帐（Golden Horde）或西金帐（Western Kipchak）。⑤

1260 年两名威尼斯商人尼格罗·波罗（Nicolo Polo）和马菲奥·波罗

---

① 参见方豪：《中国天主教史人物传》，宗教文化出版社 2007 年版，第 18 页。
② 阎宗临：《十七、十八世纪中国与欧洲的关系》，第 469 页。
③ 〔美〕史景迁：《大汗之国：西方眼中的中国》，阮叔梅译，广西师范大学出版社 2013 年版，第 19 页。
④ 〔英〕裕尔：《东域纪程录丛：古代中国闻见录》，第 175 页。
⑤ 参见〔英〕G. F. 赫德逊：《欧洲与中国》，第 115～116 页。

(Mafeo Polo)从克里米亚(Crimea)沿着当时的贸易线路来到忽必烈新都汗八里(Cambaluc,今北京),介绍了一些欧洲的消息给大汗。1266年夏天,忽必烈要求他们返回欧洲时向罗马教皇呈递一封信,信中要求教皇派遣100名"通晓七艺的学者"来中国传授欧洲知识。[①] 1269年两人回到欧洲,被新教皇格里高利十世(Gregory X)再次派往中国。1271年,尼格罗·波罗的小儿子马可·波罗也随行前往,同行的还有两名多明我会的修士,但后者在小亚美尼亚打道回府。因此,1275年到达上都(Xanadu)会见忽必烈的是波罗兄弟和马可·波罗。[②]

他们在到达忽必烈宫廷后立即为皇家服务,并在那里待了17年。马可·波罗在此期间通过旅行和工作收集了日后撰写游记的素材。对此,拉赫指出:"马可是唯一一个在那里旅行、工作,并且把他的经历整理成文字的人。因此,在历史上,欧洲第一次有了关于中国及其邻国的详细记述,而这些文字绝非建立在道听途说或胡乱猜测的基础上。"[③]至于忽必烈为何允许波罗一家在朝廷任职,赫德逊指出,这源于他对于汉人的警惕以及对欧洲人行政能力的认可。对此,有论者指出:

> 中国刚被征服不久,忽必烈还不愿意在高级行政部门中使用大批的中国人,而鞑靼人天生不适合在中国政府部门的复杂工作;因此他的政策是利用开化的外国人班子来维持他的统治,并且在外国人中间使各类人等保持平衡,从而使他自己的权力更加绝对。波斯的穆斯林和维吾尔的景教徒已经被忽必烈征来服务,他迫切地想要增加一些远方拉丁世界的某些特选分子,这些人是1241年和1259年两次大侵袭作为胜利品的俘虏,已由于他们的能力在蒙古享有很高声誉。[④]

英国学者艾兹赫德(Adshead)甚至说:"大概直到19世纪,元朝时来中国的外国人比中国历史上任何一个朝代都多。"[⑤]

1295年马可·波罗回到威尼斯,后于1298年9月在一次海战中被热那

① 参见方豪:《中国天主教史人物传》,第19页。
② 关于波罗一家来华前后信息,马可·波罗在行记中有详细说明。参见〔意〕马可·波罗:《马可波罗行纪》,〔法〕沙海昂注,冯承钧译,中华书局2004年版,第3~48页;另见方豪:《中西交通史》,下册,第441~443页。
③ 〔美〕唐纳德·F.拉赫:《欧洲形成中的亚洲》,第一卷(发现的世纪),第一册上,第39页。
④ 〔英〕G. F. 赫德逊:《欧洲与中国》,第123页。
⑤ 〔英〕S. A. M. 艾兹赫德:《世界历史中的中国》,姜智芹译,上海人民出版社2009年版,第158~159页。

亚(Genoa)当作俘虏。在狱中他将自己在中国的经历,口述给来自比萨的狱友——通俗传奇作家鲁思梯谦(Rustichello)。鲁思梯谦将马可·波罗的故事命名为《天下奇闻录》(*Livre des diversites*),该书在几个月内风靡整个意大利。① 于是,马可·波罗也通过这部游记为欧洲人了解中国的知识"开辟了一个新纪元"②,同时也以一个侨居中国 17 年之久的西方人的眼光,勾绘了中国社会的概貌,开启了前近代西方人对中国文明及其法律的赞美与想象。

马可·波罗在那部举世闻名的游记当中,向欧洲人描绘了一个自己所看到的财富与世俗的天堂。契丹蛮子,地大物博,城市繁荣,政治安定,商贸发达,交通便利,人民富足,金银遍地。

具体就涉及本主题的中国法而言,马可·波罗在第 68 章介绍完元朝诸君主世袭顺序后,记述了一段元代"婚姻法"内容:

> 婚姻之法如下:各人之力如足赡养,可娶妻至于百数。然视第一妻子为最驯良。赠聘金于其妻,或妻之父母。待等所生之子,较他人为众,盖其妻如上所述也。鞑靼可娶其从兄妹,父死可娶其父之妻,惟不娶生母耳。娶者为长子,他子则否,兄弟死亦娶兄弟之妻。婚时大行婚礼。③

就狱讼制度而言,马可·波罗在该书第 69 章有一段专门的记述:

> 其治理狱讼之法如下。有窃一微物者,杖七下,或十七,或二十七,或三十七,或四十七,而止于一百零七。视其罪大小而异,有时被杖至死者,设有盗马一骑或其他重要物品者,则为死罪,处以腰斩之刑。然应附带言及者,其罪可以买赎,偿窃物之九倍则免。④

对于这一记载,有论者甚至在《元史·刑法志》中找到了上述"盗窃罪"的对应条文,并作出这是欧洲书籍中第一次明确提到中国法律条文,马可·波罗

---

① 该部游记完成于印刷术在欧洲普及之前,因此,其最早的印刷版是 1477 年的德国纽伦堡版。1483 年、1484 年,该书出版了拉丁文版,之后 1496 年、1502 年、1503 年、1556 年意大利文版、葡萄牙文版、西班牙文版以及法文版分别问世。参见杨植峰:《帝国的残影:西洋涉华珍籍收藏》,团结出版社 2009 年版,第 5 页。

② 〔英〕G. F. 赫德逊:《欧洲与中国》,第 124 页。

③ 〔意〕马可·波罗:《马可波罗行纪》,第 238～239 页。

④ 〔意〕马可·波罗:《马可波罗行纪》,第 248 页。

确实来过中国的论断。①

此外,马可·波罗还零星记载了元代其他一些法律的规定:

> 礼敬父母,若有子不孝敬父母者,有一特设公共法庭惩之。
>
> 各种罪人拘捕后,投之狱,而缢杀之。但大汗于三年开狱,释放罪人一次。然被释者面烙火印,俾永远可以认识。
>
> 现在大汗禁止一切赌博及其他欺诈方法,盖此国之人嗜此较他国为甚。诏令禁止之词有云:"我既用兵力将汝曹征服,汝曹之财产义应属我。设汝辈赌博,则将以我之财产为赌注矣。"虽然如此,大汗从未使用其权擅夺人民产业。②

或许是因为忽必烈的知遇之恩,马可·波罗对元世祖忽必烈推崇备至。他在第 2 卷专门论述大汗的丰功伟绩。他指出:"忽必烈汗,犹言诸君主之大君主,或皇帝。彼实有权被此名号,盖其为人类元祖阿聃(Adam,亚当——引者注)以来迄于今日世上从来未见广有人民土地财货之强大君主。我将于本书切实言之,俾世人皆知我言尽实,皆知其为世上从来未有如此强大之君主。君等将在本书得悉其故。"③

首先,他指出忽必烈因"睿智英武""为人公正而有条理"而获得帝位。④ 其次,他记述了忽必烈所持的"宗教宽容"政策:

> 彼对于基督徒主要节庆,若复活节、诞生节等节,常遵例为之。对于回教徒、犹太教、偶像教徒之主要节庆,执礼亦同。脱有人询其故,则答之曰:"全世界所崇奉之预言人有四,基督教徒谓其天主是耶稣基督,回教徒谓是摩诃末,犹太教谓是摩西,偶像教徒谓其第一神是释迦牟尼。我对于兹四人,皆致敬礼,由是其中在天居高位而最真实者受我崇奉,求其默佑。"⑤

接着,他较为详细地介绍了忽必烈的官制:

---

① 参见马小红、史彤彪主编:《输出与反应:中国传统法律文化的域外影响》,第 201 页。
② 〔意〕马可·波罗:《马可波罗行纪》,第 416～417 页。
③ 〔意〕马可·波罗:《马可波罗行纪》,第 285～286 页。
④ 参见〔意〕马可·波罗:《马可波罗行纪》,第 290 页。
⑤ 〔意〕马可·波罗:《马可波罗行纪》,第 305 页。

应知大汗选任男爵十二人，指挥监察其国三十四区域中之要政。

应知此十二男爵同居于一极富丽之宫中，宫在汗八里城内。宫内有分设之房屋亭阁数所，各区域各有断事官一人、书记数人，并居此宫之内，各有其专署。此断事官及书记等承十二男爵之命，处理各该区域之一切事物。事之重大者，此十二男爵请命于君主决之。

然此十二男爵权力之大，致能自选此三十四区域之藩主。迨至选择其所视为堪任之人员以后，入告于君主，由君主核准，给以金牌，俾之授职。此十二男爵权势之大，亦能决定调度军队，调发必要之额数，遣赴其视为必要之处所。然此事应使君主知之。其名曰省，此言最高院所是已。其所居之宫亦名最高院所，是为大汗朝廷之最大卿相；盖其广有权力，可随意施惠于其所欲之人。①

据学者冯承钧考，马可·波罗这里所说的"男爵十二人"应该是元代枢密院。"三十四区域"应该是十二行省加上二十二廉访司（由八道隶御史台、十道隶江南行台、四道隶陕西行台构成）。②

需要注意的是，行记这段对元代政制的记述开启了西方对中国政制组成记述的先河，后来西方的"观察家们"或多或少会在各自作品中记述此方面内容。

最后，他还记述了忽必烈的赈恤贫民之举，足见"君主爱惜其贫民之大惠，所以人爱戴之，崇拜如同上帝"③。

在马可·波罗的笔下，元代中国社会呈现出一番升平景象。对于"汗八里城"（北京），他描写道："外国巨价异物及百物之输入此城者，世界诸城无能与比。盖各人自各地携物而至，或以献君主，或以献宫廷，或以供此广大之城市，或以献众多之男爵骑尉，或以供屯驻附近之大军。百物输入之众，有如川流之不息。仅丝一项，每日入城者计有千车。"④

对于忽必烈征服的南宋，马可·波罗也惊叹于它的富足。他说道："蛮子（Mangi）大州有一国王，名称法黑福儿⑤（Faghfour），甚强大，广有财货人民土地，世界君王除大汗外无有及之者。"⑥具体而言，他写道："国王治国至

---

① 〔意〕马可·波罗：《马可波罗行纪》，第389页。

② 参见〔意〕马可·波罗：《马可波罗行纪》，第391~392页。

③ 〔意〕马可·波罗：《马可波罗行纪》，第411页。

④ 〔意〕马可·波罗：《马可波罗行纪》，第379页。

⑤ "法黑福儿"是中国君主之别号，由波斯语名 bagaputhra 转为阿剌壁语之 baghpour，皆汉语"天子"之意译。参见〔意〕马可·波罗：《马可波罗行纪》，第529页。

⑥ 〔意〕马可·波罗：《马可波罗行纪》，第526页。

公平,境内不见有人为恶,城中安宁,夜不闭户,房屋及层楼满陈宝贵商货于其中,而不虞其有失。此国人之大富与大善,诚有未可言宣者也。"①城市中的集市交易亦井然有条,因为法官在躬行其职:"每市场对面有两大官署,乃副王任命之法官判断商人与本坊其他居民狱讼之所。此种法官每日必须监察附近看守桥梁之人是否尽职,否则惩之。"②人与人之间亦和睦相处,互相礼敬:"行在城之居民举止安静,盖其教育及其国王榜样使之如此。不知执武器,家中亦不贮藏有之。诸家之间,从无争论失和之事发生,纵在贸易制造之中,亦皆公平正直。男与男间,女与女间,亲切之极,致使同街居民俨与一家人无异。"③国家法律在维持社会秩序方面,发挥了很好的作用。

尽管马可·波罗注意到了中国人的和睦和礼敬,但有论者也注意到,他的行记中只字未提中国的儒家传统及其人物。究其原因,一是他对汉语一窍不通,另一个原因是他对哲学思想并不热衷。④

无论是真实或是虚构,《马可·波罗游记》依旧无可争议地开创了一个时代,它激发了近代西方人对中国文明与文化的浓厚兴趣,为正在兴起的"欧洲的资本主义文明输入了新鲜血液"⑤。马可·波罗对于中国法的记述很快在近代欧洲的思想界引起了热烈反响。在他们眼中古老的中国是一个疆土辽阔、经济繁荣、文化发达、历史悠久、政治清明、法律完备、司法公正的庞大帝国。

三、约翰·孟帖·科儿维诺等人行记中的中国法

1287 年伊儿汗国第 4 位君主阿鲁浑(Arghoun,1284～1291 年在位)为了对抗穆斯林,派出一个以拉班·扫马(Rabban Sauma,1225～1294)为代表的使团,⑥出使罗马寻求与基督教世界的军事联盟。⑦"他是一个生于北京的景教徒(Nestorian),也是第一个被确认为到达欧洲的中国人。"⑧他在西方见到了教皇尼古拉四世(Nicholas IV)、法王腓力四世(Philippe IV)和英王

---

①　〔意〕马可·波罗:《马可波罗行纪》,第 528 页。

②　〔意〕马可·波罗:《马可波罗行纪》,第 581 页。

③　〔意〕马可·波罗:《马可波罗行纪》,第 582 页。

④　参加〔法〕艾田蒲:《中国之欧洲:从罗马帝国到莱布尼茨》,上卷,第 85 页。

⑤　〔法〕安田朴:《中国文化西传欧洲史》,耿昇译,商务印书馆 2000 年版,第 2 页。

⑥　有关拉班·扫马的详细情况,参见〔伊儿汗国〕佚名:《拉班·扫马和马克西行记》,朱炳旭译,大象出版社 2009 年版,第 1～41 页;另见徐宗泽:《中国天主教传教史概论》,第 87～89 页。

⑦　裕尔指出,在 13 世纪最后三十年和 14 世纪初叶年间,统治波斯的蒙古汗和基督教世界的君主之间有过多次外交往来,从来往信函中,其发现蒙古王公的语气已不像前一时代那样蛮横与盛气凌人。参见〔英〕裕尔:《东域纪程录丛:古代中国闻见录》,第 176 页。

⑧　〔美〕唐纳德·F.拉赫:《欧洲形成中的亚洲》,第一卷(发现的世纪),第一册上,第 43 页。

爱德华一世(Edward I)，①但他"没能找到他需求的军事联盟，显然，从那以后，前往西方的蒙古人就放弃了在拉丁世界寻求合作的努力"②。

拉班·扫马的出使并非完全没有功劳，他至少让西方人知道蒙古有很多基督徒。于是，1289年教皇尼古拉四世派遣约翰·孟帖·科儿维诺(John of Monte Corvino，1247～1328)出使蒙古传播福音，并带信给阿鲁浑、海都(Kaidu)和大汗忽必烈。方豪先生称："若望孟高维诺(约翰·孟帖·科儿维诺——引者注)是我国第一个天主教教区的创始人，也是以教廷正式使节名义来华的第一人。"③

科儿维诺于1289年从罗马出发，在阿鲁浑的都城帖兀力思(Tauris)面见了阿鲁浑。1291年又从阿鲁浑处前往中国，但此时由于忽必烈与海都之间爆发战争，他无法从陆路通行，只能取道印度，并在马德拉斯(Madras)逗留13个月，直至1294年7月忽必烈去世之后才到达中国的汗八里。④

忽必烈的继任者帖木儿(Timur，1294～1307年在位)接待了科儿维诺，并允许他在中国传教。在传教12年期间，他得到了意大利商人卢卡隆戈人皮特罗(Pietro de Lucalongo)的帮助，不仅在到达中国的次年劝服驸马和中国西北部的汪古部首领阔里吉思(George)，由景教改信天主教；而且用不到6年时间在汗八里建立了一座有钟楼和三座钟的教堂。罗马教廷正是看到了科儿维诺的工作成绩，于1307年任命他为汗八里的大主教，并两次派出主教和副主教协助他的工作。⑤ 1313年，"一个独立于汗八里的主教辖区在福建省最大的转口港刺桐(即泉州，Ch'uan-chou)创建起来"⑥。

至于中国法的内容，科儿维诺在他发回给罗马教廷的信中有所涉及。⑦他于1305年1月8日在汗八里书写的第一封信中首先介绍了元朝统治者宗教宽容的态度："我呈递了教皇殿下的信件，劝告皇帝本人信奉我们的主耶稣基督的罗马天主教，但是，他对偶像教的迷信太深了。然而，他对

---

① 参见〔伊儿汗国〕佚名：《拉班·扫马和马克西行记》，第27～41页。
② 〔美〕唐纳德·F.拉赫：《欧洲形成中的亚洲》，第一卷(发现的世纪)，第一册上，第43页。
③ 方豪：《中国天主教史人物传》，第21页。
④ 然而，法国学者艾田蒲综合相关史料却认为，科儿维诺于1294年到达中国，并与忽必烈相识五六个月。参见〔法〕艾田蒲：《中国之欧洲：从罗马帝国到莱布尼茨》，上卷，第59页。
⑤ 参见〔英〕道森编：《出使蒙古记》，第26～27页；〔英〕G. F. 赫德逊：《欧洲与中国》，第127～128页；〔法〕艾田蒲：《中国之欧洲：从罗马帝国到莱布尼茨》，上卷，第56～57页；方豪：《中西交通史》，下册，第446～448页；阎宗临：《元代中欧宗教与政治之使节》，第366～367页。
⑥ 〔美〕唐纳德·F.拉赫：《欧洲形成中的亚洲》，第一卷(发现的世纪)，第一册上，第44页。
⑦ 科儿维诺从中国发出的两封信现保存着三份抄本，一份在巴黎，两份在罗马。它们被瓦丁在他的《小教友会编年史》中第一次刊印出来，因此，三百年来为教会历史学者们所熟知。参见〔英〕道森编：《出使蒙古记》，第260页。

基督教徒非常宽厚。我同他在一起,至今已有十二年了。"①接着,他还记述了自己被诬陷接受审判,后被元朝皇帝"平反"的经历。最后,他赞美了元朝的财富和稳定:"据我见闻所及,我相信在土地之广、人口之众、财富之巨等方面,世界上没有一个国王或君主能与大汗陛下比拟的。"②

值得注意的是,根据科儿维诺的说法,至少在 1305 年之前的几年,他已经将《新约全书》和《诗篇集》(可能是《旧约》中的《诗箴》和《传歌》两篇)翻译为中文(或蒙古语)。他写道:"我已通晓鞑靼语言文字,这是鞑靼人通用的语言。现在我已将《新约全书》和《诗篇集》全部译成那种语文,并已叫人用美丽的字体缮写出来。"③

1306 年 2 月,科儿维诺在汗八里给罗马教廷的第二封信中,以"关于伟大的鞑靼帝国"为题,再一次向西方描述了它的伟大和宽容。他写道:

> 关于东方人的国土,特别是大汗的帝国,我可以断言,世界上没有比它更大的国家了。我在大汗宫里有一个座位,而且作为教皇陛下的使节,享有进入宫内的权利。大汗对我的尊敬,超过对其他的主教们,不管他们拥有什么称号。虽然大汗已听到过关于罗马教廷和拉丁国家的许多情况,然而他仍然非常渴望看到那些地方派来的使者。
>
> 在这个国家里,有许多偶像教徒的教派,各派有不同的信仰。有许多种类的僧人,习惯各不相同,他们在遵守教规方面,要比拉丁修士严格得多。④

对于科儿维诺大主教在华的事迹,刺桐主教佩里格林(Peregrine)在 1318 年 1 月 3 日致罗马教廷的信中予以了确认,并提及元朝政府允许他们自由传教。同时,与科儿维诺大主教一样,他在这封信中也表达了对元帝国的赞美:

> 如果我把这个伟大帝国的情形叙述出来——其权力之巨大,其军队之众多,其领土之辽阔,其岁入之总额,其慈善救济之支出——人们是不会相信的。在这里的拉丁人就这些方面把它同世界上所有其他王国相比较,但是我不叙述它怎样超越它们。我们所在的伟大城市刺桐

① 《约翰·孟帖·科儿维诺的第二封信》,载〔英〕道森编:《出使蒙古记》,第 262 页。
② 《约翰·孟帖·科儿维诺的第二封信》,载〔英〕道森编:《出使蒙古记》,第 265 页。
③ 《约翰·孟帖·科儿维诺的第二封信》,载〔英〕道森编:《出使蒙古记》,第 265 页。
④ 《约翰·孟帖·科儿维诺的第三封信》,载〔英〕道森编:《出使蒙古记》,第 268 页。

位于海滨，距离汗八里约有三个月的行程。①

类似的表述，我们还可以在佩里格林死后，接替他担任刺桐主教的佩鲁贾人安德鲁（Andrea da Perugia，？～1332）于 1326 年 1 月写给罗马教廷的书信中看到。安德鲁写道："我不想谈这位伟大的皇帝的富有、庄严和光荣，帝国国土之广，其城市之多而且大，帝国治理秩序之佳（国内无人敢拔刀侵犯他人），因为如果一一细述，这封信就太长了，而且听到的人也不会相信。"②对于元朝政府的"宗教宽容"政策，他也有类似记载：

> 在这个广大的帝国中，确实居住着世界上的各种民族和信仰各种教派的人，所有的人都被允许按照他们自己的信仰自由生活。因为这是他们的意见（而我应该说这是他们的错误）：每一个人在他自己的教派中都可以得到拯救。我们可以自由地和安全地讲道，但是犹太人和萨拉森人中没有一个人改信基督教。偶像教徒中，接受洗礼的极多，但是他们在接受洗礼以后，并不严格遵守基督教的习惯。③

类似的表述在波代诺内（Pordenone）的鄂多立克（Odoric，1286～1331）的传记中也有记载。④ 这位出生于捷克或波西米亚家庭的方济各会士曾于 1322 年到达中国，并在汗八里居住 3 年，1328 年离开中国。⑤ 鄂多立克在《鄂多立克东游录》（*The Eastern of the World*）中写道："从那出发，我来到杭州城（Cansay），这个名字义为'天堂之城'。它是全世界最大的城市（确实大到我简直不敢谈它，若不是我在威尼斯遇见很多曾到那里的人）。它四周足有百英里，其中无寸地不住满人。"⑥对于大可汗在汗八里的宫殿，他写道："大宫墙内，堆起一座小山，其上筑有另一宫殿，系全世界之最美者。"⑦对于元帝国的广大，他写道：

---

① 《刺桐主教、教友佩里格林的信》，载〔英〕道森编：《出使蒙古记》，第 272 页。

② 《佩鲁贾人安德鲁的信》，载〔英〕道森编：《出使蒙古记》，第 273 页。

③ 《佩鲁贾人安德鲁的信》，载〔英〕道森编：《出使蒙古记》，第 274～275 页。

④ 鄂多立克行记的相关内容，参见〔美〕唐纳德·F. 拉赫：《欧洲形成中的亚洲》，第一卷（发现的世纪），第一册上，第 44～46 页。需要说明的是，鄂多立克行记是他 1331 年去世前，向威廉索拉惹（Gulielmus de Solagna）口述，由亨利格拉兹（Henricus de Glatz）笔录的结果。参见方豪：《中西交通史》，下册，第 449 页。

⑤ 参见方豪：《中西交通史》，下册，第 448～449 页。

⑥ 〔意〕鄂多立克：《鄂多立克东游录》，何高济译，中华书局 1981 年版，第 67 页。

⑦ 〔意〕鄂多立克：《鄂多立克东游录》，第 73 页。

这个帝国被其君主划分为十二部分;每部分叫做一个省。这十二部分中,蛮子那部分构成一个省,下属两千大城。并且,确实地,他的那个帝国是那样大,如有人想逐个访问这些省,那他要足足花上六个月的时间;而这尚不把为数五千的岛屿算在内,他们不包括在十二个省中。(再者,有四名大臣管治这位大君王的帝国。)①

在圣徒科儿维诺的个人努力下,罗马教廷在元代中国的传教事业繁荣了 20 年,并且在他继任者们的主持下又维持了 40 年。其中,公元 1338 年"元朝最后一位皇帝的使团来到阿维农(Avignon)请求教皇祝福和赠送一些欧洲的马匹",并"带来一封中国鞑靼军队中阿兰人(Alans)分队的信件",要求教皇为皈依基督教的他们派一个主教。② 于是,教皇本笃十二世(Pope Benedict XII)于 1338 年 11 月派遣约翰・达・马黎诺里(John de Marignolli,1290~1353 年之后)出使远东,"这是中世纪派往远东的最后一个重要使节团"③。

马黎诺里于 1342 年春到达中国,带去了教皇赠送给元朝皇帝的战马,并南下刺桐,后于 1345 年 12 月 26 日离开中国,撰写《马黎诺里游记》(Der Reisebericht des Johannes Marignolla)。④ 马黎诺里的离开,意味着欧洲和中国之间大约一个世纪的"密切交往"戛然而止。尽管在 1426 年之前,教皇仍委派使徒前往汗八里担任主教,但没有一个人能够到达自己的辖区。⑤ 况且秉持"宗教宽容"政策的元帝国于 1368 年已寿终正寝。对此,有论者评价道:

到了这个时刻,在中国的蒙古帝国已处于日益衰落的状况,而基督教徒,不论是天主教徒还是聂思脱里派教徒,也随之日趋衰落。1362 年,当中国的民族主义者收复刺桐时,刺桐的最后一任天主教主教佛罗伦萨人詹姆斯(James of Florence)遭到杀害,以身殉教。数年以后,1369 年,基督教徒被驱逐出北京,此后直至十六世纪末,才有耶稣会士(Jesuits)回到北京来。⑥

---

① 〔意〕鄂多立克:《鄂多立克东游录》,第 77 页。
② 参见〔英〕G. F. 赫德逊:《欧洲与中国》,第 129 页;阎宗临:《元代西欧宗教与政治之使节》,第 374 页。
③ 〔英〕道森编:《出使蒙古记》,第 28 页。
④ 参见方豪:《中西交通史》,下册,第 450~452 页。
⑤ 参见方豪:《中西交通史》,下册,第 470~471 页。
⑥ 〔英〕道森编:《出使蒙古记》,第 29 页。

实际上,那个时代对于元帝国这样的表述不仅集体出现在西方人的记述中,而且阿拉伯人的游记中也大多如此记述。摩洛哥旅行家伊本·白图泰(Abu Abdullah Muhammad Ibn Battuta,1304～1377)曾以印度素丹使节的身份于1346年来中国,在泉州、广州、杭州和汗八里游历。① 在他的游记中②,也有上述方济各会修士们类似的表达:

> 我们从此城出发,便进入契丹地区,这里是世界上房舍最美好的地区。全境无一寸荒地,如有荒地,则向其主人征收田赋,或唯他是问。沿河两岸皆是花园、村落和田禾。从汗沙至汗八里城,为六十四日程。……我在世界各地从未见有如此好的地方,只是从安巴尔至阿奈特间四日程的情况近乎此。我们每夜至村落寄宿,终于到达汗八里,这是可汗的京城,可汗是他们最大的素丹,他的国土包括中国和契丹……
>
> 可汗是当地对掌握王权者的一种称号,是各地的君王,地面上所有异教徒的国家中,再没有比可汗的国土更为辽阔的了。③

同时,他还以从广州到汗八里沿途住店的经历,记述了元代中国时期良好的社会秩序。他写道:

> 对商旅说来,中国地区是最安全最美好的地区。一个单身旅客,虽携带大量财物,行程九个月也尽可放心。因他们的安排是每一投宿处都设有旅店,有官吏率一批骑步兵驻扎。傍晚或天黑后,官吏率录事来旅店,登记旅客姓名,加盖印章后店门关闭,翌日天明后官吏录事来旅店,逐一点名查对,并缮具详细报告,派人送往下站,当由下站官吏开具单据证明全体人员到达。如不照此办理,则应对旅客的安全负责。中国各旅站皆如此办理,自穗城至汗八里各旅站亦皆如此。④

值得注意的是,我们还可以在《伊本·白图泰游记》中看到一些关于中国法的内容。他称赞中国以画像稽查罪犯的做法,并提及了中国船舶出海

---

① 参见方豪:《中西交通史》,下册,第452～454页;另见张星烺编注:《中西交通史料汇编》,第2册,第464～470页。

② 伊本·白图泰从1325年起,三次进行世界旅行,足迹遍及西班牙到中国。后素丹令其秘书穆罕穆德·本·朱赞·凯勒比根据他的口述于1356年写成《异域奇游胜览》一书。参见〔摩洛哥〕伊本·白图泰:《伊本·白图泰游记》,马金鹏译,华文出版社2015年版,第26～27页。

③ 〔摩洛哥〕伊本·白图泰:《伊本·白图泰游记》,第406页。

④ 〔摩洛哥〕伊本·白图泰:《伊本·白图泰游记》,第399页。

登记的规定：

> 中国的律例是一只艟克如要出海，船舶管理率其录事登船，将同船出发的弓箭手、仆役和水手一一登记，才准拔锚出发。该船归来时，他们再行上船，根据原登记名册查对人数，如有不符唯船主是问，船主对此必须提出证据，以证明其死亡或潜逃等事，否则予以法办。核对完毕，由船主将船上大小货物据实申报，以后才许下船。官吏对所申报货物巡视检查，如发现隐藏不报者，全艟克所载货物一律充公。①

与《马可·波罗游记》在南欧、亚平宁半岛与伊比利亚半岛的广泛影响相对应，这一时期英国人约翰·曼德维尔（John Mandeville）撰写的《曼德维尔游记》（*Travels of Sir John Mandeville*）则在英国、法国与德国流传更广。②

曼德维尔在这部游记中也对中国及其法律充满了赞誉。例如，他说中国是富饶的大国，欧洲商人不远万里来此贸易：

> 猛克城旁边有一条叫喀喇摩拉（Ceremosan）的河（黄河）。这条河流经契丹（Cathay）的领土。……契丹是一个富饶的大国，商业发达，每年商贾都会云集于此买卖香料和其他商品。那些来自庞巴底或意大利，如威尼斯、热那亚的商人，要跋山涉水历经六个多月才到达这里。③

此外，他还通过比较东方各国统治者，认为大汗是世界上最伟大的领主：

> 大汗是世界上最伟大的领主，无论是长老约翰④，还是巴比伦的苏丹，或是波斯的皇帝均逊色于他。在鞑靼国，男子可以随意娶妻，可一百，可几十。除了自己的姐妹、母亲、女儿不可娶外，可在亲族中任意聘娶。如果父亲去世，也可娶继母为妻。⑤

---

① 〔摩洛哥〕伊本·白图泰：《伊本·白图泰游记》，第398页。

② 据考，1500年之前，《曼德维尔游记》有欧洲各主要语种的译本，保存至今的《曼德维尔游记》手抄本有3000种之多。而同时期影响最大的其他两部东方游记，《马可·波罗游记》只有143种，《鄂多立克东游录》仅有70余种。参见周宁：《天朝遥远：西方的中国形象研究》，上册，第14～15页。

③ 〔英〕曼德维尔：《曼德维尔游记》，任虹译，载王寅生编订：《西方的中国形象》，上册，团结出版社2015年版，第18页。

④ "长老约翰"可能是以契丹人首领耶律大石为原型而演绎出来的一个信奉基督教聂斯托利派的传奇人物。参见方豪：《中国天主教史人物传》，第38页。

⑤ 〔英〕曼德维尔：《曼德维尔游记》，第24页。

尽管《曼德维尔游记》的真实性在西方一直受到怀疑，被认为是剽窃鄂多立克游记和古希腊罗马时代地理学家托勒密诸说的结果，①甚至 17 世纪初的塞缪尔·珀切斯（Samuel Purchas）还对其游记的具体来源进行了细致的分析；②但是，他对于元帝国"无限的财富和权力"的凸显，与这个时代西方对于中国法描述的主题是相一致的。

四、马可·波罗时代中国法之于西方的意义

应该说，马可·波罗时代是中西交往的第一个"波峰"。有论者指出："从柏朗嘉宾出使蒙古到 1347 年马黎诺里从刺桐登船返回欧洲，一个世纪间到中国的欧洲人，历史记载中有名有姓的，就不下 100 人。"③这个"波峰"的到来，很大程度上得益于蒙古人军事上的实力和宗教上的开明。对此，道森总结道：

> 蒙古人，虽然是残忍的，但是还有一种对于世界的责任感，并且对文明作出了一定的贡献。他们从亚洲的一端到另一端开辟了一条宽阔的道路，在他们的军队过去以后，他们把这条大道开放给商人和传教士，使东方和西方在经济上和精神上进行交流成为可能。但是，蒙古人所做的一切，都被帖木儿废弃了，从十五世纪起，东方和西方之间比中世纪中的任何时期都更为隔绝了。④

---

① 参见方豪：《中西交通史》，下册，第 450 页。

② 根据珀切斯的研究，有论者指出："这位毫无经验的旅行者手头一定拥有博韦的文森特著的那部巨大的、百科全书式的《世界宝鉴》，特别是分别题为'自然'和'历史'的那两个部分。从文森特作品中的'自然'部分，曼德维尔能够搜集到的博物学方面那些怪异的条目，从而为自己的著作增添权威性和趣味性；从'历史'部分，曼德维尔在普林尼、索利努斯、塞维尔的伊多西尔等人的著作，亚历山大大帝的传奇故事，早期的动物寓言集，还有最重要的柏朗嘉宾的约翰（John of Plano Carpini）的作品里面，提炼出了荒诞与真实的内容填充在自己的著述中。曼德维尔用以描述黎凡特地区的东方国家的主要资料是波代诺内的鄂多立克的描述——曼德维尔甚至连随意的致谢都没有表示。这两种描述是如此的相似，以至于学者们曾一度认为两位作者是结伴旅行的。珀切斯甚至指控鄂多立克是剽窃者。曼德维尔在提供有关蒙古和大汗的信息时，也大量地使用了海屯在其《东方的故事精华》（Fleurs des Histoires d'Orient）里面的描述。曼德维尔描述亚洲的其他资料来自卢布鲁克的威廉（William of Rubruquis）和蒙特克罗克斯的里克尔德（Ricold of Monte Croce），以及著名的伪造出来的长老约翰送往欧洲的信札。曼德维尔在多大程度上参考了马可·波罗的描述至今仍是一个公案，但是二者之间具有很多的特征，而且谈及的地域也有大量的重合。如果说像曼德维尔这样严谨的研究者没有读过马可·波罗的作品是难以置信的。"〔美〕唐纳德·F.拉赫：《欧洲形成中的亚洲》，第一卷（发现的世纪），第一册上，第 97～98 页。

③ 周宁：《风起东西洋》，团结出版社 2005 年版，第 42 页。

④ 〔英〕道森编：《出使蒙古记》，第 29～30 页。

与之相对,元朝覆灭后西方对于中国的了解也出现了停滞,甚至倒退。对此,方豪写道:"元亡后,西方之不提及中国者经历2世纪,'东方奇闻'亦不复为人称述。中国位置,即在学者心目中,亦有不可思议之感。15世纪末,竟有学者置中国于里海附近;又有人置于印度河与恒河之间。其对于中国观念之模糊,可想见矣。"①

这些基督教的圣徒和旅行家们反复称赞大汗的国土广阔、物产丰富、汗八里的恢宏气势以及大汗的权威与宽仁,以至于"大汗的大陆"在中世纪晚期西方人的文化视野中已经成为"财富和权力"的代名词。这时西方的中国法记述和评价中,开始出现一些集中化和有意识化的特征。

当然,我们不能将这一时期所有关于中国法的表达都看成西方人某种刻意化的叙事,过分强调其中意识形态的成分,而忽略其中客观历史事实的内容。例如,当时欧洲最大的城市威尼斯有16万人,而中国的杭州则有600万人,当他们看到这样的对比后,内心深处一定是震撼的。这些行记从表面上看是在谈论一个异域民族的法律和政治,实质上是在谈论内心深处被压抑的欲望世界和对未来自身发展的渴望,渗透着这一时期西方还处于萌芽中的世俗资本主义对世俗生活、王权统一的向往。例如,从前述科儿维诺、安德鲁等人的行记和信函中可以看到许多来自热那亚商人的活动。他们为了追求更多的商业利润,摆脱拜占庭、穆斯林以及威尼斯商人的盘剥,利用"蒙古和平"(Pax Mongolica)开辟的陆路交通,直接来到中国进行贸易。② 1331年,英王"爱德华三世竟在一次大比武中,按照《马可·波罗游记》中的描写,把自己打扮为大汗,让随从骑士穿上金光闪闪的鞑靼袍,列队穿过伦敦城时,骑士的身边还伴着贵妇小姐,身穿红袍、头戴赶骆驼人的白尖帽"③。

众所周知,在漫长的中世纪,封闭的天主教压抑了人的现世欲望,封建制度所引发的"权力碎片化",使得王权一统成为一种奢望。在此背景下,中国法背后"大汗的大陆"所代表的"财富与权力"无疑给西方带来了希望。尽管上述的很多游记是虚构的,甚至游记作者是否真正到过中国都值得怀疑;但是,对于此时的西方人而言,重要的不是游记叙事的真伪问题,而是他们的叙事是不是已经表达了对于自身文化不可名状的忧虑和被长期压抑的欲望。对此,有学者指出:

---

① 方豪:《中西交通史》,下册,第471页。
② 参见〔美〕唐纳德·F.拉赫:《欧洲形成中的亚洲》,第一卷(发现的世纪),第一册上,第49~53页。
③ 转引自周宁:《天朝遥远:西方的中国形象研究》,上册,第35~36页。

　　"大汗的大陆"形象表现的是一种游戏性的关于财富与权力的想象，渗透着萌芽中的世俗资本主义精神，其中包括一种对王权统一、商业财富、感性奢侈的生活风格的向往。这种对感性奢侈生活的想象，体现出一种刚刚萌生，一时还难以承认或难以表达的新的时代精神，一种与中世纪基督教禁欲主义完全相反，甚至对立的精神，它从文化根基上解构中世纪意识形态，对现代资本主义文化与社会的起源具有重要意义，召唤并预示着现代资本主义生产方式、商品方式与经济社会组织形态的出现。①

　　因此，对于中世纪的西方而论，此时的中国法已经开始出现了作为西方认识自身的"他者"而存在的特征，一种前述的作为"二阶观察"的"法律东方主义"开始出现。马可·波罗时代种种的行记文本，无论真实与否，无不透露着一种比较，即中国的财富与西方的贫困，中国的秩序与西方的混乱，大汗的权威与西方世俗王权的分裂和虚弱。对西方而言，此时的中国法已变为"一种欲望发动幻想的解放力量"。② 需要强调的是，这时作为"他者"的中国法，更多表现为一种对西方超越性的价值和自我的否定，与前文络德睦所界定的"法律东方主义"恰恰相反。中国法此时在西方是用来批判、反思自己的"乌托邦"，而非证成自身优良的对立物。

　　在某种意义上讲，马可·波罗时代在伊比利亚航海时代之前就已经为中世纪的西方发现了一个"新大陆"。它不仅扩宽了之前古希腊罗马时代西方人关于世界的地理认知，而且修正了他们关于世界的心理认知，其核心做法就是把中国纳入世界的版图之内。对此，赫德逊深刻地总结道：

　　　　在十二世纪，欧洲人对地中海地区以外的亚洲和非洲极少有什么知识，大多数地图都把耶路撒冷置于三大洲的中心，地中海则从半路横穿自东而西的大陆块。但是在蒙古的征服之后，亚洲得到了全面的开辟，对它的形状和状况的了解有了高度的准确性；结果是拉丁人以地中海为中心的思想态度有了决定性的突破，他们产生了一种被禁锢在世界一角的新感觉，是处于人类事务的边缘而不是它的中心。旅行已经揭示了在亚洲东部有一个帝国，其人口、财富、奢侈和城市的伟大均不

---

① 周宁：《天朝遥远：西方的中国形象研究》，上册，第 26 页。
② 参见周宁：《天朝遥远：西方的中国形象研究》，上册，第 35 页。

仅是等于而且超过了欧洲的规模。①

英国学者艾兹赫德也指出:"最终,重要的不是马可·波罗看到了什么,而是他作为威尼斯的公民、教皇的使节、最畅销的法文书作者,欧洲依照他看到的那样去做了。"②对于马可·波罗时代西方人因为"大汗的大陆"而引发的新的世界观,有论者精辟地总结道:

> 首先,地中海不是地球的中心,耶路撒冷也不是世界之脐,更不会比其他地方都富有;偌大的一个家乡欧洲,在世界上只是一个被冷落的角落。其次,日升之邦的黄金和阳光一样充沛,在世界上所有的国家中,大汗治下的契丹蛮子最富强,那里即使不是世界的中心,也是文明的中心。最后,世俗精神、商业利润、城市生活、君主权力,正在冲破中世纪基督教文化的压抑表现出来,从某种意义上说,中国形象可能成为欧洲资本主义萌芽精神的表达方式,也正是这种萌芽中的资本主义精神,构成了最初的中国形象的象征意义。③

因此,可以说马可·波罗时代西方对中国法的赞美与想象源于西方自身被压抑的欲望世界。他们看似在谈论中国,赞美中国法,实际上在表达这一时期对于财富、秩序和君权的渴望。

---

① 〔英〕G. F. 赫德逊:《欧洲与中国》,第 134~135 页。
② 〔英〕S. A. M. 艾兹赫德:《世界历史中的中国》,第 123 页。
③ 周宁:《天朝遥远:西方的中国形象研究》,上册,第 29 页。

第三章　伊比利亚航海时代西方
对中国法的发现与力证

随着 14 世纪 40 年代黑死病在欧洲的蔓延，元帝国 1368 年的灭亡，马穆鲁克王朝的兴起以及奥斯曼帝国的扩张，元代中西之间的陆路交通又被阻断。1453 年君士坦丁堡陷落，伊比利亚半岛成为西方人逃脱奥斯曼帝国对地中海贸易控制的唯一出路。寻找到达东方的海路而不是陆路，成为西方人新的选择。于是，伊比利亚航海时代的来临为西方人认识中国法提供了新的契机。这里之所以将这一时期称为伊比利亚航海时代，主要是由于在整个 16 世纪主导地理大发现的是葡萄牙人和西班牙人，他们在地理位置上同属于伊比利亚半岛。

马可·波罗时代的中国传奇是一个伟大的起点。没有马可·波罗那一代人艰难的中国之旅，就没有哥伦布发现新大陆，[①]以及之后达·伽马开辟新航路的壮举，现代西方的殖民扩张和全球文明的历史也就无从开始。[②] 1428 年，威尼斯市政会将《马可·波罗游记》送给来访的葡萄牙王子彼得罗（Prince Pedro）。这位王子的兄弟就是著名的"航海家亨利"，此时他已经开始在萨格里什海角准备探索前往东方的新航路。1459 年，毛罗神父绘制的《寰宇全图》已将《马可·波罗游记》中关于中国的地名标出。马可·波罗时代的"传奇中国"此时逐渐被"地理中国"所取代。[③]

1498 年葡萄牙人达·伽马开辟了东方的新航路，1511 年葡萄牙人攻占

---

① 据考，哥伦布 1496 年以后购得马可·波罗的著作，并在书页空白处记下近百个眉批，在书中涉及黄金、白银、纯丝买卖、香料、瓷器等部分都特别做下了记号。参见〔美〕史景迁：《大汗之国：西方眼中的中国》，第 32～33 页。

② 如克里斯托弗·哥伦布（Christopher Columbus）当时就怀揣着西班牙国王致中国皇帝的国书，抄录了保罗·托斯卡内利（Paolo Toscanelli）向他介绍契丹国的复函，于 1492 年踏上造访中国的航程。1497 年葡萄牙人瓦斯科·达·伽马（Vasco da Grama）为寻找契丹，发现了由好望角而至印度的航路。以至于那一时期"探寻契丹（Cathay）确是冒险界这首长诗的主旨；是数百年航海业的意志灵魂"。转引自忻剑飞：《世界的中国观——近二千年来世界对中国的认识史纲》，第 86 页。

③ 参见周宁：《天朝遥远：西方的中国形象研究》，上册，第 39～40 页。

马六甲,打通了进入中国的门户。1517 年"葡萄牙国王号"就载着西方的使团取道爪哇前往中国,"这是中西方以国家的形式正式交往的开始,从此海洋将中国和西方连接在一起,同时也使西方的法律和中国的法律开始了接触与碰撞"①。

一、来华的伊比利亚人及其描写中国的作品

16 世纪又被称为"伊比利亚人的世纪",葡萄牙人和西班牙人使得"旧世界和新世界的历史就开始融合成为一种真正的全球史"②。率先到达中国的是葡萄牙人,紧跟着的是西班牙人。在明代,中国人将葡萄牙人和西班牙人统称为"佛郎机",后来又有"葡都丽家"和"干系蜡"的区分。③

(一)来华的葡萄牙人及其描写中国的作品

葡萄牙人之所以能够引领时代,一方面是由于他们通过热那亚和佛罗伦萨得到了大量关于东方的信息。葡萄牙人"从费拉拉-佛罗伦萨教会理事会(ecclesiastical Council of Ferrara-Florence)的代理人那里获得了关于印度、契丹和鞑靼的消息"④。对此,赫德逊指出:

> 作为一个海上强国,葡萄牙是热那亚的养女,里斯本得以繁荣的原因大部分是由于它恰好位于热那亚人和威尼斯人与弗兰德斯之间通过直布罗陀海峡的海上交通线上。在航海技术及地理理论和知识方面,葡萄牙人是意大利人的学生。意大利是一切有关非洲和亚洲遥远地区的知识的情报交换所,来自意大利的地图形成了探险家领导者的思想。⑤

1474 年佛罗伦萨天文学家托斯卡内利(Toscanelli)甚至还为葡萄牙国王制定了一个由欧洲向西航行达到中国的方案,但未被采纳。⑥

---

① 田涛、李祝环:《接触与碰撞:16 世纪以来西方人眼中的中国法律》,第 16 页。
② 〔美〕欧文・拉铁摩尔、埃莉诺・拉铁摩尔编著:《丝绸、香料与帝国:亚洲的"发现"》,第 82 页。英国学者艾兹赫德甚至说:"普利普二世是第一个全球意义上的统治者,他的帝国是第一个日不落帝国……自 16 世纪以后,人们逐渐相信有一个世界体系,这个体系将衍生一些新的世界组织,比如塞维利亚大西洋经济和耶稣会国际组织,这些组织的中心是西欧。"〔英〕S. A. M. 艾兹赫德:《世界历史中的中国》,第 195 页。
③ 参见方豪:《中西交通史》,下册,第 562 页。
④ 〔美〕唐纳德・F. 拉赫:《欧洲形成中的亚洲》,第一卷(发现的世纪),第一册上,第 69 页。
⑤ 〔英〕G. F. 赫德逊:《欧洲与中国》,第 145 页。
⑥ 该方案的具体内容及其对哥伦布的影响,参见〔英〕G. F. 赫德逊:《欧洲与中国》,第 180~191 页。

另一方面,葡萄牙依据 1494 年 6 月 7 日与西班牙缔结的《托德西利亚斯条约》(*Treaty of Tordesillas*)获得佛得角以西 370 里格(League)一条子午线以东的航海权。[①] 这为葡萄牙人率先到达东方获得了法理上的支撑,[②]同时开启了西方人用"管辖权"概念扩张全球的历史。[③] 1508 年葡萄牙人迭戈·洛佩斯·德·塞奎拉(Diogo Lopes de Sequeira)得到国王曼努埃尔一世(Manuel I, 1469~1521)如下指令,了解中国:

> 你要向秦人(Chijns)询问,他们来自什么地方,来自多远,在什么时候他们来到马六甲……他们所带的商品,每年有多少船只前来,有关他们船只的式样与类型……他们是否是富有的商人,他们是否是软弱的人,或是勇士,他们有没有武器或大炮,他们穿什么样的衣服,他们是否是大块头的人……他们是基督教还是异教徒,他们的国家是不是一个极大的国家,在他们中是不是不止一个国王,摩尔人(Moors,15 世纪西班牙和葡萄牙对北非穆斯林的蔑称——引者注)有生活在他们之中吗?焉或还有不在他们法律范围之内或不同信仰的其他人;如果他们不是基督徒,他们信仰什么崇拜什么,他们遵守的习俗是什么,他们的国家向哪个部分延伸,与谁交界。[④]

为了再次寻求关于中国的准确信息,西方的葡萄牙人率先起航。1517 年 8 月 15 日费尔南·安德拉德(Fernão Andrade)率 8 艘装满香料的船舶驶入广州,同行的还有曼努埃尔一世所委派的第一位大使托梅·皮雷斯(Thomé Pires)。[⑤] 皮雷斯后来虽获准进京,但始终无缘面见明朝皇帝。后

---

① 这个和约签订的过程十分复杂,其中涉及教皇波吉亚(Borgia Pope)1493 年发布的四个诏书。参见〔美〕唐纳德·F.拉赫:《欧洲形成中的亚洲》,第一卷(发现的世纪),第一册上,第 70~75 页。

② 该条约规定,关于葡萄牙在东方的"保教权"争议都交给果阿大主教以及分布在印度各地的副主教,任何东去的传教士都必须得到葡萄牙国王的批准,且必须经过里斯本,获得护照。这些规定后来随着葡萄牙王国的式微而逐渐被改变。1673 年,教皇克莱芒十世(Clement X)取消了葡萄牙王国的相关权力。参见〔法〕维吉尔·毕诺:《中国对法国哲学思想形成的影响》,耿昇译,商务印书馆 2013 年版,第 25~26 页。

③ 参见屈文生:《从治外法权到域外规治——以管辖理论为视角》,《中国社会科学》2021 年第 4 期。

④ 转引自〔美〕唐纳德·F.拉赫:《欧洲形成中的亚洲》,第一卷(发现的世纪),第二册,胡锦山译,人民出版社 2013 年版,第 296 页。

⑤ 裕尔认为,1517 年的商业远征通常被认为是第一支到达中国的葡萄牙远征队,但安德鲁·科萨利(Andrew Corsali)在 1515 年 1 月 6 日写给洛伦佐·美第奇公爵的信中说 1514 年有一支商业远征队已经到达中国。参见〔英〕裕尔:《东域纪程录丛:古代中国闻见录》,第 192 页,页下注。

因西蒙・安德拉德(Simon Andrade)的海盗行径,托梅・皮雷斯被指控为间谍,在广东被监禁,于1524年死于狱中。明朝皇帝命令葡萄牙恢复先前统治马六甲的王朝,中国与葡萄牙只维持非官方的关系。① 对此,赫德逊这样评价道:

> 新的海上野蛮民族在帝国边远地区出现,他们已表现得生性非常残忍,所以不能蒙受皇恩,也不能允许他们进入中国内地,但是只要在和他们的交易中能够得益,就可以允许他们到某几个口岸来。中国商人想做生意,地方当局经过考虑便允许了,中央政府的官员也进行了考虑,假装不知道,只要是并不存在外交承认问题。②

实际上,托梅・皮雷斯早在前往中国之前的1515年左右已经"向里斯本发回一个详细的葡萄牙人遍及整个东亚贸易活动的概要",即《东方概要(手稿)》(Suma Oriental)。此后的几十年中,葡萄牙的探险家、商人、使节、传教士们纷纷来到中国,他们关于中国的报道也相继出现在欧洲。

这些葡萄牙人撰写的涉及中国及其法律的著作或文献主要如表3-1所示。③

表3-1　来华葡萄牙人关于中国及其法律的作品介绍

来华葡萄牙人	背景介绍	作品及时间
托梅・皮雷斯(Thomé Pires)	托梅・皮雷斯是葡萄牙派往中国的第一位葡萄牙使节。1516年作为负责人带领着赴华使团前往中国,并在1517年左右抵达广州,但在1521年左右,由于涉及一起反叛事件被广州当局关进了监狱,于1524年死于广东监狱。	1512～1515年间的《东方概要(手稿)》(Suma Oriental)

---

① 有关葡萄牙人费尔南・安德拉德,其兄弟西蒙・安德拉德以及托梅・皮雷斯与中国交往的具体细节,若昂・德・巴罗斯在1563年出版的《亚洲旬年史》第三卷有较为详细的记录。参见〔葡〕若昂・德・巴洛斯:《亚洲》,载〔葡〕巴洛斯、〔西〕艾斯加兰蒂等:《十六世纪葡萄牙文学中的中国、中华帝国概述》,何高济译,中华书局2013年版,第36~63页。
② 〔英〕G. F. 赫德逊:《欧洲与中国》,第215页。
③ 有关16世纪葡萄牙海外文献关于中国的文献汇总,参见张廷茂:《16世纪葡萄牙海外文献中关于中国贸易的记载》,载复旦大学文史学院编:《西文文献中的中国》,中华书局2012年版,第121~132页。

（续表）

来华葡萄牙人	背景介绍	作品及时间
杜阿尔特·巴尔博萨（Duarte Barbosa）	1500 年左右去往印度，并在印度生活了40多年，担任过当地的行政职务，这给他写作的资料收集提供了便利，记录当时东方各国的信息，其中就包括中国。	1516 年前后的《东方纪事（手稿）》（*Livro das Coisas do Oriente*）
克利斯多弗·维埃拉（Cristóvão Vieira）和瓦斯科·卡尔渥（Vasco Calvo）	维埃拉是跟随托梅·皮雷斯出使中国的成员之一，1521 年也沦为阶下囚，亲身经历了中国的监狱和刑罚。 卡尔渥是 1521 年到达中国沿海的葡萄牙商人，因北京方面给当地官员的指示，他和几名同胞被投入监狱。	1524 年的《广州葡囚书简》（*Cartas dos Cativos de Cantão*）
费尔南·洛佩斯·德·卡斯塔内达（Fernão Lopes de Castanheda）	他在亚洲生活了近二十年，在后一个十年里广泛游览；1538 年回到葡萄牙，用二十年时间开始写作关于亚洲的书籍，书中参考了托梅·皮雷斯和杜阿尔特·巴尔博萨等人的作品。	1552 年的《葡萄牙发现和征服印度的历史》（*História do Descobrimento e Conquista da Índia Pelos Portugueses*）
加里奥特·佩雷拉（Galiote Pereira）	出身葡萄牙王室贵族，在 1549 年的一次意外中，迪奥戈·佩雷拉的船队成员被中国当局抓获，冲突中的幸存者被带到福州，在那里进行了简短的审讯，最终在一些中国人的帮助下逃脱。	1553～1563 年的《我所了解的中国》（*Algumas Cousas Sabidas da China*，又译《中国报道》）
匿名	一个与加里奥特·佩雷拉同在中国被俘 6 年的匿名者于 1554 年获救后，向营救他的马六甲神学院贝尔西奥神父（P. Belchior）诉说了他在中国的遭遇。该叙述后以《中华王国的风俗和法律》为名，在里斯本出版。	1555 年的《中华王国的风俗和法律》（*Costumes e leis do reino da China*）
若昂·德·巴罗斯（João de Barros）	作为历史学家的巴罗斯在当时被称为"葡萄牙的李维"。他在 1533 年左右，被葡萄牙王室任命为当时印度几内亚暨事务府总监。总监一职使巴罗斯有了纵览全局的机会，并在后来的岁月里收集了有关葡萄牙在亚洲存在的大量资料。	1563 年的《亚洲十年（第三卷）》（*Ásia: Década III*，又译《亚洲旬年史》）
加斯帕·达·克路士（Gaspar da Cruz）	葡萄牙传教士，在 1556 年抵达中国海岸，并且幸运地取得了访问中国内地的许可，他在广州停留了约一个月，在这期间收集关于中国的资料，将基本情况带回葡萄牙。	1569 年的《中国志》（*Tratado das Coisas da China*）
费尔南·门德斯·平托（Fernão Mendes Pinto）	葡萄牙冒险家，于 1537 年去印度，曾陪伴沙勿略去日本传教，并到达过中国海岸，自称被捕。1558 年返回葡萄牙，撰写《游记》一书。	1580 年撰写的《游记》，1614 年出版

（二）来华的西班牙人及其描写中国的作品

与葡萄牙人利用"教皇子午线"以及《托德西利亚斯条约》所赋予的向东航海权率先接触东方相比,伊比利亚半岛上的另一航海民族西班牙对于中国的接触和报道几乎晚了半个多世纪。尽管 1580 年菲利普二世建立了葡萄牙西班牙联合王国,合并了"好望角航线"和"太平洋航线",但是在到达中国的时间上,西班牙人还是晚于葡萄牙人。然而,这却并不妨碍西班牙人对于中国的关注:"葡萄牙努力进行环绕非洲航行的具体目标是印度而非中国",而西班牙人的目标却是中国。例如,1492 年从西班牙出发的哥伦布就"带着西班牙国王和王后致契丹大汗的一封书信"。①

西班牙到达中国的航线是与哥伦布航路和麦哲伦环球航行线路相符的,并以菲律宾为重要的连接点。1565 年,墨西哥总督派遣一支由墨西哥人米格尔·洛佩斯·德·莱古斯比（Miguel López de Legazpi）率领的探险队,成功在菲律宾建立起西班牙的基地,并成功向东横渡太平洋,完成了困难的返航。从 1570 年开始,关于中国人与西班牙人在菲律宾群岛接触和有关对华贸易财富的消息开始直接传回西班牙。他们于 1571 年在吕宋岛建立了马尼拉城,写信希望西班牙能够开启对中国的征服,并让其改宗基督教。② 1572 年莱古斯比去世,吉多·德·拉维萨雷斯（Guido de Lavezaris）担任菲律宾总督一职。

因 1574 年的"海盗林凤（Limahon）事件"③,1575 年 6 月 12 日第一个西班牙使团由两个奥古斯丁修会④（Augustinian Order）会士马丁·德·拉达（Martin de Rada）和热罗尼莫·马林（Jerónimo Marín）率领,离开马尼拉前往中国。随同他们出使的还有两名军官助手,即米格尔·德·洛阿卡（Miguel de Loarca）和佩德罗·萨米恩托（Pedro Sarmiento）。与此同时,西班牙驻菲律宾总督拉维萨雷斯于 1575 年 6 月 10 日撰写了一封呈递大明皇帝的信。信中提道:"全能的君主:我受卡斯蒂利亚国王菲利浦二世之命,镇守与大明国毗邻之诸岛。素闻贵国伟大和诸神奇逸事,西班牙人虽有访贵国之凤愿,但终无机会身临贵邦。"接着他阐述了其对华"友好"政策以及对旅菲华人的"帮助",并声称"西班牙君主已授令于我,凡与贵邦以及与其属民为敌之

----

① 参见〔英〕G. F. 赫德逊:《欧洲与中国》,第 195 页。

② 参见〔美〕唐纳德·F. 拉赫:《欧洲形成中的亚洲》,第一卷（发现的世纪）,第二册,第 306～307 页。

③ 参见张铠:《中国与西班牙关系史》,五洲传播出版社 2013 年版,第 83～86 页;另见〔英〕G. F. 赫德逊:《欧洲与中国》,第 211 页。

④ "奥古斯丁修会"又称"奥斯定会",其守则内容主要为按福音书所说抛弃家庭、财产而追随基督,在教会内集体过清贫生活,脱离世俗事务;除日常祈祷外,还从事济贫和传教工作等。

海盗或叛逆,我等皆严惩不贷"。① 以此表示友好,请求明朝政府给予他们在华的权利。

由于明朝政府仍对西班牙人心存疑虑,因此,马丁·德·拉达和热罗尼莫·马林使团虽于该年 7 月 3 日至 9 月 14 日在中国福建滞留两个多月,但仍被遣返回到菲律宾。这个前往福建的西班牙使团和总督的来信未能为中国与西班牙之间的宗教活动和商业关系奠定基础。于是,聚居在菲律宾群岛的西班牙人开始正式向西班牙政府提议对中国进行军事进攻。但是,西班牙国王菲利普二世(Felipe II, 1556~1598 年在位)统治时期的哈布斯堡王朝(Habsburg)因国内经济危机和忙于准备与英国进行海战,不同意与中国交恶。对此,菲利普二世于 1577 年 4 月 29 日在回复新任总督弗朗西斯科·德·桑德(Francisco de Sande)的信中这样写道:"关于你认为应当征服中国的事,我们在这里觉得应予以放弃;而且,相反,应该寻求与中国人的友谊。你不要采取行动,或与上述的中国人的海盗敌人合作,更不要授他们以任何借口有对我们的人民提出控诉的正当理由。"②

与这一时期葡萄牙人为数众多的作品相比,西班牙人关于中国及其法律的作品主要有:(1)马丁·德·拉达在 1575 年访问福建后撰写的《记大明的中国事情》(*Relación de las cosas de China que propriamente se llama Taylin*);(2)贝纳迪诺·德·艾斯加兰蒂(Bernardino de Escalante)于 1577 年在塞维利亚出版的《记葡萄牙人在东方诸国和省份的航行,以及他们获得有关中国大事的消息》③(*Discurso de la Navegacion que los Portugueses Hazen à los reinos y provincias del Oriente, y de la noticia que se tiene de las grandezas del reino de la China*);(3)奥古斯丁修会会士胡安·冈萨雷斯·德·门多萨(Juan González de Mendoza)奉教皇格里高利十三世(Pope Gregory XIII)命令撰写的《中华大帝国史》(*Historia de las Cosas Mas Notables, Ritos y Costumbres del Gran Reyno de la China*)。

二、葡萄牙人作品中的中国法

前述提及,至今尚存这一时期来华葡萄牙人最早撰写涉及中国的作品

① 参见张铠:《中国与西班牙关系史》,第 84 页。
② 转引自〔美〕唐纳德·F. 拉赫:《欧洲形成中的亚洲》,第一卷(发现的世纪),第二册,第 309 页。
③ 该书于 1579 年被英国商人约翰·弗朗布吞(John Frampton)翻译为英文在伦敦出版,题名《中华帝国概述》(*An Account of the Empire of China*)。

是 1512 年至 1515 年间由托梅·皮雷斯撰写的《东方概要(手稿)》[1],但遗憾的是"大概这本书写完不久就立即被发往印度商行,作为秘密文献保存起来了",涉及中国的部分"在 1550 年经由威尼斯人文主义者乔万尼·巴蒂斯塔·赖麦锡(Giovanni Battista Ramusio)发表,偶尔地有些段落或句子被遗漏了",该书"最终得到发表已经是 1944 年的事情了"。[2] 与托梅·皮雷斯的作品相似,杜阿尔特·巴尔博萨在 1516 年前后撰写的《东方纪事(手稿)》[3]于 1550 年被编入赖麦锡出版集子的第 1 卷后才渐次被人知道,况且其内容虽涉及中国,但更多的则是在描述印度。[4] 因此,本书不对这两本书涉及中国法的内容进行介绍。

(一) 克利斯多弗·维埃拉和瓦斯科·卡尔渥

这一时期葡萄牙人关于中国最为重要的作品应该是与托梅·皮雷斯同行的使节克利斯多弗·维埃拉 1524 年在广州监狱写给葡萄牙的信。这封信可能在 1527 年就到达了里斯本。这些信件之所以重要,是因为它们描述了第一支葡萄牙外交使团于 1520 年到 1521 年间在北京的情形,以及中国人用于"国际外交关系"的辞令。[5]

另一封从广州监狱发给葡萄牙的信则是瓦斯科·卡尔渥书写的。他是 1521 年到达中国沿海的葡萄牙商人,因北京方面给当地官员的指示,瓦斯科·卡尔渥及其几名同胞被投入监狱。[6] 葡萄牙学者劳莱洛(Loureiro)称:

以《广州葡囚书简》(*Cartas dos Cativos de Cantão*)而为人所知的克

---

[1]　该书的部分涉及中国的内容,何高济先生已将其翻译,参见〔葡〕多默·皮列士:《多默·皮列士〈东方志〉中记中国》,载〔葡〕巴洛斯、〔西〕艾斯加兰蒂等:《十六世纪葡萄牙文学中的中国、中华帝国概述》,第 167~175 页。此外,葡萄牙人洛瑞罗编辑的文献中也有该书的内容,参见〔葡〕托梅·皮雷斯:《东方概要(手稿)》,杨平译,载(澳门)《文化杂志》编:《十六和十七世纪伊比利亚文学视野里的中国景观》,大象出版社 2003 年版,第 1~10 页。

[2]　参见〔美〕唐纳德·F. 拉赫:《欧洲形成中的亚洲》,第一卷(发现的世纪),第一册上,第 229~230 页。

[3]　该书的部分涉及中国的内容,何高济先生已将其翻译,参见〔葡〕巴波萨:《巴波萨书的中国简述》,载〔葡〕巴洛斯、〔西〕艾斯加兰蒂等:《十六世纪葡萄牙文学中的中国、中华帝国概述》,第 176~178 页。此外,葡萄牙人洛瑞罗编辑的文献中也有该书的内容,参见〔葡〕杜亚尔特·巴尔博扎:《东方纪事(手稿)》,杨平译,载(澳门)《文化杂志》编:《十六和十七世纪伊比利亚文学视野里的中国景观》,第 11~15 页。

[4]　参见〔美〕唐纳德·F. 拉赫:《欧洲形成中的亚洲》,第一卷(发现的世纪),第一册上,第 230 页。

[5]　参见〔美〕唐纳德·F. 拉赫:《欧洲形成中的亚洲》,第一卷(发现的世纪),第一册上,第 231 页。

[6]　参见〔葡〕劳莱洛:《广州葡囚书简·序言》,载〔葡〕巴洛斯、〔西〕艾斯加兰蒂等:《十六世纪葡萄牙文学中的中国、中华帝国概述》,第 73 页。

利斯多弗·维埃拉和瓦斯科·卡尔渥的记述,是自马可波罗以来欧洲人对中国最初现场写成的见证,而且是有关葡中初期交往历史的基本文献。其价值立即为同时代的史学界所认识:若望·德·巴洛斯明确地说他曾利用信札的史料撰写他的《十卷书》III。①

更为重要的是,由于两人属于直接被关押的囚犯,因而他们对于中国刑罚、监狱等方面的描述,会直接关涉西方的中国法形象。对此,赫德逊就指出:"两人都在中国受过监禁之苦,从他们被囚禁的环境中,他们获得了远比只知道一个中国港口码头的商人所可能有的更为广泛的有关中国的知识。"②

1. 维埃拉《广州葡囚书简》中的中国法

在这些信函中,克利斯多弗·维埃拉首次较为全面地向西方介绍了中国的刑罚:

中国的死刑。最残酷的是钉十字架;在这里把人割成三千片而人仍然活着,然后把他剖开,取出内脏,让刽子手去吃,把全部切成碎片,扔给在那里为此准备的狗,交给狗吃,这是他们对强盗所施的极刑。其次是砍头,同时割掉私处,放进口内,把尸体分成七块。第三是,从后脑把头砍掉。第四是闷死。那些犯小罪不至于死的人,永远在中国充军,儿子、孙子[和]重孙都如此,例如,在广东的人,发配到很遥远的别的省份,永不返回他的家园;在那里充[当]军士。这就是中国的军人。那些由此上升为曼达林③士绅的人,我在上面说的那些人,一万名,有的终身被放逐,有的若干年。被流放到他省的人,为曼达林做家务,扫地和运水,劈柴,及其他这类的劳动,替国王的工程干活及服别的劳役。刑法是:有一种楦子(escospas),加大高筒靴(borzeguins),一个夹在脚趾中间,两个在外,用绳子紧勒足踝,并用槌子击打楦子;有时折断足踝,有时折断足胫骨,一两天就死去。同样类似的有用木块加在手指和足趾上;这使人十分疼痛,没有危险。还有鞭杖足、屁股和腿肚子,及脚底,

---

① 参见〔葡〕劳莱洛:《广州葡囚书简·序言》,第 73 页。

② 〔英〕G. F. 赫德逊:《欧洲与中国》,第 219 页。

③ "mandarim"指远东,特别是在中国的长官、高官。这个词从葡语传入其他欧洲语言。它并非出自中文,也不如某些东方学家所说来自葡语动词"mandar";它是梵文及新亚利安语"mantra"国之顾问、大臣的错讹。马来语作"mantari",这就是它的语源。转引自〔葡〕巴洛斯、〔西〕艾斯加兰蒂等:《十六世纪葡萄牙文学中的中国、中华帝国概述》,第 84 页。

并打足踝；许多无数的人死于这种鞭杖。所有人，大大小小，都挨刑法；
有很严格的律条。百姓受到伤害，但没有控告曼达林作的恶行
（meāo）。鞭子是一支劈开的粗竹竿，干的，粗若指头，宽若一掌，放
[在]水里浸泡，因为可以打得更凶。①

在这段描写中国的刑罚中，我们可以很清楚地看到明代"笞、杖、徒、流、死"
的五刑，并在死刑中至少可以看到"凌迟""斩刑"和"绞刑"这三种类型以及
"枭首"这一附设刑；还有流刑、徒刑、杖刑、笞刑执行的具体方式以及一些刑
讯的方法。其中难能可贵的是，他还提到明代的徒刑犯人分军籍人和民人，
有不同的执行方式。明永乐以后，流刑人犯的输作逐渐与徒刑人犯的力役
合一，民人即以发充递运水夫为主，军籍人则发配内卫充军，其中终身军犯
本人终身服役，永远军犯则在本人身死之后，子孙世代要为国家服役。② 应
该说，克利斯多弗·维埃拉这段关于中国明代刑罚的记述大体上是准确和
符合史实的，尤其是他还提到明代法律在执行过程中，受到严格律条的限
制，即"所有人，大大小小，都挨刑法；有很严格的律条"。

其次，他还介绍了明代中国政府"两京十三布政使司"的地方行政设置
和地方官僚的制度设计。对于前者，他写道：

> 中国的土地分为十五省。近海的是：广东、福建、浙江、南京、山东、
> 北京；以下的，虽接触海，仍伸延至附近的内陆；广西、河南、贵州和四
> 川；陕西[和]山西与北京毗邻；这几省在中央：江西、云南、河南。这十
> 五省中，南京[和]北京是全国的首府。对于所有的说北京尤其重要，国
> 王在那里施政。……这十五省都归一个国王统治。③

需要说明的是，维埃拉这里的介绍是十分准确的，甚至后来很多关于此问题
的介绍都不如他。

对于后者，他通过描述广东，管中窥豹地向葡萄牙介绍了中国的官僚
制。他指出，他所处的地区"是中国较好的省"，既是国内贸易也是对外贸易
的中心，这里居住着"各种技术行业的工人"。中国的"法官"全部出身于文
人阶层，"所有文人，当取得学位，从低职位开始；由此上升到更大的职位，不

---

① 〔葡〕克利斯多弗·维埃拉：《广州葡囚书简》，载〔葡〕巴洛斯、〔西〕艾斯加兰蒂等：《十六世
纪葡萄牙文学中的中国、中华帝国概述》，第 118～119 页。
② 参见吴艳红、姜永琳：《明朝法律》，南京出版社 2016 年版，第 177～188 页。
③ 〔葡〕克利斯多弗·维埃拉：《广州葡囚书简》，第 110～111 页。

知道何时可获得升降"。所有的"这些调动由北京作出"。他注意到,一个出生在广东的法官"不能在广东担任官职;并且进行交换,某些省的人官治另一些省;他不能在本土当官"。①

此外,维埃拉还以被关押地广州府为例,向葡萄牙具体介绍了中国地方"省"和"府"两级的官僚组成情况:

> 首先是广州府(Canchefu),它是该城的官府;这有十二或十三名曼达林和一百名书记。所有曼达林都住在属于曼达林的府宅。布政使的官府有二十名大大小小的曼达林,书手、听差(chimchaes)、差使人及别的人;连书手一起一共超过二百人。按察使的官府有大大小小相当数量的曼达林,书手,其他的人。都司(toci)的官府有六或七个曼达林及许多书手。知府(cehi)是管百姓、军士和盐务的官,有许多书手。同时察使(cuchi)负责所有司法,是有许多书手的官员。都堂、总兵(choypi)和总管(congom)的官府有大,也有小的,还有指挥使(tigos)的。②

就"省"一级来说,他提到了明代的"承宣布政使司""提刑按察司"和"都指挥使司"。"府"一级,他提及了"知府",并将专门处理刑名事务的"推官"称为"察使"。

再次,克利斯多弗·维埃拉特别关注了明代的监察制度。明代的监察制度包括中央的都察院的御史监察、六科给事中的言谏监察以及地方上由提刑按察司、巡按御史和巡抚总督构成的监察体系等。对于明代的地方监察"巡按御史",即克利斯多弗·维埃拉提及的"察院"③,他这样记述道:

> 广东曼达林是:察院、布政使和按察使及都司,他们称作 Camcy,他们是这个城市的官员。察院每年到来。此人不怕任何人,大家都怕他。他来处理案件,考察哪个曼达林作坏事。如果发现犯错的是小曼达林,他马上除掉他的耳状物[并]把有关情况上报国王;如果是大曼达林,他把其罪过上报国王,[并且]从那里命令不再让他当曼达林,因为国王完全信任这个人。同样对待都堂和总管。④

---

① 参见〔葡〕克利斯多弗·维埃拉:《广州葡囚书简》,第114~116页。
② 〔葡〕克利斯多弗·维埃拉:《广州葡囚书简》,第122页。
③ 这里的"察院"是明代巡按察院的简称。明代于各省置巡按御史一人,专以察吏安民,职权与汉代刺史相似。因为巡按全衔为"巡按某处监察御史",故称为"巡按察院",简称"察院"。
④ 〔葡〕克利斯多弗·维埃拉:《广州葡囚书简》,第130页。

最后,值得注意的是他还首次向西方介绍了中国古代"五礼"中的"宾礼"①。例如,他写下了中国在京城接见外国使节的习惯性做法:

> 在北京,使臣们的习惯作法是,他们被关进几座有大号围栏的房屋内,这里的月亮的头一天关闭,月亮的十五日他们到国王的宫室去,有的步行,有的乘草缰绳牵引的劣马,并且来到距皇帝宫室一道墙五步前,都依顺序,两膝跪地上,头脸着地,趴下。这样一直命令他们对墙作五次;从这里返回封闭的围栏内。命令我们不再作这种礼敬。②

同时,克利斯多弗·维埃拉还意识到明朝外国使团呈送天子的信函有专门的书写规矩与方式,如果贸然将之前准备的文书呈递,葡萄牙是不会被允许出席"朝贡礼"并与中国建立贸易关系的。③ 他提醒葡萄牙人:"我们是在远方,不了解大中国的习惯,往后我们会知道。"④关于使节朝觐明朝皇帝的方式,前述托梅·皮雷斯也有过记述:

> 这些使节朝觐皇帝时,见不到皇帝的面目,只能模糊地看到帘子后的身影。皇帝从那里答话,说话时有七名书记员记录。签字由大臣(Mandarin)代劳,皇帝既不动手也不看。再次朝觐时皇帝给予他们双倍的赏赐。使节们把所有贡品留下,但见不到皇帝本人。这才是真的,而不像以前所说的,有四个人坐在面前,[使节们]同所有人讲话,但不知道哪个是皇帝。⑤

值得注意的是,托梅·皮雷斯似乎是第一个用"Mandarin"(曼达林)称呼中国官员的葡萄牙人。

---

① 中国自西周以来就秉持着一套以天子为中心的"天下体系",此体系相对于17世纪初形成的近代欧洲国际法而言,完全是不同类型的表达。沟通中国与外部世界关系,在功能上等同于近代欧洲国际法的是《周礼》所记载的"宾礼"。"宾礼"是周天子与四方诸侯往来的礼仪,并借由朝觐、聘问、会盟、巡狩等仪式,明定君臣名分,规范尊卑位阶,凝结各邦国的向心力,建构一个以周天子为中心,四方宾服的礼治社会。"宾礼"在类型上可分为有不对等位阶关系的"朝贡礼"和讲究对等位阶关系的"客礼"。参见尤淑君:《宾礼到礼宾——外使觐见与晚清涉外体制的变化》,社会科学文献出版社2013年版,第24页。

② 〔葡〕克利斯多弗·维埃拉:《广州葡囚书简》,第84页。

③ 有关这一方面的信息,后来巴罗斯在《亚洲旬年史》中有所记录。参见〔葡〕若昂·德·巴洛斯:《亚洲》,第48~49页。

④ 〔葡〕克利斯多弗·维埃拉:《广州葡囚书简》,第84页。

⑤ 〔葡〕托梅·皮雷斯:《东方概要(手稿)》,第5页。

2. 卡尔渥《广州葡囚书简》中的中国法

与上述克利斯多弗·维埃拉一同关在广东监狱的还有瓦斯科·卡尔渥。他在狱中也写了一封长信,并通过访问中国南方海岸的葡萄牙人带回国内。与克利斯多弗·维埃拉较为详细介绍中国法相比,瓦斯科·卡尔渥的信则旨在鼓动葡萄牙政府出兵解救他们,并在信中为其提供有关中国的"军事情报"。如他详细介绍了广州"满是银子",并说如能占领广州,将给葡王增加财富。①

尽管瓦斯科·卡尔渥信函的重点不在于介绍中国法律,但其中仍能找到一些信息。例如,他可能对明代"流刑"中的"口外为民刑"进行介绍:

> 曼达林管治百姓的方式,我即将加以叙述。所有被判死刑的罪犯在(onde)狱中关押了四和五年;另一些曼达林到来,接受囚犯的银子,贿赂。他们向国王上书,大曼达林对判刑重新审视,改判终身流放;其子女也被强制随之流放。先生,这可以和葡萄牙将罪犯流放到海岛相比较,这类人可以比作是被执行死刑的人,每个月给这些人一庇各大米供给家人和妻子吃。这样,实际说如果也出现将这类人流放的事,那么此城的人就被放逐到别的省份,别省的人则流放到本省。②

前已述及,明代永乐以后,流刑的惩治力度大大降低,实践中出现了充军刑和"口外为民"。"口外为民刑"略低于死刑和充军刑,是将全家老小从内地发至边方,或从边方发至极边,原则上要终老当地。③ 按照上述卡尔渥的描述,这里死刑改判流刑的罪犯应当执行的是这种刑罚。

此外,他还对明朝的皇帝有一段介绍,将"天子"称为"神子":"当地的习惯是称呼他们的国王为'神子'(folho de Deus)、国土称作'神的土地'(terra de Deos)。国外其他的人通称为'蛮子'(salvagens);他们不知道上帝也不知道天国,而且出使他们国土的使臣都要朝拜'神子',还有别的仪式。"④

(二)费尔南·洛佩斯·德·卡斯塔内达和加里奥特·佩雷拉

1. 卡斯塔内达《葡萄牙人发现和征服印度史》中的中国法

当维埃拉和卡尔渥的信函被送往里斯本的时候,费尔南·洛佩斯·

---

① 参见〔葡〕瓦斯科·卡尔渥:《广州葡囚书简》,载〔葡〕巴洛斯、〔西〕艾斯加兰蒂等:《十六世纪葡萄牙文学中的中国、中华帝国概述》,第141~142页。
② 〔葡〕瓦斯科·卡尔渥:《广州葡囚书简》,第145页。
③ 参见吴艳红、姜永琳:《明朝法律》,第179页。
④ 〔葡〕瓦斯科·卡尔渥:《广州葡囚书简》,第159页。

德·卡斯塔内达正在有条不紊地撰写着葡萄牙人在东方的历史。

卡斯塔内达对于中国的描述集中在前述费尔南·安德拉德于 1517 年的那次远征。与对印度长篇大论的描述相比，他对中国的叙述并不长。他参考了前述托梅·皮雷斯和杜阿尔特·巴尔博萨的作品，但没有使用广州囚犯的信件，其著作的"其他信息似乎来自官方报告、航海事件参与者的陈述以及个人的观察"①。

卡斯塔内达对于中国法的描述主要在《葡萄牙人发现和征服印度史》第 4 卷第 27 章。他首先赞扬中国地大物博，物产丰富，并对自己文明的优越性深信不疑："世界文明全集中在他们那里，在他们看来中国没有的，别处也没有，中国人之外没有文明人类。"②

其次，他对明代的皇帝制度进行了介绍，并对中国君权的强大给予了肯定。他写道：

> 百姓很服从他们的长辈，严格遵守王法，再没有比中国君权更大的帝王了，他是已知世上既拥有财富又拥有百姓的大帝王，异教徒，自称是神子和世界的主子，用一个字表示是上天之统治者（senhor de Cima）赐与他的福祉。他不在群众前露面，但有求于他的人都得到所求；侍候他本人的是太监（capados）；他有许多嫔妃，生活在巨大的城墙内，其中有宫室，各自居住，有妇女和太监为她们服役。过去中国国王由选举产生，后来则由任何一个妻子，但不是嫔妾所生的长子继位，其余未能继承的诸子被遣送到指定的城市，被关进有许多守卫的城寨，由其妻陪伴，寨内有种种娱乐设施，如无国王批准不得离开，他们乘坐的轿子是保密的，不知去何处。国王颁布的法律，判处企图出国而不归的人死刑，因为他们认为世上再无比中国更能供给充足物资的国家，要到外国去就意味着叛国。③

其中，对于未能继承皇位的诸子，卡斯塔内达还提及了明代"宗藩制度"中藩王所受到的法律限制。

最后，他还第一次比较完整地介绍了明代中央和地方的官僚设置：

① 〔美〕唐纳德·F. 拉赫：《欧洲形成中的亚洲》，第一卷（发现的世纪），第一册上，第 232 页。

② 〔葡〕费尔南·洛佩斯·德·卡斯塔内达：《葡萄牙人发现和征服印度史》，载〔葡〕巴洛斯、〔西〕艾斯加兰蒂等：《十六世纪葡萄牙文学中的中国、中华帝国概述》，第 180 页。

③ 〔葡〕费尔南·洛佩斯·德·卡斯塔内达：《葡萄牙人发现和征服印度史》，第 181 页。

中国国王不亲理朝政,有替他治理政务的官员,司法方面设置一个大内阁,入阁的有三个叫做阁老(colous)的大文士,头一个叫大阁老,另一个小阁老,再一个更小;这几人都是上了年纪的人,被认为是有品行的人,因富有学识和善良能胜任这个职位;他们最初是从其他低职位开始,直到升任地方长官都堂(tutães),再就是部长级的按察司(Achancis),由此上升到最高的职位阁老。阁老有下属的吏员,看来不是很老和有学识的人。其他的叫做都堂、总管(conquões)和总兵(Compins)的官,共同商议和治理城镇,其中首要的是都堂,从有学识、年长和正直的人中选任,其次是总兵,军事将官,不是文人,第三是总管,负责财政,他们都有下属的执事吏员。还有一个同级的官,叫做察院(ceiui),也是从有学识,据认为诚实的人中挑选,他和都堂一同处理司法方面的事,拥有大权力,任职不超过一年,别的官员可以干若干年。比这些官员低的官员,叫做布政使(puchancis)、按察使(anechacis)、都司(tocis)、海道(itaos)、备倭(pios),这是海军将官,及知府(ticos),不知其职掌是甚么,各分为三等,即大、小、更小。①

在中央层面,卡斯塔内达提到了作为皇帝秘书机构的内阁;在地方层面,他提及了"省"一级的按察使、布政使、都指挥使和巡按御史,"道"一级的分守道、分巡道和兵备道,以及巡按御史与地方巡抚享有的司法权。

卡斯塔内达的作品与同时代葡萄牙人的其他作品相比,被翻译为欧洲其他语言的次数更多。1553年来自波尔多市(Bordeaux)的尼古拉斯·德·格鲁奇(Nicolas de Grouchy)将其翻译为法语在巴黎出版。1554年该书的西班牙文译本在安特卫普出版。1556年一个意大利文译本在罗马出版。1582年英国都铎王朝的尼古拉斯·里切费尔德(Nicholas Lichefield)将其翻译为英文,在伦敦出版。②

2. 佩雷拉《中国报道》中的中国法

如果说在中国身陷囹圄的维埃拉和卡尔渥对中国法还抱有成见,持批评态度的话;那么,同样在中国监狱待过的加里奥特·佩雷拉对于中国法的描写则呈现出另一种画面。他不仅客观描述了中国法,而且还试图理解它。对此,英国学者博克舍(Boxer)指出:

---

① 〔葡〕费尔南·洛佩斯·德·卡斯塔内达:《葡萄牙人发现和征服印度史》,第181~182页。
② 参见〔美〕唐纳德·F.拉赫:《欧洲形成中的亚洲》,第一卷(发现的世纪),第一册上,第233页。

他仔细地把他看到和听到的区别开来,俘囚生活的艰苦条件并没有使他丧失判断力或减低他对环境的兴趣。一般认为葡萄牙在亚洲的先驱者没有努力去了解和他们相处的民族,但伯来拉(佩雷拉——引者注)的叙述和许多撰述一样可以用来驳斥这种说法。①

佩雷拉生于 1510～1520 年间,于 1534 年前往印度,并"在 1539 和 1547 年之间作过一次或更多的到中国海岸的贸易履行";1548 年随同大商人迪奥戈·佩雷拉(Diogo Pereira)来到中国,并滞留福建。② 由于此时新任福建巡抚朱纨"决心要制止自从 1522 年他们被逐出广东后陆续地与沿海居民进行的黑市贸易"③,于是佩雷拉和两条货船上的其他约 30 名葡萄牙人被控为海盗,在福建南端的诏安县被俘,被关押在福州,后被流放广西桂林,并于 1553 年经葡萄牙商人协助逃到上川岛。④ 佩雷拉可能从 1551 年起就开始对中国的这段经历做笔记,在 1553 年至 1561 年间根据笔记撰写了报告,并通过果阿神学院寄往欧洲。

首先,与前述维埃拉准确介绍明代"两京十三布政使司"相比,佩雷拉则不正确地将中国介绍为"十三个省",⑤但大体准确地指出:"有时候每个省本身就是一个王国,但是这许多年来它们都臣服于一个皇帝。"⑥

接着,他对每个省的行政组成进行了介绍,言语中充满了溢美之情。他写道:

最后,可以概括说,中国的大省可和强国匹敌。
每省委派有布政使和按察使,处理各城的事务。每省还有一名都

---

① 〔英〕C. R. 博克舍编注:《十六世纪中国南部行纪》,何高济译,中华书局 1998 年版,第 27 页。

② 有关佩雷拉的介绍,参加〔葡〕加里奥特·佩雷拉:《我所了解的中国》,裴杨健译,载(澳门)《文化杂志》编:《十六和十七世纪伊比利亚文学视野里的中国景观》,第 50～51 页。

③ 参见〔英〕C. R. 博克舍编注:《十六世纪中国南部行纪》,第 27 页。

④ 值得注意的是,加里奥特·佩雷拉到达上川岛时,沙勿略已于 1552 年 12 月 2 日死于该岛。这位圣人的尸体在 1553 年 2 月 27 日被掘出时,他是在场者之一。四年后,为沙勿略在柯钦(Cochin)举行祈福典礼,他也是目击者之一。参见〔英〕C. R. 博克舍编注:《十六世纪中国南部行纪》,第 30 页。

⑤ 据《辞海》记载,明朝"自宣德三年(1428)以后,全国的府、州分统于两京(京师,即北直隶;南京,即南直隶)、十三布政使司;但习惯上仍称一个直隶区或一个布政使司为一省,合称十五省","十三布政使司又称十三省"。这十三个省为:福建、广东、广西、贵州、河南、湖广、江西、山东、山西、陕西、四川、云南、浙江。

⑥ 参见〔葡〕伯来拉:《中国报道》,载〔英〕C. R. 博克舍编注:《十六世纪中国南部行纪》,第 1～2 页。

堂，可以说是总督，及一名察院，可以说是巡抚，他的职责是去巡视，并且督察司法的执行。用这些方法使那里的政事得到妥善安排，因此可以值得说那是世界上治理得最好的一个国家。①

在"省"一级地方机构设置中，佩雷拉依次提到了明代的承宣布政使司、提刑按察使司、巡抚和巡按御史。其中对明宣德年间成形，景泰之后逐渐定制的"巡按御史"所具有的监督司法执行职权的介绍是正确的。②

此外，就明代地方的"总督"（巡抚）而言，他写道："全中国分为十三省，每省有一名叫都堂的长官，有的管两个省。"③对于"布政使"，他写道："在上述十三省，这些官吏头上，各省省会驻有一位布政使，他是首脑，也是皇帝的一切赋入的司库官。这位官员住在省城里四座最大衙门中的一座。尽管作为首脑和该省赋税的司库，他的主要职责是把赋税在指定时间送往朝廷。当事关重大的时候，由于他的地位他也干预有关司法的事。"④对于一省掌管狱讼的"按察使"，他写道："在第二座大衙门内住着另一位叫按察使的官员，也是一位大官，因为他负责所有司法的事。虽然职位上他比布政使低，但因他处理重大案件和执掌结合，所以了解这座衙门及另一座衙门的人都认为这位按察使更为重要。"⑤接着，他还介绍了掌管一省军务的"都指挥使"，即"督师"（Tuzi）以及地方上的"知府"，即"太守"（Taisan）。

值得注意的是，他通过对"知府"的介绍，提到了明代司法中的"审转复核制"，即知府一级无权核准"徒刑"以上案件，拟判该刑罚以上的案件，需要逐级上报巡抚或更高的中央刑部。文载：

> 第四座衙门里住的第四位官员，叫做太守（知府——引者注）。全城的大监牢就设在这座衙门。上面提到的官员，每个都可以把罪犯投入监狱或再把犯人释放，罪大恶极的除外，官员不能对这类情况作什么，只有开会加以详细讨论。如果该处死刑，他们都不能作出决定，把案件提交察院，而不管察院是谁；或者提交都堂，甚至有时提交更大的官员。⑥

---

① 〔葡〕伯来拉：《中国报道》，第2页。
② 参见吴艳红、姜永琳：《明朝法律》，第140～141页。
③ 〔葡〕伯来拉：《中国报道》，第6页。
④ 〔葡〕伯来拉：《中国报道》，第6～7页。
⑤ 〔葡〕伯来拉：《中国报道》，第7页。
⑥ 〔葡〕伯来拉：《中国报道》，第7页。

最后,佩雷拉还对明代地方上的"巡按御史"有特别的介绍。一方面,他提到了每年替"天子巡狩",但品级不及其他"省"级官员的巡按御史:

> 职位较他们低一层的叫察院,可以称为高级监察官,或巡抚,权力大到可以传都堂本人到案,但他们的权限在一省内不超过一年。不管怎样,在每省的七座城,乃至有的省的十五座或十六座城,且不算别的村镇,这些巡抚所到之处都受到敬畏,好像是些大王公。每年终他们巡视完毕,就前往各省的省会,在那里执行法律,最后着手考查那些要接受老爷等级的人。①

另一方面,他准确地介绍了巡按御史每年到地方"审录罪囚"的职权:

> 那些被判死刑的只关在其中三座里。他们的死刑期要延长很久,因为一般说每年只处决一次,虽然如我们在这所监狱所见很多人死于饥寒。处决方式如下:察院,即最高监察官或首席大法官,在年终到首府去,再一次听取死刑的案子。他多次释放其中一些人,说把板子加在他们脖子上是错的。……每年执行一次,谁要逃过了那天,可以肯定他在一年内不会被处死,因而留在大监牢里等待皇帝处置。②

比较奇怪的是,佩雷拉虽在中国亲身经历过法庭审判、监禁和流放,但他对中国的司法审判和法官素质评价极高。他说道:"现在我要谈谈中国人在司法方面的措施,应知道的是,这些异教徒在这方面是多么超越基督教,比他们更讲公道和事实。"③为了支持这个观点,佩雷拉以中国"法官"任命的随机性和回避制进行支撑:

> 因皇帝长驻北京城,同时他的国家那样大,有那么多省,所以听说在中国长官和守令跟我们的州长一样是突然任命,而且是迅速解职的,致使他们没有时间作恶。再者为国家的安全计,主管一省的老爷是从别的遥远省份选派来的,他们必须把老婆孩子及财产留在原处,只身上任。④

---

① 〔葡〕伯来拉:《中国报道》,第6页。
② 〔葡〕伯来拉:《中国报道》,第14~15页。
③ 〔葡〕伯来拉:《中国报道》,第11页。
④ 〔葡〕伯来拉:《中国报道》,第11页。

接着,他用具体情景,表明了明代司法秩序的良好:

> 省的大城有四位大老爷,全省所属城镇的事都归他们处理。另有
> 老爷管司法、收税、负责向上级官员报告情况。有的则视察城里有无弊
> 政,各有所司。一般都收押罪犯,鞭杖和施刑,这在中国是寻常的事,不
> 算可耻。这些老爷很注意抓捕盗贼,因此如看到盗贼在城镇、村落里逃
> 跑,倒是件怪事。①

此外,他还对明代"笞杖刑"进行了描述,其描述笞杖刑的刑等与明代法律一
致。是谓:

> 他们的鞭子是一种竹子,从中劈开,做得光滑而无尖刺。挨打的人
> 趴在地上。行刑人使劲用竹板打他的屁股,旁观者看见他们的凶劲都
> 发抖。十下就打出大量的血,二十或三十下打得皮开肉绽,五十或六十
> 下要长期疗治。如打上一百下,那就无救——竹板被交给那些不可能
> 向这些刽子手行贿的人。②

值得注意的是,佩雷拉在此有一段描述并赞扬中国司法的文字。这段
文字不仅概括出明代司法具有"公开审理""强调证据"和"事必躬亲,富有
耐心"这三个特点,而且这些特点是在比较伊斯兰法、印度法、教会法和罗马
法的基础上得出的,具有浓厚的"比较法"色彩。他写道:

> 老爷还有如下的作法:每当有人给带到他面前受审,他尽可能让很
> 多人公开听审,如果罪行不那么严重的话。他们审问我们时也这样。
> 因此他们不可能有伪证,像我们那里常发生的那样,我们那里若落到狡
> 猾的公证人手里,时常有危及人们财物、生命和面子的事。这里作法很
> 好,总有很多人到法官那里去听证和作证,诉讼不能作假,像我们那儿
> 常作假一样。摩尔人、异教徒和犹太人各有不同发誓的方法。摩尔人
> 以莫撒法(Mocaf,《古兰经》——引者注)为誓,婆罗门以圣线,犹太人
> 以五经(Torah),其他的各以他们崇拜的事物为誓。中国人虽然惯常以
> 老天、月亮、太阳及他们的偶像赌咒发誓,在审判中他们却根本不发誓。

---

① 〔葡〕伯来拉:《中国报道》,第11页。
② 〔葡〕伯来拉:《中国报道》,第12页。

若因某件罪行叫某人发誓,那不久有一点证据就对他进行拷问。他带来的证人莫不如此,如果他们不说实话或者说得不一致的话,除非他们是受到尊敬和信任的人,被认为跟案情没有更多的牵连;其他人则受刑和挨打,被逼说出真情。

当众询问证人,除不把一个人的生命和面子仅仅委诸另一个的誓言外,这个作法还有别的好处,那就是,因为大堂上始终挤满百姓听证人发言,所以只记录真实的情况。用这个法子,审问不能作假,和我们那里经常发生的不同,我们那里,证人的话只说给审判官和公证人听,因此金钱等等的力量是大的。但在这个国家,除在审讯中保留这一手续外,他们还十分怕皇帝,皇帝高居他们之上,他们不敢丝毫反叛。所以这些人的审判是没有匹敌的,胜过罗马人或其任何其他民族。

还有,这些老爷虽然地位很高,下有许多书手,他们仍不信任别人,要亲自记录重大案件和事件。他们再有一个值得大加称赞的优点,那就是,尽管他们是被当作王侯般受到尊敬,他们接待人仍很有耐心。我们这些可怜的外国人,被带到他们面前,可以说我们想说的话,因为他们已写下来的都是虚情和谎报。我们也不需要按中国的常礼站在他们面前,同时他们是那样耐心地对待我们,使我们惊奇,尤其感觉到在我们国家,律师和法官对我们那样没耐性。如果剥夺了我们某个法官的权力,他们能够很好地为任何中国人服务——不管这些人是异教徒服务;而谈到他们是异教,我不知道有比他们尊重我们这个事实,更足以证明他们的司法值得称赞的了,我们不过是俘囚和外国人。因为在基督教国土的任何城镇,无论哪儿像我们这样的陌生人受到控告,我可不知道真正无辜者的案件将有什么结果。而我们在异教的国家,一个城里有两位大官是我们的大敌,没有译员,又不懂该国的语言,到头来却看到我们的大敌因我们的缘故被投入监牢,因执法不公被解职罢官,①不能逃避死刑,因传说他们要被斩首。②

最后,他还对明代的一些法律进行了介绍,并较为详细地描述了明代的监狱。就"盗窃罪""谋杀罪"和"通奸罪"而言,他写道:"现在谈谈我知道的

---

①　这里指的是,福建提督朱纨曾上书揭发浙闽势家通倭渔利,因此其政敌向朝廷控告他不奏而斩了船上的葡萄牙人。后朝廷派人调查这一事件,朱纨被革职,愤而自杀。参见〔葡〕加里奥特·佩雷拉:《关于中国的一些情况〔1553—1563〕》,载〔葡〕费尔南·门德斯·平托等:《葡萄牙人在华见闻录》,王锁英译,澳门文化司署、东方葡萄牙学会、海南出版社、三环出版社 1998 年版,第 29 页。

②　〔葡〕伯来拉:《中国报道》,第 12~13 页。

该国法律的一些情况，首先是盗窃和谋杀任何时候都得不到宽恕。通奸犯要入狱，一旦查清情况，要判以极刑，女方的丈夫必须控告他们。这条法律对通奸男女都适用，而如我所说盗贼和杀人犯也要被投入监狱。"①此外，佩雷拉还记述了一些涉及"债务纠纷"和"遗嘱继承"的"民事法律"：

> 那些一旦发现欠债而被囚的人，在牢里要住到清偿债务为止。太守或老爷以衙门的名义，多次叫他们去，了解他们不付债的原因指定一个期限还债，期限内如他们不能偿付，确实是欠债人，那就鞭打他们，判他们终身监禁。如债主很多，要一个个偿付，那么和我们的作法相反，他们须先付最后一个债主，再顺序及于其余的人，因此第一个债主是最后一个得到偿付的。交遗产时也保持同样顺序，最后提名的接受第一份。他们认为这样做对那些可能再干同样事的人决非开恩，但对那些没有什么钱或一无所有的人则有好处，那倒值得感谢。所以他们先付最后一个，然后才及于第一个，他们的意思看来系出自道德方面的考虑，而不是为了得利。②

至于明代的监狱，他有一段非常具体的描写：

> 关押死囚的监牢十分坚固，以致没有听说全中国有囚犯逃出监牢，那确实是不可能的事。监狱的建造有如下述。首先，整个地方有高大的墙围绕，上有瞭望塔，墙很坚实高大，大门同样坚固。在到关押犯人的地方前，还有另三道门。那里可以看到很多供老爷、书记、捕丁居住的大房间，日夜有守卫和防范。庭院宽大整平，一边是一所牢房，有两座高大的门，那是关押有凶杀罪的人。这所牢房那样大，里头有街道和市场，出卖一切必需用品。有的犯人甚至靠买卖为生，又买又卖，出租床铺。有的白天被送进监狱，有的白天被释放，因此这地方来来去去不下于七八百人。
>
> 另一座死囚的监牢要从三道很矮的铁门进入，一门接着另一门，院子平整，四周有拱顶，上面敞开像修道院。这所修道院里有八间带铁门的房间，每间有一条大走廊，每晚囚犯们就躺在那里，他们的脚在木桩里，他们的身子系在不让他们坐着的大木格里，所以他们好像躺在笼子

---

① 〔葡〕伯来拉：《中国报道》，第 14 页。
② 〔葡〕伯来拉：《中国报道》，第 16 页。

内,有可能就睡觉。早晨再把他们放出来,可以到院子去。这座监牢虽很坚固,仍有一队人守卫,部分人在屋内,部分人在院子里,有的拿着灯笼和锣看守牢房,每晚彼此打五次招呼,呼警之声那样大,住在不近房屋里的老爷都听得见,在这些死囚牢房,有的已被囚禁了十五年,有的二十年,还没有被斩首,因为他们的可敬亲友出自爱心,企图延长他们的性命。囚犯里有许多鞋匠,皇帝给予一份大米补贴。有的替看守人工作,看守人让他们自由活动,不戴镣铐和板,好方便干活。但当老爷点名时,看守人监督他们,他们都穿上制服,也就是脖子上戴木板,手足加上镣铐。①

英国学者博克舍曾说,佩雷拉报告中最有价值的地方在于他对中国司法和监狱管理制度的描写。后来该书在收录于著名的哈克鲁特和普察斯丛书时,编注者恰当地指出:"你可以从后来的作者得到有关中国的更详细的描写,但在谈他们的诉讼、严法、监狱、死刑等等,仍是这部书更好。"②

佩雷拉在中国南部的记录在欧洲影响很大。1565年该作品的删节本被翻译为意大利语在威尼斯出版;1577年多塞特(Dorset)将其翻译为英文在伦敦出版。该书的很多内容,在加斯帕·达·克路士1570年的《中国志》中被大量引用。③

3.《中华王国的风俗和法律》中的中国法

需要说明的是,佩雷拉不是1549年在福建被俘的葡萄牙人中唯一撰写报告的人。一个同在中国被俘6年的匿名者于1554年获救后,向营救他的马六甲神学院贝尔西奥神父诉说了他在中国的遭遇。该叙述后于1555年以《中华王国的风俗和法律》为名,在里斯本出版。由于该书与前述佩雷拉作品一样,都谈论了中国的司法,因而在欧洲影响较大,曾以西班牙文(1555年和1556年)、意大利文(1556年)、法文(1556年)等多次出版。④

在这部《中华王国的风俗和法律》的开头,作者也对明代地方的官僚制度进行了介绍,并对官员的"文人特质"予以强调。他指出:

在所有的城市里,通常有一条街上的房屋由国王下令造得极为豪华,为他服务的大臣到各处巡视时就下榻在那里。这些大臣拥有国王

---

① 〔葡〕伯来拉:《中国报道》,第15～16页。
② 〔英〕C. R. 博克舍编注:《十六世纪中国南部行纪》,第33页。
③ 参见〔英〕C. R. 博克舍编注:《十六世纪中国南部行纪》,第30～33页。
④ 参见〔葡〕费尔南·门德斯·平托等:《葡萄牙人在华见闻录》,第9～10页。

赋予的权力,高于各城的统治官。在他们的语言中,这些人被称为
"大官"。

　　所有被委以重任统治一个省份或管辖一个城市、掌有一定指挥权
或要职的人,都不是因为有地位或因为出身贵族而被选中的,而是因为
知识渊博,天性极为谨慎。……国王也不允许一个人把自己的官职转
卖给另一个人,因为他怕另一个人的学识不够。①

此外,作者还提到了明代的"内阁制":

　　国王有八个顾问大臣,学识渊博,兢兢业业。国王和他们一起处理
所有的国事。不论在任何情况下,这些人在生前从来不走出第三道城
墙。他们被称为阁老。

　　选择人员担任这一要职的过程是这样的:当听说国内某省有一个
学识渊博,处事谨慎,而且有口皆碑,国王就下令把他召来,赐予很大的
荣誉,令他占据八席之一,以管理国家。由此可见,选择标准不是根据
地位或贵族血统,而是根据学识,以及秉公执法的品德。②

接着,作者也对明代司法进行了评价和介绍。与前述佩雷拉相似的是,
作者尽管也做过囚徒,但却对明代司法的公正性赞不绝口:

　　司法极为公正,判决的依据从来不是一方或另一方说的话,而是站
在局外形成的看法,这样就能作出公正的判决,并允许当事双方保留权
利。这样做是因为害怕每隔半年朝廷在各城所进行的查案,要求他们
提交报告,检查他们的行为,是否冤枉某人。③

就明代司法官员的职责和特点,作者也有一段比较详细的描述:

　　国王下令各城的统治官员必须坐堂理案,从早上坐到中午,用过饭

---

① 〔葡〕匿名:《一位在中国被囚禁六年之久的正人君子在马六甲神学院向贝尔西奥神父讲述中国的风俗和法律》,载〔葡〕费尔南·门德斯·平托等:《葡萄牙人在华见闻录》,第12～13页。
② 〔葡〕匿名:《一位在中国被囚禁六年之久的正人君子在马六甲神学院向贝尔西奥神父讲述中国的风俗和法律》,第21页。
③ 〔葡〕匿名:《一位在中国被囚禁六年之久的正人君子在马六甲神学院向贝尔西奥神父讲述中国的风俗和法律》,第24页。

后再坐到日落。根据国王的命令,朝廷的官员每年两次到各城巡视审案,主要察看地方官员是否尽职,是主持正义,还是作威作福、欺压百姓。倘是后者,立即撤职,换上另外的人。这些国王派来的大臣沿着城市的四周行走,观看城墙是否损坏,并命令修缮。然后进城,询问如何征收国王的赋税和安排城市开支。如果开支太多,就像财政检查官一样命令削减开支。如果被认为授权放高利贷,一经证实,立即丢官并受罚,因为他们没有权利这么做……

这些审案的大臣每到一城,便吩咐四处宣传,说如果谁有冤屈,如果地方官员没有主持正义,可以到他们的衙门叫冤,他们会替他伸冤。由于这一原因,许多在职官员被撤了职,因为没有忠实地为国王效劳,欺压或冤屈了百姓。

在所有的城市里都有六名长官,其中一人高于其他人之上。因为城里人口众多,六人都负责审理案件,都是司法官。每城还另有六人负责本城或四周地区的税收。……各城的统治官和司法官这些大官负责每月给朝廷写公文,汇报在辖区内所发生的事。每个人写自己的公文,以便让国王看是否讲了实话。凡是没有讲实话的人,国王下令判处应有的死罪,所以官员们都不敢说谎。

没有一个官员被派往家乡或有亲戚的地方任职,这样就不会涉嫌包庇,在司法上对所有的人一视同仁。①

在这段描述中,可以看到明代"巡按御史"在地方上"代天子巡狩"的具体表现;同时,还有官员的"奏议权"以及官员任职"回避制"的规定。

最后,对于明代监狱,作者从"轻罪""重罪"和"死罪"三个角度,描写了涉及这些罪的犯人在监狱里的情况,并提及了明代的"审转复核制":

在这些大城市都有很多监狱,而且极为坚固。在我们被关押三年的那个城里,我们被分开在六个监狱里。在那里坐牢的人有些是因为欠债,有些是因为谋杀或者其他罪行。在所有令人震惊和憎恶的罪行里面,一个人杀死另一个是最严重的。当囚犯少时,每年监狱的人数为300 人,有时 400 人。有一件事使我们非常震惊,即当地人告诉我们说,仅在那个城市,当时所有的监狱里就可能关押着 8000 多人。因为省里

---

① 〔葡〕匿名:《一位在中国被囚禁六年之久的正人君子在马六甲神学院向贝尔西奥神父讲述中国的风俗和法律》,第 13～15 页。

的最高法庭就设在该城,所以小地方的犯人都被送到那里。每个监狱都有一本囚犯花名册,狱卒每晚都要清点人数。我所在的那个监狱,名册上有时是 300 人,有时是 400 人,我也包括在内。虽然我没有看到这儿的所有监狱,但是我想人数可能有他们说的那么多。凡是犯重罪的,案子都要上报朝廷。凡是被朝廷处以死刑的,国王都授权当地官员重审案子,因为他们靠近犯罪现场。如果认为罪不该死,可以免除死罪,判以流放、长期或者终生为国王服劳役,包括他们的子女。这一切手段和做法都是为了不杀人,除非罪大恶极。

　　每年接到朝廷的批文之后,都要选择一天处决罪有应得的死囚。这往往是在一个人被关押八九年之后。有些人因重罪被关了 20 年。他们的国王令人这么畏惧,简直无法形容。在他们的语言里,他被称作"万岁",就像把他称作上帝或国王一样。这样做是为了治理好国家,执行司法,因为这些人本性狡诈,面对如此威严的国王,因为害怕受罚,不得不守法,而非本性善良。①

有意思的是,作者将中国司法严明的原因归结为"害怕受到皇帝的处罚",而不是这些"文人出身"的官员本身所具有的"本性善良"。

(三) 若昂·德·巴罗斯的《亚洲旬年史》

1552 年当卡斯塔内的著作在科英布拉出版之际,被誉为"葡萄牙史学家李维"的若昂·德·巴罗斯的《亚洲旬年史》第 1 卷《葡萄牙人在他们发现并控制东方的海洋和陆地中的所作所为》(*Deeds Done by the Portuguese in Their Discovery and Conquest of the Seas and Lands of the East*) 在里斯本出版。② 由于《亚洲旬年史》是"四十年的总称,因此该书可以被视为亚洲的地理轮廓结构而成的编年体著述"③。在第 3 卷的《亚洲旬年史》中,他对中国进行了长篇的叙述,使用了包括《东方概要(手稿)》《广州葡囚书简》在内的一些资料,其中还包括一些中文资料。④ 该卷于 16 世纪中叶完成初稿,1563

① 〔葡〕匿名:《一位在中国被囚禁六年之久的正人君子在马六甲神学院向贝尔西奥神父讲述中国的风俗和法律》,第 15~16 页。
② 有关巴罗斯的介绍,参见〔葡〕若昂·德·巴罗斯:《亚洲十年(第三卷)》,古城译,载(澳门)《文化杂志》编:《十六和十七世纪伊比利亚文学视野里的中国景观》,第 58~60 页。
③ 〔美〕唐纳德·F.拉赫:《欧洲形成中的亚洲》,第一卷(发现的世纪),第一册上,第 234 页。
④ 有论者指出:"巴罗斯并不满足于仅仅采用欧洲人的观察结果。他还不断地努力获取东方地域的本土居民的观点。……巴罗斯也拥有中文书籍,并有中国奴隶为之翻译。巴罗斯还从那些没有文字记录的历史的地域搜集口传信息。"〔美〕唐纳德·F.拉赫:《欧洲形成中的亚洲》,第一卷(发现的世纪),第一册上,第 235 页。

年出版,讲述葡萄牙人 1515 年至 1525 年之间在亚洲的历史事件。

巴罗斯在《亚洲旬年史》第 3 卷中记述了葡萄牙国王曼努埃尔一世派费尔南·安德拉德"去发现从孟加拉到中国海岸的港湾"以及托梅·皮雷斯在中国遭遇的情况。巴罗斯作为一个贵族的私生子,从小接受较好的教育,在古典文学方面有着极好的训练。后来,曼努埃尔王发现他的天资,鼓励他从事写作葡萄牙人在亚洲探险事业的历史工作。正是基于这样的缘故,与前述葡萄牙人描写中国的"报道"或"信函"相比,巴罗斯的作品是一种"历史的书写"。它不仅有对历史事件较为详细的考证和记述,而且也有一个历史学者的评价与总结。①

首先,若昂·德·巴罗斯介绍了中国的行政区划:

> 我们知道的这个中国,全部都由一位异教国王统治,有十五个王国(reinos)或公国(principados),他们称之为省,现在我们重述它们的名字:广东,福建,浙江,山东,南京,江西,这些是沿海的省份。而贵州,云南,广西,四川,湖广,甘肃,陕西,河南和山西,是内地的省。根据我们得到的那张地图,各省有二百四十四座大城,都以府的音节作结尾……此外还有镇,也以结尾的音节表示,即州;这种顺序没有保留在别的居民点中,例如村庄,尽管有许多超过三千户的村子。其中没有因人口的多少把镇和村作出区分,仅因为住户都被墙包围,一如城市,而且还有标记,既受司法官治,也有其他的地方行政部门和名义的上司。②

这段关于中国行政区划的介绍,虽然在时间上晚于前述维埃拉和佩雷拉的介绍,但是,在正确性上并不能实现一种整合和超越。例如,当时明朝的行政区划是"两京十三布政使司",因此巴罗斯说中国有"十五个王国"大体是正确的,有关这一点他比佩雷拉认识要准确。但是,在具体十五个省的组成上,他将不属于明代"十三布政使司"的"甘肃"列入,同时也没有提及"两京"之一的"北京",有关这一点他显然不如维埃拉的介绍。可以说,整个 16世纪,对明代中国行政区划介绍最准确的应该是维埃拉在《广州葡囚书简》中的记述。这从另一个角度提醒我们:一方面,巴罗斯时间稍晚的记述并不一定就是准确的;另一方面,此时葡萄牙人对于中国的认识并未统一。

---

① 参见〔美〕唐纳德·F. 拉赫:《欧洲形成中的亚洲》,第一卷(发现的世纪),第一册上,第234 页。

② 〔葡〕若昂·德·巴洛斯:《亚洲》,第 28～29 页。

其次，巴罗斯对明代中央和地方的官僚制度进行了概括。对于地方官僚制度组成，他写道：

> 这十五个政体，即省份，都有一座省城，其他所有的城市都服从它，同样，镇服从省内的城，乡村又服从镇。事无巨细，行政司法、财务或战争，都上诉到省城处理，省城驻有大员。首先最大的行政长官，他们叫做都堂（Tutão），他是负责行政和管理事务的官员，其次是负责财政的官员，叫做总管（Conção），还有军事首脑，总兵（Chumpim）。[①]
>
> 同时虽然他们之下各有许多吏员，处理各自的事务，但城内仍有一个负责差遣的重要部门，每月的某些日子，这三名大官要会商和讨论摆在他们面前的要务，共同协议，慎重决定大事。
>
> 他们在城内任职不得超过三年，但是常在任职未满时，突然不预先通知就被免除他们的官职，调往他处，这是对犯小错者的处分，因为，如犯重罪，那就要严加惩处，甚至处死。[②]

很显然，巴罗斯这段关于地方官僚制度的介绍与前述维埃拉和卡斯塔内的记述基本相同，并没有太多超越。

但是，他却对明代"察院"中"巡按御史"的监察功能进行特别的说明：

> 这个大帝国的国王和君主，从他身边的人当中挑选一个他十分信任的人，按他们的习惯赐给三杯酒，表示宣誓和尊敬，派他到某省的省会去，授与很大的权力，让他能够根据罪行轻重惩治官员，无需上报国王，而派遣时尽可能保密，因为他接受国王签署的诏令，大体上宣布众官员应听命于他，但不提他去何处，以免官员知道诏旨的内容，至于他的任务，只由国王口头告知之。
>
> 拥有这样的权力，他奔赴应去的城市，暗地查访各官员的政绩，在了解各个的行为后，当三位大员汇聚时，他作为某桩案件的申诉人，出现在他们面前，出示国王授与的诏令，这时他们都离席，在他面前下跪，他则升座，对官员做出裁判，犯有重罪的，立即处理，同时这位上级（他们称之为察院）任命一些官员新职位，政绩好的则提升到省里更重要的

---

① 这里的"都堂""总管"和"总兵"按照王琐英的翻译，对应的是"按察使""布政使"和"都指挥使"。参见〔葡〕若奥·德·巴洛士：《亚洲（节选）》，载〔葡〕费尔南·门德斯·平托等：《葡萄牙人在华见闻录》，第 132 页。

② 〔葡〕若昂·德·巴洛斯：《亚洲》，第 29 页。

官职。①

此外,他也对明代司法官员的"回避制"进行了介绍,并以此与葡萄牙进行对比。他写道:"这个帝国的君王还有另一些治理政策:司法管理不得是本地人,而是外乡人,和葡萄牙国王任命的法官是从外地召来的一样,为的是司法对所有人公正,避免徇私情,但将官却是本地人,据说因对乡土的感情,他们会尽力保卫它。"②

最后,与前述葡萄牙人作品不太相同的是,巴罗斯对中国的"朝贡礼"以及相关的"涉外关系法"进行了介绍和解读。他提到"这些为中国征服的国家,为表示感恩","每隔三年,这些国王都要派遣使臣携贡礼往朝中国"。③ 至于朝贡的规则和仪式,他在参考前述维埃拉《广州葡囚书简》中相关记述的基础上,有着更为完整的表述:

> 要知道这位君主是怎样接待来见他的使臣,我们不妨谈谈他对我们大使,乃至随后来见的其他人所作的安排。一位曾进行过战争的鞑靼人,以及前来做生意的其他邻国国王,受到隆重的接待,当他们在途中,准备进入国王驻地的日子里,有一些大员去迎接,一如我们这里的作法。而其他国王和君主的使臣,前来表示臣服的,或者来自遥远地区和不为所知国王派遣的,则不予以接待。然而,在进入国王所在城市时,他从他们携带的信札和个人信息得知他们的到来,在进见他之前,了解到他们的要求是什么,然后相当隆重地把他们送往朝廷。我们的人行的礼节如下:
>
> 在安排好住宿后,只有得到允许的人才能去皇宫,而按照习惯除特许外,外国君主并不亲自朝见;为了表示威严,也为选择占星学的有利时刻,一般接见是在月亮的十五日。使臣或步行或骑着寒碜的草缰绳牵引的劣马前往,到达皇帝宫室前的一个广场,在此停下来,直到有人上来指引,有如在罗马有人指引去见教皇——司礼官。这位司礼官站在一旁,向大使指点,叫她在地上屈膝跪下,两手共同高举,如同赞颂神灵,然后朝着皇宫的一道墙行叩首礼,据官员说,这是国王所在之处。使臣起身,向前走几步,再行同样的礼,但不到达这道墙前,共行五次同

---

① 〔葡〕若昂·德·巴洛斯:《亚洲》,第29～30页。
② 〔葡〕若昂·德·巴洛斯:《亚洲》,第30页。
③ 〔葡〕若昂·德·巴洛斯:《亚洲》,第30页。

样的礼，如不合仪，重行五次，从头开始，然后告别，返回住宅——他们说这就是朝见了国王。而若允许使臣谈一谈他诉求之事，那么就在行最后一次礼时，仍然跪着，等到一个像秘书一类的人，录写下他说的话，收下来，称可以将他的申诉上呈世界的主宰。①

接着，他惊奇地发现中国在对外政策上与希腊人、罗马人和迦太基人不同，中国人并不把"征服异邦的土地，并入本国"作为目标；同时也不掠夺异邦的财产和资源；相反，"他们的国土上有的是金银和各种金属，丰富的自然资源，充足的工艺品，以致别人都从他们那里去获得，但他们却不求任何人"。② 为此他还援引了明代两条"涉外法律"：

> 任何人不得从陆路海道进入他的国家；有要务需晋见皇帝的人，用使臣的名义进入，其从人由特派的检察官清点人数，以便查明是多少人，同时想从陆路进入中国的商人，由许多人组成团，推一人为首，以使臣之命，正式进行买卖。
>
> 其次，本国人禁止出海，如有人要到附近海岛去，那么必须往返都在同一年内，而且要向当地官员申请批准，保证在规定时间返回，乘坐的船只不得超过一百五十吨，如要申请更大的船，会遭到拒绝，据说这是担心他们远离本土。③

需要注意的是，巴罗斯这里提及"禁止出海"的法律，在之前托梅·皮雷斯那里也有提及："未经广州行政长官批准，任何中国人都不能去暹罗、爪哇、马六甲和帕森等王国。批准手续十分繁琐，令人无法忍受，只得放弃出国。外国人来到中国后就不能离开，除非得到皇帝的批准。为得到批准，富人也会倾家荡产。任何船只如违反停泊规定，其货物被没收上缴皇帝，人员被处死。"④

至于中国人为何会有这样的想法和规定，巴罗斯认为这源于中国人对于自身文明的确信，并认为中国人的这一优点值得整个欧洲的人学习：

> 正如希腊人独自尊大，把别的民族视为野蛮人，中国人也说他们有

---

① 〔葡〕若昂·德·巴洛斯：《亚洲》，第50～51页。
② 参见〔葡〕若昂·德·巴洛斯：《亚洲》，第31页。
③ 〔葡〕若昂·德·巴洛斯：《亚洲》，第31页。
④ 〔葡〕托梅·皮雷斯：《东方概要（手稿）》，第5页。

两只眼睛认识四周的事物,我们欧洲人有一只眼睛,其他民族都是瞎子。确实,谁要是目睹他们的宗教仪式,其寺朝之圣洁,住在道院里的教士,日夜祈祷的方式,他们的斋戒,他们的祭祀,学习自然和伦理科学的公家学院,授与各种学位的典仪,以及防范贪污的措施,比我们更早使用的印刷术,还有治国之方,金屋、陶瓷、木具、衣料、丝绸等工艺技术,都会认为这个异教国家的一切值得希腊和拉丁人赞扬。[①]

需要说明的是,尽管作为历史学家的巴罗斯对中国法的描写具有一定完整性和系统性,但他的作品并未广泛流传,只是间接影响到后来的西班牙人门多萨。对此,有论者评价道:"所以他对中国精彩的叙述,好像对伊比利亚半岛和意大利之外欧洲衍生出的中国形象所产生的直接影响一样微不足道。"[②]

(四)加斯帕·达·克路士的《中国志》

与前述介绍中国的葡萄牙使节、商人以及历史学家不同的是,克路士的身份是一名传教士。[③] 1548 年,他作为多明我会教士团的 12 名成员之一,在副主教迪额郭·伯幕德斯(Diogo Bermudes)的率领下到达印度果阿。1556 年,他到达广州,在那里传教几个月,但并未获得成功。1569 年,他回到葡萄牙,赶上瘟疫流行,为照顾病人而受感染,于 1570 年 2 月 5 日在塞图巴尔(Setubal)逝世。

克路士于 1569 年在恩渥垃出版的《中国志》,被视为欧洲出版的第一部专述中国的书。对此,博克舍说道:

> 如果我们把马可波罗游记除外的话。马可波罗的书归根到底是一般记述"东方的国土和奇异事物",而不是仅记中世纪中国的奇事。葡萄牙史家费尔隆·罗柏斯·德·卡斯特涅达(Fernão Lopes de Castanheda)、若望·德·巴洛斯及达米奥·德·戈额斯(Damião de Goes),在他们记葡萄牙势力在亚洲增长的通史中,已经刊布了对中国的记载,但这些记录和收入耶稣会年鉴的盖略特·伯来拉及他人的记录一样,不是专谈中国的书,仅仅是偶尔部分涉及中国。达·克路士的《中国志》有十分之九是专记中国的,他在前言里明白说他整本书都用

---

① 〔葡〕若昂·德·巴洛斯:《亚洲》,第 30 页。
② 〔美〕唐纳德·F.拉赫:《欧洲形成中的亚洲》,第一卷(发现的世纪),第二册,第 304 页。
③ 关于克路士的介绍,参见〔葡〕加斯帕尔·达·克鲁斯:《中国概说》,陈用仪译,载(澳门)《文化杂志》编:《十六和十七世纪伊比利亚文学视野里的中国景观》,第 81～83 页。

来记那个国家。……所以，欧洲出版第一部记中国的书，这份荣誉应授
与这位谦逊的多明我修士。①

克路士的作品一部分来自前述佩雷拉的记述，另一部分则来自他在广州暂
留期间得到的中国政府文件及私人信函的译文。博克舍甚至戏称："加斯
帕·达·克路士在广州停留的几周比马可波罗在中国度过的那许多年得到
更充分的利用。"②此外，有论者研究，克路士的作品除了这些同时代的资料
外，还"依赖了希罗多德、托勒密和圣经上的传说，以及雅各布·菲利普·弗
雷斯蒂·达·伯加莫（Jacopo Filipo Foresti da Bergamo）写于15世纪的《编
年史补遗》（*Supplementum chronicarum*）"③。

《中国志》全书除"序言""致读者"和一个"附录"外，由30章组成。就
中国法而言，克路士作品中有很大一部分内容与此相关，十分难得。他在一
开始说"中国人比其他国人口多，国土大，政体和政府优越，财富和财物丰
足"，且"它的百姓有归信基督教的资质"，因而，需要全面概述它，"把他们
从偶像崇拜的愚昧和无知中拯救出来"。④此外，他还援引前述佩雷拉的说
法，说明"China"之名的由来。⑤

首先，与前述葡萄牙人的作品一样，克路士也对中国的行政区划进行了
介绍。然而，他认为中国有13个省，分别是广东、广西、福建、浙江、顺天府、
直隶、江西、贵州、湖广、山西、云南、四川和陕西。这一看法显然是不正确
的，不仅漏掉了山东和河南，而且还错误地将北京和南京，分别视为顺天府
和直隶的都城。⑥这种错误的认识再一次表明，葡萄牙人对于中国行政区划
的认识直到16世纪70年代仍缺乏准确性。

其次，克路士在其作品中也介绍并总结了明代地方官僚制度。他先是
指出"中国每省有一千名老爷（Louthias），或者据人说有三千名"，并称"这
些人很通晓国法"，"精读国家的律令"。⑦然后，他非常具体地介绍了每个
省5位"最高的官"：

① 〔英〕C. R. 博克舍编注：《十六世纪中国南部行纪》，第36～37页。
② 〔英〕C. R. 博克舍编注：《十六世纪中国南部行纪》，第37～38页。
③ 〔美〕唐纳德·F. 拉赫：《欧洲形成中的亚洲》，第一卷（发现的世纪），第二册，第311页。
④ 参见〔葡〕克路士：《中国志》，载〔英〕C. R. 博克舍编注：《十六世纪中国南部行纪》，第39～
45页。
⑤ 参见〔葡〕克路士：《中国志》，第45～46页。
⑥ 参见〔葡〕克路士：《中国志》，第63～65页。
⑦ 参见〔葡〕克路士：《中国志》，第106页。

五位中最大的是他们叫做都堂的长官。全省巨细事件都归他处理,为维护他个人的权威,他不跟别的老爷住在一起,以免他们常去拜访他,这样他可以使人敬畏。除日常的开销外,省的一切赋税都交给这类官员。经他之手,征收到的赋税及有关事项,都上报送往朝廷。省的第二位官员是赋税监督官,他们语言中叫做布政使。他负责派人在全省征收赋税,因此他手下有许多老爷,他们是处置和查询税物的特殊官吏。他提供所有省的日常开销,余下的交给都堂,让他上交朝廷。他可以干预下属属员的重大事情,有权管辖他们。省的事件和政务也归他管,由他上报给都堂。

这之下的另一大官是大法官,他们语言中做按察使。法官尽管有很多,他却是最大的,由他来分配其余的工作,所有司法的事都归他管,他也有权统辖下级官吏。他之下的另一大官是将官,他们称之为海道(Aitao)。这位海道的权限是指挥士兵,负责船只,粮食及其他为进攻敌人和海盗所必需的一切事。有些外国人的事,不属于税务处的,也归他管。

大官中第五位和最后一位是负责战事的军官,他奉海道在岸上的命令指挥舰队。这位[军官]在需要的时候除了实施和安排有关事项外,若事态要求他到场,他就亲自前去;若事态是那么重要,海道也得去。他在该国被叫做Luthissi。这五位官员权势赫赫,都堂又在其余的之上,因此他[几乎]从不离开他的衙门,以维护他的权威。他外出时仪仗煊赫,部属吏员甚盛。除五位中最低的Luthissi之外,这些大员每位的衙门里还有另十名助手。①

与前述葡萄牙人作品中的相关介绍相比,克路士的介绍相对全面和准确。他不仅准确介绍和界定了"巡抚""布政使""按察使"和"都指挥使",还对"海道"首次进行了说明。在明代葡萄牙人对于"都堂"的介绍中,他们将其对应为"总督""巡抚""布政使"或"巡按御史",这里克路士将其定位在"巡抚"应当是准确的。因为按照明代制度,"巡抚都御史系安地方之官,如徭役之编审,里甲之出力,粮料之征派,官钱之出入,驿传之处给,廪禄之兴废,舆夫、大户、粮长、民壮快手之佥点,城池、堡隘、兵马军饷之督调,凡地方之事俱听巡抚处置"②。这些职能与克路士这里的描述基本一致。此外,在介绍

① 〔葡〕克路士:《中国志》,第107~108页。
② 靳润成:《明朝总督巡抚辖区研究》,天津古籍出版社1995年版,第7页。

按察使司时，克路士提及了其下级官员"海道"。这一说法基本也是正确的，因为按察使司下设分巡道，在福建等地的分巡道中，有海道（驻漳州）的设置。①

除了上述 5 位官员外，他还提及了"太守""巡按御史"和"钦差"。其中对于"太守"的介绍基本来源于佩雷拉。对于"巡按御史"和"钦差"则这样写道：

> 每年要派一位官员到各省去执法，他叫做察院（Chāe）；他去考查所有大小老爷，测试学生，选拔老爷，查问监狱，考虑和斟酌全省一切必须的事务。[他用种种手段侦查他们受贿和非法的活动，有权任免。]……很多官员带着红绸招展的旗子护送他，全城大小老爷都要去参见他。
>
> 五位中每位新到他管辖的省份时，接待方式相同，这些官员之上还有其他的官，叫做钦差，那就是说一颗金印玺，只在关系到国家或皇帝的重大事件和严重事态时才派遣他们。②

这里需要说明的是，对于明代"巡按御史"介绍最为全面的应该是克路士。他不仅花了近一章内容专门介绍这一官职，全面介绍其职能，而且突出了该官职的监察功能：

> 为使每人尽职不致失政，官员每年要受到察院的审查，如果他发现他们有政绩，他便把他们提升到更高更显赫的职位；如果发现他们玩忽职守，或者不维护国法；或者受贿，过失严重，应当罢黜，那么他便罢他们的官，送他们到朝廷去，派别人接替……
>
> 皇帝每三年派遣一次察院，他们通常都是干练的诚实人，不容易受贿。他们是皇帝信任的，可以办理有益于国家、皇帝和法制的事。这些人一般比其余的官员更有权力。他们是在每位官员任职期满时被差遣。因这些人大多很严峻，执法严格，老爷们都拼命把过失掩盖起来。
>
> 察院参查完老爷们，便去访问监狱，接见囚犯，开释那些应当开释的，惩治那些应当惩治的……
>
> 察院视察和处理完省里一切必要的事，由别的老爷陪同去考核所有的员生，看到学习良好的给予表彰和奖掖；那些学习差的，如果他觉

---

① 参见王天有：《明代国家机构研究》，北京大学出版社 1992 年版，第 223～225 页。
② 〔葡〕克路士：《中国志》，第 108～109 页。

得他们尚有学习能力,便命令鞭打他们……①

这些介绍与明代"巡按御史"纠劾地方官吏、举荐人才、断理冤狱、赈济灾荒、督查地方民生、督修地方农田水利公共设施、检查学校教育、存恤孤老、旌表孝义等职能基本一致。②

再次,他在参考前述佩雷拉的基础上,也对明代的司法进行了介绍。例如,他指出明代中国司法强调"公开审判",注重"证据制度",坚持"司法正义"。同时,在民间借贷关系中,中国法侧重于对债权人利益的保护,并对抢劫和谋杀处罚极重。③ 此外,他还特别强调明代中国对于死刑案件处理的审慎。例如,他写道:"察院(如我所说他是每年去考核官员和做别的有助于治理各省的事的)要求查阅狱内那些被判死刑的囚犯档案和案情。他和省里所有的大老爷审查这些案件。充分审查后,他们从所有被判决的人中挑出五六名或者更多的他们认为该死的人。深夜,当这番审查结束,他们派人去监狱把这些人提出处决。"④尽管克路士这段描写不太符合明代历史实际,如明代死刑案件按照"审转复核制"要求,必须上报中央直至皇帝,才能决定处决与否;但是,巡按御史与省里大员对于死刑案件的核查,大致是符合历史事实的。

值得注意的是,克路士为了具体展示明代中国司法,在第 24 章、第 25 章和第 26 章详细介绍了前述 1548 年佩雷拉等葡萄牙商人在福建被指控为海盗的案件。通过对该案件的介绍,克路士不仅用真实的案例向西方人展示了明代中国司法的运作过程,而且证明了明代中国司法的公正性。

他指出,葡萄牙商人的冤狱之所以获得"平反",很大程度上是因为"在中国如无皇帝批准而杀人"这项法律的规定。⑤ 福建地方官员朱纨、卢镗等人因违反这一规定,而使明朝皇帝派出钦差复查案件。在案件复查的过程中,由于钦差严格按照明代司法程序审理案件,将前述"公开审判""强调证据"等制度展现得淋漓尽致。⑥ 最后,皇帝还作出了一份有利于葡萄牙商人的"判决书"。对于这份"判决书",克路士在《中国志》中全文进行了摘录,十分珍贵:

---

① 〔葡〕克路士:《中国志》,第 110~111 页。
② 参见刘双舟:《明代监察法制研究》,中国检察出版社 2004 年版,第 67~69 页。
③ 参见〔葡〕克路士:《中国志》,第 120~122 页。
④ 〔葡〕克路士:《中国志》,第 122 页。
⑤ 参见〔葡〕克路士:《中国志》,第 137 页。
⑥ 参见〔葡〕克路士:《中国志》,第 140~142 页。

兵部奉圣旨。因 Chaipum Huchim Tutão(巡抚朱纨——引者注)未奉朕命,私隐消息,于捕获若干百姓后下令将彼等处死。朕为伸张正义,旨遣 Quusi tuam(杜汝祯和陈宗夔——引者注)为钦差以了解真相,彼携诸大员同往,此系朕所遣以向朕报告有关葡人及海道、卢镗之实情,后二者曾上奏称葡人系海寇,至我沿海劫掠屠杀。得知真情后,彼等完成朕命归来。兵部及朝中大臣阅视文件,用心审核,将情况奏朕。朕亦命刑部、Atu Chaê(都察院——引者注)及若 Athog lissi Chuquim(大理寺——引者注)细审,因事关重大,朕命善视此等文献,以期秉公执法。诸人审阅后,显见葡人已至泉州沿海交易多年,彼等所采取之方式不为合宜,而应往我市场上交易,此乃我诸港之一贯习俗,朕迄今不知此等人为何许人,朕现知泉州百姓赴彼等海上之船买卖,由此而知彼等系商人而非海寇,非如上奏之所言。朕不谴责商人之协助葡人,但朕觉察泉州官府失职,因有船只抵我港口,官府应知其是否为商,是否愿付税,若彼等愿付税,应即上报。若彼等已付税,则无需加害。或若将彼等捕获,应报朕得知,朕将下旨将彼等开释。虽则依法抵我港口之船只需按丈量付税,此等人系来自远方,无需若此,可任其交易及赴其邦国。再者我之幞头知此等人为商人行未报朕,瞒而不报,此乃多人遭捕杀之因。幸存者因不能言,唯翘首向天,内心祈求上苍施公道[他们除天外不知道至高的上帝——克路士语]。除此等事而外,朕亦知海道及卢镗为贪求葡人之大宗货物而行为不端,无视所捕并夺其财货之人为歹徒抑为良善。治海之官员亦知此等人为商侣而未予朕以奏明、官吏均若邪恶,系罪魁祸首。据朕遣钦差所奏,朕尚知海道及卢镗据有文书可知葡人系商而非盗,既已知晓,犹不以捕获为满足,复以谎言奏朕,且不以杀人为意,虽孩童亦加杀害,有断足者,行断手者,终将彼等悉斩首,奏称捕杀马六甲王。朕以此为实情,深感痛切。因迄今未奉朕旨而横施酷刑,此后朕禁止若此行为。又葡人抗拒我之船舰,宜予拘捕而勿杀戮我百姓。再者彼等至我国海域交易犹如海寇而非商人,为时已久,故此若彼等原为土著如今之为异邦人,则触犯死律而没其财货,彼等亦非无过失。都堂下令屠杀人众,称朕将因此擢升彼,而遇害之百姓,既失头颅,其心若灵若血,乞求上苍主持公道。朕知此极恶,目不忍睹血泪斑斑之上书,朕心深为哀怜。未知官府因何不将捕捉之人开释,致使朕无缘得知此暴刑。[要知道异教皇帝天生仁慈,并有其宽大之国法,如我们所说在对待死囚方面十分宽宏而且执行缓慢。下面继续论判决。——克路士语]因有此等事,朕擢升 Senfun 为首官,因彼克尽职守,奏朕以实情。亦擢升首官 Quinchio,因彼奏报捕丁在海上偷与葡人交易。

朕将行恶之人贬抑为贱民。再者,因把总(Pachou)与葡人交通,受贿而许当地商人与葡人交易,犹谎报葡人为海寇,至我国便行劫掠。彼亦以此言通告官府,官府即回称彼系欺罔,因官府已知其非。故某某及某某[这里他列举了十位老爷——克路士语],汝等宜被贬为红帽(被判犯刑的意思——引者注),以示惩处,而汝等本理应更遭贬抑。

察院,汝因捕获此等人而称汝应得擢升,肆行若此之暴虐而称不畏朕。某某[这里他列了九个人了——克路士语],汝等称朕将为捕获此等人而擢升汝辈,而汝等[他举了很多名字——克路士语]不畏朕而谎报。朕亦知汝等受贿。但因汝等若此行为,朕将汝等某某及某某[提了很多]贬斥。[他剥夺了他们老爷的称号。——克路士语]

海道和卢铛残杀若干百姓,汝等竟容许。但既同意,汝等为帮凶亦犯同等之罪。Chifu(知府——引者注)及 Chāchifuu,汝等亦依海道及卢铛之意,参与杀戮,无视有罪及无辜。故此朕罚汝等为红帽。

卢璧(Lupuu)有善心,因都堂欲杀这些百姓时彼称应先报朕知。脱免其无罪,理应受奖,朕仍命彼官留原职。

朕命 Sanchin 为广西城按察使。Antexeo 宜罢黜。Assão 能与葡人交谈,宜有职衔和常职,遣往其出生地浙江。[这是充当葡人翻译,替他们辩护的青年,他们给他老爷的称号和薪俸。——克路士语]

Chinque,系出海与葡人交易且欺骗葡人之首商,携带大宗货物到岸,宜向彼索还,妥加保管以备葡人之给养及花费。朕罚彼及其四名同伙为红帽,任官府放逐至相宜之地。

其余因此案而犯罪及囚禁之人,朕命官府按罪惩治。

朕命察院将都堂押来,由朝廷大臣详审其过失,朕将依朕意裁决。此都堂亦为海道及卢铛之同谋,因卢铛及海道邀彼参预,将没人之葡人财货私分与彼,彼为一方之道,应为彼等着想,若彼对彼等之意见不表赞同,彼等确不敢胆大妄为。[此人听见对他的判决,上吊自杀,称天生全身,无人可取走他的头。——克路士语]在押之幞头应予再审,立即发落。

Cuichû 即刻免去老爷之职,永不叙用。

Chibee 系六人和二十人之首,朕命将彼及其下人释放,因彼等仅犯轻微过失。欠钱之人应即时归还。

若官府判定死罪,Famichim 及 Tommichar 应处死,若非是,则由官府另判。

阿丰索·德·帕瓦（Afonso de Paiva）及伯罗·德·塞阿（Pero de Cea）〔这两人是葡人〕、安东尼奥（Antonio）和弗朗西斯科（Francisco）〔这些是奴隶——克路士语〕犯下杀我舰队士兵之罪，应与卢铛及海道入狱，按国法任其缓死。

尚余生的葡人及其奴仆，共计五十一名，朕命押送广西城，并命该城善视之，因朕习于待人公道，故亦开恩于彼等。舰队之老爷无可责怪，朕命予以开释。朕若此处治所有人等，官员可见朕系出自善意而为之。朕命从速办理此案。皇帝的判决到此为止。①

从这份葡人记录 16 世纪明代中国的"判决书"可知，皇帝先是派钦差查明案情，又令中央"三司会审"案件，进而作出判决。在判决中，皇帝"释法说理"，对"巡按御史"未能正确履行监督地方官员的职责，进行了处理，并在定罪处罚相关涉案人员之外，还对一些官职的任免进行了安排。这份来自明代中国的"判决书"让 16 世纪的葡萄牙人，甚至之后很长一段时间的西方人认识到了中国司法的文明。对此，克路士在摘抄完"判决书"后，这样评价道：

> 这次判决的过程明显地说明，这些信偶像的和野蛮的民族有他们自己的良好的司法手续和顺序，也表明上帝使得一位不认识真神的皇帝本性仁慈。他作出的极大努力，以及他对大案的慎重，看来是这个国家善治和德治的根源，以致尽管中国如我们所说是那样大，它却维持多年的和平而无叛乱。上帝保佑它，因为没有敌人入侵破坏，也因为它保持了繁荣和富强。这个国家的严厉司法是控制百姓易犯罪恶倾向和骚动的根本。②

我们从克路士的评价中，可以理解为何前述佩雷拉等人虽在中国遭受牢狱之苦，但却对中国司法大加赞扬。因为这个真实的案件，让他们对明代

---

① 〔葡〕克路士：《中国志》，第 143～146 页；另见〔葡〕加斯帕尔·达·克鲁斯：《中国概说》，第 97～102 页。

② 〔葡〕克路士：《中国志》，第 146 页。

中国的司法有了切身的体验。①

当然在一开始涉案当事人佩雷拉表明此观点时,西方人并不认同。据说他的报告在被送去付印前,罗马耶稣会检察官还把这一部分删掉了许多。但是,后来通过克路士上述更为详尽的记述,佩雷拉的观点逐渐被接受,而之前维埃拉和卡尔渥信函中所描写的中国司法暴虐的形象则逐渐淡去。显然,这个案件的真实性及其相关报道,更容易使 16 世纪中叶以后的西方人对明代中国司法的文明抱有信心。因此,克路士抄录的这份"判决书"对于这一时段西方中国法形象的建构意义重大;同时,它也说明西方的中国法形象背后有其真实性的一面。

最后,克路士还对明代中国的刑罚和监狱制度进行了记述。在明代中国刑罚种类上,他的记述不如前述维埃拉,更加侧重了刑罚的严酷性,甚至还提及很多犯人因不堪忍受酷打,而选择争先上吊。② 与维埃拉不同的是,克路士补充介绍了明代的两种"夹棍刑","一种施在手上,另一种在足上"。③ 尽管他们描写的侧重点各有不同,但可以肯定的是克路士此段描写的资料来源还是"葡人囚犯"的言说。

此外,克路士专门用一章内容介绍"中国的监狱和牢房"。他在总体上认为"中国的监狱很严格",而且关押的犯人很多,"每省省会有三十座监牢","仅广州就有近一万五千名犯人"。④ 对于监狱具体的场景和细节,他与前述佩雷拉的描写基本相近,但内容更为丰富,涉及的细节更多。至于为何中国犯人如此之多,他给出的解释一是"人口太多,很多人缺乏生计沦为贼盗"⑤,二是"中国司法是那样严格"⑥。

尽管作为传教士的克路士对中国人不信基督教有所批评,并将 1556 年发生在中国的许多灾异现象认为是上帝惩罚中国的表现,但依旧在整体上对中国法持肯定态度:"国家那样大,皇帝悉心治理,把它管理得井井有条,多少年来维持和平统一,没有外国侵略或夺走中国任何东西;反之,中国因它的独特政体使很多国家和民族臣服。"⑦

---

①　当然,英国学者博克舍并不这样认为,他觉得"御史及其同审官这样做,不是出于对葡人处境的同情,更不是执法严格,而是要不惜一切代价取得总督朱纨的罪证"。参见〔英〕C. R. 博克舍编注:《十六世纪中国南部行纪》,第 10 页。

②　参见〔葡〕克路士:《中国志》,第 123～125 页。

③　参见〔葡〕克路士:《中国志》,第 127～128 页。

④　参见〔葡〕克路士:《中国志》,第 123～125 页。

⑤　〔葡〕克路士:《中国志》,第 126 页。

⑥　〔葡〕克路士:《中国志》,第 146 页。

⑦　〔葡〕克路士:《中国志》,第 130～131 页。

应该说,"有机会到中国旅行和阅读加斯帕·达·克路士《中国志》的人,都会同意说这部葡文著作不亚于1625年前欧洲出版的这类书"①。或许是因为"大疫年"的影响,这部非常出色的描写中国的作品在出版后的一段时间,在葡萄牙以外并没有得到广泛的传播。后来,他的作品影响了西班牙人奥古斯丁修会会士马丁·德·拉达和艾斯加兰蒂,并通过奥古斯丁修会会士胡安·冈萨雷斯·德·门多萨的《中华大帝国史》影响了之后的耶稣会士时代。对此,门多萨直言不讳地指出:"圣多明我会葡萄牙修士加斯帕·达·克路士曾到过广州城,在那里记录了这个国家的许多事物,而且很仔细,我在本史书中引用了他记的很多事。"②

克路士《中国志》之后,葡萄牙冒险家费尔南·门德斯·平托曾于1580年撰写《游记》(*Peregrinação*)一书,其中也有大量涉及中国的记述。但学界普遍认为"因他的叙述明显夸大,他被当作一个有才艺的传奇作者而知名"③。

由于平托的作品更像是文学作品,其中虽有部分内容涉及中国法,但整体而言,在准确性和完整性上远不如上述作品。同时,有论者指出,其作品"细节全部取自佩雷拉及克路士之书,他再自行厚颜无耻编纂而成"④。尽管如此,与前述葡萄牙人作品相一致的是,他对于中国法在整体上是肯定的。他甚至用一大段文字,通过比较世界其他文明地区力证了这一点:

> 我们不能把北京想象成是罗马、康斯坦丁、威尼斯、巴黎、伦敦、塞维利亚、里斯本,或是欧洲众多名城中的任何一个,哪怕这个城市再有名、人口再多也不行。欧洲以外,我们也不能把北京想象成是埃及的开罗、波斯的大不里士、坎贝的艾哈迈达巴德、纳辛加的比什纳加、孟加拉的高尔、查乐的阿瓦、卡拉米纳的丁帕朗、勃固的马达班和巴固、暹罗蒙的金佩尔和廷朗、索纳的大城府、爪哇岛上的巴苏鲁安和淡目、大交趾的乌扎格、鞑靼的撒马尔罕、琉球的那霸、日本的京都等,它们都是大国的城市。然而我敢断言,所有这些城市都无法与大北京最细微的东西相比,更难与北京各方面的宏大规模与气势相提并论,诸如雄伟壮观的建筑,用之不竭的财富,极其充沛的各种必需品,难以计数的人口、交易、船只,司法情况,国家的治理,宫廷的平稳,都堂、察院、按察使、布政

---

① 〔英〕C. R. 博克舍编注:《十六世纪中国南部行纪》,第38页。
② 〔西〕门多萨:《中华大帝国史》,何高济译,中华书局2013年版,第35页。
③ 〔英〕麦术尔:《绪论》,载〔西〕门多萨:《中华大帝国史》,第20页。
④ 〔美〕史景迁:《大汗之国:西方眼中的中国》,第46页。

使、顾问大臣等的排场。所有这些人统治着巨大的王国和各省,俸禄极为优厚。他们通常住在北京,或有派驻代表,因为当发生重大事件时,他们会被派到王国各地进行处理。①

此外,与之前葡萄牙人作品主要是介绍中国南部沿海地区相比,平托的作品则主要侧重于介绍中国北方,尤其是明帝国首都北京。这些描写对之后西班牙人门多萨的作品产生了一定的影响。

三、西班牙人作品中的中国法

西班牙人对于中国法的介绍是 16 世纪中叶以后西班牙对菲律宾群岛征服后展开的。但是,在此之前西班牙耶稣会传教士圣方济各·沙勿略神父②(Francis Xavier,1506～1552)曾于 1548 年在印度果阿撰写了《中国报道(手稿)》(Informação da China),其中也有一些关于中国法的记述。③ 例如,他曾记述一位商人向中国地方收税官员行贿"一个价值四十克鲁扎多的红宝石戒指和其他一些随身带去的耳环",这位官员非但不收,而且还义正词严地说道:"中国的正直官员是不收受任何贿赂的,尤其是不收外国人的贿赂。"④此外,他还介绍了明代中国官员任职回避制度,并对这一群体给予了很高的赞扬:"他们都铁面无私,很公正,主持正义。这些官员没有私人特权,他们的俸禄全由皇帝每年赐给。我听说,在全中国没有一个官员是有私人特权的,除了这个国家的皇帝本人之外。"⑤这里作者显然以西方封建制为标准,赞美中央集权下中国的官僚制。

---

① 〔葡〕费尔南·门德斯·平托:《游记》,载〔葡〕费尔南·门德斯·平托等:《葡萄牙人在华见闻录》,第 213～217 页。

② 圣方济各·沙勿略司铎,西班牙人,1506 年 4 月 7 日诞生于纳瓦拉的沙勿略堡。沙勿略于 1530 年在巴黎成为文学士,1534 年 8 月 15 日在巴黎的蒙马尔特与圣依纳爵(St. Ignace)及其教友们发第一愿(耶稣会于此后在 1540 年 9 月 27 日由保罗三世批准)。沙勿略于 1541 年 4 月 7 日乘圣地亚哥号船,作为教廷大使赴印度果阿,从 1549 年 10 月 10 日起(事实上是 1550～1552 年)任第一任印度(果阿)省会长。他于 1549 年 8 月 15 日到达日本,1552 年 1 月 24 日返回印度,在那里准备向中国派遣使团,并于 1552 年 8 月到达上川岛(圣若望岛)。沙勿略于 1552 年 12 月 2 日夜或 3 日逝世(也有认为是 12 月 2 日)于上川岛,有手稿遗存(G. 苏哈默·威基:《方济各书简和手稿》,新版本,罗马 1944～1945 年版)。沙勿略是历史上"耶稣会来华第一人"。参见〔法〕荣振华、方立中等:《16—20 世纪入华天主教传教士列传》,耿昇译,广西师范大学出版社 2010 年版,第 377～379 页;另见方豪:《中国天主教史人物传》,第 43～47 页。

③ 《中国报道(手稿)》本身并未署名,但学界一般认为它的作者是圣方济各·沙勿略神父。参见佚名:《中国报道(手稿)》,黄徽现译,载(澳门)《文化杂志》编:《十六和十七世纪伊比利亚文学视野里的中国景观》,第 28～29 页。

④ 参见佚名:《中国报道(手稿)》,第 31～32 页。

⑤ 佚名:《中国报道(手稿)》,第 32 页。

（一）马丁·德·拉达的《记大明的中国事情》

16世纪中叶西班牙征服菲律宾群岛之后，作为奥古斯丁修会传教士的马丁·德·拉达曾给西班牙驻墨西哥总督写信提议："集中西班牙的全部力量去征服中国并使中国改变信仰，因为据说中国是一个既富裕又软弱的国家。"①后来，拉达于1575年4月被西班牙驻菲律宾总督吉多·德·拉维萨雷斯任命为赴中国使团的团长。拉维萨雷斯为拉达及其同行成员下达了两条指示：

> 条目：如果总督和官员们同意，一国和另一国之间可以进行贸易，因为他们说他们拥有权力，或者不管怎样，得到总督的同意，那你们要求他们指定一个港口给我们，我们的商船可以安全进出，一如葡人得到的港口。条目：你们要努力了解该国人民的品质，知道他们的风俗习惯，及他们做什么生意买卖；并要知道他们是否言而有信，说话诚实否，从这可运什么商品到那里，从那里又能运什么来，以及对双方贸易都有利，尚有能够发现和打听到的有关该国的其他事物和秘密。若你们被允许留在那里，你们要写一份有关一切的详尽的报告，交陪同你们的两名西班牙人米古额·德·洛阿卡和伯多禄·萨尔密安托送交我们，而若不许你们在那里居留，那你们返回时把报告交给我们。②

从指示中可以看出，总督拉维萨雷斯要求使团成员达到中国后，将看到和了解到的有关中国的信息写成报告。为了遵守这些指示，拉达和同行的热罗尼莫·马林、米格尔·德·洛阿卡以及佩德罗·萨米恩托在返回马尼拉后，都撰写了对于中国的印象。其中，拉达在学习汉语的过程中，还撰写了《中国的语法与词汇》（*Arte y Vacabulario de la Lengua China*）一书，"这是欧洲人研究中国语言文字的第一部著作"，拉达也因此被称为"西方第一位汉学家"。③

根据英国学者博克舍的研究，拉达1575年出使中国的报告原分为两个部分："第一部记他到中国的旅行，在福建的行程，及返回马尼拉；第二部是一个对中国的简述，分为十二章或节。"④或许是由于出使中国失败，拉达的报告并不像前述佩雷拉和克路士那样褒扬中国，相反，一些批评中国的内容

---

① 〔美〕唐纳德·F.拉赫：《欧洲形成中的亚洲》，第一卷（发现的世纪），第二册，第312页。
② 〔英〕C. R.博克舍编注：《十六世纪中国南部行纪》，第45页。
③ 张铠：《中国与西班牙关系史》，第84、89页。
④ 〔英〕C. R.博克舍编注：《十六世纪中国南部行纪》，第50页。

充斥其中。但是,从报告所涉内容和撰写的质量上看,学界对其评价很高。例如,17 世纪西班牙教会传记作家加斯帕·德·圣奥古斯都(Gaspar de San Agustin)这样评价这部作品:

> 他毫无准备地踏上该帝国的土地,既不懂该民族的语言,也没有老练的译员帮助他得到有关这样一个古老和精明民族的知识。尽管有这些困难,修士马丁对中国的描述是那样详尽,以致我们对他怎么能够在这样短的时间内获得那么多的情报感到惊奇。由此我们发现他的伟大天才,而根据所有认识他的人的说法,即使在那黄金年代,也是突出的。①

就中国法记述和评价而言,拉达在报告第一部分《出使福建记》(1575 年 6 月至 10 月)主要介绍了使团出使福建的经过,没有太多涉及本主题的内容。涉及中国法的内容基本集中在报告第二部分《记大明的中国事情》中。

与 13 世纪中叶方济各会传教士威廉·鲁不鲁乞第一次向西方人证明契丹就是西方古代传说中的"丝国人"(赛里斯)相类似,拉达是"第一个明确无误地把中国考定为马可波罗的契丹的欧洲作家"②,"解决了世界地理学上的重大历史悬案"③。同时,他大致准确地梳理了马可·波罗之后有关"中国"的称谓:

> 我们通称为中国的国家,威尼斯人马可波罗叫做契丹,或许因那时是这样称呼的,因为当他 1312 年左右到达那里时,它是在鞑靼人的统治下。这些岛子的土著称它为"常来"④(Sangleg),中国商人自己叫它中华,然而今天它的本名是大明,这个名字是洪武皇帝取的,他把鞑靼人赶出了中国,犹如过去不同时代它有其他的名字:汉唐、宋元、东胡(? Tong Gu)、契丹(? Cantey)。⑤

---

① 〔英〕C. R. 博克舍编注:《十六世纪中国南部行纪》,第 50 页。
② 〔英〕C. R. 博克舍编注:《十六世纪中国南部行纪》,第 50 页。
③ 张铠:《庞迪我与中国》,大象出版社 2009 年版,第 349 页。
④ 根据李毓中的说法,何高济先生这里翻译的"常来"(Sangley)被他翻译为"生理人",指涉那些在美洲白银吸引下的中国闽商人。参见李毓中:《"建构"中国:西班牙人 1574 年所获大明〈古今形胜之图〉研究》,《明代研究》2013 年第 21 期。
⑤ 〔西〕马丁·德·拉达:《记大明的中国事情》,载〔英〕C. R. 博克舍编注:《十六世纪中国南部行纪》,第 185 页。

与前述葡萄牙人对于中国行政区划认识缺乏准确性和统一性相比,拉达可能由于获得了明代罗洪先①所绘《广舆图》②,因而,对于明代中国的认识是最为精确和完整的。他不仅对明代"两京十三布政使司"有明确的区分和认知,而且还依次介绍了明代北京、南京、山东、山西、陕西、四川、贵州、云南、广西、广东、福建、浙江、河南、湖广和江西这 15 个省的具体位置。③文载:

> 这个大明国被上述的界墙,大江和海所包围,分为十五个州,他们叫做省,其中两个受朝廷管辖,那就是北直隶和南直隶。北直隶即北京,那是皇帝的驻地,由朝廷管治,南直隶即南京,过去皇室所在地,因此也保留了它的朝廷。北京的意思是"北方的官廷",南京是"南方的官廷",因为(顺天 Su[n]thien)和应天两省的首府在正北和正南,彼此相距三百四十里格。其他十三省叫做布政司,由总督治理。④

除了对上述"两京十三布政使司"的介绍外,拉达还第一次向西方人介绍了明代中国其他一些地方性设置:

> 除这些城镇而外,尚有不归诸省管辖计算的其他城镇,那是 7 个制盐的府城,另 11 个在边疆地区的叫做 Conmien,4 个叫做 Samuysi,11 个 Canfusi,15 个叫做 amfusi,1 个 Cantosy 和 115 个 Tionco。因此城镇的总数是 1720,都有高石墙围绕。⑤

结合明史可知,其中"7 个制盐的府城"指的是设"盐课提举司"的都

---

① 罗洪先,字达夫,号念庵,江西吉水人,26 岁考中状元,任翰林院编修,后因上疏嘉靖帝被削职为民,作《广舆图》,卒于 1564 年。参见成一农:《〈广舆图〉史话》,国家图书馆出版社 2017 年版,第 2~6 页。

② 明代罗洪先《广舆图》共有如下 7 个刻本:(1)明嘉靖三十四年(1555)初刻本;(2)明嘉靖三十七年(1558)南京十三道监察御史重刊本;(3)明嘉靖四十年(1561)胡松刻本;(4)明嘉靖四十三年(1564)吴季源刻本;(5)明嘉靖四十五年(1566)韩君恩、杜思刻本;(6)明万历七年(1579)钱岱刻本;(7)清嘉庆四年(1799)章学濂刻本。参见成一农:《〈广舆图〉史话》,第 59~64 页。

③ 拉达对明代"两京十三布政使司"的记述与《广舆图》一致。参见[明]罗洪先:《广舆图》卷一《舆地总图》,明万历七年(1579)钱岱刻本。

④ 〔西〕马丁·德·拉达:《记大明的中国事情》,第 189 页。

⑤ 〔西〕马丁·德·拉达:《记大明的中国事情》,第 191 页。

城。① 其他则涉及明代边区的土司制度,11 个边疆的"Conmien"指的是宣慰司,4 个"Samuysi"指的是招讨司,11 个"Canfusi"指的是宣抚司,15 个"amfusi"指的是安抚司,1 个"Cantosy"指的是招讨司,115 个"Tionco"指的是长官司。②

此外,正如拉达在"序言"中提到,他手头有一些中文的书籍和地图,③尤其是参考了明代喻时所绘《古今形胜之图》;④因此,在准确介绍 15 个省之外,他还提及各省包含府、县的具体数目。⑤ 更为重要的是,他第一次向西方人说明了省、府、州、县之间的具体关系:

> 大明国十五省有两类城市,一类叫府,另一类叫州。重要的一般都叫府,各有皇帝任命的长官,总督常驻的省会除外。叫做州的城镇一般都隶属某个府的长官,但有的州并不隶属,自有其长官,反之,有的府却隶属于另一府的长官。城镇叫县。因此,大明有 15 省,390 城,其中 155 是府;有 1155 县,村落不计其数,因每个城镇下属许多村落,有的多,有的少。⑥

在参照相关中文资料的基础上,拉达还对明代各省的军士、戍军和武器进行介绍,并非常详尽地列举了大明国的人口、税户和赋税。值得注意的是,他还用一大段文字介绍了明代万历皇帝之前中国的历史。⑦ 他提到了"盘古开天""伏羲""神农""有巢""黄帝"等古史传说,也提及了秦始皇之后直至明万历帝的历史,并得出中国约有 4100 年历史的结论。他感叹道:

---

① 这 7 个"盐课提举司"名称分别是广东、海北、四川、黑盐井、白盐井、安宁盐井和五井。参见王天有:《明代国家机构研究》,第 247~248 页。

② 参见王天有:《明代国家机构研究》,第 257~258 页。

③ 如英国学者博克舍就认为,拉达之所以对明代中国行政区划有这么准确的介绍,是因为他使用了 1566 年明代的《广舆图》。参见〔英〕C. R. 博克舍编注:《十六世纪中国南部行纪》,第 60 页。张铠认为,拉达在撰写该部分时参考了明代罗洪先(1504~1564)编绘的全国及域外综合地图集《广舆图》(该地图集 1566 年版指明全国共设 159 府、234 州和 1114 县)和明代喻时(1506~1571)所绘《古今形胜之图》的记载。参见张铠:《中国与西班牙关系史》,第 86 页。

④ 据考,明代喻时的《古今形胜之图》于 1574 年已被西班牙驻菲律宾总督吉多·德·拉维萨雷斯获得,他在同年 7 月写给菲利普二世的信中确认了这一点。因此,接受拉维萨雷斯指示的拉达应该也掌握该图。同时,《古今形胜之图》较之《广舆图》而言,重于对地名和行政区域沿革的介绍,而《广舆图》侧重于地理学。参见李毓中:《"建构"中国:西班牙人 1574 年所获大明〈古今形胜之图〉研究》,第 8~10 页。

⑤ 参见〔西〕马丁·德·拉达:《记大明的中国事情》,第 190~191 页。

⑥ 〔西〕马丁·德·拉达:《记大明的中国事情》,第 190 页。

⑦ 参见〔西〕马丁·德·拉达:《记大明的中国事情》,第 197~200 页。

"可以看到这个国家除短期受鞑靼统治外一直完整地不被外族控制,这确实是件了不起的事。若这个历史是真实的,那他们在洪水后不久就有了皇帝,而且他们从此后始终没有被异族掺杂。"①拉达的这段记述应该是整个西方对于中国历史演变的第一次介绍。对此,有论者指出:

> 事实上,拉达成为将中国悠久的历史概貌展示给欧洲的第一位西方人。正如中国人在历史上由于对外部世界缺乏真确的了解而认为中国是寰宇的中心一样,欧洲人在相当长的历史年代对欧洲以外的世界也是知之甚少,从而把地中海及其环地中海的地带当作世界的中心舞台,并视基督教文明为人类唯一的文明教化的体现。及至马丁·德拉达(拉达——引者注)时代,欧洲人终于知道,在遥远的东方,还有一个与欧洲文明迥异但同样闪烁着人类智慧光芒的文明古国的存在,因此引起了欧洲人的惊异。②

尽管拉达的上述记述明显优于前述葡萄牙人的作品,但是,他对于明代中国地方司法制度的介绍和描述则明显不如葡萄牙人。例如,他对于明代地方司法官职这样写道:

> 福建省首府福州始终驻有一位总督,叫做军门(Commun),他以下的第二位人物是提督,他是全体官兵的统将。这两人有权管辖全省所有的百姓和官吏。这两人之下是大旗手,他们叫做 Cancunto,及皇家司库官 pauchiu,和副司库官 Ponchiusi,Sanchian 即参将,按察使相当于我们的 Corregidor,Viancay 相当于我们的 Alcaldemayor,还有三名叫知府的,相当于我们普通的 Alcaldes。③

在这段文字中,拉达提到的"总督"到底指涉一省巡抚,还是"都指挥使",并不清楚。他将"副司库官"认为是"布政使",将"按察使"等同于西班牙人的"民政官",似乎都不准确。

接着,拉达还介绍明代行刑用的"竹板""鞭杖"以及"盐道""海道""知县"等地方上的官职,④其中提及了死刑案件的"审转复核制"和三年一换的

---

① 〔西〕马丁·德·拉达:《记大明的中国事情》,第199~200页。
② 张铠:《中国与西班牙关系史》,第87页。
③ 〔西〕马丁·德·拉达:《记大明的中国事情》,第212页。
④ 参见〔西〕马丁·德·拉达:《记大明的中国事情》,第212~214页。

"专差御史"①。但从整体上讲,拉达叙述的内容远远不及上述葡萄牙人的作品。

(二)贝纳迪诺·德·艾斯加兰蒂的《中华帝国概述》

或许是对之前葡萄牙人有关中国的报道过于零碎而感到不满,西班牙人贝纳迪诺·德·艾斯加兰蒂以克路士开创的"章节体"②方式,在欧洲出版了"关于中国的第二本书"。③ 学界一般认为,与前述许多葡萄牙、西班牙作者相比,艾斯加兰蒂由于没有到过中国,他的作品是在参考上述克路士、巴罗斯等人记述的基础上完成的,因而不被重视。对此,有论者经过研究认为这样的观点有待商榷,并认为:"埃斯卡兰特(艾斯加兰蒂——引者注)也使用了其他资料,比如说他能搞到手的官方报告。埃斯卡兰特的西班牙语著述远非对克路士的单纯改述,他的研究是一个欧洲人综合分析了所有可利用的关于中国的资料,并以叙述形式呈现它们的第一个成果。"④

1577 年在西班牙塞维利亚出版的《记葡萄牙人在东方诸国和省份的航行,以及他们获得有关中国大事的消息》共分 15 章,其中作者在第 5 章、第 12 章和 13 章集中介绍了中国法。

作者开篇以赞誉中国的口吻向罗依埃斯主教表达了自己写作本书的目的:"在自然事情上以及在国家的治理上他们都天赋聪慧才能,看来没有别的民族(他们从未如此精明)超越他们,或者优于他们,也没有相似的各种技艺能力,这些是促使我撰写这个国家情况的原因(根据曾在该国的可靠人士的记述,以及得自被携至葡萄牙的中国人的消息),并将本书献给阁下。"⑤接着,艾斯加兰蒂不知是以前述维埃拉还是拉达的作品为依据,准确地介绍出中国 15 个省的名称。⑥ 就明代中国的对外政策,以及"朝贡礼"的做法,他几乎照抄了前述葡萄牙人巴罗斯作品的内容。⑦

就大明帝国的政制而言,艾斯加兰蒂在前述克路士的基础上,较为详细地介绍了大明的皇位继承制度:

① 有关"专差御史"的介绍,参见刘双舟:《明代监察法制研究》,第 67 页。
② 实际上,这种"章节体"的记述形式在上述克路士的《中国志》中就有所端倪,如他在该书中将中国分为 30 个章节进行介绍。参见〔葡〕克路士:《中国志》,第 33～35 页。
③ 参见〔美〕唐纳德·F.拉赫:《欧洲形成中的亚洲》,第一卷(发现的世纪),第二册,第 305 页。
④ 〔美〕唐纳德·F.拉赫:《欧洲形成中的亚洲》,第一卷(发现的世纪),第二册,第 306 页。
⑤ 〔西〕艾斯加兰蒂:《中华帝国概述》,载〔葡〕巴洛斯、〔西〕艾斯加兰蒂等:《十六世纪葡萄牙文学中的中国、中华帝国概述》,第 193 页。
⑥ 参见〔西〕艾斯加兰蒂:《中华帝国概述》,第 217 页。
⑦ 参见〔西〕艾斯加兰蒂:《中华帝国概述》,第 236～237、253～254 页。

这个大国都只服从一个国王和君主,他治理和统治它。国内是父亲传位给儿子,如缺乏子嗣,就传给近亲;然而,因他们有许多妻妾,如同土耳其皇帝一样,难得缺乏子嗣。诸妻中长妻生的第一个儿子有权继承王位;其余的诸子在婚后被分配到指定的城市,在那里按他们的身份,供给他们必需的东西,让他们过着隐居的生活。有明确的命令不许他们离开,也不得再前往朝廷,违者处死。[1]

此外,他在对比中世纪欧洲封建领主的基础上,还对大明王朝所具有的"中央集权"和"文官政治"的特征进行了介绍:

在这个国家,除官员外,没有所谓拥有臣民,或管辖权及其他衔头的领主,官员是他们最尊贵的头衔,在他们的语言中犹如我们语言中说的领主和骑士。官员是通过学习、通晓该国律法,及因军功,特别为国王或国家的服务而取得的。那些因通晓国法得到挑选的人,以及武将,根据各自的功劳得到提升,直到担任省的首脑和总督,及海陆的大将军,而且他们也在君王的宫室担任其他职位,进入国王的内阁,甚至担任最高职位。他们正是这样选择具有真才实学的人。[2]

对于地方的官职设置,艾斯加兰蒂没有参考拉达混乱的提法,而是选择了克路士相对准确的说法,提到了"都堂"(Tutan)、"布政使"(Ponchasi)、"按察使"(Anchasi)、"海道"(Aitao)和"卢镗"(Luytisi)等官职。这里比较有趣的是,"Luytisi"(卢镗)这个在1548年指控佩雷拉等葡萄牙商人为海盗的福建官员的人名,在克路士的作品中被错误地认为是一种官职,而艾斯加兰蒂未加考辨地将其照抄。这很明显地说明了艾斯加兰蒂此段表述的来源。当然,对于"按察使"的介绍,艾斯加兰蒂存在一些与克路士不同的表述,且更为准确。例如,克路士的表达是:"他们语言中做按察使。法官尽管有很多,他却是最大的,由他来分配其余的工作,所有司法的事都归他管,他也有权统辖下级官吏。"[3]而艾斯加兰蒂则将这一官职介绍为:"第三位官员是按察使,这是民政和刑事的首脑,他和他手下的书记和吏员审视和决定各种重大案件和事务,由该省普通官吏上诉到他的部门,还负责处理有关利于

---

① 〔西〕艾斯加兰蒂:《中华帝国概述》,第250页。
② 〔西〕艾斯加兰蒂:《中华帝国概述》,第251页。
③ 〔葡〕克路士:《中国志》,第107页。

施政和司法的事情。"①

与前述葡萄牙人一样,艾斯加兰蒂也对明代中国司法给予了特殊的关注。他详细地对中国庭审的设置和程序进行了介绍,字里行间流露着对中国司法公正的褒扬:

> 而为此他们有一条法令,这些官员不得私下行事,必须当着所有吏员的面,同时公开执法,其方式如下:法官坐堂,在大堂门口,役隶站立,大声宣布诉讼者的名字,及其诉求,此人离法官老远跪着,大声提出他的诉讼,或者用文字诉他的案子。一名书记收下并且大声宣读他的要求;在看过和读过后,他把它上呈法官处理,法官亲自用红墨签署;如果他不这样做,他就转交给下级法官去做。这种做法严格施行,他们无法接受贿赂,除非官员容许;因他们会被上司在他们的驻地免职和惩罚,所以他们害怕;这些人都严格执行命令,书记和军士及其余的人都如此。而如他们工作中犯错误,甚至当时就让他们手执小旗,拿着旗下跪,直到审讯中案子处理完毕。由此法官命令刑吏给予应有的鞭杖,这将在下面述及;以致这些官吏大多总带着膏药和伤痕,对他们说这是寻常的事,不以此为耻。……在所有民事和刑事诉讼中,法官们按诉讼顺序进行,执行法律,当着他们的吏员、役隶审问两名证人,为的是避免在审问证人口供,或者书面呈诉出现的谎报,或者欺诈。他们分别审讯每名证人,如果发现申诉和口供不一致,那就把证人分开,各自审问,直到他们之间出现不同之处,因为他们各自都说自己讲的是真话。当不能得到确实的口供时,他们就鞭杖证人,残酷施刑到他们各自吐露真情。在这些案件中他们对尊敬的人表示极大的关注,他们认为这些人不是会说谎的人。在重大案件中,涉及要人,法官就不信任他的书记写的报告,而是亲手录下所有审询。②

当然,这一段涉及明代司法的"公开审判""强调证据"以及"事必躬亲,富有耐心",也与前述佩雷拉和克路士的记述基本相同。此外,他对于明代在民间借贷关系中侧重于对债权人利益的保护,对盗窃和谋杀处罚极重,监狱的情形以及刑罚执行的表述,也基本雷同于他们。③

---

① 〔西〕艾斯加兰蒂:《中华帝国概述》,第 255 页。
② 〔西〕艾斯加兰蒂:《中华帝国概述》,第 257～259 页。
③ 参见〔西〕艾斯加兰蒂:《中华帝国概述》,第 259～261 页。

最后,艾斯加兰蒂在综合前述巴罗斯和克路士记述的基础上,对明代中国的监察制度给予了格外的关注。他写道:

> 这位君王十分关注他的法官和官员,以及总督首脑的公正治理,这是他们应做到的,除了每三年派出叫做察院(Chaenes)的官员考察外,还每六个月或每年秘密派出叫做御史(Leachis)的特殊法官,这是国王信任的,他们也忠于他,拥有极大权力访查各省,不用返回向他上报案情,可以惩处,不管多大的官,任意免除官员的职位。又因他们须公正执法,所以他们要忠实和秘密地起誓,饮三杯他们常喝的酒,这是他们起誓的方式。为了他们可以秘密出巡,内阁在证书上不写出巡者的名字,也不注明他将去何处,仅在证书上说明法官将到达并出示证明的地方,因此他将如国王亲临那样得到服从;他秘密地口头向国王表示他将去哪一个省。就这样暗自出发,不告诉任何其他人他将去甚么地方。到达当地,他观察和了解那里的情况,没有人知道他是谁,要干甚么,以及他是甚么样的官员。在这种不为人知他到来的有关消息中,他等到每月众首脑和都堂会集商讨的那一天。这时他进入出示证书,众人立即全都起身,极顺从地在一旁聆听对他们自己的判决,接着他们受到处理。如有被免职的,他就任命新的代替官吏;如果他发现有工作好的,他就予以赞扬,提升他们官职受到更大的信任。这些法官惯常访问学校,考核学生;对那些不学习的,他加以鞭杖,并且投入监狱,无能的则被开除,而那些有能力的,他加以表扬,答允给他们发展的希望。还有另一位比这些都高的官员即大吏,这就是钦差(Quinchai),犹言金印。这个人只有在涉及国王朝廷、重要政事,以及全国稳定等大事件时才出京。①

显而易见的是,艾斯加兰蒂这段关于"巡按御史"的记述直接来源于前述葡萄牙人巴罗斯和克路士的作品。

尽管西班牙人艾斯加兰蒂的作品主要受到了前述巴罗斯和克路士的影响,但其也有自己甄别、改写和发展的地方。1579年,他的书被英国人约翰·弗朗布吞(John Frampton)翻译为英文,并以《中华帝国概述》为名在伦敦出版。1745年奥斯波涅(T. J. Osborne)将英译本编入《航海与旅行丛书》(*A Collection of Voyages and Travels*),并在原文之外,增加了一些章节。对于

---

① 〔西〕艾斯加兰蒂:《中华帝国概述》,第258页。

艾斯加兰蒂的作品,奥斯波涅在增加的章节中这样评价道:"在所有我读过的有关古代中国政治和政府的报道中,我可以大胆说,没有比本书写得更好的了;或许不妨说,本书的原文和史实,其后记这个国家的著作都曾采用和抄袭其中的情节,但没有表示对我们这位作者应有的尊重。"①

值得一提的是,艾斯加兰蒂之后,1584 年菲律宾王室财库管理人胡安·包蒂斯塔·罗曼(Juan Bautista Román)在澳门逗留期间,撰写了《中国风物志(手抄稿)》(Relação das Coisas da China),连同与利玛窦神父的通信一起寄回西班牙。在这份手稿中,罗曼提到了中国澳门地区处理涉外案件的原则,即"葡人自己之间的民刑纠纷,由长官与听审官审理判决,但如涉及中国人的,则由 Anção(香山——引者注)及广州的中国官员与法官审理判决,往往葡人被押交给他们,当众鞭笞与惩罚"②。这一审理原则基本与唐律中"化外人相犯"律一致,而与《大明律》"化外人有犯"的规定不太一致。③ 同时,与前述葡萄牙人不同的是,他对于中国司法和监狱的评价是负面的,即"监狱是不见日月的牢房,污秽之至,阴森可怖,因为[中国人]在狱政与司法惩罚方面斯极为残酷的"④。

(三) 胡安·冈萨雷斯·德·门多萨的《中华大帝国史》

除了拉达、艾斯加兰蒂,整个 16 世纪西方记述中国法最具典型的文本应是胡安·冈萨雷斯·德·门多萨 1583 年开始编写的《中华大帝国史》。《中华大帝国史》全称为《依据中国典籍以及造访过中国的传教士和其他人士的记述而写成的关于中华大帝国最负盛名的情事、礼仪和习俗的历史》(*Historia de las Cosas Mas Notables, Ritos y Costumbres, del Gran Reyno de la China, Sabidas asi por los Libros de los Mesmos Chinas, como por Relación de Religiosos, y otras Personas que Han Estado en el Dicho Reyno*),该书共分 3 卷44 章。第 1 卷是对中国的总体介绍,第 2 卷叙述菲律宾的西班牙教团三次前往中国传教的经历,第 3 卷则是关于中国的零散信息。

1. 《中华大帝国史》的出版及其资料来源

1581 年门多萨本来与弗朗西斯科·德·奥尔特加(Francisco de Ortega)、热罗尼莫·马林一起带着菲利普二世致中国皇帝的国书和赠品出

① 〔葡〕巴洛斯、〔西〕艾斯加兰蒂等:《十六世纪葡萄牙文学中的中国、中华帝国概述》,第265 页。

② 〔葡〕胡安·包蒂斯塔·罗曼:《中国风物志(手抄稿)》,陈用仪译,载〔澳门〕《文化杂志》编:《十六和十七世纪伊比利亚文学视野里的中国景观》,第 127 页。

③ 《大明律·名例律》"化外人有犯"律条:"凡化外人犯罪者,并依律拟断。"怀效锋点校:《大明律》,法律出版社 1999 年版,第 20 页。

④ 〔葡〕胡安·包蒂斯塔·罗曼:《中国风物志(手抄稿)》,第 127 页。

使中国。但是,很可能因为在对待如何使中国基督教化这一重大问题上,统治阶层内部存在分歧,使团在到达墨西哥后没有获得支持,于1582年悻悻然返回西班牙。门多萨使团虽未成功出使中国,但他利用在墨西哥期间收集到的有关中国的宝贵资料,撰写了《中华大帝国史》。①

门多萨的作品于1585年在罗马出版,派克(Parke)的英译本于1588年出版。该书之所以在16世纪成为"那个时代最为畅销的图书之一","部分可归因于当时在欧洲各地普遍缺乏以本国语言写作的综合全面和权威观察中国的著作,难以满足公众渴望了解中国极大的得不到满足的需要";同时也得益于该书是"在罗马教皇的赞助庇护下出版的",具有极大的权威性。②

这部书之所以重要,一方面是由于该书是门多萨依据16世纪以来几乎所有的使华报告、文件、信札、著述整理汇编而成的;另一方面作为这一时代的总结,该书自1585年在罗马出版到16世纪末,用7种不同的欧洲语言再版了46次,③广泛而深刻地影响了西方。④ 对此,赫德逊指出:"门多萨的著作触及了古老中国生活的实质,它的出版标志着一个时代的开始,从此关于中国及其制度的知识的一部适用的纲要就可以为欧洲的学术界所利用了。"⑤事实上,作为一个时代的总结,门多萨的著作"成为18世纪前所有欧洲人随后出版的关于中国著作的基点和对比的根据"⑥。

既然门多萨的作品是伊比利亚航海时代的总结,那么对其资料来源的考证无疑是十分重要的。英国学者博克舍认为门多萨的作品主要来源于克路士和拉达,而其中克路士的资料又是来自佩雷拉的。⑦ 这样的谱系脉络虽不能说是错误,但也太过粗略,遗失了很多重要信息。对此,有论者进行了专门的研究。在门多萨作品第1部分"记中国的事情及中国的历史",他既引用了一手资料,也使用了二手资料。纵观原文的参考文献,门多萨标明自己使用了克路士、拉达和1575年使团成员米格尔·德·洛阿卡的资料。同时,他还参考了赖麦锡《航海旅行记》(Viaggi)所收录托梅·皮雷斯和杜阿尔特·巴尔博萨作品中有关中国的部分内容,以及前述葡萄牙人卡斯塔内

---

① 参见张铠:《中国与西班牙关系史》,第91页。
② 参见〔美〕唐纳德·F.拉赫:《欧洲形成中的亚洲》,第一卷(发现的世纪),第二册,第306页。
③ 门多萨《中华大帝国史》的出版情况,参见〔美〕唐纳德·F.拉赫:《欧洲形成中的亚洲》,第一卷(发现的世纪),第二册,第307页。
④ 关于门多萨作品在世界范围内的影响,参见张铠:《中国与西班牙关系史》,第100～105页。
⑤ 〔英〕G. F.赫德逊:《欧洲与中国》,第219～220页。
⑥ 〔美〕唐纳德·F.拉赫:《欧洲形成中的亚洲》,第一卷(发现的世纪),第二册,第307页。
⑦ 参见〔英〕C. R.博克舍编注:《十六世纪中国南部行纪》,第2页。

达和巴罗斯的作品,外加那时与在墨西哥和西班牙的中国人交谈而获得的信息。此外,他还在很多地方援引了马可·波罗的作品。在门多萨著作的第 2 部分,他记载了驻扎在菲律宾群岛的西班牙传教团三次前往中国传教的经历。1575 年第一次使团的信息显然是门多萨参考拉达的。1578 年方济各会传教使团前往广州的信息,是他根据传教士奥古斯丁·德·托德西拉斯(Augustin de Tordesillas)所载记述改写而成的。门多萨书中最后一个记录是基于马尔丁·依纳爵·德·罗耀拉(Martin Ignatius de Loyola,约 1491～1556)1584 年所写的《旅行指南》(Itinerário)完成的。[①] 在第三手资料的使用上,他甚至还使用了 1524 年《广州葡囚书简》的观察记录。[②]

门多萨在该书的开篇认为,为了"叙述这个伟大强盛的中国",人们不应只通过葡萄牙人的记述进行,因为"这只是使人不能满意的报道",很多内容"在所谓的事实上有分歧"。于是,他站在西班牙的立场上,以菲律宾群岛上的西班牙人"清楚和真实的报道"为基础介绍中国。为此,他还特别强调,西班牙人进入中国是在中国官员"王望高(Omoncon)的指引和安排下",为了协助追捕海盗林凤而开始的。[③] 显而易见的是,门多萨这样介绍表明了撰写本书有超越葡萄牙人的目的,同时从西班牙人和传播福音的双重角度,向西方介绍中国。

2.《中华大帝国史》中的历史、地理和行政

前已述及,拉达是第一位向西方系统介绍中国历史变迁的人。门多萨受他的启发,也在书中介绍了"古代的中国"。然而,与拉达不同的是,门多萨对于中国古史的介绍并没有从"盘古开天"起,而将起点放在了"黄帝",并计算出"迄至今天,合法和僭位的共有 243 位国王"。他后来在"这个国家有多少国王,及其名字"部分详细介绍了从"黄帝"到明代万历帝的历史,其详细程度远超之前的拉达。[④] 同时,他站在基督教的立场上,将中国人的祖先附会为"诺亚的子孙",并在参考前述克路士和艾斯加兰蒂的基础上,介绍了明代中国的"皇位继承制度"。[⑤] 值得注意的是,与前述拉达较为清楚

---

① 罗耀拉这里的《旅行指南》全称为《自西班牙至中华帝国的旅程及风物简志》(Itinerário e Epítome das Coisas que Há Desde Espanha Até ao Reino da China)。该书于 1585 年在罗马出版。参见〔西〕马尔丁·依纳爵·德·罗耀拉:《自西班牙至中华帝国的旅程及风物简志》,陈用仪译,载(澳门)《文化杂志》编:《十六和十七世纪伊比利亚文学视野里的中国景观》,第 137 页。

② 参见〔美〕唐纳德·F. 拉赫:《欧洲形成中的亚洲》,第一卷(发现的世纪),第二册,第 310～314 页。

③ 参见〔西〕门多萨:《中华大帝国史》,第 2 页。

④ 参见〔西〕门多萨:《中华大帝国史》,第 64～68 页。

⑤ 参见〔西〕门多萨:《中华大帝国史》,第 15～16 页。

地表述中国人来源相比，门多萨则错误地借鉴了克路士的说法，[1]认为"他们是真正的西徐亚人（Seythas）或马撒格塔人（Massagetas）"[2]。

尽管门多萨的作品从时间上看，晚于前述其他作品，但从内容上讲，也不能认为其记载的内容就是最准确的。这一点在对中国行政区划的介绍中体现得最为明显。门多萨在著作第 7 章"这个帝国的十五省"中也说"这个大帝国分为十五个省，其中每个都比全欧洲我们所知的最大国家要大"，"十五个省的名字如下：Paguia，Foquiem，Olam，Sinsay，Sisuam，Tolanchia，Cansay，Oquiam，Aucheo，Honan，Xanton，Quicheu，Cheequeam，Susuam，及 Saxij"。[3] 按照何高济先生的说法，这些省依次为：北直隶、福建、云南、广西、山西、陕西、江西、湖广、福州、河南、山东、贵州、浙江、四川和广东。[4] 然而，门多萨在第 8 章"每个省的城镇"中将前述 15 个省又写为"北京、广东、福建、陕西、山西、大南京、广西、湖广、Ancheo、山东、河南、贵州、浙江、四川"。两相比较可知，且不论"Ancheo"是否应翻译为"福州"，后一个介绍比第一个多了一个"大南京"，少了一个"江西"。如此前后明显不一，[5]一方面说明门多萨关于此部分撰写的资料记述是不统一的；另一方面也说明他无法分辨其中何者是正确的。前已述及，关于明代中国十五省的具体组成，拉达的记述是最为准确的。门多萨之所以置拉达的表述于不顾，很大程度上是因为他只是将拉达的记述作为众多资料中的一种，而无法认识其正确性。这一点在门多萨记述中国"城""镇"（县）的总数与拉达记述存在明显不同的比较中，也可以得到印证。[6]

对于明代中国的官僚制度，门多萨"做了最费心思且最连贯的描述"，而且其最大的贡献在于用大量笔墨记述了之前作品所忽略掉的"北京中央政府的运作"[7]：

> 皇帝在他驻跸的大明城，有 12 位阁员的朝廷，及一位首脑，从全国

---

① 克路士说道："中国是西徐亚（Scythia）的一大部分，因为希罗多德说西徐亚本土伸延之印度，这可以理解二者是一回事。"〔葡〕克路士：《中国志》，第 46 页。

② 〔西〕门多萨：《中华大帝国史》，第 3 页。

③ 参见〔西〕门多萨：《中华大帝国史》，第 19～20 页。

④ 参见〔西〕门多萨：《中华大帝国史》，第 20～22 页，页下注。

⑤ 实际上，门多萨在书中"十五省向国王纳税的人数"和"续谈十五省的军士，及每省马步兵的人数"部分，对于十五省具体组成和名称的记述也不相同。参见〔西〕门多萨：《中华大帝国史》，第 73、80～81 页。

⑥ 拉达认为明代中国共有 390 个府，有 1155 个县，而门多萨认为这一数字应该是 591 和 1593。参见〔西〕门多萨：《中华大帝国史》，第 22～23 页。

⑦ 〔美〕唐纳德·F.拉赫：《欧洲形成中的亚洲》，第一卷（发现的世纪），第二册，第 319 页。

挑选出来的人,有多年治国的经验。

作为一位阁员,那是一个人所能达到的最高和最有权势的职位;因为在整个这个国家,无论王公、大公、侯爵、伯爵,或领主都没有臣属,只有皇帝和太子才拥有。这些阁员,及他们任命的各省长官,在他们担任同一职位期间一直受到尊崇,有如过去那些曾担任这些职位的人。

作为这个内阁的一员,仅通晓和熟悉该国的法律,道德和自然哲学,及怎样实施……当皇帝缺席时,那位首脑坐这把椅子,但若皇帝出席(他很少出席),那么首脑就坐在右手第一把和最上面的金椅上;他们是按照年龄在金椅和银椅上人座的,因此,若首脑死了,那么最年长的一个就接替他的位子,金椅一侧的第五位则升坐他的位子,同样第四位升坐第五位的;银椅一侧的也按此顺序上升,转到金椅上。首脑愿意这样安排,让每人都按顺序(若有人死了),不必皇帝批准。而如有椅子空着,那内阁有票选另一个,这是公正的选举,得票最多的入选;但这种选择主要看品德和才能。如果被选的人不在政府内,那就派人把他找来;但如果他就在本城,那他们带他去见皇帝,让他知道他们的选择,由他决定是接受或拒绝,后者从未发生过。然后皇帝按他们的习惯亲手让他隆重发誓说:他将依照国法公正执政,也将秉公选择总督和官员及其他职官,不得放纵于冶游纵欲,不自己受贿或别人送与他的礼物;尚有许多这类情况和内容的事。特别是他在任何时候都不参加和支持反皇帝的阴谋,而若他知道这种事,他要直接或间接地把所知道的立即通报皇帝或他的朝廷,始终以他的勤勉和努力去确保皇帝的安全和生命。[①]

据何高济先生的研究,门多萨笔下明代皇帝内阁 12 名"阁员"的内容,来自前述马可·波罗的游记,对 13 把"金银椅"及升迁方式的描写,则来自回教徒的记述。[②] 尽管这些描述并非符合史实,但选官时依据"品德和才能",以及官员"依照国法公正执政""不收受贿赂""忠于皇帝"的说法表明了他对中国官僚制度的肯定态度。同时,他对于"奏报制度"以及"邮驿系统"的介绍,也说明明代中央集权制度运作的高效与顺畅。

就地方官僚制度而言,他也试图在前述作品的基础上,向西方展现出一幅更全面的图景。或许是受到前述艾斯加兰蒂的启发,门多萨也对地方官员进行了排序。门多萨认为,除北京和南京外的十三省"各有一名总督或长

---

① 〔西〕门多萨:《中华大帝国史》,第 85~86 页。

② 参见〔西〕门多萨:《中华大帝国史》,第 88 页,页下注。

官"，"一直居住在省城"。第一等级的官员是"代表皇帝驻每省的首要官员，总督，叫做军门（comon）"。第二等级的官员有两个，一个"叫做Insuanto，他比总督的权势少一点"；另一个官员"就是驻在各城的守令即长官，叫做都堂（Tutuan）"。第三等级的官员是"布政使"（ponchasi）。第四等级的官员"叫做都督（Totoc），这是统率马步兵的大将军"。第五等级的官员"叫做按察使（Anchasi），他是负责刑事和民事诉讼的首脑和长官"。第六等级的官员"叫海道（Aytao）"。①

应当强调的是，除去翻译的原因，门多萨这段关于地方官僚制度的介绍是比较完整且正确的。对比明代地方官制，门多萨笔下第一等级的官员应该是"总督"；第二等级的"Insuanto"和"都堂"应该是"巡抚"和"巡按御史"；第四等级的"都督"应该是"都指挥使"。尽管从形式上看，他参考了前述艾斯加兰蒂的记述，但也做了如下一些修正：第一，他在"都堂"之上，增加了总督；第二，他区分了"巡抚"和"巡按御史"，但似乎对"巡按御史"的品级认定出现了错误；第三，他改正了"卢铠"（Luytisi）这个只属于人名，而不属于官职的错误。

除了上述六个等级的地方官员，他还介绍了前述作品没有涉及的更为细致的州县官吏：

> 除了上述这六名官员即法官外，还有其他小官吏，他们的名称如下：Cautoc，这是打旗手；Pochim，第二位司库官；Pochinsi，皇家印玺的掌管者；Antztzie，他是城镇的市长或守令。还有另三名官吏叫做Guytay、Tzia、Toutay，这些官吏每周一次在他们的府衙开庭和接见。而当他们开门时，要中将四炮，向所有人通报他们坐堂，准备听审和执行法律。如果他们发现某人有罪或犯过，那他们马上派一名军曹，用一张拘票或通知把他送给城市普通法官，叫做Zompau，写明他该当何种惩罚。
> ……
> 除这些之外还有其他特殊的官员，有叫做Tompo的，他们的职掌是监视粮草供应，并且估算粮价；另一个叫做Tibuco，他逮捕和处罚游民无赖。Quinche是大军曹，Chomcan是监狱看守，此人很受礼敬，因为他比其余的更有一种特权，那就是在他开始进入，跪下行礼后，他可以站着报告他的事，而其余的人则只能跪着。②

---

① 参见〔西〕门多萨：《中华大帝国史》，第 88～89 页。
② 〔西〕门多萨：《中华大帝国史》，第 90～91 页。

根据明代地方"县"级设置,地方官吏由高到低,依次分为正官、佐贰官、首领官、杂役官、吏员和杂役。结合门多萨提到的上述官吏,笔者推测这里的打旗手"Cautoc"可能是快手;司库官"Pochim"可能是县丞;掌管印玺的"Pochinsi"可能是主簿;城镇的守令"Antztzie"可能是知县;三名在地方府衙开庭和接见的"Guytay""Tzia""Toutay"可能是典史、巡检和递运夫,也可能是皂隶、快手和民壮;具体执行法律的军曹"Zompau"可能是刑房;监视粮草的"Tompo"可能是库子(或称"仓大使");逮捕、处罚游民的"Tibuco"可能是弓兵;大军曹"Quinche"可能是巡检;而看守监狱的"Chomcan"可能是禁子。①

就明代中国地方官僚制度运作而言,门多萨提到所有地方官员"是皇帝在得到他内阁的同意时任命的,内阁特别慎重地推荐人选者的品德和行为"。地方官员"都不是出自本乡",其目的在于"公正执法"。皇帝对于地方官员给予很高的待遇并配备助手,其目的是"严禁他们接受贿赂","秉公执法"。②

3.《中华大帝国史》中的司法与监察

对于司法审判,门多萨基本参照了前述艾斯加兰蒂的记述。他一方面对明代中国的"公开审判"进行了描述:

> 法官同样受到严格的控制,内阁给他们的首要规定就是:不能在屋里接见任何诉讼人,只能在公堂宣布判决,所有官吏必须在场,并且,必须让在场的每个人都能听得见。其做法如下:法官坐在审判席上,门卫站在大堂入门处,高声通报谁要打官司,有何要求。要打官司的人在距离法官较远的地方跪下,大声提出他们的冤情或申诉,或者以诉状上呈给法官。如果用诉状,则由一个文书或公证人宣读,官员听明之后,立即依法审理,他用朱笔在状上批示,并吩咐属下应如何去做。……在办理任何案件时,不管民事的还是刑事的,法官只能书写,并当着其他官吏的面,公开判决犯人和审讯证人。③

另一方面,他还对明代司法官审慎地审讯证人,查找真相的重要性做出了说明,并给予了称赞。他写道:

---

① 参见吴艳红、姜永琳:《明朝法律》,第133~139页。
② 参见〔西〕门多萨:《中华大帝国史》,第93~94页。
③ 〔西〕儒安·贡萨列斯·德·门多萨:《大中华帝国志》,梅子满、林菁译,载王寅生编订:《西方的中国形象》,上册,第108~110页;参见〔西〕门多萨:《中华大帝国史》,第94~95页。

因为无论是口头查问或书写记录,都不允许任何有违真实的东西存在,只能如实反映。老爷亲自审讯证人,如果说法不一,则把他们集中到一起,一个个当面加以盘问,直到通过努力知道更多的真相。如果这种办法不奏效时,就对他们施刑,逼他们招供。他们相信有经验和知识的人必须施刑才会讲真话。

如果案情重大,或牵扯到大人物,法官就不信任公证人或文书去做记录,而是亲自录下证人的口供,而且非常加以重视。这种细致负责,使得很少有人抱怨执法不公。这是值得注意的大优点,所有称职的法官均应效仿,这样就可以避免由于不采取这种办法而带来的诸多麻烦。这些异教徒对待此事一丝不苟。法官除了执法公正之外,他们还采用一些值得称道的措施,对任何人都一视同仁,概莫能外。①

门多萨发现明代中国司法并非只有简单的审讯和惩罚,他还第一次向西方介绍了"保甲制":

首先这些官员在他们管辖的城镇清点户口,把人户编成十户在一起,在第十户挂一块牌或标记,写上这十户人的名字及道德戒律。其中总的通令每个人如知晓这十户内有人侵害其他人,或侵害自己,造成其使邻居或公众的损伤,应马上去向官员报告,以惩处罪行,使犯者得以改正,其余人得到教训。至于知情不报的人,和犯者受同样的惩罚,这使得邻居彼此监视,在畏惧中生活,唯恐制造机会被人投诉。再者,不让敌人趁此得到好处。②

此外,门多萨还将此处"保甲制"运用到前述艾斯加兰蒂所述对债权人利益保护之中。

至于明代中国监狱的情形以及刑罚执行,门多萨的记述也基本雷同于前述起于佩雷拉,中经克路士,终于艾斯加兰蒂这一脉络的内容。③ 总之,明代中国司法审判的文明与监狱中的恐怖、刑罚的残酷,在门多萨及其同时代人的作品中并行不悖。

在整个 16 世纪,伊比利亚时代的作者除了对明代中国的司法审判高度

---

① 〔西〕儒安·贡萨列斯·德·门多萨:《大中华帝国志》,第 110 页;参见〔西〕门多萨:《中华大帝国史》,第 95 页。

② 〔西〕门多萨:《中华大帝国史》,第 96 页。

③ 参见〔西〕门多萨:《中华大帝国史》,第 96~97、100~102 页。

关注并给予肯定,还对监察制度和对死刑执行的审慎予以关注与推崇。

对于监察制度,门多萨综合了前述作品的记述,用一章完整的内容全面介绍了明代中国的地方监察制度,其中涉及"巡按御史"和"专差御史",以及他们的监察职责和工作方式。文载:

令人惊奇的是,这位异教国王十分留意他的官员和法官,及总督、长官、首脑,连同其他官吏,都应恪尽职守,这是他们应做的;因为在他们任职的三年末,他们自己要在任所直接向时做察院(Chaenes)的法官述职。国王也每年秘密地向各省派出其他法官和巡阅史,叫做御史(Leechis),这些人是值得信任的,长期经验证明生活廉洁,作风端正,执法刚正不阿。出巡的这些官员在他们到达的每个城镇调查该省发生的冤案和疾苦,因此人人都(如谚语所说)无从隐形。他们在职权上得到皇帝授予的绝对权力,以致他们如发现任何违法行为,不用返回朝廷,就可以逮捕并处罚他们,可以停刑、缓刑,或按己意行使他们的职权,这样不致滥杀人。(据说)如无皇帝批准则不能杀人。

又因他们要在巡访中履行职责,公正无偏,所以让他们起誓表示忠心,要真诚和保密。这种盟誓按如下方式举行:把他们使用的一种酒给发誓者喝三次,而那就坚定了他们的盟誓。为使他们出访更加保密,内阁命令他们的书记给他们准备文书,在将发给本人的文书上,不写下他的名字及他要去省份的名字,只按常规申明(所遣的)老爷或法官,不管是谁,抵达时,都要向他表示服从,当他是皇帝本人一样。但当秘密决定派谁去,这时内阁首脑就叫把文件盖上封印,亲自填上名字及所去省名。因此巡访者极秘密地离开朝廷,任何人都不知道他是谁,去甚么地方,为甚么去。

于是当他到达所去省份、城镇,他仍然秘密地查访总督或长官的行为,及其他官吏的政绩,不让人知道他从哪儿来,将去何处,或他干些甚么。这样在他走遍全省,达到他的愿望后,他进入省城或省会,那里是他查访的官员们的驻地,并且一直停留到都堂即总督召开一次大会的时候。大会至少每月开一次;当他们都会聚在会议所的时候,这位巡访使便来到门口,对门房说:"去告诉开会的人,有位巡访使一定要进去,向他们宣读圣旨。"这时总督吩咐开门,亲自和其余的人一起离开座位,前去把他当作上级接待。他进到里面,手上铺开诏书,他当众宣读诏书,念完的时候,总督起身向他表示致敬和问候,其余的也一样,表示礼敬。

　　然后这位巡访使坐上会议的首席,像他们通常的作法一样讲一番话,其中他告诉他们说他为甚么而来,又如何仔细认真地查访事情真相,然后,他用斟酌过的字句颂扬那些有德政的官员,并且因此马上叫他们坐在议会的上席,向他们许愿说要向皇帝和朝廷充分报告他们的治绩,那他们可以按功劳得奖。他还猛烈训斥那些玩忽职守的人。接着当场宣读对他们的判决,列举他调查到他们的罪行,作为判决的依据,这尽管从不那么严厉,仍马上执行,不容许答辩或上诉,因为不能向这些巡访使上诉。

　　那些要受惩罚或斥责的人,首先被解除他们官徽,如我已告诉你,这就是腰带、帽子,即窄边帽;有这些东西便不能处罚和伤害他,如有人硬要这样做,同样要被剥夺官职和掉脑袋。于是在除去这些东西后,对违法者的判决得以严格执行。但如对判决存有疑问,那他立刻命九位法官去审理,告诫他们要善用职权,他这是用皇帝的名义责成他们的。这些巡访使多次以权去酬奖那些有善政的,授予他们更体面的位子和官职,因此把好处和已知的酬奖给予善政者,同时严惩为恶者,这使得这个大帝国成为当今全世界已知管理最佳的一个国家。如果估量一下这方面的政治,拿它跟另一面我们有的长期丰富经验相比较,那你将说我说的话。这些巡访史多次访问书院和学校,这些院校是皇帝用自己的钱在每省创办的,并且考核院校的学生,奖掖那些学习有收获的,但鞭打那些学习差的,把他们投入监狱,或逐出校门。①

对死刑执行的审慎,一方面,门多萨在总体上进行了说明,即一般情况下,死刑的批准要经过皇帝,而战时则可由大将军或官员决定。文载:

　　这位皇帝统治他的帝国和臣属,尽管大到有很多省和城镇,仍然没有一个总督、长官或法官能把任何人处死,除非首先得到皇帝和朝廷对死刑的批准。例外的是在实地战争时期,因为任何拖延将会产生危险;故此允许大将军或其将官把任何抗命或犯过失的兵士斩首或绞杀;这样做无需得到皇帝或朝廷的同意,只要皇帝的司库官,或战地将官批准即可。他们两者都是要员,但他们必须在审讯中取得一致,否则不能执行死刑。②

---

① 〔西〕门多萨:《中华大帝国史》,第97~99页。
② 〔西〕门多萨:《中华大帝国史》,第87~88页。

另一方面,门多萨还从具体的面向,描写了死刑的执刑,其中涉及弘治二年(1489)以后,各省由巡按御史会同都指挥使、布政使和按察使三司办理秋后审录、决囚的信息。是谓:

> 对于死囚的处决,只有在他们称之为察院和御史(Leuchis)的巡访使或驻地法官,到监狱来巡查时才能执行。他们的出访是秘密进行的。他们察访囚犯,查阅所有被判死刑的犯人的名单及其原因。尽管有些判决已得到皇帝及其内阁的批准,他们仍然要当着审判该案的法官的面,或受理该案的官员不在时当着其大代理人的面,再审查一次,弄清楚每个犯人所犯的罪行,以便了解判决是否公正妥当。充分审查之后,他们从中选出 50 名罪大恶极的犯人,命令狱吏准备处理事宜。这之后,他们又再重新检查一次,审查犯罪原因和所犯罪行,看是否能够尽量挽救他们。如果的确发现其中尚有一丁点儿的可以免死的线索,那就将他和其他人分开,同时立即鸣炮三响,那是通报把死囚提出监牢。接着,当死囚被押出来后,他们便再一次会商,看能否宽免某些人,如果不行,则命令再鸣炮三响,将死囚押赴刑场。不过在中断会商之前,他们会返过头去再次查看犯人的罪行,看有无可能通过什么办法挽救他们。如果发现有,或存在某些嫌疑,则把犯人从刑场带回,再关到监狱。……当所有根据法律企图挽救的努力都无效时,他们再鸣炮三响,然后根据判决依法处置。[①]

这些记述也从另一个侧面表明了明代中国对于死刑案件的谨慎以及自古以来中国"恤刑"的传统。

4.《中华大帝国史》中的"涉外法律"

整个 16 世纪伊比利亚航海时代是西方人追求海外贸易的时代,门多萨自然会对与明代中国对外政策和"朝贡礼"相关的"涉外法律"予以特别的关注。

对于明代中国的对外政策,门多萨很明显借鉴了前述巴罗斯的观点,认为中国人"从经验发现,离开本土去征服别国,侵害他人及这一类事情,要损失很多人,耗费大量钱财,还要不断花力量和劳力去维持得到的地方,恐怕再失掉";加上中国人"拥有世界上一个最大最好的国土,既富足又肥沃,由

---

① 〔西〕儒安·贡萨列斯·德·门多萨:《大中华帝国志》,第 114～115 页;参见〔西〕门多萨:《中华大帝国史》,第 101～102 页。

此,以及由该国的产品丰富,很多异邦从他们那里获利,而他们又不需要别国的东西"这方面的原因;于是,中国人在对外关系上"超过希腊人、迦太基人及罗马人"。① 可以观察到的是,这里门多萨并没有接着援引巴罗斯解释中国"放弃海外扩张"的深层次原因,即一种对于自我文明强烈认可的观念;而是将其理解为一种功利主义的明智选择,并予以赞美。对于门多萨对此问题的思考,赫德逊指出:

> 看来,门多萨在这里似乎浸沉于一种异想开天的赞美之中;他肯定不是作为一个好欧洲人和菲律宾群岛上的西班牙人的儿子在赞扬这种固守家园的美德的。的确,很可能是他以自省的心情看到了自己的国家在征服外国时得不偿失,并且他羡慕中国人在为时还不太晚时就能及早从这样一种局面中撤退。②

在这个意义上,我们发现门多萨的思考显然不如历史学家巴罗斯深刻,其背后的前见左右着他对于资料的选择和观点的表达。

在上述对外政策的指引下,门多萨介绍了明代中国两条具体的"涉外法律":

> 于是皇帝看到他国家和臣属的请求和上奏,对这意见十分满意,要付诸实施。他马上将它公布,颁发重刑律,命令所有到异邦去的中国子民在限期内返回本乡土;同样命令在异邦的长官,以他的名义放弃并离开他拥有的领土和属地,除开那些自愿表示臣服,而他进贡和保持友好的之外,如迄至今日琉球及其他国家之所为。这条法律当时制定,至今仍然遵守;其中首次指令,任何人如不得他的许可,不得对外进行战争和打仗,违者死刑。同一刑律也规定,如无特许,他的子民不得从海道到国外去。也规定,任何人在本国内从一省到另一省去作生意买卖,要保证在限期内返回,违者被剥夺公民资格。同样禁止任何外国人从海陆进入,除非有他的特许,或者所到达港口或地方的长官同意。给予这种许可极其慎重,要通报皇帝。所有这些法律使得这个大国只在最近几年才为人所知晓和认识。③

---

① 〔西〕门多萨:《中华大帝国史》,第82页。
② 〔英〕G. F. 赫德逊:《欧洲与中国》,第230页。
③ 〔西〕门多萨:《中华大帝国史》,第83页。

值得注意的是，门多萨对上述两条"涉外法律"的介绍与巴罗斯并不相同，基本上沿袭了艾斯加兰蒂的说法。究其内容而言，大体上都强调明帝国并不愿意子民或者商人与外国人进行自由贸易，即便是有限的交往，也应建立在自愿臣服的基础上，并严格按照明帝国相关礼仪的要求进行。为此，门多萨专门撰写"这个大帝国的皇帝接待其他国王、王公或民众所遣使者的礼节"一章，细述明代中国的"朝贡礼"。

与前述作品描写明代中国"朝贡礼"细节不同的是，门多萨区分了两种类型：一类是"以使者之名进入中国"；另一类则是来自"某国民间的来使"。对于第一种类型，"不论是友好国王或敌对国王所派遣，都得到认真、殷勤的礼遇、款待和照顾"，不仅"使者沿途的费用，及护送他的人的需用，都算在皇帝的账上"，而且"当他的事办完，受到很多馈赠"。① 与之相对，对于第二类民间来使，明代中国"就不给他以上述的待遇，而是全然相反"。具体对待方式，门多萨这里基本援引了前述上启维埃拉，下至艾斯加兰蒂的记述内容。②

值得注意的是，门多萨对于明代中国对外政策的描写还印证了1567年明代隆庆皇帝调整海禁政策，允许民间私人远贩东西洋的做法。门多萨写道：

> 但现在，港口的官员不执行禁止去国外的法令，接受商人送的一些礼物，秘密允许他们到邻近各岛去进行贸易，如去菲律宾，每年都有很多装满大宗财货的船只前往，多次又输进西班牙。他们也旅行到他们认为可以获利的其他地区和地方。不要他们作出一年内返回的保证才给予这种许可。③

为了证明这一点，他还提到1585年有3名"获利欲望"驱使的中国商人来到墨西哥，"没有停留便到了西班牙和更远的其他国家"。④ 这似乎说明，此时中国人可能具备横跨太平洋和大西洋，甚至进行环球航海的能力。与此同时，门多萨还注意到，外国人在符合中国法律的前提下，可以进入中国港口进行有限贸易：

> 前面所述的官员和长官也（按上述手续）允许外国人进入他们的港

---

① 参见〔西〕门多萨：《中华大帝国史》，第130~133页。
② 参见〔西〕门多萨：《中华大帝国史》，第133页。
③ 〔西〕门多萨：《中华大帝国史》，第84页。
④ 参见〔西〕门多萨：《中华大帝国史》，第84页。

口买卖,但首先盘问审查,小心不要请求除此目的外的任何许可。然后外国人取得限期的许可证,条件是他们不得企图游览中国的城市,或探刺机密。而这是写在一块白色的板上,安置在船首,当在某个港口下锚时,守卫和戍军可以看得见,那他们不会把船击沉,而且让它安全进入作买卖交易,交纳常税给皇帝。

在每个港口,长官派有一名书记或公证人,记下船只进入的日期和时刻,以便外国人或本地人按那些港口的旧规装卸货物,这法子一直遵守;因此他们安静地很快装卸,好像那里只有一条船,尽管你时常在一个港口看见两千艘大小船只。就这样葡萄牙人用买来的许可证从印度群岛到中国的一省广东及其他地区进行贸易,如葡人自己所说,也如中国人所记述。①

尽管从门多萨的表述来看,他似乎想表明的是明代海禁政策的调整顺应了中国东南部沿海潜在的商业进取精神,一定意义上摆脱了帝国官僚体制的束缚;但是"商业往来只许在这个有围墙的城市即中国的某些门口进行,但这是非正式的,没有条约根据,并受到令人烦恼的限制"②。或许,门多萨对此表现得过于乐观,毕竟前述3名远赴西方的中国商人是作为个体而去的,远不像伊比利亚人那样作为"帝国的使者"。对此,有论者评论道:"尽管有这样的修正,但朝贡体系仍然未受影响,想贸易必须纳贡称臣,这些古训没有被正式废除。"③

5.《中华大帝国史》的意义与影响

作为一个时代的总结,门多萨的著作尽管在内容上更为全面,体系上更为完整,但面对众多材料,他始终面临着取舍。这一过程必然意味着其内心深处对于中国的价值观,在很大程度上会成为"一种标准"。有研究已经指出:"在他对中国人的评价中,他更倾向于克路士的报告(该报告部分以佩雷拉的著述为基础)和埃斯卡兰特的报告,而不是拉达所写的更多批评的报告。"④这意味着,他对中国法持一种肯定的态度。对此,他说道:

从他们的法律得知,中国皇帝及其官员致力于保护公益不受邪恶之害,为此他定下严刑,执行不贷;并且他们严加注意以免有人违犯,认

---

① 〔西〕门多萨:《中华大帝国史》,第84页。
② 〔英〕G. F. 赫德逊:《欧洲与中国》,第213页。
③ 〔美〕唐纳德·F. 拉赫:《欧洲形成中的亚洲》,第一卷(发现的世纪),第二册,第342页。
④ 〔美〕唐纳德·F. 拉赫:《欧洲形成中的亚洲》,第一卷(发现的世纪),第二册,第346页。

为妇女的自由和不贞为害最大,是公益受到破坏的原因。公益管理得再好不过的了。所以他们通过律法,制定很多予以防止的法子和补救办法(尽管自创立以来这个国家已有很长的历史,而且,如你所知它是那样大)。这是唯一的因素使它在这点上比那些历史较短、人口较少的国家所受的麻烦和危害要小。①

在这段记述中,门多萨发现庞大的中国之所以秩序良好,是因为他们通过法律在维系一种良好的风气。尽管他可能并不知道中国古代"礼之所去,刑之所取"的道理,但是,他依稀感觉到中国人的法律蕴含着价值伦理,发挥着使"美德成为日常的和永久的风俗"的作用。门多萨类似这样的表述在其著作中还有很多。例如,他写道:

因此,将好处和为人所知的酬赏奖给治政良善者、严惩作恶者,使得这个强大的国家成为世界上治理得最好的国家。了解一个国家的统治、管理方法(在这本史书里已多次提到)并把它与我们悠久伟大的实践加以比较,你们将会同意我的观点。②

实际上,门多萨对于中国的这种褒扬态度还影响到西班牙政府的决策,避免了西班牙与中国之间的战争。鉴于之前几次西班牙使团未达到通商中国,并获得像葡萄牙租借澳门那样的好处,1586年菲律宾总督、总主教和各教派领袖联合签署了一份军事征服中国的报告,委派阿隆索·桑切斯(Alonso Sanches)呈递给西班牙国王菲利普二世。他们希望西班牙像之前通过武力轻而易举征服墨西哥、秘鲁和菲律宾那样,征服中国。③

然而,门多萨却不认同此主张。他在给西班牙国王的报告中写道:

我并不赞成(由于上帝的恩宠)战胜和这个民族所要付出的努力,因为它不适用于这个地方,我对我与之相联系的这些人做过详细研究。再者,我的职业主要是寻求和平手段而不是促成任何战争;如果我的愿

① 〔西〕门多萨:《中华大帝国史》,第122页。
② 〔西〕儒安·贡萨列斯·德·门多萨:《大中华帝国志》,第113页。
③ "征服中国"的报告指出:"只要有10 000或12 000名西班牙、意大利或别国的士兵,就足够了,但是,尽可能要巴斯克族的,另外,再加上五六千名日本兵和数量相等的菲律宾兵。"参见〔法〕艾田蒲:《中国之欧洲:从罗马帝国到莱布尼茨》,上卷,第167页;另见张铠:《中国与西班牙关系史》,第115页。

望能够实现,那是由于依靠上帝的意志,上帝的意志是深入人心的,望主明察。①

结果,西班牙的"无敌舰队"没有向西驶入太平洋,而是向北与英国展开海战,并于 1588 年之后一蹶不振。

四、伊比利亚航海时代中国法之于西方的意义

如果说 13 世纪马可·波罗时代西方对中国法已经有了将其作为"他者"的倾向,但其重心却是在介绍中国法背后财富发达、秩序稳定和君权统一的大背景;那么,以西班牙人门多萨为代表的 16 世纪,西方已经对中国法有了较为明确的认识,且重心已转移到肯定中国司法的公正和监察制度的严密上。

与之前马可·波罗时代的游记不同,门多萨所代表的伊比利亚航海时代通过一个世纪航海家、使节、远征军以及传教士们的实地记述,使之前传奇式的"大汗的大陆"变成了现实的中国。况且,前述佩雷拉、巴罗斯、克路士、拉达、艾斯加兰蒂以及门多萨有关中国的作品,很多具有完整的体系性,有的甚至还是以"史志"的形式完成的。这些作品显然比之前马可·波罗时代个人见闻性的各类"游记"更严肃、更可靠。例如,维埃拉、卡尔渥对于明代中国刑罚的介绍,不仅非常准确地介绍了五刑制度,而且还对明中后期流刑衰退后,充军刑和口外为民刑出现的变化予以介绍。克路士对 1548 年佩雷拉等葡萄牙商人在福建被指控为海盗案件"判决书"的记载,为西方认识中国司法的文明、公正和理性提供了具体的证据。

作为 16 世纪伊比利亚航海时代的总结,门多萨的《中华大帝国史》为西方提供了一个初步的较为完美的中国法形象。因为对于 16 世纪即将面临社会转型的西方而言,一个统一的具有明确价值识别意义的中国法形象,远要比混乱矛盾、毁誉参半的中国法形象更具有积极的意义。这一点我们可以在门多萨的作品中得到印证。尽管在此之前,葡萄牙人维埃拉、卡尔渥以及西班牙人拉达笔下的中国法并不太好,甚至有很多负面的评价,但是门多萨在撰写《中华大帝国史》时,借用了他们有关事实方面的资料,却没有接受他们负面的评价。相反,克路士和艾斯加兰蒂作品中对于中国法正面的评价是门多萨所喜好的。因此,截止到 16 世纪末期,经过门多萨"加工"过的中国法形象已经初步具备了统一性。当然,我们也必须认识到,产生时间更

---

① 转引自〔英〕G. F. 赫德逊:《欧洲与中国》,第 226~227 页。

晚的门多萨作品在对中国法介绍的准确性上并不比之前的作品做得更好。但是,这一点对于此时西方的中国法形象而言,似乎并不是最为重要的问题。

这种经过"人为加工"的统一性,很大程度上说明马可·波罗时代那种具有传奇色彩的"大汗的大陆",虽经伊比利亚人一个世纪大航海时代的发现成为一种真实,但是这些真实的记述和介绍,随着时间的推移,经门多萨等人的"加工",又出现了"再传奇化"的趋势。"正是在后一种趋势中,马可·波罗时代传奇性的中国形象的某些因素,置换到地理意义上的中国形象中,形成具有连续性的中国形象的话语传统。"①正是在这个意义上,有论者提醒我们,对于此时西方中国法形象的理解,仍应将其放在西方设定中国为"他者"的框架内思考。只不过马可·波罗时代强调的是器物层面上"大汗的大陆"的财富与君权,而伊比利亚航海时代则上升为制度层面,强调"中华大帝国"在行政、司法、监察、教育等制度方面的文明。对此,有论者指出:

> 所有的文化都是通过他者并将自身对立于他者进行自我意识与自我定义的。特定文化传统中的异域形象,总是因为它的不同甚至对立,才具有意义。马可·波罗时代欧洲的中国形象,在欧洲的偏远贫困、分裂混乱与中国的广阔富饶、和平统一之间建立想象的对比关系,中国形象尽管半真半幻,却在社会无意识中成为西方中世纪晚期文化超越的他者。地理大发现时代欧洲冒险家与传教士塑造的中国形象:疆土辽阔、物产丰富、城镇与人口众多、政治稳定、司法严明、官场清廉、社会公正,科举制度给每一个人提供均等的进取机会,民风优雅质朴,国家爱好和平,又与地域只占欧亚大陆的一角,人口稀少无法支撑连年不断的海外扩张,政治腐败、宗教纷争、战事不断的欧洲形成鲜明的对照。此时欧洲需要一个优越的异域形象。②

伊比利亚航海时代众多作品中的中国法之于西方的意义在于:此时的西方不仅可以在现实经验视野中了解中国的法律和政治,而且可以进一步以中华帝国为尺度评判西方。对此,有论者总结道:

> 亚洲国家也被欧洲人当作典范加以宣传。作为楷模国家的中国很

---

① 周宁:《天朝遥远:西方的中国形象研究》,上册,第63页。
② 周宁:《天朝遥远:西方的中国形象研究》,上册,第59页。

快被公认为是具有独一无二的高效政府和教育体制的国家：公职的考试；国家资助的学校；社会福利事业；邮递系统；还有回避法律或要求省长官绝不任用管辖区当地人。……西方认识到，并非所有的真理和美德都包含在它自己的文化和宗教传统中。从现在的观点来看，地理大发现世纪可以被认为是这样一个时代，从这时起，西方人开始自觉地质疑他们自己的文化前提假定，并以其他高级文化的前提假定和造诣来对他们的文化加以权衡，并对他们自己的世界、人和未来观念开始了根本的修正。①

17 世纪初，旅居法国的意大利人约瑟夫·斯卡利杰（Joseph Scaliger）在读完《中华大帝国史》后激动地说道："这一令人赞叹不已的帝国……它谴责我们的行为。从他们的天平上来衡量，我们这些法国人仅为一弹丸小王国，我们之间不能相互详解，被债务压得喘不过气来（法国当时正被宗教战争搞得四分五裂）；而在他们那里则生活得国泰民安，其法制如此有度以至于使基督教感到耻辱。"②

因此，这时的中国法在某种程度上具有了评判西方法的"标尺"作用，这一作用不仅与前述络德睦"法律东方主义"的立场不同，而且与之完全相反。这再一次说明，中国法之于西方而言在历史上具有"二阶观察"的作用，而不是被动性地单纯作为被西方批判的客体而存在。

当然，此种说法也不是完全一边倒的。上述意大利人斯卡利杰阅读后的激动心情和表达，在彼时还不能完全代表整个西方。换言之，16 世纪伊比利亚航海时代由葡萄牙人和西班牙人所建构的中国法形象，虽然一定程度上能代表西方，甚至影响西方，但在整个欧洲乃至西方似乎还存在一定的争议。例如，在 1588 年西班牙"无敌舰队"被英国打败这一年，门多萨的《中华大帝国史》被英国人罗伯特·派克翻译为英文。他在"致基督教读者"部分提醒当时的读者说："（亲爱的读者）其实在这部记中国及其邻国的史书中，你将看到努力发现上述中国的某些西班牙修士多次被重复，而且在一些事情上被夸大的热情，还有他们所创造的奇迹（尽管虚假报道）的记载，以及他们种种迷信作法的例子：这可能偶尔引起某些阅读它的人的反感。你必须知道这应归罪于本书西班牙文原著者，而不是我的错误。"③因此，要让更

---

① 〔美〕唐纳德·F.拉赫：《欧洲形成中的亚洲》，第一卷（发现的世纪），第二册，第 419 页。

② 〔法〕戴密微：《入华耶稣会士与西方中国学的创建》，载〔法〕谢和耐、戴密微等：《明清间耶稣会士入华与中西汇通》，耿昇译，东方出版社 2011 年版，第 135～136 页。

③ 〔英〕罗伯特·派克：《出版者致基督教读者》，载〔西〕门多萨：《中华大帝国史》，第 1 页。

多的西方人认识并相信中国法,还需要新的动力和契机。

这个新的动力和契机就是基督教的传教士们。因为他们深信,16 世纪伊比利亚人在欧洲创造的"马可·波罗的契丹的新传说","只有在最重要的天启宗教(天主教——引者注)方面,中国没有达到西方最高成就,但是上帝将肯定在适当时候弥补这个缺点"。① 因此,天主教耶稣会士将继续伊比利亚人的工作。英国学者艾兹赫德说:"耶稣会士是第一批影响世界的人,他们最先在某种程度上让世界网络变成了世界体系。"②

---

① 参见〔英〕C. R. 博克舍编注:《十六世纪中国南部行纪》,第 61 页。
② 〔英〕S. A. M. 艾兹赫德:《世界历史中的中国》,第 268 页。

第四章 耶稣会时代第一阶段西方 对中国法的展开与丰富

如果说16世纪对中国法的发现与力证是西班牙、葡萄牙商人或旅行家所主导的,那么17、18世纪推进这一工作的则是耶稣会士。作为一种传统,自1542年耶稣会发起人之一圣方济各·沙勿略从印度发回第一封东方书简开始,之后每一位前往中国传教的耶稣会士都必须定期给他的上级与同道写信,介绍传教的经历和所在地区的情况。① 如西班牙人沙勿略在叙述中国见闻的第4封信函中写道:"中国面积至为广阔,奉公守法,政治清明,全国统于一尊,人民无不服从,国家富强。凡国计民生所需者,无不具备,且极充裕。中国人聪明好学,尚仁义,重伦常,长于政治,孜孜求知,不怠不倦。"②

同时,1565年6月21日耶稣会要求各传教区每年要向会总部寄回"教化报告"(Letras Anuales)。③ 在1615年中国传教区成为耶稣会中国副省后,从1618年开始,正式的耶稣会中国副省年信也开始寄往欧洲。④ 因此,

① 据张铠先生研究,耶稣会这套严密的通信体系是罗耀拉创立的。"首先,各地的耶稣会分支机构应定期向常驻罗马的总会呈递报告。这种报告一般分成三类:一种是直接呈报给耶稣会高层领导人的;一种是可在耶稣会士之间传阅的;再一种是可供公之于世的。其次,耶稣会士之间或耶稣会士与教外的友人之间也应常常交换信件。其中有些信件可被视作是'传导性文献',这类信件往往是对某一地区传教工作进展情况的介绍。……耶稣会还有一个规定:耶稣会士的信函应当在内部传阅,以使远隔千山万水的耶稣会士们能得知各地的传教情况。"张铠:《庞迪我与中国》,第15页。

② 方豪:《中国天主教史人物传》,第45页。

③ 据日本学者柳田利夫所著《耶稣会年信制度》,耶稣会海外传教年信的编纂分为两个阶段:第一阶段,每年年初,各传教驻地的耶稣会士草拟一份"传教纪要"(Pontos 或 Apontamentos),其中包括上一年该传教区的领洗入教者人数、主要发生的事件等信息;第二阶段,所有这些"传教纪要"寄给由会长任命的一个专门的传教士,由他负责根据这些"传教纪要"来编纂年信。年信完成后,立即通过多种渠道寄给罗马耶稣会总长。参见董少新:《葡萄牙耶稣会士何大化在中国》,社会科学文献出版社2017年版,第166页。

④ 耶稣会中国副省年信绝大多数以葡萄牙文写成,内容有固定结构,包括两个部分:一是"中国世俗状况",涉及中国及周边国家发生的重大政治和社会事件,以及各传教区最具特色的宗教和文化;二是"传教状况"。参见董少新:《葡萄牙耶稣会士何大化在中国》,第169~171页。

16 世纪末至整个 17 世纪,耶稣会士的中国书简和札记成为西方人了解中国法最为权威的资料。对此,有论者指出:"在 17 世纪上半叶,欧洲有关中国信息的积累在快速增长。那些谨慎地隐藏在北京的耶稣会士继续提供观察更为深刻、数量更庞大的报告。他们的书信定期出版,那些来自中国的报告也占据了重要的位置,并持续增长。其中一些广为流传。"①

基督教传入中国的第 3 次高潮"是从方济各·沙勿略于 1552 年进入并客死于广东上川岛开始的,而其高潮则是 17～18 世纪西方耶稣会士的大举入华"②。1582 年耶稣会罗明坚(Michele Ruggieri,1543～1607)进入中国,1601 年意大利传教士利玛窦(Matteo Ricci,1552～1610)获准在北京建立传教点,1724 年雍正帝发布禁教令。在这长达一个半世纪里,神学家们开启了一个对欧洲社会影响最大的"耶稣会时代"。

作为天主教的主要修会之一,耶稣会(Les Jesuites)于 1534 年由西班牙人依纳爵·罗耀拉创建于巴黎,1540 年由教皇保罗三世(Paul III)批准,后被教皇克莱芒十四世(Clement XIV)于 1773 年 7 月 21 日解散。学界一般把这期间入华耶稣会士们在中国创建的传教区称为"早期耶稣会在华传教区"。③

这大约一个多世纪的传教过程,可分为如下两个阶段:第一个阶段是从 1583 年利玛窦进入中国传教一直到南怀仁(Ferdinand Verbiest,1623～1688)1688 年去世;第二阶段是从 1685 年法王路易十四派遣洪若翰(Jean de Fontaney,1643～1710)、张诚(François Gerbillon,1654～1707)、白晋(Joachim Bouvet,1656～1730)、李明(L. de Comte,1655～1728)、刘应(C. de Visdelou,1656～1737)这 5 位"国王数学家"(mathématiciens du Roi)赴中国传教,直至 18 世纪初的"礼仪之争"。

据方豪先生援引拉丁文《1552 年至 1779 年中国耶稣会士名录》统计,明嘉靖三十一年(1552)至清乾隆四十四年(1779),在 227 年里来华耶稣会士共 456 人,其中葡萄牙人 153 人,法国 96 人,意大利 62 人,比利时 13 人,德国 12 人,西班牙 6 人。④ 因此,耶稣会时代第一阶段主要以葡萄牙籍和意

① 〔美〕唐纳德·F.拉赫、埃德温·J.范·克雷:《欧洲形成中的亚洲》,第三卷(发展的世纪),第四册,朱新屋、孙杰译,人民出版社 2013 年版,第 3 页。
② 〔法〕谢和耐、戴密微等:《明清间耶稣会士入华与中西汇通》,"代序",第 5 页。
③ 参见〔法〕谢和耐、戴密微等:《明清间耶稣会士入华与中西汇通》,"代序",第 7 页。
④ 参见方豪:《中国天主教史人物传》,第 100 页。

大利籍的耶稣会士为主,①第二阶段则主要以法国籍耶稣会士为主。总体而言,这些在华传教士的主要活动有四:(1)传教;(2)为中华帝国皇帝和宫廷服务;(3)向中国人传授西学;(4)研究并向欧洲介绍中国。

这里需要说明的是,耶稣会时代并不意味着这一时代向欧洲介绍中国的主体只有在华的耶稣会士,实际上其他一些基督教修会或团体中的传教士也有些许介绍。但无论从数量和影响上看,它们都不足以与在华耶稣会相媲美。"他们的著作或是没有机会出版,或是在欧洲没有产生多少反响,以致我们今天想对这些著作给予评价也缺乏依据。"②

按照赫德逊的说法,16 世纪到 18 世纪耶稣会士与中国的关系有着一段完全有利于欧洲国家的政治和商业关系的历史。由于这些耶稣会士既非政治也非商业的身份,他们不仅成功地深入中国内地,而且也能在中国朝廷内长期安身,从而成为那一时期中国和外部世界交往传递彼此信息的主要渠道。然而,令人感到吊诡的是,他们在中国传教方面所取得的成就,远不及他们将"某些中国思想"带回西方所产生的影响大。③ 其中的"某些中国思想"就包括中国法。

一、耶稣会士来华传教获准与"文化适应"的传教策略

整个 17 世纪和 18 世纪初主导西方人了解中国法的推动力量是耶稣会,耶稣会作为一个宗教团体以何种方式进入中国并获得传教资格,是一个十分重要的问题。"在这里天主教所面临的不仅有高度发展的文化,还有统一的、在孤立主义的大墙后面完全自给自足的政治实体。"④因此,耶稣会面对这样全新的存在,以何种策略进行传教,直接决定着他们对中国法所秉持的态度和立场。换言之,对于此时期西方对中国法的理解和把握,我们必须将其放置到耶稣会传教态度和策略中思考。因为正是这种态度和策略使他们不同于之前伊比利亚航海时代那些仅游弋于东南沿海,没有深入帝国中

---

① 第一阶段之所以以意大利籍的耶稣会士为主导,主要是因为"葡萄牙和西班牙传教士有时受到太多国家目标和冲突的影响,以致于他们不能全神贯注致力于传教事业,而传教在其目标上绝对是宗教的和文化的。用政治术语加以表达就是:这些被派到远东的意大利人充当了葡萄牙和西班牙传教士间的缓冲器,并充当了推进文化渗透的先锋部队"。于是,范礼安"试图依赖政治上没有卷入伊比利亚事务的意大利人"。参见〔美〕唐纳德•F.拉赫:《欧洲形成中的亚洲》,第一卷(发现的世纪),第二册,第 353 页。
② 许明龙:《欧洲 18 世纪"中国热"》,山西教育出版社 1999 年版,第 75～76 页。
③ 参见〔英〕G. F. 赫德逊:《欧洲与中国》,第 267 页。
④ 〔美〕邓恩:《一代巨人:明末耶稣会士在中国的故事》,余三乐、石蓉译,社会科学文献出版社 2014 年版,第 11 页。

心的伊比利亚人。

（一）耶稣会来华传教的努力

尽管元代在蒙古大汗"宗教宽容"政策下，约翰·孟帖·科儿维诺等人曾在中国传播过基督教，并在北京和泉州建立了教区，但随着 1368 年元朝的覆灭，一度繁荣的基督教及其相关的教派在中国本土几乎消失了。有学者指出："蒙古人统治下的中国形成的小规模的天主教核心已经消失，所以沙勿略于 1552 年试图进入中国时，在中国已完全没有基督教存留。"①

与之相对的是，此时的天主教在欧洲被"宗教改革运动"（Protestant Reformation）所冲击。面对新教的冲击，天主教开始了"反宗教改革运动"（Counter-Reformation）。② 他们一方面利用"修隐制度"下成立的各种修会进行海外传教，挽回天主教声誉；另一方面借助 16 世纪葡萄牙、西班牙的海外扩张势力，将传播福音与开展商业和政治关系结合在一起。对于前者，教皇保罗三世于 1540 年 9 月 27 日正式批准了罗耀拉创建的耶稣会。③ 对于后者，罗马以"保教权"（Padroado）为基础，授予葡萄牙国王在东方行使特权。例如，利奥十世（Leo X）在 1515 年 11 月 3 日的通谕中，扩大了葡萄牙对所有已被发现和侵占的土地以及将被发现和侵占的土地的特许权。作为一种对"特许权"的回报，葡萄牙王国需尽其所能，向这些地方派遣传教士、提供经费、修建教堂。④ 1508 年教皇尤利乌斯二世（Julius II）授予西班牙国王整个美洲的"保教权"。

"由于得到世俗的西班牙和葡萄牙征服者的大力支持。教会大有希望赢得亚洲和美洲对天主教的信仰，作为对欧洲宗教改革的补偿；宗教反改革不仅是要赶走新教异端，而且也要发动对伊斯兰教的战争和攻克迄今尚未被触动的异教的堡垒。"⑤中国作为当时世界上最大的非基督教和非伊斯兰教国家，自然成为 16 世纪天主教扩张的首选目标。

然而，赶走蒙古鞑子，恢复正朔的大明王朝在天朝观念的指导下，对"任

---

① 〔英〕G. F. 赫德逊：《欧洲与中国》，第 267 页。

② "反宗教改革运动"是德国史学家兰克提出的概念，指涉的是天主教会为应对路德引发的"宗教改革"，"试图通过改革教会内部以加强天主教信仰的'正统'及'纯洁'性，以达到重塑天主教形象、夺取失去的信仰版图并划清与新教界限的目的"。参见任婷婷：《天主教改革与"利玛窦规矩"的兴衰》，《世界历史》2017 年第 1 期，第 44 页。

③ 耶稣会的创始人罗耀拉是军人出身，其借鉴军队的编制，组织严密，纪律森严，强调所有会士在入会前须发誓遵守"服从、贞洁、清贫"三愿，并鼓励前往世界各地，重视与上层社会接触，进行传教。参见史只隽：《西儒远来——耶稣会士与明末清初的中西交流》，商务印书馆 2019 年版，第 8～9 页。

④ 参见〔美〕邓恩：《一代巨人：明末耶稣会士在中国的故事》，第 8～9 页。

⑤ 〔英〕G. F. 赫德逊：《欧洲与中国》，第 268 页。

何未经许可的私下传教行为"都持否定态度。第一位试图改变这种状况,
"想突破中国的那堵孤立隔绝之墙"的耶稣会士是西班牙人沙勿略。这位伟
大的"印度使徒"在生命的最后三年一直计划着对"中国的精神入侵"。他
于1549年4月间到达日本后就意识到"让中国转换信仰对于基督教在整个
东方的进展具有根本上的重要意义",一旦中国皈依基督教,日本自然会步
其后尘,这一点在佛教传播上即为明证。① 于是,1551年他回到印度果阿制
定了在中国传教工作的计划,②然而,1552年正当他在上川岛等待机会进入
中国时,不幸患病去世。

沙勿略去世后,耶稣会进入中国的努力仍在继续。1555年8月耶稣会
传教团团长梅尔基奥·努内斯·巴雷托(Melchior Nunes Barreto, 1520~
1571)终于踏上中国土地,并持续待了8个月,但未获得在中国传教的许可。
后来,在巴雷托的催促下,1565年葡萄牙方面又派出了一个以弗朗西斯
科·佩雷斯(Francisco Peres)为代表的使团,带着请求允许传教的申请来到
广东。他们虽受到礼貌接待,但被劝告学习中文,并被送回澳门。1568年
第三任耶稣会会长的秘书胡安·鲍蒂斯塔·里贝拉(Juan Bautista Ribera)
通过乔装进入广州,"在中国进行没有协助的、未被授权的和语言上不熟练
的福音传播"③,但最终无功而返。"他在那里所做的关于中国的报告,成为
天主教进入中国毫无希望的箴言。"

在沙勿略去世之后的二十多年时间里,耶稣会在中国的传教活动并未
获得太大的进展,与此同时前面提到的多明我修会和奥古斯丁修会似乎也
没有取得什么传教成果。1579年方济各会的佩德罗·德·阿尔法罗(Pedro
de Alfaro)在传教失败后,甚至绝望地说道:"没有士兵的介入而希望进入中
国,就等于尝试着接近月球。"④

(二) 范礼安"文化适应"传教策略的提出

正当天主教在华传教遇到无法逾越的"高墙"而只能诉诸野蛮的武力
时,耶稣会年轻的意大利人范礼安(Alessandro Valignano, 1539~1606)通过

---

① 参见〔美〕唐纳德·F.拉赫:《欧洲形成中的亚洲》,第一卷(发现的世纪),第二册,第
348页。需要注意的是,近些年有论者对沙勿略因受日本人影响而萌生赴华传教之意的说法,有不
同的观点。参见史习隽:《西儒远来——耶稣会士与明末清初的中西交流》,第37~38页。
② 自1510年第二任葡印总督阿尔布克尔克(Afonso de Albuquerque, 1453~1515)武力攻占果
阿后,这个印度次大陆西海岸港口城市变成葡属印度(Estado da Índia)乃至葡萄牙在整个亚洲势力
范围的首府。第一批耶稣会士到达果阿后,便成立了耶稣会东印度省,1573年该省的范围从莫桑比
克一直延伸到日本。
③ 〔美〕唐纳德·F.拉赫:《欧洲形成中的亚洲》,第一卷(发现的世纪),第二册,第351页。
④ 转引自〔美〕邓恩:《一代巨人:明末耶稣会士在中国的故事》,第3页。

自己对于中国人的观察,转换了耶稣会的在华传教思路。一种被称为"文化适应"的传教策略或"耶稣会的适应政策"(Jesuit accommodation)应运而生,并成为耶稣会最为显著的标签。

1573 年曾获得民法学博士的范礼安被任命为耶稣会远东视察员,1577 年 10 月到 1578 年 7 月被首次派往澳门。通过在澳门的观察,他很快得出结论:"向中国渗透失败可能是其前任所采用的方法造成的,在其他地方已经证明是合适的方法不会打开通向中国的大门","唯一可能的渗透方法,将会是完全不同于到现在为止在这些国家所有其他传教活动中采纳的方法",他提议"替代以文化适应计划"。① 从这些表述中,可以看出范礼安已经意识到基督教在传播中"太过种族优越感",他们对非天主教文化缺少应有的尊重。对此,有论者评论道:

> 这可以称为是"划时代的观察"。它明确地预告了"欧洲人文主义"的时代被打破了,代之以尝试一种新方法,将天主教作为一个外国的胚芽移植到具有反抗力的、不友好的中国文化的躯干上。天主教回归到最初的、发生潜在作用的角色,悄悄地进入中国文化的躯体,并尽力使之发生内在变化,这就是范礼安的见识。②

实际上,范礼安"文化适应"传教策略可以追溯到耶稣会创始人罗耀拉。他在制定修会规则时,就对其追随者的传教方式不做狭隘的限制,并提倡他的成员学会所在传教国的语言。例如,1542 年当教皇保罗三世派遣耶稣会士博爱特(Broet)和萨摩荣(Salmeron)到爱尔兰传播福音时,罗耀拉命令他们要适应爱尔兰人的风俗习惯。

"'文化适应',是以尊重当地文化为基础的,它植根于谦虚的精神和对无论何方的人民都有同等价值的理解之中。范礼安的这种新的,也可以说是相当古老的用以解决传教难题的方法,是具有革命性的。"③既然具有"革命性",那么它在推行过程中一定会遇到阻力。实际上,当时在澳门的耶稣会士对他的观点并不认同。况且,范礼安的这一主张还只是停留在理论阶段。尽管其后继者意大利教会法和民法学博士罗明坚于 1580 年 11 月跟随一些葡萄牙商人到达广东,对范礼安的策略进行了一些实践,且效果不错,

① 参见〔美〕唐纳德·F.拉赫:《欧洲形成中的亚洲》,第一卷(发现的世纪),第二册,第352 页。
② 〔美〕邓恩:《一代巨人:明末耶稣会士在中国的故事》,第4～5 页。
③ 〔美〕邓恩:《一代巨人:明末耶稣会士在中国的故事》,第5 页。

但耶稣会离正式踏入中国传教还有些距离。例如,罗明坚于 1584 年 1 月 25 日在写给耶稣会总会长的信中说道:"在开始阶段,必须非常文质彬彬地与这一民族交往,不能以不谨慎的狂热行事。因为我们冒着非常容易丧失自己已取得的成果之危险,我们不知道将来怎样才能重新取得这些成就。我讲述这一切是由于该民族非常敌视番邦异国人,特别害怕被他们认为是好战者的葡萄牙人和卡斯蒂亚人。"①

事情的转变发生在 1582 年,该年一批西班牙人来到广东被抓,罗明坚被邀参与此"外交事务"。② 由于罗明坚在此过程中表现很好,两广总督陈瑞邀请罗明坚到肇庆定居。后来,在广州巡抚和肇庆知府王泮的努力下,1583 年 9 月 10 日罗明坚和 31 岁的利玛窦来到肇庆,③并在那里获准建立一个永久性的基督教教堂以及一个"关于土地赠与的许可证"和"在中国自由旅行的许可证"。④ 肇庆也成为耶稣会在中国内地的第一个传教驻地。

1588 年,"广州请愿驱逐利玛窦事件"使得范礼安作出决定,将罗明坚派回罗马去操办推动教廷向中国驻派使团一事。然而,回到罗马的罗明坚因遇到罗马教廷四位教皇接连去世,出使中国的使团终未成行。1598 年西班牙国王菲利普二世去世,向中国派出使团之事被彻底遗忘,罗明坚也于 1607 年在意大利去世。对于罗明坚,美国学者柏理安(Brockey)这样评价道:"尽管传统上公认罗明坚的第一个同伴——利玛窦是中国传教团的创始人,但实际上,这份荣誉应该属于罗明坚。正是由于他在广州的外交活动,耶稣会士才被允许在 1582 年入驻大明王朝,而且,还在当时广东省的省会肇庆得到一座庙宇。"⑤

(三) 利玛窦对"文化适应"传教策略的实践

"如果说罗明坚对打开中国大门所做的贡献被人们忽视了的话,那是因

---

① 〔法〕谢和耐:《中国与基督教——中西文化的首次撞击》,耿昇译,商务印书馆 2015 年版,第 2 页。

② 参见史习隽:《西儒远来——耶稣会士与明末清初的中西交流》,第 56 页。

③ 至于肇庆知府王泮同意他们居住在肇庆的原因,有论者指出:"事实上,肇庆的知府很有可能是遵循了帝国的'柔远能迩'的祖训。两位神父完全符合这一祖训的条件:他们德行高尚,虔诚地信仰天主,不远万里从西方来到中国只求在此度过余生;他们在科学和艺术方面的造诣也可以为帝国所用。或许正是基于上述原因,原本对外国人紧闭的国门最终向神父们敞开了。利玛窦和罗明坚自收到许可之日起,便宣告他们将永久地成为中国的子民了。"参见〔意〕菲利浦·米尼尼:《利玛窦——凤凰阁》,王苏娜译,大象出版社 2012 年版,第 101~102 页。

④ 参见〔意〕菲利浦·米尼尼:《利玛窦——凤凰阁》,第 104 页。

⑤ 〔美〕柏理安:《东方之旅:1579—1724 耶稣会传教团在中国》,毛瑞方译,江苏人民出版社 2017 年版,第 31~32 页。

为它被利玛窦的重要成就所荫盖了。"①利玛窦的伟大在于,几乎凭借一己之力让大明帝国接受了基督教在中国的传播,并用具体的行动让范礼安的"文化适应"传教策略落地。与范礼安一样,利玛窦在中国的传教策略不是根据一个制订非常明确的计划展开的,但在总体上其方法的特点在于"更注重待人处事的态度,即尊重中国的人民和文化,并以真挚的、谦逊的精神处世,使自己能够适应所处的环境"②。美国学者孟德卫对利玛窦的政策这样评价道:"这个政策既是一个大胆的传教策略,又是为中西文化相遇而准备的一套意义深远的方案。"③

1588年11月当罗明坚返回罗马后不久,利玛窦也离开肇庆来到广东北部的韶州(今韶关)。他在韶州已经能够区分早期儒家经典学说和后来朱熹学派所做注释之间的不同,并且认识到天主教若想深入中国人的生活,必须从古代儒家经典中寻找儒学与天主教的"连接点"。他发现两者有很多相似之处。对此,艾田蒲评论道:"因此利玛窦神甫宣称:经'细致研读'中国经书后发现,与理性之光相违背的东西'极少';与之相反,里面的绝大部分东西都像是出之于我们的'自然哲人'的笔下。"④

1592年范礼安任命利玛窦为中国传教区首位会长。1594年7月,范礼安同意了利玛窦提议在华耶稣会士改穿儒服的建议。⑤ 同时,他通过与儒生瞿汝夔的交往,认识到中国社会的文人阶层是他在中国传教重要的切入点。1595年5月以后,利玛窦又辗转于南京和南昌,并在那里结识了很多中国文人。这期间,他找到了安全而新型的传教方法:"获得更多、更持久的政治保护力量。"⑥为做到这一点,他需要把"道德苦行、渊博知识和沟通技巧结合在一起,成为一位对中国文人学者而言极具魅力的人物"⑦,由此影响尽可能多的中国文人和官员,并通过他们形成一种对天主教抱有好感的社会环境。1600年利玛窦已经为自己赢得了一个"西儒"的身份,大家也称他为"畸人"。对此,有论者说道:

---

① 〔美〕邓恩:《一代巨人:明末耶稣会士在中国的故事》,第10页。
② 〔美〕邓恩:《一代巨人:明末耶稣会士在中国的故事》,第17页。
③ 〔美〕孟德卫:《奇异的国度:耶稣会适应政策及汉学的起源》,陈怡译,大象出版社2010年版,第27页。
④ 〔法〕艾田蒲:《中国之欧洲:从罗马帝国到莱布尼茨》,上卷,第176页。
⑤ 利玛窦可能很早就希望放弃僧侣们的袈裟,并从1592年秋天起,便不再使用"和尚"的名称,开始留蓄胡须和头发,但这些请求直到1594年才被特许。参见〔法〕谢和耐:《中国与基督教——中西文化的首次撞击》,第3页,页下注。
⑥ 〔美〕柏理安:《东方之旅:1579—1724耶稣会传教团在中国》,第40页。
⑦ 〔美〕柏理安:《东方之旅:1579—1724耶稣会传教团在中国》,第41页。

在中国文人面前,利玛窦成功扮演了一位完美的儒家智者的角色,加之他在中国生活了多年,很多中国文人已将其视为西方老师。利玛窦从天主教信仰中汲取了丰富的养分,他将西方传统文化中最易触动中国人心弦的斯多葛派哲学引入中国,征服了这些生活在另一个世界、以理智支配生活的中国文人。利玛窦的一生兼具了天主教徒的神圣、斯多葛派哲学家的德行和儒士的智慧。①

于是,同年 5 月 18 日,他和西班牙籍耶稣会士庞迪我(Diego de Pantoja,1571～1618)以及两名中国助理钟鸣仁(教名 Sebastian, 1562～1622)和游文辉(教名 Manuel Pereira, 1575～1630)再次北上北京。② 1601 年 1 月 24日利玛窦一行来到北京,并上奏万历皇帝;③同年,5 月 28 日获准在北京居住。"这是自 1521 年托梅·皮雷斯使团以来记录在案的第一个访问帝国京城的欧洲人。"④至此,经过 20 多年的努力,利玛窦终于"登上了月球"(阿尔法罗语)。对此,19 世纪一位法国史学评论家说道:"从未见过这样的传教者,用如此的勇敢、执着和机敏,并且运用了世俗的处世方法,投身于一个伟大的目标。"⑤

1601 年耶稣会在华传播天主教获准后,利玛窦开始思考如何在一个庞大的异教国家,在没有武力和条约支持和保证的情况下传播福音,具体细化范礼安提出的"文化适应"策略。

利玛窦定居北京后,很快修正了"传教事业一旦获得了皇帝的同意,就可能形成一个皈依天主教的热潮"的天真想法,他认识到"要想从皇上那里得到诏书是徒劳的,皇上只是太监手中的工具。因此必须采取不同的策略"。于是,他认为"从今以后的策略更应注重智力传教,在京城,并以京城为起点,要建立一个遍布全国的高层友好人士网络,同时也要在大众中传播天主教"。⑥ 对于这个具体的方针和执行方法,利玛窦在 1609 年 2 月 15 日写给耶稣会中国副省长巴范济(Francesco Pasio, 1551～1612)的信中,有着

---

① 〔意〕菲利浦·米尼尼:《利玛窦——凤凰阁》,第 212 页。

② 利玛窦于 1598 年 9 月至 12 月曾随王忠铭尚书造访过北京,并确认了西方人地理观中的契丹和中国是一个国家。参见〔意〕利玛窦:《耶稣会与天主教进入中国史》,文铮译,〔意〕梅欧金校,商务印书馆 2014 年版,第 229～234 页。

③ 利玛窦的奏折内容,参见张维华:《明史欧洲四国传注释》,上海古籍出版社 1982 年版,第139～140 页;另见《贡献方物疏》,载韩琦、吴旻校注:《熙朝崇正集·熙朝定案(外三种)》,中华书局2006 年版,第 19～21 页。

④ 〔美〕唐纳德·F.拉赫:《欧洲形成中的亚洲》,第一卷(发现的世纪),第二册,第 355 页。

⑤ 转引自〔美〕邓恩:《一代巨人:明末耶稣会士在中国的故事》,第 79 页。

⑥ 〔美〕邓恩:《一代巨人:明末耶稣会士在中国的故事》,第 80～81 页。

完整的表达：

> 静静地渗透和在文化上的适用；要摒除"欧洲人主义"；与欧洲人，特别是与澳门的葡萄牙人的接触，要保持在低水平；传教工作需要的资金可以从中国内地获得。只要在资金上还须求助澳门，就要"小心从事，尽量少用"；当在天主教教义上不存在妥协问题时，避免同中国人的偏见和猜疑发生不必要的冲突；传教的工作要"慎重、不声张，用好的书籍和有理性的辩论向学者证实我们教义的真实性，让他们知道我们的宗教是没有害处的，只会给帝国带来好的朝政和平安的局面"；在发展天主教徒时，强调质量而不是数量。①

　　总体而言，利玛窦对"文化适应"策略的具体化大致形成了两条原则：一条是"传教士必须在某些世俗方面使自己对中国政府有益"；另一条是"尽可能避免攻击儒家认为对国家和家庭秩序具有根本重要性的那些尊孔和敬祖的礼仪"。② 这两条原则后来也被康熙帝称为"利玛窦规矩"③。

　　为实现第一条原则，利玛窦认为"作为商人的欧洲人永远得不到中国知识分子官员的尊敬，而耶稣会士却货真价实地代表了欧洲的智慧，迫使他们的东道主承认在自己的文明以外还存在有一种假如不相等但也是可钦佩的文明"④。于是，他主张在天文学、数学、医学以及外交等世俗领域协助中国政府。例如，1584 年利玛窦在肇庆寓所绘制了《山海舆地图》让中国人了解世界，消除对泰西人的顾虑。⑤ 再如，1606 年他邀请天文学家熊三拔

---

　　① 转引自〔美〕邓恩：《一代巨人：明末耶稣会士在中国的故事》，第 82 页；完整内容另见〔意〕利玛窦：《利玛窦书信集》，文铮译，〔意〕梅欧金校，商务印书馆 2018 年版，第 331～339 页。

　　② 〔英〕G. F. 赫德逊：《欧洲与中国》，第 275 页。

　　③ "利玛窦规矩"一说，源于清初"礼仪之争"事件。1707 年康熙颁布敕令："自今以后，若不遵利玛窦的规矩，断不准在中国住，必逐回去。"参见任婷婷：《天主教改革与"利玛窦规矩"的兴衰》，第 42～43 页。

　　④ 〔英〕G. F. 赫德逊：《欧洲与中国》，第 276 页。

　　⑤ 关于利玛窦在肇庆绘制《山海舆地图》的目的，利玛窦自己有过说明。他指出："这便是他们想象的中国之大和世界其他国家之小，他们高傲地认为，与中国相比，世界其他国家都是蛮荒无知的，因此让他们接受外国专家的意见是不可能的。当看到世界是如此之大，而中国只在其一隅，比他们想象的要小得多时，这些愚昧的人便开始嘲笑这种绘图方法。但一些有知识的人看到，此图的经纬度、赤道、回归线和五大洲都如此精确，还标注着世界各国的风俗习惯以及从原图中译出的各地地名，所有这些都非常令人信服，因此他们不得不相信这些都是真的。……这幅地图还有一个相当大的作用，即显示出神父们的国家离中国非常遥远，中间有大洋阻隔，这便打消了他们的顾虑——他们当初很担心我们的人会来侵占他们的领土，这也是神父们在此传教所遇到的最大的障碍。"〔意〕利玛窦：《耶稣会与天主教进入中国史》，第 109 页；另见〔意〕利玛窦、〔比〕金尼阁：《利玛窦中国札记》，何高济、王遵仲、李申译，中华书局 2010 年版，第 181 页。

(Sabatino de Ursis,1575~1620)神父协助大明修改历法。

对于第二条原则,利玛窦认为"尊孔和敬祖只具有礼貌的意义而不是宗教崇拜行为,所以中国基督教徒可以参与尊孔敬祖,这不是对自己宗教的不忠","作出这样的让步而并不背离神圣的天主教信仰"。① "利玛窦规矩"使得传教工作在中国进行得较为顺利,一份1610年的报告称耶稣会30年在中国的传教巩固中,一共转化了2500名信徒。② 在做完这一阶段工作后,1610年5月11日晚利玛窦与世长辞。万历皇帝下了一道诏书,有论者认为这道诏书说明了两点:"一是利玛窦的形象得到了官方的承认,二是它保护了利玛窦宣讲的宗教。"③

"耶稣会的根本目的在于让中国人信仰基督教,但耶稣会成员普遍注重学术,这促使他们在实现这个目的的过程中采取了一种特殊的方式:他们在欧洲传播关于中国的信息,以便取得欧洲学者和统治者们对他们传教士事业的广泛支持。在这一传播过程中,欧洲学者对中国这个奇异的国度表现出了极大的兴趣。"④就对中国法的描写和记述而言,在第一阶段涉及的来华耶稣会士主要有金尼阁(Nicolas Trigault,1577~1628)、庞迪我、曾德昭(Alvaro Semedo,1585~1658)、安文思(Gabriel de Magalhães,1609~1677)、阿塔纳修斯·基歇尔(Athanasius Kircher,1602~1680)、聂仲迁(Adrien Greslon,1614~1696)以及利玛窦,其中最为重要的人物当数利玛窦。

二、利玛窦和金尼阁的《耶稣会与天主教进入中国史》

作为耶稣会在华传教活动的奠基人,利玛窦不仅提出并推行了迎合中国儒家学说、尊重中国礼俗的传教策略,而且通过自己的观察以文字的形式向西方继续介绍了中国。利玛窦对中国法的记载主要集中在《耶稣会与天主教进入中国史》(*Della entrata della Compagnia di Giesù e Christianità nella Cina*)中。

(一)《耶稣会与天主教进入中国史》的作者与版本

早在1594年利玛窦在韶州传教时,就萌生了将耶稣会成功进入中国传教的历史完整记录下来的想法。他在该年10月12日写给耶稣会吉洛拉莫·科斯塔(Girolamo Costa)神父的信中提道:"如果把我们传教事业中发生的各种情况向您详细地介绍,那么我应该写一部历史书,而不是家常书

---

① 〔英〕G. F. 赫德逊:《欧洲与中国》,第278页。
② 参见〔美〕柏理安:《东方之旅:1579—1724耶稣会传教团在中国》,第62~63页。
③ 〔美〕邓恩:《一代巨人:明末耶稣会士在中国的故事》,第106页。
④ 〔美〕孟德卫:《奇异的国度:耶稣会适应政策及汉学的起源》,第1页。

信,等我有时间的时候,我会就此做一归纳和详述。"①据考,利玛窦的意大利文书稿应该在 1610 年 2 月至 5 月间已经完成,②并委托继任者龙华民(Nicolò Longobardo,1559～1654)将手稿呈给罗马耶稣总会会长阿夸维瓦(Claudio Acquaviva)。

1613 年,龙华民命令金尼阁将手稿带回罗马。1615 年金尼阁将利玛窦手稿翻译为拉丁文,以《耶稣会进行基督教在中国的远征/自同会利玛窦神父的五卷本回忆录/致教宗保禄五世/中国的风俗、礼法、制度和新开端/最准确、最忠实地描述传教事业极为艰难的初始阶段》(*De Christiana Expeditione apud Sinas suscepta ab Societate Jesu. Ex P. Matthaei Riccii eiusdem Societatis Commentarjis. Libri V. Ad S. D. N. Paulum V. In quibus Sinensis Regni mores, leges atque, instituta & novae illius. Ecclesiae difficillima primordia accurate et summa fide describuntur*,中文译名为《利玛窦中国札记》③)为名,在德国奥格斯堡出版。④ 金尼阁翻译版一经出版,在欧洲引起强烈反响,先后于 1616 年、1617 年、1623 年和 1684 年再版。同时,该书于 1616 年、1617 年、1621 年、1622 年和 1625 年被分别转译为法文、德文、西班牙文、意大利文和英文。

由于"金尼阁译本"的广泛影响,"后世的人们还是更愿意相信这部书是利玛窦和金尼阁二人合著的"⑤。实际上,金尼阁在"致读者"中的说法,的确给人以上述错觉。他写道:

> 利玛窦神父是很有德行而不会去骗人的,又很有经验而不会受骗的。而我本人呢,我敢向你保证,我所补充的都是我亲眼所见或者得自

① 〔意〕利玛窦:《利玛窦书信集》,第 107 页。

② "1609 年一整年和 1610 年初,利玛窦一直埋头创作耶稣会中国传教史,这是一部欧洲了解 16、17 世纪中国概况的基础文献资料。"他之所以在生命的最后阶段才撰写此作品,是因为"耶稣会在华传教之初,因为传教事业刚刚起步,还不是记录历史、歌颂成绩的时候,而是埋头苦干以创出一番值得称颂的事业的时候"。参见〔意〕菲利浦·米尼尼:《利玛窦——凤凰阁》,第 272 页。

③ 何高济等人翻译的《利玛窦中国札记》所用版本为 1953 年美国出版的英译本,该本的书名为 *China in the Sixteenth Century: The Journals of Matthew Ricci 1583-1610*,该本是耶稣会士加莱格尔(Louis Joseph Gallagher)依据金尼阁 1615 年的拉丁文本转译的。参见〔意〕利玛窦、〔比〕金尼阁:《利玛窦中国札记》,"英译者序言",第 29～36 页。

④ 需要说明的是,金尼阁在利玛窦手稿的基础上,不仅在内容上增添了自己的观察,而且还收入了龙华民神父、王丰肃神父(Alfonso Vagnone)和郭居静神父(Lazzaro S. Cattaneo)对中国的描述,以及熊三拔神父 1610 年、1611 年拉丁文信件的摘录。因此,该书已经超越了利玛窦本人记述的内容,代表了那一时期耶稣会士记述中国的集合。参见杨植峰:《帝国的残影:西洋涉华珍籍收藏》,第 12 页。

⑤ 〔意〕利玛窦:《耶稣会与天主教进入中国史》,"译者前言",第 3 页。

其他神父的真实报告。他们或则是亲身目睹,或则是得到教会编年史的肯定。我不仅到过中国,而且旅行过它的六个主要省份,见过所有的传教中心,并且我相信还对整个教团的事务积累了透彻的了解。我们认为最好把这些都告诉你,哪怕啰唆些,免得迄今出版的有关中国的各种书籍中出现相反的看法会使你产生怀疑。①

受其影响,1667 年德国籍的耶稣会士阿塔纳修斯·基歇尔就在《中国图说》(*China Illustrata*)中认为:"公元 1612 年金神父从中国动身回罗马,他是第一个从中国回来的人,带回了对欧洲人来说罕闻稀见的中国物品,因此赢得了欧洲知名学者的尊敬。他用拉丁文写了远征史,还有一百二十卷的中国史,为这一巨著付诸了难以置信的大量劳动。"②对于这些误解的产生,意大利学者菲利浦·米尼尼也对金尼阁进行了批评。他认为:"金尼阁对利玛窦的手稿进行了删改和补充,增添的部分不过几十页,这些改动也主要是出于政治层面的考量。"③

后来直到 1909 年夏天,意大利耶稣会士皮耶特罗·塔基·文图里(Pietro Tacchi Venturi,又译"汾屠立")利用一次偶然的机会,在耶稣会档案馆里发现了利玛窦的那部意大利文手稿,经过整理以《耶稣会士利玛窦神父历史著作集》(*Opere storiche del P. Matteo Ricci S. I.*)为名出版。文图里整理的《耶稣会士利玛窦神父历史著作集》共分 2 卷,第 1 卷于 1911 年出版,名为《中国回忆录》(*I commentarj della Cina*),第 2 卷于 1913 年出版,名为《中国来信》(*Le lettere dalla Cina*),收录了利玛窦在印度和中国所写的书信和教务报告。④

1942 年至 1949 年,德礼贤(Pasquale d'Elia, 1890～1963)神父计划出版 6 册利玛窦手稿,但只完成了前 3 册的《利玛窦史料——天主教传入中国史》(*Fonti Ricciane. Storia dell'introduzione del Cristianesimo in Cina*),剩下 3 册的《利玛窦书信集》没有完成。因此,利玛窦的手稿后来以时间为线索,大致有金尼阁的翻译版、文图里的《耶稣会士利玛窦神父历史著作集》以及德礼贤的《利玛窦史料——天主教传入中国史》三个版本。⑤ 其中,忠实于利

---

① 〔比〕金尼阁:《金尼阁致读者》,载〔意〕利玛窦、〔比〕金尼阁:《利玛窦中国札记》,第 41 页。
② 〔德〕阿塔纳修斯·基歇尔:《中国图说》,张西平、杨慧玲、孟宪谟译,大象出版社 2010 年版,第 226 页。
③ 〔意〕菲利浦·米尼尼:《利玛窦——凤凰阁》,第 272 页。
④ 参见〔意〕利玛窦:《耶稣会与天主教进入中国史》,"译者前言",第 4 页。
⑤ 参见〔美〕孟德卫:《奇异的国度:耶稣会适应政策及汉学的起源》,第 31～32 页。

玛窦手稿的是后两种，①德礼贤的版本因后来得到文图里等学者帮助，因而更为权威。

需要说明的是，本书引述利玛窦对于中国法的描写来自德礼贤的中译本和文图里《耶稣会士利玛窦神父历史著作集》第 2 卷《中国来信》中的书信内容。就内容而言，《耶稣会与天主教进入中国史》与利玛窦书信有很多相似之处，可以相互印证、补充，区别在于《耶稣会与天主教进入中国史》有修史的特点，而利玛窦书信则更多包含其个人的思想和情感。②

（二）利玛窦对中国法与政制的整体性论述

利玛窦在《耶稣会与天主教进入中国史》第 1 章开宗明义地指出，报告是给欧洲人读的，其中涉及法律制度，并且其所描述的中国较之于之前欧洲人的作品更加真实、更加权威。③

或许是受到 13 世纪以来鲁不鲁乞、马可·波罗以及拉达关于"中国"名称由来的影响，利玛窦用一段简短的文字向西方人第一次较为系统地厘清了"Serica""Sina""契丹""Cina"以及"China"之间的关系：

> 这个最遥远的东方帝国，据我们欧洲人所知，在历史上有着各种不同的名称。其中最古老的，是在托勒密时代，被称为"西纳"（Sina）。尔后，在帖木儿时代，众所周知，由于马可·波罗提供了相关的资料而被称为"契丹"。
>
> 然而，近年来使用最广泛的还是 Cina，这一名称是由葡萄牙人推广使用的，他们经历了海上漫长而又艰险的航行之后到达了中国，并且在其最南部的省份广东从事商业活动；而我们意大利人和其他几个国家的人却称中国为 China，这是受了西班牙文字和发音的影响，因为西班牙语的一些字母是不沿袭拉丁语发音的。④

利玛窦这里系统梳理中国称谓，并区分"契丹"与"中国"的意义在于："如果

---

①　金尼阁对利玛窦手稿的增补、修改和编辑的分析，参见〔意〕利玛窦：《耶稣会与天主教进入中国史》，"译者前言"，第 5 页；另见〔法〕谢和耐：《中国与基督教——中西文化的首次撞击》，第 9～10 页。

②　参见〔意〕利玛窦：《利玛窦书信集》，"前言"，第 6～7 页。

③　参见〔意〕利玛窦：《耶稣会与天主教进入中国史》，第 4 页；另见〔意〕利玛窦、〔比〕金尼阁：《利玛窦中国札记》，第 3 页。

④　〔意〕利玛窦：《耶稣会与天主教进入中国史》，第 5 页；另见〔意〕利玛窦、〔比〕金尼阁：《利玛窦中国札记》，第 3～4 页。利玛窦这段确认"契丹"就是中国的论断在其写给其他耶稣会士的信中出现过很多次。参见〔意〕利玛窦：《利玛窦书信集》，第 194～195、255、305、309～310、329 页。

最终证实契丹为中国北方的一个独立国家,那么耶稣会士则将致力于寻找从陆路通往契丹的通道,进一步和契丹的基督徒建立联盟,南北合围将十分有利于最终实现中国的基督教化。如果最终证实'契丹'和'中国'为同一国家,那么,中国历史上曾有人信仰过基督教这一史实本身就是对耶稣会士的一种鼓舞,也必将增强他们归化中国人的信心和热情。"①

这里需要说明的是,学术界一般认为利玛窦最早确认"契丹"就是中国,这一点在庞迪我的信函中也有说明。但前已述及,这个问题早在西班牙人拉达那里已经澄清,只不过利玛窦作品的影响力在当时更大。从欧洲人接触这一信息的时间来看,拉达1575年出使中国的报告记述最早,然后是1602年庞迪我写给西班牙托莱多教区主教路易斯·德·古斯曼(Luis de Gusman,1546~1605)的信函,最后才是1615年金尼阁翻译利玛窦手稿而作的《耶稣会与天主教进入中国史》。如庞迪我在信函中写道:"第二个错误是在我们的地图上,在中国以北绘有另一个国家,被我们称作契丹。事实上它并非另一个国家,而就是中国。被标为汗八里的都城,其实正是我们所在的北京。"②

此外,利玛窦提到中国人根本不清楚或者不关心西方人对它的称呼,并强调:"在中国的书籍里,除了各个王朝的名称外,还有'中国'这个名称,意为'中央之国',又有'中华'的名称,意为'中央的花园'。统治整个中国的皇帝被称为天下之主,他认为全世界主要是被中国占据的。"③

对于中国人的"天下观",利玛窦似乎并不十分了解,更不认同。但是,他却以一个西方人的视角对"天下观"下的"朝贡体系"给出了自己的看法。他指出:"向中国纳贡的国家在东方有3个,西方有53个,南方有55个,北方有3个。实际上现在这些国家并非个个都来纳贡,他们来纳贡时,给中国带来的害处要大于益处,所以中国也不在乎他们究竟是来还是不来。"④实际上,利玛窦通过自己的观察已经发现中国人在此种观念下,对世界持一种漠不关心的态度:"他们的国家版图很大,边界辽远,而且他们对海外世界的

① 张铠:《庞迪我与中国》,第358~359页。
② 〔西〕庞迪我:《耶稣会士庞迪我神父致托莱多省会长路易斯·德·古斯曼之函》,载叶农整理:《耶稣会士庞迪我著述集》,金国平、罗慧玲、蒋薇译,广东人民出版社2019年版,第505页。
③ 〔意〕利玛窦:《耶稣会与天主教进入中国史》,第6页;另见〔意〕利玛窦、〔比〕金尼阁:《利玛窦中国札记》,第6页。
④ 〔意〕利玛窦:《耶稣会与天主教进入中国史》,第7页;另见〔意〕利玛窦、〔比〕金尼阁:《利玛窦中国札记》,第9页。

全无了解却如此彻底,以致中国人认为整个世界都包括在他们的国家之内。"①

　　与前述拉达一样,利玛窦对于中国行政区划的记述借鉴了1579年钱岱刻本的《广舆图》,②并十分准确地指出"中国有两个直隶省,即'北直隶'和'南直隶',及13个外省"和158个府以及1152个县。此外,他对中国的人文科学、社会科学以及科举制都进行了记述与评价。其中对于中国的"学术领域",他评价道:"他们更精通伦理学,但是他们对辩证法一无所知,无论所言所写都不采用科学的方法,无条理可言,只是听任直觉的指引,阐发广泛的主张与言论。"③对于科举制,他认为"文官"在中国具有特殊的地位:"中国文人之权威,中国人相信文人能准确判断一切事物,包括那些他们从未学过的东西。"④

　　或许是因为利玛窦16岁奉父命到罗马学习过三年法律的缘故,⑤中国的政治和法律状况是他格外关注的。在其作品第1卷第6章"中国的政府机构"中,利玛窦敏锐地对中国历史上所存在的政体形式进行了理论性的总结,并指出中国自古以来对政体理论存在"思维盲点",即对各种政体形式在理论上缺乏认识。他指出:"从远古以来,君主政体就是中国人民所赞许的唯一政体。贵族政体、民主政体、富豪政体或任何其他的这类形式,他们甚至连名字都没有听说过。"⑥

　　可能因为利玛窦1598年第一次北京之行的失败,他对明代万历皇帝并没有太多的好感。对此,他失望地感叹道:"这样一来,北京的官员们也效法皇帝,从那些进京办事者那里索取钱财,让那些外任官员把在地方上盘剥来的钱财分给他们。这使得整个京城乌烟瘴气,充斥着罪恶,既看不到一个公正仁慈的人,也看不到他们拯救自己灵魂的愿望。"⑦他在1608年8月22日

　　① 〔意〕利玛窦、〔比〕金尼阁:《利玛窦中国札记》,第46页;另见〔意〕利玛窦:《耶稣会与天主教进入中国史》,第31页。
　　② 参见成一农:《〈广舆图〉史话》,第89~90页。
　　③ 〔意〕利玛窦:《耶稣会与天主教进入中国史》,第22页;另见〔意〕利玛窦、〔比〕金尼阁:《利玛窦中国札记》,第31页。
　　④ 〔意〕利玛窦:《耶稣会与天主教进入中国史》,第29页;另见〔意〕利玛窦、〔比〕金尼阁:《利玛窦中国札记》,第43~44页。
　　⑤ 据意大利学者菲利浦·米尼尼的研究,利玛窦曾于1568~1571年在罗马大学学习过三年法律,学习过教会法典、民法和神学。参见〔意〕菲利浦·米尼尼:《利玛窦——凤凰阁》,第15~16页。
　　⑥ 〔意〕利玛窦、〔比〕金尼阁:《利玛窦中国札记》,第44页;另见〔意〕利玛窦:《耶稣会与天主教进入中国史》,第30页。
　　⑦ 〔意〕利玛窦:《耶稣会与天主教进入中国史》,第233页;另见〔意〕利玛窦、〔比〕金尼阁:《利玛窦中国札记》,第335页。

写给耶稣会总会长阿夸维瓦的信中,还指责了明万历帝和其祖父嘉靖帝常年不上朝的做法。①

尽管他对大明皇帝没什么好感,但对中国法却是肯定的。他以古代罗马的法典对比明代的法律认为:

> 在中国,没有像我们的《十二铜表法》和《凯撒法典》那类可以永远治理国家的古代法典。凡是成功地取得王位的人,不管他的家世如何,都按他自己的思想方法制定新的法律。继位的人必须执行他作为王朝创业人所颁布的法律,这些法律不得无故加以修改。今天治理中国人的法律都不早于洪武,所有的这些法律或是由他亲自制定的,或是从他的前人那里接受过来的。他的计划明显地是制定一部全面性的法典,是以可惊叹地保证国家的安全以及他和他的子孙后代绵延久远。②

其中涉及明初朱元璋在元代统治之后全面重建汉家法制以及用"祖制之法"约束继任者的情况。

此外,利玛窦误将明朝内阁大臣的"票拟权"认为是对君权的一种制度性限制,甚至将其类比为一种"共和制度":

> 中国是君主政体。但是,根据我前面所说的和后面将要说的内容看,这里推行的却更像是共和制度。因为政府内的一切事务都要以奏折的形式禀呈给皇帝,官员要在其中禀明所有要做的事情,而皇帝去所要做的只是批准或否定这些官员的建议,在事先没有相关官员建议的情况下,皇帝几乎从不擅作主张。因此若不是官员上奏说某人应受到嘉奖的话,皇帝是不会对任何人施恩的。在奏折中私人公文极少,因为所有奏折都要经专司其事的官员审阅,当皇帝想要过问某事或提出什么主张时,只能在奏折上批示:"着某某大臣查覆。"事实的确是这样,我曾细心留意过,的确看到如果没有某位官员的奏请,皇帝不能随便赐予某个他宠爱的人一笔钱或别的赏赐,也不能给他加官晋爵,而若无先例或法令可依,官员们也绝不以任何形式上奏皇帝。但这并不等于皇帝不能给大内的太监、亲眷以及亲信大臣们赏赐,事实上皇帝经常赏赐他

---

① 参见〔意〕利玛窦:《利玛窦书信集》,第 321 页。
② 〔意〕利玛窦、〔比〕金尼阁:《利玛窦中国札记》,第 46 页;另见〔意〕利玛窦:《耶稣会与天主教进入中国史》,第 31 页。

们,这已成为古法定例。但那些赏赐是皇帝的私人财物,而非公物。①

对于将中国政制比作"共和制度"的说法,利玛窦在 1597 年 9 月 9 日于南昌写给摩德纳耶稣会莱利奥・帕西奥内伊(Lelio Passionei)的信中也有提及:"这个帝国只由一位皇帝统治,他的皇位是父子相袭的。除此之外,我感觉与其说这是一个君主国,倒不如说它是一个共和国。因为自古至今,没有一个皇亲拥有过任何统治权……帝国的统治权都掌握在文人的手中。"②

　　为了具体说明明代中国的政制,利玛窦逐一介绍了中央"六部"以及"六部"之上的"内阁"。在中央官制中,最令利玛窦感兴趣的是"监察制度"。与前述作品更多介绍明代中央的都察院御史监察和地方上的巡按御史监察不同,利玛窦这里提到了中央六科给事中的谏官监察系统:

　　　　他们在某些方面相当于我们要称之为公众良心的保卫者的人,因为他们在认为有需要时经常向皇上报告全国各地的违法事件。没有人逃得过他们的监视,即使是最高的官员,因为即使涉及皇上本人或皇族,他们也直言无忌。如果他们有权不只是口头说说或者笔下写写而是采取行动,如果他们不是完全依靠他们所进谏的皇上,他们的特殊职务就会相当于拉西第蒙(即古斯巴达——中译者注)的检察官(Lacedemonian Ephors)了。但是他们如此之恪尽职守,真使外国人惊奇,并且是模仿的好榜样。无论是皇上还是大臣都逃不过他们的勇敢和直率,甚至有时他们触怒皇上到了使皇上对他们震怒地步,他们也不停止进谏和批评,直到对他们所猛烈加以抨击的恶行采取某种补救的措施为止。事实上,当冤情特别严重时,他们就控诉得一定很尖锐刺骨,即使涉及皇上和朝廷也刚直不阿。根据法律,这种书面提出批评的特权也同样给予所有大臣,甚至还给予公民个人,但大多数场合还只由负有这种特殊职责的人来行使。③

对于给事中的监察权力,利玛窦还举了两个例子说明即便是皇权也会受到

---

　　① 〔意〕利玛窦:《耶稣会与天主教进入中国史》,第 32～33 页;另见〔意〕利玛窦、〔比〕金尼阁:《利玛窦中国札记》,第 48～49 页。

　　② 〔意〕利玛窦:《利玛窦书信集》,第 202 页。

　　③ 〔意〕利玛窦、〔比〕金尼阁:《利玛窦中国札记》,第 52～53 页;另见〔意〕利玛窦:《耶稣会与天主教进入中国史》,第 35 页。

此种权力的限制。①

对于明代地方的政制设置,利玛窦的介绍比之前伊比利亚时代的相关介绍更简洁、更准确。例如,他提醒西方人注意,知府和知县可能同处一地,但他们的职能是不同的,不能混淆:

> 因为知府住的那个地方也是一个县,有其自己的知县和下属官员,和其他县别无二致,而知府在这里的权力也不比在外县的权力更大,他除了受理由知州或知县向知府呈送的第一级的案件外,什么职权也没有,重大案件二级上诉的终审判决是由布政司或按察司及其下属协理人员做出的。②

在这里,利玛窦已经在不经意间向西方介绍了明代中国"命盗重案"的"审级程序",并提示布政使司在实践中也存在一定的司法权。③ 此外,与前述伊比利亚时代一样,他也介绍了地方上由"都堂"和"察院"组成的监察系统及其职权。④

值得注意的是,利玛窦在第6章"中国的政府机构"的最后,从9个方面概括总结了明代中国政制的特点。这一总结中国法整体性特点的做法,被后来众多耶稣会士书写中国时所继承。

第一,中国政制具有内敛性特征,中国人从不尝试去征服外国。他说道:"虽然他们有装备精良的陆军和海军,很容易征服邻近的国家,但他们的皇上和人民却从未想过要发动侵略战争。他们很满足于自己已有的东西,没有征服的野心。在这方面,他们和欧洲人很不相同,欧洲人常常不满意自己的政府,并贪求别人所享有的东西。西方国家似乎被最高统治权的念头消耗得筋疲力尽,但他们连老祖宗传给他们的东西都保持不住,而中国人却已经保持了达数千年之久。"⑤ 对于中国这种对外政策"内敛性"的产生原因,这一时期西班牙人巴托洛梅·莱昂纳多·德·阿亨索拉(Bartolomé

---

① 参见〔意〕利玛窦:《耶稣会与天主教进入中国史》,第35～36页;〔意〕利玛窦、〔比〕金尼阁:《利玛窦中国札记》,第53～54页。

② 〔意〕利玛窦:《耶稣会与天主教进入中国史》,第37页;另见〔意〕利玛窦、〔比〕金尼阁:《利玛窦中国札记》,第56页。

③ 有关明代布政使司的司法权,参见吴艳红、姜永琳:《明朝法律》,第120～121页。

④ 参见〔意〕利玛窦:《耶稣会与天主教进入中国史》,第37页;〔意〕利玛窦、〔比〕金尼阁:《利玛窦中国札记》,第56～57页;〔意〕利玛窦:《利玛窦书信集》,第98页。

⑤ 〔意〕利玛窦、〔比〕金尼阁:《利玛窦中国札记》,第58～59页;另见〔意〕利玛窦:《耶稣会与天主教进入中国史》,第38～39页。

Leonardo de Argensola, 1562～1635) 在 1609 年马德里出版的《征服马鲁古群岛》(*Conquista das Ilhas Molucas*) 一书中有过分析:

> 那个巨大的帝国因为太大而感到负担沉重,因为太劳心费神而感到厌倦,像一个审慎的病人一样,为了避免更大的灾祸就要放血、消减臃肿,所以就把管辖范围限制在人力所及的界限之内,让国王的光辉能普照全国,让国王的旨意能传达给全体人民,而如果国土太大超过了可能的活动能力就做不到这一点。于是颁布了命令,未经大法官批准任何人不得离开中国。[①]

第二,中国政制是文人主导的"文官政治":

> 标志着与西方一大差别而值得注意的另一重大事实是,他们全国都是由知识阶层,即一般叫做哲学家的人来治理的。井然有序地管理整个国家的责任完全交付给他们来掌握。……战争政策由哲学家规划,军事问题仅仅由哲学家决定,他们的建议和意见比军事领袖的更受皇上的重视。……更加令外国人惊异的是,在事关对皇上和国家的忠诚时,这些哲学家一听到召唤,其品格崇高与不顾危险和视死如归,甚至要超过那些负有保卫祖国专职的人。也许这种情操来自于:人们有了学问,心灵也就高尚了。也许还出于这一事实:从帝国建立开始以来,人们就更愿意学习文科而不愿从事武职,这对一个很少或没有兴趣扩张版图的民族是更合适的。[②]

实际上,对于此观点,早在 1549 年葡萄牙人 D. 热罗尼莫·奥索里奥 (D. Jerónimo Osório) 在科英布拉出版的《光荣之歌(手稿)》(*Tratado da Glória*) 中就有这样的描写:"他们说,中国人十分重视教育,如果不把最高的权力交给那个被证明具有管理一切之有文化能力的人,那就将被视为非法。……柏拉图说过,如果哪个国家能把它的领导权交给它的哲学家们行使的话,那么这个国家的人必定是幸福的。如果他说的这话是真理的话,那

① 〔西〕巴托洛梅·莱昂纳多·德·阿亨索拉:《征服马鲁古群岛》,范维信译,载(澳门)《文化杂志》编:《十六和十七世纪伊比利亚文学视野里的中国景观》,第 172 页。
② 〔意〕利玛窦、〔比〕金尼阁:《利玛窦中国札记》,第 59～60 页;另见〔意〕利玛窦:《耶稣会与天主教进入中国史》,第 38～39 页。

么中国人就应当被认为是幸福的。"①

第三,他认为在中国"下级官员与上级之间,地方官与朝臣之间,所有人与皇帝之间都有着严格的等级制度"②。

第四,"除非皇帝重新批准,谁也不能在同一职位上连任三年以上"③。

第五,他指出,"所有的地方官员,如布政司、按察司、知府、知州、知县等,每隔三年都必须一同进京向朝廷述职,并觐见皇帝",接受皇帝的考核;中央官吏则五年接受一次考课。④

第六,他介绍了明代中国的"任职回避制":"谁也不能在其原籍省份内供职,但军事将领除外,这是为了防止文官因友情或亲情关系而有失公正,但武官则因热爱家乡,可以更英勇地战斗。"⑤

第七,利玛窦对中国政府不太喜欢接触外国的人和事务进行了总结:

中国不允许任何有可能回国或与国外保持联系的外国人居住,甚至按惯例,中国不许任何外国人入境。对此,我虽然没有见过哪条法律有明文规定,但这毕竟是一个极为古老的习俗,即他们憎恶并畏惧外国人,这一点比有法可依更糟。他们不只惧怕那些陌生的、可疑的、有敌意的外国人,也怕那些非常友善的、每年都来进贡的外国人,比如高丽,它离中国很近,法律基本是照搬中国的,尽管如此,我也没见有一个高丽人在中国居住,除非他是一位在高丽驻守多年的中国军官的仆人。若有外国人偷偷入境,他们并不像我们想象的那样把他们杀死,而是不许他再回自己的国家,怕他回去之后做一些对中国不利的事情。对于中国人来说,若没有皇帝的许可,与外国人保持联系是违法的事情,若发现有人与住在境外的外国人通信,则严惩不贷。没有一个有身份的人愿意出国,当皇帝要派官员赴邻国,奉命去册封那里的国王时,是无人自愿请命的。出使国外的使节出发时全家会哭成一团,仿佛他是去

---

① 〔葡〕D.热罗尼莫·奥索里奥:《光荣之歌(手稿)》,黄徽现译,载(澳门)《文化杂志》编:《十六和十七世纪伊比利亚文学视野里的中国景观》,第39～40页。

② 〔意〕利玛窦:《耶稣会与天主教进入中国史》,第39页;另见〔意〕利玛窦、〔比〕金尼阁:《利玛窦中国札记》,第60页。

③ 〔意〕利玛窦:《耶稣会与天主教进入中国史》,第39页;另见〔意〕利玛窦、〔比〕金尼阁:《利玛窦中国札记》,第60页。

④ 参见〔意〕利玛窦:《耶稣会与天主教进入中国史》,第39～40页;〔意〕利玛窦、〔比〕金尼阁:《利玛窦中国札记》,第60～61页。

⑤ 〔意〕利玛窦:《耶稣会与天主教进入中国史》,第40页;另见〔意〕利玛窦、〔比〕金尼阁:《利玛窦中国札记》,第61页。

送死一样。这些使节回国之后,立刻会被晋升,好像他们完成了一项多么艰巨的任务。①

第八,"城里没有人携带武器,除非是巡逻的兵士或大官的随从"②。

第九,"皇帝死后,除了继位的太子之外,其余皇子及其亲眷都不得留在京城,他们必须迁居别的城市,不能出城,更不能出省"③。

(三) 利玛窦对中国礼法的论述

在介绍完"中国的政府机构"之后,利玛窦在第 7 章着重提到了"中国的礼法"。利玛窦显然认识到礼法对于中国人的生活意义重大,但中国人对礼法的遵守更关注外在形式,而忽视其内涵:

> 古时候,这个国家为自己取了个名字,叫"礼仪之邦"。在他们的书中普遍提及的"五常",即五项基本道德,其中之一就是"礼",礼在于保持彼此间的尊重,行事谨慎小心。礼法代代相传,与日俱增,以致中国人终日为礼法而奔波,而没有时间做别的事。对此,他们中的有识之士也为之苦恼,为之抱怨,但却无法避免。由于他们对事物外表的过分重视而忽视了其内涵,连他们自己也承认,几乎所有的交际应酬都只是为了面子好看。因此,不必说未开化的民族和野蛮人,就连我们自诩礼法健全的欧洲人,与这些中国人比起来,也无异于不懂礼法的山野村夫。④

利玛窦认识到"礼法"对于中国人而言就是"他们的风俗",涵盖生活的方方面面,上自皇帝下到百姓都要遵守。其中,利玛窦特别强调了中国人对"孝"的遵守:

> 在他们所有的书中都有劝勉子女遵从父母或兄长之命。从表面上看,似乎世界上没有一个国家能在这一方面赶上他们。……穷人们也

---

① 〔意〕利玛窦:《耶稣会与天主教进入中国史》,第 40 页;另见〔意〕利玛窦、〔比〕金尼阁:《利玛窦中国札记》,第 62 页。

② 〔意〕利玛窦:《耶稣会与天主教进入中国史》,第 40 页;另见〔意〕利玛窦、〔比〕金尼阁:《利玛窦中国札记》,第 62 页。

③ 〔意〕利玛窦:《耶稣会与天主教进入中国史》,第 41 页;另见〔意〕利玛窦、〔比〕金尼阁:《利玛窦中国札记》,第 63 页。

④ 〔意〕利玛窦:《耶稣会与天主教进入中国史》,第 42 页;另见〔意〕利玛窦、〔比〕金尼阁:《利玛窦中国札记》,第 63 页。

会不辞辛苦地赡养父母，直到父母去世。①

按照不可更改的规矩，每个人都要为父母穿三年孝服。为其他的亲人，除了孝服的样式不同外，时间也较短，比如一年或三个月，根据与去世亲属关系的亲疏而定。②

法律规定，无论是多高级的官员，就算是阁老和尚书，遇到这种事的时候，也必须放下公务，回家守孝三年，然后再履职复任。③

尽管如此，利玛窦并不认为这些"礼法"能够确保中国人的道德，相反，他认为中国人存在一种普遍的"伪善"："因此他们从不信任别人，不仅在亲戚朋友之间，而且在至亲之间、兄弟之间、父子之间都充满猜疑，谁也不肯绝对信任对方。他们所有的交往只是一种巧言令色的应酬而已，没有发自肺腑的真情实意。"④在此逻辑推导下，利玛窦解释了中国人不相信外国人，以及蔑视外国人的原因：

既然他们连自己的同胞、血亲和皇室成员都不相信，自然也不会相信外国人了，不管其国家是近是远。对于外国他们只有一些模糊和错误的认识，都是通过前来进贡之人得到的。他们不想从外国人的书里学习任何东西，好像全世界的知识都存在于他们的国家，而其他民族都是无知的、野蛮的。当他们在文章或书中提到外国时，常设想那里的人还不如野兽，因而用各种动物及丑恶事物的字眼来称呼外国人，甚至有少数人将外国人称为鬼。⑤

既然外国人是不被相信的，甚至是野蛮的，因而，朝廷对待他们的方式自然是如临大敌，视如牛马。对此，他写道：

---

① 〔意〕利玛窦：《耶稣会与天主教进入中国史》，第 50 页；另见〔意〕利玛窦、〔比〕金尼阁：《利玛窦中国札记》，第 76～77 页。

② 〔意〕利玛窦：《耶稣会与天主教进入中国史》，第 50 页；另见〔意〕利玛窦、〔比〕金尼阁：《利玛窦中国札记》，第 77 页。

③ 〔意〕利玛窦：《耶稣会与天主教进入中国史》，第 51 页；另见〔意〕利玛窦、〔比〕金尼阁：《利玛窦中国札记》，第 79 页。

④ 〔意〕利玛窦：《耶稣会与天主教进入中国史》，第 63 页；另见〔意〕利玛窦、〔比〕金尼阁：《利玛窦中国札记》，第 94 页。

⑤ 〔意〕利玛窦：《耶稣会与天主教进入中国史》，第 64 页；另见〔意〕利玛窦、〔比〕金尼阁：《利玛窦中国札记》，第 94～95 页。

当一些国家的使节来此商讨国事、进献礼品或办些事情时，所受的待遇简直让人不堪入目。尽管是数百年的友邦，他们还是存有戒心，引见外国使节时就像押解犯人一样，什么也不让他们看见，一直押到北京这里，然后把他们关在一个大院子里，重重大门，道道上锁，既不让他们和中国人讲话，也不让中国人与他们接触。他们受到牲畜般的待遇，住在没有门的小房间里，就像是羊圈一样，皇帝不会与他们谈话，也不接见他们，他们只能与一个相当卑微的小官接洽，须双膝跪倒与此人讲话，尽管这些使节在本国都是相当重要的人物，而且还身居要职。事后，所有使节全部被遣送回国，无人能在此逗留，因为中国人无端地害怕他们。

中国人与外国人接触只能在特定的场合和时间，未经官方许可而擅自与外国人接触者将被严惩。①

这里利玛窦的描述显然与之前伊比利亚时代作品的描述没有太大区别。但是他的描述建立在 1601 年 2 月至 5 月在"四夷馆"的亲身经历之上。

（四）利玛窦对中国法与司法的具体描写

除了介绍这些涉及"礼法"的风俗，利玛窦还介绍了一些其他中国法。首先，他提到了"盗窃罪"："在惩罚罪犯方面，他们相当宽大，尤其是对那些没使用暴力的偷窃者。第一次被逮到从不会被处死；第二次被逮到，则用墨在他的双臂上烙上两个字，意思是重犯盗窃罪；第三次则在他脸上刺一个'贼'字；以后再被捉到，则依法杖责或拘押。"②

其次，他还发现中国人自杀现象比较突出，究其原因是明代法律中有"威逼人致死"的法律规定。③ 利玛窦认为：

使自杀人数增加的原因是造成他们自杀的人会受到制裁，因为死者的家属如若起诉，这些事主便会受到官方的严厉惩处。如果能订立一条法律，不惩办他们，就像很多明智的官员在任期间颁布的那样，那

---

① 〔意〕利玛窦：《耶稣会与天主教进入中国史》，第 64 页；另见〔意〕利玛窦、〔比〕金尼阁：《利玛窦中国札记》，第 95 页。

② 〔意〕利玛窦：《耶稣会与天主教进入中国史》，第 57 页；另见〔意〕利玛窦、〔比〕金尼阁：《利玛窦中国札记》，第 86～87 页。查阅《大明律》可知，利玛窦的记述虽与《大明律》所载有所出入，但大体属实。参见怀效锋点校：《大明律》，第 141 页。

③ 参见怀效锋点校：《大明律》，第 157 页。

么当人们看到仇人不会因此而受牵连后，也就不会有那么多人去自
杀了。①

再次，与前述伊比利亚时代的作品相类似，怀着虔诚基督教信仰的利玛
窦通过在中国传教时的切身观察，对中国刑讯的严酷也持一种否定和批判
的态度：

> 虽然他们的法律不十分严厉，被判罚死罪的也只限于少数人，但我
> 们觉得那些被官员们滥杀的无辜要和被按律正法的人一样多。这是因
> 为在中国有一种习俗，允许一切官员在未经任何法律程序或审问之前，
> 只凭个人主观判断，任意拷打所有的罪犯，而且是当众进行，受刑者趴
> 在地上，差役们双手执一条质地非常坚硬的、一指厚、四指宽、两臂长的
> 木板在其双股上猛击，有时打十板，有时打二十或三十板，非常残忍。
> 第一板下去，常是皮开肉绽，再打几下则血肉模糊，许多人会当场毙命。
> 官员的这种权力无人不怕，因此许多不法之事也应运而生，成了官
> 员们敛财和为所欲为的手段。因为无辜的百姓惧怕这种刑罚，很可能
> 因此而毙命，所以为了能逃脱他们的毒手，便倾家荡产地去行贿。在中
> 国做这种滥用职权的事并无大碍，有的官员以此手段杀死了二三十人，
> 也无死罪，最多被革去职位，罪名只是用刑过度而已。
> 有了此类事情，再加上官员们为报仇、敛财或受朋友之托而做的其
> 他不公之事，在中国，老百姓只能听天由命，终日生活在恐惧之中，生怕
> 祸从天降，使他们失去所拥有的一切。②

利玛窦在作品中通过对修士黄鸣沙（教名 Francisco，1573～1606）1606 年在
广州遭受酷刑的具体描写，印证了这一点。③
最后，利玛窦还记录了一些他自己或者耶稣会同伴亲历的"司法审判"。
部分肇庆本地人由于对葡萄牙商人的反感而迁怒于罗明坚、利玛窦等神父，
他们利用神父们在肇庆修建"番塔"的机会，怂恿小孩投掷石块攻击神父。

---

① 〔意〕利玛窦：《耶稣会与天主教进入中国史》，第 62 页；另见〔意〕利玛窦、〔比〕金尼阁：《利
玛窦中国札记》，第 93 页。
② 〔意〕利玛窦：《耶稣会与天主教进入中国史》，第 62～63 页；另见〔意〕利玛窦、〔比〕金尼
阁：《利玛窦中国札记》，第 93～94 页。
③ 参见〔意〕利玛窦：《耶稣会与天主教进入中国史》，第 401～404 页；〔意〕利玛窦、〔比〕金尼
阁：《利玛窦中国札记》，第 527～532 页。

小孩被神父的仆人抓获后,在神父的原谅下被释放。但他们诬告神父把投掷石块的小孩"非法拘押在家中三日,并给他吃了一种药,使他不能哭喊,还说神父想偷偷地把他卖到澳门"。结果,利玛窦和一个来自印度的工匠被带到知府王泮那里接受讯问。他们在向知府作出辩解后,经当地一名年老监工证明,无罪开释。诬告者也招致重责几十大板的刑罚。知府王泮在为利玛窦等神父主持司法正义后,还派人在利玛窦寓所门口张贴告示。"告示上说,神父来此是经总督批准的,还说:'据悉,有些不法之徒无视礼法,骚扰神父。'并下令:'从今以后谁也不准给神父找任何麻烦,如有人违犯,神父的翻译则有权将其抓获并押送官府,官府将对其严惩不贷。'"①这样的审判结果能够在一定程度上表明明代中国地方司法的客观与公正。对此,他在1592年11月15日于韶州写给耶稣会会长阿夸维瓦的信中也提及此事,并称"中国法官公正严明,恪尽职守"②。

此外,利玛窦还记录了1606年至1607年一场由南昌当地秀才们发起的控告神父们的"涉外教案"。

据载,江西南昌的27名秀才利用孔庙举行祭孔仪式的机会,向江西提学和布政司写了两份诉状,状告神父们传教、购地:

利玛窦、苏如望(João Soerio,1566~1607)、李玛诺(Manoel Dias,1559~1639)和其他一些无赖来自西方诸国,分别居住在中国五省,即广东、福建、浙江、江西和南京、北京两直隶省,他们经常相互串通,从江河上抢来钱财分给百姓以取悦于他们。官员显贵们还经常去拜访他们,甚至连兵士将领都和他们结下了生死之交。他们禁止信徒祭拜祖先的遗像,其目的在于断绝后世子孙对祖先的敬爱之心。他们捣毁偶像,洗劫庙宇,使神灵无所寄托。当初,他们只有一处小宅,如今却置办了豪宅广厦。他们信奉邪教,无知的百姓纷纷登门归信,现在这一邪教已传遍了所有乡村,致使人们都倾心于那些虚假的理法,学生不再学习,农民不再耕种,商贾不再交易,妇女不再操持家务,全国都受其蒙蔽,世风日下。开始的时候只有百余人信教,而现在教徒已逾两万。他们散发一些鞑靼人或撒拉逊人的神像,并称之为天主降世,说这能给人带来财富和幸运,以此来吸引民众信教,这简直是世上的一场瘟疫。因

---

① 参见〔意〕利玛窦:《耶稣会与天主教进入中国史》,第105~108页;〔意〕利玛窦、〔比〕金尼阁:《利玛窦中国札记》,第173~179页。

② 〔意〕利玛窦:《利玛窦书信集》,第97~98页。

此,有理由担心他们会兴建庙宇,伺机造反,就像几年前在福建和南京发生过的类似事件一样。

作为秀才,出于对国事的关心和对国家及其古法的维护,我们才写了这份诉状,以全省百姓的名义请求官员就此事奏请皇帝,或将这些外国人全部就地正法,或将他们流放到海外荒岛上去。①

江西提学和布政司在接到诉状后批示:"禁止天主教传播,把教士们逐出本城。"后来,李玛诺神父主动到官府向提学和布政司进行了辩解,并呈递了书面辩词。当地知府经过查问,最终作出了如下"判决":

> 经审理李玛诺神父及其同伙一案,获悉李玛诺因仰慕中国盛名,从西泰国来到这里,并已在此生活多年,没有任何不良企图,故而被允许信奉他们自己的宗教。据悉,在本城也有一些无知的人,愿信奉新教,崇拜天主,成为天主的门徒。然而放弃中国,追随外国人,不是正直者的行为,正如诗中所说的,"从大树上下来而迁入幽谷。"如果不就此事下发公告,则无法将审理结果公之于众,那样会有节外生枝的危险。这是因为若一味鼓吹新教,则会丢掉古老的祭礼,还会被少数居心叵测的人利用,结党营私,密谋造反,这样到头来受害的还是那些外国人。因为上述原因,本省知府奉上级官员的命令,正告李玛诺神父,不要与百姓频繁接触,也不要再谈什么外国宗教。至于他买下的豪宅,应退还给房主,然后另买一所符合其身份的寓所,在那里安分守己地生活。李玛诺神父本人已经同意这一判决,并表示遵守。现派各地乡约严密监视那些祭拜天主像的人,并将天主像全部没收,任何人不得再拜外国人为师,日夜去他们那里祷告,如有违抗,则被视为与白莲教同罪,严惩不贷。如有乡约姑息纵容,则与罪犯同罪论处。②

尽管知府的上述"判决"并没有惩罚各位神父,将他们处死或赶走,但知府也迫于秀才们的压力,禁止神父公开传教,禁止百姓信奉天主教。提学甚至在知府"判决"中还补充道:"禁止无知者信奉该教,并将在神父的大门上贴上告示,禁止他们与外界频繁来往。"然而,利玛窦却对这个"判决"结果

---

① 〔意〕利玛窦:《耶稣会与天主教进入中国史》,第 438~439 页;另见〔意〕利玛窦、〔比〕金尼阁:《利玛窦中国札记》,第 569~570 页。

② 〔意〕利玛窦:《耶稣会与天主教进入中国史》,第 441~442 页;另见〔意〕利玛窦、〔比〕金尼阁:《利玛窦中国札记》,第 574~575 页。

并不失望,因为在他看来"敌人不但没有达到把神父们赶出南昌的目的,反而使神父们住得更安稳","有了这个批示,从此以后,再没有人敢对神父们留居此城的事说三道四了"。①

利玛窦记述的这些"涉外教案"是继前述葡萄牙人克路士在《中国志》之后,记述明代案件审判过程及其结果的真实案例。这对于西方了解中国司法运作十分重要。由于此案与后面教案存在相似之处,其中涉及的法律分析留待后文细述。

(五) 金尼阁对中国法的论述

尽管《耶稣会与天主教进入中国史》主要是依据利玛窦手稿翻译后的作品,但金尼阁1615年在翻译出版该书时也加入了一些自己的内容,如第5卷第21、22章。其中也包含了金尼阁对中国法的一些介绍和评价。

具体而言,对于明代中国"涉外关系法"中的"外国人地位问题",金尼阁将其分为"三等人"。他认为明代来华耶稣会士为了能方便传教,策略性地将自己归入"第三等人":

> 第一等人是邻国每年自愿前来进贡的使节。中国人对其邻国并不在意,因为他们没有扩张领土的意图。
>
> 第二等人虽然不是进贡的使节,但却慑于中国的强大,特意来此向皇帝表示敬意。其实他们的真实目的是为了赚钱,但却都谎称是"使节"。这些人都是从西方来的穆斯林商人。几年前,我们的一位修士为了寻找契丹王国,就曾参加了他们的一支从莫卧儿出发的商队。
>
> 第三等人是为中国的盛名所动,仰慕中国人奉行的道德,来此永久定居的——中国人是这样认为的。自古以来,有很多这样的外国人,但现在中国的道德已经不像他们自己想象的那样完美了。
>
> 我们为了不被逐出中国,便把自己归入了这第三等人。但更重要的原因是,前两等人都不可避免地要被遣返回本国,而且在华期间还要受到牲畜一样的待遇,根本不被当作使节看待,因为至今为止,中国从未与任何王国结为友邦。作为这第三等人,虽不是长久之计,但至少可以留在这里,为今后的兄弟们留下出路。大家无论如何也不要认为我们故意隐瞒了前来传播福音的真正目的,凡是与我们打过交道的人,我们都不会去瞒他。我们那些做官的朋友也是利用上面的借口来保护我

---

① 〔意〕利玛窦:《耶稣会与天主教进入中国史》,第442页;另见〔意〕利玛窦、〔比〕金尼阁:《利玛窦中国札记》,第575~576页。

们,从而使我们合法地留在这个帝国中。①

在这段介绍中,金尼阁显然意识到,外国人来到中国若不想被驱赶,必须由"化外人"转变为"化内人"。这实际上暗含着金尼阁一方面对明帝国"朝贡体系"下"涉外法律规则"的熟悉,另一方面也明白明代中国判断一个人是否为外国人的标准可能不是欧洲民族国家通行的"国籍"标准,而是"文化"标准。

对于中国的政制,金尼阁称中国"是一个君主专制的国家,每一件事都要由皇帝本人决定"②。对于这种政体,他不仅给予了负面的评价,而且希望通过基督教予以化解:

> 虽然神父们盼望皇上批准他们自由传播福音的事还没有实现,但是他们的地位是很容易为任何人了解的,只要他明白这个不幸的民族还戴着很多枷锁,生活在人类公敌的暴政之下。他还将认识到,最近的这次收获已经取得了某种重要的成就,这个成就或许比此前三十年漫长而艰难的奋斗所做的任何事情都更重要。由于对传教团创建人所表示的敬意,这就确实是不仅肯定了整个传教事业,而且由皇上和大臣们这方面认可这个新居的用途以及新居内基督教的工作,也差不多等于他们赞同了基督教的律法。③

与前述16世纪末西班牙人门多萨所著《中华大帝国史》相比,利玛窦的作品显然更为接近中国现实。因为门多萨从未到过中国,他的著作主要是靠别人的著作和道听途说写来的。显然,金尼阁神父也注意到这一点,并颇为自豪地指出:

> 到现在为止,有两类写中国的著者:一类想象得太多;另一类听到的很多,不假思索就照样出版。我们很难把我们自己的某些神父排除在这后一类之外,他们信任中国的商人,不知道商人们的普遍习惯是夸大一切事情,把那些根本莫须有的事情说成是真的。当我们的神父们

---

① 〔意〕利玛窦:《耶稣会与天主教进入中国史》,第488~489页;另见〔意〕利玛窦、〔比〕金尼阁:《利玛窦中国札记》,第621~622页。

② 〔意〕利玛窦:《耶稣会与天主教进入中国史》,第489页;另见〔意〕利玛窦、〔比〕金尼阁:《利玛窦中国札记》,第622页。

③ 〔意〕利玛窦、〔比〕金尼阁:《利玛窦中国札记》,第647~648页。

第一次获允许进入中国内地时,据说很多事情他们都相信,而在获允进
入该国的最初几年内,他们很可能把许多完全不可置信的事情都从书
信里传到欧洲。十分显然,谁也不能指望不经过多年的接触就透彻了
解欧洲的生活。对中国也一样,为了完全了解这个国家和它的人民,一
个人就必须花费多年时间到各个省份去旅行,学习讲方言并阅读他们
的书。所有这些我们都已做到了,因此唯一合情合理的就是相信我们
最近的这部叙述将取代在它以前出现的撰述,它所记载的事应该被当
作是真实的……①

因此,利玛窦、金尼阁神父对于真实性、客观性的强调,使得《耶稣会与
天主教进入中国史》获得了极大影响,同时也扩大了中国法在西方的影响范
围。如堂·弗朗西斯科·德·埃雷拉·马尔多纳多(Don Francisco de
Herrera Maldonado)1621 年出版的《中华帝国简史》(*Epitome historial del
reyno de la China*)就是依照《耶稣会与天主教进入中国史》写成的。②

然而,与前述马可·波罗和门多萨等人的作品相比,利玛窦和金尼阁的
作品减少了对于中国法的溢美之词,对皇帝、太监和军官的道德败坏与贪婪
腐坏,甚至中国法中的"礼法"给出了很多批评。

三、庞迪我的《书信》

(一) 庞迪我致古斯曼的《书信》

这一时期对中国法进行较为全面描写的还有西班牙耶稣会士庞迪我写
于 1602 年 3 月 9 日的《一些耶稣会士进入中国的纪实及他们在这一国度看
到的特殊情况及该国固有的引人注目的事物》(*Relación de la Entrada de
Algunos Padres de la Compañia de Jesús en la China, y Particulares Sucesos que
Tuvieron y de Cosas Notables que Vieron en el Mismo Reino*,又译《数位耶稣会神
父入华、奇遇及珍闻纪实》,下文简称《书信》)。

1597 年 4 月 23 日,庞迪我与龙华民等在耶稣会远东传教团视察员范礼
安及李玛诺的率领下,乘船离开果阿前往澳门,并于 7 月 20 日抵达中国内
地。1599 年 10 月底,庞迪我与郭居静(Lazzaro Cattaneo,1560～1640)在广
州利用集市贸易机会秘密进入中国内地。1600 年 3 月,他们与利玛窦在南

---

① 〔比〕金尼阁:《金尼阁致读者》,第 41 页。
② 参见〔美〕唐纳德·F.拉赫、埃德温·J.范·克雷:《欧洲形成中的亚洲》,第三卷(发展的世
纪),第四册,第 5～6 页。

京相会，并于 1601 年与利玛窦共抵北京。在中国长达 21 年的传教过程中，庞迪我坚持范礼安、罗明坚和利玛窦所倡导的"文化适应"策略，并于 1610 年上书万历皇帝，为利玛窦在北京申请到一块墓地，①为天主教在中国的传播以及中西文化之间的交流起到了非常重要的作用。后因"南京教案"牵连，庞迪我于 1618 年 1 月被万历帝遣返至澳门，同年 7 月 9 日病逝于澳门。②

庞迪我对中国法的介绍主要记载于他写给古斯曼主教的《书信》之中。该《书信》的西班牙文巴拉多利德（Valladolid）版于 1604 年问世，塞维利亚（Sevilla）版于 1605 年问世，巴伦西亚（Valencia）版于 1606 年问世。1607 年《书信》的拉丁文版、意大利文版、法文版分别面世。1608 年《书信》的德文译本在慕尼黑与读者见面，1625 年该书的英文译本在伦敦出版，收录在《普察斯朝圣者丛书》（Puchas His Pilgrims）中。③

与上述利玛窦作品相同的是，庞迪我致古斯曼的《书信》大多是他目睹或亲历的，但较之于利玛窦的作品，庞迪我的《书信》仅能算是一份有关中国国情的汇报提纲。

庞迪我的《书信》共分 7 个部分：第 1 部分主要讲述的是庞迪我如何潜入中国，并在南京与利玛窦会合后，历尽艰辛到达北京的历程；第 2 部分记述了庞迪我与利玛窦如何通过向明万历皇帝献礼，最终获得北京居留权的情况；第 3 部分描述了中国的地理方位、四邻以及行政区划和城乡的概貌；第 4 部分主要介绍中国的币制、贸易、国民财富、文人阶层、婚姻和礼仪；第 5 部分论及中国的兵制、武器、士气、社会等级、特权和知识界所享有的荣誉以及中国书刊、绘画等概况；第 6 部分概述了中国政府的组成、官职和司法程序；第 7 部分评论了中国妇女的社会地位并披露了宫廷秘闻。④

（二）庞迪我对中国"内部法律"的论述

作为利玛窦神父的助手，庞迪我的很多记载与利玛窦作品的内容是重合的。尽管如此，庞迪我还是以独特的视角观察到涉及明代中国法的内容。例如，庞迪我在《书信》中详细记录了万历皇帝 1601 年立朱常洛为太子的

---

① 该文书内容，后被金尼阁编入《耶稣会与天主教进入中国史》，参见〔意〕利玛窦：《耶稣会与天主教进入中国史》，第 487～488 页；另见〔意〕利玛窦、〔比〕金尼阁：《利玛窦中国札记》，第 618～620 页。

② 金国平：《庞迪我于澳门逝世日期及葬地考》，载叶农整理：《耶稣会士庞迪我著述集》，第 115～121 页。

③ 参见〔西〕庞迪我：《耶稣会士庞迪我神父致托莱多省省会长路易斯·德·古斯曼之函》，第 396～397 页。

④ 参见张铠：《庞迪我与中国》，第 99 页。

事件：

> 近年这里发生了一件引人注目的事件，我想略述一二。皇帝除皇后外，还纳有许多王妃，她们分成一等王妃和二等王妃。当今皇帝与皇后无子嗣。他的长子是由他的第三位或第四位妃子所生。其他较小的儿子都是二等妃子所生。按该国的习惯和法律，长子尽管是第四位妃子所生，也应册立为合法继承人。但皇帝宠幸另一位妃子和她的儿子。由于这个妃子的怂恿，皇帝想将她的儿子立为太子，而不是把合法继承人立为太子。……很多官员由于指责皇帝没有把长子立为太子从而破坏了继承顺序而丢了官。但宫廷中那些最重要的官吏看到皇帝一意孤行，并不把他们的要求放在眼里，而他们的要求又是合情合理的，于是这些身居高位的官员经协商，发表了一份宣言，要求所有在朝的官吏（他们有几千人之多），宁冒罢官的危险，而在预定的日期、时间和宫中的指定地方集合。当他们在规定的日期和地点手拿印信聚齐后，遂联名向皇帝上疏文，内称：他们曾不断围绕这一正义事业向皇帝提出规劝，但皇帝并不听取他们的意见，而且并没有册立合法的太子。既然皇帝只需要那种善于曲意奉承的人，那么他们将交出他们的印信而不再为皇帝效忠了。似乎皇帝对于这些帝国最显要人物的重大决定也有所顾忌，于是他派一名太监去见这些官员，以上苍的名义保证他们将仍保有原职，而且皇帝将满足他们的要求。最终，由于他们卓有成效的努力，迫使皇帝按理智来办事，而且就在今年，1602 年，他确立了太子合法的地位。[1]

庞迪我的这段记录向西方传达了至少如下几方面的信息：第一，明代中国的皇位继承制度是长子继承制，即"有嫡立嫡，无嫡立长"的儒家原则；第二，大臣们所代表的"文官集团"可以用上述的儒家原则反对皇帝的肆意行为；第三，在君主政体的中国，皇帝尽管享有很大的权威，但仍会受制于"文官集团"。

对于明代中国的行政区划和官制，庞迪我在《书信》中很坦率地承认，一方面这些情况当时都有专书记载，"我无法向您详细报告，因为近日我无法抽出时间阅读这些材料。若我主天主再次赐予我生命，我将细细道来"[2]。

---

[1] 转引自张铠：《庞迪我与中国》，第 68 页；另见〔西〕庞迪我：《耶稣会士庞迪我神父致托莱多省省会长路易斯·德·古斯曼之函》，第 523 页。

[2] 〔西〕庞迪我：《耶稣会士庞迪我神父致托莱多省省会长路易斯·德·古斯曼之函》，第 507 页。

实际上,他在致古斯曼主教《书信》的同时,还寄去两张中国地图:一张是《洪迪乌斯中国地图》(Hondius His Map of China),另一张是《广舆图》。① 这里需要说明的是,明人罗洪先的《广舆图》通过耶稣会士,直接影响了西方对中国地图的准确绘制。有论者指出:"在《广舆图》流传到欧洲之前,西方人印制的世界地图或东亚地图对中国沿海的描绘既粗略又失实,如麦卡托(Gerard Mercator)1569年在杜易斯堡(Duisburg),乔治亚(Ludovico Georgio)1584年在安特卫普(Antwerp),洪迪奥斯(Jodocus Hondius)1606年、威廉·布劳(Willem Blaeu)1618年在阿姆斯特丹绘制的亚洲地图,都把中国的海岸线绘制成近乎南北的直线,中国内陆所有的河流皆相互连通,与现实相差甚远。直到利玛窦、罗明坚、卫匡国等人仿照《广舆图》摹绘的西文中国地图相继在欧洲印制出版以后,西方人对亚洲东部沿海和中国内地的地貌才有了准确的认识,西方人绘制的东亚或中国地图也才逐渐与地理真实相符。"②

另一方面,他称"他们的政府是一架部门冗杂的庞大机器,很难三言两语地解释清楚"③。对此,庞迪我指出"皇帝身为绝对的君主,享有绝对的自由,因此他恣意对待他的朝臣,从最低的职位到各级官员";"当今的皇帝十分昏庸、狡诈和贪婪"。④ 对于皇帝的权力,庞迪我还将其与欧洲进行比较,并感叹道:"皇帝在全国至高无上,独一无二,没人能与之相比。这种悬殊的差别不同于欧洲。"⑤但同时,庞迪我似乎对万历皇帝没什么好感。他说道:"多年来,他疏于朝政,避见高官,在皇宫深居而简出。许久以来,整日沉溺于玩乐。"⑥

皇帝之下是庞大的官僚机构,他认为"这个政府具有许多优点,但是缺乏执行力"⑦。皇帝之下设"首辅"(天官),政府由他掌管,他向皇帝提出建议,最后由皇帝作出决断。中国官吏不管级别高低,都由皇帝直接任命。

---

① 参见张铠:《庞迪我与中国》,第352页。

② 成一农:《〈广舆图〉史话》,第89页。

③ 〔西〕庞迪我:《耶稣会士庞迪我神父致托莱多省省会长路易斯·德·古斯曼之函》,第523页。

④ 〔西〕庞迪我:《耶稣会士庞迪我神父致托莱多省省会长路易斯·德·古斯曼之函》,第522页。

⑤ 〔西〕庞迪我:《耶稣会士庞迪我神父致托莱多省省会长路易斯·德·古斯曼之函》,第531页。

⑥ 〔西〕庞迪我:《1603年3月6日从北京致耶稣会菲律宾副省会长迭戈·加尔西亚函》,载叶农整理:《耶稣会士庞迪我著述集》,第545页。

⑦ 〔西〕庞迪我:《耶稣会士庞迪我神父致托莱多省省会长路易斯·德·古斯曼之函》,第523页。

"首辅"之下,设有六部,各部设尚书分掌其事。皇帝在对一些具体事务作出决断前,往往由他们预先提出参考建议。①

通过对比,庞迪我认为中国不存在欧洲的"贵族制度"和"封建制",在整体上属于大一统的"君主制"。对此,他指出:

> 在中国也有人(很少)相当于我们欧洲的"骑士"。他们在必要时协助皇帝,获得世袭职位。中国普遍没有贵族制度,没有人比其他人更高贵。在中国,一个人的身份地位主要取决于文学知识,凭知识入仕做官。……任何人即便是皇亲国戚也不得从领地的村庄接受赋税,赋税统一交纳给皇帝。皇帝分配官员们俸禄以及职务。按法律不得收取私税,但实际上存在强取豪夺。②

实际上,庞迪我这里对于西欧的说法在耶稣会神父葡萄牙人孟三德(Duarte de Sande,1531~1600)1590 年撰写的《日本天正遣欧使节团》(*De Missione Legatorum Iaponensium*)中也有过类似表述。③

至于明代中国官员的德行,有切身体会的庞迪我总结道:"中国官员的品德和从政的态度良莠不齐。其中一些官员工作十分出色,他们忠于职守,献身公共利益,甚至冒死为民请命。然而国家法制并不完备,部分官员对法律从自己的利益出发,任意做出解释,独断专行,做出许多错事。他们为自身谋利,贿赂是官场通行的手段。官官相护是个突出现象。如果发现错案,其他官吏会来帮助掩饰,或故作视而不见。"④此外,庞迪我还观察到,明代中国皇帝为了监督各级官员,每年会派出一些公开身份的"御史"到各地视察,同时也会暗中派出一些"巡察官"。对于明帝国的监察制度,庞迪我坦言他在西班牙就已经有所知晓。⑤ 这说明前述 16 世纪葡萄牙人和西班牙人对于中国法的记述在西方已经产生一定影响。

庞迪我已经意识到中国政制有"文官政制"的特征,即"中国政府就是

① 参见〔西〕庞迪我:《耶稣会士庞迪我神父致托莱多省省会长路易斯·德·古斯曼之函》,第524 页。
② 〔西〕庞迪我:《耶稣会士庞迪我神父致托莱多省省会长路易斯·德·古斯曼之函》,第514~515 页。
③ 参见〔葡〕孟三德:《日本天正遣欧使节团》,陈用仪译,载(澳门)《文化杂志》编:《十六和十七世纪伊比利亚文学视野里的中国景观》,第149 页。
④ 转引自张铠:《庞迪我与中国》,第102 页。
⑤ 参见〔西〕庞迪我:《耶稣会士庞迪我神父致托莱多省省会长路易斯·德·古斯曼之函》,第524~525 页。

由这类智者组成的"。由读书人构成的"士大夫"阶层,具有一定的独立性品格,他们甚至为了"道统"可以抗争以皇帝为代表的"政统",以道事君。例如,他记述了明代万历年间震惊朝野的"雒于仁上疏事件":

> 近年来有些大臣以极大的自由意志和勇气上疏皇帝,抨击他的缺点。"上疏"是一种最为公开的与皇帝对话的形式,而且所有的人都能读到。当然他们可能因此遭到严厉的惩罚,这不仅仅是失去官职,这是想当然的。在那些勇敢地写文章批评皇帝的人中,有一位德高望重者,在他写给皇帝的上疏中是这样开头的,他说他尽管预料到他会因上疏被绞死或被用火烧死,但他还是要指出皇帝的缺点和他做下的猥琐之事以及他在国人面前所犯下的昭昭恶行。这位大臣果然这样写了上疏,而且写得十分直截了当。
>
> 皇帝读后极为惊慌。好像这位大臣的真诚和胆量使皇帝也不得不敬重他。皇帝虽然惩罚了他,但已相当轻了。①

但是,庞迪我同样敏锐地观察到,这些中国的文人一心只读圣贤书,在知识上具有很大的片面性:

> 中国的知识中欠缺科学,学生们也不学习科学,没有数学、哲学或类似的学科。他们仅学习修辞,因为他们习得的所有知识以及文人雅士的声誉,不外乎写就一种题目优雅的论文和演讲辞,类似我们欧洲古时候的演说家。②
>
> 最好的书不涉及科学,因为他们欠缺科学知识,好书全部是关于道德伦理文章,用以树立良好风尚和治理国家。③

同时,他还指出中国文人只注重现世,没有彼岸超越性思维:

> 他们只重视现世。……这些被书生们自孩童时期便奉为圭臬的书

---

① 转引自张铠:《庞迪我与中国》,第106页;另见〔西〕庞迪我:《耶稣会士庞迪我神父致托莱多省省会长路易斯·德·古斯曼之函》,第522~523页。

② 〔西〕庞迪我:《耶稣会士庞迪我神父致托莱多省省会长路易斯·德·古斯曼之函》,第519页。

③ 〔西〕庞迪我:《耶稣会士庞迪我神父致托莱多省省会长路易斯·德·古斯曼之函》,第521页。

中记载的,是两千多年前的一些哲学家。他们受到神明一般的尊崇,每年都举办祭拜他们的仪式。中国人对祭祀之事极其重视,却不懂得他们本可以超越已知,获得新知。他们总是问,在我们的国度是否有这样的书籍。我们有什么书能拿来和中国书籍相媲美。那些哲人(异教徒)从来不提及他世,而只讨论国家治理、伦理道德的话题,认为它们覆盖了一切,不相信还有其他的情况存在。①

与前述伊比利亚人赞扬明代司法不同的是,庞迪我与利玛窦一样,对耶稣会士在华遭受的司法审判有直接的了解,因此他对于明代司法持批判态度:

> 这里没有法律可言,判罚罪犯的依据在于个人,人们按照个人意愿制定司法规定,因此千差万别。您可以想象得出,政府在实践中不可能做到有章可循,毕竟并不是所有能写漂亮文章的人都具有一副立法者的头脑。他们断案往往是出于营私的目的,因此不免会作出有违公道和偏袒的判决,恣意收受好处。贿赂司空见惯,办事依靠贿金而不是其他东西。尽管官员们彼此心知肚明,却如同共犯一样假装不知,以此换取包庇。尽管人们试图掩盖徇私舞弊,但那不过是"司马昭之心,路人皆知"。②

值得注意的是,庞迪我还通过万历皇帝对挑起菲律宾屠杀华人事件的主谋张凝施以的刑罚,第一次向西方人较为详细地描述了"凌迟"刑:

> 倡乱者被送至京廷。不久,皇帝诏令处以凌迟。此刑将人肉体切剐三千余片,残酷异常,持续耐久,缓慢操作,至最后一片方才咽气。千刀万剐过后,仍开膛破肚,以泄满腔怨恨。称心如意后,方才罢休。处罚毕,皇帝诏令官员会商,督查执法完备与否。查实一切执行完毕,遂未再有其他行动。③

---

① 〔西〕庞迪我:《耶稣会士庞迪我神父致托莱多省省会长路易斯·德·古斯曼之函》,第501页。
② 〔西〕庞迪我:《耶稣会士庞迪我神父致托莱多省省会长路易斯·德·古斯曼之函》,第523页。
③ 〔西〕庞迪我:《1605年3月4日从北京致马尼拉耶稣会总院院长格雷戈里奥·洛佩斯神父函》,载叶农整理:《耶稣会士庞迪我著述集》,第561页。

此外，庞迪我还特别注意到中国人以"孝"治天下，"孝"的精神在中国法中有很多体现。他在致古斯曼主教的信中写道：

> 中国人对父母尽孝道是个普遍现象，忤逆要受到严厉的惩罚。很多大人物或是官吏都以自己父母年事已高需要照看为由提出辞职。在人们的心目中，这是合情合理的。因此这种辞职的申请一般都会得到批准。当父亲或母亲病故，其所有儿女（无论是为人君者或是一般的农夫）都要守制3年。守制期间要穿孝服。与我们那里穿黑色孝服戴月桂不同，他们是穿戴用白色亚麻布做的衣服和帽子。在守制的最初几个月，他们都要披麻戴孝，深居简出，腰上还要系一条麻绳，活脱像我们那里的跣足僧人。①

或许是为了得到古斯曼的肯定，抑或是为了消除此时罗马教廷对于耶稣会在华传教效果有限的误解，庞迪我在《书信》中总体上是肯定中国法的。他指出："这个伟大的国家法律严明，统治有道，饱学之士崇尚文学，伦理道德精深奥妙，人们具有深刻的理解能力，生性温和善良，爱好和平宁静，而且没有外敌的忧患，他们的未来充满希望。"②

（三）庞迪我对中国"涉外法律"的论述

与前述利玛窦和伊比利亚人相似，庞迪我也发现了中国对外政制的内敛性特征：

> 既然中国皇帝如此强大，为什么不占领周边小国，解除忧患？我的回答是，中国不需要这样做。我所说的千真万确，尽管对欧洲人来说不可思议。那就是，中国人包括皇帝在内，丝毫没有扩张帝国疆土的念头。因此，即便那些小国自拱手相让，中国也不会将其据为己有，更不要说遥远的国家。中国人把离开家园、远涉它乡当作大苦大难之一（尤其官员和大人物们这样想）。③

---

① 转引自张铠：《庞迪我与中国》，第223页；另见〔西〕庞迪我：《耶稣会士庞迪我神父致托莱多省省会长路易斯·德·古斯曼之函》，第515页。
② 〔西〕庞迪我：《耶稣会士庞迪我神父致托莱多省省会长路易斯·德·古斯曼之函》，第503页。
③ 〔西〕庞迪我：《耶稣会士庞迪我神父致托莱多省省会长路易斯·德·古斯曼之函》，第532页。

为此,他还以中国出兵援助朝鲜,在打败日本后完全撤兵为例证。

此外,他在 1603 年 3 月 6 日写给耶稣会菲律宾副省会长迭戈·加尔西亚(Diego García)的一封信函中提到,荷兰人曾扬言帮助大明远征日本,打击盘踞菲律宾的西班牙人,但未能取得中国政府的同意,并感慨道:"华人酷爱和平。不尚逞能,也无意逞强,不想与好逞英雄之人交友。"①

对于中国这样做的原因,庞迪我的解释与利玛窦相似,将其归因于文化:"即使有那么一个地处偏远地带的国家,愿意臣服于中国,那么中国人也不愿意把这个国家纳入自己的疆域之中。因为他们认为除了中国,其他地方都是洪荒一片。"②关于此点,庞迪我在 1605 年 3 月 4 日写给马尼拉耶稣会总院院长格雷戈里奥·洛佩斯(Gregorio López)的信函中也有类似表述。③

基于对中国"涉外法律"的了解,庞迪我告诉古斯曼主教,在中国根本不存在"万民法"的概念,任何外国人都无法通过外交行为直接与皇帝沟通:

> 如果世界上某个地方行事往往不受万民法支配的话,那就是中国。由于中国人不与外国人接触,因此他们缺乏与所有人共有法律。因此,若非臣服于中国的使节,外国人得不到中国承认除非通过收受礼品的管道沟通。中国人不认为世界上其他国家能够以外交使节的方式与他们的皇帝沟通。假如有消息传来(例如日本人几年前来到北京议和),来人无论如何也见不到皇帝,得不到皇帝召见,而是一位官员在来人和皇帝之间沟通。④

此外,中国对于外国人入境管理非常严格,但是并非绝对禁止外国人入境。西方传教士只要把自己放在向慕中国的臣属地位,就有望获得长期居留的许可,即从"化外人"转变为"化内人"。如果留在中国的传教士再主动去学习、适应中国的文化、风俗和习惯,那么他们就可能一步步融入中国社会之中。融入中国社会的传教士应该和中国的文人知识分子结盟,通过他们让基督教在中国传播,并最终促使皇帝接受。如此便可"胜过地理新发现

---

① 参见〔西〕庞迪我:《1603 年 3 月 6 日从北京致耶稣会菲律宾副省会长迭戈·加尔西亚函》,第 545 页。

② 转引自张铠:《庞迪我与中国》,第 108 页。

③ 参见〔西〕庞迪我:《1605 年 3 月 4 日从北京致马尼拉耶稣会总院院长格雷戈里奥·洛佩斯神父函》,第 560 页。

④ 〔西〕庞迪我:《耶稣会士庞迪我神父致托莱多省省会长路易斯·德·古斯曼之函》,第 534 页。

的国家,必将把中国引入我主天主之内"①。

需要特别注意的是,由于庞迪我写给托莱多主教的这封"百科全书式"长信完成于1602年3月9日,并于1604年在西班牙出版,在时间上明显早于1615年金尼阁翻译的《耶稣会与天主教进入中国史》,因此,《书信》一般被认为是17世纪最早一部介绍大明王朝法律的西方文献。该文献对于补充和纠正之前门多萨《中华大帝国史》的不足与错误,具有重要意义。② 例如,有论者就认为:"与16世纪龙华民和胡安·冈萨雷斯·德·门多萨的报告相比,庞迪我报告中的溢美之词明显更少;比如他对皇帝、太监和军官的道德败坏与贪婪腐化予以了猛烈的抨击。"③

四、曾德昭的《大中国志》

曾德昭④1613年来华在南京会堂传教,1616年经历"南京教案",后与南京传教点负责人王丰肃(Alphonse Vagnoni, 1566~1640,后改名"高一志")一起被遣返至澳门。1620年,曾德昭重入内地,在杭州、嘉定、上海、南京和西安等地传教,1649年至广州主持教务,后为南明永历帝举行弥撒,1658年卒于广州。从其经历看,曾德昭经历了明清之际的转换,是继利玛窦、庞迪我、龙华民等第一代耶稣会来华传教士之后,耶稣会第二代来华传教士的代表性人物。⑤

(一)《大中国志》

继庞迪我、利玛窦和金尼阁之后,这一时期对中国法进行较为全面介绍的人是曾德昭。葡萄牙人曾德昭的《大中国志》(*Relação Da Grande*

① 〔西〕庞迪我:《耶稣会士庞迪我神父致托莱多省省会长路易斯·德·古斯曼之函》,第503页。
② 参见叶农整理:《耶稣会士庞迪我著述集》,"前言一",第92~93页。
③ 〔美〕唐纳德·F.拉赫、埃德温·J.范·克雷:《欧洲形成中的亚洲》,第三卷(发展的世纪),第四册,第3页。
④ 曾德昭,字继元,原名"奥伐罗·塞默多",在1620年从放逐地返回之前称作谢务禄。1620年之后,称作曾(费赖之误读作"鲁")德昭,司铎,葡萄牙人。他于1585年诞生于波塔莱格雷教区的"特朗斯塔加努斯",1602年4月30日于埃武拉进入初修院,1608年3月29日乘文西门托的纳·斯拉号船出发,1613年到达南京。后受龙华民指派,赴西安府介绍"大秦景教流行中国碑"的发现,1658年7月18日逝世于广州。参见〔法〕荣振华、方立中等:《16—20世纪入华天主教传教士列传》,第319~320页。
⑤ 按照法国学者的说法,曾德昭是继利玛窦之后第二代耶稣会信徒的首领,是建立官方布道渠道的人。参见〔加〕卜正民、〔法〕巩涛、〔加〕格力高利·布鲁:《杀千刀:中西视野下的凌迟处死》,张光润、乐凌、伍洁静译,商务印书馆2013年版,第173页。

Monarquia Da China）①在征引耶稣会中国副省年信的基础上,记载了他在中国生活 22 年的见闻。该书手稿于 1638 年在果阿用葡语写成,1642 年被译为西班牙文,1643 年被译成意大利文刊行,后又在 1645 年和 1655 年分别被译为法文、英文,在当时的欧洲广为传播。孟德卫称:"这部著作在欧洲宣传耶稣会在华传教事业起了极大的作用。"②如苏查(Faria y Sousa)1666 年出版的《亚洲的葡萄牙人》(*Asia Portuguesa*)很多地方就引自曾德昭的著作。③

《大中国志》在体例上与前述利玛窦《耶稣会与天主教进入中国史》一样,都延续了自拉达、门多萨开创的体例:撰写内容一部分整体介绍中国,一部分记述传教经历。④ 该书共分两大部分,关于中国法的介绍主要记载在第 1 部分的第 25 章"中国的政府和官员"、第 28 章"中国人的监狱、审判和刑法"和第 29 章"中国为便利和完善统治而采取的特殊措施"中。孟德卫称,从总体上讲,曾德昭的《大中国志》在介绍中国法时保持了一种赞同的态度,"该书属于耶稣会在华适应政策的一部分"。⑤

在"前言"中,曾德昭说明该作品与前述伊比利亚航海时代作品最大的不同在于:后者"除了传入广东边境消息之外,其他则一无所知",而他的作品对于中国的介绍不仅深入内地,而且更为深入。⑥ 其实,这一特点也是前述利玛窦、庞迪我作品所具备的。同时,该书的真实性也是作者所特别强调的。他说道:"我在 22 年的时间中,有机会观察中国的所有方面,肯定我所写的即我所看见的,必定比那些没有仔细观察它们的人所写的东西,更为确实,即使略输文采。"⑦

（二）曾德昭对中国政制的论述

就中国法而言,曾德昭通过对比发现,中国人的书籍对科学和艺术讨论很少,但对于"良好政体和政治的论述"很多,从三皇五帝开始,中国人就开

---

① 据学者考,现在看到的《大中国志》是何高济先生依据 1655 年的英文版翻译而来的。该书是曾德昭 1638 年在果阿完成的,书名为《中华帝国及其周边诸国宣教史》(*Relação da Propagação da Fé no China e Outros Adjacentes*),是第一部由葡萄牙传教士完成的有关中国历史的著作,但该葡版至今未被发现。现存最早的版本是 1642 年在马德里出版的西班牙文译本——《中华帝国及其福音文化》。参见董少新:《葡萄牙耶稣会士何大化在中国》,第 179 页。

② 〔美〕孟德卫:《奇异的国度:耶稣会适应政策及汉学的起源》,第 65 页。

③ 参见〔美〕唐纳德·F. 拉赫、埃德温·J. 范·克雷:《欧洲形成中的亚洲》,第三卷(发展的世纪),第四册,第 7 页。

④ 实际上,与《大中国志》相类似的著作,1644 葡萄牙传教士何大化撰写的《远方亚洲》(*Asia Extrema*)也坚持了这一撰写体例。关于该书的写作背景和目录,参见董少新:《葡萄牙耶稣会士何大化在中国》,第 178~216 页。

⑤ 参见〔美〕孟德卫:《奇异的国度:耶稣会适应政策及汉学的起源》,第 65 页。

⑥ 参见〔葡〕曾德昭:《大中国志》,何高济译,商务印书馆 2012 年版,第 4 页。

⑦ 〔葡〕曾德昭:《大中国志》,第 6 页。

始探讨"什么是最好的统治之道",并依据"他们的道德和伦理的科学,为他们的臣民制定法规"^①。"四书五经"就是这样的作品,"这九部书是全国都要学习的自然和道德哲学;而且学位考试时要从这些书中抽出供阅读或转写的题目。有许多关于这些书的注释和解说,但其中只有一种是按国法规定要大家遵守的,而且不许人们的品行与此相违,经文说几乎都有同样的权威"^②。他认为,包括法律在内的知识都属于"政治和文明的伦理"范畴,按照"修身—齐家—治国"的逻辑展开,而其中"个人的良好品行作为德行的基础",也是"齐家和治国"的前提。^③ 此外,他还对中国人的婚礼、继承进行了大致的记述,并借明慈圣皇太后的葬礼,对中国人的葬礼进行了细致的描述,还非常详细地记录了明万历皇帝遗诏全文,向西方介绍明帝国皇位继承的规则和程序。^④

曾德昭为了论述中国的皇帝制度,先是大致梳理了中国"3000多年前直到现在的文献",其中提到了"焚书坑儒""禅让制""大禹治水""世袭制""科举制"等内容。^⑤ 接着,他列举了中国皇帝登基后的13项"宪法惯例":

> 皇帝有不同的称呼。为更好地理解这点,必须知道在登基时有13件大事要做:第一,更改年号,新皇帝从统治时起开始采用新的,这不仅用在他们一般的谈话中。也用于一切书信、公文、文件、著述等。第二,铸造新币,上面有他的名字,尽管原有的钱币也继续通用。第三,给他的正妻加冕,立她为皇后。第四,立他六位妾为妃。第五,祭天地和神灵,等等。第六,向贫民大量施舍。第七,释放囚犯,其开释不损害第三方。第八,为登基举行盛宴。第九,先皇的嫔妃一律放出宫去。第十,原来嫔妃住的四座宫殿,现由新的嫔妃居住,她们是从全国挑选出来的。在这期间民间有许多婚配,都想把女儿嫁出去以免被选入宫。第十一,皇家血统的贵族派代表(不是每人一个代表,而是一城的贵族派一个)向皇帝表示臣服,并承认他为王,那些不能亲自前去的侯爷也同样做。第十二,所有官员,从总督起,直到城市的下层官吏,都亲自赴朝廷,代表他们的省、城、县,表示同样的臣服。第十三,皇帝的名字改变,犹如我们选举教皇后使用新名,这个名字在所有公文和钱币等上面都

① 〔葡〕曾德昭:《大中国志》,第73页。
② 〔葡〕曾德昭:《大中国志》,第75页。
③ 参见〔葡〕曾德昭:《大中国志》,第77页。
④ 参见〔葡〕曾德昭:《大中国志》,第123~125页。
⑤ 参见〔葡〕曾德昭:《大中国志》,第155~157页。

使用。①

　　同时,他一方面认识到,中国的皇帝宣扬德政,渴望用"贤人的德行驾驭百姓",而不是"任何刑罚";另一方面,他指出皇帝在帝国中的权威是至上的,即"一个不让人看见的人,能运用他的权力,在世界上众王中最受崇敬,最受畏惧和服从"。②

　　尽管如此,曾德昭也像前述庞迪我一样,记述了万历皇帝 1601 年立朱常洛为太子的事件,并指出"文官集团"对于皇权的制约。③此外,曾德昭还对依附于皇权的"宦官集团"进行了介绍,不仅提到了"司礼监",而且还对"东厂司"及其职能进行了介绍:"这是管理太监的最高法院。它命令逮捕、审判和惩处他们;不仅太监,连其他大人物,牵扯到重要事件,也被送往那里。它是中国最严厉的法庭。"④

　　在"中国的政府和官员"一章,曾德昭详细介绍了明代的"六部",提到了各部"尚书"以及"助手"——"左侍郎"和"右侍郎"。其中,他提到"第六个部是负责所有案件的,并施加刑罚,它叫做'刑部',是重大刑事及有关事项的法庭"。⑤

　　除了六部,他还提到了大理寺、光禄寺、太仆寺、鸿胪寺和太常寺这"五寺"。其中对"大理寺"这样写道:"第一个是大理寺,可以解释为'大道理'。它可以说是国家的大法庭。其官员作为最后的断案者,审理司法部门的判决,重大事件的论据都送往那里。它有 13 位曼达林,即 1 位首脑、2 位助手及 10 位辅佐人员。"⑥众所周知,唐宋以后,明代的大理寺已经不再是国家最高审判机关,而是转变为慎刑机关,即对刑部判决进行复核,"掌审谳平反刑狱之政令"。很显然,对于这一点,曾德昭的介绍是十分准确和难得的。在中央官职介绍的最后,曾德昭特别提到了"内阁",对"内阁"的性质和功能介绍得非常准确:

　　　　这些人没有特别的职掌,但监视全国的政治。我们不妨适当地称他们为全部朝政及所有政治的最高总裁,尽管他们从不参议政事,仅协

---

① 〔葡〕曾德昭:《大中国志》,第 158 页。
② 参见〔葡〕曾德昭:《大中国志》,第 159～162 页。
③ 参见〔葡〕曾德昭:《大中国志》,第 164～165 页。
④ 〔葡〕曾德昭:《大中国志》,第 166 页。
⑤ 参见〔葡〕曾德昭:《大中国志》,第 179～180 页。
⑥ 〔葡〕曾德昭:《大中国志》,第 181 页。

助皇帝处理各种政务。现在皇帝不再亲临朝政,他们就一直在宫内协助,接受和批复每天呈递的奏章,处理各类政务。他们把这些向皇帝报告,由皇帝作最后裁决。①

与前述利玛窦、庞迪我不同的是,曾德昭对明代地方官制也有着详细的介绍。他首先提道:"每省各有5个部门,管理全省,本身有不同的职司。"这5个官员"第一个是省的总督,他们叫做都堂,或军门。他有权管辖全省的官吏和百姓"②。曾德昭这里提到的"总督"与前述门多萨记述的大致相同,指涉的是总督或巡抚级别的官职。他提到"第二个也是有大权的官,叫做察院"。对于该官职,他写道:

> 他可以称作省的巡阅使。任期仅一年,严厉而且令人敬畏。他有权裁决刑事和民事诉讼,军事问题、有关皇帝财赋的事,总之,所有的这类事都归他处理。他亲自察访、询问并传讯所有的人,甚至总督本人。他可以处罚下级曼达林和官吏,把他们革职。至于大曼达林,如果有问题,他上奏控告,被控者因此停职,直到皇帝从朝廷作出批复。
>
> 他负责全省死刑的裁决和施行,为此他指定某一天,在某一城,把所有判处死刑的囚犯带去见他;在那里呈上一份死囚的名单,然后他用笔勾出六七个人(因为如他勾得太多,人们会认为他残酷)。这些人立刻被带出去执行死刑,其余的则带回原来的监狱。他也要负责巡视城池、堡垒及公共场所,等等。他出巡的仪式十分盛大隆重,前面有旗帜及其他表示严厉和威风的仪仗。一般每年都有出巡。③

这里"察院"的官职应该就是前述"巡按御史",不过就曾德昭对这一官职所载内容而言,并没有超越前述伊比利亚人尤其是克路士介绍的内容。一省中第三个官员是"布政使","他负责全省皇室的财产"。"第四个部叫做按察司,可以称作刑部。""第五个部是管学习和文字的,负责考试和授予学位",这一官职应该是"学政"。

此外,在省一级以下,曾德昭还提到了各"府"中专职司法的"推官"以及各"州县"中具有司法职能的"县丞"和"主簿"。④ 应该说,截止到曾德昭

---

① 〔葡〕曾德昭:《大中国志》,第184页。
② 〔葡〕曾德昭:《大中国志》,第185页。
③ 〔葡〕曾德昭:《大中国志》,第185~186页。
④ 参见〔葡〕曾德昭:《大中国志》,第186~189页。

这里，"耶稣会士对中国省级和地方官员的描述是非常精确的。如果还有什么不足之处的话，就是他们没有区分巡抚和总督"①。

（三）曾德昭对中国监狱、审判和刑法的论述

除了中国政制，曾德昭把大量的笔墨放在了对中国监狱、审判和刑法的描写上。

对于明代的监狱，曾德昭首先说："全国的监狱都是一个形式，差异不大，所以只要介绍一个，我们就可以得知全貌。"②监狱一般分为"重监"和普通监狱两种，前者一直紧锁，后者关押的囚犯可以自由走动，但是夜晚需要上刑具，受到严格限制。管理监狱的官员有权对不遵守监规的囚犯处以杖刑。那些被判入狱的犯人，不仅要服刑，而且还要缴纳许多费用，其间狱吏有很多渔利的空间。③

由于曾德昭在明代中国坐过牢，他还以此为契机，比较了中国和欧洲的刑罚，得出中国法更为人道的观点。他指出："他们当中，一切暴行都受到憎恶，所以他们一般不施用不人道和残酷的刑罚，像我们使用的肢解、钳裂、马匹拖拉及拷打。"④曾德昭之所以得出如此观点，显然对比的是此时罗马教廷在宗教裁判所对新教教徒使用的残酷刑罚。

至于审判，曾德昭因为有切身经历，因而有细致的描写：

> 他们的审判和我们的没有什么不同，但过程和判决不那么繁琐，每件事都通过申请即上诉完成，允许每个人竭力为自己申诉。有些人只靠草拟这类文字，例如为犯人草拟诉状而谋生。但我们不容许这种人受圣礼，除非他们放弃这种职业，因为他们在文字中假话太多，曼达林则必须很有经验和慎重才能从众多谎言中查明真相，但有时，当他们的谎言在文字中被察觉，他们要为此饱受杖刑。⑤

从这段记述中，我们可以了解如下一些信息：第一，大明的审判过程比较简洁，能够给予涉案当事人以表达的权利；第二，存在为当时人撰写诉状的"讼师"，但官方和耶稣会士对他们的评价并不高；第三，由于"讼师"经常在诉

---

① 〔美〕唐纳德·F.拉赫、埃德温·J.范·克雷：《欧洲形成中的亚洲》，第三卷（发展的世纪），第四册，第26页。

② 〔葡〕曾德昭：《大中国志》，第195页。

③ 参见〔葡〕曾德昭：《大中国志》，第195～200页。

④ 〔葡〕曾德昭：《大中国志》，第43页。

⑤ 〔葡〕曾德昭：《大中国志》，第200页。

状中虚构事实,因而,官员不仅要认真审查他们撰写的内容,而且对故意制造不实言论的讼师处以杖刑。

对于诉状的提起,曾德昭写道:"诉状是由当事人,或者由其他人以他的名义呈递。"①官员若认为诉请有理,就收下诉状;若认为无理,可以责罚投状人。

至于刑罚,曾德昭提到,除了笞杖,"他们的处罚多半是罚款。有时候,尽管情况不多,也有流放,或者罚做船奴工,以及其他类似的刑罚","判处死刑的(一般有吊死、绞刑和斩首)"。②曾德昭这些关于明代刑罚的介绍,基本符合明代史实。

除了介绍"五刑",曾德昭还特别介绍了明代其他一些法定刑及法外刑,如"以役代刑""枷号"以及"夹棍刑""拶刑"等。文载:

> 或者罚做船奴工,以及其他类似的刑罚。说实话,他们并没有真正船工的刑罚,只有一种很相似的,那就是,犯人被送往河上,替皇帝的舰船服劳役,让他们拉纤或做其他的苦役,两人被一根链子缚住。③
>
> 对一般罪犯,他们采用一种我们在葡萄牙所没有的刑罚,他们称之为"枷号"。那是一块四五掌宽的大木板,中间开一个若人颈的洞,把它紧紧扣在脖子上,再贴上两张和手一般宽的纸条,写明他犯的罪行,以及受刑的原因,纸条也用来表示木板没有被打开。因此这些可怜的人,脖子上戴着这块大木板,每天都被带出去,当街受辱,15天、20天,或30天,按他们的判处而定。④
>
> 拷刑也在某些需要的案件中使用。我只知道两种拷刑。一个用于足,一个用于手。用于足的叫做"夹棍"的刑具……他们也用一些小木片放在手指间以施加手刑,他们称之为拶子,然后收紧,用纸在四周加以封印,这样让其持续一段时间。⑤

就具体法律制度而言,他还对明代一些典型犯罪的法律规定进行了介绍:

---

① 〔葡〕曾德昭:《大中国志》,第201页。
② 参见〔葡〕曾德昭:《大中国志》,第201页。
③ 〔葡〕曾德昭:《大中国志》,第201页。
④ 〔葡〕曾德昭:《大中国志》,第202~203页。
⑤ 〔葡〕曾德昭:《大中国志》,第205页。

判处死刑的只是那些伪造皇帝的钱币或犯谋杀罪的人。如果许多人犯同一桩罪行，那么只有一个人被处死，其余的人则处以其他刑罚；但如果罪证确凿，拦路抢劫的盗匪都得死。小偷小摸如果是初犯，所窃的价值不大，那么只受到杖刑并关押一段时间。如果再犯，加重同样的刑罚，或者在他的外臂刺上"诈盗"两个字，这两个字的意思都是盗窃。这两个字整齐地刻在一块木头上，蘸上墨汁，印在肉上，然后用另一块装好4根针的木头，刺扎蘸墨汁的那块肉，到出血时，拿手去擦它，让墨汁进入，用此法可使印的字长久保存。奸夫受到严惩，尽管不判死刑，除其他刑罚外，还饱受杖刑。妇女犯奸的，如果她从前有贞洁之名，受到鞭打或杖刑，把裤子一直扒到脚跟，让她出丑，有时当街鞭打。但是，如果她早就失去了贞洁，就只让她穿着裤子挨打。①

显然，曾德昭对于明代法律的了解是不够的，因为《大明律》规定判处死刑的案件远不止伪造皇帝钱币或谋杀罪。但他对《大明律》中共犯罪区分首、从规定的介绍是准确的；同时，对于强盗罪不分首、从，皆处死的介绍也是准确的。② 对于"盗窃罪"，他的记述不仅比前述利玛窦更为全面，而且还对累犯如何在胳臂上刺字有详尽的描写。对于"犯奸罪"，曾德昭不仅介绍了《大明律》规定的刑罚，而且还增加了无贞洁妇女在执行中的特殊规定。

此外，曾德昭以伊比利亚人为参照，认为中国的法律在一定程度上保证了物价的平稳，避免了民众私欲受经济利益驱使而膨胀的不良结果。对此，他说道："而中国却令人惊羡地平稳，这有赖于维持它的古代法律和风俗不为奢华服饰和侈靡饮食敞开大门（这使大人物看来更伟大，而使小人物成为大人物），免得公共福利受到严重损害。"③

（四）曾德昭对中国法特征的提炼与分析

曾德昭以"中国为便利和完善统治而采取的特殊措施"为题，从15个方面总结了明帝国的法政秩序。曾德昭这种总结、提炼中国法特征的做法，不仅成为一种撰写惯例影响到后来的观察者，而且为西方得出更为简明的中国法形象打下了基础。

这15个方面具体包括："第一是，皇帝负担官员的费用，供给他们各种花销，用这个法子，使他们不致因供给不足而牵涉许多人，或者负债；用同样

---

① 〔葡〕曾德昭：《大中国志》，第201～202页。
② 参见怀效锋点校：《大明律》，第140页。
③ 〔葡〕曾德昭：《大中国志》，第17～18页。

的方法使他们更加严格地执法,并且更公正地遵循正道";"第二是,在他们任职的地方,如果他们没有自己的房屋,皇帝供给他们居住的府宅,以及华丽的家具器皿,还有各种室内室外的仆役,甚至为数不少的听差";"第三是,曼达林在处理政事时,十分慎重小心,从不私下跟人交谈如何处理,总是公开坐堂,所以人人都能听见他们所说的话";"第四是,他们家里的人,不管子女、亲戚还是住在一起的仆人,不可以外出访问、交游,或者处理任何事,以免他们受贿收礼";"第五是,他们在一个地方只任职3年,以防备他们势力坐大和结党营私";"第六是,曼达林中有牢固的隶属关系";"第七是,官府受到严格的监督";"第八是,每三年全国曼达林有一次总考核,部分根据巡防使的报告,部分根据私下查访,就在这同一年内全国各地的曼达林都要赴北京向皇帝朝拜";"第九是,有利于善政的事,皇帝愿意倾听曼达林的话,哪怕涉及令皇帝不愉快的事情;同时曼达林可以随意向皇帝进言,哪怕这会危及他们自身的安全";"第十是,城镇、乡村保持严格的守卫";"第十一是,如上所述每晚必定关闭所有的城门";"第十二是,有身份和地位的人彼此相互尊重,如果他们之间有人公开争吵,被认为是极大的失礼";"第十三是,没有人可以佩带武器,除了士兵,他们在检阅或者护送曼达林时可以佩带";"第十四是,常常引起骚乱的娼妓住在城外,不许他们住在城内";"第十五是,国内禁止与外国人通商,以免新的风俗习惯对他们产生影响,破坏他们古老的统治之道,这是一条法律,类似莱撒德蒙尼人为同样目的所采用的做法"。[1]

值得注意的是,曾德昭在具体罗列上述15个特征的基础上,又在整体上对中国法进行了提炼:

> 总之,他们有治理百姓和国家的法律、律令和规定。这包括两方面。一方面是全国通行的古老风俗和仪式,这记载于五经之中,被认为是神圣的。第二类是国家的法律,民事和刑事的各种案件依法得到审理,实施过程中也将予以遵守。这些同样很古老,都以五种主要德行为基础,很受他们祖先的重视,直到今天他们仍然十分重视,这就是仁、义、礼、智、信:仁爱、公正、礼貌、智虑、忠贞。[2]

这段提炼之所以重要,是因为曾德昭发现明代中国法不仅在整体上有"礼"与"法"两套表达,而且在关系上体现"经义"的"礼"是国家实定法的

---

[1] 参见〔葡〕曾德昭:《大中国志》,第206～212页。
[2] 〔葡〕曾德昭:《大中国志》,第212页。

重要基础,反过来讲,实定法则是"经义"的具体体现。对此,他还指出:"这就是他们在古代和黄金时代遵守的生活方式,那时候他们的法律很少,奉行的人却很多,一切都建立在自然的启示和原则上……为此他(朱元璋——引者注)必须制定新的法律,不过仍以古法为依据。"①

可见,曾德昭已经将中国法政秩序优良归因为"引礼入法",强调圣人之言、道德教化对于国家治理的重要意义。为了证明这一点,他还以明初朱元璋颁布"教民榜文"为例,赞扬中国这一独特做法:

> 中国人有他们的训诫,某些省份的人把这些印出来,贴在当街的门上;我相信它们并不很古老,有的类似我们的十诫,如勿杀生,勿盗窃,勿欺骗,孝顺父母,等等。
>
> ……
>
> 官员特别公开地礼敬那些不仅年长,而且有德行和善良的人,他们没有受过非议和谴责,尤其从未被官府传讯,或者被控以罪行。这在他们那里是一桩了不起的节操和品德,因此他们有一句成语说"人不见官就是宝",即没有见过曼达林的人(意思是没有受过审判者)是一块宝石。②

此外,曾德昭认为,中国人普遍恭敬、有礼,即便是监狱里的囚犯也是这样。为此,他以自己1616年因"南京教案"被关押为例,讲到狱卒给他戴上镣铐粗暴对待,但囚犯们不仅对此义愤填膺,而且帮助他用热铁把镣铐打开。他被释放时,囚犯们甚至"尽力弄些东西,摆宴席招待他"。③

(五) 曾德昭对"南京教案"的论述

作为耶稣会第二代在华传教的代表性人物,曾德昭除了较为系统地介绍中国法,作为亲历者和当事人,他还较为系统地介绍了"南京教案"。

1610年5月9日,利玛窦在临终前对熊三拔说:"我已把你们带到了成功之门的门槛上,但前方的艰难险阻还有很多。"④的确,通过坚持沙勿略、范礼安开创的"文化适应"策略,利玛窦及其他助手的在华传教事业获得了艰难的起步,但已经熟谙中国文化与政治的他显然意识到无论如何"谨慎小

---

① 〔葡〕曾德昭:《大中国志》,第213页。
② 〔葡〕曾德昭:《大中国志》,第213～215页。
③ 参见〔葡〕曾德昭:《大中国志》,第42～43页。
④ 〔意〕利玛窦:《耶稣会与天主教进入中国史》,第480页。

心是第一位的"。①

　　或许因为庞迪我是西班牙人，最终利玛窦没有选择同样在内心坚持"文化适应"策略的庞迪我，而是选择了意大利人龙华民作为耶稣会在华传教的负责人。当时耶稣会在华传教会士共 13 人，其中利玛窦、郭居静、龙华民、熊三拔、王丰肃和杜禄茂（Tedeschi Barthél）来自意大利，李玛诺、费奇规（Gaspard Ferreira，1571～1649）、林斐理（Feliciano da Silva）、黎宁石（Pierre Ribeiro）、罗如望（João de Rocha，1566～1623）和骆入禄（Jerôme Rodriguez，1567～1628）来自葡萄牙，只有庞迪我来自西班牙。利玛窦之所以放弃庞迪我，主要是从远东国际形势来考虑的。西班牙驻菲律宾当局和教会一直酝酿用武力进攻中国，并且他们于 1603 年屠杀了 2 万多寓居菲律宾的中国人，因此，利玛窦极力回避在华传教团与西班牙发生联系，以免影响在华传教事业。况且，庞迪我一直与马尼拉耶稣会之间有书信往来，这被利玛窦所忌惮。② 尽管从大处着眼，利玛窦的选择无可厚非，但从小处入手，龙华民并不是最恰当的接任者。

　　随着利玛窦获谕旨被葬北京，中国官员公开支持耶稣会江南地区的传教士，龙华民"那种随时会被驱逐的恐惧感减轻了"，他在 1612 年写给耶稣会总会长的年度信件中夸张地说："传教士将永远不会被从中国驱逐出境。"③失去警觉的龙华民将工作重心全部放在了"让中国皈依天主教上"，而忘却了利玛窦临终前的告诫。④ 龙华民以维护天主教教义纯正性为出发点，反对把赠送西方科技物件和科学知识作为传教的策略手段，并将传教的重心从上层士大夫转向底层普通民众，甚至准备"到广场上"采取"轰动效应"，传播天主教。

　　对利玛窦"文化适应"传教策略的背离是诱发"南京教案"的主要原因。1615 年，从北京来到南京担任南京礼部侍郎的沈漼（1558～1624）对于耶稣会的攻击则是"南京教案"发生的直接导火索。曾德昭说："这个人对我们

---

　　① 参见〔美〕邓恩：《一代巨人：明末耶稣会士在中国的故事》，第 109 页。

　　② 参见张铠：《庞迪我与中国》，第 171～178 页。

　　③ 参见〔美〕柏理安：《东方之旅：1579—1724 耶稣会传教团在中国》，第 63 页。

　　④ 当然，龙华民对于利玛窦"文化适应"传教策略也不是完全反对，他对天主教"中国化"也做出了一定的贡献。例如，他在违反程序的情况下，曾指示金尼阁就天主教在中国的传播问题请示过时任耶稣会总会长的阿夸维瓦。1616 年 1 月 15 日教皇保罗五世（Paul V）同意在中国的耶稣会享有如下特权：允许神父们在行弥撒仪式时戴帽子；允许将《圣经》翻译成文言文；允许中国籍的神父主持弥撒，允许祈祷时用文言文背诵。参见〔美〕邓恩：《一代巨人：明末耶稣会士在中国的故事》，第 167～168 页。

的圣教和神父都很厌恶,相反地,却虔诚于偶像崇拜。"①

　　至于沈㴇为何与耶稣会如此水火不容,曾德昭认为:第一,沈㴇有一个佛教好友,曾写了一本攻击天主教的书,后被徐光启充分驳斥,愤怒不已;第二,南京的佛教徒给沈㴇一万克朗贿赂,试图将耶稣会从南京赶走;第三,沈㴇在北京与信仰天主教的徐光启、杨廷筠关于宗教问题产生过几次辩论,沈㴇被辩得无言以对,变羞辱为怨恨;第四,不满意徐光启、杨廷筠奏请万历皇帝翻译西书,并由耶稣会士校正历法;第五,试图通过攻击耶稣会,强化中国人对古代典仪及对祖先崇拜的热情,进而实现入阁的野心。② 尽管有论者并不同意曾德昭将"南京教案"的起因直接归结于沈㴇个人对天主教及其信教人士的"私愤",认为"天主教左道惑众,暗伤王化"才是主因;③但龙华民背离利玛窦的"文化适应"传教策略,试图在中国这样一个秉持"天下主义"的世界中建立起一个直接听命于罗马教廷的组织,这一做法终究对这场灾难的发生负有不可推卸的责任。④

　　万历四十四年(1616),沈㴇于五月、八月和十二月连续上疏三封⑤,参奏耶稣会教众"阑入都门,暗伤王化",请求万历帝降旨"辟灭邪党","将争论推向司法层面,冲突于是变质,乃至酿成教案"。⑥

　　1616 年 5 月,沈㴇在《参远夷疏》中,上疏朝廷,从御世以儒术为要,严防华夷之变出发,指出远夷犯禁入境,暗设邪教,以大西与大明相抗,并且其教法不尊中国风俗,其历法变乱纲维统纪,利诱诳惑百姓,劝人不忠不孝,因此,应依律驱逐禁绝。同年 8 月,在《再参远夷疏》中,他再次上疏朝廷,更为详细地记述了西夷盖殿设像,遍传符咒,定期集会,广泛结交,诳诱愚民,并且潜居王城重地,置传邮于中国,诱使愚民抗命,建议朝廷依律予以处分,驱逐远夷以使社稷安定,长治久安。在同年 12 月的《参远夷三疏》中,沈㴇第三次上疏朝廷,说明远夷踪迹可疑,擅自刊刻投递疏揭,散布全国各地,并且

　　① 〔葡〕曾德昭:《大中国志》,第 290 页。
　　② 参见〔葡〕曾德昭:《大中国志》,第 290~291 页。
　　③ 参见庞乃明:《"南京教案"所表现的明人天主教观》,《明史研究》2003 年第 1 期,第 193 页。
　　④ 相关讨论,详见张铠:《庞迪我与中国》,第 285~314 页;另见张铠:《西班牙的汉学研究 (1552—2016)》,中国社会科学出版社 2017 年版,第 198 页。
　　⑤ 沈㴇这三封奏疏分别为《参远夷疏》《再参远夷疏》和《参远夷三疏》,这三疏后来在明崇祯十二年(1639)收录于反天主教文集《破邪集》中。该文集由浙江海盐人徐昌治(1582~1672)编辑整理,又称《圣朝破邪集》或《皇明圣朝破邪集》。
　　⑥ 方金平:《所谓"暗伤王化":南京教案与晚明司法》,载《北大法律评论》第 14 卷第 2 辑,北京大学出版社 2013 年版,第 502 页。

有侵地夺国之虞,因此,关押了王丰肃等人,请求朝廷依律处断。①

面对沈㴶等人的指控,②尽管耶稣会士庞迪我写下《具揭》③,"护教派"徐光启撰写《辨学章疏》,杨廷筠写下《鸮鸾不并鸣说》予以驳斥,为天主教正名,④但无奈在"排教派"和方从哲内阁的不断催逼下,万历帝于1616年12月28日降旨,发布"禁教令":"这奏内远夷王丰肃等,立教惑众,蓄谋叵测,尔部移咨南京礼部行文,各该衙门速差员役递投广东抚按,督会西归,以静地方。其庞迪峨等,去岁尔等公言,晓知历法,请与各官推演七政,且皆系向化来京,亦令归还本国。"⑤按照曾德昭的说法,万历帝的这一"禁教令"是方从哲阁老和被沈㴶收买的太监"联手诓骗"的结果,"皇帝没有留意它是什么就签了"。⑥

实际上,曾德昭这样的说法也值得商榷。因为从万历帝"禁教令"内容上看,对于耶稣会士的处罚分为两类:(1)对于远在南京的王丰肃等耶稣会士,万历帝给出的批语是"立教惑众,蓄谋叵测",要求将他们"投广东抚按,督会西归";(2)对于在北京的庞迪我等耶稣会士,则辨正了沈㴶等人的指控,表明了其"向化来京"的性质,只要求"归还本国",并未有如王丰肃等人交由"广东抚按"审理的环节。

事实上,王丰肃、曾德昭等人按照"禁教令"的要求,的确在南京先经过一系列审理,被送抵广东后,又经广东布政使、按察使和都指挥使三司会审,然后才押往澳门。⑦ 其间,王丰肃和曾德昭曾遭受酷刑,有关这一点曾德昭在《大中国志》中有相关记述。⑧ 而庞迪我和熊三拔甚至连押解卫兵都没有,自行前往广东。

如果"禁教令"真如曾德昭所言,是阁老方从哲与受贿太监上下其手的结果,那么,他们为何不对耶稣会士作出同样的处理,而是"画蛇添足"地作

---

① 参见[明]徐昌治辑:《破邪集》,日本安政乙卯本(1855),第26～32页;另见〔葡〕曾德昭:《大中国志》,第291～303页。

② 除沈㴶以外,"南京教案"中的"排教派"还有南京礼部郎中徐如珂、南京礼科给事中晏文辉、礼科给事中余懋孳以及礼部左侍郎何宗彦等人。这些人中除去沈㴶"素乏时誉",其他人皆楷模名宦,"为官正直,无所附丽"。参见庞乃明:《"南京教案"所表现的明人天主教观》,第185～186页。

③ 参见〔西〕庞迪我:《具揭》,载叶农整理:《耶稣会士庞迪我著述集》,第262～279页。另外,尽管《具揭》的署名为"庞迪莪(我)和熊三拔等",但张铠先生认为真正的作者应当只有庞迪我一人。参见张铠:《西班牙的汉学研究(1552—2016)》,第207页。

④ 参见张铠:《庞迪我与中国》,第314～337页。

⑤ 徐昌治辑:《破邪集》,第38页。

⑥ 参见〔葡〕曾德昭:《大中国志》,第307～308页。

⑦ 参见方金平:《所谓"暗伤王化":南京教案与晚明司法》,第510～511页。

⑧ 参见〔葡〕曾德昭:《大中国志》,第309～310页。

出两种不同的处罚结果？实际的情况可能是,对于南京王丰肃、曾德昭等耶稣会士的处罚反映了万历帝面对部分大臣基于捍卫礼教大防的主张,无暇查清事实,回避争执;而对于北京的庞迪我和熊三拔,由于他确实比较了解,所以并不赞成沈㴶等人"立教惑众,蓄谋叵测"的指控。因此,"禁教令"尽管并不能反映万历帝真实的想法,但肯定也非曾德昭所说是方阁老与太监"联手诬骗"的结果。

"南京教案"的处理结果意味着天主教若想在中国深入,必须按照利玛窦"文化适应"传教策略,将天主教"中国化"。否则,"在经历了35年漫长、痛苦、耐心地劳作之后,传教士们的所有成果顷刻间就要化为乌有。这棵罗明坚心中'柔弱的小苗',正在呻吟着。利玛窦所说的'危险就在前面'的预言,正以所料不及的速度到来"①。

然而,从另一方面讲,被逐到澳门的耶稣会士只有4位,龙华民和毕方济(Francesco Sambiasi,1582~1649)等其他耶稣会士还留在中国继续传教,②后来王丰肃、谢务禄分别改名高一志和曾德昭,又暗返中国内地传教。这一切都得益于大明帝国对待"南京教案"完全是以"刑案",而不是"宗教迫害"的方式处理的。对此,有论者指出:

> 由沈㴶发动的这场"南京教案"是一件不幸的事,但是,与同时代的一些国家相此,十七世纪明朝的中国人几乎称得上是文明的典范。就在当时,日本的天主教徒因为他们的信仰,在备受折磨中死去;欧洲的天主教徒在相当长的时期里受到了刑讯,他们还在宗教的名义下自相残杀……③

大明帝国通过"法律的方式"处理"南京教案",使得耶稣会在华的传教活动并未受到毁灭性的打击,这与他们在日本和北欧的遭遇大相径庭。据记载,1619年有277名新的中国教徒皈依天主教,1620年皈依的人数也有268名,地域分布在北京、杭州、南京、上海、建昌、嘉定、南京、南昌等8个地方。1622年皈依的人数增至428人。④ 个案化的处理,使得其他不涉及"南

---

① 〔美〕邓恩:《一代巨人:明末耶稣会士在中国的故事》,第139页。
② 根据邓恩的研究,1617年8月,当沈㴶签署那份逐教令时,在中国仍然有14名耶稣会士,其中有8名神父,其余为辅理修士(中国人)。参见〔美〕邓恩:《一代巨人:明末耶稣会士在中国的故事》,第149页;〔美〕柏理安:《东方之旅:1579—1724耶稣会传教团在中国》,第71页。
③ 〔美〕邓恩:《一代巨人:明末耶稣会士在中国的故事》,第148页。
④ 参见〔美〕邓恩:《一代巨人:明末耶稣会士在中国的故事》,第150~152页。

京教案"的耶稣会士仍能留在中国,也为耶稣会士日后东山再起埋下了伏笔。

　　1619 年,从欧洲返回的金尼阁还带回了罗马耶稣会总部在东亚教区之间施行行政划分、1615 年建立中国副省的决定。耶稣会中国副省的建立,使得耶稣会在中国的传教团获得了独立的地位。1621 年,耶稣会总会长姆提欧·维太利斯奇(Mutio Vitelleschi)发出通知,任命已经接任龙华民任传教团负责人的罗如望神父为第一位中国副省区的负责人。但是罗如望 1623 年 3 月 23 日在杭州逝世,这时任命书还没有到杭州,所以,阳玛诺(Manuel Dias,1574～1659)实际上成为第一位正式继任的耶稣会中国副省区的负责人。①

　　1629 年 9 月 27 日,崇祯帝同意耶稣会士龙华民和邓玉函(Johann Terrenz Schreck,1576～1630)进入历局工作,②随后任命汤若望(Johann Adam Schall von Bell,1591～1666)为"中华帝国有史以来外国人所担任的最高官职"——钦天监监正。③ 也是在这一年,在华耶稣会士总数达到 26 人,其中 21 人是欧洲神父,5 人是辅理修士。截至 1631 年,中国教区已有 11 个据点,横跨 15 个省中的 9 个:北京、绛州(山西)、西安(陕西)、开封(河南)、上海(江南)、嘉定(江南)、南京、杭州(浙江)、南昌(江西)、建昌(江西)和福州(福建)。据伏若望(João Fróis,1591～1638)在年信中记载,1631 年新增教徒 1786 人。④ 葡萄牙籍耶稣会士何大化(António de Gouvea,1592～1677)在《1636 年耶稣会中国副省年信》中记载,在华传教耶稣会士有 27 人,包括 23 位神父和 4 名修士,这一年有 3475 人受洗。⑤ 美国学者柏理安甚至认为:"随着大明王朝渐渐衰败,陷入混乱,满族军队在边境崛起,耶稣会已经从需要明朝精英保护的对象变成了能够独立存在的一个团体。"⑥

五、安文思的《中国新史》

　　1644 年清王朝入主北京后,在华耶稣会士们并没有明显改变传教策

---

① 参见〔美〕柏理安:《东方之旅:1579—1724 耶稣会传教团在中国》,第 75～76 页;〔美〕邓恩:《一代巨人:明末耶稣会士在中国的故事》,第 176～177 页。

② 方豪先生称,明末来中国的传教士中,邓玉函是最博学的,来华前已名满日耳曼。他不仅与伽利略是挚友,而且是教廷科学院的早期院士。有关邓玉函的详细情况,参见方豪:《中国天主教史人物传》,第 152～158 页。

③ 参见〔美〕邓恩:《一代巨人:明末耶稣会士在中国的故事》,第 216～218 页。

④ 参见〔美〕柏理安:《东方之旅:1579—1724 耶稣会传教团在中国》,第 92～93 页。

⑤ 参见董少新:《葡萄牙耶稣会士何大化在中国》,第 46～47 页。

⑥ 〔美〕柏理安:《东方之旅:1579—1724 耶稣会传教团在中国》,第 95 页。

略,"他们不得不再一次努力在新当权者中建立起合法的地位,并且寻找他们传教事业新的政治庇护人"①。汤若望最先向满族统治者表示友好,这使他在该年年底被摄政王多尔衮任命为钦天监监正,加太常寺少卿衔。当然,在华耶稣会也没有将宝全部押在清朝廷上,毕方济、瞿安德(Andreas Xavier Koffler,1603～1651)和卜弥格(Michael Boym,1612～1659)一直为南明朝廷不遗余力地工作。② 安文思和利类思(Ludovico Buglio,1606～1682)则与张献忠(1601～1647)的"大西国"政权有过接触。③ 何大化在《1643 年耶稣会中国副省南部年信》中称:"中国副省被分为南北两个部分……中国副省南部会长为艾儒略神父。"④

1640 年,葡萄牙人安文思⑤来华传教,通过自己在中国 29 年的经历和观察,在修正、总结利玛窦、金尼阁、曾德昭、卫匡国等传教士记述中国的作品以及参考耶稣会中国副省年信的基础上,⑥于 1668 年写成《中国的十二特

---

① 〔美〕柏理安:《东方之旅:1579—1724 耶稣会传教团在中国》,第 116 页。

② 基歇尔在《中国图说》中还记载了南明皇后、太子以及司礼太监庞天寿(教名为"潘·亚基楼"[Pan Achilles])的受洗,以及他们派遣卜弥格远赴罗马寻求帮助的情况。其中收录了《司礼太监庞天寿上罗马教宗因诺曾爵书》《王太后致谕罗马教宗因诺曾爵书》《王太后耶稣会总会长书》和教宗亚历山大七世回复南明永历王皇太后和庞天寿的两封信以及耶稣会总会长答复王皇太后等 6 封信函。参见〔德〕阿塔纳修斯·基歇尔:《中国图说》,第 193～198 页;徐宗泽:《中国天主教传教史概论》,第 139～141 页。何大化于 1646 年 6 月 15 日在福州完成的《1645 年耶稣会中国副省南部年信》中,对唐王朱聿键的隆武政权和郑芝龙、郑成功也有过较为详细的介绍。参见董少新:《葡萄牙耶稣会士何大化在中国》,第 99～114 页。另外有关庞天寿奉教以及南明永历朝廷与罗马教廷书信原文等相关情况,参见方豪:《中国天主教史人物传》,第 202～210 页。方豪先生称,明末永历朝廷中,可分为前后两个时期:前期的主要人物是瞿安德,他为王太后烈纳、马太后玛利亚、王后亚纳及太子当定授洗,并力劝庞天寿效忠永历帝;后期的主要人物是卜弥格,他曾为王太后出使罗马。参见方豪:《中国天主教史人物传》,第 213 页。有关南明永历朝廷遣使欧洲的研究,参见黄一农:《两头蛇:明末清初的第一代天主教徒》,台湾清华大学出版社 2007 年版,第 347～385 页;张西平:《关于卜弥格与南明王朝关系的文献考辨》,载张西平:《游走于中西之间——张西平学术自选集》,大象出版社 2019 年版,第 369～382 页。

③ 参见〔荷〕许理和:《在黄虎穴中——利类思和安文思在张献忠朝廷(1644—1647)》,大象出版社 2016 年版,第 175～200 页;〔美〕邓恩:《一代巨人:明末耶稣会士在中国的故事》,第 334～378 页;〔美〕柏理安:《东方之旅:1579—1724 耶稣会传教团在中国》,第 115～119 页。

④ 转引自董少新:《葡萄牙耶稣会士何大化在中国》,第 76～77 页。1642 年至 1647 年耶稣会因中国政局不稳,将中国副省分为南北两部分。

⑤ 安文思,字景明,司铎,葡萄牙人。1610 年诞生于科英布拉附近的佩德罗高镇。1625 年进入初修院。1634 年 3 月 21 日启程,1640 年在杭州。他 1642 年 8 月 28 日至 1647 年在四川成都,与专制君主张献忠发生了争执。1648～1677 年在北京,1655 年与利类思共同创建了东堂。本人为工程师、自动机械的制造者。1634 年左右晋铎。1660 年 2 月 5 日发愿。1677 年 5 月 6 日逝世于北京。参见〔法〕荣振华、方立中等:《16—20 世纪入华天主教传教士列传》,第 225～226 页。

⑥ 例如,耶稣会 1640 年的中国副省年信就是由安文思编撰的。参见董少新:《葡萄牙耶稣会士何大化在中国》,第 174 页。此外,安文思在书中明确提及他参考了何大化和郭纳爵(Ignatius de Costa,1599～1666)神父的年信。参见〔葡〕安文思:《中国新史》,何高济译,大象出版社 2004 年版,第 19 页。

点》一书。需要说明的是,安文思 1668 年的手稿《中国的十二特点》当时并未刊印,后由中国教团总监柏应理神父(Philippe Couplet, 1623~1693)交由罗马枢机主教德斯特列,后者将手稿交给伯农(Bernon)译为法文。① 该手稿后经法国译者伯农的添加、注释,②先以《中国新志》(*Nouvelle Relation de la China*)刊于巴黎,后又于 1689 年被翻译为英文,以《中国新史》(*A New History of China*)为名在伦敦出版。根据安文思自己的说法,该书是在时任耶稣会中国副省会长傅汎际(Francisco Furtado, 1589~1653)的指示下撰写的。③

需要指出的是,安文思 1677 年 5 月 6 日病逝于北京,其著作虽刊行于1688 年南怀仁去世之后,属于本书界定的耶稣会第二阶段,但其著作主体内容大致完成时间为 1668 年,④因此,本书将其所涉本主题内容仍放在耶稣会第一阶段记述。更为重要的是,从西方汉学的角度看,安文思的作品对 17世纪中国"介绍得更为系统和全面","呈现出了一幅中国的全景式图案",是"传教士汉学"的代表之作。⑤

(一)安文思对中国法的整体性论述

安文思在著作的一开始就介绍了中国王朝更迭时的"宪法惯例":"这个国家有一个惯例,每当新家族登上帝国宝座,就给他的国家取一个新的名字。……现今的统治者鞑靼人称它为大清朝,即至为清纯的国家。"同时,他还指出中国历代王朝与中国之间的关系:"这些名称(夏朝、商朝、周朝、汉朝等)都表示中国,不如说它们指的是几个皇室的朝代,而非表示中国本身。"⑥接着,安文思还用大量的文字考证了马可·波罗是否来华的问题,其结论是肯定的。⑦

安文思在书中介绍了帝国 15 个省,并"按照其历史的悠久和声望,排列顺序如下:北京、南京(又称作江南)、山西、山东、河南、陕西、浙江、江西、湖广、四川、福建、广东、广西、云南、贵州";同时,指出了卫匡国著作中的一些

---

① 参见〔葡〕安文思:《中国新史》,"中译者前言",第 1~2 页。
② 安文思自 1640 年起与利类思神父一起生活了 37 年之久,利类思后死于 1682 年。后译者在安文思书后,添加了利类思为其撰写的传记。参见〔意〕利类思:《安文思传略》,何高济译,大象出版社 2006 年版,第 179~187 页。
③ 参见〔葡〕安文思:《中国新史》,第 19 页。
④ 安文思在 1668 年完成《中国新史》主体部分《中国的十二特点》之后,又增加了一些内容,如他记述了 1669 年 12 月 8 日康熙命令官员去汤若望神父墓前祭拜的内容。参见〔葡〕安文思:《中国新史》,第 130~131 页。但无论如何,该书后续的增补至迟截止到 1677 年安文思去世这一年。
⑤ 参见〔葡〕安文思:《中国新史》,"中文版序言",第 1 页。
⑥ 参见〔葡〕安文思:《中国新史》,第 1 页。
⑦ 参见〔葡〕安文思:《中国新史》,第 3~12 页。

错误,还介绍了大小琉球、台湾、海南和澳门等几个属于中国的岛屿。① 与其他耶稣会士不同的是,安文思在书中首次向西方介绍了中国的"土司制度":

> 在这个帝国的城镇中,有一些在云南、贵州、广西和四川省,我认为它们不向皇帝纳贡,也不归顺他,而是由特别独立的王公统治。这些城镇大部分有高山悬崖环绕,好像是大自然格外赐予它们的防御工事。山岭之间是几天旅程的田地和平原,从那里可以看见第一等和第二等的城市及许多乡镇村落。中国人把这些王公叫做土司,即土官,即是说当地的曼达林。因为他们相信,世界上除了中国皇帝外别无皇帝,所以他们自认为,没有别的王公、君主,只有皇帝封赐他们的那个头衔。②

接着,他又从民政和军事两大方面,介绍了清初中国的人口、驿站、军事要塞和军事守卫等情况。③

对于中国历史的悠久性,安文思写道:"这个国家如此之古老,以致它的统治方式长期保持不变,在二十二支皇族的统治下延续……从这个国家创建伊始,到今天的 1668 年,它已有四千六百二十年。"④在此基础上,他甚至承认"这个帝王(伏羲)开始统治是在基督诞生前两千九百五十二年,大约在大洪水之后两百年"⑤。对于中国历史的延续性,安文思感叹其超越了西方:"必须承认,世界上没有任何一个国家能够吹嘘那么多古老的帝王系列而且如此完善地延续下来。亚述、波斯、希腊和罗马的诸王,都有他们的期限,而中国的帝王仍在继续,像一条从源头落下,沿河道流动,永不止息的大河。"⑥

然而,对于中国历史悠久性在事实层面的肯定,并不意味着它在价值层面上也是令人向往的。与利玛窦相类似,安文思也指出了中华帝国对外部知识的漠视和无知,而这也构成了中国"天下观"形成的背景:

> 它使中国人形成一种令人难以忍受的骄傲。他们对于自己的国家及属于他们的一切东西都给予可以想象的最高评价,但对于外国人,他

---

① 参见〔葡〕安文思:《中国新史》,第 21 页。

② 〔葡〕安文思:《中国新史》,第 22 页。

③ 参见〔葡〕安文思:《中国新史》,第 22～27 页。

④ 〔葡〕安文思:《中国新史》,第 37 页。

⑤ 〔葡〕安文思:《中国新史》,第 37 页。

⑥ 〔葡〕安文思:《中国新史》,第 38 页。

们极端蔑视,对于外国知识学术的长处,尽管他们自己对此一无所知,也同样蔑视。这毫不奇怪,因为骄傲总是来源于盲目和无知。在他们的地图上,他们把中国的范围画得很大,但把它四周的国家描绘得没有顺序、方位,微小而狭窄,也没有正规地理上的任何其他标记,并给予它们可笑和卑贱的名字。……总之,他们把四邻的国家,诸如鞑靼、日本、朝鲜半岛及中国周边的其他国家,都呼之曰四夷。①

对于此点,安文思还以四川省佛教僧人控告利类思神父的教案进行了说明。他写道,在该省"几千名和尚聚集一起,挑起一场对基督教的迫害,同时向省的法庭,即特别刑事法庭,叫做按察司控告"。对于控告,四川按察使说道:"如果这些外国人安居不惹是非,或者教导新的东西,中国之大无所不容;但如果他们教导新的教义,异于我们在本大帝国推广的圣典和经文,或者如果他们去煽惑、诱导百姓,那么将他们各打四十板,逐出本省。"②这里四川按察使所说的罪名应该是清律中的"禁止师巫邪术"。

同时,安文思认为,在中国人看来,中华帝国的经典虽无所不包,但也限制了他们认识世界的可能:

当我和有知识之人谈论基督教及欧洲的科学时,他们问我,我们有无他们的书籍。我回答说没有。他们都惊异地挥动着手表示反感,称:"如果你们欧洲没有我们的书籍和著作,你们能有什么学识和科学呢?"不管怎样,这些异教徒既值得怜悯又值得原谅,因为,难以想象的是,不仅大贤人和有学识的人,还有平民百姓,都抱有这个帝国所持有的偏见。的确,除了我们的天性一直使我们重视我们自己及一切属于我们的东西之外,这个国家的特别宏伟和优越,也大大促使中国人思想中充满愚蠢的幻觉和无比的傲慢。③

与前述曾德昭一致的是,安文思也提到了"五经":"他们有五部名著,总称'五经',即五部经典著作,犹如我们之《圣经》。"对于第一部《书经》,他认为"这是中国人尊敬和崇拜的五位古王的编年纪",并较为详细地介绍了尧、舜、禹、成汤和武王的相关历史。"第二部书叫做《礼记》,即典仪之书,

---

① 〔葡〕安文思:《中国新史》,第 38 页。
② 〔葡〕安文思:《中国新史》,第 39 页。
③ 〔葡〕安文思:《中国新史》,第 39~40 页。

包括法律、风俗及礼仪。"第三部是包括"韵文、传奇和诗歌"的《诗经》。"第四部书是孔夫子撰写的,包含他故乡鲁国的历史。……他按编年史的方式撰写这部记述两百年事实的历史;在那里他用正邪两种诸侯的例子作为一面镜子,按事件发生的时代和季节来叙述,所以他把这部书题名为《春秋》,即春季和秋季。"第五部则是"第一位帝王伏羲撰写的"《易经》。①

值得注意的是,安文思这里还提到了其他传教士没有专门论述的"四书":

> 曼达林从中摘录引句和文字,给那些投考学士、硕士和博士的学子出题;学子则据此撰写文章和注释以求功名。它分为四部分。第一部分涉及律法,以及以学识和德行著称的人物所持有的原则。第二部分谈中庸之道。第三部分包含大量简明的道德警句,对所有国人都是实际和有益的。这三部分是中国的第一位圣人孔夫子撰写的,由他的弟子刊布。第四部分和前三部分同等分量,是由哲学家孟子所撰,他大约生于孔夫子之后一百年,中国人把他敬为第二位圣人。这是一部具有极大智慧、精妙和雄辩的书。论述贴切,文句有力并富有寓意,文体自由奔放,具有说服力。②

与前述耶稣会士相类似的是,安文思也对中国政制的优良给予了肯定。他指出:"如果中国因我们所述之事而值得称羡,那么它的优良治理当然就更加享有声誉。"③他认为中国优良政制的保障是遵守了所谓"首要的和最古老的""文人的律法",它要求君王要"具有九德并做九件事"。具体如下:

> 首先要自我约束和管治好,为的是给他的子民做出榜样和示范。其次,尊敬和关怀有学识和德行的人,常和他们交谈,跟他们商讨国家的大事。第三,友爱他的叔伯和子侄,及其他皇室血统的王公;赏赐那些值得奖励的人,让他们知道他敬重他们,并优先选用其中的佼佼者。第四,对非皇室血统的贵人表示礼遇,使他们拥有财富和声望,以致全国都可看到君王之器他们,超过普通人。第五,使他自己结合于他的其他臣属将心比心,对他们之重视一如对他自己。第六,真诚爱护他的百

---

① 参见〔葡〕安文思:《中国新史》,第57~62页。
② 〔葡〕安文思:《中国新史》,第62页。
③ 〔葡〕安文思:《中国新史》,第92页。

姓,与他们同欢乐、共忧患,这样,他国内最贱的人可以完全相信皇帝爱民如子。第七,招请各类工匠艺人来他的国家,以便迅速从事生产。第八,对外国使臣尽可能优礼相待,让他们看到皇帝仁慈之心,做到言行一致,并采取措施,在他们离开之时,使他们平安、满意地返回本国。第九,爱护国内的贵族,善待他们,那么他们心里不会萌生丝毫反叛之念,而会成为国家的坚强柱石。①

这些内容实际上构成了后来启蒙时代思想家们赞美中国"开明君主制"的重要来源。安文思在这段论述后,还分别阐述了这样做对于优良政制的意义,并将其翻译为葡文,介绍给西方。②

在论述完君王所应秉持的"九德"外,安文思还提及了皇权下的官僚制。他指出"全国的曼达林分为九等,每等分为两级",皇上有权决定他们的升降,"对他们的君主权力是绝对的";而这些恰是西方世俗或教会的政府所缺乏的。接着,他指出九等曼达林又分为三等。"第一等的曼达林是皇帝内阁的顾问,这是中国文人所能达到的最荣耀和最高的等级";其中"总有一个叫首相的作为他们的首脑,可以看做是皇帝的总理和宠臣"。③ 这些内阁的顾问最核心的"由三个曼达林组成","这些人要审阅六部上呈皇帝的奏章,它们涉及国家大事,或有关战争与和平,或民事、刑事案件。当他们决定后,就以简要摘录上呈皇帝仲裁,皇帝按照己意批准或否决,然后详阅奏章,按他认为的理由,作出自己的决定"④。此段内容涉及"审转复核制"下,皇帝的最终刑罚权行使的具体过程以及内阁在其中扮演的角色。第二等官员主要是各省总督和六部官员以及"有名无职"的大学士等人。第三等则是从事各衙门具体事务的曼达林。⑤

对于清初"六部"以及各部的基本组成,安文思也有较为详细的介绍:

文官六部中的第一个部叫吏部,它的职责是管辖全国的曼达林,具有授予或剥夺他们职位的权力。第二个部叫户部,监管皇帝的赋入和税收。第三个部叫礼部,组织和安排典礼仪式。第四个部叫兵部,管理全国的军事、将官和士兵。第五个部叫刑部,承担对罪犯的审理权,处

---

① 〔葡〕安文思:《中国新史》,第92~93页。
② 参见〔葡〕安文思:《中国新史》,第93~94页。
③ 参见〔葡〕安文思:《中国新史》,第94页。
④ 〔葡〕安文思:《中国新史》,第95页。
⑤ 参见〔葡〕安文思:《中国新史》,第95页。

罚违法者。第六个部是工部,负责皇帝的工程建筑。……这六部的首脑,因其职位,属于第二品曼达林中的第一级,他们叫做尚书。例如礼部尚书,即礼仪部的首脑;户部尚书,即皇室赋税部的首脑。每位首脑有两个助手,第一个叫左侍郎,即左手的头目,另一个叫右侍郎,即右手的头目,这两个助手属于第二品中的第一级。这三个首脑还有其他几种头衔,例如,头一个叫大堂,第二个叫左堂,第三个叫右堂。①

接着,安文思用详尽的文字第一次向西方介绍了各部办案的基本流程:

这六个部的办事程序如下。当某人有事申诉时,他把事由写在一张状纸上,状纸按照规定的格式和大小书写。然后他前往官府,击响在第二道门旁边的一面鼓,然后跪下,双手将状纸高举过头。这时一个负责的吏员将它收下,送给大堂的曼达林,曼达林呈交给第一位首脑,如首脑缺席,交给他的助手,他们看了申诉,或批准或拒绝。如果他们不受理,就把状纸或申诉书退还给申诉人,有时命令责打他一顿鞭杖,因为他无理扰乱公堂,或者由于其他令他们不快的充足理由。如果申诉被接纳,第一位首脑将它交于负责管这类事情的下属部门,审查事由,提出意见。这个部门审阅后,提出他们的意见,再送回第一位首脑,这时首脑作出裁决,或有所增添、删减,或对下级法庭所作的判决不加改动地予以批准。如果事关重大,他命令同一部门对案件作出书面说明,然后与他的助手一起审阅,再交给曼达林监察官。监察官交给皇宫内的内阁顾问,内阁审查案件,上呈皇上,皇上通常命令该部再审。然后内阁顾问把案子交给监察官,监察官阅过皇上的旨令,将它送给第一位首脑,首脑再命复查。然后送回给监察官,监察官交给内阁的顾问,上呈皇帝,这时皇帝作出他的最终判决。这一判决以同样的方式送回给第一首脑,他把有关的判决通知当事的两方,于是案件结束。如果案件是由省的法庭送往朝廷,那么案情要密封,直接交给皇帝的监察官。监察官开封阅读,再送交给第一首脑,首脑按前述程序进行。②

(二) 安文思对中国法中司法和监察制度的论述

在介绍"六部"时,安文思还用十分详尽的文字对各部的具体职责分别

---

① 〔葡〕安文思:《中国新史》,第96~97页。
② 〔葡〕安文思:《中国新史》,第97~98页。

进行了介绍,^①其中在对"刑部"的介绍中,他用比较的方法介绍了刑部的权限、组成以及中国古代司法中死刑的执行、"天人合一"的刑罚观、"秋冬行刑"和"大赦"等制度。是谓:

> 第五个部叫刑部,类似 Tournelle,即法国议会刑事庭,权力及于全国。他们按国法审查、拷问和惩处罪犯。国法大都是极公正和符合理性的。那么如果这个部的曼达林,还有其余各部的,均能正当遵守法纪,就不会每天发生非法和暴虐的事件。……朝廷的各部都审理他们职责之下的罪案。不过,当罪行严重超过一般的惩罚,如没收财产、放逐或死刑,他们就把案件和犯人送交刑部,在那里再作审讯,公布最后的裁决。在这个部内,设有十四个下属法庭,每个法庭分管国内的一省。^② 而法庭给罪犯施加的刑法及死刑有各种方式,我在此略而不谈,以免显得冗长。我只说说中国人的一个风俗,它和欧洲的习惯很不相同。在欧洲,贵人被断头,普通罪犯被绞死,而在中国,一个人最大的耻辱莫过于斩首。因此当皇帝对一个被判死刑的贵人或曼达林表示格外开恩时,就赐给他一条很软的丝巾让他自尽,而不用绞索。中国人所以有这种偏见的理由是因为他们说,如果必须砍头,那就是对父母不孝,父母给予他们完整的身体,而他们因不孝和罪孽而使肢体分开破损。……这个部保留的刑法中有一条是古代帝王所制定,我不能略而不述:当罪犯因表现好,或者其他值得开恩的原因,不管他是在春季、冬季或夏季被判死刑,他将得到缓刑,直到下一年的秋季末。因古代中国人的风俗是,如果发生王子诞生或婚配或其他喜庆事件,或地震后,或出现任何特殊季节天象的变化,除少数特殊情况以外,都要释囚于狱。从而,那些得到缓刑的犯人可能获得自由,或者至少可以多活几个月。^③

值得注意的是,安文思这段对于刑部的介绍应该是明末清初之际最为完整和准确的。

除中央刑部以外,作者还比较全面地向西方介绍了清朝中央"三法司"

---

① 参见〔葡〕安文思:《中国新史》,第 98～103 页。

② 据《清史稿·刑法志》记载:"刑部初设十四司,雍正元年,添置现审左右二司,审理八旗命盗及各衙门钦发事件。后复改并,定为十八清吏司。"可见,安文思对于中国清代前期刑部的描述是十分准确的。参见中国政法大学法律古籍整理研究所编:《中国历代刑法志注释》,吉林人民出版社1994 年版,第 1040 页。

③ 〔葡〕安文思:《中国新史》,第 101～102 页。

的另外两个司法机关——都察院和大理寺。

都察院在清代素有"掌司风纪,察中外百司之职……凡重辟则会刑部、大理寺以定谳"的职责和功能。对于这一"风宪衙门",安文思对清初的各种监察形式进行了非常全面的介绍:

> 在叫做都察院的衙门任职的曼达林,是朝廷及全国的检察官。其首脑在地位上与六部的首脑相等,因此他属于二品的曼达林。他的第一助手是三品,第二助手是四品,其余为数众多且握有大权的曼达林属七品。他们的职责是朝廷和全国监督臣民是否严格遵守法律和维护良好风尚,并见诸施行;曼达林是否公正和真实地尽职,对百姓是否尽到义务等。他们在自己的衙门处罚犯小过失者,大案则上报皇帝。每三年要作一次大巡访,外派十四名巡访使,即每省一员。当巡访使进入各省时,他们凌驾于总督及其他大大小小曼达林之上,而且以威严、权势和凛然之气使他们慑服。……他们对巡访使之害怕,不是没有道理的,因为巡访使有权免去他们的官职,毁灭他们的前程。……这次巡访叫做大察,即大的巡察。这个衙门每年还要作第二次巡视,叫做中察,即中巡察。……第三次巡访叫做小察,即小巡访,这种巡访每三月进行一次,常常派出秘密和伪装的巡防使,有时到一省一城,有时到另一处,这样他可以得到某个以暴虐和贪污而知名的曼达林的真实信息。除了这些巡访之外,这个部每三年向每省派出一名叫学院的巡访使,并向每个城市派出一个提学,去考核学士,并且制止他们凭特权压迫百姓。这些人有权逮捕并鞭杖违犯者,当证明他们不可改正时,就贬斥和给予严厉处罚。最后,这个衙门在认为需要时派出一名叫做巡河的巡访使去查勘我们已谈到的著名的运河,巡视其中的船只。这种巡访,要比其他为这类巡访而派遣的使者赢得更大的荣誉和利益。①

这里安文思记述清初都察院的意义在于:他向西方表明都察院在清初已经大致丧失了司法审判和秋朝后审录决囚的职能,回归到对各级官员行使监督权上。这一点与前述伊比利亚时代葡萄牙人和西班牙人以及之前耶稣会士的介绍有所不同。同时也表明,在安文思记述都察院的时候,清初都察院延续明代巡按御史监督地方官僚犯罪的职能还在。因为《圣祖仁皇帝实录》记载,到顺治十八年(1661)正月,由四辅臣下令各省巡按停止。

---

① 〔葡〕安文思:《中国新史》,第108~109页。

对于清初的都察院，安文思还提到了其下设的一些部门和职能，这在同时期其他耶稣会士的相关著述中，应该是最为全面和突出的：

> 这个衙门的官员居住在一座大府宅内，他们之下有二十五个下属衙门，分为五类，每类有五部，设五个首脑，有许多助手和下级吏员。第一类的五部叫做五城察院，即京城五个城区的巡访御史，分别负责巡视南墙及邻近城区、北部城墙、东部城墙、西部城墙和中央城墙。这些曼达林权力极大，因为他们有权审讯和处罚百姓以及曼达林和大贵人的家仆。如犯法者情节严重，他们就把罪犯送交刑部。
>
> 第二类的官员叫做五城兵马司，即五个城区的首脑。第三类的官员叫做衙前，即副指挥。另两类的职责是逮捕小偷、盗贼、歹徒、赌棍、无赖等；把他们收系于狱，直到他们让位于大强盗。他们的职责还有：白天防御，晚间巡逻，并安置哨兵通报谁家失火。防御的校尉也隶属于这两类。每十户有一个叫做牌的校尉，每个牌头有一个叫做总甲的校尉，他负责向衙门报告在其辖区内发生的违犯法律和城市良好风俗的事，外国人何时来到城里，或者其他新奇的事。①

这里安文思向西方第一次提到了都察院下辖的五城巡城御史及所属的五城兵马司负责维持京城城区治安，处置笞杖轻刑案件的信息。

对于大理寺，安文思较为准确地描述出清初大理寺"驳正"功能虚置，仅具有"奉三法司核议事理"这一功能（在"三司会审"中扮演的角色）的变化：

> 大理寺即大道理的部，之所以这样称呼，是因为他们有权审理有疑问和复杂的案件，裁定或取消其他部的判决，特别是涉及有关国家、皇帝臣属的名誉和生命的罪行。这个部的首脑是三品，左、右两助手官员是四品，下属曼达林甚多，属五和六品。当刑部判决某个有地位的人或其他贱民的死刑，皇帝发现判决的理由存在疑问时，他就把案子交给三法司，可以称为是他的良心审议司。这时三部会集，大理寺、都理院（都察院——引者注）即巡访御史所属的部及刑部。三司当面审问原告和被告，经常否决原判。如果审讯官没有收刑部的贿赂，或者没有足够的钱和手段收买另两个部，那么他们按理和法审讯，皇帝通常批准这三个

----

① 〔葡〕安文思：《中国新史》，第109页。

部的裁决。①

　　值得注意的是,安文思除了介绍都察院和大理寺之外,还介绍了国子监、儒学、科道、通政司、太常寺、太仆寺、钦天监、太医院、鸿胪寺、上林苑、尚宝司、锦衣卫、税课司、督捕、府尹和宗人府等部门。② 通过仔细的观察,他还发现,除中央三法司外,锦衣卫、督捕、顺天府以及宗人府也享有司法权,这一观察等于向西方说明中国古代具有"多头司法"的传统。③

　　在介绍完中央司法机关后,作者还对清初地方四级司法机构"省督抚、省按察司、府(直隶州、厅)、县(散州、厅)"有较为详细的介绍。④ 难能可贵的是,作者还对地方基层司法中的"乡约"制度进行了记述:"在没有曼达林的小镇,这项工作交给四五个叫做老人的诚实老者去做,他们有一个首领,叫做乡约或地方。此人每晚也唱同样的歌,而且每月初一、十五召集居民,用譬喻和事例向他们解释这些训诫的涵义。我认为对此应略加记述,让读者知道这个民族的道德品质、智慧和良治。"⑤

(三) 安文思对中国法的评价与分析

　　就对中国法的评价而言,安文思的态度是矛盾的。一方面,他整体上认为中国的政制和法律在设计上是完美的;另一方面,却认为是官员们德行上的欠缺导致腐败盛行,影响良好政制和法律的实现。对此,他写道:

　　　　如果曼达林在审判的过程中按律法办事,符合皇帝之意,那么中国会是世上最完美、治理最好的国家。但实际上他们外表一本正经,内心则是虚伪、邪恶和凶残的。他们干了无数诡诈欺骗之事,罄竹难书。因此我只谈这一件事:要想遇见一个不贪赃枉法的曼达林,简直是天大的难事。他们不管执法公正与否,只管谁送的钱多,礼送得大。因此这些贪婪和血腥的官员置人民的生命、财产和体面于不顾,就像许多饿狼一样去满足他们亵渎神明的贪欲。而我们所说之事至今在六部都是普遍的。⑥

① 〔葡〕安文思:《中国新史》,第111~112页。
② 参见〔葡〕安文思:《中国新史》,第106~116页。
③ 关于中国古代"多头司法"的现象及其成因分析,参见陈晓枫:《官本位:中国法律文化的基本构型》,《江苏行政学院学报》2010年第6期。
④ 参见〔葡〕安文思:《中国新史》,第118~120页。
⑤ 〔葡〕安文思:《中国新史》,第110页。
⑥ 〔葡〕安文思:《中国新史》,第98页。

　　因此我相信世上没有任何国家能够有如此更完善的政体，如果官员的品行和诚实与政治制度相符的话。但因为他们不信仰真实的上帝，也不知另一世界的永恒酬奖和惩罚，他们不顾良心的谴责，把声色、地位和财富作为他们的快乐。因此，为得到这些虚无的好处，他们破坏神和人的律法，把宗教、理性、公正、诚实及一切亲属友谊的权益都践踏在足下。下级吏员只知如何去欺骗上级曼达林，而各部的人及所有官员只知如何去欺骗皇帝：他们知道怎样施用诡计和手腕，利用奏章中的言辞，如此温和、诚实、敬重、谦逊而且充满谄媚，并且用如此可信，看似公正的理由，使被骗的君王常常把最大的谎言当成是神圣的真理。所以百姓发现自己不断地受到毫无道理的欺压和迫害，发出怨言，起来造反，造成很大的破坏，国家变化很大。不管怎样，中国法律的优点和完善没有理由因官员的堕落和邪恶而受损。①

　　显然，安文思这里将中国法按照"实然"与"应然"的标准加以区分，"实然"与"应然"的差别在于中国的官员"不信仰真实的上帝"以及内心缺少对"彼岸世界"的敬畏。应该说，这样的分析当然有耶稣会士传教的意图，但也提出了一种分析中国法的全新范式，即"表达与实践"的两分叙事。

　　最后，值得注意的是，在安文思的著作里有了一种观察中国法的新变化，即在之前单纯描述的基础上，开始试图解释中国法。如他在文中就向西方分析"这个国家良好的政体、曼达林"形成的原因，当然他将原因归结于一个人——孔夫子。这也为后来18世纪初期西方的中国形象中"孔夫子的中国"埋下伏笔。对此，他写道：

　　　　如果中国因我们所述之事而值得称羡，那么它的优良治理当然就更加享有声誉。……这个国家所奉行的三条律法，他们称之为文人的律法，是首要的和最古老的。其宗旨在于国家的良好治理，为此他们撰写了许多文章和注解，这是值得称赞的事。古时孔夫子写了一篇论述这个题目的文章，叫做《中庸》，即 *Golden Mediocrity*，其中他教导说，一个有德行的君王应具有九德并做九件事。②

　　实际上这一时期，耶稣会士柏应理已于1687年在法国巴黎出版了《中

---

① 〔葡〕安文思：《中国新史》，第123页。
② 〔葡〕安文思：《中国新史》，第92页。

国哲学家孔夫子,或者中国知识,用拉丁文表述,通过殷铎泽、恩理格、鲁日满和柏应理的努力》(*Confucius Sinarum Philosophus, sive Scientia Sinensis latine exposita studio et opera Prosperi Intorcetta, Christiani Herdtrich, Francisci Rougemont, Philippi Couplet*)一书。① 该书向西方世界第一次较为全面地介绍了中国文化的哲学基础——孔夫子的思想,并试图说明这种思想是充满理性、逻辑性和系统性的。而正是孔夫子思想在中国创立了一个开明的君主政体,即那些在四书五经熏陶下的圣君明主,不是通过暴力,而是用知识、劝说和爱去治理他的国家和人民的。如柏应理在该书序言中就指出,中国政治伦理有两大动力:"首先是国王的利益与臣民的利益密切相结合,以至于完全融合为同一体;其次是国王的表率行为对于臣民的决定性作用。"②

如果细究起来,对于中国儒学经典的翻译早在 1662 年就已经开始。在华传教团在江西建昌翻译出版了《中国智慧》(*Sapientia Sinica*),该书包括 2 页的孔子传,14 页的《大学》译文和《论语》的前 5 篇。也是在这一年,郭纳爵神父把《大学》和《论语》翻译后,以《中国科学提要》(*La Science des Chinois*)为名出版。1667 年至 1669 年,殷铎泽神父(Prospero Intorcetta, 1625~1696)翻译了《中庸》,以《中国政治道德科学》(*Sinarum Scientia Politico-moralis*)为名于 1672 年在巴黎出版。③

六、基歇尔的《中国图说》

随着 1659 年意大利人卫匡国(Martino Martini, 1614~1661)④的到来,以及其 1654 年在安特卫普出版的《鞑靼战纪》(*De Bello Tartarico*)⑤、1655 年在阿姆斯特丹出版的《中国新图志》(*Novus Atlas Sinensis*)和 1658 年在慕尼黑出版的《中国上古史》(*Sinicae Historiae Decas Prima*)在欧洲掀起的巨大

① 关于《中国哲学家孔夫子》的介绍和研究,详见〔法〕梅谦立:《〈孔夫子〉:最初西文翻译的儒家经典》,《中山大学学报(社会科学版)》2008 年第 2 期。对于该书具体内容的介绍与研究,参见〔美〕孟德卫:《奇异的国度:耶稣会适应政策及汉学的起源》,第 279~312 页。
② 〔法〕维吉尔·毕诺:《中国对法国哲学思想形成的影响》,第 439 页。
③ 参见〔美〕孟德卫:《奇异的国度:耶稣会适应政策及汉学的起源》,第 271~272 页。
④ 卫匡国,字济泰,意大利人,1631 年加入耶稣会,1643 年来华,在江南地区传教。因"礼仪之争",在华耶稣会派其赴罗马教廷申辩,在欧期间出版《鞑靼战纪》《中国新图志》等书。1658 年带领南怀仁等人再次来华,居住在杭州,1661 年死于该地。参见方豪:《中国天主教史人物传》,第 307~310 页。
⑤ 《鞑靼战纪》的中文译本,参见〔意〕卫匡国:《鞑靼战纪(鞑靼在中国战争的历史)》,戴寅译,载杜文凯编:《清代西人见闻录》,中国人民大学出版社 1985 年版,第 1~68 页;另见〔意〕卫匡国:《鞑靼战纪》,何高济译,大象出版社 2004 年版,第 189~247 页。

感召力,①柏应理、鲁日满(François de Rougemont，1624～1676)、南怀仁、刘迪我(Jacques le Faure，1613～1675)、洪度贞(Humbert Augery，1618～1673)、乐类思(Louis Gobet，1609～1661)、穆格我(Claude Motel，1618～1671)、穆迪我(Jacques Motel，1619～1692)和穆尼阁(Nicolas Motel，1622～1657)等一批来自荷兰和法国的耶稣会士陆续来华传教。②

到 1663 年,在华耶稣会士们对他们在大清王朝的未来感到无比自信。安文思在写给罗马的年信中声称:"从来没有哪个朝代的传教团能受到这样高的待遇。"③1663 年,在华耶稣会住院数增加到 20 处,分布在 10 个省。尽管这些耶稣会士们如同他们的前辈一样,也会在书信和个人作品中介绍中国法,④如卫匡国的《中国新图志》在中国地理方面具有权威性,"在接下来的两个世纪里,欧洲有关中国地理的认识也没有太多改变",但简短的内容不足以与上述利玛窦、曾德昭等人的作品相媲美。⑤ 但总体而言,德国耶稣会士基歇尔的《中国图说》应是卫匡国之后这一时期耶稣会最为重要的总结。

(一)《中国图说》的地位与特点

之所以说基歇尔的作品是耶稣会第一时期对于中国介绍的总结,原因有三:

第一,基歇尔文化素养更高。用该书英译者查尔斯·范图尔(Charles D. Van Tuyl)的话讲,基歇尔是那个时代最著名的人物之一,他用拉丁文出版了 40 余部著作,涉及自然学到东方学等很多领域,被誉为"最后一个文艺

---

① 卫匡国的《鞑靼战纪》是"17 世纪欧洲人了解满族人征服运动的最佳描写。拉丁语版重版了 7 次,并被翻译成 9 种欧洲其他语言。到该世纪末,共出了 25 个版本或译本。德语译本由布劳 1654 年在阿姆斯特丹出版"。卫匡国 1658 年出版的《中国上古史》"是欧洲人首次认真书写中国历史的一次尝试。它追溯了从原初时代到耶稣诞生或者汉朝时代的中国历史"。根据卫匡国的纪年法,"在人们普遍认可的圣经大洪水时代即公元前 2349 年之前,中国已经有 7 位皇帝统治的历史了"。参见〔美〕唐纳德·F.拉赫、埃德温·J.范·克雷:《欧洲形成中的亚洲》,第三卷(发展的世纪),第一册下,许玉军译,人民出版社 2013 年版,第 624～625 页。但是,有论者指出实际上在卫匡国出版《中国上古史》之前,葡萄牙耶稣会士何大化于 1634 年就开始撰写,并于 1654 年 1 月 20 日在福建完成了《中国分期史》(*Historia da China dividida em seis idades tirade dos Livros Chinas e Porugueses com o continuo estudo e observaçoes de 20 annos*,全名为《中国六个时代的历史——据中文和葡文书籍以及本人二十年的研究和观察撰成》)。遗憾的是,该书从未出版,唯一手抄本现藏于马德里王家历史学院图书馆。参见董少新:《葡萄牙耶稣会士何大化在中国》,第 216～218 页。有关卫匡国的著作及其贡献,参见〔美〕孟德卫:《奇异的国度:耶稣会适应政策及汉学的起源》,第 100～130 页。

② 参见〔美〕柏理安:《东方之旅:1579—1724 耶稣会传教团在中国》,第 126 页。

③ 〔美〕柏理安:《东方之旅:1579—1724 耶稣会传教团在中国》,第 164 页。

④ 参见〔美〕柏理安:《东方之旅:1579—1724 耶稣会传教团在中国》,第 162～165 页。

⑤ 参见〔美〕唐纳德·F.拉赫、埃德温·J.范·克雷:《欧洲形成中的亚洲》,第三卷(发展的世纪),第四册,第 4～5、12 页。

复兴人物"。①

第二，他与许多在华耶稣会士关系紧密，其作品建立在"第一手材料"基础上。基歇尔是卫匡国的数学老师；卜弥格和白乃心（Jean Grueber，1623～1680）来华前曾许诺定期将东方见闻写信给他；曾德昭、卫匡国等返欧后都曾与他见过面，提供有关中国的信息和资料。② 基歇尔在撰写《中国图说》时似乎已经了解了大部分耶稣会士撰写的有关中国的作品。例如，他指出："公元1636年，神父们已经出版了约有三百四十种的关于宗教、道德、自然和数学的书籍。"③

第三，他关于中国的作品在欧洲影响更大。1667年基歇尔在阿姆斯特丹出版拉丁文的《中国的宗教、世俗和各种自然、技术奇观及其有价值的实物材料汇编》（*China Monumentis, qua Sacris qua Profanis, Nec non variis Naturae & Artis Spectaculis, Aliarumque rerum memorabilium Argumentis illustrate*，简称《中国图说》）。该书出版第二年就有了荷兰文版，1670年又有了法文版，其内容被当时欧洲很多书籍广泛采用，并为当时很多欧洲重要学者所看重。④ 法国学者艾田蒲说："《耶稣会的阿塔纳斯·基歇尔的中国》，此书的法文版见于1670年，尽管编纂者是一个从未去过亚洲的神甫，但此书的影响比金尼阁的《游记》影响还要大。"⑤孟德卫也说："17世纪60年代后期和70年代，在欧洲人形成中国这个概念的过程中最有影响力的著作之一便是基歇尔的《中国图说》。"⑥

因此，基歇尔的《中国图说》应该是17世纪中叶左右，西方认识中国的"百科全书式"的作品，其意义在于使中国在西方走出了宗教领域，让更多的普罗大众知晓。对此，张西平先生评价道："《中国图说》在西方早期汉学中的地位在于它使西方汉学、使来华耶稣会士有关中国的报道走出了知识界，走出了宗教领域，而面向大众传播，成为后来18世纪欧洲'中国热'的前奏曲。"⑦

当然，同样需要注意的是，美国学者孟德卫提醒我们应区分17世纪耶稣会在华传教士的作品和欧洲对中国早期研究的作品（或称"早期汉学"）。

① 参见〔德〕阿塔纳修斯·基歇尔：《中国图说》，"英译者序"，第18页。
② 参见张西平：《神奇的东方——中译者序》，载〔德〕阿塔纳修斯·基歇尔：《中国图说》，第6页。
③ 〔德〕阿塔纳修斯·基歇尔：《中国图说》，第231页。
④ 参见张西平：《神奇的东方——中译者序》，第6～7页。
⑤ 〔法〕艾田蒲：《中国之欧洲：从罗马帝国到莱布尼茨》，上卷，第195页。
⑥ 〔美〕孟德卫：《奇异的国度：耶稣会适应政策及汉学的起源》，第131页。
⑦ 张西平：《神奇的东方——中译者序》，第16页。

尽管两者之间存在着紧密关联,即耶稣会士们为早期汉学家提供了"学术基础",但他们之间还是存在明显不同的。这种不同表现在:"耶稣会士撰写的著作绝大部分是很有见地的,并且是以他们在华长期的丰富经历为基础的。与此相反,撰写早期汉学著作的欧洲学者们则是热情远胜过学识。"①因此,基歇尔的《中国图说》显然属于"早期汉学"的作品。用孟德卫的话讲,与利玛窦神父们对当时中国文化的深刻洞见不同的是,"基歇尔对中国语言和文化所作的那种早期汉学式的解读,则是建立在他对中国肤浅理解基础上的"②。与此同时,基歇尔由于不是一个亲历者,他"在编写《中国图说》过程中的角色更像是一位非常积极的编辑,而不是作者"。孟德卫甚至称:"如果按当代的编辑方式,《中国图说》很可能就变成了一本由不同作者撰写的关于中国的文集。"③

(二)基歇尔对中国法特点的概括

与前述元代以后,西方赞美中国的强大与富庶一样,基歇尔在1666年12月献给耶稣会的最高领袖、最受尊敬的教皇约翰尼斯·保罗·奥利瓦神父(Fr. Johannes Paul Oliva)的献词中也承认,他将为其展示的中国是"一个巨大的、几乎无法估量的帝国"④。与前述传教士不同的是,基歇尔的这部著作虽然对中国的介绍更为全面和细致,并包含了大量珍贵的图片,但其着力点却是"大秦景教流行中国碑"⑤、通往中国的路线、耶稣会士撰写关于中国的作品、中国文字以及中国的人文与自然奇观,仅在第4章简单介绍了中国法的情况。

由于是耶稣会第一阶段总结性的作品,基歇尔在前述耶稣会士们作品的基础上,较为清楚地向西方明确了中国的地理和称谓,并澄清了历史上西方人一些似是而非的说法:

> 在所有王国中,中国最庞大,领土最广阔,因而世界的创造者把它放在亚洲最远的一端。中国一直完全不为人所知,直到公元1220年,威尼斯的马可·波罗用"契丹"一名称呼它时,它才第一次为我们所知,这个第一次为我们所知,这个话题下文将会讲到。

---

① 〔美〕孟德卫:《奇异的国度:耶稣会适应政策及汉学的起源》,第4页。
② 〔美〕孟德卫:《奇异的国度:耶稣会适应政策及汉学的起源》,第4页。
③ 〔美〕孟德卫:《奇异的国度:耶稣会适应政策及汉学的起源》,第135页。
④ 〔德〕阿塔纳修斯·基歇尔:《中国图说》,第3页。
⑤ 有关"大秦景教流行中国碑"的出土史略,详见徐宗泽:《中国天主教传教史概论》,第42~57页;阎宗临:《拜占庭与中国的关系》,载阎宗临:《中西交通史》,商务印书馆2021年版,第455~456页。

在东面,中国被东海环绕。在北面,长城将它同鞑靼分开。……而名称的混乱程度就和中国邻邦的差异一样大。葡萄牙人和西班牙人称它为"中国"(China),而古人如托勒密则称其为"Sin"和"塞里斯"(Serica)。阿拉伯人称它为"sin",萨拉森人(Saracens)则把它叫作"契丹"。可是所有这些名称中国人自己都不用,他们没有一个专门的名称来称呼自己的国家。中国人往往习惯于随着统治家族的改变而变更国名。……今天它有时被称作"中国",有时被称作"中华"。"中国"是指那里是极乐世界,土地肥沃,物产丰富;"中华"是居中的意思,因为中国人认为世界是正方形的,而他们的国家位于世界的中心。

整个帝国被大河与山脉分割成十五个省。其中的九个在南方,六个在北方。①

接着,基歇尔指出,中国的国家治理是按照儒家经典进行的,由饱读经典的士大夫实践,但皇帝拥有对所有事物的最终判断权:

如果说世界上曾有过按照政治原则治理国家的君主,那么我敢说,这就是中国人了。每件事情都按照既定的规则去的。饱学之士或智者掌管一切,并参与所有的事情。除非他受到过好的艺术和文学的教育,并通过严格的相关考试,否则得不到一官半职。这与家庭出身无关,如果他想做大官,他就必须学习更多的东西。就是这些人肩上担负着中华帝国全部的重任,他们通常被称作官员,是城市或省区的长官。他们遍布全国,如果有重要的事情发生,都由他们写信给皇帝汇报。皇帝的一切答复都具有法律的效力,他的命令立即被执行,否则就会遭到失去生命的惩罚,这可是最大的灾祸。……由于害怕受到惩罚,官员们尽职尽责到令人难以置信的程度,不偏向自己的亲属和朋友。②

对于支撑中华帝国治理的这套儒家伦理准则,基歇尔赞叹道:"这些道德不是冠冕堂皇的空话,而是脱离了凡世的高尚的、纯洁的、最简朴的行为准则,基督徒们也从中受益。"③这样的赞美还有:

---

① 〔德〕阿塔纳修斯·基歇尔:《中国图说》,第13～14页。
② 〔德〕阿塔纳修斯·基歇尔:《中国图说》,第221页。
③ 〔德〕阿塔纳修斯·基歇尔:《中国图说》,第222页。

> 中华帝国是世界上最富足和最强大的国家，它划分为十五个王国。它由一位拥有绝对权力的君主，比今日世界上其他国君的权力都大。……中国人的确有充分的理由把他们居住的地方称作"中国"或"中华"，这个词的意思是"中央之国"。中国人相信他们居于世界的中央，与其他的地方都分开了。"中华"还有"花园之中的国家"的意思，因为这里土壤肥沃、物产丰富。①

很明显，他的这段表述直接来源于前述利玛窦的作品。

值得注意的是，基歇尔在这里将中国政制优良的原因归结为"哲学王之治"和良善的法律：

> 同时帝国设立六个部分，负责整个帝国案件的审理、诉讼与调解；管理各项收入、礼仪、军队及公共建筑；还有由官吏及其属员管理的刑事法庭。皇帝设有枢密大臣，这些人是被称作"阁老"，他们在处理政务方面都有丰富的经验，其地位仅次于皇帝，在臣子中有着很高的地位。各种等级的地方长官被称作"mandarins"，他们因其学识引人注目，被皇帝委以管理城市与公共事务的重任。正如柏拉图在他的《共和国》一书中所设想的那样，整个共和国只由文人来管理。柏拉图说："在美好的共和国，国王是哲学家，换个说法，在这样的国家中，哲学家应成为国王。"……如果一个帝国没有一个良好并稳固的法律，那它就不可能保持国内的和平和稳定，也就不可能出现上述的局面。②

这样，基歇尔在耶稣会士关于中国的描述中，发现了柏拉图《理想国》中的"哲学王"统治，这一说法也成为后来一个多世纪西方人对中国法形象的核心认知。

值得注意的是，1670年法文版《中国图说》的"附录"部分，还收录了《耶稣会士白乃心神父对托斯卡纳大公爵所提诸问题之简要回复》（下文简称《回复》）。该《回复》以问答的形式出现，其中涉及大公爵询问神父清朝开始统治中国前"是否有自己的习俗、法律，以及与中国相近的管理形式，还是比较粗鲁野蛮"的问题。对此，白乃心神父回答说：

---

① 〔德〕阿塔纳修斯·基歇尔：《中国图说》，第307页。
② 〔德〕阿塔纳修斯·基歇尔：《中国图说》，第309～310页。

　　根据汤若望神父所作的历史以及我个人的知识来看,我确定,在占领中国以前,这个民族并没有一部世俗法律。人们身着鱼皮或兽皮,即使他们中最崇高的人物,除了从汉人那里学到的些许文明礼仪之外,本身也是野蛮不堪。至于他们的政治管理,则完全是野蛮加暴力,还靠此征服了中华帝国。而如今,他们向汉人学到了仁慈,并且几乎原封不动地接受了汉人的宗教……在其他方面,鞑靼人对于正确的事物和观念,也都比较理智而愿意遵从了。[1]

　　此外,在《回复》中,白乃心证实了前述《马可·波罗游记》的真实性。[2] 1670年法文版《中国图说》在附录中还有一部最早的《法汉词典》。另外,基歇尔在此书中还将 1625 年在陕西盩厔(今周至)出土"大秦景教流行中国碑"的碑文内容以印刷清晰、编号便捷的形式呈现给欧洲读者,此学术贡献意义非凡。[3]

　　尽管基歇尔的作品中关于中国法的记述并不是很多,但基歇尔作品的意义在于:他将原本属于天主教会世界对于中国的记述和表达,呈现在西方普通人的面前。对此,他说道:"现在我出版这本书,为的是把耶稣会神父在相隔辽阔海洋的遥远之地所做的工作,以及他们所看到的,呈现在众人面前。"[4]

七、聂仲迁的《清初东西历法之争》

　　这一时期法国耶稣会士聂仲迁神父撰写的《鞑靼统治时代之中国史》(*Histoire de la Chine sous la domination des Tartares: 1651-1669*,又称为《清初东西历法之争》)涉及大量中国法信息,其中涉及 1664 年"历狱"的详细信息。有论者称该书"或许是第一部致力于描述清代中国的专著",书中"包含一些关于顺治在位、鳌拜摄政(1661~1669)时期中国政治状况的描写","详述了中国法律与行政管理各方面的情况"。[5]

　　聂仲迁 1614 年生于法国夏朗特的奥贝特地区,1656 年到达澳门,在经历了 1664 年"历狱"后,于 1666 年至 1668 年在广州被关押期间撰写了《清

---

①　〔德〕阿塔纳修斯·基歇尔:《中国图说》,第 421~422 页。

②　参见〔德〕阿塔纳修斯·基歇尔:《中国图说》,第 423~424 页。

③　据徐宗泽先生考证,该碑于明熹宗天启五年(1625)在陕西盩厔(今周至)被发现,后运至西安府金胜寺(即崇仁寺)。参见徐宗泽:《中国天主教传教史概论》,第 48~49 页。

④　〔德〕阿塔纳修斯·基歇尔:《中国图说》,第 406 页。

⑤　参见〔美〕唐纳德·F. 拉赫,埃德温·J. 范·克雷:《欧洲形成中的亚洲》,第三卷(发展的世纪),第四册,第 133 页。

初东西历法之争》一书。该书于 1670 年被殷铎泽带到欧洲，寄给巴黎的耶稣会，1671 年法文版先行出版，1672 年"续编"也正式出版。该书不仅是同一时期有关天主教早期在华传播史最为重要的作品，[1]而且是这一时期在华传教士介绍"历狱"最为权威的作品。[2] 该书共分 4 个部分，即"第一部顺治帝在位期间发生的事件""第二部康熙帝未成年时期发生的事件""第三部康熙帝未成年后期及亲政初期发生的事件"和"中国历史续编"。

在该部著作中，聂仲迁称顺治帝称帝时，只有德国的汤若望神父在北京，1646 年被任命为钦天监监正，并废止了汉人和伊斯兰教数学家所使用的旧历法，采用"西洋历法"。顺治帝十五岁亲政后更是对汤若望荣宠有加，不仅让其官至一品，有"直接将奏折呈递"的特权，而且尊称其为"玛法"（Mafa，尊者、老师或父亲的含义），并赐用满文和汉文写成的"通微教师"匾。[3]

聂仲迁在书中还记载了荷兰使团觐见的情况。该使团于 1656 年 3 月 17 日从广州出发，同年 7 月 17 日到达北京。当中华帝国礼部官员了解到"一个共和国政体国家中的社会治理方式"以及"使节们与奥兰治君王（Prince d'Orange）一点亲缘关系都没有"之后，觉得难以理解。后来，礼部官员在顺治帝的授意下，按照"宾礼"的要求，把荷兰国书"恭敬地放置在一个银盘里，用三层朱红绸缎包好"。荷兰使团想让清帝国同意他们享有通商、自由出入、居住中国、每三年赴北京觐见的权利。他们在同年 10 月 2 日受到了顺治帝的接见。按照"宾礼"的规定，"次日又是大摆宴席，第三次宴席是在 10 月 4 日，皇帝赏赐了他们礼物，他们也都下跪接受了"。10 月 16 日，

---

[1] 除聂仲迁的著作外，还有之前汤若望 1665 年在维也纳出版的《耶稣会在中国传教史》（*Historica Narratio de Initio et Progressu Missionis Societatis Jesu apud Chinenses*）、鲁日满 1672 年在里斯本出版的《鞑靼中国新史》（*Relacam do Estado Politico e Espiritual do Imperio da China*）、殷铎泽 1672 年在罗马出版的《1581—1669 中国教会状况概述》（*Compendiosa Narratione dello Stato della Missione Cinese, cominciando dall'anno 1581 fino al 1669*）、毕嘉 1673 年在维也纳出版的《鞑靼人入关后中国天主教之发展》（*Incrementa Sinicae Ecclesiae, A Tartariss Opougnaatae*）以及闵明我 1676 年在马德里出版的《中华帝国历史、政治、伦理及宗教论集》（*Tratados Historicos, Politicos, Ethicos, y Religiosos de la Monarchia de China*）等等。参见〔美〕柏理安：《东方之旅：1579—1724 耶稣会传教团在中国》，第 164 页。其中涉及闵明我《中华帝国历史、政治、伦理及宗教论集》的相关内容与研究，参见张铠：《西班牙的汉学研究（1552—2016）》，第 360～363 页。

[2] 这一时期关于"历狱"的报告除了聂仲迁，还有陆安德（Lubelli）、张玛诺（Jorge）、利安当（Santa Maria）、潘国光（Brancato）、毕嘉、鲁日满、格尔夏（García）和殷铎泽的手稿或著作。参见〔法〕聂仲迁：《清初东西历法之争》，解江红译，暨南大学出版社 2021 年版，"梅谦立序二"，第 3～4 页。利安当所著《在华迫害纪实（1664—1666）》（*Relacion de la Persecucion en China, 1664-1666*）的详细内容与研究，参见张铠：《西班牙的汉学研究（1552—2016）》，第 298～338 页。

[3] 参见〔法〕聂仲迁：《清初东西历法之争》，第 2～8 页。

使节们收到了顺治帝回复的国书,但只获得八年来京觐见一次的权利,其他包括自由贸易在内的主张,并未获准。①

（一）聂仲迁对"历狱"第一阶段的记述

聂仲迁在书中论述最多的应是"历狱"。他先介绍了发动这场"历狱"的始作俑者——杨光先。聂仲迁在书中说他虽为官员,但为了钱财或其他私人目的,经常诬陷勒索其他人。在论说此过程中,他介绍了三种上疏皇帝的方式:

> 通常有三种方式可以上疏给皇帝。第一种方式是将奏折交给通政使,他是负责接收及检查奏折的高级官员;第二种方式是依据所述事情的性质将奏折交给六部中相关的那个部门主管——尚书;第三种方式是人们在其他方式没有成功时才采取的一种办法,他们来到宫门前,等候皇帝出行。有诉求的人手里拿着奏折,皇帝看见后就会亲自或者让随从接过来。如果有时候皇帝没有走出宫门,那么想上疏给皇帝的话,就敲三下宫门口的一面大鼓。几个官兵就会跑出来,抓住打四十棍,但接下来就没有人可以阻止他们向皇帝递奏折。设置这个听起来奇怪的法律是避免有人有意阻拦百姓上诉。②

他指出,杨光先经常利用第三种"死谏"的方式,以实现自己的目的。

后来,杨光先与陷害过汤若望被革职的礼部原尚书恩额德一起攻击天主教,③并撰写《辟邪论》四处诋毁。针对杨光先的诋毁,利类思和安文思两位神父撰写《天学传概》予以驳斥。然而,杨光先又撰《不得已》再次攻击,指控刊印《天学传概》的李祖白和为辩解书作序的许之渐,认为天主教"是叛乱者的宗教",是邪教,而"汤若望是首领",南怀仁、利类思和安文思则是"叛乱策划者"。④

为了更好地让罗马教廷和欧洲人了解杨光先的指控,聂仲迁神父用大段的文字介绍了中华帝国中央一级政制的设置。他首先介绍了"皇帝的私人内阁",称该"内院"由"十四名阁老组成","汉人官员七名,鞑靼官员七

---

① 参见〔法〕聂仲迁:《清初东西历法之争》,第9～11页。此内容在利安当的著作中也有记载。参见张铠:《西班牙的汉学研究(1552—2016)》,第306页。

② 〔法〕聂仲迁:《清初东西历法之争》,第20页。

③ 聂仲迁在书中曾记述了礼部原尚书陷害汤若望的案件。参见〔法〕聂仲迁:《清初东西历法之争》,第12～14页。

④ 参见〔法〕聂仲迁:《清初东西历法之争》,第45～50页。

名，均为声望极高的大臣"。接着，又依次介绍了"六部"，指出"在鞑靼人入主帝国之前，每个部门只有一名最高官员，但如今有两名，称为'正堂'"，"分别为一名汉人和一名鞑靼人，拥有同等的权利"。① 对于大清帝国官制的这一特点，聂仲迁说道："朝廷中鞑靼人占据了两倍的职位，这样每处衙门都有一名鞑靼人官员，另外设一名汉人官员。这是鞑靼人的一种策略，因为看到自己还不具备独自处理国家所有事务的能力，而又不信任汉人，于是这样处理。"②

此外，聂仲迁还介绍了六部中的"书吏"，并借助介绍户部和刑部中的书吏，提及了清代重案在中央一级的处理程序：

> 除此之外，每个部门还设有四位低级官员，都统称为"书吏"，也同样是由鞑靼人和汉人分别担任。在财政部门及刑事部门，由于案件数量巨大，每个省份都设有一名低级官员，即书吏。来自各省份的所有案件通常由最高官员分发给某个低级官员，让他先查看，然后做份报告上交，正堂宣判后将判决书递交给皇帝，辅政内阁先予以审核，然后再由皇帝依据自己喜好来决定是支持、撤销或者减轻刑罚判决。③

之前的耶稣会士一般会介绍明清时期的"审转复核程序"，但不会对刑部内部的运作以及与内阁和皇帝之间的运作关系进行交代，而此处聂仲迁却介绍得较为详细。实际上，按照清初的制度设计，刑部上奏的题本在到达御前必须经过内阁票拟，尤其是当地方督抚和刑部或三法司之间意见不统一时，内阁票拟的意见会最终影响皇帝的决策。④

最后，聂仲迁对于刑部如何处理涉及死刑的案件进行介绍，其中提及了"三司会审"以及内阁审核和皇帝的核准：

> 如果刑部被宣判死刑，那么刑部最高长官则会再等候二十日才能下令执行判决。与此同时，刑部还必须召来两名高级官员：一名为都察院，另一名为大理寺，与他们一起再次会审。三名官员组成的理事会被称为"三法司"，即"三司会审"（Triumvirat）。尽管如今这个理事会是由

---

① 参见〔法〕聂仲迁：《清初东西历法之争》，第50~51页。
② 〔法〕聂仲迁：《清初东西历法之争》，第51页。
③ 〔法〕聂仲迁：《清初东西历法之争》，第52页。
④ 参见郑小悠：《人命关天：清代刑部的政务与官员（1644—1906）》，上海人民出版社2022年版，第433~437页。

六名官员组成:三名鞑靼人,三名汉人,然而仍延续旧名"三法司",每位鞑靼官员都有一位汉人同僚,彼此相互牵制,也受其他部门监督。死刑判决经三司会审后核准,通常情况下,在执行之前要呈报皇帝并交由内阁审核。如果皇帝核准,那就立即执行死刑。①

对于"历狱"的具体经过,聂仲迁记述最为详尽,有些细节甚至在中国现有的史料中也没有提及。他提到,由于"福音传教士是外国人,并且以宗教及数学之事被告发","因此原告杨光先就将诉状提交到礼部"。杨光先在《请诛邪教状》中,指控汤若望等人"职官谋叛本国,造传妖书惑众,邪教布党京省,邀结天下人心",并以顺治三年(1646)颁行的《大清律集解附例》(即"顺治律")中"谋叛"罪和"造妖书妖言"罪为据。②

礼部在收到杨光先的诉状后,"在同一天即1664年9月14日,正堂将诉状提交给皇帝,也就是四大辅臣,他们已经决定陷害汤若望神父,并将这个帝国所有的福音传教士驱逐出去。然而,按例他们要举行几次会议,特意召来几名官员审核诉状。他们并没有按照习惯在三日内将所有其他程序匆匆结束,而是将其保留了整整十日,亦没有进行任何回应。……十日后,他们宣布诉状中所讲内容极其重要,要将吏部和礼部两处集合在一起共同进行审核,然后才能宣布下一步决定安排"③。

聂仲迁的记载表明清初这场涉及"外国人"的"历狱",在程序上有如下两个特点:第一,涉及在京"外国人"有关宗教案件的初审衙门是礼部,而不是步军统领衙门、五城兵马司或刑部等衙门;第二,启动礼部审理案件的决定者是皇帝(摄政大臣)。对此,有论者指出,按照清朝的法律规定,后金国时期设立礼部时,礼部就有处理有关邪教案件的初审权。④另外,作为"外国人"的汤若望等神父之所以依"中国法"受审,实是因为他们属于清律"来降"的化外人。清初顺治律"化外人有犯"条规定:"凡化外人(来降)人犯罪者,并依律拟断。"⑤较之明律,清律增加了"来降"小注。按照清初律学家沈之奇的说法,"化外人既来归附,即是王民,有罪并依律断,所以示无外也"⑥。

---

① 〔法〕聂仲迁:《清初东西历法之争》,第52页。
② 杨光先:《不得已(附二种)》,陈占山点校,黄山书社2000年版,第5页。
③ 〔法〕聂仲迁:《清初东西历法之争》,第52页。
④ 参见那思陆:《清代中央司法审判制度》,北京大学出版社2006年版,第22~23页。
⑤ 王宏治、李建渝点校:《顺治三年奏定律》,载杨一凡、田涛主编:《中国珍稀法律典籍续编》,第五册,黑龙江人民出版社2002年版,第147页。
⑥ 沈之奇:《大清律辑注》,上册,怀效锋、李俊点校,法律出版社2000年版,第102页。

同年,9月25日礼部就开始了庭审。为了防止涉案当事人串供,被审讯者分为两列,被分别询问。"汤若望和他的同事南怀仁与钦天监副监正李祖白及汤若望神父的仆人潘进孝站在一列,利类思、安文思神父和进士许之渐、太监保禄站在另一边。"①

最先受审的是汤若望神父。聂仲迁在此顺便介绍了清代中国庭审中的问询规则:"在中国,审讯罪犯时,不仅仅要告知他,也要让他读自己所承担罪责的文字。在罪犯回复时,有一位书记员(有时会有两三个),将他所述之事逐字记录下来,并向其出示,以便罪犯看是否与他所讲完全一致,没有丝毫更改。……最后签字画押。"②

审讯先从"谋叛"罪开始。两部官员仔细审读了《天学传概》。原告杨光先指控说该书就是煽动民众暴乱的证据。对此,庭审官员提出了如下几个质询问题:"1.我们是否主张中国的第一位皇帝伏羲来自犹德(希腊罗马时期巴勒斯坦南部的一个省份——引者注);2.圣牌是否为区别谋反者的一种标记;3.为什么我们要给所有受洗的人一本《教理书》和一本标有礼拜日及节日的日历;4.这本辩解书的作者是谁;5.翰林院学士许之渐如何敢于为这本书作序;6.为什么南怀仁、太监保禄及潘进孝要四处散发这样一本邪书。"③

对于质询,神父们有针对性地回答道:"1.确实有提到伏羲,但是犹德并不是在欧洲,就像杨光先所猜测的那样,这是不正确的,并且出示了利玛窦在中国所刊印的一份地图来指明其位置所在;2.天主教徒用圣牌来纪念耶稣基督和他的圣徒;3.《教理书》是让信徒了解宗教奥秘的必备之物,日历是为了给他们标识出为崇拜真正上帝而举行宗教活动的不同日期;4.辩解书是利类思和安文思编写,只是为了刊印之便而用李祖白之名而已;5.许之渐为辩解书作序,并没有违背其对皇帝的忠诚之心,顺治皇帝亦曾保护传教士,他只是在序中赞扬了这门宗教;6.该书只是有关美好的教义,南怀仁、太监保禄及潘进孝认为可以四处分发。"④

同年,9月26日礼部将该案材料移交给下辖的一个司。该司再次审问了被杨光先指控的人。针对杨光先控诉神父们"谋叛"罪的指控,神父们辩解道:

① 〔法〕聂仲迁:《清初东西历法之争》,第53页。
② 〔法〕聂仲迁:《清初东西历法之争》,第53～54页。
③ 〔法〕聂仲迁:《清初东西历法之争》,第54页。
④ 〔法〕聂仲迁:《清初东西历法之争》,第54页。

他们离开祖国、父母、朋友以及舍弃所有的财产只是为了给中国民众指明走向上帝的道路。为了实施这样一个有益的计划,他们还学习了欧洲的科学技术,也虚心学习中国的语言。他们居住在这个国家,准备在此奉献一生,为君主们及他们的臣民得到永恒的拯救而奋斗。可以在他们的书中看到,他们所有的行为准则并不是出于臣民对国王要绝对地顺从,而是天主教义令他们明白自己有义务为之殚精竭虑。自80年前耶稣基督的福音传教者来到中国,他们的行为可谓是无可指摘。他们仅仅只有区区30人,怎么可能会有征服这样一个幅员辽阔的国家的念头。如果他们曾经组织过几次谋反行动,那也不可能会在这么长时间里不为人所知,保守秘密;更何况他们来自欧洲不同国家,其所属国王的利益也各有不同。最后,他们既无武器、士兵,亦无经费。①

同时,针对杨光先指控汤若望为"谋叛"罪首领,汤若望神父用大量证据辩解。对此,聂仲迁记载道:

1. 对于担任钦天监监正一事,众所周知,汤若望接受它,只不过是为了遵从皇帝的意愿而已,因为这是皇帝曾下谕令一再要求的。皇帝陛下甚至在碑文中,即顺治皇帝在汤若望教堂门前令人设立的那块巨石极尽辞藻,以示荣宠,亦可证明此言不虚。另外,汤若望在接受这个职位后,曾三四次上疏给皇帝,谦卑地请辞;然而皇帝陛下从不曾同意,而是强令他继续履行职务。与此同时,以前就被存档的相关奏折都被拿来呈给官员们阅读,他们阅毕,不再对此发问。

2. 神父说,并非汤若望将其他福音传教士从欧洲召来,他亦未让他们建造教堂。我们每个人都是遵从自己的心愿来到这个国家,并没有接收到任何命令;我们的大多数教堂都是在汤若望来到中国之前建造的。有几座是他来后建造的,但并非他下令,亦并非由他提供经费。

3. 说汤若望是我们的首领,那更是无稽之谈,他只不过是如其他人那样,只负责照管自己的教堂而已。②

对于杨光先"依西洋新法",即"依据欧洲之新规则"指控的另一罪名,神父们声称,"历法扉图上所题的五个字是在汤若望神父接受钦天监监正一职之

---

① 〔法〕聂仲迁:《清初东西历法之争》,第55页。
② 〔法〕聂仲迁:《清初东西历法之争》,第56页。

前就已如此处理","已故皇帝在位期间,就表示希望继续使用这五个字,而不要担心这意味着会屈从于欧洲的君主"。①

通过审讯,礼部官员们"发现控诉神父们谋反毫无根据",于是,开始针对"诉状第二项有关教义真伪来进行审讯",因为杨光先在诉状中声称《天主概要》是一本'妖书'("造妖书妖言"罪——引者注),意为一本充斥着妖法的可怕书籍"。② 对此,中方史料对礼部的质询有完整的记录:

> 据尔教之《天主教要》一书载称,以洁水洗额,污染皆除,其罪可赦。以神油涂抹无处,或去其病,或去其病,或去鬼祟,云云。又西洋传教人自称为神父,令入教男女将各自所犯之事告知神父,神父可以祷告天主赦罪,云云。且又不准教徒为祖先烧纸。由此观之,尔教实为欺惑他人之邪教,尔所著《天学传概》一书确为妖书,尔必有别情而著如此之书矣。③

聂仲迁记载说,礼部的"法官们按照非天主教徒的思维,无视我们那些视为最为神圣的奇迹,疯狂地仇视天主教"。例如,他们认为神父们远离父母,到遥远的中国传播教义,违背了"父母在,不远游"的原则,是邪教。然而,神父们却辩称,中国的孔子在其思想得不到众人接纳时,也时常设想自己漂洋过海。中国皇帝要求臣属远征尽忠时,也无法时时关照孝道。④

同年,11月12日礼部在接到皇帝的旨意后,将涉案被告全部关押至礼部大牢,并戴上沉重铁链。⑤ 至于被审讯的内容,聂仲迁说礼部官员此时"无人再提及反叛一事,仅仅是围绕着天主教,而后来则是围绕天文历法而展开"⑥。也就是说,杨光先指控的"潜谋造反"和"邪说惑众"不再是审讯的重点,而"历法荒谬"则成为被指控的罪名。

由于看守神父们的士兵是从八旗中挑选出来的,因此,聂仲迁在这里还介绍了"八旗制度":

> 八旗之中位列第一的是蓝旗,其次是白旗,第三是红旗,第四是黑旗,另外四旗是这四色混杂的颜色,例如,蓝白、白红相间。这八旗隶属

---

① 参见〔法〕聂仲迁:《清初东西历法之争》,第57页。
② 参见〔法〕聂仲迁:《清初东西历法之争》,第59页。
③ 《刑部题为审理传布天主教及置闰、立春、依西洋新法等案事密本》(康熙三年十二月?日),载安双城编译:《清初西洋传教士满文档案译本》,大象出版社2015年版,第17页。
④ 参见〔法〕聂仲迁:《清初东西历法之争》,第59~60页。
⑤ 参见〔法〕聂仲迁:《清初东西历法之争》,第61页。
⑥ 〔法〕聂仲迁:《清初东西历法之争》,第62页。

于十六位宗室亲王,每两位亲王统辖一旗,一般为皇帝的近支亲王,如若两位亲王处于同等官衔,则以最年长的那位为尊。并非仅仅是士兵,大多数的文官、武官以及大批的庶民都隶属这八旗。无人可以逼迫某人服务于八旗,除非是因罪判罚而入。一个男子一旦加入,那就无法再退出:他的妻子、孩子以及所有的子孙后代都会永远被视为这些宗室亲王的家奴,意即也隶属于他们的旗下。①

神父们在礼部被羁押两个月后,又被移送到刑部。其间信教官员许缵曾和佟国器被传召至礼部刑堂问讯,后者后来还被押送至刑部审讯,但他俩最后都被免诉。② 这里礼部之所以要将案件移送到刑部,是因为刑部对六部等在京衙门移送而来的案件,有类似于地方逐级审转的审断权。换言之,刑部对于京师地区的现审案件有问刑听审之权,礼部对于此案仅具初审之权。与此同时,由于该案涉及刑罚,而依照清初法律的规定,刑罚只能由作为"天下刑名总汇"的刑部作出。

1665 年 1 月 14 日刑部官员经过会审,认为汤若望、南怀仁等人尽管并无"谋叛"罪之实,但也"并无奉旨准行天主教"的明确授权,因此认定"凡教徒临终前,涂抹神油,或治病疾,或去鬼祟,以此惑众","昭受上帝,申命用休等言辞,命名为《天学传概》,擅自颁行","最后宣布天主教是邪教、有害的宗教",并作出如下"判决":

> 汤若望神父作为在这个国家中的首领及发布命令的主脑,与他的同伙——其他三位神父应被送至刑部,以妖言惑众及邪教传播者名义受刑。这意味着他们要被处死,因为依照中国的律法,这是死罪。其他被告也要以共犯的名义共同承受这个判决:李祖白以自己名义刊印辩解书,许之渐为之作序,并对天主教极尽奉承之词。然而后者没有被送至刑部,而是在褫夺官衔及进士后,被贬为平民,然后释放。汤若望神父没有被剥夺官衔,而是与他的副手李祖白,及其他钦天监的七名官员一起处理,因为他们都是天主教徒。南怀仁神父不是官员,而仅仅只是汤若望在数学方面的同僚,以此身份受皇帝供养的,自当日起停止一切先前所供给之物。这就导致《京报》(*Gazetier*)误刊说神父丢了官职。③

---

① 〔法〕聂仲迁:《清初东西历法之争》,第 63 页。
② 参见〔法〕聂仲迁:《清初东西历法之争》,第 65~69 页。
③ 〔法〕聂仲迁:《清初东西历法之争》,第 70 页。

结合中方史料记载以及上述的"判决"可知,汤若望等人所获罪名为"禁止师巫邪术"罪,其刑罚也是按照此罪名拟定的,天主教在性质上与妄称弥勒佛、白莲社等一起被定义为邪教。[1]

随后,神父们被押送到刑部大牢关押。几天后,"刑部正堂(尚书——引者注)依据礼部和吏部两部门的结论及判决,宣布判决汤若望神父死刑。因为他是这个国家天主教的首领,并且是发号施令的责任人,他们称他为邪教首脑。死刑的方式,他们判决时被刽子手绞死。对于其他三位神父,则因为他们在邪教事件中只是他的同事,因而只是仅仅被判每人受刑40大棍[2],然后流放鞑靼"[3]。中方史料可以证明这里聂仲迁介绍刑部"判决"的准确性:

> 汤若望、李祖白、利类思、安文思、南怀仁、徐谦、潘尽孝共谋建邪教,又编新书,蛊惑众人属实。经查律例,凡为师巫诈降逆神,书符咒水,自称师巫,或称供奉弥勒佛、白莲社、明尊教(音)、白云宗(音)借以行骗,以乱忠义。又画像进香,借此聚众,夜聚晓散,名曰供奉道义,实则行惑民者,首犯拟绞监候,从犯各杖一百流三千里。据此,汤若望为首犯属实,拟以立绞。李祖白、利类思、安文思、南怀仁、潘尽孝为行邪教之从犯属实,拟将李祖白、潘尽孝杖一百流三千里。该二人本居官职,理应收赎,只因获罪重大,故不准赎,各杖四十流宁古塔。利类思、安文思、南怀仁,拟俱杖四十流宁古塔。太监徐谦,亦应照从犯例治罪,但徐谦又诬陷杨光先以死罪,故将徐谦援照诬陷人死罪未斩例,又因其为满洲家人,审拟枷号三月鞭笞一百。[4]

从这一处罚结果看,汤若望最后是按照"禁止师巫邪术"罪处罚的,因为顺治律中"禁止师巫邪术"罪律文和例文规定首犯是绞监候,而"造妖书妖言"罪律文规定的是斩监候。[5] 此外,值得注意的是,在该"判决"中天主教在性质上与妄称弥勒佛、白莲社等一起被定义为邪教。

---

① 参见王宏治、李建渝点校:《顺治三年奏定律》,第238页。
② 在清代法定刑杖一百,实际执行量为杖四十。参见〔美〕D.布迪、C.莫里斯:《中华帝国的法律》,朱勇译,江苏人民出版社2010年版,第70~71页。
③ 〔法〕聂仲迁:《清初东西历法之争》,第70~71页。
④ 《刑部题为审理传布天主教及置闰、立春、依西洋新法等案事密本》(康熙三年十二月?日),第44~45页。
⑤ 参见王宏治、李建渝点校:《顺治三年奏定律》,第238、300页。有论者认为,两个罪名是存在明显区别的,"妖书妖言"以政治图谋为要件,而"师巫邪术"则以文化属性为指标,因此,从性质上前者重于后者,前者处刑更重。参见姚宇:《"禁止师巫邪术"与明末清初的天主教案:以南京教案和康熙"历狱"为例》,《法律适用》2019年第8期,第117~118页。

　　按照清初司法案件的处理流程,礼部作出的"判决"并不立即生效,"判决"要以题本的形式送至内阁。由于该案涉及绞死罪,内阁即票"着三法司核拟具奏"之签,并经皇帝"批红"。聂仲迁在书中指出,"这次判决下达后二十日,要在三法司再次进行审核",而"三法司是一个由三个鞑靼官员、三个汉人官员所组成的重大案件司法审判机构"。①尽管在"三司会审"中,神父们极力为自己辩白,并获得三位汉人官员的同情,但三位满族官员并不同意。于是,"三司会审"仍核准了之前的判决,并把核准决定呈送给了辅政大臣。②需要说明的是,聂仲迁在这里提到的三司会审的"二十日"是符合史实的。按清初法律规定,"批红"发回内阁,由刑科给事中到内阁接收,抄送刑部、都察院、大理寺各一份,然后开始计算限期。对于一般的三法司会核案件,刑部限十天处理完毕,然后把拟好的案稿交给大理寺、都察院,二衙门各限五天回文。③

　　由于神父们在被监禁期间观测日食时,作出了比杨光先更为准确的测算结果,其测算数据和过程经过了"一些最显赫的鞑靼人及汉人官员,并由亲王主持"的"大朝"审查。聂仲迁在书中对"大朝"的组成进行了介绍:

　　　　阁老们排在第一行,其次是六部的所有官员,接下来是固山(Coucham),他们是宗室亲王的副将,替亲王们统领旗下的军队以及所有的奴仆。在他们身后,坐着许多一品及二品官员,每人都按序就座。集会一般由约两百人组成。④

最终,这样的"大朝"举行了几次,持续了一个多月,参加"大朝"的法官们"作出了反对欧洲数学的判决"。⑤笔者认为聂仲迁笔下的"大朝"可能是清入关后的"议政衙门"或在此基础上形成的"九卿翰詹科道会议"。⑥按照俞江教授的说法,这里的"九卿翰詹科道会议"实际上就是不同于"九卿会审"的"九卿定议",是"特殊的命盗案件"中"三法司核拟"后的一个特别的程序。"所谓'九卿定议',是指某些特别种类的命盗重案……三法司核拟,但因案情有可矜之处,或有法外量刑的需要,需再经刑科内阁奉旨交'九卿定

① 参见〔法〕聂仲迁:《清初东西历法之争》,第72页。
② 参见〔法〕聂仲迁:《清初东西历法之争》,第72～73页。
③ 参见郑小悠:《人命关天:清代刑部的政务与官员(1644—1906)》,第433～466页。
④ 〔法〕聂仲迁:《清初东西历法之争》,第81页。
⑤ 参见〔法〕聂仲迁:《清初东西历法之争》,第81～84页。
⑥ 参见那思陆:《清代中央司法审判制度》,第59～64页。有关刑部与九卿翰詹科道会议的关系,参见郑小悠:《人命关天:清代刑部的政务与官员(1644—1906)》,第441～450页。

议',经九卿具题后,奉旨减等监候,归入秋审。"①

(二) 聂仲迁对"历狱"第二阶段的记述

案件本来到此已经结束,但杨光先对前述"九卿翰詹科道会议"议定的判决并不满意。他觉得仅仅绞死汤若望,杖责、流放其他三位神父,并放过李祖白等中国信教的钦天监官员是不妥的。于是,他再次上书,以"顺治皇帝皇子葬礼一事"(即"汤若望、李祖白等人为顺治帝第四子荣亲王选择葬期有误案")为由,控告"李祖白使用了《灭满经》",以"谋反大逆罪"再次构陷汤若望和其他5位钦天监的天主教官员。②

这场诉讼由于涉及外国人和钦天监,因此诉讼依旧放在初审衙门礼部进行。面对指控,汤若望向礼部官员呈递了辩护词,一再辩称自己"并不是来自挑选时辰日期的部门,并且先皇选择他做监正更准确地讲是为了天文及历法"。但是,礼部尚书似乎对此并不认同,建议刑部判处汤若望和5位天主教官员"凌迟处死"。③ 在此,聂仲迁顺带向欧洲描述了"凌迟刑",其细致程度优于前述庞迪我的记述:

> 罪犯全裸,被放在一台机器——他们称之为"木驴"上,双手双脚被束在一起,不得动弹。有人用一把极为锋利的刀,将罪犯眼皮上面的皮肤揭下来垂到眼睛上,就像面罩一样挡住他们的视线。接下来,一位刽子手用钳子将肌肤捏起,另外一个就开始将之割成碎片,随着切割的动作,第三个行刑人用火红的烙铁和生石灰给罪犯止血,以防他立即丧命,可以受刑更长时间。在达到判决所规定的切割的数目后,如果罪犯仍然还活着,那就会被砍掉头,或者被长矛刺中心脏而死。有时会下令凌迟万刀,当该刑执行于某位在朝中惹怒皇帝的高官近臣时,一般按惯例就是每割到一定的数目,比如二十或三十,就拉声炮响,这样就会立即让皇帝知晓程序进行的程度。尽管通常判决罪犯要承受凌迟万次,然而实际上从未能够完整执行下去。一个人不可能受此酷刑还可以坚持得那么久而活着。刽子手对每个犯人施行时计数到三十次时,皇帝会恩旨免除判决中剩下的次数。④

---

① 俞江:《论清代九卿定议——以光绪十二年崔霍氏因疯砍死本夫案为例》,《法学》2009年第1期,第140页。

② 参见[法]聂仲迁:《清初东西历法之争》,第85页。

③ 参见[法]聂仲迁:《清初东西历法之争》,第86~87页。

④ [法]聂仲迁:《清初东西历法之争》,第87页。

刑部尚书在收到礼部审讯意见后决定先搁置前案（"历狱"第一阶段的"汤若望布设邪教案"），先审理"荣亲王葬期案"。"本案事关重大，拟将汤若望、李祖白即行研审，一俟议疏结案，再将汤若望布设邪教一案，与都察院、大理寺会同议拟具疏。"①刑部审讯后，认为汤若望等人"在葬埋和硕荣亲王时，伊等明知顺治十五年南北方不吉之情，却援引洪范五行以为火，并按照不当用之洪范五行《选择丹书》进行选择者属实"，"查刑律，大逆之罪，于主不利，其欲毁宗庙，祖坟及宫殿者，凡为同谋，不分首从，俱行凌迟处死"，"据此，拟将汤若望、杜如预、杨宏量、李祖白、宋可发、宋发、朱光显、刘有泰，按照刑律，俱行凌迟处死"。②

这个"判决"宣布 20 天以后，该案依照法律规定由三法司会审。会审结束后，案件又呈交给四大辅臣。接着，辅臣们"下令宗室亲王和朝廷中的所有高官显贵再次聚集"，进行"大朝"，"审查并做出最后判决"。③ 对此，中方史料《刑部尚书尼满等题为审讯汤若望等选择荣亲王葬期事密本》中最后"批红"也显示："着议政王、贝勒、大臣、九卿、科、道会同详拟具奏。"④说来神奇，就在辅臣们指定召开会议的那一日，北京发生了地震，关押汤若望神父的刑部大牢的一面墙被震塌。尽管地震使得孝庄皇太后和辅臣们有了释放所有囚徒的想法，"但是依照律法被判决以下罪名的除外，例如造反、弑君、信奉或出版邪教学说、拦路抢劫、谋杀等"。1665 年 4 月 18 日，刑部在请旨皇帝后，下令赦免了南怀仁、利类思、安文思三位神父以及太监保禄，"但是汤若望神父和那五位信教官员并不在大赦范围之内，因为他们已经以大逆之罪被判处死刑"。⑤

之后，汤若望和 5 位信教官员又经过"大朝"审判，但"由于地震而产生的恐惧和不安"，审判被迫停止，汤若望被赦免，⑥而其他 5 位信教官员则被判刑："对于那五位皈依天主教的官员，他们则被判砍头。就汉人和鞑靼人来看，这种酷刑被视为比绞刑更严重且更让人觉得羞辱。他们的子孙后代

① 《刑部尚书尼满等题为议结荣亲王葬期案后再行会议邪教案事密本》（康熙四年二月初七日），载安双城编译：《清初西洋传教士满文档案译本》，第 118 页。

② 《刑部尚书尼满等题为审讯汤若望等选择荣亲王葬期事密本》（康熙四年二月二十九日），载安双城编译：《清初西洋传教士满文档案译本》，第 216～217 页。

③ 参见〔法〕聂仲迁：《清初东西历法之争》，第 89 页。

④ 《刑部尚书尼满等题为审讯汤若望等选择荣亲王葬期事密本》（康熙四年二月二十九日），第 217 页。

⑤ 参见〔法〕聂仲迁：《清初东西历法之争》，第 89～91 页。

⑥ 中方史料记载，后汤若望经辅政大臣批红："念专司天文，选择非其所习，且效力多年，又复衰老，着免死。"参见《康亲王杰书等题为议拟汤若望等人以死罪事密本》（康熙四年三月十三日），载安双城编译：《清初西洋传教士满文档案译本》，第 257 页。

亦被判成因犯,每个人被杖责四十,永久流放鞑靼。判决流放的家属至少要殃及他们的妻儿。"①随后,辅臣们下令关闭了汤若望神父的教堂,将教堂中的圣像没收,并砸碎了"朝廷中高官显贵们所写赞颂天主教以及数学的颂词"牌匾。②

至此,"历狱"中"荣亲王葬期案"审结,而前述因此案而搁置的"汤若望布设邪教案"还未结案。为此,刑部与都察院、大理寺经三法司会核后对汤若望作出免罪"判决",但坐实了其"布设邪教"的事实:

> 臣等会同都察院、大理寺议得,汤若望、李祖白、利类思、安文思、南怀仁、徐谦、潘尽孝等,共同布设邪教,造传新书惑众属实。是以,待议结汤若望等葬埋荣亲王一案之后,再行议拟本案。旋又恭遇康熙四年三月初五日恩赦,除将利类思、安文思、南怀仁、徐谦,已经请旨释放外,其汤若望、李祖白、潘尽孝等人,因葬埋荣亲王墓地故,经由议政王等会奏,钦命着免汤若望、潘尽孝之罪,而李祖白等已经正法。查汤若望、潘尽孝布邪教之罪,亦在康熙四年三月初五日赦前,故议俱免。③

1665 年 1 月 4 日,皇帝发布一道谕令,下令将散布在各省的所有欧洲人都押解到京城,并令各省总督将天主教教义的辩解书以及节本等全部收缴。接到谕令后,各省神父被陆续押解到京。对此,聂仲迁神父在书中有非常详细的记述。④ 此段史料十分珍贵。

神父们到达北京后,并没有被关在监狱里,而是住在教会自己的房子里,且没有加戴枷锁镣铐。对于这一现状,杨光先担心皇帝会一直让神父住在北京,又递上奏折控告神父们。同年,9 月 7 日,礼部尚书向皇帝递上奏折,请示如何处理在京神父,并提议:"既然西方人居住的澳门是两广总督的管辖范围,就应该将我们(传教士——引者注)全部押回广州。"皇帝依照礼部尚书的意见答复道,除了北京的汤若望、南怀仁、利类思和安文思 4 位神父外,其他神父交由兵部押解到广州关押;同时,为防止在京 4 位神父继续布讲邪教,令礼部尚书严加监视。⑤ 同年,9 月 13 日神父们被押送离开北

① 〔法〕聂仲迁:《清初东西历法之争》,第 92 页。刑罚内容可比照《大清律集解附例》"谋反大逆"罪。参见王宏治、李建渝点校:《顺治三年奏定律》,第 299 页。
② 参见〔法〕聂仲迁:《清初东西历法之争》,第 94~95 页。
③ 《刑部尚书尼满等题为议免汤若望等传教士罪名事密本》(康熙四年四月十五日),载安双城编译:《清初西洋传教士满文档案译本》,第 273 页。
④ 参见〔法〕聂仲迁:《清初东西历法之争》,第 100~145 页。
⑤ 参见〔法〕聂仲迁:《清初东西历法之争》,第 150 页。

京,1666 年 3 月 25 日到达广州。对此,康熙四年(1665)七月二十九日《礼部尚书祁彻白等题为议拟将利安当等二十五名传教士送回广东安插事密本》的"批红"中也有说明:

> 利安当等二十五人,着照所议送回广东。汤若望、利类思、安文思、南怀仁等,着免送回,仍留于此。其送回广东者,着该督抚不时严查。留于此地者,着尔部不时严查。恐彼仍传邪教行乱,亦加饬交继任各官防范。①

这表明,清廷尽管免除了汤若望等人的刑罚,甚至允许他们继续留京,但同时也作出了天主教为邪教的判定。

　　总而言之,就耶稣会第一阶段对于中国法介绍的整体而言,他们"倾向于描述中国政府的理想化一面,而不是那些龌龊的现实"。尽管前述利玛窦、庞迪我和曾德昭在其作品中不同程度上对中国的审判、刑罚和监狱有过一些负面的描写甚至批判,如"他们可以看到华而不实和铺张浪费的官员、专断而记仇的官员、胆怯和优柔寡断的官员、接受贿赂的官员、贪婪而剥削的太监、中国官僚机构的复杂性及其内部党派林立的状况等等","但他们更强调中国的独特性,并按照自己的猜测去描绘中国政府"。② 用拉赫富有总结性的话讲,"尽管对中国政府和法律的理想化与缺陷有着相当深刻的认识,17 世纪多数的观察者仍断言,中国是地球上治理最为完善的一片土地"③。

---

①　《礼部尚书祁彻白等题为议拟将利安当等二十五名传教士送回广东安插事密本》(康熙四年七月二十九日),载安双城编译:《清初西洋传教士满文档案译本》,第 280 页。

②　参见〔美〕唐纳德·F.拉赫、埃德温·J.范·克雷:《欧洲形成中的亚洲》,第三卷(发展的世纪),第四册,第 31~32 页。

③　〔美〕唐纳德·F.拉赫、埃德温·J.范·克雷:《欧洲形成中的亚洲》,第三卷(发展的世纪),第四册,第 337~338 页。

第五章　耶稣会时代第二阶段西方
对中国法的展开与丰富

　　1661年顺治帝去世使得在华耶稣会短暂地失去了保护。穆斯林天文学家的支持者杨光先(1597～1669)在摄政王鳌拜的支持下指控由汤若望所执掌的钦天监,引发1664年的"历狱"。[①] 1664年11月12日,汤若望、南怀仁、利类思和安文思被投入监狱,汤若望被剥夺了一切头衔,其他所有在华传教士被押至北京。[②] 1665年4月清廷下旨,汤若望因效力年久,免死,其他3名耶稣会士被判鞭笞并驱逐出境,其他中国助手判处斩刑。[③] 然而,一场突如其来的地震和火灾,以及孝庄皇太后的声援使耶稣会士免遭刑罚,除南怀仁等4位传教士以外,其余传教士俱发遣广东交总督看管。

　　1666年3月25日,到达广州的耶稣会士不仅和托钵修会(方济各会和

---

　　① "历狱"发生的原因在于"汤若望等奉教天文学家在钦天监排斥异己,又未能协调天主教义和传统文化之冲突,因此遭到一些保守人士和回回天文学家的反击"。参见韩琦:《通天之学:耶稣会士和天文学在中国的传播》,生活·读书·新知三联书店2018年版,第39～40页。方豪神父却认为,汤若望被弹劾,与政治不无关系。顺治初年因南明存在,耶稣会士遍及各省,清廷需要借助汤若望的声望收教士之心,故而优待。顺治驾崩,统一已定,永历已平,汤若望随即失去利用价值,故而遭此历狱。参见方豪:《中国天主教史人物传》,第236～237页。张铠先生则依据利安当所著《在华迫害纪实(1664—1666)》的观点认为,"历狱"发生原因在于汤若望和满族尚书恩额德在1655年接待荷兰来使时所产生的矛盾有关。参见张铠:《西班牙的汉学研究(1552—2016)》,第303～306页。

　　② 有论者研究,康熙四年(1665)仲夏,除直隶、河南、四川和广西四省声称没有洋人外,其余各省共送西洋人26人,包括山东的利安当、汪儒望,山西的金弥格、恩理格(Herdtrich, 1625～1684)、郭多敏(Dominique Coronado),江南的张玛诺、鲁日满、毕嘉、潘国光、刘迪我、成际理和柏应理,湖广的穆迪我,江西的聂仲迁、聂伯多(Pietro Canevari, 1596～1675)和殷铎泽,浙江的洪度贞(Humbertus Augeri, 1618～1673)、闵明我(Dominique Navarrete)、费里伯(Philippe Leonardo)和巴道明(Dominique Marie Sarpetri),福建的何大化、郭纳爵、陕西的李方西、穆格我,以及广东的瞿笃德、陆安德。其中,郭多敏、闵明我、费里伯和巴道明是多明我会的,利安当是方济各会的。参见董少新:《葡萄牙耶稣会士何大化在中国》,第137页。

　　③ 3名耶稣会士为安文思、利类思和南怀仁,5名中国助手为李祖白、宋可成、宋发、朱光显和刘有泰。参见方豪:《中国天主教史人物传》,第236页。

多明我会）针对中国礼仪问题再次展开激烈辩论，①而且利用困聚于广州期间协作翻译和编写了儒家经典。如1667年殷铎泽在广州出版了部分《中庸》(*Sinarum Scientia Politico-maralis*，又名《中国政治道德科学》)的拉丁文译本，柏应理主持翻译、撰写了《中国哲学家孔子》(*Confucius Sinarum Philosophus*，中文标题为《西文四书直解》)。②孟德卫甚至称："《中国哲学家孔子》是在耶稣会适应政策下产生的最高学术成果。"③

1669年，亲政后的康熙帝（1654~1722）为汤若望等耶稣会士平反昭雪，并任命南怀仁为钦天监监正。④1671年3月，"流放广东被拘留"的耶稣会士也获准离开广东，回到各自的传教点。针对"历狱"，时任耶稣会中国副省会长何大化指示鲁日满编撰《无罪获胜——中华帝国各部于1669年对无辜的天主教作出了公正的判决》(*Innocentia Victrix*)一书，细述其经过。⑤

汤若望去世后，闵明我（Claudio Filippo Grimaldi，1638~1712）和徐日升（Tomé Pereira，1645~1708）来到北京协助利类思、安文思和南怀仁，继续保持"与皇上的友善态度"，但代价是其他12名欧洲神父需要负责11万中国基督徒的教牧工作。于是，1678年8月15日南怀仁写下《告欧洲耶稣会士书》，呼吁增派耶稣会士来华。为了应对这一问题，1681年柏应理以副省代理员的身份返回欧洲，拜访各国国王和教廷，⑥宣传中国传教团，以争取财政捐款并招募新成员。

随着17世纪最后25年西班牙人和葡萄牙人对于罗马教廷控制力的减弱，封建王权强大的法国成为强化教权的新力量。对此，有论者指出：

---

①　该场在广州的辩论一共由25名传教士参加，其中属于耶稣会的传教士有21人，属于多明我会的传教士有3人，属于方济各会的传教士仅利安当1人。辩论由耶稣会的郭纳爵、方济各会的利安当和多明我会的闵明我3人主持。辩论从1667年12月18日开始，到1668年1月26日结束。最后绝大多数传教士同意了耶稣会利玛窦一派的观点，并在一份准备呈交罗马教廷的"协议"上签了字，其中包括闵明我，利安当对一些内容有所保留，未签字。参见张铠：《西班牙的汉学研究（1552—2016）》，第336页。

②　美国学者孟德卫通过研究认为该书"是集体合作的成果，它涉及至少17位中国传教团的著名欧洲耶稣会传教士和若干位中国合作者"。参见〔美〕孟德卫：《奇异的国度：耶稣会适应政策及汉学的起源》，第270~274页。

③　〔美〕孟德卫：《奇异的国度：耶稣会适应政策及汉学的起源》，第267页。

④　耶稣会对于大清钦天监的执掌一直持续到嘉庆十年（1805），即最后一个耶稣会天文学家索德超（José Bernardo de Almeida，1728~1805）去世之时。参见韩琦：《通天之学：耶稣会士和天文学在中国的传播》，第18页。

⑤　《无罪获胜》收录了利类思、安文思、南怀仁等人的奏疏，以及康熙的诏书和相关文件，并被翻译为拉丁文。参见董少新：《葡萄牙耶稣会士何大化在中国》，第154~160页。

⑥　1684年9月，柏应理与南京人沈福宗（1658~1691）到达巴黎，在拉雪兹神父（Lachaise，1624~1709）的推荐下，于15日在凡尔赛宫受到法王路易十四接见，并请拉雪兹神父帮忙挑选擅长数学的传教士到中国。参见韩琦：《通天之学：耶稣会士和天文学在中国的传播》，第58页。

到 17 世纪 80 年代,西班牙已经把对罗马的控制权交给了法国,法国人和崇拜法国人的意大利主教对他们的利比亚(伊比利亚——引者注)同行新一轮过分渲染的说法和持续不断的争吵毫无兴趣。他们有自己的打算,即要通过法国王权的增强稳步强化教皇的特权。[①]

随着"太阳王"路易十四对于亚洲野心的日益膨胀,他发现可以派出一支热情洋溢的神职人员,在传播天主教的同时,也可以帮助他打开商业和殖民地利益的通道。与此同时,1673 年罗马教皇宣布"除了天主教修会成员以外,特派的世俗教士也可以在中国传播天主教",这就在事实上为法王派遣"特派传教士"在华传教铺平了道路。

1685 年 3 月 3 日,法王路易十四为了扩大法国在亚洲的利益与影响,越过教廷向中国派遣 6 位精通数学的耶稣会士,并赋予他们巴黎科学院通讯院士的头衔。除了帮助耶稣会在中国传教,法王派出数学家主要是为了法国的国家利益和宣扬法王的荣耀。他在发给洪若翰的证明文书中写道:

> 为了尽可能确保航海的安全,促进科学艺术,并为了更可靠地到达这一目标,我们认为必须派遣若干博学而能进行测量的人前往印度与中国。我们素知耶稣会士洪若(洪若翰——引者注)具有杰出的才学,是最好的人选。为此我们用特殊的恩命,以国王的全权,用我们亲笔签字的文书,任命洪若为我们的数学家。[②]

当然,也有论者指出,"在路易十四眼里,这些耶稣会士要担负起搜集那些稀罕的中文书籍和开展天文观测的任务",而不是为了"取代葡萄牙人"。[③] 对于法王的行为,有论者评论道:

> 但是,一个不容忽视的事实是,这五位是以皇室使者的身份被派往中国的,他们是代表"太阳王"去拜访另一个遥远国度的国王。他们虽为耶稣会成员,却并未像历代传教士一样通过"正常"的渠道去中国。也就是说,他们并不是最初经由里斯本取道果阿最后到达澳门,并由此到达中国副省教区。这些法国传教士,既无意于加入他们在葡萄牙援

---

① 〔美〕柏理安:《东方之旅:1579—1724 耶稣会传教团在中国》,第 165 页。
② 转引自韩琦:《通天之学:耶稣会士和天文学在中国的传播》,第 58~59 页。
③ 参见〔美〕魏若望:《耶稣会士傅圣泽神甫传:索隐派思想在中国及欧洲》,吴莉苇译,大象出版社 2006 年版,第 65 页。

助会会友的传教活动,也不愿听命于任何非法国籍上级的指令。相反,他们视自己为独立的教团,只效力于法国国王。[①]

因此,耶稣会士第二阶段对于中国法的介绍主要是通过法国这 5 位"国王数学家"完成的。[②] 对于 17 世纪末法国在东法西渐过程中的崛起,法国著名汉学家雷慕沙(Abel Rémusat,1788～1832)在《亚洲杂纂》中说道:"欧洲人殆在 16 世纪末与 17 世纪上半叶中,始对于中国风俗文学史有正确认识,要为当时葡萄牙、西班牙、意大利等国传教士安文思、鲁德照(Alvare de Semedo)、殷铎泽、卫匡国诸人之功。法国教士始与诸人竞,不久遂以所撰关于中国之著述凌驾诸人之上。"[③]赫德逊也指出:

> 从十七世纪最后的 25 年起,大部分传教士都是法国人,他们写了广泛有关中国的记述,部分是为了引起兴趣以获得对他们工作的支持,部分是为了对科学和学术作出贡献。这些人,特别是耶稣会士,都有丰富的学识,受过高度教育,长期在中国居住并熟悉中国文献,其中不少人在中国宫廷供职,他们获得任何单纯的旅行者或商人所不可能得到的中国及其文化的知识。他们把所有这些知识写成书籍传播给欧洲公众,这些书籍被人们广泛阅读。[④]

除了这 5 位"国王数学家"以外,法国其他耶稣会士也在通过论著、年信和书简向西方继续介绍中国,其中许多信函后来被郭弼恩(Charles Le Gobien,1653～1708)和杜赫德(Jean Baptiste du Halde,1674～1743)编辑成《耶稣会士书简集》(*Lettres édifiantes et curieuses, écrites des missions étrangères*)出版,在欧洲产生很大影响。此外,杜赫德 1709 年接任郭弼恩担任《耶稣会士书简集》编辑后,编纂的《中华帝国全志》(*Description géographique, historique, chronologique, politique et physique de l'empire de la Chine et de la Tartarie chinoise*)是这一阶段中国法在西方最为全面和权威的著述。

---

① 〔美〕柏理安:《东方之旅:1579—1724 耶稣会传教团在中国》,第 169 页。

② 需要说明的是,法王路易十四派出了 6 位数学家,其中有 1 位名叫居伊·塔夏尔(Guy Tachard,1648～1712)的传教士后来留在暹罗,并携带暹罗"宰相"康斯坦斯·弗尔孔(Constance Phaulkon)关于"把宗教和贸易同时引进暹罗的可行性方案"返回法国,没有到达中国。参见吕颖:《法国"国王数学家"与中西文化交流》,第 48～49 页。

③ 朱谦之:《中国哲学对于欧洲的影响》,福建人民出版社 1983 年版,第 56 页。

④ 〔英〕G. F. 赫德逊:《欧洲与中国》,第 287 页。

一、法国"国王数学家"对中国法的记述与评价

法国 5 位"国王数学家"受法王之命而非教会之命,从法国港口而非葡萄牙里斯本出发,在 1687 年 7 月 23 日到达宁波,并在南怀仁、殷铎泽和安多(Antoine Thomas,1644～1709)的帮助下,于 1688 年 2 月 7 日达到北京,3 月 21 日接受康熙帝召见。① 法国 5 位"国王数学家"的到来,意味着葡萄牙"保教权"被打破。

同年 3 月 22 日,康熙帝降旨把 5 人"交与徐日升引见,可用者留,不可用者照原旨听其随便居住"②。经过挑选,张诚和白晋留在北京,其他 3 位法国耶稣会士则获准赴地方传教。③ 由于这 5 位"国王数学家"的努力,尤其是张诚用金鸡纳霜治好了康熙帝的疟疾,④1693 年 7 月 4 日康熙赐予他们单独的宅院,1699 年允许他们兴建天主教堂。与此同时,耶稣会总会长在法王路易十四的要求下,于同年任命法国人洪若翰为"行使副省会长权力的法国传教区会长"。1700 年 11 月 30 日,张诚出任在华传教区第一任会长,耶稣会中国副省就此正式分裂,⑤"自此,法国耶稣会在华传教团体不再隶属于葡萄牙耶稣会中国副省"⑥。

按照 1687 年 11 月 8 日洪若翰写给法国皇家科学院信中介绍的分工,中国政治和法律的工作属于张诚,洪若翰负责中国天文学史和地理学史,刘应负责中国通史和汉语的起源研究,白晋负责自然史和中医的研究,李明则

---

① 关于"国王数学家"来华的经过,参见〔法〕李明:《中国近事报道(1687—1692)》,郭强、龙云、李伟译,大象出版社 2004 年版,第 19～45 页;〔法〕杜赫德编:《耶稣会士中国书简集——中国回忆录 I》,郑德弟、吕一民、沈坚译,大象出版社 2001 年版,第 250～265 页。

② 〔清〕黄伯禄编:《正教奉褒》,载韩琦、吴旻校注:《熙朝崇正集·熙朝定案(外三种)》,中华书局 2006 年版,第 343 页。

③ 康熙之所以作出这样的决定,美国学者魏若望(Witek)认为,这是耶稣会葡萄牙籍会士徐日升诱导的结果。因为在徐日升看来,5 位"国王数学家"中张诚和白晋"此二人比他人易于控制"。参见〔美〕魏若望:《耶稣会士傅圣泽神甫传:索隐派思想在中国及欧洲》,第 45 页。

④ 对于法国耶稣会士给康熙治病的事情,1703 年洪若翰在写给拉雪兹神父的信中,有另外一种说法,即张诚和白晋神父的药粉救了康熙帝的命,而洪若翰和刘应的金鸡纳霜则让康熙帝退了烧。参见〔法〕杜赫德编:《耶稣会士中国书简集——中国回忆录 I》,第 290 页;〔美〕魏若望:《耶稣会士傅圣泽神甫传:索隐派思想在中国及欧洲》,第 56～58 页。

⑤ 当张诚出任法国在华传教区第一任总会长后,在华耶稣会的行政管理结构大体为:总会长—视察员—中国副省会长和在华法国传教区总会长。当然,法国人和葡萄牙人也可以通过他们各自本国的省教区长,将恳请送达总会长,从而越过视察员。参见〔美〕魏若望:《耶稣会士傅圣泽神甫传:索隐派思想在中国及欧洲》,第 103 页,页下注。

⑥ 〔法〕伊夫斯·德·博西耶尔夫人:《耶稣会士张诚——路易十四派往中国的五位数学家之一》,辛岩译,大象出版社 2009 年版,"序言",第 6 页。

负责艺术史和工艺史。① 但或许是因为张诚和白晋深受康熙皇帝信任在内廷服务的缘故,他们多次被皇帝委以重任,无暇完成原定分工,但却对中国法描写较多。

(一) 李明的《中国近事报道(1687—1692)》

1688 年,李明先和刘应赴山西绛州传教。1691 年洪若翰派遣李明返回欧洲报告传教区情况,1692 年李明到达法国后于 1696 年在巴黎出版了《中国近事报道(1687—1692)》(*Nouveaux mémoires sur l'état present de la Chine 1687-1692*,下文简称《报道》)。② 该书是李明在华期间写给国内要人的通信汇编,"但实际上也是一部全面介绍中国的百科全书"③。李明的《报道》从出版到遭索邦神学院的审查,中间经历了四年。在这四年里,这本书至少印行了十版,被翻译为英文、德文和意大利文。④

至于李明撰写此书的知识来源,有论者指出大致有三:(1) 有参考之前耶稣会士,尤其是安文思的资料;(2) 有自己的观察和体验;(3) 有来自其他"国王数学家"所提供的信息。⑤ 全书按书信分章节,共 14 封信。作者以自己的亲身经历对在中国的所见所闻做了详尽报道。在信件排列上,作者并未对收信人的地位高低给予太多的重视,而是根据信中谈论的材料的顺序来安排。第 1 封信介绍暹罗(今泰国)—北京之行,是对如何来到中华帝国做个交代;第 2 封信谈的是皇帝的召见及京师的情况;第 3、4 封信介绍中国的城市、房屋建筑、气候、土地、运河、水道及物产,进而言及中国人的国民特性、习惯、优缺点、语言、文字、道德及才智;后面几封信谈的则是更深层次的问题,如政府和政治、中国人的宗教信仰、基督教在中国的立足和发展。⑥

这些书信对后来欧洲启蒙思想家伏尔泰、魁奈、莱布尼茨、孟德斯鸠以及赫尔德等人影响很大。⑦ 对于李明这 14 封信,有论者指出:

---

① 参见韩琦:《康熙皇帝・耶稣会士・科学传播》,中国大百科全书出版社 2019 年版,第 18 页。

② 该书出版后多次以法文再版,如 1679 年分别在巴黎、阿姆斯特丹和佛罗伦萨,1689 年在阿姆斯特丹。另外,1697 年、1698 年和 1699 年在伦敦有多个英文版本,1689 年和 1689 年分别有德文版本。参见周燕:《传教士与中外文化交流——李明〈中国近事报道〉研究》,浙江大学出版社 2012 年版,第 2 页。

③ 吕颖:《法国"国王数学家"与中西文化交流》,第 191 页。

④ 参见〔美〕孟德卫:《奇异的国度:耶稣会适应政策及汉学的起源》,第 366 页。

⑤ 参见周燕:《传教士与中外文化交流——李明〈中国近事报道〉研究》,第 48~51 页。

⑥ 参见〔法〕李明:《中国近事报道(1687—1692)》,"译者说明",第 7 页。

⑦ 关于李明《报道》对于伏尔泰、魁奈、莱布尼茨等启蒙时代思想家的直接影响,参见吕颖:《法国"国王数学家"与中西文化交流》,第 224~234 页;周燕:《传教士与中外文化交流——李明〈中国近事报道〉研究》,第 173~210 页。

这些信件分别介绍中国的某一或某几方面，内容互不重复且相互补充，这显然是作者用心剪裁、精心设计的结果。而李明写信的对象都非一般人物，而是法国政治、宗教和知识界的名流。李明给他们写信的目的是呼吁这些显贵对"适应政策"的支持，对耶稣会士的保护，进而影响罗马和法国的态度。①

应该说李明的《报道》对于中国的描述是十分详尽和权威的，这一点可以从1703年卫方济（François Noël，1651～1729）神父向耶稣会总会长汇报的信函中看出。当卫方济神父需要回罗马就"中国礼仪之争"向耶稣会总会长介绍中国概况时，他没做任何描写，只是建议总会长参看李明的著作就够了。②

李明在第1封信"致蓬查特兰大臣暨国务秘书阁下"中，在介绍"国王数学家"来华之旅的同时，还提到了中国与周边国家的"朝贡关系"：

关于高丽、东京湾和暹罗，他们事实上是向中国皇帝称臣纳贡的。除此之外，中国皇帝指定他们的国王或在国王登基时予以承认；但是，这些国家都有他的政府，实际上，无论在土地的肥沃、城市的美丽宏伟方面，还是在人民的思想、礼仪、宗教及风俗习惯上，他们都与中国很不相同。因此，中国人认为他们各方面都低于自己，把他们看成是野蛮人，避免与他们通婚，以及与印度人通婚，担心由于姻亲关系而失去某些古老高贵的东西。③

他在第2封信"致德内穆尔公爵夫人"中指出，外国人进入中国来到京城觐见皇帝，需要通过"礼部"，"它是外国人天生的审判官"。④ 这里需要特别说明的是，据《大清会典（康熙朝）》记载，清代朝贡国家主要是指礼部主客清吏司负责接待的国家。蒙古部落，专设理藩院以统之；其他各番土司，并隶兵部。

在第3封信"致富尔斯登堡主教大人"中，他借刑部依律控告一位亲王的案例，赞美中华帝国政制之优良，并用古代罗马帝国进行对比。他说道：

---

① 吕颖：《法国"国王数学家"与中西文化交流》，第193页。李明在该书"作者的话"中也有类似的说明。参见〔法〕李明：《中国近事报道（1687—1692）》，第14页。
② 参见〔法〕杜赫德编：《耶稣会士中国书简集——中国回忆录Ⅰ》，第230页。
③ 〔法〕李明：《中国近事报道（1687—1692）》，第32～33页。
④ 〔法〕李明：《中国近事报道（1687—1692）》，第49页。

"这是过去最伟大的君主国初建国时所实行的政策,而如果罗马人能坚持下来,他们可能至今在欧洲仍是比中国人在亚洲更为强大的人。"①

在第 5 封信"致外交国务秘书德·托尔西侯爵先生"中,他声称"忠实地从历史中提炼出的结论"是,一方面中国人具有"自我中心主义"的特点;②另一方面中国人在道德方面具有"理性化"的优点。③

李明在该书第 7 封信中向法国第一重臣、大主教兰斯公爵介绍了"五经"、孔子和儒家思想。对于"五经",李明认为其比西方人所知的"世界上的第一部史书《创世纪》"还要早,成书"距今四千三百年前",由以"条律"为内容的《书经》(即《尚书》)、"一系列颂歌和诗歌"组成的《诗经》、孔子编辑的史书《春秋》以及"论述习俗和礼仪"的《礼记》组成,是"中国人视为最神圣的教导理论"。④ 而对于孔子和儒家思想,李明指出孔子所收集的"四书"是"有关古代法律的书",书中"论述了治理政府的伟大艺术、道德和不道德的中庸思想、事物的本性,以及共同的义务",被中国人"是谓完美政治的准则"。⑤

在此基础上,李明向西方人指出,孔子主张"一种朴实的道德准则,启发人们轻视财富和淫逸,而尊崇公正、克制及其他美德",其思想在中国国家治理中占据非常重要的位置。他说道:"因为这正是他们理论最清纯的源泉,他们的哲学,他们的立法者,他们的权威人物。尽管孔子从未当过皇帝,却可以说他一生中曾统治了中国大部分疆土,而死后,以他生前宣扬的箴言,以及他所作出的光辉榜样,他在治理国家中所占的位置谁也无法胜过他,他依然是君子中的典范。"⑥为此,他还向西方非常详细地介绍了孔子的 14 条"箴言",并提醒西方人注意孔子"还有我们古代的贤人们所没有的品德、谦恭和虚心",并主张"理性的哲学家"。⑦ 他说道:"可能至今,法国对整个东

---

① 〔法〕李明:《中国近事报道(1687—1692)》,第 70 页。
② "只有当有必要接受外族的臣服时才与外族交往……但是,这一使自己别于其他民族的政策,最初可能是一个有益的箴言,随后却演变成为狂妄自大。他们自视为杰出的民族……他们把其他人看成是庸才,是小魔鬼,是作为大自然的渣滓和废料被抛弃在地球边缘的;而中国人处于世界的中央。"〔法〕李明:《中国近事报道(1687—1692)》,第 120~121 页。
③ "除了狂妄自大外,应该承认中华民族还是具有突出的优点的:在处世之道上温文尔雅,处理事物上通情达理,热心公益,治理政府有正确见解,思维敏锐,但是老实说,在思辨科学方面是平庸的,而在道德方面正直、可靠,他们始终保持非常符合理性的道德。"〔法〕李明:《中国近事报道(1687—1692)》,第 122 页。
④ 参见〔法〕李明:《中国近事报道(1687—1692)》,第 174~175 页。
⑤ 参见〔法〕李明:《中国近事报道(1687—1692)》,第 175 页。
⑥ 〔法〕李明:《中国近事报道(1687—1692)》,第 177 页。
⑦ 参见〔法〕李明:《中国近事报道(1687—1692)》,第 181 页。

方形成的对孔子的看法还不很在意;但是,一旦您以您的敬重给予他荣誉,所有人都会确信,历史并没有欺骗他们,中国奉孔子为大师和博学者是对他的功绩的正确估价。"①

在第8封信"致国务秘书德菲利波阁下"中,李明对中国古代国家治理方式给出了很高的评价。他指出:"上天在进行天生的优点的分配时给予法国人战争的勇气和艺术,给予荷兰人经商的天赋,给予英国人航海的本领,给予中国人治理国家的真正智慧。"②

为了说明这一点,他在第9封信"致红衣主教德斯泰大人"中专门对中国君主政体推崇备至:

> 在古代形成的各种政府思想中,可能没有比中国的君主制更完美无瑕的了。这个强大帝国的创立者当初倡导的君主制跟今天几乎一模一样。根据世界上事物消长的正常规律,其他帝国在幼年时期都是根基薄弱、极不完善的,跟人类一样需要经过各种年龄段才能臻于完美。中国似乎并没有受普遍规律的约束,好像上帝就是她的缔造者,虽然经历了四千多年的风雨,当初的政府与目前相比具有同样的威力。③

是什么使中国的君主制具有如此生命力呢? 李明将原因归结为:中国皇帝的权力是受到各种道德信条限制的。正是这样的原因使得古老中国在不需要共和政府的情况下,也能反对暴政。对此,他说道:

> 中国人虽然远离共和政府,但更反对暴政,说暴政的根源在于君主犯下的天理王法所不允许的出规逾矩行为,而不在于绝对权力本身,因为君主并不能过分地为所欲为。中国人相信,君主不能滥施权力的信条足以让他们安身立命,而不是横遭毁灭;同时适度地克制自己的激情,也并不有损堂堂天子在人间的权力,因为他原本就不能肆意妄为。
>
> 法律既赋予了皇帝至高无上的权力,也要求他在行使权力过程中要温和适度,这是长此以来支撑中国君主制广厦的两大支柱。④

为了具体论证此观点,李明一方面列举了君主制下法律赋予皇帝的6

① 〔法〕李明:《中国近事报道(1687—1692)》,第191页。
② 〔法〕李明:《中国近事报道(1687—1692)》,第193页。
③ 〔法〕李明:《中国近事报道(1687—1692)》,第217~218页。
④ 〔法〕李明:《中国近事报道(1687—1692)》,第218页。

个方面的至上权力:(1)"掌握着举国官员的升迁任免";(2)"皇帝觉得国家急需,便可以增派贡税";(3)"皇帝可以自由宣战、停战,或在保持帝国尊荣的前提下按自己属意的条件缔约";(4)"皇帝有从皇室成员或臣民中选择继位人的权力";(5)有为死者追封和贬谪的权力;(6)废除旧文字,创立新文字,变更行政区划等权力。① 其中,就法律而言,皇帝是帝国内最高的立法者和司法者:

> 皇帝可以置一人之下、万人之上的亲王于死地,庶民百姓就更不足道了。法律让皇帝成为了众人之主,没有朝廷的圣旨,在全国范围内,任何总督、内阁和各部都不敢对犯人行刑。预审在省一级进行,判词都将上呈皇帝预览,并由他根据自己的好恶批准或撤销原判。他一般都尊重原判,但均要适当减刑。②

另一方面,他也认识到"这种至高无上的权力在统治中似乎也会产生一定的恶果","因此,法律也制定了许多对策,预防措施曲尽其妙"。③ 那么,这些具体的对策和预防措施有哪些呢?

李明在此列出了三种,第一种是自古以来的"仁治原则":

> 首先,古代的立法者从君主制建立伊始就确立了仁治的原则:好的统治者应该是子民的衣食父母,而不应当是高居宝座受奴仆供养的主子。因此,自古以来皇帝又被称为大父,在所有的称号中,这是他最乐于接受的。这种思想在庶民百姓和文武百官的脑子里根深蒂固。只有皇帝爱民如子,人们才会对他歌功颂德。中国的哲人学士们不厌其烦地写道,国即是家,能齐家者方能治国。如果皇帝在实践中背离了这一古训,即使他能征善战,治国有方,博学多才,也得不到臣民的景仰,那些东西实际上一文不名。衣食父母的品性丧失了,皇帝的声誉亦将随之黯然失色;如果发扬光大了,声名也会如日中天。④

第二种是言官的直谏行为:"每一位大臣都可以指陈皇上的过失,但必须言行谨慎,举止谦恭。具体方法如下:有就皇上治国方略进谏的官员先草

---

① 参见〔法〕李明:《中国近事报道(1687—1692)》,第219~223页。
② 〔法〕李明:《中国近事报道(1687—1692)》,第220~221页。
③ 〔法〕李明:《中国近事报道(1687—1692)》,第223页。
④ 〔法〕李明:《中国近事报道(1687—1692)》,第223页。

拟一份奏折,向陛下深致敬意后,再委婉地请求他反省一下先王们的旧制和事例,最后指出皇上在什么地方出现逾矩了。"①

第三种是后世史官的"秉笔直书":

> 第三,如果皇上贪图功名,撰写实录却是唯一可以约束他们的办法。那些被选拔的博学之士不偏不倚,要仔细地记下皇帝的一言一行,他们用活页纸将事情逐一记录后投进一个留有小孔的柜子,而绝不能到处张扬,善恶好坏一律如实记载:"某日,皇上龙颜大怒,言辞欠雅,有失体统。他一时冲动,不顾律例,惩办了某官员。他未能秉公执法,推翻了刑部的判决。"或者是:"为了保护子民的身家性命和帝国的尊荣威名,他发动了战争,赢得了和平,这是对子民的护佑。尽管一片阿谀奉承之声,圣上依旧谦逊平和,言辞得当,深得满朝文武交口称赞。"诸凡治下的活动都登记在册。

> 皇帝在世期间抑或该皇室执掌江山社稷期间,这个柜子永远也不会打开,以免他们担惊受怕或者被寄予厚望。通常江山易手之后,人们才将这些特殊的备忘资料收集起来,比较斟定,钩沉史实,编辑皇帝实录。如其治国有道,则将作为楷模以资后世借鉴,如果是混世魔王,则将供万人唾骂。如果君王希望光前裕后,如果他懂得谄媚之徒的阿谀顺旨并不能强加于老百姓的话,他在位期间就会躬行有节了。②

此外,李明认为除了上述三种"虚名"对皇帝构成某种限制,"保江山"的实际利益更是皇帝"谨守良好的习惯并遵从法令"的关键。

按照这样的逻辑,李明得出皇帝主动遵守法律是帝国得以维系的关键这一结论。他说道:"因此,皇帝要想坐稳江山就只得奉守法律,四千余年的历史正好证明了法律的长处。"③

那么,皇帝所遵守的帝国法律又是什么呢?对此,李明从帝国的政制设计、司法救济程序以及帝国法律所独具的品质这三个方面,向西方剖析了中国古代国家治理的内在逻辑。

首先,就帝国的政制设计而言,他指出:

---

① 〔法〕李明:《中国近事报道(1687—1692)》,第223页。
② 〔法〕李明:《中国近事报道(1687—1692)》,第224页。
③ 〔法〕李明:《中国近事报道(1687—1692)》,第225页。

法律对普通政府形式所做的一般规定。皇帝有两个内阁,一是由亲王组成的议政王大臣会议,一是由称为阁老的朝廷大臣组成的普通内阁。他们负责处理重大事务,草拟奏章,接承圣谕。此外,在北京还设有分工各异的六部,其权力延伸到全国的各大行省。下面是六部的名称和职能:

吏部监督管理和任免所有的文官。户部收取贡赋,管理财务。礼部负责保存古代礼仪,处理宗教、科学、艺术和外交事务。兵部管理军队及其将官。刑部则终审刑事案件。工部颁布营造公用设施和皇家建筑。各部下设好几个衙门,有的达十五个之多,首席衙门由尚书和两位侍郎组成,所有重大事务都由他们最后裁定。其他衙门都是从属性的,有一名郎中和数名员外郎,他们都听命于拥有决定权力的首席衙门。①

皇帝为了限制自己官僚权力的膨胀,在政制设置上又采取如下几种方式:(1)"对他们进行了分权,使之彼此约束,相互制衡"②;(2)"委派一名官员到各部监督日常事务"③;(3)"巡抚的权力可能受到身边其他高官们的左右,当他们认为要为国家利益着想时便可以弹劾巡抚"④;(4)"皇帝就只好派遣为人机敏、廉洁刚直、乔装打扮的钦差大臣到各省巡视,巧访士农工商,了解当地官吏为政的情况"⑤;(5)"督抚必须不定期地向朝廷上奏折,态度

---

① 〔法〕李明:《中国近事报道(1687—1692)》,第 225 页。

② 〔法〕李明:《中国近事报道(1687—1692)》,第 225 页。

③ "该官员不属于各部编制,但他要参加各种朝会,人们得向他汇报政务。这完全相当于我们所说的巡视员。他既可以暗中给六部提出警告,也可以公开指陈官员们在政务上和私生活中犯下的过失。他审视官员们的行为举止,言语辞令,礼仪风范,可谓明察秋毫。据说,为了不至于让他们姑息养奸,就让其始终担任同一官职,这样便不会因偏袒庇护某人而官运亨通,也不用担心直言指陈而遭到报复,祸从天降。这些官员被称为阁吏,连亲王也畏之三分。"〔法〕李明:《中国近事报道(1687—1692)》,第 226 页。

④ "但更让巡抚小心在意的是,老百姓有权直接向皇帝抱怨官员们的不是之处,当他们遭受虐待压迫的时候,还可以请求撤换巡抚。对于巡抚来说,行省内任何起义暴动都难脱其咎,如果起义持续三天的话,他就得主动请罪。法律有规定,百姓不能安居乐业是他的过错,因为他是一省之长。他应该规范下属官吏的品行,以免百姓受苦受难,人民对主子满意就不会想着要摆脱他,枷锁轻便也还乐意戴着。"〔法〕李明:《中国近事报道(1687—1692)》,第 227 页。

⑤ "通过明察暗访,一旦抓住把柄且证据确凿的话,他便公开自己的钦差身份,拘捕罪臣,亲自审问。过去,钦差的权力包罗万象。但从满洲人入主中原以来,由于钦差滥用职权,或包庇罪犯而聚敛钱财,或无中生有而加害无辜,所以派遣钦差也越来越少了。但如果这一做法执行得好的话,也不失为一种有效的手段。当今圣上爱惜子民,觉得有必要御驾出京,体察民情,他办事认真,官吏们不寒而栗,而老百姓却欢欣鼓舞。"〔法〕李明:《中国近事报道(1687—1692)》,第 227 页。

诚恳、恭恭敬敬地检讨自己明里暗里在工作中犯下的错误"①。

其次,就常规的司法救济程序,李明说道:

> 法律还允许官员按照如下程序处理官司。不管官员品阶高低,一概不需要向当事人双方了解案情,这些手续都毫无用处。不管在什么地方,只要他看见出了乱子,就可以惩罚人们。街头也好,路上也罢,室内亦然,他可以逮捕赌棍、拘禁莽汉,可以命随行差役杖责二三十而不进行任何形式的起诉。随后,他又照旧赶路,一切如常,仿佛什么也没有发生过。但人们还是可以到高一级衙门告状,案件在那儿会重新审理,一般也会进行新的惩罚。

> 当事方可以就一般案件向任何一名官员申诉,即便初审也是如此。例如,住在第三级城市——县城的居民可以直接向省会的巡抚甚至总督告状,而不经过知县的审理。如果有高一级的官员参与审案,下属官僚则不敢贸然打听情况,尤其是审理结果还没有下达的时候,情况更是如此。如果是终审的话,巡抚还要根据案情的性质请示北京的刑部。刑部各衙门负责案件审查工作,而后再就详情汇报尚书。尚书征求完侍郎的意见后,就将判词转呈阁老,以供御览。有些时候皇帝还要了解更详细的情况,有时候他却马上朱批判词。刑部以皇上的名义确定逮捕日期后,则通知督抚宣告执行。此类判词一般是不可更改的,人们称之为圣谕,也就是说是不偏不倚、公正无误的。②

在李明看来中国司法的这种高效率完全得益于中国法律自身的优点,即"中国人的法律确实有规有矩,简洁朴实,约定俗成,与本民族的精神和特性契合得天衣无缝"③。

最后,李明通过三件事例道出了中国法的特殊之处:(1)"是向所有子民灌输的道德指南";(2)"是人们在方方面面已确立的治平法则";(3)"是

---

① "这种尴尬是难以想象的,一方面检讨自己的过失本来就十分恼火,因为即便皇上从轻处罚,却也从不饶恕每一个错误;另一方面隐瞒实情更加罪在不赦,如果御史的密奏上已经记录在案,官员们任何细小的遗漏都可能使他们丢掉性命。因此,要么实话实说,要么花钱赎罪。在中国金钱有赎罪的作用,可是,对一位中国人来说,这种补救措施也并不轻巧。因而,单单对这种惩处的畏惧心理也就让人们格外谨慎了,有时还不得不身不由己地去修炼德行。"〔法〕李明:《中国近事报道(1687—1692)》,第228页。

② 〔法〕李明:《中国近事报道(1687—1692)》,第228~229页。

③ 〔法〕李明:《中国近事报道(1687—1692)》,第229页。

人们奉行或被迫奉行的纯政治箴言"。①

这里第一项中的"道德指南"在李明看来，主要包括如下三条。第一，"教导子女们要爱护、尊敬、尊重父母，不论子女受到了什么虐待，不管子女地位有多高，年龄有多大，都不得悖行这一准则"②。为了说明这一道德准则，他还特别举例说道：

> 如果说父亲在死后就像被神话了一般，那么生前他在家里就更像国王一样得到遵从，他以绝对权力管理着家庭，他不仅绝对掌握着财产权，可以随便给自己喜欢的人，而且妻妾子女也完全由他控制，倘使他对某人行为不满意时，还可以随便卖人。父亲向官吏告儿子的过失，也不需要任何证据。人们觉得父亲始终是有道理，只要他不满意，儿子就肯定有罪。父权那么大，若要将儿子诉诸法律，那是非丢命不可的……
>
> 如果出现这种十分罕见的情况，即儿子鲁莽无礼、辱骂父母，或者大逆不道弑父杀母，那就会引起全国一片哗然，而发生这种骇人听闻的案件的省份更会是群情沸腾、惶惑不安。皇帝将会御审罪犯，所有相关的官员都会受到起诉，尤其是该地方的父母官，因为他们没有能很好地教化民众。罪犯的邻里亲属也会受到严惩，因为他们平时没有训斥教导罪人。人们觉得，像这种忤逆不肖的家伙在其他时候也免不了流露出这种习性，只有日积月累、得寸进尺才会堕落到行凶害命的地步。人们更是要极尽酷刑惩治凶手，要将他凌迟处死，再烈火焚身。还要捣毁他的房子、屋基，拆毁街坊邻居的房子，四处修纪念物以警醒世人，以免人们忘记这种过分的倒行逆施。③

第二，"人们习惯于将官员们看作皇帝的代理人"④。这里之所以要教化百姓对官员恭敬，是因为这将有利于帝国的统治。对此，李明说道："子女对父母谦恭孝顺，百姓对官员敬畏尊崇，这样便维持了家庭的安宁和城市的稳定。我以为，这样一个人口众多的大国能够秩序井然，主要得益于上述两点。"⑤

第三，"教化民众，要谨守礼仪，为人谦逊，彬彬有礼，要让人觉得和善可

---

① 参见〔法〕李明：《中国近事报道（1687—1692）》，第 229 页。
② 〔法〕李明：《中国近事报道（1687—1692）》，第 229 页。
③ 〔法〕李明：《中国近事报道（1687—1692）》，第 230～231 页。
④ 〔法〕李明：《中国近事报道（1687—1692）》，第 232 页。
⑤ 〔法〕李明：《中国近事报道（1687—1692）》，第 233 页。

亲"。李明认识到守"礼"是中国人安守秩序,不起争心的奥秘所在:

> 他们说,这才是人之与禽兽,中国人之与外方人的区别所在。他们
> 还说,有些民族野蛮凶残的禀性对国家祸患无穷。在家庭纠纷中产生
> 这种心理,则将丧失伦理,长幼无序,既糊涂可笑,也容易滋生事端。我
> 觉得,他们非但互不猜忌防范,而且知道隐忍、掩藏和克制自己的仇恨
> 心理,他们小心翼翼地遵守着由年龄、身份和功勋确立起来的等级关
> 系,他们喜欢等级秩序,从不莽莽撞撞地摒弃自己的义务。[1]

而且,李明也认识到"礼"是帝国统治者有意而为的一种统治策略,为贯彻这种策略,社会的方方面面都在"礼"的精神下有所规定。对此,他说道:"国家出于政治考虑,始终觉得这是安抚人民至关重要的一点,对打招呼、见客人、赴筵席和写书信都作了规定。"[2]

关于上述中国法特殊之处的第三方面,即"是人们奉行或被迫奉行的纯政治箴言",李明列举了10条予以展开:(1)"决不让官员在本省做官";(2)"管辖各省的督抚等达官显宦必须将子女送到宫中";(3)"皇帝乐意任命的钦差有权审理任何一个人,即使犯人官高位显亦不能违抗";(4)"不卖官鬻爵,而是按功行赏,即对于那些生活检点、孜孜以求学习法律礼仪的人以嘉奖";(5)"丝毫不能容忍外国人在他们帝国的领土上居留";(6)"不承认世袭贵族和因升官而获得的世袭爵位";(7)"和平时期跟战争时期一样养着一支庞大的军队,以使邻邦臣服,而且随时都可以镇压国内的起义,或者更主要是防范人民起义";(8)"奖惩制度";(9)"中国人认为禁止妇女抛头露面做生意是一项明智之举,他们说与其让女子经商,倒不如让她们闲着,女人操心的就是家务活,主要是相夫教子";(10)"全国上下普遍重视商业"。[3] 其中,在第8条"政治箴言"中,李明还特别对清代刑罚中的"杖刑""枷刑""死刑"以及"笞刑"进行了细致的介绍。[4] 例如,对其中的"死刑"这样描述道:

> 身首异处在中国人看来是十分丢脸的事情,草民们也就常常被斩
> 首;相反,有头有脸的人则通常是被缢死,这标志着身份的高贵,如果他

---

① 〔法〕李明:《中国近事报道(1687—1692)》,第233页。
② 〔法〕李明:《中国近事报道(1687—1692)》,第233页。
③ 参见〔法〕李明:《中国近事报道(1687—1692)》,第237～244页。
④ 参见〔法〕李明:《中国近事报道(1687—1692)》,第241～243页。

的罪行十恶不赦,也会落得平民一般的下场,头颅也会被高悬在大路边的树上。

反贼和欺君之罪均以凌迟论处,就是他们所说的千刀万剐。刽子手将罪犯绑在木桩上之后,就从头盖骨周围剥下头皮,用力撕扯直至盖住眼睛,以免让他们看见自己受刑时的惨状。随后,刽子手就东一刀、西一刀地乱捅,厌倦了这种野蛮行为时,还可以叫上地痞流氓或者罪犯的仇人冤家来越俎代庖。①

在这封写给法国大主教的信最后,李明还不忘对中国法进行再一次赞美:"大人,这就是对中国政府一番走马观花似的介绍,我描述的时候不免流露出私心艳慕的情绪。但是,我倾慕的不过是中国悠久的历史沿革,大智大慧的政治准则,简洁明了、整齐划一的法律制度,历朝历代层出不穷的孝子贤臣,在内忧外患中依旧安居乐业的黎民百姓。"②

应该说,李明是耶稣会第二阶段对中国法整体分析最为精细的人。尽管在他的剖析中有很多因为文化差异所产生的误读,如其所阐述的 10 条"政治箴言"究其本质只是统治者维护专制统治的具体手段,而与其所谓的"政治贤明"有本质冲突。但从总体上讲,他的分析已经依稀涉及中国法的实质性内容与特征。

(二) 张诚、徐日升的谈判日记和张诚的《对大鞑靼的历史考察概述》

作为"国王数学家"的张诚出身高贵,于 1654 年 6 月 11 日出生于法国凡尔登(Verdun),其父热尔比雍・德・比兹(Gerbillon de Buzy)曾任法王参事、凡尔登法官和市政长官等职。来华前,张诚曾入南锡耶稣会初学院,在第戎、梅斯等地教授数学和修辞语法学。1688 年他与白晋一起经康熙帝挑选留在北京,担任其数学、地理和哲学"老师"。1699 年,他被任命为北京耶稣会会院院长,1700 年 11 月 30 日又被耶稣会总会长梯尔索・冈萨雷斯(Tirso Gonzales)任命为法国耶稣会在华传教团的第一任总会长,并被授予继任者的任命权。③

就向西方记述中国法而言,张诚较之同时代耶稣会士的主要贡献体现在:一是他与葡萄牙籍耶稣会士徐日升共同参与了 1689 年中俄《尼布楚条约》(下文简称《条约》)的签订;二是他利用 8 次"鞑靼之行",对整个"鞑靼

① 〔法〕李明:《中国近事报道(1687—1692)》,第 242~243 页。
② 〔法〕李明:《中国近事报道(1687—1692)》,第 254 页。
③ 参见〔法〕伊夫斯・德・博西耶尔夫人:《耶稣会士张诚——路易十四派往中国的五位数学家之一》,"作者自序",第 1~2 页。

地区"的政治法律进行了记述。需要说明的是，为了叙述的完整性，笔者这里把非属法国"国王数学家"的徐日升①也放在此部分一并介绍。

关于涉及本主题所依据之史料，即张诚和徐日升的日记，②约瑟夫·塞比斯（Joseph Sebes）神父总结了它们的差别：

> 这两个文件的主要不同之处在于写作的动机不同。张诚是法国科学院所赞助的、由路易十四世派往中国作为"皇家数学家"的那一群法国耶稣会士中的一员。除了传教工作之外，他还在地理学、天文学和考古学方面作了一些研究工作。他对尼布楚之行的报告，正如他的其他报告一样，具有一个专家对其他专家报告的性质，其中有许多地理和天文方面的详细材料。……另一方面，徐日升神甫，根据康熙和他的教会上司的意图，是两人中的领导者，因此他有责任向他的上司报告他们的活动情况。他的报告，虽是写给中国传教会的耶稣会士或他的耶稣会一般同事们的，但是他也寄给了罗马的总会长两份，因此可以算是他的正式报告。他们写作目的的这种差异，说明他们对各项事情有不同的偏重。张诚是写一个科学的报告，偏重于科学上的细节。他必须避免说一些可能为中国人方面或俄国人方面认为有所贬损的话，因为双方都是极其敏感的，因为他的报告是写给一般公众看的。如果任何一方发现了有任何这类的话，就不可能不引起严重的麻烦……另一方面，徐日升是写给他的耶稣会同事和上司的，因此可以不妨较随便地透露一些对双方中的任何一方不是恭维的详情细节，因为他可以相信这些人是不会说出去的。他的报告根本不是为了给一般公众看的，所以直到今天仍未发表（塞比斯将其整理公布——引者注）。③

---

① 徐日升，原名托马斯·贝瑞拉，1645年出生于葡萄牙布腊加省圣马丁。1663年加入科英布拉耶稣会，1673年经由澳门来到北京，任康熙帝的音乐教师，1688年南怀仁神父去世后，曾接任钦天监监正，后闵明我来华后，卸任此职。1692年，他以北京所有耶稣会传教士的名义，上奏康熙帝，取得了"1692年出名的容许基督教传教的上谕"。1692年6月29日至1695年6月29日担任耶稣会中国副省会长。1708年12月24日去世。参见〔美〕约瑟夫·塞比斯：《耶稣会士徐日升关于中俄尼布楚谈判的日记》，王立人译，商务印书馆1973年版，第134～135页。

② 《张诚日记》是张诚8次"鞑靼之行"旅行记里面的第2次，即1689年6月13日至1690年5月7日的日记，当时作为耶稣会书简从中国寄往巴黎，后收录在杜赫德1735年巴黎出版的《中华帝国全志》第4卷"遵照皇帝的命令耶稣会士张诚和徐日升于1689年在鞑靼的第二次旅行"中。《徐日升日记》完成于1690年1月10日，即他从尼布楚返回3个月之后，1961年由耶稣会士塞比斯神父出版（*The Jesuits and the Sino-Russian Treaty of Nerchinsk 1689. The Diary of Thomas Pereira*, Roma, 1961）。参见〔法〕伊夫斯·德·博西耶尔夫人：《耶稣会士张诚——路易十四派往中国的五位数学家之一》，第11页，页下注。

③ 〔美〕约瑟夫·塞比斯：《耶稣会士徐日升关于中俄尼布楚谈判的日记》，第143～144页。

但该论者也强调:"他们所报告的都是真实的;应该认为他们的报告是相互补充的,而不是相互破坏的。"①此外,俄方签订《条约》全权代表费·阿·戈洛文(Golovine)的出使报告,②以及苏联学者普·季·雅科夫列娃依据原沙俄"中国事务"档案所作《1689 年第一个俄中条约》所涉史料内容,也是下文的重要参考。③

1. 耶稣会士在 1689 年中俄尼布楚谈判中的弥合作用

17 世纪末,沙俄加紧了对东西伯利亚的征服,④并利用西伯利亚的城市和在当地建立城堡进行殖民。⑤ 与之相应的是,蒙古各部对中原政权的态度出现明显的分化。漠南蒙古与满族通婚、结盟,成为最早归顺大清的蒙古部落。喀尔喀蒙古表面上臣服于大清,但也与沙俄保持着暧昧的政治和商业关系。厄鲁特蒙古,特别是其中噶尔丹领导的准噶尔部,一直试图联系沙俄,觊觎中原。由于沙俄的哥萨克人在黑龙江边界不断侵扰,⑥清廷虽于1683 年向黑龙江上的俄罗斯人发动了一次有利进攻,摧毁了除雅克萨(俄方称"阿尔巴津")之外的全部堡垒,但康熙帝于 1686 年后决定改变之前的策略,准备用外交手段解决黑龙江上的俄罗斯人,用武力手段解决噶尔丹。⑦ 对此,法国学者加恩指出:

---

① 〔美〕约瑟夫·塞比斯:《耶稣会士徐日升关于中俄尼布楚谈判的日记》,第 145 页。

② 参见《费·阿·戈洛文出使报告(1686 年 1 月 20 日—1691 年 1 月 10 日)》,载苏联科学院远东研究所等编:《十七世纪俄中关系(1686—1691)》第二卷,第一册,第三册,黑龙江大学俄语系翻译组、黑龙江哲学社会科学研究所第三室合译,商务印书馆 1975 年版。

③ 关于雅科夫列娃所用沙俄档案具体情况说明,参见〔苏〕普·季·雅科夫列娃:《1689 年第一个俄中条约》,贝璋衡译,商务印书馆 1973 年版,第 3~8 页。

④ 元朝时期,俄罗斯曾是蒙古帝国的一部分,蒙古衰落后,俄越过乌拉尔山脉征服了西伯利亚地区,并在远东建立了伊尔库茨克、雅库茨克等军事重镇。明末清初,沙俄远征军从雅库茨克出发,入侵黑龙江流域。1658 年沙俄在石勒喀河河畔建造尼布楚城,1659 年又在更深入中国领土上修建雅克萨城。参见余三乐:《徐日升、张诚与中俄〈尼布楚条约〉的签订》,《北京行政学院学报》2000 年第 5 期,第 64 页。

⑤ 1654 年阿仿纳西·帕什科夫在石勒喀河的支流建立了尼布楚。从 1658 年起,尼布楚成为独立的将军辖区的中心以及阿穆尔河流域(即黑龙江)和外贝加尔地区施加影响的主要根据地。于是所有阿穆尔河流域和外贝加尔地区建立的城堡,如库马尔斯克堡(1652)、土古尔斯克堡(1653)、阿尔巴津堡(1654)、捷列姆宾斯克堡(1659)、色楞格斯克堡(1666)、上结雅堡(1678)、多伦斯克堡以及许许多多新垦地,过冬地、自由村和乡村,都以尼布楚为中心。参见〔苏〕普·季·雅科夫列娃:《1689 年第一个俄中条约》,第 13~14 页。

⑥ 17 世纪,沙俄除了一路由雅库茨克向南越过外兴安岭进入黑龙江流域外,还有一路是以叶尼塞斯克为基地向东南经贝加尔湖以东石勒喀河流进入黑龙江上游,并在该河与尼布楚河汇合处建立涅尔琴斯克城堡(尼布楚)。参见张丽、张晓刚:《中俄〈尼布楚条约〉文本的差异及其原因新析》,《社会科学》2021 年第 3 期,第 164 页。

⑦ 参见〔美〕约瑟夫·塞比斯:《耶稣会士徐日升关于中俄尼布楚谈判的日记》,第 51~52 页。

但是中国人不能同时与厄鲁特人（准噶尔部——引者注）进行顽强的斗争，又与俄国人发生公开的敌对行动。因此中国的策略就不得不是使它的两个敌手中的一个解除武装，以便转而与另一个为敌。如果我们说俄国所以希望与中国保持和平是为了它的商业利益，那么中国所以同样希望与俄国达成谅解，就是为了它在中亚细亚的政治利益。①

1686 年 1 月 26 日，沙皇政府同样为了避免两线作战，优先考虑的是巩固西部边界的斗争以及对克里米亚鞑靼人和土耳其人的斗争。沙皇要求使团在没有充分武装力量的情况下，保持住俄罗斯在外贝加尔湖地区和阿穆尔地区的领地，并同中国签订持久的和约。② 因此，俄国从本国的经济利益和对外政策出发，任命费奥多尔·阿列克塞维奇·戈洛文为全权专使。③ 双方约定在色楞格斯克（中文旧称"楚库柏兴"）进行和平谈判。1688 年 5 月29 日，康熙帝也派出使团前往谈判地点。

（1）耶稣会士参加和谈的原因、角色与素养

可见，中俄双方同是为了避免两线作战，才选择和谈而非战争方式解决问题。既然需要和谈，双方就要选择一种都能够接受的语言进行。按照正常逻辑，可以成为和谈语言的有汉、蒙、满、俄四种。或许是中俄双方都没有彼此通晓对方语言的人才，或许是因为双方都不愿屈从于对方，所以汉语、满语和俄语被排除了。后来双方之所以会非常意外地选择拉丁语，而不是蒙古语，实是因为此前中俄双方在彼此的外交交往中已经达成使用拉丁语的默契。

1655 年俄国巴依科夫（Ivanovitch Baikov）使团来华因通过蒙古语转译而产生了诸多不便，而 1670 年米洛瓦诺夫（Ignati Milovanov）使团则通过在京耶稣会士南怀仁利用拉丁语交流带来了便利，使得 1676 年尼果赖（Nikolai G. Spathary Milescu）使团后来主动要求耶稣会士担任翻译，用拉丁语与清廷进行交涉。④ 加之，康熙帝于 1669 年为在华传教士"历狱"昭雪

---

① 〔法〕加斯东·加恩：《彼得大帝时期的俄中关系史》，江载华、郑永泰译，商务印书馆 1980年版，第 5 页。

② 参见〔苏〕普·季·雅科夫列娃：《1689 年第一个俄中条约》，第 131～132 页。

③ 苏联学者雅科夫列娃根据档案显示，该使团的任务工作是由当时主持同波兰缔结和约的外交家瓦·瓦·戈利津公爵负责的，他任命御前大臣和将军费·阿·柯罗文（戈洛文）为第一大使，尼布楚将军伊·鄂·伏拉索夫为第二大使，秘书谢苗·克尔尼茨基奉派为第三大使。参见〔苏〕普·季·雅科夫列娃：《1689 年第一个俄中条约》，第 132 页。

④ 参见倪军民、三英：《耶稣会士与〈中俄尼布楚条约〉》，《北方论丛》1994 年第 5 期，第100 页。

后,通过与传教士们的交往,非常认可、宠信他们。因此,中俄外交实践在这一阶段形成的惯例,以及康熙帝对于懂得拉丁语的在华传教士的信任,是此次会谈使用拉丁语的重要原因,同时也是康熙帝派出徐日升和张诚参加会谈的原因。① 对于此点,苏联学者雅科夫列娃也大致认同。她指出在具体谈判中,双方可以用蒙古语谈判,同时也指出在清军大营中有许多懂得俄语的中国人。之所以用拉丁语进行谈判,实是因为此乃康熙帝的决定。②

　　这里需要强调的是,康熙帝一开始只是决定由葡萄牙籍耶稣会士徐日升代表中方与索额图、佟国纲一起充当谈判代表,而没有张诚。对此,《正教奉褒》记载道:"康熙二十七年三月十三日,理藩院奉旨,朕看所用西洋人真实而诚恳可信,罗刹(俄罗斯国之东部——编者注)着徐日升去,会拉提诺(拉丁——引者注)文字,其文妥当,汝等也行移文,往说罗刹。"③法国耶稣会士张诚后来能与徐日升一起参加和谈是因为得到了康熙帝的指令,要求"其物色一名同样懂得拉丁文的神父作为助手"。④ 国内学界一般认为,在会谈中在华耶稣会士基于共同的宗教立场,其利益是一致的。然而,客观的情况是徐日升代表的是葡萄牙"保教权"的势力,而张诚则代表17世纪中叶以后教皇利用崛起的法国打压葡萄牙的势力。基于徐日升和张诚分别代表着不同的利益群体,只是在在华传教问题上存在着共同的目标,因而我们对其在和谈中的表现和作用,不应不加区分,笼而统之地将其视为俄方的"间谍"⑤或中方的"帮凶"⑥。

　　然而,中俄双方约定的第一次谈判因噶尔丹对喀尔喀的入侵导致道路的阻断而中止,1688年7月22日,使团接到康熙帝命其返回北京的圣旨。

---

　　① 当然,也有论者认为耶稣会士有自己特殊目的的考虑,因为南怀仁神父及1652年至1705年间耶稣会历任四个会长一直想找到一条替代危险海路,从陆路到达中国的路线。后来他在去世前夕,推荐徐日升担任使团成员,并借此谈判之机,与俄方沟通实现上述目标。这一特殊目的也成为日后各方批评耶稣会士在中俄谈判中扮演俄方"间谍"的口实。当然,徐日升实际上是陆上线路"最直言不讳的反对者",因为后来从其日记内容来看,他几乎没有谈及此"任务"。参见〔美〕约瑟夫·塞比斯:《耶稣会士徐日升关于中俄尼布楚谈判的日记》,第90~98、137页。

　　② 参见〔苏〕普·季·雅科夫列娃:《1689年第一个俄中条约》,第191页。

　　③ 黄伯禄编:《正教奉褒》,第344页。

　　④ 《正教奉褒》记载了第一次赴色楞格斯克参加和谈的中方7人名单:"康熙二十七年五月初二日徐日升、张诚奉命随同内大臣索额图、佟国纲、马喇,汉臣张鹏翮、陈治安,北往塞外,与俄国会议两国边疆,既抵色棱额固,适厄鲁特侵略喀尔喀部,路途梗阻,俱奉召还。"黄伯禄编:《正教奉褒》,第345页。

　　⑤ 参见中国科学院近代史研究所编:《沙俄侵华史》(第1卷),人民出版社1976年版,第174~175页;北京师范大学清史研究小组:《一六八九年的中俄尼布楚条约》,人民出版社1977年版,第260、301、336~337页。

　　⑥ 参见〔苏〕普·季·雅科夫列娃:《1689年第一个俄中条约》,第159~160、170~171、174~175、186~187页。

戈洛文也派出信使伊凡·洛吉洛夫赴北京商订第二次谈判事宜。1689年5月16日康熙帝在给俄国信使的信中指定尼布楚（Nerchinsk，俄方称"涅尔琴斯克"）为新的会议地点，徐日升和张诚于1689年6月13日与原班人马一道，再次启程代表皇帝进行谈判。对于康熙帝任用耶稣会士参与"国际外交谈判"，有论者评论道：

> 耶稣会士之参与早期的中俄外交关系，是一个令人惊异的历史现象。一小群欧洲人，对俄国和中国来说都是外国人，又是属于在中俄两国如不受迫害也是几乎得不到宽容的一种宗教的传教士，竟会在两大帝国之间极为重要的外交事务上充当了调解人的角色，这的确是一桩有点异乎寻常的事。[1]

尽管通过拉丁语进行和谈是康熙帝派出徐日升和张诚的重要原因，但是这并不意味着在和谈中他们只充当中俄双方的翻译。对此，徐日升在日记里曾明确提及"我们并未授有译员的职衔"[2]，他还提到在1689年8月22日中俄双方第一次谈判时，"我考虑到皇帝曾对这类情况授予我的责任，根据过去的经验，我认为应该插一插嘴"[3]。所以，根据上述信息，仅将他们当成译员的说法是不符合史实的。况且，从后来苏联史学家的观点看，《条约》是俄国外交的失败，他们将失败的原因归结于耶稣会士的有害影响和阴谋。或许是因为徐日升与张诚在谈判中对中国方面起到了积极作用，阻碍了俄国的企图。"在戈洛文回到莫斯科之前，彼得大帝就关闭了莫斯科耶稣会的教堂和居所，把耶稣会士从他的统治地区驱逐出去（1689年10月）。"俄方认为"要是能和比较无知的钦差大臣们直接交涉，比通过这些知识丰富的耶稣会士办交涉，对他们会更为有利"。[4]

既然徐日升和张诚在和谈中的角色不仅仅是中俄双方的翻译，那么，他们的角色和功能还应该是什么？笔者认为，他们在和谈中有着相对独立性的地位，是中俄双方之间和谈的"弥合者"。

尽管有论者认为在尼布楚的耶稣会士"与其说是译员或政治行动的策

---

① 〔美〕约瑟夫·塞比斯：《耶稣会士徐日升关于中俄尼布楚谈判的日记》，第75页。
② 〔葡〕徐日升：《徐日升神甫的日记》，载〔美〕约瑟夫·塞比斯：《耶稣会士徐日升关于中俄尼布楚谈判的日记》，第177页。
③ 〔葡〕徐日升：《徐日升神甫的日记》，第183页。
④ 参见〔美〕约瑟夫·塞比斯：《耶稣会士徐日升关于中俄尼布楚谈判的日记》，第103～109页。

动者,毋宁说是作为科学的文件核对者而完成了他们在中俄关系方面的真正历史使命"。持这一论点者的依据是"双方代表团来到尼布楚所携带的训令,在措辞上表明早在会议之前它们之间实际上已有协议"。① 的确,从沙俄方面来看,大约在1686年初,戈洛文获得的训令中就列有沙皇政治和商务方面的指示:

> 他(戈洛文——引者注)奉命提出以黑龙江整条河流为界;如果这个方案被拒绝了,他应略作让步以黑龙江和比斯特拉河为界;如果这个让步方案也被拒绝了,可以更向北移,以黑龙江及其支流结雅河为界。关于商务的指示特别重要。大使应搜集关于通往中国的水路的资料,请求正式规定两国间的进出口的贸易,并劝告中国皇帝派一使团到莫斯科来。还应要求中国人把他们的丝、宝石和其他货物卖给俄国。又命令他和那些对他的外交任务或能有所帮助的蒙古王公取得联系。②

1687年7月24日,莫斯科又对戈洛文发出了新的训令:"他(戈洛文——引者注)可割让雅克萨,以换得满意的商务关系;他应不惜任何代价,避免流血冲突;如果一切努力都失败了,他应请求准许在适当时候另派一个使团到北京来。"③而中国方面来看,1688年5月10日康熙帝在批准的议和条陈中写道:

> 察鄂罗斯所据尼布楚,本系我茂明安部游牧之所,雅克萨系我达呼尔总管倍勒儿故墟,原非罗刹所有,亦非两界隙地。……臣以为尼布楚、雅克萨、黑龙江上下及通此江之一河一溪,皆属我地,不可弃之于鄂罗斯。又我之逃人根特木尔等三佐领,及续逃一二人,悉应索还。如一一遵行,即归彼逃人,及大兵俘获招抚者,与之划疆分界,贸易往来;否则臣当即还,不与彼议和矣。④

---

① 〔美〕约瑟夫·塞比斯:《耶稣会士徐日升关于中俄尼布楚谈判的日记》,第105页。
② 〔美〕约瑟夫·塞比斯:《耶稣会士徐日升关于中俄尼布楚谈判的日记》,第69~70页;另见《致柯罗文·费要多罗·阿历克塞维奇的训令》,载〔法〕加斯东·加恩:《彼得大帝时期的俄中关系史》,第297~298页。
③ 〔美〕约瑟夫·塞比斯:《耶稣会士徐日升关于中俄尼布楚谈判的日记》,第70页;另见《致柯罗文·费要多罗·阿历克塞维奇的训令》,第299页。
④ 《平定罗刹方略》,载苏联科学院远东研究所等编:《十七世纪俄中关系(1686—1691)》,第二卷,第三册,黑龙江大学俄语系翻译组、黑龙江哲学社会科学研究所第三室合译,商务印书馆1975年版,第1004页。关于《平定罗刹方略》的作者、版本问题,参见苏联科学院远东研究所等编:《十七世纪俄中关系(1686—1691)》,第二卷,第三册,第1009~1010页。

康熙帝于1689年6月中旬使团出发前,又发出了如下上谕:"今以尼布楚为界,必不与鄂罗斯,则彼遣使贸易无栖托之所,势难相通。尔等初议时,仍当以尼布楚为界。彼使者若恳求尼布楚,可即以额尔古纳为界。"①

然而,中俄双方在谈判前的训令内容虽有一定契合之处,但实际的分歧是客观存在的。从张诚和徐日升的日记可知,谈判一度中断了4次,有一次实际上已经宣战。② 例如,在1689年8月28日,当谈判出现第3次危机时,徐日升站出来替沙俄方面辩护,认为他们是文明的民族,希望中方谈判代表们给予信任。他说道:

> 诸位,不给予人家那种一切国家都应享有的信任,是不适当的。如果和约如我所希望的订立了,我们一定要依赖他们的信用来订立和约。这一天无疑终会到来的,那时我们将不得不信任他们;如其不然,当所有的条件都议定了,在作誓言的时候,我们所依靠的是什么呢? 当他们在文件上署名的时候,我们对此将予以什么样的信任呢? 当他们在条约上盖印时,条约是否要有他们的印章才有效呢? 我们不给予他们甚至一个野蛮人都应享有的信任,而这一类人并不包括俄国人在内;即使这样也许不会使一切都陷入危局,但是,只有信任他们,我们才能相信他们的同意是可靠的。说真的,如果说魔鬼自己装扮成人的样子要想用谎言来欺骗我们的话,他也不能以像我们怀疑俄国人那样的诡诈来欺骗我们。③

对于两位神父在谈判中所起的作用,李明神父在《报道》第12封信"致国王的忏悔神父、尊敬的拉雪兹神父"中写道:

> 两国的大臣们在尼布楚谈判,双方都带去一支军队,以便在必要的时候用武力解决谈判所不能决定的事情。若不是张诚神父用他的聪明才智缓和了他们的怒气的话,他们各自的自豪感就往往会导致他们走向对双方都是致命的极端。他常常穿梭于两个营地之间传话、出谋划策、缓和他们的脾气和隐瞒那些必然会激他们的话语。最终他巧妙地照顾了双方的利益,使中国人和莫斯科人皆大欢喜地缔结了和平协议。

---

① 《平定罗刹方略》,第1005页。

② 参见〔法〕张诚:《张诚日记(1689年6月13日—1690年5月7日)》,陈霞飞译,商务印书馆1973年版,第28~42页;〔葡〕徐日升:《徐日升神甫的日记》,第178~200页。

③ 〔葡〕徐日升:《徐日升神甫的日记》,第194页。

　　索额图亲王对神父表现出的满怀热情和聪明才智感到非常高兴，所以公开声称没有他一切都将是毫无希望的。①

白晋神父也说道："八年前，俄中两国缔结了和平条约。当时俄方全权大使亲眼看到由于康熙皇帝的圣意，徐日升、张诚两位神甫在媾和会谈中所占的重要地位。"②1697年莱布尼茨在《中国近事》（*Novissima Sinica*）中也表示："如果没有这两位神父参加，他们很可能会无功而返，不欢而散，皇帝非常巧妙地利用了这次谈判的成功，把欧洲学者推荐给了他的朝廷。"③

　　甚至谈判钦差索额图和佟国纲在1689年9月9日返程前写给康熙的奏章中，也肯定了张诚和徐日升在谈判中的贡献。他们写道："禀报皇上，所希望取得的成功乃是托皇上的洪福取得的，又说，皇上无上英明，因为他遴选了两位神甫。我们不无惭愧地承认，一切都应归功于他们。有许多次，全部事情似已归于无望，是他们拯救了一切。如果他们没有和我们同来，我们会一无成就。"④对此，张诚也直言不讳地将他和徐日升在和约签订过程中的重要作用，通过1689年大约于8月22日至9月8日写给韦朱的信，进行了说明：

　　　　感谢天主，借着我们在两大帝国使节之间的尽力斡旋，和约才得以缔结；如果没有我们，这两大帝国很难达成一致。他们的习俗极不相同，而且因为这一条约是中国或鞑靼与外国缔结的第一个条约，所以中国人对如何进行此类谈判懵懵懂懂。我们的钦差大臣们自己也承认，这件事情的成功主要靠我们的尽力斡旋，他们将这些情况如实上奏皇帝，这会对我们的宗教产生最好的影响。⑤

　　因此，显而易见的是，张诚和徐日升在和约签订过程中所扮演的不仅仅是"科学的文件核对者"，还是"调停者和政治行动的参与者"。实际上，我们从上述张诚写给韦朱的信中可知，张诚对自己与徐日升在和谈中的角色有着自己的判断。他显然已经认识到他们在和谈中有着独立性的地位。一

---

　　①　〔法〕李明：《中国近事报道（1687—1692）》，第302～303页。
　　②　〔法〕白晋：《康熙皇帝》，赵晨译，黑龙江人民出版社1981年版，第43页。
　　③　〔德〕莱布尼茨：《中国近事——为了照亮我们这个时代的历史》，梅谦立、杨宝筠译，大象出版社2005年版，"莱布尼茨致读者"，第9页。
　　④　转引自〔葡〕徐日升：《徐日升神甫的日记》，第211页。
　　⑤　转引自〔法〕伊夫斯·德·博西耶尔夫人：《耶稣会士张诚——路易十四派往中国的五位数学家之一》，第22页。

方面他非常清楚地知道两大帝国"习俗极不相同",另一方面他们只能在"两大帝国使节之间尽力斡旋"。同时,他在性质上已经认识到 1689 年《条约》是"中国或鞑靼与外国缔结的第一个条约",而中国人自己对签订条约此类知识是"懵懵懂懂"的。

作为中俄双方和约签订过程中的"弥合者",徐日升和张诚所用的知识应该是胡果·格劳秀斯(Hugo Grotius,1583～1645)于 1625 年 3 月出版的《战争与和平法》(*The Rights of War and Peace*)以及 1648 年《威斯特伐利亚和约》(Peace of Westphalia)所确立的近代欧洲国际法。[①] 对此,与张诚一起同为法国"国王数学家"的洪若翰神父在 1703 年 2 月 15 日于舟山写给拉雪兹神父的信中说:

> 在某些重要的场合,传教士的一些与众不同的处理问题的方式还是颇为有用的。张诚神父尤其懂得利用这一点。由于他来自法国,那里,人们经常谈论君主的利益,持续不断的战争与和约使人们千百遍地思考其后果对民族是有利还是有弊。他有幸找到了使互不相让、随时准备中断和谈的中国人与莫斯科人和解的方法。[②]

显然,洪若翰这里说的"和解的方法"实际上指的就是近代欧洲国际法。实际上,在《威斯特伐利亚和约》签订过程中就有"调停者(调解人)"的存在,该和约序文中提道:"还有最杰出和最优秀的威尼斯大使参议员阿洛伊修斯·康塔利尼骑士进行了调停和干预,五年来他工作勤奋、公正,愿意在此事中充当调解人。"[③]

这里需要说明的是,《战争与和平法》在国际法发展史上开创了新纪元,它在事实上首创了近代国际法非宗教性和非歧视性的基本原则,格劳秀斯

---

① 《威斯特伐利亚和约》由《明斯特条约》(Instrumentum Pacis Monasteriensis,IPM)与《奥斯纳布吕克条约》(Instrumentum Pacis Osnabrugensis,IPO)构成。前者由神圣罗马帝国皇帝同法国国王于 1648 年 10 月 24 日在威斯特伐利亚地区的小城明斯特签订,后者由皇帝与瑞典女王在与明斯特相距三十英里、同属威斯特伐利亚地区的另一小城奥斯纳布吕克协商,为残酷的欧洲三十年战争画上了句号。1648 年 1 月 30 日,西班牙与荷兰也在明斯特签订条约,结束了长达八十年的西荷战争,其内容和精神同样属于《威斯特伐利亚和约》的范畴。参见李明倩:《〈威斯特伐利亚和约〉与近代国际法》,商务印书馆 2018 年版,第 1 页。

② 〔法〕杜赫德编:《耶稣会士中国书简集——中国回忆录 I》,第 278 页。

③ 《威斯特伐利亚条约——神圣罗马帝国和法兰西国王以及他们各自的同盟者之间的和平条约》(1648 年 10 月 24 日订于蒙斯特),载《国际条约集(1648—1871)》,世界知识出版社 1984 年版,第 2 页。

也因此获得近代欧洲国际法"创立者"或"鼻祖"的美誉。① 《威斯特伐利亚和约》则至少在一个世纪里成为欧洲政治组织的框架,并突出地表现在关于国际法史的论著无不都是以《威斯特伐利亚和约》为起点的,《威斯特伐利亚和约》的签订是国际法发展史上一个具有划时代意义的事件。②

至于徐日升和张诚知晓近代欧洲国际法的途径,笔者认为除了前述洪若翰所说,来自来华前传教士在各自母国的切身观察以外,近代欧洲国际法在欧洲的广泛传播以及耶稣会士内部对于国际法的教学与交流也是非常重要的来源途径。对于前者,我们知道尽管格劳秀斯的著作1627年被罗马教廷认定为禁书,但该书还是在欧洲其他地方出版,如该书第3版于1631年在阿姆斯特丹出版,附有格劳秀斯亲自所作注释的另一版本也于1632年在阿姆斯特丹再次出版。③ 此外,与格劳秀斯著作存在着"精神上的联系"(spiritual nexus)的《威斯特伐利亚和约》更是在欧洲无人不知。④

对于后一点来说,即便是来华耶稣会士没有接触过格劳秀斯的著作,抑或是他们完全不晓得《威斯特伐利亚和约》,但他们在葡萄牙学习培训期间一定听说过西班牙另外两名鼎鼎有名的国际法学家——西班牙多明我会的神学教授弗朗西斯·维多利亚(Francisco Vitoria,1480~1546)和西班牙耶稣会的神学家弗朗西斯·苏亚雷斯(Francis Suarez,1548~1617)。⑤ 因为他们同属神学家,苏亚雷斯还是耶稣会成员,当时还在葡萄牙科英布拉大学教书,而该大学是当时培养耶稣会士的"摇篮"。不仅如此,1648年左右卫匡国神甫开始将苏亚雷斯的近代欧洲国际法著作译成中文。⑥

尽管上述线索并不能直接证明徐日升和张诚对近代欧洲国际法是熟知的,但是如果我们转换一下思路,即放弃从正面寻找他们了解相关知识的努

① Arthur Nussbaum, *A Concise History of the Law of Nations*, The Macmillan Company, 1954, p. 113.

② Ibid. , p. 115.

③ 〔美〕戴维·J. 希尔:《格劳秀斯的著作与影响》,载〔荷〕格劳秀斯:《战争与和平法》,〔美〕A. C. 坎贝尔英译,何勤华等译,上海人民出版社2020年版,第8~12页。

④ Arthur Nussbaum, *A Concise History of the Law of Nations*, The Macmillan Company, 1954, p. 116. 实际上,罗马教廷对《威斯特伐利亚和约》也是持批判态度的,教皇英诺森十世在1650年的通谕《热爱神殿》(*Zelus domus Dei*)中,认为这个和约是"无效的、无约束力的、不义的、不公正的、该诅咒的、邪恶的、空洞的,在所有时代都是无意义的"。参见李明倩:《〈威斯特伐利亚和约〉与近代国际法》,第211页。

⑤ 有关16世纪至17世纪初维多利亚和苏亚雷斯关于国际法在欧洲传播的介绍,参见李明倩:《〈威斯特伐利亚和约〉与近代国际法》,第64~68页。

⑥ 参见〔美〕约瑟夫·塞比斯:《耶稣会士徐日升关于中俄尼布楚谈判的日记》,第114~115页。

力，而是从反面在 1689 年《条约》签订过程和文本内容中，去查找契合近代欧洲国际法的证据，其结果在逻辑上一样可以反推他们在谈判前是具备近代欧洲国际法知识的。

（2）耶稣会士在和谈中对近代欧洲国际法的运用与调试

至于近代欧洲国际法，张诚和徐日升在谈判中将此运用得极为明显。换言之，1689 年《条约》在很大程度上是参照近代欧洲国际法的方式签订的。

首先，就康熙帝派出使团赴边境谈判这一选择而言，这本身就有中国对"朝贡体制"背离，向"条约体系"靠拢的意涵。按照"朝贡体系"的逻辑，康熙帝是不可能放弃"宗主权"的地位，按照近代欧洲国家法签订"平等条约"的原则与沙俄进行谈判的。通过"会谈"而不是"战争"解决领土争端，这本身就是近代欧洲国际法的制定初衷。如《威斯特伐利亚和约》序言部分就有这样的表述，[①]格劳秀斯在《战争与和平法》中也写道：

> 解决争端的第一种方法是举行会谈或谈判。西塞罗在《论责任》中指出："有两种解决分歧的办法：一种是通过辩论；另一种是使用武力，前者是人类的特性，后者是野兽的共性，因此，只有在不可能利用前一种方法的时候，我们才可以诉诸后一种方法。"[②]

当然，康熙帝选择这样的方式也有功利性的目的，即为了避免两线作战，集中精力对付准噶尔，因此，"他情愿舍弃传统的中国态度和中国办法。他希望这样做而不致触犯中国的舆论，所以派他的代表到帝国的境外去，在那里谈判将不会受到公众的注视"[③]。对此，徐日升在日记中一方面对中国的"朝贡体系"有着清楚的认识。他写道："中国自开天辟地以来，在它的帝国里从未接待过贡使以外的外国人。鞑靼人对于世界情况一无所知，又有着中国人一样的自大感，把其他民族都看作像与他们相邻的民族一样的牧

---

① 《威斯特伐利亚和约》序文："……基督教徒血流成河，数省土地化为废墟。现终于托上帝之福，再加上最尊贵的威尼斯共和国的努力……双方都产生了建立普遍和平的愿望。并为此目的，通过双方相互的协议和规约……在汉堡决定于公元 1643 年 7 月 11 日（新）或 1 日（旧历）在威斯特伐利亚的蒙斯特奥斯纳布吕克召集各全权大使举行会议。由双方正式确定的全权大使于预定的时间出席。代表皇帝陛下的是……经祈求神助，并互相出示了信件、任命书和全权证书（副本载于本条约后），在神圣罗马帝国诸选侯、其他邦君和各邦参与并在他们的同意下，为了上帝的荣耀并为了基督世界的利益，达成协议。"《威斯特伐利亚和约——神圣罗马帝国和法兰西国王以及他们各自的同盟者之间的和平条约》(1648 年 10 月 24 日订于蒙斯特)，第 1～2 页。

② 〔荷〕格劳秀斯：《战争与和平法》，第 2 卷，第 528 页。

③ 〔美〕约瑟夫·塞比斯：《耶稣会士徐日升关于中俄尼布楚谈判的日记》，第 115 页。

民。他们以为一切都是属于那个他们高傲地称为'天下'的中国的一部分，好像除中国之外什么都不存在。"①另一方面，他也意识到"平等互惠"的谈判若要实现，只能在边境进行。他写道："俄国使臣如果去到中国，就决不会有这样有利的地位，因为在中国他们将会迫使他如同他们迫使以前到中国来的那些人一样，要么服从中国的习俗，否则就缔结不了和约而回国。由于他不愿去中国的朝廷，他就迫使他们离开本国，在假定的边界上谈判和平，从而使他获得了体面上的平等。"②为此，他还挪揄了荷兰，认为他们为了在中国获得贸易上的许可，"甚至丢脸地答应每年进贡一次"，接受藩属地位的耻辱。③

当然，康熙帝显然清楚这样的"权宜之计"会对天朝传统观念产生冲击，于是，他尽可能让这个条约在中国不受到注意，只将这次基于"平等互惠"的和谈看作是个案。对此，有论者评论道：

> 公布这个条约及其订立的情况，就会产生恰恰是皇帝所要避免的结果，那就是为人所周知。这也许就是为什么像1689年这样庞大烜赫的代表团竟没有设置中国秘书的原因，以及为什么当时的中国任何史料竟丝毫没有提到这个条约的文本。甚至《实录》中也只有碑文。康熙的让步只是为了这一次的事情，而不是为创立一个中国对外国人的新态度的先例。④

其次，就中俄双方尼布楚谈判整个过程来看，近代国际法在其中的作用极为明显。

第一，从谈判的准备方面看，戈洛文于1688年3月14日派信使斯捷潘·科罗文到达北京，向"博格德汗"（沙俄对中国皇帝的称谓）提议，谈判地点由康熙帝指定，但中方和俄方使节要在"使节和军职人员都人数相等"，每方不超过五百人的条件下举行会晤。⑤这一要求是符合近代欧洲国际法要求的。对此，作为《威斯特伐利亚和约》重要组成的《奥斯纳布吕克条约》

---

① 〔葡〕徐日升：《徐日升神甫的日记》，第171页。
② 〔葡〕徐日升：《徐日升神甫的日记》，第182页。
③ 参见〔葡〕徐日升：《徐日升神甫的日记》，第172～173页。
④ 〔美〕约瑟夫·塞比斯：《耶稣会士徐日升关于中俄尼布楚谈判的日记》，第117页。
⑤ 参见〔苏〕普·季·雅科夫列娃：《1689年第一个俄中条约》，第143页。

有明确规定。①康熙帝一开始并不愿进行和平谈判，但在得知戈洛文击败蒙古诸汗对其围攻的结果后，同意以色楞格斯克为谈判地点和使节随军人数五百人的主张。实际上，对于这一近代国际法"均势原则"的要求，②中方使团人员是有认知的。例如，张诚在 1689 年 7 月 31 日的日记中记载：

> 钦差大臣发觉从水路来的官员的布置直接和皇上的指示相抵触，而且可能会使俄国全权特使因此而离开尼布楚远远的，或者至少在打听明白我方的兵数和意图之前，暂时隐蔽他的行踪。因此钦差大臣就命令统帅们把兵弁较远地撤离尼布楚城堡，不给俄国人以任何抱怨的口实。③

这说明尽管中方并未按之前协商的五百人派出使节和军职人员，但在明面上中方已将这一约定作为约束自己的前置条件。8 月 2 日戈洛文派遣信使瓦西利·卢托文诺夫来到尼布楚质问中方是否真心议和，为什么使节们来时不预先通知而且还带了这么多的军队，并建议清军应停留在石勒河河口，等候谈判的结果。面对质疑，"钦差大臣们也同样竭力使他相信，此来是为了缔结和约，并无其他意图"。④

第二，俄方就中国使团军队驻扎地是否符合近代欧洲国际法进行了质疑。根据张诚日记显示，1689 年 8 月 10 日戈洛文的信使来函以中方驻扎地离城太近，不合国际公法为由进行抗议⑤：

> 世界上所有地方的惯例，都不允许进入对方国家去商谈和平的人可以一直推进到对方的城堡之下；因此，他向他们示意，请撤离城堡远一点，以使他自己能在那里扎营，他扎在离城堡最近之处乃是理所当然

---

① 《奥斯纳布吕克条约》第 5 条："在其他方面，在两种信仰的选侯、诸侯和其他的领主之间，必须有完全的相互平等，对一方是对的，对他方也应是对的。"《威斯特伐利亚和约——帝国、瑞典和德意志新教诸邦代表在俄斯那布鲁克签订和约》，载王绳祖主编：《国际关系史资料选编》，上册，第一分册，武汉大学出版社 1983 年版，第 7 页。

② 《威斯特伐利亚和约》虽然未在文本中明确提及"均势原则"，但在战争各个阶段以及条约缔结过程中无不贯穿着均势理念。反对普遍帝国制造的威胁，总的来说就是消解霸权势力，为多边政治实体框架内永久和平的建立创造条件和基础。参见李明倩：《〈威斯特伐利亚和约〉与近代国际法》，第 201 页。

③ 〔法〕张诚：《张诚日记（1689 年 6 月 13 日—1690 年 5 月 7 日）》，第 23 页。

④ 参见〔法〕张诚：《张诚日记（1689 年 6 月 13 日—1690 年 5 月 7 日）》，第 24～25 页；《费·阿·戈洛文出使报告（1686 年 1 月 20 日—1691 年 1 月 10 日）》，第 765 页。

⑤ 对此，徐日升在日记中也有记载，参见〔葡〕徐日升：《徐日升神甫的日记》，第 176 页。

的事；信内还指出，他们在离此稍远你的地方可能找到很好的牧草。①

　　对于这一符合国际法"均势原则"的请求，中方在法理上是认同的，但同时也强调驻扎地靠近城堡实是客观地理环境所致。对此，张诚在 8 月 16 日的日记中写道："除现在的营地外，别无适当地方。他们请全权特使派人到那里勘测地方，如果全权特使方面的人知道哪里有宽敞处所，我们一定立刻移营。"②俄方虽默认了此说法，但强调"靠近他要渡河的地方的我们的一些船只必须撤退"③。

　　第三，双方在近代欧洲国际法法主权平等原则的指导下，④就会议举行的时间、地点和方式进行了磋商。对此，张诚在 8 月 19 日和 20 日的日记中有详细记载，他说中方的钦差大臣们和俄方的全权特使通过信使不断往来信件，最终达成会议召开的初步事项：

　　　　第一次会议定于 22 日举行；我们的钦差大臣应率领四十名官员和七百六十名兵士过河，兵士中有五百名应排列在河岸上我们的木船前面。他们列队之处至会议地点的距离，应与从尼布楚城堡至会议地点的距离相等；另外的二百六十名兵士应护卫钦差大臣进入会议地点，然后后退一定距离布列岗哨；俄国全权特使应率领同等数目的官兵，按同样的方式列队布岗；双方所带二百六十名兵士，除刀剑以外，不准携带任何其他武器，为了防备阴谋诡计，我方的人应搜查俄国人，俄国人应搜查我们，以防暗藏器械；我方布置十人守卫我们的木船，双方应在每一件事上平等；使节们应在他们的帐篷里会晤，帐篷应并列靠紧，就像

　　① 〔法〕张诚：《张诚日记（1689 年 6 月 13 日—1690 年 5 月 7 日）》，第 27 页。
　　② 〔法〕张诚：《张诚日记（1689 年 6 月 13 日—1690 年 5 月 7 日）》，第 28 页。徐日升在日记中也写道："他们说，他们由于必要而不得不住在该地，因为在周围的地区，既无可供饲养牲畜的草地，也没有可供他们居留的一处合宜的地方。如果他不相信，他可派人指定一个更适当的地方，那时他们当立即迁移。"〔葡〕徐日升：《徐日升神甫的日记》，第 176 页。
　　③ 〔葡〕徐日升：《徐日升神甫的日记》，第 177 页；另见《费·阿·戈洛文出使报告（1686 年 1 月 20 日—1691 年 1 月 10 日）》，第 766 页。
　　④ "主权平等原则"也是《威斯特伐利亚和约》所确立的。此次，有论者指出："检视《和约》文本之后，虽然未发现字里行间含有现行国际法语境下的'主权'概念或原则，但和会本身的特殊性就在于其前提是所有会议成员承认彼此具有平等的法律地位，保证彼此的独立地位。这一点从和会召开过程中各方对外交代表礼遇与国家位次问题的重视与争执可以看出。位次和礼遇问题建立在一个君主或一个邦国的政治地位、历史地位之上，它之所以在威斯特伐利亚和会中如此重要是因为和会规模在欧洲历史上前所未有的庞大，各方势力均希望通过此次和会争取对自己更加有利的地位，低级别政治实体在签署条约时往往希望为自己争取与高级别政治实体同等的地位与权利。"参见李明倩：《〈威斯特伐利亚和约〉与近代国际法》，第 216 页。

是一座帐篷那样；他们在帐篷里的座位应两两相对，任何一方不尊于对方。①

　　然而，8 月 22 日"我们的钦差大臣们心理猜疑害怕起来，没有遵守前一天所规定的关于兵士的人数和部署的条件"②。对于中方违反之前约定的详细情况，张诚记载道："俄国全权特使只肯同意五百名兵士留在木船上。当他得到报告，他们已经扎在河岸上，并且与会议地点的距离比原定的近了一些。"③俄方对于中方明显与国际法有出入的行为，不仅提出了严重抗议，而且"废弃了那个协议"④，"几乎使会议一切措施落空"⑤。当然，中方的钦差大臣们之所以这样做并非是他们有意破坏国际法规则，而是他们根本不懂得"什么是国际法"，"对中国之外的世界一无所知"的他们只能按照自己的经验进行选择。对此，徐日升写道："我们的钦差大臣们想为自己辩解，就说，俄国人之所以不让中国人带他们所带的那么多的兵士，是因为俄国人意图欺骗他们，不打算订立和约。"⑥张诚也在日记中对中方钦差们缺乏国际法对"使节权"⑦保护的起码认知进行了评价：

　　　　我们的钦差大臣们是从来没有与任何别的国家进行过缔和谈判的，他们不敢相信俄国人太深，只愿保障自己免遭任何意外。而且他们对于国际公法完全陌生，不懂得特命使节的性质可以使他的人身成为

---

　　① 〔法〕张诚：《张诚日记（1689 年 6 月 13 日—1690 年 5 月 7 日）》，第 29 页。对此，徐日升在日记中也有相应记载："双方经过长时间的争论后，商定各带兵士三百人。船上的兵士人数不得超过五百人，而这些船停泊在河上，其与开会地点之间的距离应同尼布楚城与开会地点之间的距离相等。"〔葡〕徐日升：《徐日升神甫的日记》，第 177 页；另见《费·阿·戈洛文出使报告（1686 年 1 月 20 日—1691 年 1 月 10 日）》，第 757～761 页。

　　② 〔葡〕徐日升：《徐日升神甫的日记》，第 177 页。

　　③ 〔法〕张诚：《张诚日记（1689 年 6 月 13 日—1690 年 5 月 7 日）》，第 29 页。对此，苏联学者通过俄方档案材料也写道："在使节团应该相见的第一天，清朝的都统们就破坏了这个协议，把七百名士兵运过石勒喀河，到尼布楚隐藏在树林里。"〔苏〕普·季·雅科夫列娃：《1689 年第一个俄中条约》，第 163 页。

　　④ 〔葡〕徐日升：《徐日升神甫的日记》，第 178 页。

　　⑤ 〔法〕张诚：《张诚日记（1689 年 6 月 13 日—1690 年 5 月 7 日）》，第 29 页。

　　⑥ 〔葡〕徐日升：《徐日升神甫的日记》，第 178 页。

　　⑦ 格劳秀斯在《战争与和平法》中对"使节权"有专门的论述。他认为，根据万国法，使节有两项权利：应当被接受以及免受暴力伤害。接受使节的敌国有义务受万国法的约束；不得对使节进行报复；使节的不可侵犯权可以扩大适用于其随从；使节的权利同样扩大适用于他们的行李物品。参见〔荷〕格劳秀斯：《战争与和平法》，第 2 卷，〔美〕弗朗西斯·W. 凯尔西等英译，马呈元、谭睿译，中国政法大学出版社 2016 年版，第 357～371 页。

不可侵犯的,保障他即使面对最大的仇敌也不致受到欺辱。①

对于这一谈判危机,中方在张诚和徐日升的斡旋下,俄方为"钦差大臣们的缺少经验作些让步",即"决不再增兵上岸,也决不使士兵执械列阵"。②

然而,在平复了俄方的不满后,中方的钦差大臣们在黑龙江将军萨布素的言语下,拒绝在不增兵的情况下过河赴会。③ 对于这一再次迫使谈判中止的举动,两位传教士再一次用他们所掌握的国际法知识成功劝说了钦差大臣们。对此,徐日升写道:

> 先生们,你们必须认清,俄国人是有理智的人,而不是野兽;他们不是那样的险诈,以致要借缔结和约为名来伤害我们。如果花了这么多的钱,作了这么多的诺言,经历了这么多的艰难,我们竟没有打开我们所敲的门,到了俄国人的家竟没有和他们会面,这样就回去了,那将是对全世界的一种无礼行为,并使我们成为全世界的笑柄。更重要的是,这一切将使皇帝感到奇怪,我想这丝毫不会使他满意的。考虑到这一切,我愿意在会议期间让俄国人的一杆枪顶在我的胸前,以保证没有任何危险;因为,假如他们有什么坏的打算,我的情况既然是最危险的,无疑地我将第一个死去。④

第四,双方8月22日第一次会议完全是按照近代欧洲国际法的规定进行的。双方的谈判地点"距尼布楚半俄里,位于石勒喀河和涅尔查河之间"⑤,"双方各准备自己的会议场所"⑥。尽管俄方进行谈判的帐篷无论从

---

　　① 〔法〕张诚:《张诚日记(1689年6月13日—1690年5月7日)》,第29~30页。

　　② 〔法〕张诚:《张诚日记(1689年6月13日—1690年5月7日)》,第30页。对此,徐日升也记载道:"船要靠岸,兵士们要上岸,但将限在一个地方。"〔葡〕徐日升:《徐日升神甫的日记》,第178页。

　　③ 张诚记载,钦差大臣们之所以又起疑心是因为"皇上所派镇守东鞑靼的将军","在与俄罗斯人办事时曾一再受欺"。参见〔法〕张诚:《张诚日记(1689年6月13日—1690年5月7日)》,第30页。

　　④ 〔葡〕徐日升:《徐日升神甫的日记》,第178~179页。对此,张诚写道:"我们列举了这样多的理由,终于说服他们过河参加会议。"〔法〕张诚:《张诚日记(1689年6月13日—1690年5月7日)》,第30页。

　　⑤ 〔苏〕普·季·雅科夫列娃:《1689年第一个俄中条约》,第166页。

　　⑥ 〔葡〕徐日升:《徐日升神甫的日记》,第181页。

外在式样,还是在内部装饰上都明显优于中方,①但双方在落座的形式上是完全对等的。具体而言,俄国方面,落座的有三位:全权特使戈洛文和尼布楚将军(总督)伊·鄂·伏拉索夫在前坐在圈椅上,"使团参赞衔,内廷大臣"谢苗·克尔尼茨基在后坐在凳子上,其余的人都站在他们的后面。中国方面,张诚在日记中写道:"在我们一方,除去有钦差大臣衔并在会议中有发言权的七位大人外,只四位梅勒章京、徐日升神甫和我有座位。我和徐日升两人坐在钦差大臣们的旁手,地位在他们和坐在对面的俄国使节们的中间,梅勒章京们的座位摆在钦差大臣们的后面,其余的文武官员全都站立。"②俄方的档案也显示:"清使按照他们的东方习惯大家一起盘腿坐在一条宽板凳上。文武官员和其余随从站在他们身后构成一个半圆形。依照双方的协议,谈判以拉丁语开始。"③

　　双方按照近代欧洲国际法的要求落座后,进入审查对方谈判资格的环节。按照《战争与和平法》的说法,在君主制国家缔结和约的权力属于君主,④而君主如不能亲自行使这一权力,则需要通过授权,通过其使节行使。⑤关于这一环节,徐日升在日记中没有记载,而张诚和沙俄方面的档案材料记述了这一点。⑥张诚写道:

---

①　参见〔法〕张诚:《张诚日记(1689年6月13日—1690年5月7日)》,第30～31页;〔法〕张诚:《张诚日记(1689年6月13日—1690年5月7日)》,第179～181页;〔苏〕普·季·雅科夫列娃:《1689年第一个俄中条约》,第166～167页。

②　〔法〕张诚:《张诚日记(1689年6月13日—1690年5月7日)》,第31页。对此,徐日升记载道:"除了我们以前提到的那三个人外,所有俄国人都站着。我们的钦差大臣们要仿效这种威严的气派,因此也要全体官员一直站着,这些官员为数超过一百,其中有些是官职很高的;只有四个最重要的官员有一条板凳坐。为了使他们的钦差大臣们显得尊贵,他们都同意这样做。我的同伴和我坐在两个代表团之间。"〔葡〕徐日升:《徐日升神甫的日记》,第182页。

③　〔苏〕普·季·雅科夫列娃:《1689年第一个俄中条约》,第167～168页;另见《费·阿·戈洛文出使报告(1686年1月20日—1691年1月10日)》,第769页。

④　格劳秀斯在《战争与和平法》中写道:"那些有权发动战争的人也有权为结束战争而缔结条约。事实上,由于每个人都有权决定自己权利范围内的事务,因此,对一场公战的双方来说,结束战争的权利属于有权行使最高权力之人。在真正的君主制国家,如果国王拥有不受限制的权力,则这种权利属于国王。"〔荷〕格劳秀斯:《战争与和平法》,第3卷,〔美〕弗朗西斯·W.凯尔西等英译,马呈元、谭睿译,中国政法大学出版社2017年版,第291页。

⑤　格劳秀斯在《战争与和平法》中认为,关于使节权的万国法适用于拥有主权权力的统治者相互派遣的代表。根据万国法,使节有两项权利:应当被接受以及免受暴力伤害。前者指万国法禁止没有任何理由而拒绝接受使节,拒绝接受使节的原因之一可能是对派遣使节的原因或者时机存在疑义。参见〔荷〕格劳秀斯:《战争与和平法》,第2卷,第357～371页。

⑥　沙俄方面授予戈洛文等使节的全权证书被雅科夫列娃首次发表,并收录在其著作"附录三"。参见《费·阿·柯罗文等使节全权证书(1685年1月20日)》,载〔苏〕普·季·雅科夫列娃:《1689年第一个俄中条约》,第221～222页。

俄国方面的一位先生,一个曾在克拉科夫学过哲学和神学的波兰人,首先用他所熟悉的拉丁文,宣读他们方面的任命状,并接着请钦差大臣们先发言开会。但是钦差大臣们推辞了,表示愿让俄国使节先说话。双方就首先发言的权利和荣誉彼此谦让了很久。最后,俄国全权特使询问我们的钦差大臣是否有缔结和约划定边界的全权,并且同时拿出他自己的,用敕书形式写成的全权证件。我们的钦差大臣推辞不看,认为他口说的已足可信。①

从张诚的描述中可知,沙俄方面是严格按照近代欧洲国际法的相关要求,查验谈判人员的权限,而中方似乎对此并不了解。② 对此,沙俄方面的档案则显示中方虽拒绝查看俄方的全权证书,并拒绝出示中方证书,但曾出示过中国皇帝的图章:

经过相互寒暄以后,柯罗文请清使审查他的全权证书(授权的国书)。并要求他们也出示自己的全权证书。但是他们拒绝看柯罗文的证书和出示自己的文件,理由是他们被授予了缔结永久和约的全权,他们有皇帝的图章,并且出示了这个图章。③

第五,双方 8 月 22 日第一次会议谈判内容涉及近代欧洲国际法上领土主权占有的法理依据问题、界碑设立问题以及战俘处理问题。

在中俄第一次谈判中,中方主张:"俄罗斯让出整个达呼尔地区,即让出早就由俄罗斯农民和哥萨克牢固占有的土地。"中方这样提出的法理依据是:"所有这些土地当初从马其顿王亚历山大时代起就是中国的,后来属于成吉思汗。既然满洲人的清朝把自己看成是成吉思汗的后裔,所以清人也就认为他们的要求是正当的。"④对此,俄方认为这些表面上契合国际法的说法很可能是"出于耶稣会教士对清政府的影响"⑤。

① 〔法〕张诚:《张诚日记(1689 年 6 月 13 日—1690 年 5 月 7 日)》,第 31 页。
② 实际上 1648 年《威斯特伐利亚和约》在序言部分就有"经祈求神助,并互相出示了信件、任命书和全权证书"的记载。参见《威斯特伐利亚条约——神圣罗马帝国和法兰西国王以及他们各自的同盟者之间的和平条约》(1648 年 10 月 24 日订于蒙斯特),第 1 页。
③ 〔苏〕普·季·雅科夫列娃:《1689 年第一个俄中条约》,第 168 页;另见《费·阿·戈洛文出使报告(1686 年 1 月 20 日—1691 年 1 月 10 日)》,第 775 页。
④ 〔苏〕普·季·雅科夫列娃:《1689 年第一个俄中条约》,第 169～170 页;大致的说法,另见〔法〕张诚:《张诚日记(1689 年 6 月 13 日—1690 年 5 月 7 日)》,第 32 页;《费·阿·戈洛文出使报告(1686 年 1 月 20 日—1691 年 1 月 10 日)》,第 776 页。
⑤ 〔苏〕普·季·雅科夫列娃:《1689 年第一个俄中条约》,第 170 页。

实际上,如果我们从近代欧洲国际法视角检视一下中国的主张,显然是有一定法理基础的。中方的核心观点是,他们将自己看作是"成吉思汗的后裔",理应继受达呼尔地区的主权。一方面,成吉思汗对达呼尔地区以先占的方式取得所有权,因此该地后来即便如俄方所说由俄罗斯农民和哥萨克人占有;但他们的占有已经处于第一个占有者的所有权之下,该地不应当被视为无主地而再次享有所有权。对此,格劳秀斯的《战争与和平法》有明确的说明。① 另一方面,大清作为元朝后来的继承者,在公共财产和私有财产所有权的延续方面,在国际法上理应享有和被继承人完全相同的权利。② 对于这一国际法上的原则,格劳秀斯引用《圣经·旧约》、李维《罗马史》以及西塞罗《论责任》中的掌故予以论证。③

对于中方的说法,俄方提出了反对中国占据的理由,宣称"这些土地过去不是中国的,居住在这些地区的游牧者过去根本没有向任何人缴纳过毛皮实物税,但后来就开始向俄罗斯缴纳毛皮实物税了,所以俄罗斯既不会出让这些土地,也不会让出自己的毛皮实物税缴纳者"④。同样,俄方为自己的说法在国际法的法理中寻找了所谓的依据。《威斯特伐利亚和约》第56条就提出了"谁收税,谁有主权"的规则,⑤俄方坚持认为,他们是首先向生活在该地区的游牧者收税的,且该税收还具有格劳秀斯在《战争与和平法》

① 参见〔荷〕格劳秀斯:《战争与和平法》,第2卷,第30~31页。
② 参见〔荷〕格劳秀斯:《战争与和平法》,第2卷,第200页。
③ 根据《圣经·旧约》"士师记"中的记载,当亚扪人的国王对亚嫩河和雅博河之间从阿拉伯旷野到约旦河的土地提出领土要求时,耶弗他声称,他们拥有这一部分领土长达300年之久。他反问亚扪人的国王为什么在这么长的时间里他和他的祖先从来没有提出过领土要求。伊索克拉底著作中的希腊文字翻译过来是这样的:"所有人都承认,无论是公共组织还是私人,如果长期占有一块土地,他们就可以合法地拥有它,并作为遗产被继承。"按照李维《罗马史》中的记载,依据这种权利,腓力五世对提图斯·昆提乌斯·弗拉米尼努斯说:"他可以撤出他先前夺取的城市,但他不会放弃通过合法继承而占有的从祖先那里得到的土地。"西塞罗在《论责任》中指出:"让土地所有人失去他已经占有了许多年,甚至几个世纪的土地,这怎么能称得上是正义的呢?"〔荷〕格劳秀斯:《战争与和平法》,第2卷,第71页。
④ 〔苏〕普·季·雅科夫列娃:《1689年第一个俄中条约》,第170页;另见《费·阿·戈洛文出使报告(1686年1月20日—1691年1月10日)》,第773页。
⑤ 《威斯特伐利亚和约》第56条:"一旦和约得到批准,应即付给伯爵夫人三十万帝国银币,她应放弃努斯伊斯,而只保留奎斯费尔特和纽豪斯两地……属于上述与黑森侯国接壤的大主教区、主教区和教堂的管辖区的司库和收税员应向伯爵夫人宣誓承诺,他们将从年度的税收中每年支付未付清部分的利息,即使他们的长官有禁令也应如此。如果司库和收税员拖延支付或将税收转给他人,伯爵夫人可以采取各种方式迫使他们支付,并永远保留领主的权利。"《威斯特伐利亚条约——神圣罗马帝国和法兰西国王以及他们各自的同盟者之间的和平条约》(1648年10月24日订于蒙斯特),第14页。

中所说的"不间断性"。①

　　但实际上,根据法国学者加恩的研究,在 1651 年叶罗菲·哈巴罗夫到达达呼尔地区之前,当地的酋长托尔察和屠伦察就声称,"博格德皇帝"已经向他们征收过实物税了。之后的波亚尔科夫远征队也得出类似的信息。② 因此,沙俄这里的说法不仅不符合史实,而且即便使用其所主张的国际法,也无法在法理上证明其对达呼尔地区享有"主权"。

　　关于界碑问题,中方认为,"在以这样的条件确定国界后,必须在边界树立石碑,刻上拉丁文、俄语和汉语的条约全文","这样就会永久地奠定边界的牢不可破性了"。③

　　至于战俘问题,俄方认为"阿穆尔河流域的其他一切达呼尔土地的合法占有者根忒木尔酋长属自愿加入了俄罗斯国籍"④,并要求"中国把俄罗斯的'固有居民',即在阿尔巴津和阿穆尔河一带的其他俄罗斯城堡被围时被俘虏的俄罗斯人以及自动逃往中国的俄罗斯人交还俄罗斯"⑤。对此,中方则要求"俄罗斯首先应当交出逃人,即根忒木尔氏族的鄂温克人",并认为交还被俘的俄罗斯人以及自动逃往中国的俄罗斯人理应作为划定边界的条件。⑥

　　以近代欧洲国际法观之,俄方主张的根忒木尔酋长自愿加入俄罗斯的说法是不能成立的。一方面根忒木尔酋长原是中国的属民,另一方面近代欧洲国际法也有"有些民族是不允许其成员退出"的规定。⑦ 但俄方主张,中方应交还俄罗斯俘虏和自动逃往中国的俄罗斯人是符合国际法规定的。对此,格劳秀斯认为:"作为一项得到充分确立的规则,在缔结和平条约后捕

　　① 格劳秀斯在《战争与和平法》中述及,根据李维《罗马史》中的记载,努米底亚人在对迦太基人的答复中说明了什么是间断性的占有:"根据形势的不同,有时是迦太基人,有时是努米底亚人的国王对它享有权利。它总是处于军事力量最为强大的一方的占有之下。"〔荷〕格劳秀斯:《战争与和平法》,第 2 卷,第 77 页。

　　② 参见〔法〕加斯东·加恩:《彼得大帝时期的俄中关系史》,第 22～28 页。

　　③ 〔苏〕普·季·雅科夫列娃:《1689 年第一个俄中条约》,第 169 页;另见《费·阿·戈洛文出使报告(1686 年 1 月 20 日—1691 年 1 月 10 日)》,第 775～776 页。

　　④ 关于清政府为什么在 17 世纪后半期一直坚持要求俄罗斯把根忒木尔酋长及其鄂温克氏族交给中国问题的讨论,参见〔法〕加斯东·加恩:《彼得大帝时期的俄中关系史》,第 31～35 页。

　　⑤ 参见〔苏〕普·季·雅科夫列娃:《1689 年第一个俄中条约》,第 169～170 页;另见《费·阿·戈洛文出使报告(1686 年 1 月 20 日—1691 年 1 月 10 日)》,第 779 页。

　　⑥ 参见〔苏〕普·季·雅科夫列娃:《1689 年第一个俄中条约》,第 169～170 页。

　　⑦ 例如,格劳秀斯在《战争与和平法》中写道:"有些民族是不允许其成员退出的,如莫斯科人。我不否认市民社会可以根据其成员不得退出的条件组成,而这样的习惯可能具有共同同意的效力。……如果人们不能就这一方面的规则达成协议,那么自然法的规则应当是……可以肯定的是,一个国家不能允许大批国民离开本国,这显然是因为人口是组成国家的必要基础。"〔荷〕格劳秀斯:《战争与和平法》,第 2 卷,第 112 页。

获的人员和财产必须返还,因为这时战争的权利已经终止。"①《威斯特伐利亚和约》第110条也写道:"双方的所有犯人,不论穿长袍的或是佩剑的,都应按照条款规定的方式予以释放,或根据各军队的将军之间协议,并得皇帝陛下认可的方式予以释放。"②

与之相应的是,中方要求俄方交还根忒木尔酋长是符合国际法规定的。一方面,格劳秀斯曾用佐纳雷斯《历史概要》中拉兹人起义,摆脱波斯人投奔罗马人的例子,说明这种被罗马人怂恿的起义而引发的加入行为是不合法的。③因此,根忒木尔氏族的鄂温克人与拉兹人相类似的加入行为不能视为合法。另一方面,格劳秀斯还曾引用《学说汇纂》中特里芬尼努斯的观点表达,即便是"每个人都有不受限制地选择自己国家的权利",但"我们也必须遵守罗马人在结束或解散私人团体时遵循的自然正义原则,即不允许任何违反社会公共利益的现象存在"。④这等于说,通古斯王公根忒木尔叛逃由于侵害了中国的利益,因而不能将其理解为正常国际法上的加入行为。这些近代国际法原理也表明了中国要求引渡根忒木尔是具备正当性的。同时,中方将交还俄方俘虏和逃往中国的俄罗斯人作为划定边界的条件,也是大体上符合上述国际法规定的。因为这些人员交还或释放的前提条件是,达成有关协议或缔结了和平条约。

尽管在第一次谈判中,双方都不同程度上依据了近代欧洲国际法的有关规定,但由于双方分歧太大,因而没有达成任何方案,商订第二天举行第二次谈判。

第六,双方8月23日第二次谈判破裂,俄方按照国际法要求双方交换散会信件,但未获同意,并抗议中方以武力相威胁。关于双方第二次谈判的内容,张诚日记记述得比较简略,只是讲中先是坚持了第一次会谈时对边界的划定建议,后来只同意以尼布楚划界,尼布楚城可以因为方便贸易让给俄国人。⑤徐日升的日记对此也没有太多记载,但雅科夫列娃则根据俄方档案记述了更多细节。

俄方的档案显示,第二次会议伊始,双方仍旧对"达呼尔地区"的归属问题争执不下,俄方指责中方态度粗暴,并扬言"现在派到阿尔巴津来的军队

---

① 〔荷〕格劳秀斯:《战争与和平法》,第2卷,第300页。
② 《威斯特伐利亚条约——神圣罗马帝国和法兰西国王以及他们各自的同盟者之间的和平条约》(1648年10月24日订于蒙斯特),第28页。
③ "这是罗马人和波斯人之间爆发战争的导火索,因为罗马皇帝怂恿波斯国王的臣民离开他的国家。"〔荷〕格劳秀斯:《战争与和平法》,第2卷,第112页。
④ 参见〔荷〕格劳秀斯:《战争与和平法》,第2卷,第112页。
⑤ 参见〔法〕张诚:《张诚日记(1689年6月13日—1690年5月7日)》,第32~33页。

是很多的",对谈判进行军事威胁。① 俄方指出中方这是明显违反国际法的行为,并指出:"'在使节会商时以战争相威胁是不常见的',如果博格德汗的使节想要作战,那就请他们明言好了。……如果清使确实愿意缔结和约,那就应当放弃威胁手段,而代之以提出自己方面关于边界的令人可以接受的提议。"② 后来,中方通过徐日升,提出新的划界方案:"以尼布楚为界,石勒喀河北岸仍为俄罗斯所有,沿石勒喀河南岸直到鄂嫩河以及沿鄂嫩河直到音果达河的土地划归中国。"③ 俄方对于中方提出的让其无法得到整个阿穆尔地区和外贝加尔地区大部分的方案是不能接受的,谈判被迫中止。对此,俄方认为即便谈判破裂,按照国际法要求,"那末必须双方同时交换散会的信件,而且要预先通知信件的内容,并由所有的使节签字盖章"④。然而,中方谈判代表索额图拒绝了俄方关于双方互换散会信件的提议,并坚持在尼布楚附近划界。后来,俄方虽又提出了新的建议,⑤但被中方拒绝,谈判破裂。

第七,从 1689 年 8 月 24 日到 9 月 7 日,在差不多两周时间里中俄双方没有举行正式会议,谈判通过相互派出使节进行。中方主要通过徐日升和张诚进行,而俄方派出使节是通过安德烈·别洛鲍茨基。这期间发生的涉及国际法的事件或问题有:

8 月 24 日,当中方钦差大臣们对俄方是否真心实意进行谈判再生怀疑时,徐日升再次提醒他们应区分之前和俄罗斯打交道的日常行为与这次正式谈判所代表的国家行为的不同:

> 大人们,小题大做是不对的。你们不该把小事和大事混淆在一起,更不该把平民和大人物混为一谈。大人们对俄国人的观念所根据的是与下层民众打交道的经验,而这些人的目的时常是为了欺骗。在此以前,你们并没有机会和莫斯科人谈判和认识他们。……你们应该听取

---

① 参见〔苏〕普·季·雅科夫列娃:《1689 年第一个俄中条约》,第 171~172 页。

② 〔苏〕普·季·雅科夫列娃:《1689 年第一个俄中条约》,第 172 页;另见《费·阿·戈洛文出使报告(1686 年 1 月 20 日—1691 年 1 月 10 日)》,第 782~783 页。

③ 〔苏〕普·季·雅科夫列娃:《1689 年第一个俄中条约》,第 173 页;另见《费·阿·戈洛文出使报告(1686 年 1 月 20 日—1691 年 1 月 10 日)》,第 783~784 页。

④ 〔苏〕普·季·雅科夫列娃:《1689 年第一个俄中条约》,第 174 页;另见《费·阿·戈洛文出使报告(1686 年 1 月 20 日—1691 年 1 月 10 日)》,第 784 页。

⑤ 俄方提出的新建议是:"沿阿穆尔支流结雅河来划界,从结雅河开始,阿穆尔河左岸属俄罗斯,右岸属中国。"〔苏〕普·季·雅科夫列娃:《1689 年第一个俄中条约》,第 174 页;另见《费·阿·戈洛文出使报告(1686 年 1 月 20 日—1691 年 1 月 10 日)》,第 785 页。

俄国人对这个问题的意见,而不要盲目相信别人对他们的看法。①

作为钦差大臣之一的佟国纲认同了徐日升的意见,并同意张诚和徐日升第二日赴俄方再行交涉。②

8 月 25 日,戈洛文派别洛鲍茨基到中方营地再次表达了俄方的谈判主张:要么接受 23 日最后提出的以阿穆尔河为界的方案;要么交换散会函件并签订停战协议。③ 对此,中方代表索额图说:

> 如果俄罗斯人送给他内容可以接受的散会函件,他接受,但他自己不送散会函件,"因为不知怎样写,而且永远也不写"。关于俄罗斯的俘虏和逃人问题他通知说,博格德汗同意把他们送还俄罗斯,但对此俄罗斯应将其"居住在阿尔巴津和其他城堡附近的毛皮实物税缴纳者以及他们的土地"交还中国。④

同日,按照佟国纲前一晚的要求,张诚和徐日升赴俄方营地就划界问题,再次与俄方进行了沟通,并表明了中方仍有进行谈判的良好愿望。戈洛文表示认同,并期待中方能够再次提出新的方案。⑤

这里需要说明的是,俄方档案显示俄方将第二次会议失败的原因归结为两名耶稣会士,于是,戈洛文命令别洛鲍茨基与耶稣会士密谈,许诺给他们恩典和赏赐,而耶稣会士也欣然同意接受贿赂并为俄罗斯人效力。两名耶稣会士在 8 月 25 日赴俄方营地时,故意泄露了康熙帝的底线。⑥ 据此,国内一些研究也认为张诚和徐日升在谈判中扮演着沙俄间谍的角色。⑦ 笔者认为,在当时的情况下,两位传教士公然接受贿赂几乎是不可能的,况且两人分别代表耶稣会中葡萄牙的势力和法国的势力,并非有着共同的意志,如张诚在 1689 年 9 月 2 日写给法国神父拉雪兹的信中就表达了对徐日升的

---

① 〔葡〕徐日升:《徐日升神甫的日记》,第 185～186 页。

② 参见〔法〕张诚:《张诚日记(1689 年 6 月 13 日—1690 年 5 月 7 日)》,第 33 页;〔葡〕徐日升:《徐日升神甫的日记》,第 186～187 页。

③ 张诚在日记中也有类似记载:"可是俄国代表却又提出再举行一次会议,如果在这次会议上,双方不能取得协议,即应交换这种信件,并加盖印信以资证明。"〔法〕张诚:《张诚日记(1689 年 6 月 13 日—1690 年 5 月 7 日)》,第 34 页。

④ 转引自〔苏〕普·季·雅科夫列娃:《1689 年第一个俄中条约》,第 176 页。

⑤ 参见〔法〕张诚:《张诚日记(1689 年 6 月 13 日—1690 年 5 月 7 日)》,第 34 页;〔葡〕徐日升:《徐日升神甫的日记》,第 187 页。

⑥ 参见〔苏〕普·季·雅科夫列娃:《1689 年第一个俄中条约》,第 174～175 页。

⑦ 参见北京师范大学清史研究小组:《一六八九年的中俄尼布楚条约》,第 301～307 页。

不满。① 加之,成为间谍只会导致耶稣会在华的本来就艰难的传教事业彻底走向覆灭。因此,俄国档案的说法有可能是俄使团成员的臆造,以及对谈判结果没有实现沙俄利益最大化的一种托词。对此,塞比斯也坚持认为:"我们必须把那种暗示俄国人以贿赂收买了耶稣会士替他们做事的说法置诸脑后。"②阅读 25 日张诚日记中的表达也可以很清楚发现,他们虽然私下会见戈洛文向其表明了康熙帝的意图,但这些表述也只是为了能使中断的谈判得以恢复,并告知俄方中方谈判不容越过的底线。③

8 月 26 日,中方钦差大臣向俄全权特使派来的信使提出了新的划界以及对喀尔喀蒙古土地归属的新方案,要求俄方不能干犯喀尔喀蒙古,因为其"近来已成为中华帝国的一个藩属"。④ 俄方不同意中方对喀尔喀蒙古进行划界,其理由是:"喀尔喀国王归顺中华帝国尽管属实,可是他并没有能力把他的土地也带过去。这片土地已在一年前被厄鲁特国王从他手里夺去了,是厄鲁特国王迫使喀尔喀国王退到中国皇帝境内去的。"⑤因此,俄方建议在本次谈判中暂时搁置或保留喀尔喀蒙古问题,一切等喀尔喀蒙古与厄鲁特蒙古解决好矛盾后再做谈判。⑥ 这里中俄双方处理喀尔喀蒙古问题时所遵循的原则与《威斯特伐利亚和约》第 4 条的规定基本一致。⑦

8 月 27 日,当张诚和徐日升再次来到俄方营地表达中方同意前一天俄方提出的"拆除他们在额尔古纳河以东的房屋,把材料运回河西"提议时,俄方提出不放弃雅克萨以及该城堡以西全部归俄方的划界建议。对此,张诚和徐日升表现出极大的愤慨,责备俄方在滥用他们的诚意,愚弄

---

① 转引自〔法〕伊夫斯·德·博西耶尔夫人:《耶稣会士张诚——路易十四派往中国的五位数学家之一》,第 24~25 页。
② 〔美〕约瑟夫·塞比斯:《耶稣会士徐日升关于中俄尼布楚谈判的日记》,第 105 页。
③ 参见〔法〕张诚:《张诚日记(1689 年 6 月 13 日—1690 年 5 月 7 日)》,第 34 页。
④ 参见〔法〕张诚:《张诚日记(1689 年 6 月 13 日—1690 年 5 月 7 日)》,第 34~35 页。
⑤ 〔法〕张诚:《张诚日记(1689 年 6 月 13 日—1690 年 5 月 7 日)》,第 35 页。
⑥ 参见〔法〕张诚:《张诚日记(1689 年 6 月 13 日—1690 年 5 月 7 日)》,第 35 页;参见〔葡〕徐日升:《徐日升神甫的日记》,第 187 页。
⑦ 《威斯特伐利亚和约》第 4 条写道:"布尔戈尼集团在法国和西班牙的争端(包括在本条约之内)终止后,将继续是帝国的成员。尽管如此,皇帝本人或帝国的任何一邦都不得干预目前正在它们之间进行的战争。如果将来在这两个王国之间发生了争端,则上述不得帮助另一方的敌人这一相互承担的义务,在帝国和法兰西王国之间继续有效。但是在帝国范围以外,各邦仍然可以根据帝国法规援助某个或某些王国。"《威斯特伐利亚条约——神圣罗马帝国和法兰西国王以及他们各自的同盟者之间的和平条约》(1648 年 10 月 24 日订于蒙斯特),第 3 页。

中方钦差大臣。① 对于俄方不讲诚信的表现,徐日升写道:"我知道这将使那么许多好事情完全毁灭,而且他们以后会对这个草率的答复悔之莫及的。"②中方在得知俄方的态度后立即召集了全体会议,作出如下决议:

> 会议决定我方军队渡河,对尼布楚建立封锁,同时我们要召集所有愿意挣脱俄国枷锁的鞑靼人都来归附大皇帝。因此下达了命令,当夜就把我们的士兵运到河的那边,并令一百人乘坐木船赶去雅克萨,会同留驻那地方附近的四五百人,毁掉田里的一切庄稼,不许任何东西得以进入那个要塞。③

俄方在觉察中方的举动后,立马派别洛鲍茨基来中方营地要求按照国际法重启谈判。④ 对此,徐日升写道:"他的使臣按照国际法——这是他的说法,要求举行第三次会议。按照国际法,第一次会议是为了行见面礼,第二次是提出建议,第三次是作结论。"⑤别洛鲍茨基还表示戈洛文本意是可以放弃雅克萨的。对此,徐日升在日记中也引证了这一点,说27日早上俄方突然改变主意是受到俄方第二大使尼布楚总督伏拉索夫的影响。⑥

面对别洛鲍茨基再一次带来的重启和谈信息,中方反而纠结起来。一方面,他们担心这只是俄方的诡计,是拖延时间的表现;另一方面,他们又顾虑如果派清军过河并发生敌对行动,那么,和谈将彻底毁掉。显然,中方不敢轻易在和谈期间进行军事行动,似乎是他们在和谈中通过耶稣会士些许

① 张诚在日记中的表述,再一次证明,他和徐日升并没有充当俄方的间谍。参见〔法〕张诚:《张诚日记(1689年6月13日—1690年5月7日)》,第36页。对此,徐日升在日记中也写道:"他们这时不愿同意放弃雅克萨。我有充分理由对此表示不满。我说,从一开始我就已表明,雅克萨是一切问题的基础,必须收回,如果他们不想同意,谈别的问题都是没有用的。我说,如果对这个基本的一项不能接受的话,他们原来就不该进行其他的讨论和会商,他们已经引我们走入歧途。"〔葡〕徐日升:《徐日升神甫的日记》,第187页。

② 〔葡〕徐日升:《徐日升神甫的日记》,第188页;另见《费·阿·戈洛文出使报告(1686年1月20日—1691年1月10日)》,第802~803页。

③ 〔法〕张诚:《张诚日记(1689年6月13日—1690年5月7日)》,第36页。

④ 参见《费·阿·戈洛文出使报告(1686年1月20日—1691年1月10日)》,第805~807页。

⑤ 〔葡〕徐日升:《徐日升神甫的日记》,第189页。

⑥ 徐日升写道:"后来我们从一个诚实可靠的方面得悉,作出这个简短决断的答复的原因是,这一带地方的总督(伏拉索夫——引者注)是一个莫斯科人,是一个极自私的冒险家,他和其他的人一起,看到他们的地区将被取消,他自认为属于他管辖的地域将要削减,因此劝说那位使臣(戈洛文——引者注)不要作任何让步,用他们的话来说,要稍稍地探索一番,看看他能不能抓到什么东西。"〔葡〕徐日升:《徐日升神甫的日记》,第188页。

明白近代欧洲国际法的表现。对于和谈期间进行军事活动的国际法规定，格劳秀斯曾在《战争与和平法》中有过专门的表达。[①] 因此，他们请张诚和徐日升拿主意。张诚日记显示，尽管他们没有明确回答钦差大臣，但表明"应相信和平是可以真正获致的"，于是，钦差大臣们虽然取消了铲除雅克萨庄稼的决定，但部分军队已经过河。[②]

8月28日，根据徐日升日记所载，俄方全权特使戈洛文意识到之前谈判被尼布楚总督伏拉索夫"引入歧途"，在"责备那位总督"的同时，决定"以全权代表的身份，把全部事情掌握在自己手里"，于是派翻译带来了新的建议。[③] 对于这一新的建议，张诚记载道：

> 俄方的代表们清早便跑来了，提出放弃雅克萨，条件是须把那地方拆毁，永远不再重建。他们也同意了以额尔古纳河作为两帝国之间的疆界，但是坚持在这条河以东的俄国人的居留地一定要继续让他们占有。总之，他们差不多全部答应了我们的钦差大臣们在会议破裂前提出的每一项重要条件。[④]

俄方信使在带来新的划界建议同时，也质问中方为何派军队渡河。因为这涉及国际法在谈判时的禁止性规定，因此徐日升提醒钦差大臣们"如果他们不想使整个事情再陷于危殆，他们必须小心谨慎地回答"。对于双方的问答，徐日升记载道：

> 他们回答说，他们渡河的唯一原因是，河对岸已无草地，他们来到

---

① 格劳秀斯在《战争与和平法》中写道："我看到，有人认为，如果我们的盟国对与我们缔结了和平条约的对方发动进攻，和平条约就被撕毁了。尽管并非十分确定，但我不否认国家之间可能会按照这样的条件缔结一项条约，即一国应当为另一国的行为遭受惩罚。不过，最后缔结的和平条约似乎不能以任何缔约一方的盟国对对方发动进攻作为条约终止的条件，而应当以缔约一方部分地出于故意，部分地因为偶然因素违反和约作为条件。除非事实完全清楚，否则，我们不能相信缔结和平条约时各方承认对方盟国的行为应当被视为对方撕毁和约的行为，因为这种安排既不寻常，也不符合缔约各方的共同愿望。因此，那些并非在他人支持下发动进攻的人应当为违反条约的行为承担责任，而对方拥有针对他们而不是其他人进行战争的权利。不过，根据保萨尼阿斯在《希腊概况》IX [i.5] 中的记载，从前，底比斯人曾经对斯巴达人的盟国表达过相反的观点。"〔荷〕格劳秀斯：《战争与和平法》，第 2 卷，第 303 页。

② 参见〔法〕张诚：《张诚日记（1689 年 6 月 13 日—1690 年 5 月 7 日）》，第 37 页。对此，徐日升的说法似乎与张诚有点不一致，徐日升仅表达了康熙派其来是为了议和的任务，而不参与军事行动的发动。参见〔葡〕徐日升：《徐日升神甫的日记》，第 190～191 页。

③ 参见〔葡〕徐日升：《徐日升神甫的日记》，第 191～192 页。

④ 〔法〕张诚：《张诚日记（1689 年 6 月 13 日—1690 年 5 月 7 日）》，第 37 页。

这里是为了寻找给马和其他牲畜吃的饲料。他接着又问:"如果是这个原因,那么你们为什么披上盔甲呢?"他们说,这是他们的习惯,是为了表示个人的威严,并无敌意。这位俄国人问道:"如果是那样的话,那么你们为什么派骑兵队占领了山上的高地呢?"我们的钦差大臣们回答说,因为他们不了解地形,因为他们在喀尔喀人猖獗的崎岖山区里不能感到安全,所以他们派兵士先去找一块他们可以居留的营地。这位俄国人对这个答复认为满意,于是要求派我和我的同伴同他一起回去,以澄清某些条件。①

由于中方钦差们并不相信俄国人,怕俄方将两人作为人质扣押起来,所以并不想让张诚和徐日升再赴俄方营地再行磋商。对此,徐日升再一次利用国际法观念劝解钦差们应该相信俄国人,并告知他们担心的事情涉及"使节权"问题,这在国与国的谈判过程中根本不可能发生。他说道:"如果俄国人这样做的话,全世界将有充分的理由不承认他们是讲人道的、文明的民族。"②于是,他指派张诚独自前往俄营交涉,③并再次对中方钦差陈述了信任在两国条约协商过程中的必要性:

> 诸位,不给予人家那种一切国家都应享有的信任,是不适当的。如果和约如我所希望的订立了,我们一定要依赖他们的信用来订立和约。这一天无疑终会到来的,那时我们将不得不信任他们;如其不然,当所有的条件都议定了,在作誓言的时候,我们所依靠的是什么呢? 当他们在文件上署名的时候,我们对此将予以什么样的信任呢? 当他们在条约上盖印时,条约是否要有他们的印章才有效呢? 我们不给予他们甚至一个野蛮人都应享有的信任,而这一类人并不包括俄国人在内。④

后来,张诚与俄国全权特使就有关边界和和约的其他重要条款全部商议完毕,回到中方营地。钦差大臣们对两位传教士赞不绝口。张诚写道:"钦差大臣们开始明白他们在谈判初期信任我们不够是个错误。他们从今天起赋

---

① 〔葡〕徐日升:《徐日升神甫的日记》,第192页。张诚在日记中也写道:"我们的钦差大臣就告诉俄方代表,我方军队过河并非执行敌对行动,而是为了把队伍扎得更宽敞一些,因为他们无法留在被水淹没的营地里,而且附近已经没有牧草了。"〔法〕张诚:《张诚日记(1689年6月13日—1690年5月7日)》,第38页。

② 〔葡〕徐日升:《徐日升神甫的日记》,第193页。

③ 参见〔法〕张诚:《张诚日记(1689年6月13日—1690年5月7日)》,第38页。

④ 〔葡〕徐日升:《徐日升神甫的日记》,第194页。

予我们以完全的信任和尊敬。"①徐日升写道:"他们确实表现了改进,他们更多地信任别人了,并且对任何事情未经先同我和我的同伴商量就不进行谈判。"②

也是在这一天,五六千受沙俄压迫的喀尔喀人来到中方营地,表示愿意归顺中国,乞求中方收容他们并帮助他们过河。两位传教士说道,中方钦差"没有经验",要收留和帮助这些人。当他们征求两位传教士看法时,张诚和徐日升再一次用国际法知识化解了这一有可能破坏谈判的事件。对此,徐日升说道:

> 皇上没有派我来找喀尔喀人,而是派我来订立一个和约,如果我带了和约回去,他将感到满意,但是,如果我带了喀尔喀人而不是带了和约回去,他是一点也不高兴的。而且,帮助喀尔喀人反抗俄国人,就一定会破坏和平。③

钦差们在接受了两位耶稣会士的意见后,对喀尔喀人做了些好听的许诺,打发他们走了。④ 他们的这一建议也与《威斯特伐利亚和约》第3条规定的精神是一致的。⑤

8月29日俄方全权代表派其拉丁文翻译带来了双方今后应遵守的关于"各级官员礼节的建议":

> (一)将来写给他们主上俄国沙皇的信件应举出他的尊号,或全列或简写。信内不得用足以使两国皇帝中有一位显得更崇高的字句。(二)两方都应尊敬地接待对方所派的使节,应使他们不受卑下的屈辱,应准他们把自己主上的信函恭呈对方皇帝亲手接阅,并应使他们在驻节地点,即使在宫廷(或首都)之内,均得享有完全自由。(三)两帝国

---

① 〔法〕张诚:《张诚日记(1689年6月13日—1690年5月7日)》,第39页。
② 〔葡〕徐日升:《徐日升神甫的日记》,第195页。
③ 〔葡〕徐日升:《徐日升神甫的日记》,第195~196页。
④ 对此,张诚也说道:"我们的钦差大臣们为了不致妨碍议和,没有向他们许诺什么,只给予他们以希望。"〔法〕张诚:《张诚日记(1689年6月13日—1690年5月7日)》,第39页。
⑤ 《威斯特伐利亚和约》第3条写道:"皇帝和最信仰基督的国王、帝国各选侯、邦君和各邦之间应保持更为巩固和诚挚的睦邻关系(关于安全的条款,以下将要提到),一方永远不得在任何名义或借口下,以武器、金钱、军人或任何种类的弹药帮助另一方的现存的或未来的敌人;属于本和约成员的任何人不得容忍任何敌军在他的国家经过或停留。"《威斯特伐利亚条约——神圣罗马帝国和法兰西国王以及他们各自的同盟者之间的和平条约》(1648年10月24日订于蒙斯特),第3页。

之间,应准自由通商,双方臣民各经主管长官许可后,得在各自的辖区内任便往来,并得在两帝国之间出入贸易。①

　　显然,俄方的建议不仅涉及未来两国交往应坚持平等主权国家的方式,而且还涉及未来的通商事宜。对于前两项可能破坏中华帝国"朝贡体系"的提议,中方钦差大臣们显然不能接受,因此回答说:"他们没有奉到他们的主上关于这方面的谕旨,而且中国从未派出使节到别的国家,因此他们对于这两项要求不能说什么。再者,他们也不应过问他们皇上的信件应采取什么格式。但是他们敢于一般地向俄国代表们郑重表明,沙皇的臣民,尤其是他的使节,定将永远受到优异的接待。"②与之相对,钦差们却爽快地接受了第三项提议,但认为他们无权决定该项是否应列入条约,"因为这样一件关系轻微的事,不应与确定边界这等大事相提并论"③。因此,通过钦差们的反应态度可以清晰地看出,他们仅将此次谈判当作是一次确定边界的谈判或一件单一具体的事件,而没有将此次谈判视为加入"国际法大家庭","朝贡体系"在他们心目中依然是不可动摇的观念。

　　此外,徐日升在日记中还提到中俄双方在对待喀尔喀人问题上引用了国际法上的"报复原则"④:"俄国人说,只要我们不平等对待他们的大公,他们也将采取同样的报复行动,所以如果中国人不愿看到他们的皇帝受人轻侮,他们最好小心行事。"⑤

　　8月30日和8月31日,双方就约文的内容进行起草和翻译。根据俄方档案的记载,此时的协议大致应该是:

_____

① 〔法〕张诚:《张诚日记(1689年6月13日—1690年5月7日)》,第39页。
② 〔法〕张诚:《张诚日记(1689年6月13日—1690年5月7日)》,第39~40页。对此,徐日升也有记载:"我们的钦差大臣们回答说,关于将这些事项列入和约内之事,他们没有接奉训令。但是,我相信,要不是因为受到喀尔喀人反叛的压力,他们是会力求促成这个决定的。"〔葡〕徐日升:《徐日升神甫的日记》,第196页。关于此问题的俄方记载,参见〔苏〕普·季·雅科夫列娃:《1689年第一个俄中条约》,第183页。
③ 〔法〕张诚:《张诚日记(1689年6月13日—1690年5月7日)》,第40页;另见〔苏〕普·季·雅科夫列娃:《1689年第一个俄中条约》,第183页。
④ 对于"报复原则"的合法性问题,格劳秀斯援引了普鲁塔克和奥古斯丁的话予以例证。他写道:自然法本身宣告允许对犯罪之人实施且不构成犯罪的行为是以暴制暴,或者说以其人之道还治其人之身。哲学家们把这一条规则称为最古老的法律和拉达曼提斯法。普鲁塔克在《论流放》中讲的这样一句话包含了相同的思想:"上帝与正义同在,他对违反神法的犯罪进行复仇。作为市民,所有人自然也可以援引上帝为榜样,对任何犯罪者进行复仇。"惩罚是对犯罪的报复。奥古斯丁(圣)也注意到了这一点。他在《论忍让》中指出:"每一种惩罚,如果说它是正义的,它必然是对犯罪实施的惩罚。"〔荷〕格劳秀斯:《战争与和平法》,第2卷,第393~394页。
⑤ 〔葡〕徐日升:《徐日升神甫的日记》,第196页。

　　1. 以额尔古纳河和格尔必齐河(至第一条山脉为止)为界。阿尔巴
津城拆毁,城中的人及其全部财产撤回俄罗斯,今后双方都不在阿尔巴
津将军辖区的地界建立任何居民点。在阿尔巴津的森林中,双方都可
以进行各种作业。额尔古纳河的俄罗斯城堡从南岸移往该河北岸。
2. 缔结边界条约后,两国政府应有外交往来,彼此承认对方君主称号的
全衔,给使臣以应有的尊重,不对他们施加任何暴力。3. 两国之间允许
相互贸易。4. 彼此交换逃人和俘虏。5. 中国把 1685 年第一次围攻阿
尔巴津时获的俄罗斯大炮和一切武器归还俄罗斯,并对这次破坏俄罗
斯城堡所造成的损失给以合理的赔偿。[①]

　　对于俄方所列条款,中方虽同意交换俘虏和逃人,但要求俄方必须交出
根忒木尔酋长和他的氏族以及其他"居住在达呼尔地区的缴纳毛皮实物税
的外国人",并拒绝赔偿阿尔巴津的损失。[②] 同时,俄方档案还显示,双方经
过长时间争论后,根据俄方的提议达成了条约本文,由双方使节团各缮写了
两份协议:"俄罗斯使节团缮写一份俄文的,一份拉丁文的,中国使节团缮写
一份满文的,一份拉丁文的;双方各在自己的文本上签字盖章,然后在使节
团会见时交换这些办妥手续的文件。"[③]按此说法,谈判似乎接近完成了。

　　9 月 1 日,俄方突然指责中方在原已商定好的条约中加了一款涉及"诺
兹山"(Nosse)的内容,并单方主张以诺兹山作为两国的边界。[④] 俄方要求
中方"对条约中的一款加以说明,认为有些东西是以前未向他们提过便写入
条文的"[⑤]。同时,根据俄方档案记载,中方还增加了"要求承认蒙古人是中
国臣民"这个之前从没讨论过的主张。[⑥]

　　9 月 2 日,对于中方超越已商定好的边界内容,单方面增加涉及边界的
条款,俄方表示"不能让出诺兹山脉的土地",并向中方提出了诚恳的、慎重
的、不卑不亢的抗议照会。徐日升在日记中全文摘抄了这份照会:

① 〔苏〕普·季·雅科夫列娃:《1689 年第一个俄中条约》,第 182~183 页。
② 参见〔苏〕普·季·雅科夫列娃:《1689 年第一个俄中条约》,第 183~184 页。
③ 〔苏〕普·季·雅科夫列娃:《1689 年第一个俄中条约》,第 184 页。
④ 关于"诺兹山",张诚写道:"根据会议记录,边界划在一道山脉上,它从一条名为格尔必齐
河的小河发源处伸向东北方,直到东海和北海。"〔法〕张诚:《张诚日记(1689 年 6 月 13 日—1690 年
5 月 7 日)》,第 40 页。徐日升写道:"这个山脉是在北纬 75 度,从这里一直延伸到北极。"〔葡〕徐日
升:《徐日升神甫的日记》,第 197 页。俄方档案材料写道:"他们又赋予阿穆尔河这条界线以新的定
义,把它沿着格尔必齐河和山地一直划到所谓的'圣岬'山('它远在雅库次克地区的海中')。"〔苏〕
普·季·雅科夫列娃:《1689 年第一个俄中条约》,第 184 页。
⑤ 《费·阿·戈洛文出使报告(1686 年 1 月 20 日—1691 年 1 月 10 日)》,第 835 页。
⑥ 参见〔苏〕普·季·雅科夫列娃:《1689 年第一个俄中条约》,第 184 页。

在过去几天内,在我们之间,即沙皇陛下的全权使臣和你们全权钦差大臣之间关于双方边界的交涉中,你们的使臣对我们说明,你们要把格尔必齐和额尔古纳两条河,并从格尔必齐河沿着流入黑龙江的几条河流的发源处的山脉一直到海,作为两国的边界线。你们还希望,在雅克萨和格尔必齐河之间的地区,不得有来自任何一方的居民。所以,我们,沙皇陛下的全权使臣,同意这个提案,虽则我们认为这个提案对沙皇陛下的利益是有损害的,而且是逾越了我们所奉到的训令的。我们之所以同意,因为我们以为你们是希望我们两帝国间的和平和永久友好的。但是,现在在拟定条约时和在你们所草拟的交给我们的条约的各项条件中,你们表示,边界是从格尔必齐河通过称为诺兹的山。这座山两边都控制着许多地区、河流和沙皇陛下的许多臣民。这座山把平原分在两边,而把沙皇陛下的帝国联成一体。所以,我们对你们,全权使臣们,说老实话,这就是:关于你们所提出的这些边界,我们没有得到我们的大君主沙皇陛下的任何指示,我们对此不敢同意。即令我们被强迫同意了(你们决不会这样做的),这样缔结的和约,既是强加于我们的,就决不可能稳定持久。在你们的皇帝博第汗殿下写给沙皇陛下的信中说,为了缔结和约和规定边界线,我们应调查居住在黑龙江附近的两国臣民的那些越界事情。尤其重要的是,我们应调查雅克萨四周的扰乱;双方应派出和平代表团不经过流血来决定所有这些问题。因为有这些许诺和平解决的信,所以我们,沙皇陛下的全权使臣毫无敌意地来到这里,我们满怀获致和平解决的愿望,这是你们可以为我们作证的。但是,现在你们似乎怀疑我们的和平意图,并且提出一些你们从来没有在你们的信中或通过你们的使臣通知过我们的事情:那就是说诺兹山应成为我们的边界,而且你们说,如果我们对此不同意,你们将采取发动战争的强制行动。所以,我们,沙皇陛下的全权使臣们,再次极真诚地声明,我们对这个问题没有奉到训令,不能同意这些界线。如果我们的这一声明不能使你们满意,我们把和平问题留待将来沙皇陛下和博第汗殿下都愿意的时候,通过具备全权的使臣不受干扰的谈判来解决。但是,对于为共同利益而致力的我们来说,使和平破裂和为了一些小矛盾(如果在这短短时间内竟会发生一些这种小矛盾的话),而减少我们在划定边界线任务上的努力,那是错误的。但是,如果你们贵钦差大臣们把和平放在第二位(我并不认为你们如此),你们就可能根据这样的假定:以为你们负有消除争端的原因和建立边界线的使命就足以成为理由,而发动一场非正义的战争。在此次谈判中,我们也很努力,而且我们的努力也做到了家。我并不在乎在大事上或小事上,我是否占上风;我所关心的只是,我们不要对发动一场战争负有责任。我们不希望流血,我们不故意向你们挑衅。然而,如果你们起来反对我们,我们相信上帝会帮助我们,相信我们的目的是正义的,我们将尽我们的力量实行自卫。我们将呼请上帝,他是我们的希望的寄托者,作为我们对付那些作恶的人们的见证者和辩护人。他将打击和消灭那些害人的阴谋,并将惩罚任何要伤害那些想做好事的人们的人。我们希望从书面上知道你们的意图。我们请诸王之尊的上帝帮助你们。我们把你们当作我们的真诚的朋友,向你们致意。①

　　这份俄方的照会不仅还原了整个谈判涉及划界的过程,展现出中方单方面提出新的划界方案的"违法性";而且建议涉及"诺兹山"北麓的边界划定问题可以暂时搁置,日后再进行专门谈判;同时,也指出了中方如果因此而使谈判破裂,应当承担国际法上的责任。本来中方钦差们由于缺乏对国际法的了解,提出以"诺兹山"划界只是一种试探性的建议,他们实际上可能连"诺兹山"的具体方位都不清楚。②

　　对于这个照会,中方钦差们实际上有些担心,以为俄方会中止谈判,而耶稣会士们却不这么认为。他们认为:"这个不妥协的文件是俄国使臣要想在俄国大公面前证明无论发生什么事他是无辜的一种方法。"③

　　9月3日中方送去了原定双方约定边界的条款,并"商定有关两条山脉之间的土地④的一款应不作决定,以俟他们能各向本国皇帝禀报并恭请谕旨"⑤。徐日升的日记显示,通过这次事件,中方钦差们似乎对近代欧洲国际法有了敬畏,不敢再轻易行事。徐日升写道:"我们的钦差大臣们不敢再做任何不符合他们过去同俄国人取得的协议之事——这是我们过去屡次劝他们采取的政策,我们曾对背离这一政策的事加以纠正。他们表现了不愿

---

　　① 〔葡〕徐日升:《徐日升神甫的日记》,第197~199页;另见〔法〕张诚:《张诚日记(1689年6月13日—1690年5月7日)》,第41页。关于对此问题俄方档案的记载,参见〔苏〕普·季·雅科夫列娃:《1689年第一个俄中条约》,第185~186页;《费·阿·戈洛文出使报告(1686年1月20日—1691年1月10日)》,第840~842页。

　　② 对此,张诚在日记中写道:"我们说,他们也许不知道北京与诺兹山脉之间的地方有多么大。当我们指出如在两地之间划一直线,它的长度乃在一千里格以上的时候,他们都很惊奇。而这确是事实,按照俄国人给我们看过的一张地图,这支山脉抵达海滨之处,约在北纬80°。"〔法〕张诚:《张诚日记(1689年6月13日—1690年5月7日)》,第41页。

　　③ 〔葡〕徐日升:《徐日升神甫的日记》,第199页。

　　④ 这一地方应属于外兴安岭北支和南支之间的"待议地区"(乌第河河谷地区)。

　　⑤ 〔法〕张诚:《张诚日记(1689年6月13日—1690年5月7日)》,第42页。

使俄国人取得没有严重的危险而能破坏协议的借口。"①

9 月 4 日,俄国全权特使又送来了按照他们自己方式草拟的和约底稿,其中大部分条款都是之前双方同意的,只是对雅克萨城堡有些许分歧。俄方想规定雅克萨城堡以后双方都不得重建,而中方尽管没有重建之意,但却拒绝明文写出。② 需要注意的是,雅科夫列娃认为耶稣会士因收受了俄方的贿赂,在谈判中有意袒护俄方。③ 根据徐日升在当日的日记显示,这里所谓"贿赂"实际上只是俄方为答谢耶稣会士在谈判中所起到的沟通作用,所表示的"外交礼节上的感谢"。④ 实际上,戈洛文在出使报告中还记载了给予中方钦差们的"礼物"。⑤

9 月 5 日和 9 月 6 日,双方就条约内容又进行了细微的协商,并商议了"关于条约双方签字、盖印和宣誓的方式"⑥。对于这一充分体现国际法平等原则的商议过程,雅科夫列娃在整理了俄国档案后,记载如下:

> 清使表示希望在先前的地点举行会见。这意味着条约将在清军所占据的区域内签字。俄罗斯人指出河水高涨,先前的会见地点已被水淹没,从而拒绝了这个提议,俄罗斯人提议在清军驻扎地和尼布楚之间的中立地带会见。此外俄罗斯人又拒绝了耶稣会教士的这一建议,即两使节团各在对方和己方的条约文本上签字盖章,但不交换文本,而各自保留己方的文本。俄罗斯人坚持要交换条约的文本。他们还拒绝了耶稣会教士所提条约共签六份以及只由俄罗斯使节宣誓履行条约的建议。……使节团双方各在一份本国语的条约和另一份拉丁语的条约上签字;每方都先写本国君主的称号,后写对方君主的称号;条约签字盖章后,两国使节团交换签字的文本,并按照平等原则由双方宣誓他们的政府将履行条约。⑦

---

① 〔葡〕徐日升:《徐日升神甫的日记》,第 200 页。

② 参见《费·阿·戈洛文出使报告(1686 年 1 月 20 日—1691 年 1 月 10 日)》,第 846~853 页。

③ 参见〔苏〕普·季·雅科夫列娃:《1689 年第一个俄中条约》,第 186~187 页。

④ 对此,徐日升在日记中写道:"俄国使臣送来一些皮子给我们作为礼物,附有一封信,对我们在这件事上为共同利益所作的特别努力表示赞扬和感谢。这时,双方对彼此的看法与以前不同了。他们把我和我的同伴看做和平天使。双方对我们的庆贺是我们受之有愧的。"〔葡〕徐日升:《徐日升神甫的日记》,第 200~201 页。

⑤ 参见《费·阿·戈洛文出使报告(1686 年 1 月 20 日—1691 年 1 月 10 日)》,第 883~884 页。

⑥ 〔法〕张诚:《张诚日记(1689 年 6 月 13 日—1690 年 5 月 7 日)》,第 42~43 页。

⑦ 〔苏〕普·季·雅科夫列娃:《1689 年第一个俄中条约》,第 188~189 页。

　　最后,就中俄双方尼布楚谈判最后签署的协约内容来看,近代欧洲国际法在其中也有明显的体现。

　　双方于9月7日召开了第三次会议。按照之前平等协商的精神,双方在距离尼布楚防御工事(木桩)五十俄丈的地方搭起了两个使节团的帐篷。两国使节仍旧是同时下马,同时进入己方帐篷。经过相互寒暄之后,首先由张诚朗读满文的条约文本,①接着朗读两份拉丁文的,然后俄方译员别洛鲍茨基朗读俄文的条约文本和两份拉丁文的。②

　　根据徐日升日记显示,双方就条约文本所涉两国君主的署名先后问题,还产生过争议。一开始中方坚持拉丁文版的条约"中国皇帝的名字居于第一位,俄国大公的名字居于第二位",但俄方坚持他们需要"带回一份以他们的大公的名字排在第一位、中国皇帝的名字排在第二位的文件"。后来,有人提议在呈交给中国皇帝的条约文本中,中国皇帝排第一,俄国大公排第二;在呈交俄国大公的文本中,颠倒过来即可。结果,大家对这个既体现平等,又能两全其美的做法都表示赞成。③ 在双方朗读完条约文本后,每一方在各自应交给对方的那两份文本上签字用印:"我们的人手中的一份是鞑靼文本(满文——引者注),另一份是拉丁文本;俄国人手中的一份是俄文,另一份是拉丁文。"④由于只有拉丁文本盖有两个国家的印玺,因此,这两份拉丁文本才是"条约的两份正式文本。俄国人用俄文写了交给中国人的那个文本,和中国人所写的交给俄国人的满文本(都未经签字盖印),可以看做是条约的半正式文本"⑤。

　　前已述及,1689年《条约》应该有两份拉丁文的正式文本,以及一份满文和一份俄文的半正式文本。根据塞比斯的研究,中方写给俄方的正式文本以及满文的半正式文本可以在《俄国对华条约集》中看到,而俄方写给中方的两份文本我们尚未发现,但其中俄方写给中方的俄文文本,俄方保留了

　　① 戈洛文的出使报告称,条文的满文文本因俄方没有满语翻译,而无人能读。参见《费·阿·戈洛文出使报告(1686年1月20日—1691年1月10日)》,第876~877页。
　　② 参见〔苏〕普·季·雅科夫列娃:《1689年第一个俄中条约》,第188~189页;〔葡〕徐日升:《徐日升神甫的日记》,第205页;〔法〕张诚:《张诚日记(1689年6月13日—1690年5月7日)》,第45页。
　　③ 参见〔葡〕徐日升:《徐日升神甫的日记》,第204~205页;〔法〕张诚:《张诚日记(1689年6月13日—1690年5月7日)》,第43页;《费·阿·戈洛文出使报告(1686年1月20日—1691年1月10日)》,第871页。
　　④ 〔法〕张诚:《张诚日记(1689年6月13日—1690年5月7日)》,第45页。
　　⑤ 〔美〕约瑟夫·塞比斯:《耶稣会士徐日升关于中俄尼布楚谈判的日记》,第147页;另见《费·阿·戈洛文出使报告(1686年1月20日—1691年1月10日)》,第877~879页。

底稿，可以在俄方档案中看到。① 张诚和徐日升日记中所载《条约》内容②，"都没有能使用两个最后的拉丁文本中的任何一个"，"他们都只好使用草本，即在最后的文本完成前他们的工作所依据的那些文本，这些文本在有些细节方面（分段和措词）和最后的文本，有所不同"。③ 由于中方拉丁文条约文本的缺失，使得我们无法通过比对俄中两份拉丁文本，确认《条约》更为权威的内容，但通过相关辅助文本，及两位耶稣会士的日记，④我们大体可以确认现存俄方档案中的拉丁文本，除先后署名部分以外，基本上就是《条约》的全部内容。⑤ 这里笔者转引全文如下：

> 中国大皇帝钦差分界大臣、领侍卫内大臣、议政大臣索额图，内大臣、一等公、都统、舅舅佟国纲，都统郎谈、都统班达尔善，镇守黑龙江等处将军萨布素，护军都统玛喇，理藩院侍郎温达；大俄罗斯、小俄罗斯、白俄罗斯一统专制君主、东西北各方众多疆土世袭君王和领主、上帝恩佑的沙皇、大公约翰·阿列克谢耶维奇，彼得·阿列克谢维奇陛下钦命全权大臣、亲近御前大臣、勃良斯克总督费奥多尔·阿列克谢耶维奇·戈洛文，侍臣、伊拉托木斯克总督伊凡·叶夫斯塔菲耶维奇·弗拉索夫，秘书官谢苗·科尔尼茨基，于康熙二十八年，即金蛇年，七月二十四日，两国使臣会于尼布楚城附近，为约束两国猎者越境纵猎、互杀、劫夺、滋生事端，并明定中俄两国边界，以期永久和好起见，特协定条款如下：
>
> 第一条，以流入黑龙江之绰尔纳河，即鞑靼语所称乌伦穆河附近之格尔必齐河为两国之界。格尔必齐河发源处为石大兴安岭，此岭直达于海，亦为两国之界：凡岭南一带土地及流入黑龙江大小诸川，应归中国管辖；其岭北一带土地及川流，应归俄国管辖。惟界于兴安岭与乌第河之间诸川流及土地应如何分划，今尚未决，此事须待两国使臣各归本

---

① 中方缮写之拉丁文本、中方缮写之满文本以及俄方保存之俄文本内容，参见苏联科学院远东研究所等编：《十七世纪俄中关系（1686—1691）》，第二卷，第三册，第 961～967 页。这三个文本的图片，参见北京师范大学清史研究小组：《一六八九年的中俄尼布楚条约》，第 353～358 页。

② 张诚所记条约内容，参见〔法〕张诚：《张诚日记（1689 年 6 月 13 日—1690 年 5 月 7 日）》，第 43～44 页。徐日升所记条约内容，参见〔葡〕徐日升：《徐日升神甫的日记》，第 205～206 页。

③ 〔美〕约瑟夫·塞比斯：《耶稣会士徐日升关于中俄尼布楚谈判的日记》，第 152 页。

④ 例如，徐日升明确指出了两份拉丁文本的区别："俄国人所写的约本，除了前面所提到的情况之外，是相同的。关于立碑纪念和约事的最后那部分，是这样改了：'中国皇帝……亦可任便办理'。"〔葡〕徐日升：《徐日升神甫的日记》，第 207 页。

⑤ 塞比斯曾对此问题进行了专门的研究和论证，参见〔美〕约瑟夫·塞比斯：《耶稣会士徐日升关于中俄尼布楚谈判的日记》，第 148～153 页。

国,详细查明之后,或遣专使用文牒,始能定之。

又流入黑龙江之额尔古纳河亦为两国之界:河以南诸地尽属中国,河北诸地尽属俄国。凡在额尔古纳河南之墨里勒克河口诸房舍,应悉迁徙于北岸。[①]

第二条,俄人在雅克萨所建城障,应即尽行除毁。俄民之居此者,应悉带其物,尽数迁入俄境。

两国猎户人等,不论因何事故,不得越过已定边界。若有一二下贱之人,或因捕获,或因盗窃,擅自越界者,立即械系,遣送各该国境内官吏,审知案情,当即依法处罚。若十人或十五人越境相聚,或持械捕猎,或杀害劫掠他国之人,并须报闻两国皇帝,依罪处以死刑。既不以少数人民犯禁而启战端,更不以是而至流血。

第三条,此约订定以前所有一切事情,永作罢论。

自两国永好已定之日起,嗣后有逃亡者,各不收纳,并应械系遣还。

第四条,现在俄民之在中国或华民之在俄国者,悉听如旧。

第五条,自和约已定之日起,凡两国人民持有护照者,俱得过界来往,并许其贸易互市。

第六条,和好已定,两国永敦睦谊,自来边境一切争执永予废除,倘各严守约章,争端无自而起。

两国钦使各将缮定约文签押盖章,并各存正副二本。

此约将以华、俄、拉丁诸文刊之于石,而置于两国边界,以作永久界碑。[②]

以近代欧洲国际法为标准检视上述条约内容,其内容基本上都有国际法依据,因此后世才普遍认为该条约是一个平等条约。具体分析如下:

第一、《条约》第 2 条体现了近代欧洲国际法,尤其是《威斯特伐利亚和约》所确立的"和平解决争端原则"和反战精神。例如,"俄人在雅克萨所建城障,应即尽行除毁",这一内容的依据在于《威斯特伐利亚和约》第 83 条

---

① 有论者研究,关于这一条涉及"额尔古纳河边界的规定",中方拟定的拉丁文本和满文本与俄方拟定的拉丁文本完全一致,但与俄方拟定的俄文本存在不同。参见张丽、张晓刚:《中俄〈尼布楚条约〉文本的差异及其原因新析》,第 164~170 页。

② 苏联科学院远东研究所等编:《十七世纪俄中关系(1686—1691)》,第二卷,第三册,第961~963 页。

的规定。① 例如,双方就"擅自越界者"要求各自对被遣送者依法处罚的约定,使个人对其犯罪行为承担罪责,防止国家因为个人的行为而受到惩罚。这些约定在格劳秀斯的著作中都可以找到明确的论述。②

第二,《条约》第3条主要涉及对条约签订前敌对行为及其损失的处理问题,以及如何对待"逃亡者"的问题。对于前者,《条约》第3条第一句话贯彻了近代欧洲国际法的"宽容和赦免"原则,其法理依据分别是《威斯特伐利亚和约》第2条和《奥斯纳布吕克条约》第2条。③ 至于后者,《条约》第二句话表明中俄双方约定不能收纳逃亡者,其法理依据是格劳秀斯在《战争与和平法》第3卷的相关论述。④

第三,《条约》第4条涉及原在俄中国人,或在华俄国人的对待问题。条约这里没有完全采取"一刀切"的做法,而可能是借鉴了近代欧洲国际法对于战后财产占有处理的原则,即采取了其中的"维持现状"的办法。⑤

第四,《条约》第5条"进行贸易"的条款,在《威斯特伐利亚和约》中也

---

① "在本费尔德归还后,该地的防御工事应立即拆除,附近莱茵罗要塞的工事以及阿尔萨西亚塔贝恩的工事、莱茵河畔的霍恩姆县和纽堡的城堡工事也应拆除;上述任何一地方都不得有任何军人或驻军。"《威斯特伐利亚条约——神圣罗马帝国和法兰西国王以及他们各自的同盟者之间的和平条约》(1648年10月24日订于蒙斯特),第21页。

② 格劳秀斯在《战争与和平法》中写道:"如果一个国家及其统治者知晓臣民的犯罪并能够而且应当制止而没有制止,他们即被认为要对犯罪行为承担责任。如果一个国家或其统治者对在其他地方犯罪的人提供庇护,他们同样被认为应该承担责任。……根据自然法,任何没有被指控犯有相同类型或者同样严重的罪行的人都有惩罚犯罪的权利。自从国家成立后,人们已经形成这样一种共识:由个人实施的危害其所在社会的犯罪应当留待国家自己或者其统治者处理,他们有权酌情对犯罪行为实施惩罚或者予以宽恕。"〔荷〕格劳秀斯:《战争与和平法》,第2卷,第476~480页。

③ 《威斯特伐利亚和约》第2条规定:"缔约双方对骚乱开始以来由于敌对行动在任何地方、以任何方式造成的一切,都应永远予以忘却、宽容或谅解……"《威斯特伐利亚条约——神圣罗马帝国和法兰西国王以及他们各自的同盟者之间的和平条约》(1648年10月24日订于蒙斯特),第2~3页。《奥斯纳布吕克条约》第2条规定:"战争中在言辞、文书或行动中所引起的侮辱和暴行、损害和损失等,不问任何人等,一律不予追究。"《威斯特伐利亚和约——帝国、瑞典和德意志新教诸邦代表在俄斯那布鲁克签订和约》,第4页。

④ 格劳秀斯认为:"接纳希望从一国移居到另一国的个别臣民不违反维护友好关系的要求,但是接纳构成一个国家组成部分的城镇或者大量人口是不允许的。"〔荷〕格劳秀斯:《战争与和平法》,第3卷,第308~309页。同时,格劳秀斯还区分了逃亡者和被驱逐者的不同,对于逃亡者,国家并不丧失对其的请求权,可以请求对方国家"械系过还"。对此,他认为,"国家对驱逐出境的人没有法律请求权",被驱逐出境的人与逃亡者不同。参见〔荷〕格劳秀斯:《战争与和平法》,第2卷,第113页。

⑤ 格劳秀斯在《战争与和平法》中写道:"推定交战双方在战争正当性问题上地位平等,财产的处理可以采取两种方式:一种是根据原来的所有权调整被战争扰乱的对财产的占有〔恢复战前状态原则〕;一种是维持现状〔保持占有原则〕。"〔荷〕格劳秀斯:《战争与和平法》,第3卷,第297页。

有类似依据。①《条约》第 6 条涉及条约签订后"永敦睦谊""争执废除"的规定,也符合格劳秀斯在《战争与和平法》第 3 卷所涉及的相关内容,即"缔结和平条约以后,惩罚的权利应当被认为已经终止。因为人们担心如果作为导致战争原因的主张惩罚的权利继续有效,和平就无法真正实现"②。

在核对、签署完上述条约后,双方使节同时起立,各自手捧和约文本,宣读了誓词。③ 对于宣誓之于条约签订的重要意义,格劳秀斯在《战争与和平法》中也有提及。④ 张诚在日记中,全文记载了中方钦差大臣们撰写的誓词,字里行间体现了国际法所规定的"条约理应遵守"的原则。⑤ 文载:

> 曩者,我两帝国边鄙居民轻启干戈,攻战流血,用致我民不安生业,弗宁厥居,实违上苍仁民爱物之德。值此,两国使臣钦奉王命,相期勘定边界,永敦睦谊,于康熙二十八年七月,聚集于尼布楚附近之处。我等敬谨将事,黾勉完命,于聚会之际公同议得以两国接壤处之地名,著诸文字,俾边界所在得以明白划定;又议得尔后如有争议如何措置之方;又议得缮具缔和约章真实文本彼此互换;又议得以上述约章及其条款,铭刻于石,分树于我等所定边界之处,使过往臣民等,一体周知,今兹所订和约及其所列事项,胥得永远信守,不稍逾越。倘敢公然存心,或暗中密谋,毁弃和好,干犯约章者;或妄存私利,煽乱滋事,肇启争战者;唯我上帝,主宰万有,洞察人心,殛灭此辈,使不得善终。天地神明其鉴,此誓。⑥

---

① 《威斯特伐利亚和约》第 69 条规定:"由于与公众关系较大,和约一旦缔结,即应恢复贸易……"第 70 条规定:"……应有充分的贸易自由,在海上和陆地都应安全通行;在此情况下,根据本条规定,双方的所有封臣、臣民、居民和同盟者的仆从都有来去、从事贸易和返回原地的充分权利……"《威斯特伐利亚和约——神圣罗马帝国和法兰西国王以及他们各自的同盟者之间的和平条约》(1648 年 10 月 24 日订于蒙斯特),第 17~18 页。
② 〔荷〕格劳秀斯:《战争与和平法》,第 3 卷,第 299 页。
③ 参见《费·阿·戈洛文出使报告(1686 年 1 月 20 日—1691 年 1 月 10 日)》,第 879 页。
④ 格劳秀斯在《战争与和平法》中指出:"一、即使在非信教之人看来,誓约也具有重要作用。二、誓约需要具备深思熟虑的意图,即立约人应当自愿起誓。三、誓约的用语应当依照相信被立约人可以理解的意义产生拘束力。"〔荷〕格劳秀斯:《战争与和平法》,第 2 卷,第 253~258 页。
⑤ 格劳秀斯在《战争与和平法》中指出:"我们在前面第二卷第十四章第十节以及其后的部分中论述了在多大程度上人民以及国王的继承人要受国王作出的承诺拘束的问题:只要他的主权包括为人民以及他的继承人创设有拘束力的义务的权力,他们就要受他作出的承诺的拘束。(瓦斯奎兹:《雄辩指南》[I. v. no. 9])这种权力的授予既不应当完全不受限制,也不应当被限制在非常狭小的范围内。它应当被理解为国王基于充分的理由作出的任何承诺都可以被认为是有效的。"〔荷〕格劳秀斯:《战争与和平法》,第 3 卷,第 294 页。
⑥ 〔法〕张诚:《张诚日记(1689 年 6 月 13 日—1690 年 5 月 7 日)》,第 45~46 页。

从这一誓言的表述来看,中方甚至还以上帝为名起誓,且这一做法按照张诚的说法是得到康熙帝明白谕旨的,即要求钦差们"应当以基督教徒的上帝名义为和平宣誓"①。更令人惊讶的是,钦差们"原打算跪在基督教徒的上帝像前宣读誓词,并按照他们的习俗伏地叩首敬拜上帝,然后把他们亲手签字,盖有皇帝颁赐的统帅印信的誓词焚化"②。至于这样做的目的,是耶稣会士想"按照基督教的习惯宣誓来确认条约的成立,以使信奉基督教(东正教——引者注)的俄罗斯人仿佛更加相信他们的宣誓和更好地履行条约"③。后来,由于俄方认为此种做法"含有不少迷信成分,或者至少是因为不愿受一种外国习俗的约束",于是商定"双方在宣誓时可以各按自己的方式办"。④

总之,在张诚和徐日升的协助下,"《尼布楚条约》,为中国获得胜利的唯一条约"⑤。从本质上讲,"尽管外交活动的方法不同,两国使节团的主要目的则是相同的,即建立和平关系"⑥。因此,该条约的签订使得中俄在东北亚地区保持了近两百年的和平关系,标示着"一个新纪元的开始",然而"中国方面只是庆幸自己摆脱了一个敌手,似乎并未充分理解这个新纪元的意义"。⑦

(3)耶稣会士对《条约》签订的特殊意义

通过上述徐日升和张诚在《条约》签订过程中对近代欧洲国际法的运用和调适可知,耶稣会士是除中俄双方之外,促成《条约》最终达成的重要存在。他们在《条约》签订中的作用具有一定的独立性。

这里的"独立性"并不是指徐日升和张诚在身份上是独立于中俄双方的"第三方中立性"存在,他们仍旧是康熙帝会晤俄国的使臣。这一点必须明确。申言之,因为他们"在谈判中起了保证实现康熙的意图的私人监督者的作用",当谈判偏离康熙帝临行前旨意的时候,他们则会站出来重述康熙的指令。例如,1689 年 10 月 22 日,当康熙帝在内廷接见徐日升和张诚,并充分肯定他们在议和谈判中所立下的功绩时,张诚也只是答称:"我们只是恪遵皇帝的谕旨,尽力完成我们的职责而已。"⑧况且,两人于康熙二十七年

---

① 〔法〕张诚:《张诚日记(1689 年 6 月 13 日—1690 年 5 月 7 日)》,第 45 页。
② 〔法〕张诚:《张诚日记(1689 年 6 月 13 日—1690 年 5 月 7 日)》,第 46 页。
③ 〔苏〕普·季·雅科夫列娃:《1689 年第一个俄中条约》,第 190 页。
④ 〔法〕张诚:《张诚日记(1689 年 6 月 13 日—1690 年 5 月 7 日)》,第 46 页。
⑤ 钱亦石:《中国外交史》,上海三联书店 2014 年版,第 32 页。
⑥ 〔苏〕普·季·雅科夫列娃:《1689 年第一个俄中条约》,第 92 页。
⑦ 〔法〕加斯东·加恩:《彼得大帝时期的俄中关系史》,第 25 页。
⑧ 〔法〕张诚:《张诚日记(1689 年 6 月 13 日—1690 年 5 月 7 日)》,第 60 页。

(1688)四月初六日和康熙二十八年(1689)四月二十四日两次出使谈判地之前都获得康熙帝的赏赐,也能证明这一点。[①]

笔者认为,耶稣会士在 1689 年《条约》签订中的"独立性"主要指涉的是,他们在弥合中俄双方对待近代欧洲国际法认知差异上的作用与价值。张诚和徐日升对于《条约》签订之所以重要,是因为近代欧洲国际法对于中俄双方而言可能并不构成会谈的基础,中俄双方对于近代欧洲国际法的认识和理解完全不同。如果没有上述他们在和谈中对于国际法的运用与调试,那么,《条约》是否能顺利签订,并表现出契合于近代欧洲国际法的现象,是存在疑问的。

就俄国方面而言,由于他们与近代欧洲国际法之间存在紧密的关系,以及上述和谈中沙俄运用国际法的表现,笔者倾向性地认为俄方是以适用近代欧洲国际法的姿态来与中方签订《条约》的。一方面,针对沙俄是否与近代欧洲国际法之间存在紧密关系而言,沙俄虽然不是《威斯特伐利亚和约》的主要缔约国,但自 17 世纪以来,沙俄与欧洲世界始终保持贸易、政治、军事方面的联系,亲历了近代欧洲国际法的形成过程,因此沙俄不可能不知晓国际法的内容。对此,苏联学者指出,《威斯特伐利亚和约》对俄国的国际法地位曾有过重大的意义,莫斯科罗斯首次作为公认的国际交往参加者出现在西欧的国际实践中,且在此之前,莫斯科国家参加了三十年战争。[②] 有论者也明确指出,在沙俄彼得大帝统治时期(1682~1727),"格劳秀斯的著作也有了一个翻译稿,这个翻译稿看来是为了他的儿子阿列克塞而准备的"[③]。此外,在《威斯特伐利亚和约》签订之后,沙俄与欧洲国家开展的包括派遣使节、缔结和约、接见外国使节等外交活动,使其在事实上已经适用了近代欧洲国际法。例如,1661 年俄国与瑞典签订《卡尔迪斯和约》,1667年俄国与波兰签订《安德鲁索沃停战协定》,1681 年俄国与土耳其签订《巴赫奇萨赖条约》。[④] 另一方面,就俄方在《条约》签订过程中运用近代欧洲国际法的表现而论,沙俄在缔约过程中明确适用国际法的主张和事例在上文的记述中更是俯拾皆是。

就中国方面而言,中国自西周以来就秉持着一套以天子为中心的"天下

---

①　参见黄伯禄编:《正教奉褒》,第 345、352 页。

②　参见〔苏〕Д. 费尔德曼、Ю. 巴斯金:《国际法史》,黄道秀等译,法律出版社 1992 年版,第 97 页。

③　〔美〕约瑟夫·塞比斯:《耶稣会士徐日升关于中俄尼布楚谈判的日记》,第 112 页。

④　参见邓沛勇、孙慧颖:《俄国外交史(1700—1971)》,社会科学文献出版社 2021 年版,第 247 页。

体系"，此体系相对于17世纪初形成的近代欧洲国际法而言，完全是不同类型的表达。沟通中国与外部世界关系，在功能上等同于近代欧洲国际法的是《周礼》所记载的"宾礼"。"宾礼"是周天子与四方诸侯往来的礼仪，并借由朝觐、聘问、会盟、巡狩等仪式，明定君臣名分，规范尊卑位阶，凝结各邦国的向心力，建构一个以周天子为中心，四方宾服的礼治社会。① 清初统治者在接受"宾礼"这套对外交往的基本政策之后，建立了以清朝皇帝为核心，"中央政府—地方行省—藩部—属国—化外国"这一层层外推的"天下秩序"。

由于"宾礼"在类型上可分为有不对等位阶关系的"朝贡礼"和讲究对等位阶关系的"客礼"，因此，清初统治者在"天下秩序"内，对待接受"天子教化"的藩部、属国则使用"朝贡礼"，将其纳入"朝贡体系"之内；相反，对于不接受"天子教化"之化外国，则将其视为"敌体之国"，适用"客礼"待之，并将其排除于"朝贡体系"之外。② 当然，有论者经过研究指出，清初统治者在乾隆朝设置"互市国"这一新概念之前，对待外洋之国，往往会灵活考虑敌我力量之强弱，"决定行'朝贡礼'，彰显其君臣名分；或行'客礼'，承认外洋作为敌体之国，得与中国对等往来"③。

依照上述对待外部世界的认知框架和理论，清初统治者在实践中大致也是如此对待俄使和沙俄的。早在顺治十二年（1655），清廷拟将巴依科夫使团来华界定为属国，以"朝贡礼"相待，但俄使要求觐见、面递国书，已经逾越了属国陪臣的身份，于是理藩院驱逐俄使。后来沙皇遣阿勃龄（Serkur Ablin）试图按照近代欧洲国际法与清廷建立平等外交，并递交国书。顺治帝以俄国国书采俄历纪年，违反"奉正朔"原则，以及国书中沙皇自称大汗，对顺治帝只称"殿下"而非"陛下"为由，再次驱逐俄使，退回贡物。康熙十二年（1673）沙皇又派尼果赖使团，理藩院依旧要求以属国"朝贡礼"对待俄使。然而，俄使却坚持向康熙帝面递国书，并要求觐见皇帝时，康熙帝必须站立，向沙皇问安，以示平等。最后，理藩院采取折中办法，在午门特设一张铺着黄绸的桌子，让俄使将国书放在黄案上，再由内阁大学士转交皇帝。此时康熙帝已觉察到不能将沙俄看成属国，以"朝贡礼"待之，而倾向与俄国友善，比照"敌体之国"，以"客礼"对待之。④

① 参见尤淑君：《宾礼到礼宾——外使觐见与晚清涉外体制的变化》，第24页。
② 有关"敌体"与"客礼"的介绍，参见尤淑君：《宾礼到礼宾——外使觐见与晚清涉外体制的变化》，第68～77页。
③ 尤淑君：《宾礼到礼宾——外使觐见与晚清涉外体制的变化》，第98页。
④ 参见尤淑君：《宾礼到礼宾——外使觐见与晚清涉外体制的变化》，第81～87页。

　　因此,从理论和实践两个方面看,清初统治者肯定不是按照近代欧洲国际法的标准和要求对待沙俄的,更不会按照国际法的要求自觉与沙俄签订《条约》。换言之,那种认为中方在1689年《条约》签订中自觉适用国际法的观点显然是不成立的。这种观点的错误在于,将一套产生于近代西方的处理国与国关系的法律或叙事,不假思索地植入中国人对外关系处理之中,进而导致时空颠倒,理论错置。与之相反,清廷对待1689年《条约》的签订,仍是将其放置在中国传统"天下体系"的框架之内,按照"宾礼"中与"朝贡礼"相并列的"客礼"进行处理的。按照《公羊传》和《白虎通义》中"王者不治夷狄"的说法,由于夷狄属于"政教不及者",无须以臣属身份视之,天朝与夷狄之间只有"主人与客人"的关系,因而可以分庭抗礼,平起平坐。以"客礼"来观察清廷在1689年《条约》签订过程中那些有违天朝"朝贡礼",却又体现近代欧洲国际法中平等主义原则的做法,就变得可以理解了。

　　实际上,我们从清廷在《条约》签订过程中的具体做法也能证明这一点。一方面,中方钦差们基本不知道近代欧洲国际法为何物。例如,中俄双方在第一次会谈中,俄方按照近代欧洲国际法的惯例,要求双方应首先审查彼此的谈判资格。对于这一环节,张诚写道:"俄国方面的一位先生,一个曾在克拉科夫学过哲学和神学的波兰人,首先用他所熟悉的拉丁文,宣读他们方面的任命状,并接着请钦差大臣们先发言开会。但是钦差大臣们推辞了,表示愿让俄国使节先说话。双方就首先发言的权利和荣誉彼此谦让了很久。最后,俄国全权特使询问我们的钦差大臣是否有缔结和约划定边界的全权,并且同时拿出他自己的,用敕书形式写成的全权证件。我们的钦差大臣推辞不看,认为他口说的已足可信。"[1]从张诚的记载可知,中方钦差们对这一符合近代欧洲国际法的缔约程序其实并不了解。另一方面,中方在谈判中所采取的谈判方式和能接受的内容大致上也是符合"客礼"要求的,对于一些超出"宾礼"要求的内容,则明确拒绝或尽量回避。例如,就康熙帝派出使团赴边境谈判,这本身就是清廷有意回避"朝贡礼",践行"客礼"的表现。

　　综上可知,俄方在《条约》签订中始终坚持以近代欧洲国际法为指导,而中方却在固有"天下体系"的框架内,以"客礼"为标准与俄国进行缔约活动,两者签订《条约》背后所秉持的依据和理论是不同的。《条约》之所以能够签订,很大程度上是因为耶稣会士在其中所起到的弥合作用。

　　一方面,耶稣会士对于俄方而言,他们虽在身份上与俄使是和谈对手,但是却共享近代欧洲国际法知识。上文所述耶稣会士在和谈中运用和调适

---

① 〔法〕张诚:《张诚日记(1689年6月13日—1690年5月7日)》,第31页。

近代欧洲国际法的表现,很大程度上就是耶稣会士利用其掌握的国际法知识代表中方与俄方进行斡旋、交涉。因此,从俄方角度看,他们的确是在运用近代欧洲国际法与中方签订《条约》,只不过在和谈中他们经常遇到中方不合国际法的言语和举动,但这些矛盾和冲突在耶稣会士的弥合下,大部分都化解了。另一方面,耶稣会士对于中方而论,他们虽在身份上与中方钦差大臣们都是康熙帝的使臣,但对外部世界秉持不同的观念和原则。申言之,对于康熙帝和中方钦差们来说,他们大体上仍是以"客礼"背后的观念和原则对待这次和谈的;而耶稣会士虽然理解近代欧洲国际法,但他们同样也知晓康熙帝和中方钦差们所坚持的"客礼",因此,他们所能做的就是让近代欧洲国际法和"客礼"这两套在性质上完全不同的对外关系规范,尽量无扞格地融合起来,让中俄双方都大致以为他们在坚持各自对待外部世界的观念和原则,而不至于让彼此太过为难。

正是由于耶稣会士掌握了中俄双方各自看待外部世界的"两套知识",《条约》才能顺利签订。至于耶稣会士愿意扮演此弥合者角色的理由,法国学者加恩给出了公允的评价:

> 实际上,耶稣会教士一方面支持中国人,另一方面不致于刺激俄国人达到造成谈判决裂的程度,最后要使这次和平谈判缔结一项有利于中国的条约,这样做对他们是有好处的。因为,中国朝廷为了他们的热心和谈判的成功当然会感激他们,而俄国方面对于能够和平解决也不会不高兴。因此这样一来耶稣会教士必然可以一举而博得一方乃至双方的好感。①

后来,结果也正如上述所指出的那样,鉴于耶稣会士在1689年《条约》签订中的良好表现,康熙帝于1692年3月22日宽容地颁布《容教诏令》(*Edict of Toleration*,又称"宽容敕令"或"宽容谕旨"),②允许基督教在华传播。

如果按照上述的分析,我们就可以理解清廷为何会选择在1689年与沙俄签订在表面上符合近代欧洲国际法观念和原则的《条约》,而之后未将此次签约活动作为"事例",予以遵守和延续。因为从清廷方面来讲,清廷自始至终都没有以近代欧洲国际法的观念和原则来指导自己的对外关系,因此,也就根本不存在所谓"中国第一次适用近代欧洲国际法发生在1689年"的

---

① 〔法〕加斯东·加恩:《彼得大帝时期的俄中关系史》,第23页。
② 参见黄伯禄编:《正教奉褒》,第359页。

说法,之所以会存在这种误读,实是因为耶稣会士在其中所发挥的弥合作用。实际上,以"宾礼"的方式而不是依据近代欧洲国际法,一直是清廷在《辛丑条约》以前所秉持的观念和原则,①对此,乾隆朝时期马戛尔尼使团来华所涉及的礼仪问题即是明证。② 王铁崖先生也曾指出:"无论如何,从那时(《尼布楚条约》订立时)起一直到1839年林则徐指示翻译瓦泰尔的著作之时为止的一百五十年中,在中国,从来没有人提及国际法。"③

2. 张诚对"鞑靼地区"法政情况的记述

张诚曾于1688年至1698年进行过8次"鞑靼之行",除去前述为签订《条约》所进行的前两次"鞑靼之行"以外,还于1691年随康熙帝参加了多伦会盟,④见证了喀尔喀蒙古归顺清朝的经过。1692年张诚随康熙帝狩猎,巡视蒙古。⑤ 1696年,他与徐日升、安多一起,随康熙帝出征西鞑靼,击溃了入侵喀尔喀的厄鲁特汗,收复了喀尔喀蒙古。1696年10月至1697年1月,他与安多随康熙帝视察蒙古西南部,了解噶尔丹。1697年,他又与安多跟随康熙帝远征噶尔丹。1698年,张诚和安多随三位大臣,参加喀尔喀蒙古会盟。⑥

这8次"鞑靼之行",让他对"鞑靼地区"的地理、风俗、法政等情况有了较为充分的了解,⑦并通过《对大鞑靼的历史考察概述》和《张诚日记》进行了记载,后全部收录在1735年杜赫德编写的《中华帝国全志》中,影响到整个西方。

张诚在《对大鞑靼的历史考察概述》中首先对"鞑靼地区"进行了界定:

　　大鞑靼这个名称,我指的是亚洲位于日本北部的东洋、冰海

---

① 参见尤淑君:《宾礼到礼宾——外使觐见与晚清涉外体制的变化》,第325~391页。

② 参见〔美〕何伟亚:《怀柔远人:马戛尔尼使华的中英礼仪冲突》,邓长春译,刘明校,社会科学文献出版社2019年版。

③ 王铁崖主编:《国际法》,法律出版社1981年版,第17页。

④ 康熙三十年(1691)多伦会盟标志着喀尔喀蒙古正式内附清帝国,接受大清皇帝赐下的爵位,明确君臣名分,发展出中国与外藩的封贡关系。参见尤淑君:《宾礼到礼宾——外使觐见与晚清涉外体制的变化》,第31~32、36~37页。

⑤ 参见〔法〕伊夫斯·德·博西耶尔夫人:《耶稣会士张诚——路易十四派往中国的五位数学家之一》,第28~41页。

⑥ 参见〔法〕伊夫斯·德·博西耶尔夫人:《耶稣会士张诚——路易十四派往中国的五位数学家之一》,第41~77页。

⑦ 需要强调的是,在张诚之前,1682年南怀仁也曾跟随康熙帝视察过"鞑靼地区",并撰写了《鞑靼旅行记》。但是,南怀仁所记内容主要是东鞑靼地区,即满族"龙兴之地"的史地情况。参见〔比〕南怀仁:《鞑靼旅行记》,薛虹译,载杜文凯编:《清代西人见闻录》,中国人民大学出版社1985年版,第69~84页。

（Frozen sea）、俄罗斯、里海、波斯、蒙兀儿（Mogol）、孟加拉附近的阿拉干（Arracan）王国、阿瓦（Ava）王国、中华帝国，与高丽王国之间的整个地区。所以大鞑靼西部以俄罗斯、里海和波斯一隅为界；南部仍以波斯的那一部分、蒙兀儿、阿拉干和阿瓦两个王国、中国和高丽为界；东部以东洋为界；北部则以冰海为界。①

应该说，通过 8 次"鞑靼之行"的实地考察，张诚对"鞑靼"的地理界定比之前意大利籍耶稣会士卫匡国的界定更为准确。②

接着，张诚追溯了自西汉到明代生活在"鞑靼地区"政权的更迭，其中还指出强大元帝国迅速而亡的原因，即"是他们那股勇往直前的锐气被中国人的雍容风度所软化"③。

该书最重要的部分是，张诚以民族为标准，对整个"大鞑靼地区"主要民族——满族、蒙古族和回部鞑靼，分别进行了介绍。

他先是介绍了"满族"。他写道，满族"制定中华帝国和鞑靼最大地区的法律，俄罗斯称满洲为 Boqdoyes，它的首领即现今中国的皇帝"。在信仰上，满族人既"崇拜祖先"，也"崇拜佛和帝国中的其他偶像"。④ 他提到瑷珲和宁古塔有常驻军队和一个都统及其他军政官员，该地区是流放罪人所在地，并提到中国通过《条约》获得了雅克萨的所有权。⑤

对于"大鞑靼地区"第二个民族——蒙古族，张诚花费了主要的笔墨。他首先提到，蒙古族是最大的民族，人数最多，被中原人称为"西鞑子"或"西鞑靼"，该族主要包括"卡尔梅克或称厄鲁特、喀尔喀人，以及那些居住在长城附近统称为蒙古人的人"。⑥

从整体上讲，张诚认为蒙古人通用蒙古语，信仰"西藏的宗教"拜佛。喇嘛在该族政治生活中地位很高，"国王们还自愿奉行喇嘛的意见，尊敬地听

① 〔法〕张诚：《对大鞑靼的历史考察概述》，陈增辉译，许崇信校，载杜文凯编：《清代西人见闻录》，中国人民大学出版社 1985 年版，第 86 页。
② 卫匡国在《鞑靼战纪》中写道："我所称为'鞑靼'的民族居住在北方，在长城的后面。长城自东向西延伸三百多德国里格，它是防止鞑靼攻入中国的堡垒。……在这个名称下，有我们欧洲人至今不知道的东鞑靼以及西鞑靼：撒马尔汗、蒙古、女真、奴儿干。其地域从'小鞑靼'（Lesser Tartary）和喀什噶尔王国东至日本海，到这里被连通美洲奥维奥拉（Oviora）的阿尼阿（Anian）海峡所隔断。"〔意〕卫匡国：《鞑靼战纪（鞑靼在中国战争的历史）》，第 2 页；另见〔意〕卫匡国：《鞑靼战纪》，第 193 页。
③ 〔法〕张诚：《对大鞑靼的历史考察概述》，第 88 页。
④ 参见〔法〕张诚：《对大鞑靼的历史考察概述》，第 89 页。
⑤ 参见〔法〕张诚：《对大鞑靼的历史考察概述》，第 89～92 页。
⑥ 参见〔法〕张诚：《对大鞑靼的历史考察概述》，第 92 页。

取他们的劝告,甚至在一切公共场合中都占优势"。蒙古的每个部族都"有他自己的国界,他和他的人民都不准到别的国家去,但是在自己的区域内可以随心所欲地搭帐篷";实行"一夫多妻制"。①

就具体的 3 个部落地区而言,其一是卡尔梅克人,亦称厄鲁特蒙古。他们"所住的地区,从西到东,即在里海和阿尔泰山之间,从北到南,即在俄罗斯人与他们称之为哈萨克布鲁克(Hassack Pourook)的乌兹别克鞑靼人之间。……卡尔梅克人的区域一直延伸到西藏"②。厄鲁特蒙古下面又可分为三大部族:

第一支是每年在靠近阿斯特拉罕(Astracan)的里海搭帐篷过冬的人。这些人住在最西部的地方,位于俄罗斯、撒马尔罕、喀什噶尔与乌兹别克鞑靼其他国家之间,欧洲人称他们为卡尔梅克人,而他们自称厄鲁特爱乌基人(Eluths Ayouki)。③

第二支厄鲁特人居住在厄鲁特爱乌基人以东的山脉到阿尔泰山之间的地区,主要集中在鄂毕河和额尔齐斯河的发源地,其王廷通常就设在额尔齐斯河发源地附近。俄国人把这支厄鲁特人也称卡尔梅克人。对于这支厄鲁特蒙古,张诚提到他们有一位名叫噶尔丹博硕克图汗(Caldan Pojoctouhan),成为全厄鲁特蒙古首领的经过,并于 1688 年摧毁了喀尔喀蒙古,但由于其侄儿的背叛以及康熙帝这样的对手,才最终覆灭。现在噶尔丹侄儿控制下的这支厄鲁特人,居住在额尔齐斯河源之处,与清代中央政权保持着良好关系。④

第三支厄鲁特蒙古住在陕西一端,四川省的一部分和西藏之间的地区。西藏是被称为达赖汗的厄鲁特人王或首领的常住地。张诚对这支厄鲁特人介绍得比较详细:

> 正是这些厄鲁特人在其他厄鲁特人尤其是巴图尔珲(Patorouhum)台吉(Taikis)的援助下,⑤在现时代征服了西藏王国,把它送给大喇嘛。西藏有土伯特(Toubet)、吐蕃(Thibet)和唐古特(Tangout)等不同的称谓,由它自己的王名叫藏巴汗(Tsanpahan),也即中国史书称为藏布……这里称为达赖喇嘛的大喇嘛,当时住在布达拉(Betala、Lassa 和

---

① 参见〔法〕张诚:《对大鞑靼的历史考察概述》,第 93 页。
② 〔法〕张诚:《对大鞑靼的历史考察概述》,第 94 页。
③ 参见〔法〕张诚:《对大鞑靼的历史考察概述》,第 94 页。
④ 参见〔法〕张诚:《对大鞑靼的历史考察概述》,第 94～98 页。
⑤ 前文提及的噶尔丹就是这里巴图尔珲台吉的第三子,从小当喇嘛,受业于大喇嘛。

Barantola),但他不是世俗国家的统治者。①

这支厄鲁特蒙古在巴图尔珲和自己的王顾实汗的合力下,打败了西藏原统治者藏巴汗,在"青海台吉"之下,又分为 8 个台吉,臣属于达赖汗。后康熙帝打败噶尔丹部后,8 个青海台吉受封于清帝国中央政权。② 对于西藏,张诚从一个曾到过布达拉宫的礼部尚书那里得到过一些信息。他写道,在打败藏巴汗后,西藏属于大喇嘛,但"由大喇嘛自己来执行世俗事务与他的职业是矛盾的,于是设立了一位大总管,用他的名义和他的权力来统治。这个大总管叫第巴,尽管已结婚,却穿着喇嘛法衣"③。后来,第巴也被康熙帝封为王,以示羁縻。

除了上述由三支构成的厄鲁特蒙古,张诚介绍的第二个蒙古部落地区是喀尔喀蒙古。"他们和厄鲁特人的东部紧挨着,他们的领域从西到东,即从阿尔泰山到索伦省,从北到南,即从(北纬)五十和五十一度,到大沙漠的南端";"主要沿着色楞格、鄂尔坤或鄂尔浑(Orkon 或 Orhon)、土拉(Toula)和克鲁伦各河住居"。④ 对于喀尔喀蒙古政制,张诚记述道:

> 其人数不少于六十万户,分为七旗,每旗有自己的首领,首领下面有几百台吉。七个首领当中三个得到大喇嘛汗的称号。台吉中大多数人各自在自己的领土内当政,他们对这些汗所表示的敬意,无非是让他们在召开解决分歧和商讨公共事务的会议上坐在首席,因为他们把自己看作是一个同盟国的成员,因此,需要互相防卫。由于一些较强大的王压迫弱小者,内部经常发生分歧。这种分歧一经喇嘛干预便很容易解决,他们完全接受他的统治,特别是对西藏的大喇嘛,他们更是盲目地服从。⑤

喀尔喀主要由三个汗组成,即札萨克图汗(Tchasaktou han)、土谢图汗(Touchektou han)和车臣汗(Tchetching han),其中土谢图汗是喀尔喀诸王中最强大的。⑥ 接着,张诚非常详尽地介绍了厄鲁特蒙古噶尔丹部打败喀尔喀

---

① 〔法〕张诚:《对大鞑靼的历史考察概述》,第 98 页。
② 参见〔法〕张诚:《对大鞑靼的历史考察概述》,第 99 页。
③ 〔法〕张诚:《对大鞑靼的历史考察概述》,第 100 页。
④ 参见〔法〕张诚:《对大鞑靼的历史考察概述》,第 102～103 页。
⑤ 〔法〕张诚:《对大鞑靼的历史考察概述》,第 103 页。
⑥ 参见〔法〕张诚:《对大鞑靼的历史考察概述》,第 103～104 页。

蒙古的起因、经过以及后来康熙帝基本控制厄鲁特蒙古和喀尔喀蒙古的全过程。这个过程实际上就是一个非常具体的蒙古部族内部解决政治纠纷的案例,涉及僧俗之间的关系以及蒙古各部与清代中央政府之间关系的问题。

张诚对此记述的大致内容是:喀尔喀蒙古本来实力很强大,后来在一次喀尔喀蒙古的"鞑靼会盟"①(Assembly of Estates)上,罗卜藏混台吉(Lopzang hum taiki)对札萨克图汗发动战争,处死了他,夺取了他的财产和一部分人民。札萨克图汗的后裔逃到了喀尔喀蒙古第二个汗土谢图那里。土谢图汗虽然号召其他台吉和各旗首领帮助札萨克图汗的后裔打败了罗卜藏混台吉,将其交给西藏大喇嘛处理,并在大喇嘛的同意下让札萨克图汗的长子承袭其父亲的尊号,但土谢图汗在其兄弟哲布尊丹巴呼图克图(Tsinb chung tumba houtouctou,自称"活佛")的怂恿下,并没有向复位的长子归还其人民和羊群。

继任的札萨克图汗为此向西藏大喇嘛控诉,达赖喇嘛于是派遣弟子前去解决,土谢图汗虽口头答应归还,但只是拖延。于是,札萨克图汗转头向清朝皇帝寻求救济。②清朝皇帝一方面遣使赴达赖喇嘛处要求其派员调解,另一方面派理藩院尚书阿喇尼去"调停"。于是,皇帝和达赖喇嘛的使者来到土谢图汗处,召开了第二次喀尔喀诸王的会盟大会。会议的结果与上次一样,土谢图汗虽口头答应归还,但依旧什么也不做。由于在会议之前,札萨克图汗与厄鲁特蒙古的噶尔丹已经结盟,厄鲁特王借盟会时土谢图汗对达赖喇嘛和他的使者不敬,以及不归还同盟者人民和财产为由,派使者向土谢图汗发出了警告。然而,土谢图汗及其兄弟"活佛",不仅羞辱了来使,辱骂了噶尔丹,而且派军袭击并处死了札萨克图汗,甚至入侵了噶尔丹的领地。厄鲁特的噶尔丹1688年趁土谢图汗所领导的喀尔喀蒙古内耗之际,一举击溃了喀尔喀,尸横满地,这也直接导致中俄第一次约定在色楞格斯克进行的和谈夭折。

失败的土谢图汗和他的"活佛"兄弟逃到中国边境,请求清朝皇帝保护,并号召所有喀尔喀蒙古人都向清朝皇帝称臣。同年,车臣汗去世,皇帝授予他的儿子"汗"的称号,并限制这个称号只属于他本人,而不能传给他任何的子孙。对于清朝皇帝的做法,噶尔丹认为,皇帝首先应该对"作恶者"土谢图

---

①　蒙古人的"鞑靼会盟"有点类似于部落国家内部部落之间的"国家议会",主要是蒙古各部落之间为解决重大案件及纠纷而召集的会盟。

②　按照张诚的说法,喀尔喀蒙古之前为了与中国进行贸易,"用进贡的形式送给皇帝一匹骆驼和八匹白马;但是他们并不是按期进贡,他们什么时候不想干就不干"。参见〔法〕张诚:《对大鞑靼的历史考察概述》,第106页。

汗和他的"活佛"兄弟进行惩罚,"如果陛下把喀尔喀喇嘛引渡到他们共同的大师和他的教首的手里让其裁判的话,那么他就放下武器,并停止一切军事行动"。由于这时康熙帝已经通过"外交手段"解决了东北亚的俄罗斯问题,因此他决意用武力解决厄鲁特蒙古问题。康熙帝通过几次战争以及噶尔丹侄子的背叛,使得厄鲁特蒙古于1697年彻底被击败,该部除向西远迁的策妄阿拉布坦(噶尔丹的侄子)以外,都归顺了大清。①

康熙帝也利用厄鲁特蒙古与喀尔喀蒙古之间的争端,基本上统一了整个蒙古。对此,张诚评论道:"这次战争就这样光荣地结束,皇帝成为喀尔喀和厄鲁特帝国的专制君主,并把他在鞑靼的疆土远伸到俄罗斯人所占领的地界,这些地方一般说来只不过是一片片野生的森林和无人烟的山地。"②

当然,张诚在书里还介绍了之前早已与大清结成同盟关系的第三个蒙古部落地区——漠南蒙古。他写道,漠南蒙古王公的首领是忽必烈帝长支后裔,拥有蒙古皇帝称号,称为"察巴汗",其他的蒙古王公以及厄鲁特王公都要向他进贡。该王公17世纪初"向满洲皇帝称臣,被迫放弃汗的称号,由皇帝改封为王"。清朝皇帝于是与该蒙古部落和亲,结成联盟,结盟后"他们的国土从东到西,即从辽东省,和满洲延伸到陕西省内的宁夏城,介于中国长城与沙漠之间,其中分为四十九旗,每旗有它自己的王任首领"。③

张诚在涉及蒙古记述的最后还提到中华帝国与蒙古各部的关系,以及各部之间出现矛盾纷争的解决机构和依据,其中提到了理藩院:

> 满洲人在征服中国之后授予这些王中最有力者以王、贝勒、贝子、公等尊贵的称号。他们也规定每旗的首领应负的赋税,划定边界以及制定各种法律统治人民直至现在。北京设有理藩院一所,他们的争端则在这里作最后的裁决。他们对诸王的裁决,如有不服,可以向理藩院上诉,传讯时,判官和其他有关人员须到院。喀尔喀人臣属皇帝以后也使用同样法规。④

"大鞑靼地区"除了满族和蒙古族,张诚提到的第三大民族是"回部鞑靼"。关于"回部鞑靼",张诚自己没有去过,只是从哈密王派往中国的几个领主那里得到一些信息。他指出,"回部鞑靼"以乌兹别克人占最多数,其领

---

① 参见〔法〕张诚:《对大鞑靼的历史考察概述》,第104~112页。
② 〔法〕张诚:《对大鞑靼的历史考察概述》,第112页。
③ 参见〔法〕张诚:《对大鞑靼的历史考察概述》,第112~113页。
④ 〔法〕张诚:《对大鞑靼的历史考察概述》,第113页。

土从西到东,从波斯和里海到厄鲁特人的国土,南部几乎到中原,此地曾被前述噶尔丹所征服。噶尔丹被打败后,住在最靠近中国的哈密人接受了清朝皇帝的保护,而吐鲁番和叶尔羌人则在前述厄鲁特人策妄阿拉布坦的阻拦下,没有归顺清朝皇帝。①

张诚提及的"大鞑靼地区"第四个民族是"通古斯"(Tongoussey,俄罗斯人的称谓)。"它处在俄罗斯人的统治之下。这个国家比上面的大得多,它的疆域从西向东延伸,即从莫斯科到东洋,从北到南,即从冰海到北纬五十度向西部分和五十五度向东部分。"他较为详细地介绍了分布在此地区的几个民族:(1)集中在托博斯克(Toboski)城附近和额尔齐斯河之间的回回西伯利亚人(其中居住在鄂毕河附近的被俄罗斯称作奥斯季雅克人[Ostiaki],而居住在叶尼塞河附近的被俄罗斯称作通古斯人);(2)分布在贝加尔湖附近的鄂伦春人(俄罗斯也将其称为通古斯人);(3)居住在色楞格河的喀尔喀人;(4)索斯瓦(Sociva)河附近的沃古尔人(Vouhoulles);(5)勒拿(Lena)河附近雅库茨克城(Yacouskoie)的雅库人(Yako)。②

张诚的8次"鞑靼之行"及其记载,让17世纪初的西方人了解了之前不甚明了的"鞑靼地区"的法政情况。对此,有论者说道:"张诚是17世纪沟通中国与欧洲文明的几位主要法国耶稣会士之一。他通过其文字作品使西方人了解到许多此前不为他们所知的知识财富。"③

(三)白晋的《康熙皇帝》

与张诚一样,白晋也是康熙帝命令留在身边的"国王数学家"。④ 较之于法国这一时期其他耶稣会传教士,白晋的"中国文化基础最好",康熙帝称:"在中国之众西洋人并无一人通中国文理,惟白晋一人稍知中国书义。"⑤白晋在与其他耶稣会传教士教授康熙帝数学之余,不仅通过撰写《康熙皇帝》(*Portrait Historique de l'Empereur de la Chine*)向之后的启蒙时代介绍了中国的"开明君主专制";而且还向西方翻译了《易经》,在耶稣会"文化适应"传教策略的基础上,发展了旨在融合中西文化的"中国索隐派思想"

---

① 参见〔法〕张诚:《对大鞑靼的历史考察概述》,第113~114页。
② 参见〔法〕张诚:《对大鞑靼的历史考察概述》,第115~118页。
③ 〔法〕伊夫斯·德·博西耶夫人:《耶稣会士张诚——路易十四派往中国的五位数学家之一》,第78页。
④ 白晋1656年7月18日出生于法国勒芒的一个法律世家,1673年10月9日加入耶稣会。1686年11月2日,在南怀仁的帮助下,获准来京。1693年6月8日作为康熙特使返回欧洲,并于1697年5月1日到达巴黎,后出版《康熙皇帝》。1698年10月,他又返回中国,1730年6月28日,病逝于北京,葬于正福寺中。有关白晋的成长经历和生平概述,参见〔德〕柯兰霓:《耶稣会士白晋的生平与著作》,李岩译,大象出版社2009年版,第12~102页。
⑤ 〔德〕柯兰霓:《耶稣会士白晋的生平与著作》,"中文版序",第10页。

（chinesischer Figurismus），影响了莱布尼茨等人。

在白晋教授康熙帝数学、天文等自然科学的过程中，康熙帝知晓了法国巴黎拥有科学院的情况，萌发了"要依法国的模式在中国建立一个科学院的想法"。① 于是，他任命白晋为特使，返回法国招揽有学识的耶稣会士来华组建"中国科学院"；同时，"建立法国皇帝和中国皇帝的联系"。当然，白晋返回欧洲也有自己的打算，即通过搜寻"数学家、音乐家、乐器演奏家和钟表匠等名义，把一大批法国耶稣会士带往中国。他们能够取悦皇帝，善于为他解闷消遣，从而消除或至少是削弱葡萄牙耶稣会士们通过这一途径所获得的威望"②。

1693年6月8日，白晋作为钦差在"众多护卫的簇拥下"离开北京，1694年1月10日在澳门登船，于1697年3月1日到达布雷斯特，并带去了49部装帧优良的中国书籍，送给法王路易十四。③ 有论者称，这些书中还包括《大清律例》。④ 需要说明的是，白晋的欧洲之行在很多方面和前述金尼阁、曾德昭、卫匡国、卜弥格、白乃心、殷铎泽、柏应理以及闵明我等神父的返欧之行不同："首先，白晋在欧洲只停留了一年，而且地点似乎只是法国。和他的耶稣会前辈不同，白晋没有去罗马，这表明（中国人和法国人的）国家主义影响开始出现了，其代价便是教皇对中国教团的影响减少了。"⑤

为了"引发法王路易十四对在华传教会的兴趣，以及说明耶稣会在'礼仪之争'中的态度"⑥，同时也为了回应巴黎人对于中国"一大堆或认真或玩笑的问题"，白晋于1697年在巴黎撰写、出版《康熙皇帝》一书。白晋在该书中，通过向法王路易十四介绍康熙皇帝的口吻，向法国人以及西方人介绍了中国法。

首先，白晋在该书一开始就毫不讳言地向法王称赞了这位中国皇帝：

> 他和陛下一样，有高尚的人格、非凡的智慧，更具备与帝王相称的坦荡胸怀；他治民修身同样严谨，受到本国人民及邻国人民的崇敬。从

---

① 对此，白晋写道："大约五年前，康熙皇帝以法国科学院为楷模，在皇宫里建立了以画家、版画家、雕刻家、制造钟表的铁匠和铜匠及制造天文仪器的其他匠人为会员的科学院。"〔法〕白晋：《康熙皇帝》，第51页。他还明确说道："康熙皇帝想要从法国招聘耶稣会士，在皇宫中建立科学院。"〔法〕白晋：《康熙皇帝》，第61页。

② 〔法〕维吉尔·毕诺：《中国对法国哲学思想形成的影响》，第15页。

③ 参见〔德〕柯兰霓：《耶稣会士白晋的生平与著作》，第26页。

④ 参见吴伯娅：《耶稣会士白晋与莱布尼茨》，载张西平主编：《莱布尼茨思想中的中国元素》，大象出版社2010年版，第305页。

⑤ 〔美〕孟德卫：《奇异的国度：耶稣会适应政策及汉学的起源》，第330页。

⑥ 〔德〕柯兰霓：《耶稣会士白晋的生平与著作》，第27页。

其宏伟的业绩来看,他不仅威名显赫,而且是位实力雄厚、德高望重的帝王。在边陲之地能见到如此英主,确实令人惊讶。简言之,这位皇帝具有作为英明君主的雄才大略。如果说,他治理国家的才能还不如陛下,那么,恐怕也可以说,他是自古以来,统治天下的帝王当中最为圣明的君主。法国耶稣会士对此甚为吃惊。①

白晋认为,康熙帝与法王的差距仅在于前者还未完全信仰天主教,中国人尽管确信"拥有启蒙世界各国人民的先进文化",但他们在"尊敬法国艺术与科学之余,也认识到天主教的教义胜过本国并不落后的哲学"。②

　　为了更为细致地介绍中国皇帝,白晋用大量褒扬的文字细述了康熙帝的"文武骑射,琴棋书画",其中对于"治国"部分,他提及了康熙帝幼年时大清的"摄政制"以及对鳌拜的审判。他写道:"治理国家是帝王的首要任务……康熙皇帝成年以前,遵照顺治皇帝遗诏设置了四位摄政王。在他十五六岁时,四位摄政王中最有势力的宰相,把持了议政王大臣会议和六部的实权,任意行使康熙皇帝的权威。……康熙皇帝下令审判这个宰相。他交代了许多罪行,因此被当局判处死刑。可是,他请求晋谒陛下,皇上降恩赐见时……康熙皇帝看到他的伤疤并鉴于他从清太宗以来一直为国家建树的功勋,赦免了他的死刑,改判为无期徒刑。这位宰相在服刑中结束了一生。"③

　　接着,白晋向法王介绍了中国皇帝"忙碌的一天",以及"中国皇帝制度"和"奏报制度"的具体内容和运作:

　　　　在幅员如此辽阔的国家里发生的事情,凡属稍许重要的,都要由康熙皇帝亲自裁决……

　　　　康熙皇帝每天从清晨起,按规定赐见设在北京的六部。每当这时,各部尚书齐聚一堂,向皇帝呈递奏章。遇到稍许重大的事情,在作出最后裁决之前,皇上令送到由阁老组成的内阁垂询意见。阁老是当然的国务大臣。阁老们审阅后,附上意见,再呈奏皇帝。最后,由康熙皇帝亲自作出适当裁决。六部的决定也好,国务大臣的议决即内阁的决议也好,如果没有康熙皇帝的亲自裁决,就不生效。

---

① 〔法〕白晋:《康熙皇帝》,第1～2页。
② 参见〔法〕白晋:《康熙皇帝》,第2～3页。
③ 〔法〕白晋:《康熙皇帝》,第5～6页。

除早朝时间外，官吏们还可以就一天中突然发生的事件向皇上上书，或请求向皇上转奏。在这种情况下，有专职向皇上转奏的干练的官员接待。这位官员将来人的奏章或意愿立即转呈皇上，再把皇上的批示或答复转给来人。无权上奏皇帝的官吏，既不能向皇上上书，也不能向皇上转奏。这是因为除此官吏外，其他人的奏请皇帝概不受理。①

对于无权"奏报"的平民，白晋还提到了"邀车驾"以及皇帝的应对、处理办法：

康熙皇帝每次出猎或是由北京行幸其他地区，都有因地方官吏的不法行为枉受冤屈的百姓，在路旁等候皇上圣驾，拦舆告发赃官们的罪行，恳求皇上明断。在这种情况下，告御状的人只要事先跪在皇上经过的路旁两三步远的地方，一只手高擎状纸恭候皇上驾临即可。碰到这种情形，康熙皇帝总是委派几名忠诚可信的人去了解情况。如果告发的问题值得调查，事后务必调查清楚；如果被告的官吏确实有罪，就要被课以严刑。在告御状的人中，有出于对官吏的怨恨而上告的和确实有理，或者说是确实应该上告的两种情况。康熙皇帝有各种各样的办法来辨识两者的真伪。下面就是他多次使用的有效方法之一。他细心观察告御状的人，接近自己时的举止和神态。如果他们以应有的礼节接近皇上，也就是一只手拿着状纸，预先跪在路旁恭候驾临，皇上就亲切地听他讲话；反之，如果告状的人在路旁隐藏起来，在圣驾通过时突然跳出来，皇上就不予理睬。对于不顾侍卫阻拦硬要靠近皇上，高声喊叫请求皇上评理的人，皇上更是不屑一顾。因为康熙皇帝根据自己的经验判断，这样做的人往往是强烈憎恨的感情使然。不过，在告状的人不是十分没有礼貌的情况下，康熙皇帝不许随驾人员对他们采取粗暴举动。

这是因为康熙皇帝想给予向自己求助的人，以相当大的自由，同时利用官吏们对拦舆告状的恐惧心理，使他们忠于职守。我们曾多次看到高级官吏乃至皇上身边的显官贵爵，由于受到拦舆告发而被免职，并根据其罪行受到严惩的事实。②

---

① 〔法〕白晋：《康熙皇帝》，第6页。
② 〔法〕白晋：《康熙皇帝》，第6～7页。

值得注意的是,白晋在此书中还提到了 1689 年的《条约》。不过,白晋在此主要是通过《条约》的签订来彰显"康熙皇帝具有敏锐的观察能力"。例如,他说道:"中国有一个傲慢至极的惯例,即如果不是把本国皇帝的旨意带给别国君主的情况下,决不向外国派遣使节。可是,康熙皇帝不许当时的政府拘泥于这样的惯例。"①显然,白晋这里指明的是,康熙皇帝在中俄签订条约问题上,并没有严格遵守"朝贡体系"的"成法",而是结合实际情况进行了变通。至于这样变通的原因,白晋指出:"如果康熙皇帝拘泥于中国的古老习惯,像俄国使节初次到中国那样傲慢地对待他们,说不定俄国就会和西鞑靼的君主结成联盟,在中俄边境地区挑起战事。"②

此外,白晋还借康熙帝平定"三藩之乱"和厄鲁特蒙古的例子,谈及了大清对"谋反行为"的严厉处罚。他写道:

> 在叛乱的头目当中,即使未参加战斗也全被逮起来,按律处以死刑。根据中国严酷的叛乱处置法,应当把参与叛乱的男头目,不论年龄大小全都处死。此种习惯法是为了把叛乱者斩草除根,竟至株连九族。
>
> 然而,康熙皇帝一向厌恶这种残酷的行为,他了解到广东和福建两个藩王的兄弟与叛乱毫无关系,传谕不许官吏们侵犯他们的生命财产。尽管如此,康熙皇帝仍不得不把吴三桂的几个年幼的外孙判处了死刑。康熙皇帝就此传下谕旨,宣示圣意:此事绝非出于皇上本意,而是由于国法难容,在议政王大臣会议与六部联合会议的决议的强烈要求下,只好宣判他们死刑。清朝的法律为使谋反者断子绝孙,对其后代处以极刑中的极刑。人们是惧这一刑法,自然就不敢谋反。③

当然,白晋在此书中最想向西方人介绍的是中国的"开明君主专制"。首先,他明确指出:"中国是地地道道的君主专制政体。皇帝享有至高无上的权力。下级无条件地服从上级。在一个城市里,最高官员有权决定一切事情;在一个省的范围内,总督或巡抚有权决定一切事情。这种政治体制本身是完善的,但它要求代表君主权力的最高官员和总督必须是不为贿赂收买、不出卖正义的刚直不阿、廉洁奉公的官员。"在此,白晋意识到专制政体虽理论上完美,但需要解决皇帝"代理人"的廉洁性问题。接着,他发现中华

---

① 〔法〕白晋:《康熙皇帝》,第 11 页。
② 〔法〕白晋:《康熙皇帝》,第 11 页。
③ 〔法〕白晋:《康熙皇帝》,第 15 页。

帝国的政制为此在选官、用官上"大费苦心"。康熙皇帝"最重要的是把世人公认的有正义感的、精明干练的官员,安排在中央及地方的重要岗位上","专心致志地考虑如何选拔优秀官吏,以及如何使现任官员忠于职守的问题"。① 为了实现这一点,白晋指出康熙帝不仅会派吏部调查候选官员,而且还会委派自己信得过的人进行秘密调查,同时,他还会对违法官吏进行严厉的处罚,并进行频繁的调动。② 对此,白晋感叹道:"康熙皇帝在政治上公正无私,按国法行事;在用人上任人唯贤;并把这些视为施政中严守的信条。因此,从未发生过因徇私情或出于个人利益而反对康熙的事件。"③

此外,他还通过亲自实地查访,考评官员。例如,白晋写道:"康熙皇帝经常向百姓提出各种问题,而且一定要问到他们对当地政府官吏是否满意这类问题。如果百姓倾诉对某个官员不满,他就会失去官职;但是某个官员受到百姓的赞扬,却不一定仅仅因此而得到提升。"④为此,白晋还用康熙帝巡视淮安的一个案例进行例证。⑤

为了进一步赞扬中国皇帝的美德,白晋指出康熙帝尽管"可以任意支配无数财宝","是当今世界上最富有的君主",但"他严格地遵守着国家的基本法",即"皇帝本人,不是以公共利益破格花费的款项,也是国法所不容许的"。⑥ 为了证明康熙帝的圣明和仁慈,白晋还提到了康熙帝针对京师驻兵负债问题的一个诏令、一个御旨和一个案件。诏令规定:"任何人不得以军人的月饷为指望借钱给军人;违犯此令者,其借出款项必将受到损失。"谕旨规定:"军人确实用钱时,可预支一定数目的公款;从其月饷中分期扣还;但不得索取北京常见的那种高额利息。"在相关案例中,白晋提及清代的刑罚有死刑、流刑、徒刑、杖刑和笞刑,并指出皇帝对刑罚具有最终和任意的裁量权。⑦

尽管皇帝的意志可以决定量刑结果,但是白晋提到康熙帝会进行"自我限制",即"皇上富于自制力,不像一般人那样于盛怒之下立即处置罪人,而是推迟到以后几周甚至几个月之久。这样量刑可以更加准确,从而卓有成效地维持良好的秩序"⑧。

---

① 参见〔法〕白晋:《康熙皇帝》,第 17 页。
② 参见〔法〕白晋:《康熙皇帝》,第 17~18 页。
③ 〔法〕白晋:《康熙皇帝》,第 18~19 页。
④ 〔法〕白晋:《康熙皇帝》,第 20 页。
⑤ 参见〔法〕白晋:《康熙皇帝》,第 20 页。
⑥ 参见〔法〕白晋:《康熙皇帝》,第 20~21 页。
⑦ 参见〔法〕白晋:《康熙皇帝》,第 23~25 页。
⑧ 〔法〕白晋:《康熙皇帝》,第 45 页。

值得注意的是,白晋这里在谈及中国刑罚的过程中,对中国的"笞杖刑"给予了特别的观察。在他看来,笞杖刑与欧洲意义上的刑罚似乎不太一样,与其说是一种刑罚,毋宁说更像是一种轻微的"惩戒":

> 笞刑和杖刑在中国是极其普通的刑法。这种刑法在欧洲能给受刑者留下耻辱的痕迹,而在中国却不会这样。皇上的侍臣受到笞刑以后官复原职是常有的事。他们只要改过自新,即使在御前也不会被皇上另眼相看,而且以后也丝毫不会受到轻视。①

从白晋上述的论述中可以发现,他对于中国法的赞美似乎更倾向于皇帝制度本身,这与之前在华耶稣会士们更偏爱受儒学影响的士大夫群体有所不同。对此,孟德卫指出:"白晋对中国文化适应的起始点是中国优秀的政府管理。但白晋与柏应理等其他欧洲阐释者及后来的启蒙思想家不同。启蒙思想家看到的是优秀的儒家哲学及其在当时的典范——士大夫。而白晋看到的是中国出色的君主政体,尤其是在康熙皇帝身上的体现。"②

当然,在书的最后白晋也说道,尽管康熙皇帝"是自古以来君临天下的最完美的英明君主之一",但与法王路易十四相比,还欠缺对于天主教的明确信仰,因此,希望法王能够对中国提供更多的传教士和科学人员,最终实现天主教在中国的全面传播,并以此辐射整个东亚地区,"使日出之东方,变成信仰天主教的地方"。③

尽管白晋"苦口婆心"地劝说法王,路易十四也"很愿意促成这项伟大的计划",并"决定组建一个新的传教团前往中国";但是,"由于两国都过于谨慎地维护各自国家的尊严,中国和法国在这时并没有建立正式的外交关系,在这一点上白晋的努力并未获得成功"。④

尽管如此,在白晋的游说下,一位法国的玻璃制造商 Jourdan de Groussey 与中国"建立了第一个法国—中国商贸公司,并对葡萄牙在中国的贸易垄断构成了危险";与此同时,他于 1698 年 3 月 6 日乘坐"安斐特里特号"(Amphitrite)与翟敬臣(Charles Dolzé,1663～1701)、南国光(Louis Pernon,1664～1702)、利圣学(Jean-Charles-Etienne de Broissia,1660～1704)、马若瑟(Joseph-Henri de Prémare,1666～1736)、雷孝思(Jean-

---

① 〔法〕白晋:《康熙皇帝》,第 46 页。
② 〔美〕孟德卫:《奇异的国度:耶稣会适应政策及汉学的起源》,第 335 页。
③ 参见〔法〕白晋:《康熙皇帝》,第 58～64 页。
④ 〔德〕柯兰霓:《耶稣会士白晋的生平与著作》,第 27 页。

Baptiste Régis，1663～1738）、巴多明（Dominique Parrenin，1665～1741）以及颜理伯（Philibert Geneix，1667～1699）等人驶向中国。① 再次回到中国的白晋，因为"礼仪之争"问题的不断发酵，而开始研究中国古籍，并从中寻找《圣经》教义的痕迹，发展了"中国索隐派思想"。②

除前述李明、张诚和白晋的介绍以外，作为"国王数学家"的洪若翰和刘应也有一些向西方记述中国的作品。

洪若翰的作品主要涉及对中国天文地理的研究。③ 在华生活20多年的刘应则通过《大鞑靼史》④，以时间为线索，向西方介绍了中国北方少数民族史，汉朝的匈奴，五胡乱华时期出现的北魏鲜卑拓跋氏，前燕后燕的鲜卑慕容氏，以及从拓跋鲜卑部落联盟中分离出来的柔然，隋唐时期的突厥，唐中后期的回鹘，北宋初期的辽，北宋后期南宋时期的金，元代以及后来的大清。⑤ 对于刘应撰写《大鞑靼史》之于西方的意义，法国学者雷慕沙评价道：

> 刘应致力于研究并传播中北亚地区的民族信息。在他之前，欧洲人对这些民族知之甚微。在古代，只有在希腊地理学家的著作中零散地记载着一些不相关联的传说；之后，有关于那些与罗马帝国有联系的东亚人民的少量记载；中世纪时，只有旅行家关于成吉思汗及其后人征战情况的记录。这些不完备的材料，没有条理性也没有联系性，不足以重构这么多丢失了其编年史的民族（如果他们曾经有的话）的历史。真正的原始资料尚未为人所识。刘应是发现并利用这种史料的第一人。⑥

（四）康熙帝的宽容：1692年《容教诏令》

在前述耶稣会南怀仁、徐日升等神父以及以张诚、白晋为代表的5位"国王数学家"的共同努力下，康熙帝对于耶稣会在中国是否可以自由传教的态度发生了改变。当然，学者德·拉·塞尔维耶尔（De la Serviere）认为，康熙帝对于耶稣会士的亲善，源于他的天性："他生来就有一种博大、睿智和

---

① 参见〔德〕柯兰霓：《耶稣会士白晋的生平与著作》，第27～28页。

② 有关白晋"中国索隐派思想体系"的具体内容和研究，参见〔德〕柯兰霓：《耶稣会士白晋的生平与著作》，第103～209页。

③ 参见吕颖：《法国"国王数学家"与中西文化交流》，第171～177页。

④ 刘应的《大鞑靼史》撰写于18世纪初，1779年刊载于《东方丛集》之中，其全名为《鞑靼史：包括两千多年以来出现在这片广袤土地上的民族的起源，他们的习惯、风俗、战争、朝代更替及帝王世袭表和年表》。参见吕颖：《法国"国王数学家"与中西文化交流》，第240页。

⑤ 参见吕颖：《法国"国王数学家"与中西文化交流》，第241～258页。

⑥ 转引自吕颖：《法国"国王数学家"与中西文化交流》，第260页。

好奇的精神。"①关于康熙帝 1692 年 3 月 22 日宽容地颁布《容教诏令》,苏霖(Joseph Suarez, 1656～1736)神父在同日撰写的《关于 1692 年"容教诏令"的报告》(*De Libertate Religionem Christianam apud Sinas propagandi nunc tandem concessa 1692*)中有非常详细的记录。② 该报告后收录在 1697 年莱布尼茨编辑整理的《中国近事》一书中,在欧洲广为传播。

在"苏霖神父报告"第 1 部分"有关在华自由传扬基督福音与罗马天主教会信仰所遇到的障碍"中,苏霖细述了 1692 年《容教诏令》出台前,耶稣会士为在华自由传教而做的努力及其相关教案。

1. 康熙八年(1669)谕令

苏霖神父首先指出,传教士在华传教遇到的最大困难源于明代以来"中国的法律":"第一条是严格地禁止任何外国人进入帝国;第二条是除非得到特别许可,禁止本国人归信任何新的或外来的宗教。"③对于第一条禁止性法律,耶稣会自利玛窦 1601 年定居北京后,逐渐松动。到清顺治帝时期,汤若望神父由于与顺治帝保有良好关系,被提拔为钦天监监正。在顺治帝去世到康熙帝亲政前这段时间,"鳌拜大权在握,迅速下令各省皇家传教士要调查耶稣会士的活动并向北京报告"④。杨光先在鳌拜等人的授意下,"妖言惑众,捏造假证,诬告天主教"。四个顾命大臣下令"天主教在全帝国被禁止","传教士被迫离开内陆","汤若望被判死刑"。后在孝庄文皇后的请求下,汤若望于 1665 年 5 月获释,继续留在北京。1669 年 6 月鳌拜被捕后,康熙帝下令受迫害的人都可向皇帝直接上书,陈奏冤情。于是,利类思、安文思与南怀仁起草奏疏,向皇帝申冤。⑤

---

① 转引自阎宗临:《杜赫德的著作及其研究》,葛雷译,载阎守诚编:《传教士与法国早期汉学》,大象出版社 2003 年版,第 17 页。

② 需要说明的是,除去清代的中文史料和这里苏霖神父撰写的《关于 1692 年"容教诏令"的报告》之外,耶稣会时代欧洲对于"1692 年宽容敕令"的记述最为全面和完整的西文文献是 1698 年郭弼恩依据刘应提供的材料,撰写、出版的《中国皇帝颁诏恩准基督教传播史》(*Histoire de l'Edit de l'Empereur de la Chine*)。国内学者张先清依据"苏霖神父报告",对 1692 年《容教诏令》的出台有较为详细的研究。参见张先清:《帝国潜流:清代前期的天主教、底层秩序与生活世界》,社会科学文献出版社 2021 年版,第 13～67 页。此外,对于郭弼恩《中国皇帝颁诏恩准基督教传播史》的相关介绍和研究,参见〔美〕孟德卫:《奇异的国度:耶稣会适应政策及汉学的起源》,第 380～392 页。

③ 〔葡〕苏霖:《苏霖神父关于 1692 年"容教诏令"的报告》,梅谦立译,载〔德〕莱布尼茨:《中国近事——为了照亮我们这个时代的历史》,第 2 页。

④ 〔美〕唐纳德·F. 拉赫、埃德温·J. 范·克雷:《欧洲形成中的亚洲》,第三卷(发展的世纪),第一册下,第 217 页。

⑤ 参见《利类思、安文思、南怀仁奏疏》,载韩琦、吴旻校注:《熙朝崇正集·熙朝定案(外三种)》,中华书局 2006 年版,第 391～393 页。

在"苏霖神父报告"中,他向西方介绍了清朝的"上奏法律制度"①:"在古代中国并不容许直接奏本皇上,陈述冤情,而要通过六部中的相关部门,再转呈皇上。如果这些部门因任何理由拒绝接受奏本,还可以转给通政使司,因为这个部门专司接收和检查要呈递皇上的信件。"②于是,他们的奏疏通过"负责宗教事务"的礼部,上奏皇帝。按照清朝的法律规定,后金国时期设立礼部时,礼部就有处理有关邪教案件的初审权。③ 当然,礼部不能不做处理直接将奏疏呈递给皇帝,而需要依据"法律"或"先例",形成类似"判决"的意见。对此,苏霖写道:"在清帝国,当一个机构接到一桩新案件时,他们一般会在过去的案件记载中查阅有无此类先例。然后,他们据此因实制宜,酌情处理。最后,把审判结果呈奏给皇上。"④

苏霖神父在报告中全文誊抄了这份来自礼部所拟的"判决"。⑤ 他先写道:"礼部等衙门题为请旨事。该臣等会议得,据利类思、安文思、南怀仁所告状内,天主一教即在中国故明万历年间西士利玛窦东来,创宇行教已八十余载。其著书立言,大约以敬天爱民为宗旨,总不外克己、尽性、忠孝、廉节大端等语。"⑥此段是礼部收到前述利类思等神父的奏疏后,对其奏疏的一个简短概括。接着,礼部通过查找,列举了顺治十三年(1656)上谕所形成的"通行":

> 查得顺治十三年十一月恭捧上谕,谕礼部:"朕惟治天下,必先正人心而黜邪术,儒释道三教并垂,皆使人为善去恶,反邪归正。此外,乃有左道惑众结党,夜聚晓散。小者贪财恣淫,大者亡命希谋。屡行严饬,不意余风未殄,实系有徒。京师辇毂重地,借口进香,然肆行无忌,男女杂糅。特谕。"钦遵,通行严禁在案。⑦

礼部查找的"通行"实际指的是除"儒释道"三教之外的邪术,其目的是

---

① 关于中国古代上奏法律制度的介绍,参见张群:《上奏与召对:中国古代决策规则和程序研究》,上海人民出版社 2011 年版,第 10~48 页。

② 〔葡〕苏霖:《苏霖神父关于 1692 年"容教诏令"的报告》,第 7 页。

③ 参见那思陆:《清代中央司法审判制度》,第 22~23 页。

④ 〔葡〕苏霖:《苏霖神父关于 1692 年"容教诏令"的报告》,第 8 页。

⑤ 此处礼部的"判决",参见 António de Gouvea, *Innocentia Victrix*, 1671, pp. 10-14。中方史料并无此礼部"判决"的全部内容。参见〔葡〕苏霖:《苏霖神父关于 1692 年"容教诏令"的报告》,第 9 页,页下注。

⑥ 〔葡〕苏霖:《苏霖神父关于 1692 年"容教诏令"的报告》,第 8 页。

⑦ 〔葡〕苏霖:《苏霖神父关于 1692 年"容教诏令"的报告》,第 8 页。

把天主教划定为"邪术"和"邪教"。为了证明这一点,一方面,礼部用原审理南怀仁等神父的供词予以证明。如"又南怀仁等原供内,男女入教用清水洗额,赦他的罪;又入教男女,凡所犯罪过,替天主解赦;又凡人病危,用圣油传敷其五官,天主必怜而赦之;又祖宗亡故者,不烧纸,乃是不行孝道。又无明显解赦有益之处,且系三教以外之教。天主教非为正教,不便举行"①。另一方面,礼部又解释了顺治帝1653年赐予汤若望"通微教师"之名的真实含义,对汤若望个人与天主教进行了区分:"又门上所书'通微佳境',并赐予汤若望'通微教师'之名,皆因若望能知天象,故世祖皇帝赐之,非为表扬天主教赐之。"②接着,礼部又指出,即便是汤若望在顺治帝时获得了"通微教师"之名,也因1664年杨光先控告其"传行天主教缘由"被革去了。

在援引具有"法源"性质的"通行"并据此分析论证之后,礼部初拟如下"判决":"又西洋人二十余名留此处,恐复行邪教,具题遵旨押送广东。又有佟国器、许缵曾、许之渐等,或因助银修堂,或因入教,或因作《天学传概》书序,俱治罪革职,无庸再议。"③

按照清代的法律制度,礼部所拟"判决"并不当然发生效力,需要以题本的形式上奏皇帝。康熙帝看到礼部所拟"判决"后,虽不同意,但也无法直接修改,转而将案件从礼部转到宗人府,继续审判。对此,苏霖神父指出,宗人府所行使的司法"是由诸王贝勒大臣与九卿科道组成"的,④即"九卿翰詹科道会议"。按照苏霖神父的记载,宗人府命令利类思神父三人与杨光先对簿公堂。经过辩论,宗人府裁定"为了天主教之神法而容许任何人,不分外国人与本国人,都能公开自由地信奉天主教";但"汉族高官篡改并违抗此公正裁定,只容许外国人有信仰天主教之自由,而禁止本国人入教"。康熙帝见此裁定后,命令宗人府就天主教信仰之事再做议定。⑤ 经过再次审讯和辩论,"大汉官员不得不同意满洲议政王贝勒大臣最公正的裁定":

> [康熙八年七月二十日和硕康亲王杰书等议复,题称李光宏所造之处奉旨:这本内事情]着议政王贝勒大臣、九卿科道会同,与杨光先一案,一并详议具奏。钦此。

① 〔葡〕苏霖:《苏霖神父关于1692年"容教诏令"的报告》,第8~9页。
② 〔葡〕苏霖:《苏霖神父关于1692年"容教诏令"的报告》,第9页。
③ 〔葡〕苏霖:《苏霖神父关于1692年"容教诏令"的报告》,第9页;另见黄伯禄编:《正教奉褒》,第313~312页。
④ 参见〔葡〕苏霖:《苏霖神父关于1692年"容教诏令"的报告》,第9页。
⑤ 参见〔葡〕苏霖:《苏霖神父关于1692年"容教诏令"的报告》,第9~10页。

臣等会同再议得：恶人杨光先，捏词控告天主教系邪教，已经议复禁止。今看得供奉，天主教并无为恶乱行之处。相应将天主教仍令伊等照旧供奉。其汤若望"通微教师"之名，复行给还，照伊原品赐恤，其许缵曾等，应令该部查明原职给还。其伊等阜城门外堂及房屋，工部具题变卖，经所买之人拆毁，其所卖原价，工部取给，并将空地还给南怀仁等。因天主教缘由，解送广东之西洋人[栗安当等]二十五人，行令该督抚，差人驿送来京。俟到日，该部请旨。

又李祖白等各官，该部请照原官恩恤。其流徙子弟取回。有职者各还原职。俱应照前议。

……

杨光先依势行奸情由，已经皇上天察，夺其监职，复用南怀仁管理历法。可见杨光先前日之诬告，实权臣鳌拜使为也等语。杨光先依附恶党，诬陷是实。……杨光先将奉旨所留天主教龛座碑记自行拆毁，此一也。先参八款。此四款缘由，将杨光先仍即行处斩，妻子流徙宁古塔也。奉旨：杨光先本当依议处死。①

康熙帝先是认同了宗人府的这份"判决"，但后来因"年轻慈善"，在听从"与天主教为敌"大臣的建议下，作出如下谕令：

杨光先本当依议处死，但念其年老，姑从宽免。妻子亦免流徙。栗安当(利安当——引者注)等二十五人，不必取来京城。其天主教除南怀仁等照常自行外，恐直隶各省，或复立堂入教，仍着严行晓谕禁止，余依议。②

此谕令即为"康熙八年(1669)禁教谕令"。该谕令虽惩处了杨光先，并为"历狱"中汤若望、南怀仁、利类思、安文思以及受牵连的中国信徒"昭雪"，但却修改了九卿翰詹科道会议所作"判决"，仍认定天主教为邪教，除南怀仁等在京耶稣会士可以正常奉教以外，禁止在中国其他各省传播。

当然，对于康熙帝此种谨慎或中庸的态度，法国学者谢和耐(Jacques

---

① 〔葡〕苏霖：《苏霖神父关于1692年"容教诏令"的报告》，第10~11页；另见《和硕康亲王等请旨事一疏》，载韩琦、吴旻校注：《熙朝崇正集·熙朝定案(外三种)》，中华书局2006年版，第81~82页。

② 黄伯禄编：《正教奉褒》，第317页；另见《和硕康亲王等请旨事一疏》，第82~83页；〔葡〕苏霖：《苏霖神父关于1692年"容教诏令"的报告》，第12页。

Gernet)认为,这在本质上与中华帝国的治理方式相关:

> 由于基督教置身于中国的社会—政治范畴之外和之上,而不是像合法宗教所做的那样,是与它相结合并加强它,所以基督教就以破坏来威胁这种秩序。基督教由于置身于中国社会之外,又属于另一种性质的宗教,因而它趋向破坏一个社会和一个国家的基础本身,而社会和国家又是以尊重一种不会有宗教和世俗对立的完整秩序为基础的。①

2. 康熙二十六年(1687)诏令

从在华耶稣会角度看,这样的处理结果是不能令他们感到满意的。因为他们"期待多年就是为了能得到天主教在华传扬之自由,然而帝国大地上仍继续禁教",况且"其他被遣返到广州的传教士仍被搁置不理",一些大臣在中央和地方依旧仇视着天主教。② 为此,利类思等3位神父决定以退为进,以"请愿书"的形式,试图"让皇上撤销或改变此上谕"。他们写道:

> 传教士背井离乡,远涉几万里重洋,尽受颠沛流离之苦来到中国,只为中国人能认识真天主与他的神法。在其他信仰中,只有我们的神法受到那么严格的禁止,西洋人不能继续居留中国,更不能留在天主教受到如此羞辱的皇宫里,所以向皇上谦词陈述,容许他们返回欧洲。③

康熙帝在阅读完此"请愿书"后,表示愿意再考虑天主教,但需要传教士再写一封"请愿书"。后来,神父们在索额图的帮助下,于1670年11月20日将新的"请愿书"再次呈递皇上。④ 康熙帝收到"请愿书"后,"按照习惯转给了礼部",但礼部商议后却作出了如下两点决定:"第一,通过中国官员颁布的所有诏令不会被撤除;第二,所有久羁东粤的传教士能返回北京,且他们能与南怀仁同住皇城。"⑤康熙帝本想"颁布一个诏令来拥护天主教",但"一些狡诈的官员"说出了如下两个理由:"第一,如果皇上容许天主教之神法自由,则有失大清帝国之光彩,最大、最古老、最光辉的中华帝国还缺少此

---

① 〔法〕谢和耐:《中国与基督教——中西文化的首次撞击》,第129页。
② 参见〔葡〕苏霖:《苏霖神父关于1692年"容教诏令"的报告》,第12页。
③ 〔葡〕苏霖:《苏霖神父关于1692年"容教诏令"的报告》,第12页。
④ 关于利类思、安文思和南怀仁等神父的这封"请愿书",参见〔葡〕苏霖:《苏霖神父关于1692年"容教诏令"的报告》,第13~14页。
⑤ 〔葡〕苏霖:《苏霖神父关于1692年"容教诏令"的报告》,第14页。

种教法,要从外国人那里行乞。皇上若如此行事被记录在册会成为大清帝国的羞辱。第二,接受这个新教法的老百姓人数会很快增长,于大清江山不利。"①

康熙帝一方面不想得罪提出建议的官员,另一方面也想帮助在华传教士,于是采取中庸之道,在继续坚持"禁止本国人归信天主教"的基础上,作出了准许"传教士从广东省各回自己教堂"的新决定:

> [特因康熙九年十二月十八日题,本月二十一日奉旨:]据利类思等奏称,栗安当等半系七十八十之年,无辜久羁东粤等语。此内有通晓历法的,着取来京与南怀仁等同居;其不晓历法的,准其各归本堂,除伊教焚修外,其直隶各省一应人等不许入教,仍着遵前旨禁止。②

此即"康熙九年(1670)谕旨"。此谕旨虽未达到废除"康熙八年(1669)禁教谕令"的最终目的,但允许久羁广州的传教士"各归本堂"。这也间接地为传教士在各地传教打开了方便之门。对此,有论者称:"西士既得各归本堂,何能阻其劝人入教?"③

安文思、利类思分别于1677年和1682年去世,之后南怀仁被任命为钦天监监正。他与闵明我④、徐日升、安多利用天文、数学、制造、音乐和哲学等方面的知识获得了康熙帝的宠信。如1672年从澳门被召到北京的徐日升,为康熙帝撰写了4本介绍音乐的理论书籍。1686年,康熙帝甚至派遣闵明我神父"以帝国使臣的身份出使西洋"⑤,这一做法成为洋务运动时期"蒲安臣使团"赴美的先例。1687年,感到时机成熟的南怀仁神父在与徐日升、安

① 〔葡〕苏霖:《苏霖神父关于1692年"容教诏令"的报告》,第14~15页。
② 转引自〔葡〕苏霖:《苏霖神父关于1692年"容教诏令"的报告》,第15页;另见黄伯禄编:《正教奉褒》,第324页。
③ 张维华:《明清之际中西关系简史》,齐鲁书社1687年版,第136页。
④ 根据张铠先生的研究,在基督教在中国传教历史上存在两个"闵明我"。一个是1618年出生于西班牙的多明我会的闵明我(Domingo Fernández Navarrete,1618~1686),其经历了"历狱",并于1672年10月到达罗马,向罗马教廷递交了关于"礼仪之争"基本观点14款的陈文,并附有龙华民所著批评中国礼仪的《孔子及其教理》一文。他于1676年在马德里出版《中华帝国历史、政治、伦理及宗教论集》,又把前述龙华民的文章收入该书。而此处的闵明我则是意大利籍耶稣会士克劳迪奥·格利玛尔迪(Claudio Grimaldi)。他利用前一个"闵明我"离开广州之际,对其进行了冒名顶替,并从1689年起,在罗马与莱布尼茨见面后,长期保持通信。参见张铠:《莱布尼茨与利安当》,载张西平主编:《莱布尼茨思想中的中国元素》,第106~108页;张铠:《西班牙的汉学研究(1552—2016)》,第358~360页;方豪:《中国天主教史人物传》,第402页。
⑤ 〔葡〕苏霖:《苏霖神父关于1692年"容教诏令"的报告》,第16页。

多神父商议后,决定再次向康熙帝呈递"请愿书"①,主张"给予天主教自由应公布于天下,而不只是口头表示"。按照大清帝国的"惯例",康熙帝委派礼部和工部处理此"请愿书",但两部一致认为:"只准许西洋人有天主教信仰之自由,本国人仍被禁止入教,如康熙八年所颁布的旨意。"②

按照"苏霖神父报告"的说法,"皇上本来想给予帮助,可是,因为政治上的一些原因,他不能自作主张,独自裁断"。于是,康熙帝一方面"再次批准了禁止本国人归信天主教信仰之诏令",即再次确认了前述"康熙八年(1669)禁教谕令";另一方面,他"把天主教从皇室邪教名单中删除掉了",即颁布了"康熙二十六年(1687)诏令"。③ "康熙二十六年(1687)诏令"写道:"依议。今地方官间有禁止条约,内将天主教同于白莲教谋判字样,着删去。"④至此,天主教不被认定为邪教,不再适用"禁止师巫邪术"罪。

尽管"康熙八年(1669)禁教谕令"使"历狱"中汤若望等人昭雪,神父们在京可以"照常自行";"康熙九年(1670)谕令"使得羁留广州的神父们"准其各归本堂";"康熙二十六年(1687)诏令"又使得天主教摆脱邪教恶名;但是,"康熙八年(1669)禁教谕令"所明示的"直隶各省复立堂入教,仍着严行晓谕禁止",仍未松动,并在上述"康熙九年(1670)谕令"和"康熙二十六年(1687)诏令"中被不断地确认。

于是,此时出现了一种令人感到吊诡的现象:康熙帝一方面禁止天主教传播,另一方面又默许传教士传教,但又不愿意给予天主教传教自由。这一现象看似矛盾,但实际上都根源于康熙帝限制天主教传播的策略,即"南怀仁等传教士为清廷效力颇多,康熙却无法用功名利禄来驾驭他们,因此康熙通过限制天主教传播规模的策略来笼络传教士"⑤。

在实践中,天主教在各地从法律上讲仍处被禁状态,各级官员在法理上自然可利用"康熙八年(1669)禁教谕令"来处理习教案件。⑥ 因此,"康熙八年(1669)禁教谕令"为康熙三十年(1691)"杭州教案"的发生埋下了伏笔。

---

① 该"请愿书"内容如下:"既然事实已经证明西土不是为了覆灭圣朝,恰恰相反,而是为了维护圣朝,并使他强大,既然臣这许多年来的所作所为已经驳倒那些控告,朝廷应该颁布敕命,允许任何人接受和信仰天主教,断绝某些诬告者的任何诽谤。"转引自林金水:《试论南怀仁对康熙皇帝天主教政策的影响》,《世界宗教研究》1991年第1期,第62页。

② 参见〔葡〕苏霖:《苏霖神父关于1692年"容教诏令"的报告》,第17~18页。

③ 〔葡〕苏霖:《苏霖神父关于1692年"容教诏令"的报告》,第18页。

④ 黄伯禄编:《正教奉褒》,第341页。

⑤ 马伟华:《国家治理与君臣之谊:康熙颁布容教诏令的考量》,《世界宗教研究》2015年第5期,第151页。

⑥ 如"苏霖神父报告"就记载了1690年发生在山东平县的"迫害"汪儒望(Jean Valat,1599~1696)神父的案件。参见〔葡〕苏霖:《苏霖神父关于1692年"容教诏令"的报告》,第19~20页。

3. 康熙三十一年（1692）诏令

1691 年，因意大利籍浙江耶稣会住院院长殷铎泽在浙江的传教行为，[①]被浙江巡抚张鹏翮以"康熙八年（1669）禁教谕令"为由驱逐迫害，[②]并将其他一些神父下狱。[③] 在"苏霖神父报告"中，他记载了浙江巡抚张鹏翮于康熙三十年（1691）七月十六日发布的"诬蔑天主教为邪教的通告"。[④]

张鹏翮在这份"通告"中首先表明："严格禁止任何西洋人向中国人介绍和讲解关于他们天主教节日的日历，以免引起他们归信天主教之心，因为，这些行为违背皇上的诏令。"[⑤]为此，他还援引了前述"康熙八年（1669）禁教谕令"和"康熙九年（1670）诏令"中的相关内容。接着，他历数了殷铎泽等神父私下给中国人传教的行为，主张"应该再次颁布皇上的诏令，开除所有在我控制之下的传教士，严格惩罚那些不听我们的劝告而归信天主教的人"；并"控告殷铎泽违背皇室的诏令"，"吸引人民归信一个邪教"，"应该受到严厉的惩罚"；同时，申明"任何帮助违背这个法令的人，或视而不报，要受到与殷铎泽同样的惩罚"。[⑥] 应该说，浙江巡抚的这份"通告"大致没有太多的"违法"问题，只是将天主教定义为"邪教"是明显违背前述"康熙二十六年（1687）诏令"的。对于张鹏翮和殷铎泽的行为，有论者这样评价道：

> 客观来讲，殷铎泽作为一名西洋传教士，没有任何理由要求浙江省的最高行政长官去推翻下属做出的合法决定，他提出张贴有利于基督教告示的要求更属无理。正是由于殷铎泽的"狂妄"行为才导致在整个浙江省掀起大规模的禁教运动，他混淆了在中国"默许"与"大张旗鼓"之间的差异。殷铎泽之所以会如此激进，根源在于当时宽松的传教氛围。[⑦]

---

① 有关"浙江教案"的爆发原因，详见张先清：《帝国潜流：清代前期的天主教、底层秩序与生活世界》，第 23～30 页。

② 关于浙江巡抚张鹏翮禁教的原因，有论者认为是耶稣会浙江省负责人殷铎泽的不当参与而激化的。参见马伟华：《历法、宗教与皇权：明清之际中西历法之争再研究》，中华书局 2019 年版，第 205～207 页；另见〔美〕柏理安：《东方之旅：1579—1724 耶稣会传教团在中国》，第 177～178 页。

③ "杭州教案"在李明第 13 封信"致让松红衣主教大人"中有详细记述，其中有康熙三十年十一月初十日（1691 年 12 月 28 日）徐日升和安多上奏康熙的奏本，康熙三十一年阴历二月初二索额图的上奏以及康熙三十一年阴历二月初三礼部起草的"宽容敕令"。参见〔法〕李明：《中国近事报道（1687—1692）》，第 339～365 页。

④ 该"通告"在《正教奉褒》中并无原文，在郭弼恩神父的《中国皇帝颁诏恩准基督教传播史》中有法文译文。参见〔葡〕苏霖：《苏霖神父关于 1692 年"容教诏令"的报告》，第 22～24 页。

⑤ 〔葡〕苏霖：《苏霖神父关于 1692 年"容教诏令"的报告》，第 22 页。

⑥ 参见〔葡〕苏霖：《苏霖神父关于 1692 年"容教诏令"的报告》，第 23～24 页。

⑦ 马伟华：《国家治理与君臣之谊：康熙颁布容教诏令的考量》，第 154 页。

对于这份"通告"以及天主教在浙江所遭受到的"迫害"，殷铎泽通过书信告诉了在京时任耶稣会中国副省长的徐日升神父(1691～1695 年在位)，并希望其能帮助平息这场"迫害"。徐日升及其他神父在索额图和康熙侍卫赵昌的帮助下，不仅恳求康熙帝平息浙江教案，而且"废止禁教的旧法令"，"不仅停止今日的迫害，且不许其在将来重演"。① 鉴于在京耶稣会士为清廷所做贡献，以及 1689 年以前康熙帝派员对京外传教士的暗查与两次南巡对他们的切身观察，②康熙帝决定利用"杭州教案"的机会解决天主教在华自由传教问题。于是，他给了在华耶稣会士一个选择的机会："今日的迫害是在私下马上平息，如两年前在山东那样；还是交付公堂，跟那些与我们为敌的人争个你死我活？"③

面对选择，部分神父认为应当效仿前述 1690 年发生在山东平县"迫害"汪儒望神父的案件，通过皇帝的权威"私下处理"更为便捷。但是，徐日升神父却认为，除非"对簿公堂"，通过公开的"法律程序"撤销禁教诏令，否则迫害还会不断发生，"我们哪里好意思常常麻烦皇上"。④ 因此，从徐日升的决定可以看出，日后康熙三十一年(1692)《容教诏令》的出台在很大程度上是通过"司法的方式"实现的。《容教诏令》这个通过"司法方式"解决的特殊背景，不仅十分重要，而且提示我们应多从"司法审判"角度，而非"文化冲突"或"政治考量"角度对它予以研究。

康熙三十年十二月十六日(1691 年 2 月 2 日)，徐日升和安多将"请求天主教自由的奏折以皇室礼仪呈递给了皇上"。⑤ 按照大清的"惯例"，"这封奏折被转交给负责此事的礼部"。⑥ 神父们的奏折声称，杭州府天主堂中神父殷铎泽被关押，教堂被拆毁，"书板损坏，以为邪教，逐出境外"。接着，神父们牢牢抓住杭州巡抚指控天主教为邪教的"漏洞"，为自己展开辩护。他们历数天主教徒汤若望、南怀仁等神父在京担任官职，尽心尽责的事实，并特别强调"闵明我持兵部印文，泛海差往俄罗斯"，"徐日升、张诚赐恭领职衔，差往俄罗斯二次"，并希望皇上对其予以公正的对待。⑦

---

① 参见〔葡〕苏霖：《苏霖神父关于 1692 年"容教诏令"的报告》，第 24～25 页。
② 参见马伟华：《历法、宗教与皇权：明清之际中西历法之争再研究》，第 357～359 页。
③ 〔葡〕苏霖：《苏霖神父关于 1692 年"容教诏令"的报告》，第 25～26 页。
④ 参见〔葡〕苏霖：《苏霖神父关于 1692 年"容教诏令"的报告》，第 26 页。
⑤ 徐日升和安多神父的这份奏折按照郭弼恩神父在《中国皇帝颁诏恩准基督教传播史》中的说法，是康熙帝授意他们特意用满文而非汉文撰写的。参见〔葡〕苏霖：《苏霖神父关于 1692 年"容教诏令"的报告》，第 29 页，页下注。
⑥ 参见〔葡〕苏霖：《苏霖神父关于 1692 年"容教诏令"的报告》，第 28 页。
⑦ 参见〔葡〕苏霖：《苏霖神父关于 1692 年"容教诏令"的报告》，第 28～29 页。

礼部在经过审议后,于康熙三十一年正月二十日(1692 年 3 月 7 日)拟具初步"判决"。该"判决"先是概述了前述徐日升、安多神父奏折的内容;然后在援引前述"康熙八年(1669)禁教谕令""康熙九年(1670)诏令"和"康熙二十六年(1687)诏令"的基础上;判定"已经行文浙江等省,其杭州府天主堂,应照旧存留。止令西洋人供奉"。[①] 应该说,礼部此"判决"并无违法之处,其内容也是完全按照之前几个法令的相关规定作出的。但根据"苏霖神父报告"的说法,康熙帝对此"判决"非常不满,不仅通过赵昌"抚慰了传教士受苦的心灵",而且还告谕内阁大学士说:"我们受益传教士颇多,然我们仍顽固禁止他们要传播宗教。在他们的宗教里,我们找不到什么不好。我们应让其自由传播。"[②]为此,康熙帝竟于康熙三十一年正月三十日(1692 年 3 月 17 日)利用皇权,命令内阁大臣把正月二十日的判定焚毁。[③] 对此,苏霖也感慨道:"焚毁皇上本人批准的判决实在是史无前例的。"[④]

1692 年 3 月 19 日,康熙帝诏传索额图,"表示应给予天主教信仰自由"。礼部官员马上公布了如下法令:

> 大学士伊桑阿等奉上谕。前部议将各处天主堂照旧存留,止令西洋人供奉。已经准行。现在西洋人治理历法,前用兵之际,制造军器,效力勤劳。近随征俄罗斯,亦有劳绩,并无为恶乱行之处。将伊等之教,目为邪教禁止,殊属无辜。尔内阁会同礼部议奏。钦此。康熙三十一年二月初二日(1692 年 3 月 19 日)。[⑤]

礼部此法令只是确认天主教并非邪教,这等于在重复之前"康熙二十六年(1687)诏令"的相关内容,对天主教自由传教并无实质性推进。为此,索额图于当日亲临礼部"劝告他们要实现皇上的意志"。礼部官员也表示,之所以不做让步是因为"在如此历史悠久的光辉帝国,接受一种外来的宗教乃是一种羞辱"。对此,索额图辩驳说:"为什么全帝国乐意吸收历法、火炮与其他艺术品?智慧就是求事实,不管是从外面或其他什么国家来的。"他甚至

---

① 参见〔葡〕苏霖:《苏霖神父关于 1692 年"容教诏令"的报告》,第 30 页;另见黄伯禄编:《正教奉褒》,第 357~358 页。
② 参见〔葡〕苏霖:《苏霖神父关于 1692 年"容教诏令"的报告》,第 31~32 页。
③ 该上谕全文如下:"西洋人治理历法,用兵之际修造兵器,效力勤劳,且天主教并无为恶乱行之处,其进香之人,应仍照常行走,前部议奏疏,着掣回销毁,尔等与礼部满堂官、满学士会议具奏。"黄伯禄编:《正教奉褒》,第 358 页。
④ 〔葡〕苏霖:《苏霖神父关于 1692 年"容教诏令"的报告》,第 32 页。
⑤ 黄伯禄编:《正教奉褒》,第 358 页。

还指出:"如若天下百姓都归信了天主教,那盗窃、淫乱、反叛都会停止。我们就不用从皇上的金库拿那么多钱给兵士分发军饷,来镇压贼盗与乱党了。"于是,礼部官员在听完索额图的辩驳后,就按照其意思再次拟具"判决"。后"判决"在索额图的直接推动下,经内阁大臣,转到了宗人府,最后经康熙帝"删掉了很多索三所说的话,以避免基督徒与儒家学士互相嫉妒,或基督教与儒教混淆不清"后,颁行天下。①

康熙三十一年二月初三日(1692 年 3 月 20 日),康熙应允了以礼部尚书顾八代等 18 人名义的上奏,"康熙三十一年(1692)容教诏令"出台。该诏令写道:

> 查得西洋人仰慕圣化,由万里航海而来,现今治理历法,用兵之际,力造军器火炮,差往俄罗斯,诚心效力,克成其事,劳绩甚多,各省居住西洋人,并无为恶乱行之处,又并非左道惑众,异端生事。喇嘛僧等寺庙尚容人烧香行走,西洋人并无违法之事,反行禁止,似属不宜,相应将各处天主堂俱照旧存留,凡进香供奉之人,仍许照常行走,不必禁止,俟命下之日,通行直隶各省可也。②

其中"各处天主堂俱照旧存留"意味着在华天主教堂应得到保护;"凡进香供奉之人,仍许照常行走,不必禁止"则表明朝廷允许中国人信奉天主教。

"康熙三十一年(1692)容教诏令"出台后,天主教在华获得了过去一百年以来从未有过的良好局面。据统计,康熙四十年(1701)天主教在华已有 12 个教区,118 所住院,255 座教堂,113 名司铎,受洗人数约 30 万人。③ 在华耶稣会士人数由康熙三十年(1691)的 29 人,增至康熙四十年(1701)的 82 人。如果加上其他修会的人数,康熙四十年(1701)在华的西方传教士人数大约为 144 人。④ 英国学者赫德逊也指出:"精确地确定十七世纪中国基督教团体的人数几乎是不可能的,但是它肯定达到了六位数。"⑤李明在"致让松红衣主教大人"的信中,甚至预言整个东方将在该敕令的激励下,"打碎

---

① 参见〔葡〕苏霖:《苏霖神父关于1692年"容教诏令"的报告》,第33~34页。

② 黄伯禄编:《正教奉褒》,第359页;另见〔法〕伊夫斯·德·博西耶尔夫人:《耶稣会士张诚——路易十四派往中国的五位数学家之一》,第92页;〔葡〕苏霖:《苏霖神父关于1692年"容教诏令"的报告》,第34页。

③ 参见胡建华:《百年禁教始末:清王朝对天主教的优容与厉禁》,中共中央党校出版社2014年版,第55~57页。

④ 参见张先清:《帝国潜流:清代前期的天主教、底层秩序与生活世界》,第54页。

⑤ 〔英〕G. F. 赫德逊:《欧洲与中国》,第280页。

他们的偶像,不再有痛苦接受信仰的约束",实现对于天主教的彻底接受。①

然而,事实可能并不如李明料想的那样乐观,康熙帝的改变"很大程度上归功于康熙和传教士之间因西学而发生的良性互动"②,而与宗教信仰无关。对此,谢和耐评论道:"我们还应提醒大家注意,1692年著名的容教圣旨,除了阐述该宗教不是煽动叛乱性的宗教之外,几乎未包括其他任何有关宗教的内容。在康熙帝思想中,最起作用的因素是,传教士们可以为他效劳的地方。"③阎宗临先生也指出:"康熙皇帝对耶稣会士们的感情是以分享共同利益为标准的,谁有卓越的才能就受君王的器重,是这位皇帝的一个直接的原则。"④柏理安也说道:"这种观念对基督教的支持力度还远远不够,至多是一种'积极的中立'态度。"⑤相反,他认为大量非耶稣会传教士的引入,"促使他们的欧洲对手更为猛烈地争夺在中国教区的位置",这在一定程度上为后来"利玛窦规则"的破坏和"中国礼仪之争"⑥的发生埋下了伏笔。⑦

(五)罗马教廷的不宽容:"中国礼仪之争"

"康熙三十一年(1692)容教诏令"在加速天主教在华传播的同时,也刺激了欧洲反耶稣会势力攻击耶稣会的步伐。为了打破葡萄牙对于亚洲天主教的垄断,罗马教廷于1622年1月6日通过成立传信部(Sacra Congregatio de Propaganda Fide),委派宗座代牧⑧(Vicario Apostolico)控制海外传教活动。

1673年11月10日,教皇克莱芒十世签署一道教皇敕书,免除了宗座代牧主教对果阿大主教区和宗教裁判所的管辖权。同年12月23日,他又向诸位宗座代牧颁发了《罗马理当宪章》(Decet Romanum),其中重新具体解释

---

① 参见〔法〕李明:《中国近事报道(1687—1692)》,第364~365页。

② 马伟华:《历法、宗教与皇权:明清之际中西历法之争再研究》,第215页。

③ 〔法〕谢和耐:《中国与基督教——中西文化的首次撞击》,第171页。

④ 阎宗临:《杜赫德的著作及其研究》,第24页。

⑤ 〔美〕柏理安:《东方之旅:1579—1724耶稣会传教团在中国》,第178页。

⑥ 《新天主教百科全书》给"中国礼仪之争"的定义为:一是士人祀孔,二是家人祭祖,三是中西文字中有关基督教上帝的语义学和语源学的争议,称"译名之争"(Term Question or Term Issue)。参见李天纲:《中国礼仪之争:历史、文献和意义》,中国人民大学出版社2019年版,第10页。

⑦ 参见〔美〕柏理安:《东方之旅:1579—1724耶稣会传教团在中国》,第175~176页。

⑧ 宗座代牧,顾名思义即是指由教廷委任的代理主教,故而又称"代牧主教"。教宗任命一位宗座代牧进入尚未建立圣统制的传教区负责管理当地的传教活动,因此宗座代牧管辖的传教区又称为代牧区。宗座代牧有主教头衔,但是没有主教区。他的教阶地位虽在主教之下,却具有同主教相当的权力。宗座代牧代表教宗管理代牧区,凡其管辖范围内传教士皆须听其号令,并且有些地区的宗座代牧亦有晋铎之权。因此,宗座代牧制一旦建立即是削弱各国保教权的有力武器。参见谢子卿:《中国礼仪之争和路易十四时期的法国(1640—1710)——早期全球化时代的天主教海外扩张》,上海远东出版社2019年版,第17页。

了他们的权限,并允许他们不必经里斯本而直赴远东。①

1.《阎当训令》引发的冲突

在"康熙三十一年(1692)容教诏令"发布的第二年,作为中国福建、江西、湖广和浙江代牧的巴黎外方传教会②(the Paris Foreign Missions Society)会士阎当(Charles Maigrot,1652~1730),③于 3 月 26 日在福州长乐颁发了一道牧函(Mandatum seu Edictum),史称《阎当训令》,宣布禁止中国天主教徒参与中国礼仪。④ 有论者认为:"《阎当训令》的重要性不在于训令的内容,而在于该令出自一个教宗钦命的地区教长之手,继而使该训令具有真正的合法性,致使中国礼仪之争在中国得以公开化。"⑤这提醒我们对于"中国礼仪之争"⑥,应将其放在天主教内部派别以及葡萄牙与法国利益争夺的框架下来理解。对此,有论者对其中的派系有如下总结:

> 罗马想借着陆方济入华夺回在华传教的领导权,葡萄牙支持耶稣会士中的葡萄牙派系的耶稣会士,西班牙则支持从菲律宾入华的方济各会和多明我会的传教士,而站在巴黎外方传教会和法国耶稣会士背后的正是法国。于是,17 世纪末最反对中国礼仪的巴黎外方传教会和传播汉学最积极的法国耶稣会士就这样在法国相遇了,他们之间在法国的激烈碰撞亦将法国推向礼仪之争的最前线。⑦

于是,对于天主教在华传教事业而言,"康熙的宽容"意味着中国虽对天主教在华传播与否具有决定性作用,甚至康熙帝通过"康熙三十一年

---

① 参见〔法〕维吉尔·毕诺:《中国对法国哲学思想形成的影响》,第 25~26 页。

② 1659 年陆方济(François Pallu,1626~1684)被任命为东京宗座代牧,他成立了巴黎外方传教会,该传教团体由传信部直接领导,其入华代表罗马教廷直接管理在华传教事务,跟耶稣会组织是两个并列的系统。1680 年,罗马教廷派陆方济前往中国,并被委任为拥有总理中国各个修会的全权的宗座代牧主教。参见张铠:《西班牙的汉学研究(1552—2016)》,第 441 页。

③ 这里需要强调的是,1684 年 7 月 23 日去世的陆方济,在去世前任命阎当为中国福建、江西、湖广和浙江代牧,而不是宗座代牧,因为成为宗座代牧需要教宗批准。参见谢子卿:《中国礼仪之争和路易十四时期的法国(1640—1710)——早期全球化时代的天主教海外扩张》,第 145 页。

④ 《阎当训令》共 7 项内容,具体内容,参见谢子卿:《中国礼仪之争和路易十四时期的法国(1640—1710)——早期全球化时代的天主教海外扩张》,第 151~154 页。

⑤ 谢子卿:《中国礼仪之争和路易十四时期的法国(1640—1710)——早期全球化时代的天主教海外扩张》,第 154~155 页。

⑥ 关于"中国礼仪之争"的详细介绍,参见〔法〕维吉尔·毕诺:《中国对法国哲学思想形成的影响》,第 71~157 页。

⑦ 谢子卿:《中国礼仪之争和路易十四时期的法国(1640—1710)——早期全球化时代的天主教海外扩张》,第 20 页。

(1692)容教诏令",在一定程度上表明了立场和态度；但与此同时,问题的另一端并不是对立的罗马教廷,而是罗马教廷之下包括法国、葡萄牙以及耶稣会、巴黎外方传教会等多方主体在内的立场和态度。"中国礼仪之争"很大程度上是因为罗马教廷内部的不统一而引发的,"罗马教廷的不宽容"源于其内部不同利益主体的分歧。

或许是对巴黎外方传教会的不满,抑或是对《阎当训令》中核心内容的真诚反对,前述法国耶稣会士李明和郭弼恩分别撰写《报道》和《中国皇帝颁诏恩准基督教传播史》予以回击。如李明在书中明确地指出："书中的一切安排,目的都在于让基督教世界明白,耶稣会士的策略是唯一明智、合乎基督教义与可行的策略,而且据耶稣会看,中国对基督教是向往的。"①

而阎当则促成巴黎外方会总主教(Erzbischof)路易·德·诺阿耶(Louis de Noailles)委托索邦神学院审查这两部著作。这两部著作于 1700 年 10 月 18 日被认定为禁书。② 与此同时,在这一年巴黎外方传教会还向罗马教廷呈交《关于中国偶像崇拜和迷信巴黎外方传教会神学院领导致教宗书》(Lettre de messieurs des missions etrangeres au Pape, sur les idolatries et les superstitions chinoises)对涉及"中国礼仪问题"作出了系统陈述,并彻底与耶稣会在此问题上决裂。③ 于是,我们看到的是巴黎外方传教会和法国的耶稣会把中国礼仪问题带到法国,法国遂即成为罗马教廷关于"中国礼仪之争"的主战场。④

面对巴黎外方传教会的指控以及索邦神学院的审查,李明和郭弼恩一方面分别通过《关于〈中国近事报道〉的自辩书》(Éclaircissement sur la dénonciation faite à N. S. P. le Pape des "Nouveaux mémoires de la Chine")和《致巴黎大学神学院院长博士的声明书1700 年 10 月 18 日》(Acte de proposition signifié au Sieur, Syndic, Doyen, & Docteurs de la Faculté de Théologie de Paris, le dix-huitième jour d'octobre 1700)向教宗进行自辩；另一方面,李明还致函他在

① 〔法〕艾田蒲：《中国之欧洲：从罗马帝国到莱布尼茨》,上卷,第 207 页。
② 参见〔德〕柯兰霓：《耶稣会士白晋的生平与著作》,第 31～32 页。
③ 该文书由如下多份文件组成。(1)《致教宗有关中国人偶像崇拜和迷信的信》；(2)《1699年呈圣部有关中国问题书》；(3)《耶稣会士原著实摘》；(4)《关于撤销 1687 年巴黎外方传教会神学院院长布里萨西耶赞许泰利埃神父〈新皈依教徒和中国、日本以及印度传教士的辩护书〉》；(5)《有关现今罗马看待中国人祭孔祭祖问题的现状》；(6)附件：《阎当训令》全文、1645 年教宗英诺森十世批准传信部禁止中国礼仪的部令、《致教宗有关中国人偶像崇拜和迷信的信》以及《关于中国偶像崇拜和迷信呈罗马文书》。参见谢子卿：《中国礼仪之争和路易十四时期的法国(1640—1710)——早期全球化时代的天主教海外扩张》,第 164～165 页。
④ 有关法国关于"中国礼仪之争问题"的激烈争论,参见谢子卿：《中国礼仪之争和路易十四时期的法国(1640—1710)——早期全球化时代的天主教海外扩张》,第 212～311 页。

北京宫廷服务的教友"恳请康熙皇帝写一篇介绍中国礼仪和祭祀专用词汇的文章,以便呈递给教皇说明实情"①。

于是,1700 年 11 月 30 日康熙帝召见张诚、闵明我、徐日升、安多和白晋,听取他们关于祭祖、敬孔礼仪的想法,并发布敕令:

> 康熙三十九年十月二十日,治理历法远臣闵明我、徐日升、安多、张诚等谨奏,为恭请睿鉴,以求训诲事。窃远臣看得,西洋学者闻中国有拜孔子及祭天地祖先之礼,必有其故,愿闻其详等语。臣等管见,以为拜孔子,敬其为人师范,并非祈福佑、聪明、爵禄而拜也。祭祀祖先,出于爱亲之义,依儒礼亦无求佑之说,惟尽孝思之念而已。虽设立祖先之牌,非谓祖先之魂,在木牌位之上,不过抒子孙报本追远如在之意耳。至于郊天之礼典,非祭苍苍有形之天,乃祭天地万物根源主宰,即孔子所云:郊社之礼,所以事上帝也。有时不称上帝,而称天者,犹主上不曰主上,而曰陛下、曰朝廷之类,虽名称不同,其实一也。前蒙皇上所赐匾额,御书"敬天"二字,正是此意。远臣等鄙见,以此答之,但缘关系中国风俗,不敢私寄,恭请睿鉴训诲,远臣不胜惶悚待命之至。本日奉御批:这所写甚好,有合大道,敬天及事君亲敬师长者系天下通义,这就是无可改处。钦此。②

后来,他们把这个敕令连同一封名为《北京耶稣会神父对康熙皇帝有关敬天、祀孔和敬奉祖先谕旨之简述》的致教宗的信,于 1700 年 12 月 2 日寄往罗马。③

然而,北京耶稣会士的举动却适得其反,罗马教廷"反对耶稣会士者即以此攻击耶稣会士,谓彼等以此关于圣教之事,求判决于外教皇帝,而不请求罗马教廷"④。因此,康熙帝的敕令不仅没有助力耶稣会,反而使罗马教廷感觉自身权威被侵犯,把胜利的天平推向巴黎外方传教会一方。耶稣会"失策又失算"的行为,⑤促使 1704 年 11 月 20 日教皇克莱芒十一世

---

① 〔德〕柯兰霓:《耶稣会士白晋的生平与著作》,第 32 页。
② 黄伯禄编:《正教奉褒》,第 362～363 页。
③ 参见〔法〕伊夫斯·德·博西耶尔夫人:《耶稣会士张诚——路易十四派往中国的五位数学家之一》,第 95～97 页;〔德〕柯兰霓:《耶稣会士白晋的生平与著作》,第 32 页。
④ 徐宗泽:《中国天主教传教史概论》,第 160 页。
⑤ 关于罗马教廷决定禁止中国礼仪的原因,参见谢子卿:《中国礼仪之争和路易十四时期的法国(1640—1710)——早期全球化时代的天主教海外扩张》,第 321～323 页。

(Clement XI)颁布诏谕《至善的天主》(*Cum Deus Optimus*)，①正式宣布禁止中国礼仪，并委派圣座驻华代表(Nuntiaatur)铎罗(Carlo Tomasso Maillard de Tournon，1668～1710)来华宣布教皇的敕谕，判定中国礼仪的性质。

1705年12月14日铎罗到达北京，康熙帝于12月30日首次会见了这位教皇特使，后又于1706年6月29日再次与其会见，并盘问其来华目的和对1700年教皇敕谕的看法。后康熙帝由于对铎罗以及其所引荐的阎当的回答和表现非常不满，②在8月2日和3日连发两道谕旨斥责阎当："愚不识字，擅敢妄论中国之道"；"既不识字，又不善中国语言，对话须用翻译，这等人敢谈中国经书之道，像站在门外，从未进屋的人，讨论屋中之事，说话没有一点根据"。③

2. 康熙四十五年(1706)谕令

鉴于铎罗和阎当的"不友好"举动，康熙帝决意管理在华传教士，于1706年12月发布了关于传教士"领票"制度的谕旨：

> 康熙四十五年冬，驻京西士，齐趋内殿，上面谕云：朕念你们，欲给尔等敕文，尔等得有凭据，地方官晓得你们来历，百姓自然喜欢进教。遂谕内务府，凡不回去的西洋人等，写票用内务府印给发，票上写西洋某国人，年若干，在某会，来中国若干年，永不复回西洋，已经来京朝觐陛见，为此给票，兼满汉字，将千字文编成号数，挨次存记，将票书成款

---

① 该诏谕的主要内容包括：(1)不应使用"Deus"的音译，禁止使用"天"或"上帝"，可以使用"天主"来指基督教所崇拜的神。(2)不允许在教堂摆放"敬天"牌匾或在摆放的同时附加说明。(3)关于1656年敕谕的有效性问题不予答复，以前所做的答复都是以假设报告是准确的为基础，从来没有习惯宣布这些报告到底准确与否。(4)不允许基督徒以任何方式、任何理由涉足每年春分和秋分举行的祭拜孔子和祖先的隆重仪式，它们带有迷信色彩；不允许在孔庙进行崇拜孔子的普通仪式，孔庙在中国人那里就是一所崇拜偶像的庙宇；不许在宗庙和祠堂祭拜祖宗；不许在家中祖先牌位前、先人坟前或落葬死者时进行磕头、上供等祭拜活动，与教外人士一起参与或基督徒自己举行都不行，即使事先声明不视礼仪为宗教活动也不能参与；中国教外人士这些礼仪也许是世俗性、政治性的，但它们到底是什么礼仪，要注意些什么才能被容忍，这要由铎罗主教和中国的主教及宗座代牧来判断。(5)不能在家中摆放写有某某之位或某某之灵的牌位，最多只能写死者的名字，同时附加声明表示摆放这个牌子的真实目的和子孙后对祖先负何种义务。(6)阎当所谓那些易导向错误和迷信的有关中国哲学和古籍的言论，圣职部因对其中内容了解不够而无法答复，将由铎罗主教听取在中国服务过的主教、代牧和有经验的传教士的意见后作出判断和规定。(7)如果中国书籍中真有阎当所说的无神论和迷信内容，那么就非常必要如阎当主教所规定的督促中国基督徒不要受此污染并加强基督教教义的灌输。参见 George Minamiki, *The Chinese Rites Controversy: From Its Beginning to Modern Times*, Loyola University Press, 1985, pp.36–40。

② 关于铎罗和阎当与康熙交谈的更多细节，参见谢子卿：《中国礼仪之争和路易十四时期的法国(1640—1710)——早期全球化时代的天主教海外扩张》，第323～332页。

③ 转引自方豪：《中国天主教史人物传》，第448页。

式进呈。钦此。①

根据阎宗临先生的研究,他认为此处的"票"有两种含义:"一为法律问题,即持票者可在中国内地行走,如各国流行之居留证;一为宗教问题,即持票者必遵守利玛窦之遗规。"②

离开北京后的铎罗于1707年2月7日在南京宣布了前述教皇1704年的禁令,将中国礼仪裁定为异端宗教活动,明令禁止,并规定不遵守者将受"开除教籍"(excommunication)的重罚。康熙帝得知此事后,将其与阎当一起驱逐至澳门,并于4月19日再次向在华传教士发布谕旨,强调"利玛窦规矩",即"论众西洋人,自今以后,若不遵利玛窦的规矩,断不准在中国住,必逐回去"③。在1689年《条约》签订中,深受康熙帝信任的张诚也因为其不断为铎罗辩护而使皇帝不悦。1707年3月25日张诚在北京去世后,康熙"没有任何正式的表示"。④

被遣送至澳门的铎罗,被澳门议事会囚禁,后于1710年6月8日病逝。铎罗的死加速了罗马教廷内部对于耶稣会的不满,并坚定了禁绝中国礼仪的决心。其间,康熙皇帝虽于1708年派出艾若瑟(Antoine Provana,1662~1720)、卫方济和樊守义⑤等耶稣会士赴罗马教廷说明情况,但此举对于罗马教廷而言,只能是火上浇油。

1710年,教皇重申了1704年的圣谕,并再次对铎罗于1707年在南京发布的禁令给予了肯定。1715年3月19日,教皇发布《自那一天》(Ex illa die)圣谕,再一次严禁中国礼仪,并要求所有在中国的传教士和将要访问中国的人都签署一份誓言。誓言原本,或者被认可的副本,必须交到宗教裁判所,否则不能在中国担任听忏悔、布道或者主持祭祀的工作。⑥

---

① 黄伯禄编:《正教奉褒》,第364页。

② 阎宗临:《票的问题》,载阎守诚编:《传教士与法国早期汉学》,第181页。阎宗临先生在文章中转载了一个康熙四十五年(1706)"票"的副本:"西洋意大理亚国人康和子年三十四岁,系方济各会人,来中国已经七年,兹赴京都陛见,永不复回西洋,为此给予信票。康熙四十五年十二月二十五日。"

③ 转引自吕颖:《法国"国王数学家"与中西文化交流》,第283页。

④ 参见〔法〕伊夫斯·德·博西耶尔夫人:《耶稣会士张诚——路易十四派往中国的五位数学家之一》,第145~146页。

⑤ 樊守义,字利和,康熙二十一年(1682)生于山西平阳府。康熙四十六年(1707)冬,奉命随艾若瑟赴欧洲,并学习于罗马,后于康熙五十八年(1719)和艾若瑟东还。艾若瑟在好望角附近病故,樊守义于康熙六十年(1721)到达北京。樊守义后撰写国人明清之际最早的一部欧洲游记《身见录》。参见阎宗临:《〈身见录〉校注》,载阎守诚编:《传教士与法国早期汉学》,第239、119页;方豪:《中西交通史》,下册,第719~725页;方豪:《中国天主教史人物传》,第501~502页。

⑥ 参见李天纲:《中国礼仪之争:历史、文献和意义》,第54~55页。

不仅如此,1720 年,教皇又派特使嘉乐(Carlo Ambrogio Mezzabarba,1685~1741)来华,一是请求康熙帝允许罗马直接管理所有传教士,二是请康熙帝允许让中国天主教徒改掉中国礼仪。① 对此,康熙帝以其权威,向嘉乐下谕:

> 尔教王所求二事,朕俱俯赐允准。但尔教王条约与中国道理大相悖戾。尔天主教在中国行不得,务必禁止。教既不行,在中国传教之人,尔俱带回西洋去。却尔教王条约,只可禁止西洋人,中国人非尔教王所可禁止。其准留之西洋人,着依尔教王条约,自行修道,不许传教。此即准尔教王所求之二事。②

3. 康熙六十年(1721)禁教令

教皇特使嘉乐在看到康熙帝态度强硬后,不仅不敢公布教宗 1715 年禁谕,反而暗中与耶稣会士谈判,拟定了"八项准许"③,准备向中国礼仪妥协。康熙帝于 1721 年 1 月 17 日在获知禁谕内容后,决定禁教。④ 朱批云:

> 览此条约,只可说得西洋人等小人,如何言得中国之大理。况西洋人等无一人通汉书者,说言议论,令人可笑者多。今见来臣条约,竟是和尚、道士、异端小教相同。彼此乱言者,莫过如此。以后不必西洋人在中国行教,禁止可也,免得多事。钦此!⑤

此即"康熙六十年(1721)禁教令"(具体发布详情见后文)。同年 2 月 22 日,康熙帝交给嘉乐一部由朝臣用中文记录完成的《嘉乐来朝日记》,把大清

---

① 参见李天纲:《中国礼仪之争:历史、文献和意义》,第 56~57 页。
② 转引自李天纲:《中国礼仪之争:历史、文献和意义》,第 57 页。
③ 这"八项准许"为:"一、准许教友在家中奉祖宗牌位,但只许写姓名,两边加上天主教的有关道理。二、准许纪念其他亡人,但环境应布置为非宗教式的。三、准许祭孔,不能用牺牲,可用香火,牌位下不得书有'灵'字。四、准许在修改后的牌位和死人棺材前磕头。五、准许在丧礼上焚香、点蜡烛,但不许有迷信举动。六、准许在牌位和棺材前放水果,以资纪念。七、准许春节和其他节日里在牌位前磕头。八、准许在墓前焚香、点蜡烛、供水果,但不能有多余的迷信活动。"转引自李天纲:《中国礼仪之争:历史、文献和意义》,第 57 页。
④ 根据韩琦的研究,康熙因天文监测等事件,至迟在 1711 年已经对传教士缺乏信任,并称:"现在西洋人所言,前后不相符,尔等理当防备。"他于 1713 年下旨设立蒙养斋算学馆,召集一百多人编纂《律历渊源》,提出"西学中源",就是觉得"中国人应该自立,自己编纂历算著作,最后达到摆脱洋人垄断的目的"。参见韩琦:《康熙皇帝·耶稣会士·科学传播》,第 148~153 页。
⑤ 转引自方豪:《中国天主教史人物传》,第 456 页。

对于中国礼仪的观点用嘉乐在华日记的形式,转交给教宗,并命其返回罗马。该年 11 月 4 日,嘉乐在澳门虽发布了"八项准许","但礼仪问题,并未澄清,各教区、各修会,仍各行其是"①。

需要说明的是,对于"康熙六十年(1721)禁教令"不能进行教条化的理解,认为此后耶稣会乃至天主教在中国彻底绝迹。实际上,很多耶稣会士和信徒在康熙帝颁布禁教谕令后依然生活如旧。对此,赫德逊总结道:

> 礼仪之争并未导致任何有系统地消灭中国的教会。政府下定决心不允许基督教进一步扩大;另一方面中国的基督教徒为数还不多,不足以成为一种真正的威胁,而耶稣会士却是太有用了,不能把他们赶走。康熙也确实有些新工作要他们去做,即绘制帝国全图。这种事态的结果是,中国政府在十八世纪推行了一种奇怪的半迫害性的政策。政府颁布了一系列反对基督教的严厉诏令,公开逮捕和放逐传教士。各省不时还爆发真正造成殉道事件的迫害,特别是在福建,那里西班牙的多明我会士和方济各会士非常不受省当局的欢迎。但是天主教在北京却一直站稳了脚跟,有些教士被宫廷雇用,城里开设了三四座教堂。诏书的确更多地是要限制教会的新的追随者,而非作为摧残教会的措施,而且与上个世纪在日本曾消灭基督教的做法不同,中国并没有作出消灭基督教的认真努力。②

一般认为,"中国礼仪之争"是清廷与罗马教廷基于不同价值观念所引发的冲突,有其必然性的一面,但通过回溯这段历史即可发现这样的解释可能过于宏大。③ 17 世纪随着法国的崛起以及罗马教廷试图摆脱葡萄牙"保教权"的努力,原本在华传教稳步发展的耶稣会遇到了新的挑战。这种挑战不是来自中国内部,因为在他们自利玛窦以来不断的努力下,康熙帝于 1692 年宽容地允许他们传教。与之相反,恰恰来自天主教内部的挑战和分歧,最终使耶稣会在华传教事业功亏一篑。历史总是充满着吊诡:传播福音的最大阻碍和敌人,恰恰是传播者自己。对此,美国学者孟德卫评论道:"中国传教团因此遭受的巨大损失并不是由外人造成的,而是由欧洲的基督徒自己

---

① 方豪:《中国天主教史人物传》,第 458 页。
② 〔英〕G. F. 赫德逊:《欧洲与中国》,第 282～283 页。
③ 李天纲先生甚至认为,在"中国礼仪之争"过程中,"康熙的态度基本上还是对话的、有诚意的,并不是蛮横的、不顾对方想法的'孤立主义'",而罗马教廷某种程度上却秉持了"西方价值论""基督教中心主义"。参见李天纲:《中国礼仪之争:历史、文献和意义》,第 290～294 页。

一手造成的。"①

铎罗和嘉乐的出使失败以及清廷"领票"制度的推出,阻断了这之前中西文明的交流渠道。原本西方和中国都可以通过传教士这个中介,了解彼此,重塑自己。在一定意义上已经启动的早期全球化,戛然而止。西方对于中国法的"源头活水"也因为"中国礼仪之争"没了来源。

二、《耶稣会士中国书简集》中的中国法

1722年,康熙帝在发布禁教谕令一年后去世,皇四子雍亲王胤禛嗣位。与康熙帝不同的是,他不仅对西方学术和文化没有兴趣,而且因为夺嫡问题对传教士心生厌恶。② 1724年雍正帝因1723年"福建教案"发布禁令,在全国禁止天主教,不承认其父发给传教士的"印票",并公开批评其父宠信传教士。③

禁教谕发布后,除北京耶稣会士继续"协助"皇帝从事艺术或技术事务以外,其他地区传教士均遭受致命打击,大部分被驱逐出境;潜藏下来的,也只能秘密传教。对此,有论者评论道:

> 在18世纪头30年所有失败积聚的负面影响,使得耶稣会在华传教事业迅速枯萎了。尽管基督教被取缔后,耶稣会传教士在清王朝又继续工作了50年,然而,耶稣会的传教工作再不像17世纪发挥那么显著的作用了。……1724年,由于意大利教皇和中国皇帝强加给中国副省传教团的限制,耶稣会士没有了社会影响力和必要的法律自由,已经无法按照预期计划在大清王朝继续大规模开展传教活动。④

---

① 〔美〕孟德卫:《奇异的国度:耶稣会适应政策及汉学的起源》,第320页。

② 有关在夺嫡过程中,雍正帝对传教士的反感,参见胡建华:《百年禁教始末:清王朝对天主教的优容与厉禁》,第107~116页。对此,有论者也指出:"耶稣会士曾结交朝廷里的满族官员朋友,包括皇室的分支——苏努家族,使得他们所信奉的宗教成了雍正消灭的目标,皇帝这么做,是为了尽力保住他的皇权。而耶稣会传教士与其他满族成员之间的瓜葛,很可能使他们显得更加可疑。雍正消除天主教行动之迅速,堪比他消灭政治对手的行动力,表明他消除天主教的动机与继承大统密切相关。"〔美〕柏理安:《东方之旅:1579—1724耶稣会传教团在中国》,第215页。但胡建华在参考陈垣先生提供的材料和结论的基础上,认为"苏努一家获罪原因与入教有关,但首先是卷入宫廷权力之争,其次是信奉天主教,特别是坚不出教,更令雍正帝愤慨,加重治罪"。参见胡建华:《百年禁教始末:清王朝对天主教的优容与厉禁》,第114页。方豪先生也有类似观点,参见方豪:《中西交通史》,下册,第865~867页。

③ 参见李天纲:《中国礼仪之争:历史、文献和意义》,第62~63页。

④ 〔美〕柏理安:《东方之旅:1579—1724耶稣会传教团在中国》,第218页。

方豪先生则认为,雍正帝后天主教失势之原因在于:(1)传教者几尽属外人;(2)西教士学问,后来者不如前也;(3)生而领洗之教徒,其信仰多不坚定也;(4)士大夫之鄙视,对小民之影响至大。①

尽管耶稣会士从 1724 年开始逐渐转入"地下",但他们仍以年信和书简的方式将中国的情况继续传给欧洲。其中最为重要的就是《耶稣会士中国书简集》(下文简称《书简集》)。"耶稣会终于发现,若正式出版这些书简,它定能获得好处,因为这些珍贵而吸引人的文献可以证明耶稣会士在外方传教的热忱和成果,所以能比其他任何方式都更有效地为自己辩护。"②

为了证明耶稣会在外传教的贡献以及消除欧洲对于"中国礼仪之争"的误解,"出于护教的考虑",1702 年在巴黎负责北京法国传教区财物的司库郭弼恩神父编辑出版了 1 卷 12 开本的书简集——《耶稣会某些传教士写自中国和东印度的书简》。此书简集一经出版,深受欢迎。1703 年他又出版了第 2 卷,并将其更名为《耶稣会某些传教士写自外国传教区的感化人的珍奇的书简》。至 1708 年,该书在郭弼恩的主持下共出版了 8 卷。1709 年至 1743 年,杜赫德神父又主持出版了第 9 至 26 卷。1749 年至 1776 年,巴黎大主教巴杜耶(P. Patouillet,1699~1779)和马赛尔(P. Marchal)神父又编辑出版了第 27 至 34 卷。

尽管这部庞大的《书简集》并没有挽回耶稣会被解散的命运,但西方对它的关注一直存在。1780 年至 1843 年,法国先后出版了四种《书简集》的改编版。由于 1819 年里昂 14 卷版本中第 9 卷至第 14 卷都是关于中国的,因而这几卷被合称为《中国回忆录》。该《中国回忆录》记载了从 1699 年至 1773 年耶稣会士,尤其是法国籍的耶稣会士写给欧洲大约 140 件关于"在华传播福音的种种情况以及关于中国的百科全书式的介绍"的信函。③ 这些信函与前面耶稣会士的作品一起构成了耶稣会时代西方介绍、传播中国法的重要史料。对此,法国学者杜密里指出:"这是一座军火库,在当时政治与宗教的冲突中,从那里能取得到最精良的武器。这又是一座矿山,对那时候的哲人与作家而言,在那里有开发不尽的矿藏。"④

需要指出的是,耶稣会士撰写的书信分为两类:一类是秘密的,始终掌握在会长手里;另一类是公开的。而《书简集》里收录的只有后一种。因此,

---

　　① 参见方豪:《中西交通史》,下册,第 871~875 页。

　　② 〔法〕杜赫德编:《耶稣会士中国书简集——中国回忆录 I》,"中文版序",第 13 页。

　　③ 参见〔法〕杜赫德编:《耶稣会士中国书简集——中国回忆录 I》,"中文版序",第 12~16 页;阎宗临:《杜赫德的著作及其研究》,第 51~56 页;许明龙:《欧洲 18 世纪"中国热"》,第 96~99 页。

　　④ 转引自阎宗临:《十七、十八世纪中国与欧洲的关系》,第 495 页。

有论者认为:"只要第一类信件不全部公开发表,我们就很难了解耶稣会士们对中国问题的真实思想。"①

由于《书简集》从时间上讲不仅涉及 17 世纪末和 18 世纪初,而且还包括 18 世纪中期和后期的内容,因此本书为了保持《书简集》叙述的完整性,将时间上属于启蒙时代和殖民时代的内容也放在此阶段一并介绍。

(一)《耶稣会士中国书简集——中国回忆录 I》(1699~1704)

由于每位神父观察角度或者秉持的立场有所不同,他们对于中国法的评价是不统一的,甚至同一人在不同时期的观点也可能存在差异。例如马若瑟(Prémare,1666~1736)神父在 1699 年 2 月 17 日于广州写给拉雪兹神父的信中,就说中国"在如此完美的一位君主统治下生活,百姓们安居乐业"②。然而,他在 1700 年 11 月 1 日于江西写给郭弼恩的信中,又讲"这个举世最富庶繁荣的帝国在某种意义上又是各国中最贫穷可悲的国家",因为"一旦生活于中国,一旦开始看到事情的本来面目,人们就不会因诸如母亲杀死或遗弃新生骨肉、父母微不足道的蝇头小利卖掉女儿、人人都谋求私利以及小偷成群等事情而诧异了"③。

1. 沙守信、傅圣泽对地方修建教堂案件的记述

《书简集》之所以重要是因为很多神父会在信函中记述一些与耶稣会士相关的案件,而这些往往是中方史料所未记载的。耶稣会士这些关于教案的记载不仅可以补全我们自身版本的历史,而且还可以为那时西方了解"法律实践"中动态的中国法提供信息。

沙守信(Emeric de Chavagnac,1670~1717)在 1701 年 12 月 30 日于韶州写给郭弼恩的信中提到,前述 1699 年康熙帝同意法国耶稣会士修建的"北堂"曾遭到都察院官员的指控:

> 帝国的监察官们(我们这样称呼他们,是因为他们的职能几乎和古罗马的监察官一样)看到它如此之高,宣称这是违法的。"此朕之错,"皇帝回答道,"均因朕之命令神父们才有此举。"由于监察官一再坚持,要求撤销原令,拆除这座教堂,皇帝立即反驳道:"汝究竟欲朕何为? 这些外夷每天为朕服务,朕无以为报,他们拒受官职,亦不欲钱,惟宗教为重。朕惟有如此才能使之欢颜,汝不复言。"④

---

① 阎宗临:《杜赫德的著作及其研究》,第 52 页。
② 〔法〕杜赫德编:《耶稣会士中国书简集——中国回忆录 I》,第 140 页。
③ 〔法〕杜赫德编:《耶稣会士中国书简集——中国回忆录 I》,第 151 页。
④ 〔法〕杜赫德编:《耶稣会士中国书简集——中国回忆录 I》,第 199~200 页。

该记载反映了前述都察院御史在法律上有劝谏皇帝的权力。

傅圣泽(Jean-François Foucquet，1665～1741)神父在 1702 年 11 月 26 日于南昌写给法国贵族院议员德·拉福尔斯(de la Force)的信中提到，他们因在江西九江和饶州修建教堂，被当地地方官控告至江西布政使和巡抚：

> 这些反对持续了一年半，因为这些地方的统治者是一些低级官吏，他们自己一般解决不了重大的事情。他们必须向上级官员汇报，即向"布政使"(我们欧洲人称之为省的"国库主计官")和"抚院"(我们称之为"副王"，巡抚——引者注)汇报。这两级官员只服从在他们之上的北京法庭。我们买下两间房子的事情就是送到了他们面前。当地官员反对我们在这两座城市建立基地，就因为我们是外国人，就因为宣传外国的信条。外国人的身份在中国是令人憎恶的，如果不是布政使为我们辩护，不是他提到 1692 年颁布的有利于基督教的法令，不需要再作什么判决，我们早就败诉了。确实，这个法令并没有规定我们可以建新教堂，但它支持我们在老教堂的活动，允许我们在教堂里聚集人，这似乎足于使有同情心的法官在我们已经建立的基地里不给我们找麻烦。①

显然，这里江西布政使用"康熙三十一年(1692)容教诏令"平息了案件，这同时表明该诏令具有一定的司法意义。然而，当他们在浙江宁波购买地皮，修建教堂时，情况就发生了变化。傅圣泽记载浙江巡抚将诉状送到了礼部，后来张诚神父"在礼部的官员中找到许多有权势的朋友和一些热心的保护人，他们争取到了对我们有利的投票，给了浙江巡抚一个我们所希望的有利的答复"。②

傅圣泽在信中还提到，他们在湖广黄州修建教堂时就没有这么幸运，地方官将他们驱赶，神父们本想与前述浙江做法一样上诉至该省巡抚，再由他们上诉至礼部，但他们担心"该法庭刚刚作出过有利于我们的决定，但看到我们这样频繁地惹是生非，会形成某种我们在其他各省建立基地不利的观念"，于是作罢。③

这里傅圣泽还分析了他们频频在地方遭到指控的原因，即"中国人想象

---

① 〔法〕杜赫德编：《耶稣会士中国书简集——中国回忆录 I》，第 203～204 页。
② 参见〔法〕杜赫德编：《耶稣会士中国书简集——中国回忆录 I》，第 204～205 页。
③ 参见〔法〕杜赫德编：《耶稣会士中国书简集——中国回忆录 I》，第 205 页。

不到人们在从事各种活动时除了利益之外还会有其他的什么目的"①。他实际说的是中国普通民众和地方官员根本无法体会传教士追求"彼岸世界"的观念,只认为他们别有所图:如果不是为了钱财,就一定是为了什么政治方面的考虑和阴谋。此外,傅圣泽还向耶稣会记述了 1703 年年初在江西临江购买房产的信息,其中涉及中国房屋买卖的相关法律信息。②

2. 洪若翰对 1692 年《容教诏令》出台的记述

在 1703 年 2 月 15 日洪若翰神父于舟山写给法王忏悔师拉雪兹神父的信函中,我们还发现了对"康熙三十一年(1692)容教诏令"颁布过程的记述。尽管后来郭弼恩神父于 1696 年专门撰写《中国皇帝颁诏恩准基督教传播史》细述了这一过程,但洪若翰的来信还是提供了更多的细节。

洪若翰指出,"康熙三十一年(1692)容教诏令"起因于浙江巡抚指责基督教的文告。文告"要求杭州城内和全省的基督徒回到本国",下令关闭教堂,并对殷铎泽神父进行了审问,实施了不法行为。③ 身在北京的神父们收到浙江巡抚的"所有布告和诉讼案卷的副本"后,求助康熙帝一次性解决类似事件。康熙帝先是让神父们起草了两份"足以表达他们要求的奏折",并通过照管钦天监的徐日升和安多在上朝时呈递。然而受理案件的礼部却坚持"决不应该让基督教在中国传播",甚至在康熙帝驳回他们的答复意见后依旧坚持。尽管在一般人看来,礼部这样做是因为"中国人始终厌恶外国人",但是洪若翰却认为另有原因。他指出:"当皇帝征求大臣们意见时,大臣们根据国法来回答,人们既不能责备他们,也不能对他们进行任何非难。反之,如果他们以另一种方式来答复的话,帝国的监察官员有权控告他们。皇帝有权因他们不根据国法办事而让人惩办他们。"④一句话,礼部官员之所以如此固执,主要是怕承担责任。结果,由于没有大臣们的支持,康熙帝就同意了礼部所拟的判决:"礼部同意殷铎泽神父在杭州居留,欧洲人只能在其教堂中敬拜上帝和从事基督教神职工作;但是,它禁止中国人入基督教,并确认了以前的诏书。"⑤

在京神父们对这一结果很不满意,并想起签订 1689 年《条约》时,索额

---

① 〔法〕杜赫德编:《耶稣会士中国书简集——中国回忆录 I》,第 205 页。
② 参见〔美〕魏若望:《耶稣会士傅圣泽神甫传:索隐派思想在中国及欧洲》,第 116～117 页。
③ 参见〔法〕杜赫德编:《耶稣会士中国书简集——中国回忆录 I》,第 281 页。
④ 〔法〕杜赫德编:《耶稣会士中国书简集——中国回忆录 I》,第 282 页。
⑤ 〔法〕杜赫德编:《耶稣会士中国书简集——中国回忆录 I》,第 283 页。

图亲王对于张诚神父的承诺。① 于是,索额图不仅劝说康熙帝应履行承诺,而且提醒皇上应该利用权威用强硬的口气命令礼部,并主动承担起从中"斡旋"的工作。因此,洪若翰的信函提醒我们"康熙三十一年(1692)容教诏令"的出台,索额图在其中扮演了至关重要的角色。

在信函中洪若翰还提及了敕令出台后的效果,以及在华耶稣会内部对于敕令的认识,还有康熙帝对于他们如何使用敕令的忠告:

> 这些中国官员本身确实受到诏书很大的约束。自我们争取到这一诏书后,传教士们更为安宁地生活在各个省份。人们不再为他们已有的教堂担忧。如果他们想建造新的教堂,也不用怎么操心就能打通总督与其他地方官员的关节。他们或者通过给总督与其他地方官员送些礼,或者通过找人引见,总是能够获得成功。对于喜欢我们的中国官员,他们时时利用皇帝的这一诏书来支持我们,反对那些想对我们的传教会设置障碍的人。最后皇帝肯定以为,他在接受我们的要求方面已经对我们仁至义尽。因此,当有人告诉他,所有神父将前来向他谢恩时,他回答说:"他们有充分的理由这样做。但要提醒他们,让他们写信给在各省的同伴,不要滥用我们对他们的许可,在使用这种许可时要多加慎重,好让朕不会收到任何来自官员们的抱怨。"他补充道:"因为如果他们向朕抱怨的话,朕将立即取消这种许可,那么,神父们就只能怪自己了。"②

3. 洪若翰对《容教诏令》扩张适用案件的记述

洪若翰在返回法国途中,在 1704 年 1 月 15 日于伦敦写给拉雪兹的信

---

① 洪若翰对于该承诺的过程与内容,在信中有描写:"他(索额图——引者注)多次表示感谢神父使他摆脱了困境,并私下对他们说,以后有什么事尽管找他,他很乐意帮助他们。张诚神父抓住这一时机启发他了解我们的感情。'您知道,大人,'他对亲王道,'驱使我们离开欧洲所有最宝贵的东西,来到这个国家的动机是什么吗? 我们的一切愿望最终就是让人们认识真正的上帝,让人们遵守上帝神圣的戒律;但是使我们难过的是,以前的几道诏书禁止中国人投入上帝的怀抱。既然您对我们如此之好,我们恳求您某天见到皇上时,请皇上取消禁令。这比您给我们财富和荣誉还要好,我们会更感激您的恩泽,因为惟有让灵魂归依上帝才会使我们感动。'这位大人听完此话很受感动,允诺一有机会就帮助我们。数年之后,当我们认为应当公开向皇帝要求基督教的自由时,他极为慷慨地信守了自己的诺言。"〔法〕杜赫德编:《耶稣会士中国书简集——中国回忆录 I》,第 279 页。

② 〔法〕杜赫德编:《耶稣会士中国书简集——中国回忆录 I》,第 285 页。康熙帝对于在华耶稣会的忠告在前述《苏霖神父关于 1692 年"容教诏令"的报告》中也有记载。参见〔葡〕苏霖:《苏霖神父关于 1692 年"容教诏令"的报告》,第 35 页。

中还提及了几件涉及"康熙三十一年（1692）容教诏令"的地方教案。

第一件发生在 1701 年的浙江宁波。郭中传（Jean-Alexis de Gollet，1664～1741）神父计划在宁波建立一座新教堂，但遭到当地居民反对，案件被呈递到浙江巡抚处。神父们主张："伟大的君主允许我们在各省建立新的教堂。礼部也未禁止我们这样做。它在最近刚刚批准了严州教堂的建立，因此，您不应该觉得我们前来宁波定居，在宁波使人认识真正的上帝并布讲福音有何不好。"①巡抚当即反驳说：

> 我承认，你们对我所说的皇帝的诏书未禁止建造新的教堂，但是，它也没有允许建造新的教堂。礼部已批准了严州的教堂，但是这一批准并未涉及宁波。因此，我要就你们建造教堂之事请示礼部，并把我已获得的有关材料寄送给礼部。②

可见，在浙江巡抚看来，"康熙三十一年（1692）容教诏令"在内容上并没有涉及新建教堂问题，至于严州的批文只是个案，不能直接"类推适用"至浙江。神父们也认识到"康熙三十一年（1692）容教诏令"在法理上存在的问题："他们知道，如果礼部只要有一次宣布反对我们建造教堂的话，各省的所有巡抚及各个城市的知府绝不会错过利用这一决定的机会，对我们以后想建造任何教堂都予以反对。……我们比任何人都清楚地认识到，人们应当担忧类似的决议出现。"③

他们联系了北京的张诚神父。张诚拜见了礼部尚书，进行了沟通。1702 年 9 月礼部对浙江巡抚上呈的案件作出了如下判文：

> 你们提及了皇帝最近的诏书。你们说，该诏书下令保留人们为了天主而已经建成的教堂，但并未允许建造新的教堂。你们问道，如果应该允许人们在宁波建造教堂的话，将根据什么理由。你们还提到了礼部的一次答复。在该答复中，我们说应当让在严州买了一幢房子的欧洲人梁弘仁不受打扰。你们问道，是否应当以同样的方式来对待两位刚在宁波购置了一幢房子的欧洲人。以下是我们对你们所提问题的答复：你们自己提及的皇帝的诏书中清楚地说，欧洲的神父是一些具有公

---

① 〔法〕杜赫德编：《耶稣会士中国书简集——中国回忆录 I》，第 314 页。
② 〔法〕杜赫德编：《耶稣会士中国书简集——中国回忆录 I》，第 314 页。
③ 〔法〕杜赫德编：《耶稣会士中国书简集——中国回忆录 I》，第 314 页。

认的美德的人。他们既不伤害人,也未使任何人感到不快。他们为国家提供了出色的服务。既然人们允许和尚、喇嘛在中国定居并建造寺院,那么又有什么理由拒绝给欧洲的神父同样的允诺呢?诏书在结尾处命令道,人们照旧存留当时已有的教堂,任何人不得在教堂骚扰欧洲神父。因此,根据我们应当完完全全服从与遵守的这一诏书,我们认为,由欧洲神父在宁波建造的教堂应予保留,他们也可以安心地在此居住。特此告知浙江巡抚及该省的其他官员。①

尽管在此桩教案中,耶稣会士通过自己的努力,让礼部在具体案件中扩大解释了"康熙三十一年(1692)容教诏令"的内容,但他们也充分认识到对此不能过于乐观。对此,洪若翰写道:

> 传教士不应该过于指望礼部在这一次事件中所做的有利的处置,他们应当始终极为小心地避免把他们的事情弄到上面来,因为组成礼部的主要官员经常要变动,这就要担心当时在位的官员想法不同,作出相反的裁决。这种裁决会使前功尽弃,给福音的传播者造成无法弥补的伤害,使他们再也没有同样的建造教堂的便利。因而,想要建造新的教堂,其最明智与稳妥的行为就是设法和当地官员打交道,未经他们的允许不要轻举妄动。②

第二件案件发生在 1702 年,案情经过和处理结果与第一件非常类似。阿比阿尼(Appiani)神父与米勒内(Mulener)神父要在成都附近的松潘建造教堂,但成都官员并不同意。两位神父向成都官员辩称:"皇帝已下诏,允许基督教在中国传播,在这之后,礼部也下达过允许在严州新建教堂的判文,因此,他们不应该反对他在四川省省会建造教堂的谋划。"③对于神父的主张,成都官员认为皇帝的敕令"只涉及原有的教堂",而没有提及是否可以建立新的教堂;严州的判文只是针对严州,而不能类推至这里。于是,两位神父写信求助在京的张诚神父,后者通过私人关系给四川巡抚写信,并附上了礼部最近发给宁波同意建造教堂的判文,事件得以解决。④

第三件案件也发生在 1702 年,地点是湖广的黄州。案情与前述教案类

---

① 〔法〕杜赫德编:《耶稣会士中国书简集——中国回忆录 I》,第 314~315 页。
② 〔法〕杜赫德编:《耶稣会士中国书简集——中国回忆录 I》,第 316 页。
③ 〔法〕杜赫德编:《耶稣会士中国书简集——中国回忆录 I》,第 306 页。
④ 参见〔法〕杜赫德编:《耶稣会士中国书简集——中国回忆录 I》,第 306 页。

似：孟正气（Jean Domenge，1666～1735）和卜文气（Louis Porquet，1671～1752）神父准备在黄州买房建教堂。当地官员不仅反对，而且向黄州知府提交诉状。

刚到任的知府在未向湖广巡抚请示的情况下，直接作出让传教士立刻离开房子的"裁决"。后来，两位神父到湖广首府面见巡抚，巡抚表示要将此案上报礼部，并假惺惺地说道："既然礼部最近刚刚同意你们在宁波建教堂，它不会在黄州的事情上对你们过不去的。"①但神父们或许考虑到前述康熙帝发布"康熙三十一年（1692）容教诏令"时给予传教士们的忠告，要防止类似事情不断上报至礼部而招致反感，破坏已取得的良好局面。于是，神父们宁愿放弃黄州的房子，也不愿巡抚将案件上报到礼部。后来，张诚神父为解决此问题，在北京结识了巡抚在国子监任职的长子，并恳请他向其父说情，不久后巡抚就该案作出了"判决"，并寄发给黄州知府：

> 在 1692 年，我曾荣幸地作为其成员的礼部发过了一项有利于欧洲人的告示。告示宣称，欧洲人的教义表明其绝非是一种没有根据和迷信的教派。他们也不是骚扰国家之人，反而是在为国家效劳。现在，孟正气神父与其他神父已经在你们城里购买了一幢房子，以便在此安身，你们却要把他们赶走。难道他们在你们城里或该城管辖的地方引起了混乱或带来了麻烦吗？命你们迅速就此作出答复。我在此附上了一份礼部告示的抄件，该告示是记录在本衙门的档案里的。②

世故的黄州知府当然从文字中察觉出巡抚的态度，于是答复道：

> 欧洲人在这座城里没有引起任何麻烦。但是，我们已指出，黄州至今并没有教堂。对于欧洲人前来建造一座教堂，我未敢擅自同意，因为我不知道礼部曾为他们发过一道告示。不过现在承蒙您给我寄来了一份此告示的抄件，因而让他们建造教堂将是理所当然的事情。③

巡抚在得到黄州知府的答复后，也作出了同意传教士在当地建立教堂的"判决"。

---

① 参见〔法〕杜赫德编：《耶稣会士中国书简集——中国回忆录Ⅰ》，第 325 页。
② 〔法〕杜赫德编：《耶稣会士中国书简集——中国回忆录Ⅰ》，第 326 页。
③ 〔法〕杜赫德编：《耶稣会士中国书简集——中国回忆录Ⅰ》，第 326 页。

从上述洪若翰引述的三个案件来看,"康熙三十一年(1692)容教诏令"当然对耶稣会在华传教起到了至关重要的作用,但同时也应注意到:它的实现有赖于在京张诚等神父的"人脉资源"以及神父们的审慎和智慧。

(二)《耶稣会士中国书简集——中国回忆录 II》(1707~1724)

1. 彭加德对清初地方州县司法和"公司法"的记述

在 1712 年 9 月 1 日彭加德(Claude Jacquemin,1669~1734)神父于崇明岛写给印度和中国传教区巡阅使的信中,对清代州县司法情况进行了介绍。一方面,他对州县长官的职责,尤其是司法方面的权限进行了介绍:

> 首席文官(州县长官——引者注)管辖着城市及整个地区。他独自掌管司法,负责征收各家各户上交皇帝的税收。他要亲自验明那些在争执中被杀的人或因绝望而自杀的人的正身,每月两次召见分散在全岛的二十七位下级官员,确切地了解辖区内发生的事。他向大小船只发放执照,还要听取这么多居民中几乎接连不断的控告和申诉。所有诉讼案件都要送到他的公堂,凡被他认为有罪的涉案人员就要被他下令用棍棒责打。罪犯的死刑也由他判决。不过,他的判决以及职位高于他的其他官员的判决只有经皇帝批准方可执行;而鉴于省府衙门和刑部皆事务纷繁,所以罪犯在死刑判决正式执行前总有两三年时间好活。这位官员有三名下属,负责初审较次要的案件。①

这里他指明,无论是"州县自理案件"还是"命盗重案",州县长官都是第一司法处理者,只不过有些案件需要经过其"上级"方能决定。这一介绍是符合实际的。

另一方面,他还特意对中国基层百姓的"诉讼观"进行了描写:

> 岛上有些地方的百姓非常热衷于打官司,为获此乐趣并使对手挨上四十棍子,他们把房屋、土地、家具及所有一切典押一空也在所不惜。有时被告人私下里给官员一大笔钱,便能巧妙地躲过惩罚,而且还可使原告挨打。双方由此结下不共戴天之仇,且时刻铭记于心,伺机报复。最常见的报复途径是夜间点燃仇人的房屋,着了火的稻草从屋顶上掉到仇人身上把他惊醒,可让他想想当初他使原告挨的棍子。这种罪行

---

① 〔法〕杜赫德编:《耶稣会士中国书简集——中国回忆录 II》,郑德弟、朱静等译,大象出版社2001 年版,第 80 页。

是帝国最重大的罪行之一,犯有此罪者应依律问斩。①

值得注意的是,这一表明中国人"健讼"的表达与我们理解传统中国"无讼"观念大相径庭,而且他对于被告故意放火报仇的描述完全符合清律"放火故烧人房屋"律的规定。②

此外,彭加德神父还记载了一则清初"公司法"的材料,并制作了一份详细的表格。这则材料对于西方乃至今天我们了解清初地方商业习惯法,具有十分重要的意义。这份清初"公司法"的内容如下:

> 有一个人的生意遇到了麻烦,其六位朋友联合起来助他一臂之力并与他一起组成了为期七年的一个公司。他们首先筹集一定数量的资金(有人多出一点,有人少出一点)。比如说他们第一年先预支他60个金币,使他能经商获利。为凑齐这笔资金,他们对七年中每人应支付的数额作了如下规定:首先,被帮助者是公司中首席成员,因为公司正是为他而成立的;第二名成员出资15个金币,第三名13个金币,第四名11个金币,第五名9个金币,第六名7个金币,第七名5个金币。第一年结束后,如果后面六个人马上让首席成员还钱或是永远收取利息,他们对共同的朋友的帮助就不够大;那么他们怎么做呢? 他们让他在余下六年时间里每年支付15个金币,鉴于这笔钱只占他从大家为他提供的60个金币的本金中可获得的利润的一部分,所以不会使他不便。第二年,所有成员继续支付规费;第一年支付了15个金币的人第二年获得60个金币,并在今后5年里每年支付13个金币。第三年时,第三位成员获得60个金币并且在公司存在的余下时间里每年支付11个金币;其余依此类推。公司每个成员均可获得60个金币,其时间早晚取决于每年支付量之多少。这样,七年结束时,为他而组建公司的这个人就有了60个金币的资本而无任何债务;此外,这笔本金每年给他带来的利润要远多于他需支付的15个金币。您从下表中一眼就可看清他们每年所支付或获得的情况,这份表格可使您对该公司的运作方式产生更清晰的概念。③

---

① 〔法〕杜赫德编:《耶稣会士中国书简集——中国回忆录II》,第83页。
② "若放火故烧官民房屋及公廨、仓库、系官积聚之物者,不分首从。皆斩。"王宏治、李建渝点校:《顺治三年奏定律》,第390页。
③ 〔法〕杜赫德编:《耶稣会士中国书简集——中国回忆录II》,第84~86页。

第一年	第二年	第三年	第四年	第五年	第六年	第七年
第一位成员获得60金币	第一位成员支付15金币	第一位成员支付15金币	第一位成员支付15金币	第一位成员支付15金币	第一位成员支付15金币	第一位成员支付15金币
第二位成员支付15金币	第二位成员获得60金币	第二位成员支付13金币	第二位成员支付13金币	第二位成员支付13金币	第二位成员支付13金币	第二位成员支付13金币
第三位成员支付13金币	第三位成员支付13金币	第三位成员获得60金币	第三位成员支付11金币	第三位成员支付11金币	第三位成员支付11金币	第三位成员支付11金币
第四位成员支付11金币	第四位成员支付11金币	第四位成员支付11金币	第四位成员获得60金币	第四位成员支付9金币	第四位成员支付9金币	第四位成员支付9金币
第五位成员支付9金币	第五位成员支付9金币	第五位成员支付9金币	第五位成员支付9金币	第五位成员获得60金币	第五位成员支付7金币	第五位成员支付7金币
第六位成员支付7金币	第六位成员支付7金币	第六位成员支付7金币	第六位成员支付7金币	第六位成员支付7金币	第六位成员获得60金币	第六位成员支付5金币
第七位成员支付5金币	第七位成员支付5金币	第七位成员支付5金币	第七位成员支付5金币	第七位成员支付5金币	第七位成员支付5金币	第七位成员获得60金币

2. 殷弘绪对康熙朝"废太子案"和买卖妇女惯习的记述

1707 年 7 月 17 日殷弘绪(Dentrecolles，1664～1741) 神父于饶州写给印度和中国传教区总巡阅使的信中,记述了康熙帝第一次废除太子的事件。就对中国法的记述而言,他提到"太子遂依帝国惯常礼仪复位"后,"皇帝则降旨大赦天下:豁免百姓所欠且一时又难以缴纳的一切赋税,为罪犯减刑,罪孽最轻者免刑释放"。而对使用巫蛊害人的大阿哥处以"终身幽禁",其他"助其施行魔法蛊术之喇嘛及七名幕僚斩立决"。① 这些记载与清代司法和律例规定相同,如清律"造畜蛊毒杀人"律规定:"凡置造藏畜蛊毒,堪以杀人,及教令人造畜者,并坐斩。不必用以杀人。"②其他人之所以不被赦免,是因为他们所施"魔法蛊术"属于"十恶"中"不道"之范畴,依据清律"常赦所不原"律之规定,"虽会赦并不原宥"。③

---

① 参见〔法〕杜赫德编:《耶稣会士中国书简集——中国回忆录 II》,第34～36 页。
② 王宏治、李建渝点校:《顺治三年奏定律》,第326 页。
③ 参见王宏治、李建渝点校:《顺治三年奏定律》,第134 页。

　　殷弘绪神父在 1715 年 5 月 10 日于饶州写给德布鲁瓦西亚神父的信中，对中国基层社会买卖妇女的惯习进行了描述，并讲述了他们利用法律使被强卖妇女获得自由的经过。殷弘绪首先提及中国虽然有"寡妇必须寡居，以表示对亡夫的敬重"的习俗，但实际中存在平民百姓背离此习俗的现象。他写道：

> 　　父母为收回替儿子娶妻时花去的部分钱财，不管寡媳是否愿意，都会迫使她再婚。往往丈夫已经确定，钱财已经收下，而当事的女子却一无所知。如这个女子有一个还需喂奶的女孩，孩子便与母亲一起卖掉。寡妇只有一个办法摆脱这种压迫：她必须有生活来源并去当尼姑，不过这种状况被人很瞧不起，即使这样做也很难不失体面。[①]

　　为此，殷弘绪神父在信中记述了一个具体的案例。一个女子在丈夫死后三天生了一个女婴，亡夫侄子为了获得瓷作坊的继承权，马上把寡妇卖给了另一人。那人"抬了一顶轿子把这个可怜的寡妇抢到了自己家里"，又因该寡妇粒米不进，又哭又闹，于是扬言要把寡妇所带女婴卖与他人。后来，寡妇远方亲戚在传教士的鼓励下，"勇敢地挑头上诉"，在衙门外敲了"登闻鼓"[②]。在挨了杖责后，他把诉状递给了官员，主张寡妇遭到了暴力劫持，并"抱怨没有执行禁止把服丧期未满的女子卖给新配偶的法令"。于是，官员叫来了两造双方，试图和息。但是，寡妇不仅一口咬定丈夫刚死就被暴力劫持，有反抗的证据，而且"拿出剪刀，装做要剪掉头发的样子向官员表示，她宁肯永不嫁人"的决心。于是，官员判决她获得了自由。[③]案件到此本该结束，但"这个可怜的女子刚走到街上就又一次遭到劫持"。后来，一位答应过娶她的基督徒在交了"赎金"后，寡妇才真正获得了自由。

　　通过殷弘绪神父的描述，我们可以得知妇女在清初基层社会人们的观念中没有太高地位，像商品一样被买来卖去；神父们利用中国法为底层百姓进行法律救济。

3. 殷弘绪对"樊绍祚指控天主教案"和清初"社会法"的记述

　　殷弘绪神父在信中还提到了 1711 年 12 月 23 日都察院御史樊绍祚公

---

　　① 〔法〕杜赫德编：《耶稣会士中国书简集——中国回忆录 II》，第 147 页。
　　② 殷绪弘神父对于"登闻鼓"这样描述道："他前往官衙，在大堂边击鼓三声。这是遇到紧急危难时的呼救信号，闻听此声，官员不管多忙都得立即放下一切接见向他求救之人。当然，除非呼救者确因遇到了急需解决的极端不公正之事，否则他免不了要受杖责。"〔法〕杜赫德编：《耶稣会士中国书简集——中国回忆录 II》，第 147～148 页。
　　③ 参见〔法〕杜赫德编：《耶稣会士中国书简集——中国回忆录 II》，第 147～148 页。

开指控基督教的事件。在信中,他首先对大清都察院的职责进行了介绍,并给予了评价:

> 督察院(都察院——引者注)御史的职责在于提醒人们注意隐伏的紊乱,纠正百官的错误——如果他们认为皇帝应受指摘,则皇帝本身都不能幸免。他们非常令人畏惧,而且我知道他们大胆、坚定、令人震惊的某些行为。人们看到他们曾对几个鞑靼总督提出过指控,尽管此辈受到皇帝保护。因执拗或自负,只要这些御史认为他们的追究是符合贤明政府统治规范的公正合理之举,他们往往宁肯失宠于君主或被处死也要继续进行。[①]

从评价中可以看到,他对于都察院的监察功能是持肯定态度的。然而,他接下来所述的案件似乎表达的是御史樊绍祚利用手中监察权力,因私泄愤。

案件发生在距北京不远的 Ouen-ngan 新建的一个教区,这个教区同时也是樊御史的家乡。樊御史向康熙帝控告基督教的起因是其未过门的孙媳妇是位虔诚的基督徒,在拜堂过程中因信仰问题(一神教),拒绝跪拜佛教偶像而惹怒御史。[②] 御史利用职权撰写诉状控告天主教,其指控内容依旧是前述杨光先提及的"反叛"罪和"禁止师巫邪术"罪。例如,基督徒"集会时主仆杂处,男女聚于同一教堂。他们对我们圣贤语多不恭,不遵守帝国习惯而自行其是,而且还有自己特有的书籍"。再如,"基督徒多数是穷人或家境平常之人,家里供着他们的崇拜的圣像并向它祈祷,门上还挂着十字架。这岂不是要犯上作乱吗?"于是,他建议皇帝:"应禁止百姓在住宅门口悬挂基督教的任何标志,屋内也不得有圣像,任何地方一经发现此类物品均须取下销毁。无论白天还是晚上,今后不再允许基督徒聚会从事宗教活动。最后还应宣布,凡有违此令者将依法严惩,其父母也将处死。"[③]

康熙帝接到诉状后批了几个字,大意是让礼部先行审议此案,并将结果向其报告。礼部于 1712 年 1 月 18 日将审议结果送往正在鞑靼地区狩猎的康熙帝,其审议内容据信中描述大致是:

> 礼部首先援引了皇帝先前发布的有利于宗教的敕令(这些敕令准

---

① 〔法〕杜赫德编:《耶稣会士中国书简集——中国回忆录 II》,第 151 页。
② 参见〔法〕杜赫德编:《耶稣会士中国书简集——中国回忆录 II》,第 151 页。
③ 参见〔法〕杜赫德编:《耶稣会士中国书简集——中国回忆录 II》,第 154～155 页。

许宗教传播和活动),同时指出对此不能违背,因为先前这些敕令是深思熟虑后发布的,若无充分理由不应被撤销。礼部答复的主要依据是皇帝登基第三十一年时发布的敕令(1692年《容教诏令》——引者注)。它把这一敕令概括为九行字,却详细阐述了欧洲人为帝国提供的服务并证明其品行端正。它还引证了其他一些敕令,福音传播者在这些敕令中受到表扬、得到批准而且被认为无可指摘、不可能扰乱国家。最后,礼部以简洁明了、确切无误的几句话总结道:"樊御史要求禁止基督教的诉状是不能接受的。我们对此不予考虑。特将此意见禀告陛下,敬候陛下决断。"①

康熙帝审读后,同意了礼部的处理意见,并批示道:"所议甚好,正合朕意,特予批准。"之后,信中还记载了康熙帝回京后对巴多明神父的口谕:

"尔等信教者在帝国中成千上万,其中有些人谨慎从事,另一些人却未必如此;尔等须小心提防,切勿授人以柄。"我们答曰,我们万分感激皇帝对我们的好意,陛下要我们好,我们一定不出任何差错,我们决心加倍小心不做任何让人抱怨之事。②

非常值得我们注意的是,从上述案件的发生经过和处理结果可知:第一,尽管铎罗来华使得"中国礼仪之争"加剧,1706年12月康熙帝发布了传教士"领票"制度,但天主教在华的传播似乎并未受到太大影响,至少从礼部和康熙帝的表述看,他们依旧将1692年《容教诏令》作为处理涉及教案的基准。第二,反对天主教在华传播的理由自明末以来并没有太大变化,且帝国最高统治者康熙帝对此也十分清楚,并对其中所谓"有违教化"和"犯上作乱"等危害发生的可能性有充分的认知。第三,皇帝像一个维持平衡的"砝码",存在于传教的耶稣会士与部分反教的官员和士人之间,他只是想维持一种平衡,而不愿让任何一方失去控制。甚至在教案的处理中,他会有意地摆出公事公办的姿态,让耶稣会士在每次被指控中感受到压力,并在结果上倾向性地对他们进行保护,以达到换取皇帝所需的怀柔远人、让其感恩戴德以及时刻敲打他们的多重微妙效果。在帝王的治理术中,真诚的神父们

① 〔法〕杜赫德编:《耶稣会士中国书简集——中国回忆录Ⅱ》,第155页。此礼部"判决"全文,参见黄伯禄编:《正教奉褒》,第369~370页。
② 〔法〕杜赫德编:《耶稣会士中国书简集——中国回忆录Ⅱ》,第153页。

在皇帝给予的希望中，一方面满怀信心，努力协助其工作；另一方面又恪尽职守，谨慎行为，不越雷池。例如，殷弘绪神父在描述完上述案件后，在信中写道：

> 礼部官员们主动做出了符合君主心意的裁决，希望由此博得君主赞扬并得到我们感激。我甚至认为他们把这一裁决视为对传教士服务的奖赏，因为后者为皇帝提供过并继续提供着服务：几年来，他们中许多人正忙于测绘这个广袤帝国的地图。杜德美神父和雷孝思神父仍在为此不倦地工作。为服务于这位伟大君主并为福音传播铺平道路，整个欧洲将给我们一切鼓励。[①]

于是，一种非常有趣的现象发生了：一方面，作为统治者的皇帝成功地将这些来自西洋的传教士们纳入帝国的治理体系之中，使其臣服于此，并利用其技艺为帝国服务；另一方面，作为福音传播者的神父们也认为帝国统治者日渐受到天主的感召，一步一步靠近他们来华的最终梦想，拥有成就感。双方的目的似乎都得到了某种程度上的实现。

此外，殷弘绪神父在 1720 年 10 月 19 日于北京致某夫人的信中转引了一个地方官员撰写的《百姓乐》，摘抄了一些法令和训令。他摘抄了该官员在当地提出的《建立育婴堂的计划及实施该计划的劝导书》《禁止溺婴的法令》《关于设置义冢的法令》《关于地方官须悉心劝耕的法令》《关于必须同情贫穷的孤儿寡妇的法令》《关于造桥修路方便行人的法令》《关于劝导主人善待奴仆的法令》《关于教育青年及怜悯囚徒的法令》《向城隍爷的祈祷文》以及《关于建造增援失事者和有失事危险者的救生船的法令》，[②]其中有很大一部分涉及慈善救济和公共事务。

这些反映出中国基层社会在刑事性和民事性法律之外，还存在一些有关"社会性"的法律。传统中国不仅仅是"国家—臣民"的二元格局，在一定意义上还存在着"社会"这一层级，有论者称这一时期中国存在着"非正式的社会自治规则体系"。[③] 这对于西方对中国法的全面认知意义重大。

殷弘绪神父在《关于教育青年及怜悯囚徒的法令》之后，还做了一个"评注"。在这个"评注"中，他指明了地方官在案件的处理中，在审断的基

---

① 〔法〕杜赫德编：《耶稣会士中国书简集——中国回忆录 II》，第 156 页。
② 参见〔法〕杜赫德编：《耶稣会士中国书简集——中国回忆录 II》，第 221～241 页。
③ 参见武乾：《清代江南民间慈善习惯法与传统法源结构》，《法学》2016 年第 12 期。

础上还扮演着教化者的角色,是皇帝这个帝国最大的君父在地方上的代理人:

> 中国政治统治的运作完全以父亲对子女和子女对父亲的职责为依据。皇帝被称为全帝国之父,地方官是所治城市之父,同时又称其上司为父。治安及礼仪法规全都以这一十分简单的总原则为基础。每月初一和十五,地方官们礼节性地会聚于某个地方,宣读一份内容广泛的对百姓的训示,这项活动是帝国法令规定的。地方官在这种场合充当了教育全家的父亲的角色。①

基于这个"父母官"的身份,一旦地方上发生重大刑案,其也要承担责任。对此,他写道:

> 城市里若发生重大盗窃或凶杀案,地方官应抓获盗贼或凶手,否则要被革职。同样,若发生某种骇人听闻的罪行,例如儿子杀死父亲,那么,案子一旦移送大理寺,地方官们也要被免职,因为他们未能培养起良好的风尚。在某些特殊情况下,父母要与犯罪的儿子一起被处死。父母若担心某个孩子会干出使全家蒙受耻辱的坏事,他们经地方官同意后可以聚在祠堂里斥责并处死这个不可救药的孩子。②

尽管这里殷神父的描写可能存在错误,或与清初实在法无法对应,但他对这背后法精神的把握,还是基本准确的。

同时,"爱民如子"的伦理要求使得他们刑案审理的各个环节要体现"父爱"。这些地方父母官的"父爱"客观上限制了清代司法中的某些残酷性,呈现出一些文明的样态:

> 地方官若过于严厉,巡抚在每三年向朝廷呈报一次的(官员)考评中肯定要提到他,这就足以使他丢官了。若狱中死了一名囚犯,地方官需以大量证据表明自己并未因受贿而导致其死亡。被告有时死于刑讯,因为中国的刑罚极为严酷,它能打断甚至敲扁腿骨。有些药物可减轻痛苦,但地方官禁止使用,只有在刑讯结束后治疗受刑人时才准许使

---

① 〔法〕杜赫德编:《耶稣会士中国书简集——中国回忆录 II》,第 236 页。
② 〔法〕杜赫德编:《耶稣会士中国书简集——中国回忆录 II》,第 236～237 页。

用。经他们治疗,受刑人用不了多少日子便能恢复行走。若罪犯被判死刑,宣读判决前人们要给他吃一餐类似于祭祖时吃的饭。罪犯见自己将被处决,有时会辱骂指责地方官,后者耐心而怜悯地听着斥骂,但判决一经宣布,罪犯的嘴马上就被塞住了。斩首在中国是一种不光彩的死法——因为它使身首分离,相反,在柱子上被绞死倒是温和的而且几乎是体面的死刑。①

最后,殷神父还在《向城隍爷的祈祷文》的"评注"中,介绍了中国基层长官利用城隍爷进行审判。他写道:"官员对受审的罪犯说,城隍爷向他显露了(被罪犯)隐瞒的某些状况。这表明中国人相信,为惩治罪犯或拯救无辜,神灵会显灵并揭露秘密的罪恶。"②这则"评注"向西方表明,传统中国的控制手段有阴阳两个面向:一是从天理,到人情,再到国法的阳面;二是从昊天上帝,到鬼神报应的阴面。③

4. 冯秉正对康熙末期台湾地区法律的记述

值得注意的是,在 1715 年 8 月耶稣会传教士冯秉正④(Joseph de Mailla,1669～1748)于江西九江写给本会德科洛尼亚(de Colonia)的信中,还提及了受康熙帝之命赴台湾测绘地图的经过。信中提到康熙帝在不同时间里任命了他和白晋、雷孝思、杜德美(Pierre Jartoux,1669～1720)、汤尚贤(Pierre Vincent de Tartre,1669～1724)、德玛诺(Romain Hinderer,1668～1744)等 6 名法国耶稣会士,1 名奥地利耶稣会士费隐(Xavier Ehrenbert Fridelli,1673～1743),1 名葡萄牙耶稣会士麦大成(Joannes Fr. Cardoso,1677～1723)以及 1 名法国籍的奥古斯丁派的神父邦儒尔·法布利(Bonjour Fabri),共 9 人测绘中国地图。⑤ 冯秉正与雷孝思、德玛诺神父由于负责测

① 〔法〕杜赫德编:《耶稣会士中国书简集——中国回忆录 II》,第 237 页。
② 〔法〕杜赫德编:《耶稣会士中国书简集——中国回忆录 II》,第 239 页。
③ 参见张守东:《鬼神与脸面之间——中国传统法制的思想基础概观》,《清华法学》2002 年第 1 期。
④ 方豪先生称,冯秉正是法国汉学的奠基者,其详细情况,参见方豪:《中国天主教史人物传》,第 437～440 页。
⑤ 阎宗临在法文的博士论文里,详细记述了康熙帝任命众多耶稣会士,从 1709 年 5 月 8 日到 1717 年元旦,绘制中国全图的工作及其分工。其中有 15 幅分省地图,1 幅朝鲜图,12 幅中国所属鞑靼地区图,9 幅西藏图。后来地理学家丹维尔(D'Anville)在 1730 年至 1734 年间,将其在法国刻板印刷。自此,中国在欧洲人眼中不再是一块"隐姓埋名的土地"了。参见阎宗临:《杜赫德的著作及其研究》,第 40～41 页。此外,阎宗临还制作了关于传教士测绘《皇朝舆地总图》的时间、地区及技术人员的图表。参见阎宗临:《十七、十八世纪中国与欧洲的关系》,第 495 页。方豪先生在其著作中也有康熙年间测绘全国地图的情况,参见方豪:《中国天主教史人物传》,第 432～436 页。

绘河南、江南(或曰南京)、浙江、福建及台湾(Formose),因而有幸到达台湾岛。① 于是,在这封信中,就有了耶稣会士就康熙末期台湾岛有关法律情况向西方介绍的最初记载。

对于台湾岛的基本政制设置,冯秉正写道,中国政府把该地区"分为属台湾岛首府管辖的三个县,即台湾县、凤山县和诸罗县。各县分别置官,直属全岛提督管辖。该提督及全岛则统属福建省巡抚麾下,因为台湾为福建省之一部分"②。岛上清廷控制的地方主要由从各省而来的"大陆人"和台湾"本地人"组成,前者主要居住在台湾府、凤山县和诸罗县,后者主要充当前者的仆役。

由于"中国人在台湾的统治方式及风俗习惯与大陆上毫无两样",因此冯秉正在信中主要针对"本地人"的风俗和法律进行了特别记述。其中对于"本地人"的婚姻,他写道:

> 他们的婚姻中无任何粗野之处。女子不像大陆上那样可以用钱买卖,男女间对对方的财产也不像欧洲常见的那样在意,双方父母对子女婚姻几乎不加干预。当一名想结婚的男青年找到了意中人,他就一连多日拿着一件乐器去姑娘家里。若姑娘乐意,她便出门与找她的男青年会面,共同商定终身大事,然后再告知各自父母。双方父母筹办喜庆宴席。婚礼在女方家里举行,男子婚后就住在这里而不回父亲家中。从此,男青年把岳父家视为自己的家而且成为这个家庭的赡养者。而他对生父家庭的态度就正如欧洲那些出嫁后住在夫家的女子对待娘家的态度一样。因此,他们不把生男孩子看做福气,他们只想生女孩,女孩能给他们招进老来可作依靠的女婿。③

此外,对于"本地人"的纠纷解决方式,冯秉正也有记述:"每个小镇都选出三四名最孚正直名声的长者,这种选拔使他们成为其他人的首领和仲裁者,他们对一切纷争都享有最终裁判权,如有人不服裁决,就会立刻被逐出小镇而且永远不得返回,任何别的小镇也不敢收留。"④

对于岛上的赋税,冯秉正提到"本地人"是以谷物交税,但南部有三个小镇已有三年拒绝交税。对此,他还询问过福建巡抚该如何处理,巡抚只说既

---

① 参见〔法〕杜赫德编:《耶稣会士中国书简集——中国回忆录II》,第157~158页。
② 〔法〕杜赫德编:《耶稣会士中国书简集——中国回忆录II》,第166页。
③ 〔法〕杜赫德编:《耶稣会士中国书简集——中国回忆录II》,第170页。
④ 〔法〕杜赫德编:《耶稣会士中国书简集——中国回忆录II》,第170页。

然他们不愿意"像人那样生活","只好随他们去了"。① 尽管"本地人"看来很粗野,但冯秉正却不这么认为。他说道:

> 我认为他们比中国众多著名哲学家更接近真正的哲理。连中国人自己都承认,他们中看不到欺诈、盗窃、争吵,也看不到诉讼案件——除非是为反对他们的翻译。他们公正无私、相亲相爱;如果给他们中间某个人什么东西,他要等与他一起付出过辛劳的人同样得到了报酬后才敢享用——这是我经常亲眼目睹的事。他们对有权指挥他们的人的任何命令都极认真;他们出言谨慎,心地正直纯洁。②

1716 年 7 月 1 日孟正气神父于河南南阳府的信中,也记述了当地一场涉及控告天主教的教案。在该案中,该地知府发布了禁止基督教活动的告示。该告示写道:

> 为服从正在确切了解各种教派及错误教义的贤明知府所发布的告示,我(某某姓名)承认因不慎而误信了天主教。遵照上述告示,现自愿予以放弃。本人证词是确凿无疑的。我同时放弃一切错误教义。某某人签名。康熙五十五年某月某日。当事人签名后,下面还有地保及邻居为前者作保的签名。③

这里孟正气提到了明清时期中国基层的"保甲制度"。后来,教案之所以能够化解,孟正气提及他利用了清代法律中不禁止"越诉"的规定。因为当地发生了偷盗和凶杀案件,知府怕基督徒前往省府向巡抚告状,所以作为博弈的条件,知府放弃了前述禁止基督教活动的告示。这一过程反映出清初司法渠道的畅通,以及民众在一定程度上对阶层权力的制约。

5. 冯秉正对"康熙五十六年(1717)教案"的记述

1717 年 6 月 5 日冯秉正神父于北京的信中,向西方介绍了"康熙五十六年(1717)教案"。该教案在笔者看来,是康熙末期最为重要的。它反映了康熙帝晚年对于西方天主教态度的转变,是"中国礼仪之争"后"康熙六十年(1721)禁教令"发布的直接原因。

---

① 参见〔法〕杜赫德编:《耶稣会士中国书简集——中国回忆录 II》,第 170～171 页。
② 〔法〕杜赫德编:《耶稣会士中国书简集——中国回忆录 II》,第 171 页。
③ 〔法〕杜赫德编:《耶稣会士中国书简集——中国回忆录 II》,第 179～180 页。

案件起因于 1716 年年底,东南沿海的官员上奏康熙帝称,有许多中国船只把大批稻米运出中国,并与住在巴达维亚的中国人交往过密。于是,1717 年 1 月康熙帝发布禁令:"严禁任何中国船只以通商为名前往中国以南的地区(南洋地区——引者注),违者严惩。"① 正是在这样的背景下,广东省碣石镇的一位总兵陈昂向康熙皇帝上奏了一封"就沿海地区应采取的预防措施"的奏章。②

该奏章首先跟皇帝陈述其作为该地总兵勤于职守,察看了所有附近海岛,一切托皇帝威福,相安无事。但在香山县所辖澳门发现港内有十多艘欧洲船正驶往广州经商。他很担心,并联想起年初皇帝发布的禁令,于是起意上奏"这些天性顽劣凶狠之徒的情况"。接着,他就如何应对外夷和基督教这两大方面进行了陈述。

对于前一方面事宜,陈昂说由于"自幼涉足商务,曾远渡重洋游历日本、暹罗、交趾、东京、巴达维亚、马尼拉等地","知道这些民族的风俗习惯以及他们政府的方略",因此"斗胆进言"。③ 他指出,日本、暹罗、交趾等国要么与中国是和平通商关系,要么地域狭小不敢窥伺他国,因而"它们无任何恶意";但是要警惕欧洲人经常以通商为名,而控制该地区,如巴达维亚和马尼拉。因此,他提醒皇帝最凶恶和最难对付的是欧洲人。这些欧洲人统称为"红毛","其中有英吉利人和荷兰人",他们极其粗野,与虎狼相似,"无人能与之匹敌"。他们一条船上通常有一百门大炮,"任何东西都挡不住他们",而今有十多艘这样的船达到广州,岂不让人担忧?同时,这些欧洲人"与居留澳门者是同一种人,属同一国家,讲同样的语言,习俗也一样;此外,他们间关系极为密切"。基于此,他提议皇帝应在"肇事之初予以制止",否则日后尾大不掉,希望"陛下命令各省主要官员采取适当预防措施,如迫使这些船舰的船长拆除所有大炮,只能非武装地进港;或是在其进港经商的全部时间内将其集中控制于某个要塞;再或是至少不准其同时大批前来,而要先后到达,直至其彻底改掉凶狠野蛮之作风"。④

对于后一事宜,他说基督教先是从欧洲传到马尼拉,在明朝时马尼拉通过与日本通商,欧洲人顺便用宗教改变了日本人的思想,"成功笼络了许多人,随之里外夹攻差点完全控制日本";后遭日本顽强抵抗后,又退回欧洲;

---

① 〔法〕杜赫德编:《耶稣会士中国书简集——中国回忆录 II》,第 184 页。
② 阎宗临先生曾收录了陈昂奏折的全部内容。参见阎宗临:《碣石镇总兵奏折之一》,载阎守诚编:《传教士与法国早期汉学》,第 204~207 页。
③ 〔法〕杜赫德编:《耶稣会士中国书简集——中国回忆录 II》,第 185 页。
④ 参见〔法〕杜赫德编:《耶稣会士中国书简集——中国回忆录 II》,第 185~186 页。

但他们"仍窥伺着日本,指望把它征服"。鉴于日本之殷鉴,他建议皇帝"他们无任何理由在我国各省兴建教堂"。他给出的论证有三:第一,这些传教士"挥金如土,在某些日子里聚集无数莠民举行仪式";第二,传教士们"研究我法令习俗,测绘我山川地图,同时竭力笼络百姓";第三,这些来华传教士与"那些从可怕的船舰上来的人属于同一民族"。对于后一事宜的潜在祸患,他忧心忡忡地向皇帝说道:"危险是巨大的:涓涓细流会汇成大江大河,如不在幼嫩时把树枝掐断,日后就只能用斧子砍了。"①

或许是因为"中国礼仪之争"让康熙帝产生了厌烦,或许是因为清廷的办事章程,抑或是康熙帝所使的帝王之术,总之他在收到陈昂的奏章后将这一教案交由各部审议。同年4月16日各部尚书奉旨审议该案,并"做出了禁止圣教、驱逐教士的决定"。判决依据和决定如下:他们以"康熙八年(1669)禁教谕令"为依据,指出"我们早已在各省禁止建立教堂和信奉基督教,但仍有莠民无视这一禁令",总兵陈昂的提议有道理,因此"宣布,自本禁令发布之日起,各省信教者只要悔改错误,协助拆毁教堂使其片瓦不留,即可获得宽恕;坚持信教者将以谋反罪论处。官员若不用心稽查,则处以对谋反者疏于举报之罪。所有文武官员均应严格搜查欧洲传教士并立即向上级举报。总督、提督、总兵负责将传教士遣送澳门,拆毁其所有教堂后,令其返回各自国家"。②

按照清廷法律,此判决在获得皇帝预览批准后将会生效,各省将会执行。在京传教士在得知这一判决内容后,为制止其生效,巴多明神父委托大学士和皇九子从中斡旋,希望各部尚书改变其判决。于是,同年5月11日各部尚书又举行了"九卿翰詹科道会议",并作出新的判决:朝廷之所以准许欧洲传教士"在各省居住和从事宗教活动",是因为他们"在改革钦天监和制造兵器中为帝国出过大力",但朝廷同时也"禁止北直隶及其他各省的中国人助其兴建教堂和信其宗教"。鉴于此禁令已发布多时,出现了总兵陈昂所说的"愚民中肯定有不遵此令者"的情况,因此,"我们宣布,北直隶八旗辖区及其他各省中凡在上述禁令发布后信教的人只要悔改错误,即可获得宽恕;执迷不悟者将被严惩,其罪与向南海外出售大米者一样严重。父兄、亲戚、邻居有知情不报者将被责以一百大板、流放二千四百里以外。官员稽查不严者革职。四十七名持有执照的欧洲人可留在各自教堂单独进行宗教活动。凡无执照之欧洲人,文武官员应予严格搜查并立即向总督、提督、总

---

① 参见〔法〕杜赫德编:《耶稣会士中国书简集——中国回忆录 II》,第186～187页。
② 参见〔法〕杜赫德编:《耶稣会士中国书简集——中国回忆录 II》,第187～188页。

兵等上级官员举报，由其将他们遣送澳门"。①

与之前各部尚书所作第一个判决相比，这个判决的不同或变化在于：第一，前一判决所引依据是康熙八年（1669）的禁教谕令，而第二个判决在依据此谕令的同时，还援引了"康熙三十一年（1692）容教诏令"的内容，肯定了欧洲传教士在华传教的合法性。通过这样的援引可以看出，两个涉及天主教地位的法令可能并不是耶稣会士认为的那种"康熙三十一年（1692）容教诏令"取代"康熙八年（1669）禁教谕令"的关系，而是一种并存关系。有关这一点也是目前国内对此问题研究者所误读或者忽略的。第二，明确了中国信教者和欧洲在华传教者不同的法律责任。对于中国信教者而言，第一个判决将坚持信教，不悔改错误定为谋反罪；第二个判决则将不予悔改者的罪责比照"向南海外出售大米者"的罪责。第三，第二个判决明确了各省文武官员搜查、举报、遣送的欧洲传教士是那些没有按照康熙四十五年（1706）发布的"领票谕令"获得执照者，而不涉及已"领票"的在华传教士，后者仍"可留在各自教堂单独进行宗教活动"。

苏霖和巴多明等神父在获知这一新的判决后，利用与康熙帝接触的机会向其呈送了申诉书，对还未生效的判决进行辩解。首先，神父们否认了总兵陈昂对他们的所有指控，并以臣子的身份向康熙帝辩解说，他们并不担心陛下对他们存在误解，因为他们深知"陛下完全了解我们的品行和情感"。他们担心的是"法官们（各部尚书——引者注）不知道荷兰人与我们的差别，因此过于相信总兵错误的指控"，于是恳请康熙帝"令这些令人敬畏的法官们在作出判决时注意这一差别"。②

从中可以看出，神父们已经谙熟中国的政治法律逻辑，不去质疑皇帝的权威，而是用强化皇帝圣明的策略，恳请皇帝向各部尚书为在华传教士的品德作出担保和说明，进而达到使尚书们重新作出判决的目的。为了进一步赢得皇帝的支持，他们从以下三个方面进行辩白：

第一，他们再次表明了他们来华传教近二百年来的纯粹性和无害性，以及对中华帝国统治的积极意义。"我们一心勉励百姓严格履行对国家的责任，劝导他们使自己的习俗符合帝国的法令。"③因此，陈昂指控他们"聚集莠民"，是不能成立的。

第二，他们依次列举了康熙朝因教案所颁布的旨在保护基督教的敕令，

① 参见〔法〕杜赫德编：《耶稣会士中国书简集——中国回忆录II》，第188～189页。
② 参见〔法〕杜赫德编：《耶稣会士中国书简集——中国回忆录II》，第189页。
③ 〔法〕杜赫德编：《耶稣会士中国书简集——中国回忆录II》，第189页。

以此来质疑总兵陈昂指控其谋反的荒谬,当然这里也包含提醒康熙帝注意自己曾经发布这些敕令的意图。他们首先提到了康熙八年(1669)康熙帝为汤若望、南怀仁等神父"历狱"昭雪的案例,赞美了康熙帝"始终公正圣明,不难辨别真伪"的举动。其次,他们又提到了康熙三十一年(1692)浙江巡抚张鹏翮同样散布流言蜚语主张禁教的案例,并强调陛下在此案中颁布《容教诏令》的决定。再次,他们还提到了康熙四十七年(1708)"陛下亲自容许欧洲人在各省教堂活动;陛下还发给他们帝国执照(票),后者则答应永不返回欧洲"的敕令。最后,他们还援引了前述康熙五十年(1711)樊绍祚指控基督教为邪教案中,礼部所作出的有利于基督教的判决。在结合这些已经发生的众所周知的敕令和案例的基础上,他们质疑总兵陈昂明知陛下对于天主教的恩荣,在未加细察的情况下,故意将他们与荷兰人混为一谈,无端指控他们谋反,是极其恶毒的。①

第三,他们恳求皇帝能够"始终仁慈地支持和保护着我们",并"恳请陛下晓谕各省:我们向中国人传播的不是邪教,我们也无意诱惑他们"。②

在获悉皇帝和神父们的这封申诉书后,各部尚书们又于同年5月19日再次作出最终判决,并获康熙帝"照此办理,钦此"的批准,下发各省执行。这封终审判决书在形式上由两部分构成:一是全文引证前述广东省碣石镇总兵陈昂的奏章;二是各部"据评议"所作出的判决。判决部分也主要是针对前述陈昂奏章所涉及的两方面事宜分别作出的。③

一方面,就如何应对外夷问题,判决认为:

> 各地封疆大吏位尊爵显,本应制裁、镇压坏人。因此,该由他们决定采取何种预防措施。至于准许多少西洋船只与我通商、船只应于何处抛锚、许其以何种方式经商、在何种情况下许其进港、是否需兴建要塞,以及让西洋船只同时到达还是逐一前来,所有这些也应由他们决定。如有其他事情需要审议,则由将军、总督、提督、总兵合议并向我们

---

① 参见〔法〕杜赫德编:《耶稣会士中国书简集——中国回忆录Ⅱ》,第189～190页。
② 〔法〕杜赫德编:《耶稣会士中国书简集——中国回忆录Ⅱ》,第190～191页。
③ 康熙五十六年(1717)四月十四日的《圣祖仁皇帝实录》(卷之二百七十二)也记载了这份"终审判决书":"兵部议覆、广东碣石总兵官陈昂疏言,天主一教、设自西洋。今各省设堂、招集匪类。此辈居心叵测。目下广州城、设立教堂、内外布满。加以同类洋船丛集。安知不交通生事。乞敕早为禁绝、毋使滋蔓。查康熙八年、会议天主教一事。奉旨天主教,除南怀仁等、照常自行外。其直隶各省立堂入教、着严行晓谕禁止。但年久法弛、应令八旗、直隶各省、并奉天等处、再行严禁。从之。"

报告结果,再由我们定夺。①

可见,由于陈昂所控第一项事宜没有具体的议决事项,因而上峰只能作出如此模棱两可的不涉任何具体对象的泛化处理结果。

另一方面,就如何对待基督教问题,判决宣称:

> 我们查阅各部档案后发现,皇帝于康熙八年批准过如下判决:"天主教除南怀仁等照常自行外,恐直隶各省复立堂入教,仍着严行晓谕禁止。"
>
> 康熙四十五年,皇帝又颁发了另一敕令:"着给永不返回欧洲之西洋人颁发盖有印章的帝国执照(印票),注明其各自国籍、年龄、修会、入华时间及领票人许下的永不返回欧洲的承诺。着西洋人进宫见朕,领取以满汉两种文字书写的盖有印章的执照。此照可作为他们的证明。此敕令需严格遵守并存入档案。"
>
> 鉴于敕令颁发后又过去了多时,(教会中)很可能混进了某些不良分子,因此,宜在八旗辖区、直隶及各省份以及辽东和其他各地予以禁止。臣等不敢擅作主张,特恭候陛下圣裁。②

从判决书内容可知,终审判决书显然照顾到上述苏霖和巴多明等神父递交给康熙帝申诉书中的一些辩解意见,并着重援引了申诉书中所提到4个敕令和案例中的2个。这再一次表明,康熙朝时期关于教案的敕令和判决,彼此之间不是一种"代替关系",而是一种"并存关系",每个敕令和判决不当然因后一个敕令和判决的作出而失去效力。有关这一点,我们不能拿今天法学的观念或标准去看待。

与此同时,终审判决书对于在华传教士没有再提举报、遣送澳门离境或禁止他们传教的事宜,但也强调需要"进宫见朕,领取以满汉两种文字书写的盖有印章的执照"。对于在华传教士而言,这样的判决明显比前述各部尚书们作出的第二个判决要轻很多,同时也未禁止他们在华进行宗教活动。

但是,对于中国皈依基督的信徒来说,终审判决书似乎又是严厉且模糊的。判决书到底是因为"混进了某些不良分子"而整体上在"各地予以禁止";还是只针对那些"不良分子",查核清楚后单独禁止? 这些禁止的确切

---

① 〔法〕杜赫德编:《耶稣会士中国书简集——中国回忆录II》,第191页。
② 〔法〕杜赫德编:《耶稣会士中国书简集——中国回忆录II》,第191~192页。

含义、查核某信徒是否为"不良分子"的标准以及违反禁止敕令后的处罚标准,判决书似乎都未指明。因此,神父们见到这样不甚明确的判决,一定会把困难放到最大,认为各地文武官员在看到此判决后,会以为皇帝禁教了。对此,冯秉正在信中也表达了此种担忧:

> 对我们圣教的禁止——而这一点起先并未见诸于判决措词之中。然而您要知道,在(引证)康熙八年和四十五年两次敕令后使用一个"禁"字,仅此就足以与两份敕令相联,而且各省官员肯定会从这一意义上加以理解——因为在中国人看来这是顺理成章的。①

于是,当他们在 5 月 22 日看到这份判决后,决定全体于 24 日赴畅春园面见圣上,口头申诉。从传教士记录的这场康熙五十六年(1717)神父与康熙帝的对话中可知,康熙帝坚持了上述终审判决书的意见,但对其模糊之处进行了口头解释。因此,我们可以把传教士记录的这份材料,看作是 5 月 22 日判决书的具体细化解释。②

冯秉正神父记录的这份材料显示,这日苏霖、巴多明和莫兰(Moran)神父觐见康熙说,他们已经获悉了"严禁宗教的判决"。而康熙帝却说:"判决并不严厉,基督教也未被禁止,他们只禁止未领执照的西洋人传教,此禁令不涉及领有执照的人。"③

神父们在听到康熙帝关于在华传教士是否被禁教的明确解释后,或许是想进一步为中国皈依基督的教徒争取权益,故意装糊涂追问道:"陛下所作的区分在判决中未有明确表述。"圣明的康熙帝或许已经洞察出神父们的意图,再一次非常明确地强调:"朕仔细看过判决,区分是清楚的,但如果你们想让无执照者也获准传教,那是不可能的。"④康熙帝的这一回答,不仅堵住了神父们为中国教徒申请解除禁教指令的可能,而且限定了在华传教者只能是"领票者"。

神父们听到皇帝这样的回答,反应当然是沮丧的,但他们并未放弃,而

---

① 〔法〕杜赫德编:《耶稣会士中国书简集——中国回忆录 II》,第 193～194 页。

② 阎宗临先生在《票的问题》一文中也转载了康熙五十六年(1717)西洋人苏霖等在畅春园与圣祖关于票的对话。参见阎宗临:《票的问题》,第 182 页。

③ 〔法〕杜赫德编:《耶稣会士中国书简集——中国回忆录 II》,第 192～193 页。此上谕内容为:"尔等放心,并非禁天主教,惟禁不曾领票的西洋人,与有票的人无干。若地方官一概禁止,即将朕所给的票交看,就是传教的凭证,你们放心去。若禁止有票的人,再来启奏。钦此。"黄伯禄编:《正教奉褒》,第 371 页。

④ 〔法〕杜赫德编:《耶稣会士中国书简集——中国回忆录 II》,第 193 页。

是将问题又转换到涉及在华传教士传教的相关敕令上来。神父们问，为何"判决一开头就引证了康熙八年的敕令"。他们没有说出的潜台词是，皇帝为何只提康熙八年（1669）禁止传教的敕令，而没有提到那些有利于传教的敕令和判决，尤其是康熙三十一年（1692）的《容教诏令》。他们的目的实际上是想用旁敲侧击的方式，提醒皇帝曾经是同意传教的。然而，康熙帝作出禁教的决定，显然不是一时兴起，他答道："是的，但这意味着根据这一敕令，无执照者不得传教。"①康熙帝这样的回答意味着，有利于传教的相关敕令被搁置，而之前相关禁教敕令被强化，一正一反之间，也就解释了之后康熙帝1721年发布禁教谕令的必然性。

接着，神父们担心各地文武官员看到判决后，会不加区分地对待他们，"甚至不准领有执照的人传播圣教"。对此，康熙帝一方面以极其肯定的口吻，表达了他仍然关心神父，允许他们合法传教的立场。康熙帝说道："有执照的人只需出示就可以了，执照上写着允许他们传教。他们可以传教，但听不听就是中国人的事了。至于那些没有执照的人，让他们到这里来，朕给他们就是了（说到这里，皇帝露出了微笑）。"②另一方面，康熙帝又透露未来他们传教可能会受到限制，会有新的决定。他说道："尽管如此，我们只在一段时间内准许传教——持有执照者同样如此，人们以后会看到我们对他们将作何决定。"③

最后，神父们预见到该判决一经发出，各地官员"马上会搜查传教士和基督徒"，这会给在华传教士和中国信徒们带来混乱，因此希望皇帝有个明确的指示，看能否制止这些可以预见的行为。但是，康熙帝并没有多说什么，只是按照终审判决书的判文认可了"教会里很可能混进了某些不良分子"的说法，答复神父们说"至于搜查，那是必要的"，并强调主要"搜查未领执照之人，将其集中起来"。④

综上，通过冯秉正神父这份记录大体可以推知，康熙帝虽未正式下令彻底禁教，也未认同陈昂的相关指控，但强调在华传教士只有在"领票"的情况下才可以传教且时日已经不多，而中国基督信徒大体上是不可以自由传教的。

尽管在与康熙帝交谈后，神父们又撰写《对陈昂总兵反欧洲人、反基督教奏章的答辩》，条分缕析、有理有据、令人信服地对陈昂的指控逐条进行了

---

① 参见〔法〕杜赫德编：《耶稣会士中国书简集——中国回忆录II》，第193页。
② 〔法〕杜赫德编：《耶稣会士中国书简集——中国回忆录II》，第193页。
③ 〔法〕杜赫德编：《耶稣会士中国书简集——中国回忆录II》，第193页。
④ 参见〔法〕杜赫德编：《耶稣会士中国书简集——中国回忆录II》，第193页。

批驳,①并指出陈昂的指控与之前"历狱"中杨光先一样"以同样的轻率重弹着老调"②,但康熙帝对在华传教士态度已变,一切于事无补。所有这些已经预示了几年后康熙禁教谕令的颁布是不可避免的事情。

耶稣会士卜文气在1719年10月14日于无锡致其兄弟的信中,对"康熙五十六年(1717)教案"判决所带来的影响有所描写。他写道:

> 您在传教士书信汇编上可能已经读到了对宗教不利的敕令,这是皇帝两年前因一位叫陈昂的官员起诉欧洲人而下达的。鉴于这道敕令措词晦涩含糊,我们便通过活动取得了几位有权势的朋友的保护,使敕令未予严格执行。但它仍在各省引发了种种动荡。我所在地区县城之一的江阴县的基督徒们也未能幸免。该县正好在我到达那里的这一天接到了敕令,我却一无所知,因此照例去拜会官员们。后者认为基督教已在帝国遭禁,因此让我吃了闭门羹。③

我们从卜神父的这则材料中可以知悉如下几点信息:第一,1717年终审判决书从文本上看存在模糊之处,这使各地对于判决内容的执行存在一定的左右空间;第二,由于存在模糊的理解,当年苏霖和巴多明神父们担心的事情确实发生了,部分地方官员会认为皇帝已经禁教,即便是"领票"的神父也可能遭到打击;第三,信教的中国基督徒的确受到了禁止和打击,在有些地方甚至还出现了"基督徒被永远禁止耕种自己的土地"的情况。④

前述终审判决书被宣布4年后,康熙帝于1721年1月17日正式颁布"禁教令",下令禁教。耶稣会传教士宋君荣⑤(Antoine Gaubil, 1689~1759)神父在1722年11月4日于广东写给图卢兹大主教德纳蒙(de Nemond)的信中,对禁教后的广东有所描写:

> 我到达中国仅几个月,踏上这片土地时,见到不久前曾给人以如此

---

① 参见〔法〕杜赫德编:《耶稣会士中国书简集——中国回忆录Ⅱ》,第194~205页。
② 〔法〕杜赫德编:《耶稣会士中国书简集——中国回忆录Ⅱ》,第205页。
③ 〔法〕杜赫德编:《耶稣会士中国书简集——中国回忆录Ⅱ》,第213页。
④ 参见〔法〕杜赫德编:《耶稣会士中国书简集——中国回忆录Ⅱ》,第213页。
⑤ 宋君荣,字奇英,原名安托万·戈比,1704年入耶稣会,1722年来到广州,1739年俄国任命其为彼得堡皇家科学院士,1759年死于北京。他在华期间写给耶稣会的信函,后被法国人西蒙(Renée Simon)夫人编辑为《宋君荣神父北京通信集》(Le P. Antoine Gaubil S. J.: Correspondance de Pékin, 1722-1759),1971年由日内瓦Droz书局出版。方豪先生称,宋君荣被誉为"最博学的耶稣会传教士",其详细介绍,参见方豪:《中国天主教史人物传》,第535页。

美好希望的一个传教会处境这般艰难,使我感触良多。教堂被毁,基督徒被驱散,流亡的传教士在中国第一港广州闭门不出,因为他们不得进入帝国内地,宗教本身也即将被禁止,这便是在我进入帝国之际呈现在我眼前的凄惨景象,而人们先前却在这个帝国发现了如此有利于听从福音的倾向。①

6. 冯秉正对"雍正元年(1723)福建教案"及"雍正二年(1724)禁教令"的记述

对于雍正皇帝1724年更为严重的"禁教令",冯秉正神父在1724年10月16日于北京写给耶稣会某神父的信中有所论及。他悲痛地写道:

> 多年来我们所担心并无数次预言过的一切终于于最近发生了:我们的圣教在中国已被完全禁止,所有传教士——除在北京的以外——都被逐出帝国,教堂或被拆除或被派作渎神的用场;敕令已经颁布,基督徒必须放弃信仰,其他人不得信基督教,违者将被严惩。近二百年来花了我们无数心血建立起来的传教会竟落得如此可悲的下场。②

而对于雍正帝1724年发布"禁教谕令"的起因——1723年的"福建教案",冯秉正有着全面的记述。

冯秉正记载,该案是1723年7月在福建省福宁州福安县发生的。两名从菲律宾来的西班牙多明我会传教士布拉兹·德拉西埃拉(Blaz de la Sierra)和厄泽皮奥·奥斯多(Eusebio Ostot)得罪了一名当地信徒。该信徒不仅放弃信仰,而且串联当地几名秀才向当地官员递交诉状,指控他们"用信徒们的钱盖起来大教堂,教堂里男女混杂,还指定幼女当修女等等"③。与此同时,来自耶稣会的冯秉正神父将引发该案的原因主要归结于长久以来方济各会、奥古斯丁修会以及外方传教会在传教过程中对于"中国人习俗的无知或忽视",认为他们没有认可和学习耶稣会在华传教所制定的"文化适应"传教策略。

冯神父记载,福安知县在收到诉状后,将该案呈报给上级官员,闽浙总

---

① 〔法〕杜赫德编:《耶稣会士中国书简集——中国回忆录 II》,第 281 页。
② 〔法〕杜赫德编:《耶稣会士中国书简集——中国回忆录 II》,第 314 页。
③ 〔法〕杜赫德编:《耶稣会士中国书简集——中国回忆录 II》,第 315 页。

督向其下达命令。① 命令称:福安辖地教堂众多,富人、穷人纷纷加入,甚至出现青年女子成为修女而不结婚的情况。命令认为,"此种宗教蛊惑百姓,败坏我淳厚民风,后果严重,因此以禁止为宜,不得放任自流",并要求"福安全境张贴公告,禁止该教并画下各教堂图形后将其关闭";与此同时,要求"各族长和地保将此令通告各地,以使人人遵守并立改前愆","今后若有胆敢违反此令者须依法严惩","聚众奉教者应录其姓名,捕拿归案,惩其罪行,不得姑息"。②

福安知县在接到命令后,在当地发布、执行,并将查明后的情况撰写成报告向总督汇报。③ 在该报告中,知县首先指出基督教"破坏五常和真正的道德,破坏家庭和睦及良好的民俗",当地包括举人在内的信徒"不敬奉已故祖先""父母去世后不依俗成礼仪祭奠""不结婚""把我们尊敬的先贤视为恶人",甚至公然向官府递交"充满了傲气和粗野无礼之词"的匿名文书。接着,他查阅了县衙档案,发现了康熙五十六年(1717)的敕令和禁止"私建庙宇"的典章。最后,他以此敕令和典章为依据,一方面善意提醒巡抚"当心教徒们的鲁莽和傲慢",另一方面恳请上峰能够"议出万全之策",形成制度,下达"任何人都不敢再违反政府明智的法令"。④ 通过该报告可知,前述"康熙五十六年(1717)教案"的终审判决书不仅已下发各地,而且通过报告可以帮助西方人进一步指明该终审判决书的含义。文载:

> 查本衙档案,我发现朝廷曾于康熙五十六年下令,(传教士中)凡有票者准其住于教堂,无票者应驱逐。此令已公布全国,系先皇帝善待来华洋人之举。但此令只准洋人依其律法在华生活,并未允许中国人信其宗教并听命于他们。此外,有票的洋人虽各有教堂,但每个省只能有一座。⑤

同年六月初一,闽浙总督在获知知县的汇报后,震惊于当地读书人入教之深,下令将汇报中涉及的举人和秀才捕拿归案,并秘密寄给知县一份短

---

① 闽浙总督谕贴全文,参见《总督谕贴(雍正元年,1723)》,载吴旻、韩琦编校:《欧洲所藏雍正乾隆朝天主教文献汇编》,上海人民出版社2008年版,第19页。

② 参见〔法〕杜赫德编:《耶稣会士中国书简集——中国回忆录II》,第315页。

③ 福安知县汇报全文,参见《福安县详文(雍正元年六月一日,1723.07.02)》,载吴旻、韩琦编校:《欧洲所藏雍正乾隆朝天主教文献汇编》,第21~22页。

④ 参见〔法〕杜赫德编:《耶稣会士中国书简集——中国回忆录II》,第316~317页。

⑤ 〔法〕杜赫德编:《耶稣会士中国书简集——中国回忆录II》,第316~317页。

笺。在短笺中总督向知县作出如下指令：第一，责怪其对于当地基督教广为传播的失职行为，要求其"殚思极虑使误入歧途者重返正道"；第二，查清当地信教人数，利用当地族长、贵族和文人劝他们改邪归正；第三，核查洋人传教士是否有票，即使有票也不得在地方传教，聚众蛊惑百姓，将无票者遣送广州并从那里送往澳门；第四，信教百姓人多势众，不急于使用暴力，防止事态恶化，但须及时报告，为将来派兵威慑做好准备。①

知县接到指令后，虽向信众讲明让他们"改正错误，重振良善风俗"的道理，但效果不佳。福安县的传教士和信徒还联名向福建巡抚递交诉状，辩解说教堂是奉先皇帝康熙的御旨建造的。巡抚在感受到事态严重后，在8月将前述下达福安县的禁教指令推及全省，同时密奏皇帝，"请求帝国各省中不留任何欧洲人"。②

值得注意的是，在1723年9月7日闽浙总督在福建全省禁教的告示中③，巡抚在细述基督教"破坏五常和先贤学说，毁我历代君王益世之教诲"的基础上，援引《大清律集解附例》指明了在华传教士的罪名，④并严责信教士人如不"真正悔改，脱离该教"，"将夺其功名，依律治罪"，地方官如隐匿不报，也将罢其官职。⑤ 笔者推断，这两个罪名可能分别是"禁止师巫邪术"和"私创庵院及私度僧道"。⑥

在雍正元年（1723）十月二十四日闽浙总督满保上奏雍正皇帝的奏本中⑦，总督先是向皇帝陈述了他针对"福建教案"所作处置及其理由，并建议皇帝"宫廷可留几名洋人效力，令其修订历法或从事其他工作"，不应让其在各省兴建教堂，否则"大批受诱惑者将抛弃我良善之民俗"。他最后建议皇帝，为了"百姓利益和帝国安宁"，"对已在朝廷之洋人照常留用，同时请陛下将洋人逐出各省，将其或送往朝廷（效力），或送往广东澳门，其教堂改做

① 参见〔法〕杜赫德编：《耶稣会士中国书简集——中国回忆录II》，第317～318页。
② 参见〔法〕杜赫德编：《耶稣会士中国书简集——中国回忆录II》，第318～319页。
③ 经笔者核对，此告示内容与雍正元年（1723）五月二十三日后引注内容一致，只是在时间上有所出入。参见《福安县查明县内各处天主堂（雍正元年五月二十三日，1723.06.25）》，载吴旻、韩琦编校：《欧洲所藏雍正乾隆朝天主教文献汇编》，第23～24页。
④ 文载："根据我国法度，凡以宗教和行善为名欺骗百姓之邪派头目当被绞死，与同一目的的追随其后者当处一百大板并流放二千四百里以外。此外，严禁兴建新庙，无论和尚、道士或其他类似教派皆不准兴建，违者处一百大板，逐出帝国，永远不得重返，庙宇拆除，地皮和建材充公。"〔法〕杜赫德编：《耶稣会士中国书简集——中国回忆录II》，第319～321页。
⑤ 参见〔法〕杜赫德编：《耶稣会士中国书简集——中国回忆录II》，第319～321页。
⑥ 参见王宏治、李建渝点校：《顺治三年奏定律》，第183、238页。
⑦ 此闽浙总督的奏本以及礼部的议覆，参见《礼部议覆闽浙总督满保严禁天主教事（雍正元年十二月十七日，1724.01.12）》，载吴旻、韩琦编校：《欧洲所藏雍正乾隆朝天主教文献汇编》，第26～27页。

他用"，同时对陛下同意"在福建省禁止了基督教"表示感激。① 后来，在京的巴多明神父通过多方了解，确信雍正皇帝已经大体同意了总督所奏事宜，并将奏本交礼部议处。

尽管神父们通过私人关系和贿赂获得了主管礼部亲王和两位礼部副手的帮助，准备重提康熙三十一年（1692）和康熙五十年（1711 年"樊绍祚指控天主教案"）有利于基督教的敕令和判决，"保住有票的外省传教士"不被驱逐，但或许是因为礼部低级别官员获得了皇帝的密旨，他们坚决抵制这一请求，并于 1724 年 1 月 4 日拟定了如下"判决"：

> 在朝廷之洋人对制定历法有用，还可提供其他服务；但外省之洋人毫无用处。他们吸引无知的男女百姓信其律法，兴建教堂，以祈祷为名把人们不分男女聚在一起，这对帝国毫无益处。依福建总督建议，于朝廷有用者须照常留用，至于分散于北直隶及帝国其他省份之洋人，如其可用，可将其送往朝廷，余者遣送澳门。先前领有内务府颁发的票的洋人须把票交给地方官员，由后者寄给本部以便送回内务府销毁。他们所建之教堂均应改做公用。严禁基督教，轻率入教者必须尽快改正。今后再行聚会祈祷者应依律惩处。地方官若不认真监督执行此令，总督巡抚们应将其革职，送礼部查办。②

同年 1 月 10 日，雍正帝同意了礼部所拟"判决"③，并朱批如下：

> 照礼部决定办理。欧洲人是外国人，他们已在帝国各省滞留多年，现必须按福建总督建议办。但恐百姓对其有侮辱之举，因此，朕命令各省总督巡抚给他们半年或数月时间，把他们或送往朝廷，或遣送澳门；派一名官员一路陪同照料他们，保证其不受侮辱。着谨遵此令。钦此。④

结合礼部的"判决"和雍正帝的朱批可知，1724 年基督教在华传播彻底

---

① 参见〔法〕杜赫德编：《耶稣会士中国书简集——中国回忆录 II》，第 322～323 页。
② 〔法〕杜赫德编：《耶稣会士中国书简集——中国回忆录 II》，第 325 页。
③ 关于该"判决"的中方史料，参见《礼部议覆闽浙总督满保严禁天主教事并奉旨（雍正元年十二月十七日，1724.01.12）》，载吴旻、韩琦编校：《欧洲所藏雍正乾隆朝天主教文献汇编》，第 28～29 页。
④ 〔法〕杜赫德编：《耶稣会士中国书简集——中国回忆录 II》，第 325 页。

终结。康熙时期的"利玛窦规矩"和"领票"制度也被废除。在华传教士除留京专攻天文和其他技艺者,在半年内全部离开;国内信教者必须脱教,否则处以刑罚。冯尔康先生对比雍正帝禁教和康熙帝晚年禁教后发现两点不同:"其一是严厉执行,康熙帝禁教,并不那么认真,而雍正帝则是定出具体执行办法,如给予传教士迁移准备时间,以便严格执行;其二是收回信票(红票)。"①

这里需要特别注意的是,此"判决"和朱批形成了雍正朝之后清前期清廷对待天主教的基本立场和处理方案,即"雍正二年(1724)成案"。一方面,雍正帝在朱批中并没有认可闽浙总督指控在华传教士触犯"禁止师巫邪术"罪和"私创庵院及私度僧道"罪的说法;另一方面,雍正帝对在华传教士作出了"留用享有技艺者,其余俱遣澳门"新的处罚决定。这同时也说明,与前述康熙朝类似,天主教在雍正朝并不是被作为"邪教"看待的,"天主教此一'异端'就在'正教'与'邪教'(叛国宗派)之间,处于特殊地位,虽被禁止传行,却得到宽大对待"②。

"雍正二年(1724)禁教令"作出后,冯秉正和费隐神父以及郎世宁(Giuseppe Castiglione,1688~1766)修士决定找雍正帝宠信之人康熙十三子允祥代为求情。允祥王爷说道:"自从你们发生争执(中国礼仪之争——引者注)以来,你们目睹了你们事情的发展进程,这使我先父皇花了多少心血啊! 要是我们的人去欧洲要改变你们先贤制定的律法和习俗,你们会怎么说呢?"③可见,康熙帝也好,雍正帝也罢,他们不能接受的是罗马教廷后来在"中国礼仪之争"中所坚持的态度。神父们看到十三王爷对基督教还存在误解,于是时任钦天监监正和礼部侍郎的戴进贤(Ignáce Kögler,1680~1746)神父决定再给皇上递上一封"陈情书"。

该陈情书首先对雍正帝取消"领票"制和遣送在华传教士表示"忧伤"。他们声称:"各省持有这种票的传教士不过三十人许,人们先前曾要他们答应永不返回欧洲,如今他们皆已年高体衰,怎堪忍受如此艰难之旅? 何况澳门非其祖国,可陛下要送他们去那里。我们深恐此消息一旦传到欧洲,人们会以为他们是因违反法律犯下大罪,所以才被逐出帝国以示惩戒的。"④同时,他们还针对礼部的指控,逐一进行了辩白,坚持自己不是"伪教"。如

---

① 冯尔康:《尝新集——康雍乾三帝与天主教在中国》,天津古籍出版社2017年版,第115页。
② 谭家齐、方金平:《天朝廷审:明清司法视野下天主教的传播与限制》,香港城市大学出版社2021年版,第80页。
③ 〔法〕杜赫德编:《耶稣会士中国书简集——中国回忆录Ⅱ》,第326页。
④ 〔法〕杜赫德编:《耶稣会士中国书简集——中国回忆录Ⅱ》,第329页。

"基督教在中国传播已近二百年,其教理始终是公开的,它教导为臣者忠于其君,孩子应尊敬服从父母,所有成年男子均应积德行善、远离罪恶、服从政府法令、维护安定团结与和谐"①。最后,他们恳求皇帝"恩准长期在华并且有票的欧洲人留在中国";"悯其年迈,准其在区区有生之年在此照看他们先辈的目的";"不要强迫基督徒抛弃他们信仰的宗教"。②

1724年1月28日冯秉正、白晋、雷孝思和巴多明四位神父再次面见允祥。十三王爷说道:"不是皇上要赶他们走,而是福建总督为纠正两名洋人在该省造成的混乱才这样做的。"神父们辩称:"我们不认识这些欧洲人,甚至不知道他们姓名。他们受了指控,难道别的那么多人也要跟着倒霉吗?"说到这,十三王爷才意识到礼部和皇上似乎把耶稣会和其他天主教修会搞混了,但一切已无法挽回了。③

冯秉正在信中还记述了禁令颁发全国后,各地传教事业的受损情况。北京附近的 Ouen-ngan 知县将该县的法国教堂改为公共粮仓,古北口教堂祭坛上的耶稣基督、圣母和圣约瑟的画像被当众烧毁。广西、福建、河北和河南等地的教堂均遭受到打击。各地传教士的人身也遭受到侵害,有的甚至殒命。④ 更要命的是,禁教敕令要求各地官员将在华传教士遣送至澳门,而此地根本不是欧洲来华经商船只的靠岸地。因此,戴进贤神父于1724年7月1日又通过十三王爷和十六王爷,向雍正皇帝写了一份"陈情书",希望不要把在华传教士都遣送至澳门而留在广州。⑤

雍正帝看到"陈情书"后,用御笔批复如下:"诸位大学士及亲王:着尔等将戴进贤的陈情书寄给广东总督和巡抚,令其暂停执行(先前的)命令,不要催促洋人前往澳门,并令总督、巡抚、将军、提督认真商议此事,向朕报告。若他们认为对管理百姓并无大碍,则可以准许洋人住在广州。此外,尔等亦须会商此事,向朕报告。"⑥之后,雍正帝又接见了戴进贤、巴多明和白晋三位神父,冯秉正神父将雍正帝对神父们的训话用非常详尽的文字记录了下来。该训话基本表达了雍正皇帝对于基督教的态度和禁教背后的原因。

雍正皇帝在这次训话中,首先表明在"福建教案"中他的出发点与之前

① 〔法〕杜赫德编:《耶稣会士中国书简集——中国回忆录Ⅱ》,第329页。
② 参见〔法〕杜赫德编:《耶稣会士中国书简集——中国回忆录Ⅱ》,第330页。
③ 参见〔法〕杜赫德编:《耶稣会士中国书简集——中国回忆录Ⅱ》,第331～332页。
④ 参见〔法〕杜赫德编:《耶稣会士中国书简集——中国回忆录Ⅱ》,第332～333页。
⑤ 参见〔法〕杜赫德编:《耶稣会士中国书简集——中国回忆录Ⅱ》,第336～337页。
⑥ 〔法〕杜赫德编:《耶稣会士中国书简集——中国回忆录Ⅱ》,第337页。戴进贤的"陈情书"及雍正帝上谕,参见《西洋人戴进贤奏悬容留西洋人留住广东(雍正二年,1724.07.01)》,载吴旻、韩琦编校:《欧洲所藏雍正乾隆朝天主教文献汇编》,第32～33页。

的康熙帝没有区别。他说道:朕"一点也不偏离他的治国方略。福建省某些洋人试图坏吾法度,扰乱百姓,该省主管官员们向朕告了他们的状。朕必须制止混乱,此乃国家大事,朕对此负有责任"①。

其次,按照维系帝国统治的准则,雍正帝指出天主教虽"不是伪教,朕相信这一点";但在先皇时期"你们的宗教才迅速传开","你们想让所有中国人都成为基督徒",未来"变成你们国王的臣民",况且"你们培养的基督徒只承认你们,若遇风吹草动他们可能惟你们之命是从";因此虽然"目前还没什么可担心的,但当成千上万的船只到来时就可能出乱子"。② 可见,在雍正帝看来,一个宗教是否为"伪教",并不在于它的教义和形式;其标准只有一个,那就是是否有"煽动造反"的可能。对此,他指出:"那些以教人积善积德为名煽动造反的宗教才是伪教,白莲教就是这样做的。"③于是,为了杜绝后患,他必须这么做。为此,他对康熙帝善待基督教的政策进行了批评。他说道:"在朕先父皇当政时期各地才建起了教堂,你们的宗教才迅速传开。我们当初看着这一切,却什么也不敢说。但纵然你们骗得了朕的父皇,别指望也来骗朕。"④

再次,雍正用非常明白的话语告诉神父们,为了国家安全,"怕他到中国兴风作浪",因此把包括北部的俄罗斯王国,南部的"欧洲人和他们的王国"以及西面的策妄阿拉布坦在内的外国人,"约束在其地盘内不准进入中国"。⑤ 至于为何只允许在华传教士停留在北京和广州,雍正帝也用对待俄罗斯的先例进行了解释,认为这样做在整体上是符合"宾礼"的。对此,他说道:"随沙皇使臣伊斯迈罗夫(Ismalioff)一起来华的兰给(Lange)请许俄罗斯人在各省设立代理商行,但遭到了拒绝,我们只准他们在北京和土库班沁互市,最多也只能扩大到喀尔喀地区。同样,朕允许你们留在这里和广州,只要你们不贻人以任何抱怨的口实,就可以一直住下去。"⑥为了说明此种做法的妥当,并论证之前在各省允许传教士居住的错误,雍正帝再一次批评了康熙帝。他说道:"朕绝不愿意你们在地方各省居留。朕的先父皇屈尊俯就,让你们居留外省,他在文人们心目中的威望就大受损害。先贤之法不容任何更改,朕决不允许朕当朝期间在这方面给人留下任何把柄。"⑦

---

① 〔法〕杜赫德编:《耶稣会士中国书简集——中国回忆录II》,第338页。
② 参见〔法〕杜赫德编:《耶稣会士中国书简集——中国回忆录II》,第338页。
③ 〔法〕杜赫德编:《耶稣会士中国书简集——中国回忆录II》,第338页。
④ 〔法〕杜赫德编:《耶稣会士中国书简集——中国回忆录II》,第338页。
⑤ 参见〔法〕杜赫德编:《耶稣会士中国书简集——中国回忆录II》,第338页。
⑥ 〔法〕杜赫德编:《耶稣会士中国书简集——中国回忆录II》,第339页。
⑦ 〔法〕杜赫德编:《耶稣会士中国书简集——中国回忆录II》,第339页。

最后,雍正帝重申,他禁教的理由只是为了"治理好这个国家",并没有"对你们有什么敌意或是朕想压迫你们"的意思。为说明这一点,他还用做皇子时帮助基督徒的例子进行解释。同时,他还以类似于今天国际法主权平等的视角,反问神父们:"如果朕派一队和尚喇嘛到你们国家传播他们的教义,你们该怎么说呢?你们如何接待他们呢?"[①]

尽管在雍正帝训话的过程中,巴多明神父曾用康熙帝的原话提醒雍正帝他们与俄罗斯商人的不同:"那些欧洲人是传教的修道士,他们不做生意,而且也不回欧洲了。而你们是来做生意的,来来往往,随时换人,而且都不是修道士。若这些人触犯我们法律,朕只得惩处,而朕惩处了他们,你们的沙皇就会抱怨,就会成为我们间争执的原因,这是不行的。"[②]但是,雍正帝佯装不知,根本没有理会巴多明的话。

冯秉正神父在细述完1723年"福建教案"后,还记述了雍正皇帝在这次谈话后,"对一个几乎合家信仰基督教的著名家族"(苏努家族)进行了严厉的打击,三百余座教堂落入非基督徒之手,"三十余万基督徒因没有教士和牧师而失去了一切神佑","被逐出各省的传教士几乎已全部动身前往广州"。[③]捷克籍耶稣会士严嘉乐[④](Karel Slavíček,1678～1735)在《1725年中国的传教工作报告》中对1724年在华传教士的实际情况有详尽的描述。[⑤]

由于雍正帝的禁教举措,罗马教廷本笃十三世于1725年特遣使者鄂达尔和伊尔方神父来华,试图劝说雍正帝对天主教弛禁,开释在押传教士。对此,宋君荣神父在1725年10月27日于北京写给耶稣会盖雅尔神父的信中有所记载。[⑥]文载:

> 罗马教皇的两位使者是两个赤脚穿云鞋的加尔默罗会修士,两人都很年轻。他们带来了很多礼品和教皇的两封玺书。我只见到了礼

① 〔法〕杜赫德编:《耶稣会士中国书简集——中国回忆录Ⅱ》,第338页。
② 〔法〕杜赫德编:《耶稣会士中国书简集——中国回忆录Ⅱ》,第339～340页。
③ 参见〔法〕杜赫德编:《耶稣会士中国书简集——中国回忆录Ⅱ》,第340～341页。
④ 严嘉乐,1678年12月24日出生于捷克摩拉维亚的伊姆拉莫夫村,数学家、天文学和音乐家。他于1694年10月9日加入耶稣会,1717年到达中国,其寄回国内的书信于1726年被耶稣会士约瑟夫·什托克兰(Joseph Stöcklein,1676～1733)编辑出版。参见〔捷克〕严嘉乐:《中国来信(1716—1735)》,丛林、李梅译,大象出版社2006年版,"1935年捷克版前言(摘录)",第3～12页。
⑤ 参见〔捷克〕严嘉乐:《中国来信(1716—1735)》,第43～46页。
⑥ 该信所涉内容,另见《广东巡抚杨文乾为遵旨释放毕天祥、计有纲事(雍正四年,1726.08.10)》,载吴旻、韩琦编校:《欧洲所藏雍正乾隆朝天主教文献汇编》,第38～39页。

单。至于玺书,第一封写得很漂亮,但不过是一些措词极其委婉的赞美之言;另一封是感谢信,感谢皇帝赦免遣使会教士德里格出狱,此人是我们的劲敌。信中还请求皇帝释放广州的两名囚犯,他们是遣使会会士毕天祥先生和现已被澳门主教开除教籍的巴黎外方传教会会士计有纲先生。①

对此,严嘉乐在 1725 年 11 月 20 日于北京写给布拉格尤利乌斯·兹维克尔(Julius Zwicker)的信中也有相关记载。如严嘉乐根据 1725 年 11 月 14 日北京的邸报,记载了雍正帝写给罗马教皇(暂居意大利王国的教皇)的两封信。在第一封信中,雍正帝表示:"至于客居中国的欧洲人之事,朕乃对一切事物一视同仁之皇帝,经常训诫他们行为谨慎、谦逊安静。他们如能恪守我国法律,不作奸犯科,则肯定会蒙受朕之恩宠与保护。"②在第二封信中,雍正帝写道:

> 德里格案已经皇帝审查,查明他向罗马教皇寄送不实材料,向先皇(康熙)报告臆造情况,但因他是海外来华之人,从轻发落,只拘捕入狱。新帝登位大赦天下之际,已将之与其他未判死刑的犯人一道释放,恢复自由。
>
> 至于在广州的两人,在大赦时广州官吏未向皇帝禀报。现拟审理此案,将二人释放,不必由教皇提出书面请求。③

(三)《耶稣会士中国书简集——中国回忆录 III》(1724~1736)
1. 巴多明对"苏努案"的记述

巴多明神父在 1724 年 8 月 20 日于北京致耶稣会某神父的信中对前述雍正帝时期发生的"苏努案"进行了记述。④

在这封信开头,巴多明先是向西方介绍了清朝宗人府及其对宗室成员犯罪所承担的司法权:

---

① 〔法〕宋君荣:《有关雍正与天主教的几封信》,沈德来译,罗结珍校,载杜文凯编:《清代西人见闻录》,中国人民大学出版社 1985 年版,第 143 页。
② 〔捷克〕严嘉乐:《中国来信(1716—1735)》,第 51 页。该信内容,另见《雍正敕谕意达里亚国教王(雍正三年,1725)》,载吴旻、韩琦编校:《欧洲所藏雍正乾隆朝天主教文献汇编》,第 28~29 页。
③ 〔捷克〕严嘉乐:《中国来信(1716—1735)》,第 38 页。
④ 方豪先生和徐宗泽先生也对"苏努案"有大致的梳理和分析,参见方豪:《中国天主教史人物传》,第 510~515 页;徐宗泽:《中国天主教传教史概论》,第 168~176 页。

　　北京有一个衙门专门处理亲王们的事务：不能把亲王们和老百姓混淆在一起。这个衙门的主管和官员是一些有头衔的亲王。下级官员是从普通的官员中选拔出来的。这些官员负责制订程序、规章及其他必要的文书。皇族的所有孩子一出世，都由这个衙门登记入册，它负责记录亲王们的头衔爵位，还负责奖惩，具体奖惩亲王们。①

关于亲王的产生及其爵位的承继情况，巴神父写道，皇帝会封有功的兄弟为亲王、郡王、贝勒、贝子和恭五个等级的爵位，并在这些亲王的孩子们中间选一个继承其父的爵位；"这第五等仍在帝国所有最高级的官员之上"；"只有他们戴的一根黄色腰带才标志着他们是皇族"。②

　　巴多明介绍涉案的苏努是第三等亲王。他的第三子苏尔金（教名"若望"）是第五等恭亲王爵位，"几乎读了所有中文的关于上帝的法则的书"，与苏努的第十子书尔陈（教名"保禄"）、第十一子库尔陈（教名"方济各"）、第六子勒什亨（教名"类思"）、第十二子乌尔陈（教名"若瑟"）、长子（教名"沙勿略"）、第十三子木尔陈（教名"若翰达尼老"）、第七子鲁尔金（教名"伯多禄"）和次子先后受洗，信仰基督教。除苏努本人外，其十三子中，有十一子入教，其妻及家庭成员入教者甚多。③

　　1724 年 1 月 12 日雍正帝颁布禁教令后，苏努的子孙们仍继续去教堂频频参加圣事。然而，同年 7 月 1 日川陕总督年羹尧上奏雍正帝，控告苏努第六子和第十二子在流放青海期间"进了基督教，还花钱造了一座教堂，还经常秘密地和穆敬远（Jean Mouran，1681～1726）神父交谈"。④ 之后，苏努被指控"世世代代始终都暗地里和当政的这一支脉作对"⑤，并在夺嫡中支持八阿哥，于是雍正帝判定："摘去他的头衔，取消他的俸禄，命他在十天之内和全家——他的妻妾、子女、孙辈离开京城，充军到右卫（满语为'富尔丹'，山西右玉县）。"⑥苏努试图向雍正帝辩解，但雍正皇帝却对他儿子们信教行为进行了指责：

---

　　① 〔法〕杜赫德编：《耶稣会士中国书简集——中国回忆录 III》，朱静译，大象出版社 2001 年版，第 2 页。

　　② 参见〔法〕杜赫德编：《耶稣会士中国书简集——中国回忆录 III》，第 2～3 页。

　　③ 参见胡建华：《百年禁教始末：清王朝对天主教的优容与厉禁》，第 109～110 页。

　　④ 参见〔法〕杜赫德编：《耶稣会士中国书简集——中国回忆录 III》，第 26～27 页。

　　⑤ 有关苏努具体罪名和雍正帝谕令内容，参见胡建华：《百年禁教始末：清王朝对天主教的优容与厉禁》，第 107～108 页。

　　⑥ 参见〔法〕杜赫德编：《耶稣会士中国书简集——中国回忆录 III》，第 29 页。

你的第六子和第十二子(类思亲王和若瑟亲王)入了基督教,出钱造了教堂,你的其他儿子们也学了他们的样儿,你是用你的权威来让你的儿子们回头呢,还是把他们交给皇上处置?既然你管不了他们,我知道怎么让他们守本分的。①

苏努为了向雍正帝表明自己的清白,把第三子、第十子和第十一子用铁链绑住,送去宗人府请求处罚。但他的儿子们坚决不出教,向宗人府官员们表达了坚定的信仰。1724年7月15日苏努和他的子孙们共37人赴判决流放地。②

巴多明神父在1725年7月20日于北京写给耶稣会某神父的另一封信中,继续介绍了"苏努案"。在继续介绍该案之前,巴多明记述了一则满族人对待逃跑家奴的规定:

如果某一家人逃跑了,他的主人不管在哪里,在府中也好,在打仗也好,甚至在流放地也好,都必须告知有关衙门,说明逃跑者的姓名、年龄、身体及脸部特征,否则就要他为逃跑负责,难逃罪责。负责这种事务的衙门要进行最彻底的搜查、追捕逃跑者,捕到后就非常严厉地惩罚他们,在他们的脸颊上刺上永远抹不去的标记,然后把他们还给他们的主人。③

苏努一家到达右卫后,又被皇帝下令遣送到离该地两法里的新堡寨,并禁止当地所有的满族、蒙古族、满族化的汉族去新堡寨,"违者送交北京刑部作谋反治罪"④。1725年1月2日,苏努病死于流放地。雍正帝下令撤销苏努所有儿子的血统亲王的身份,贬为庶民。

巴多明神父在1726年8月24日于北京写给耶稣会某神父的信中接着对"苏努案"进行介绍。他介绍雍正帝在苏努死后,原本决定将他的儿子们分配给八旗,但因苏努涉及雍正帝八弟、九弟、十弟和十四弟案,宗人府决定"把苏努的骨骸出土火焚撒掉,他的十五岁以上儿子、孙子们都将被处死,其

---

① 〔法〕杜赫德编:《耶稣会士中国书简集——中国回忆录 III》,第31页。
② 参见〔法〕杜赫德编:《耶稣会士中国书简集——中国回忆录 III》,第33~41页。
③ 〔法〕杜赫德编:《耶稣会士中国书简集——中国回忆录 III》,第43页。
④ 〔法〕杜赫德编:《耶稣会士中国书简集——中国回忆录 III》,第48页。

他不到十五岁的分散到各省去"①。雍正帝"同意了这份判决的第一条,至于第二条,他下旨要挑几个出来处死,再把其余的人分散到各省去"②。

之后,宗人府决定处死苏努的第二子、第四子、第六子、第九子、第十子、第十二子、第十三子和第一子的长子,共8人。但雍正帝最后决定将第六子和第十二子继续关押,等待其八皇弟和九皇弟的判决下来后,"一样处置";而其他6位则"分开流放各省,把他们相互分隔开,也把他们和家人分隔开";"至于其他人,让他们留在富尔丹(卫口)充军"③。对此,严嘉乐神父在1727年11月28日于北京写给布拉格尤利乌斯·兹维克尔的信中也有记载:

> 苏努的第二子被发配到山东省会,第十子发配到南京,第十三子到江苏的苏州,第四子到河南——他们都被严加看管。这四位贵族都是受过洗礼的基督徒。
>
> 第九子被充军到山西太原府,大儿子的儿子发配到浙江杭州。这两位还没有受洗。各省的总督都接到命令,要对他们严加监管。④

至此"苏努案"并未结束,巴多明神父在1727年9月26日于北京写给耶稣会杜赫德神父的信中仍专述此案。巴多明神父认为,后来"苏努案"持续发酵,"唯一的症结在于他们和教会的密切关系"⑤。事情起因是富尔丹将军认为在其管辖区域内充军的苏努第三子苏尔金和第十一子库尔陈"入了邪教","严重地违背了法律","应斩首以儆戒其他人"⑥。值得注意的是,巴多明神父认为富尔丹将军的指控"是违背中国的法律的","中国的法律只判入邪教的人流放充军"⑦。

雍正帝于1727年1月8日接到《富尔丹将军就处死入邪教的人呈报皇帝的奏疏》(也称《关于处死信奉伪教教徒之事宜》)后,将此奏本交"全体血

---

① 雍正帝上谕称:"照大逆罪,将苏努戮尸扬灰,籍没家产,并治办其子孙。"胡建华:《百年禁教始末:清王朝对天主教的优容与厉禁》,第108页。
② 〔法〕杜赫德编:《耶稣会士中国书简集——中国回忆录Ⅲ》,第71页。
③ 参见〔法〕杜赫德:《耶稣会士中国书简集——中国回忆录Ⅲ》,第73页。
④ 〔捷克〕严嘉乐:《中国来信(1716—1735)》,第57页。
⑤ 〔法〕杜赫德编:《耶稣会士中国书简集——中国回忆录Ⅲ》,第82页。
⑥ 参见〔法〕杜赫德编:《耶稣会士中国书简集——中国回忆录Ⅲ》,第92~93页。
⑦ 参见〔法〕杜赫德编:《耶稣会士中国书简集——中国回忆录Ⅲ》,第93页。这里巴多明的评价是有道理的,可见《大清律集解附例》中"禁止师巫邪术"律例的规定。参见王宏治、李建渝点校:《顺治三年奏定律》,第238~239页。

系亲王会议和九个部门大臣"(议政王大臣九卿翰詹科道会议)讨论。宋君荣神父在1727年10月4日于北京写给耶稣会凯龙神父的信函中,也记述了该奏本的内容:

> 这道奏折是右卫将军呈上的。这位大人提醒皇帝说,苏、库二亲王信奉天主教义,他们还扬言:宁愿正法,也不弃教。请求陛下将苏、陈二人以首恶处决;这位大人还请求皇上派人给苏、库二人的诸兄弟、侄子和其他亲属以及儿子们拷上重镣,因为他们都是天主教徒。他还补充说,他认为应当将那些尚未变成天主教徒的人充军。最后,这位将军明白地说,他曾命令亲王们放弃其信仰,但他们都不愿意。①

同年3月23日雍正帝对亲王和大臣的讨论结果给出如下指示:"你们应该向我提出派一位主管亲王和几位大臣去富尔丹审问他们,如果苏尔金和库尔陈听到了我的旨令仍旧说他们情愿去死也不愿意改变信仰,那就把他们处死。"②很显然,雍正帝这里将自己的权威和宗教的权威对立起来,看看在基督徒心中,谁的权威更大。类似的指令也发给了在京关押的苏努第十二子乌尔陈。③

然而,苏努的这几个儿子似乎并未屈从皇帝的旨意,反而信仰坚定。例如,审理官员在4月23日审理乌尔陈的奏报中记载,乌尔陈在审讯中称:"我为皇上效劳,也热爱天主,我无法改变";"我冒犯了皇上,我该死,但是我不能改变(信仰)"。④

雍正帝在得到如此奏报后,似乎并不心甘,"他自以为他的许诺和威胁会发生效应",于是"着令三亲王、满洲各旗营主和各部尚书再次审问乌尔陈"。但是,审讯的结果依旧如故。⑤ 尽管雍正帝非常愤怒,但他不想世人觉得是因为"敬仰天主"而处死乌尔陈的。于是,他又召来马齐、九部尚书和满洲八旗营主,让他们按照自己的意思对乌尔陈进行第三次审问。于是,大

---

① 〔法〕宋君荣:《有关雍正与天主教的几封信》,第152~153页。
② 〔法〕杜赫德编:《耶稣会士中国书简集——中国回忆录Ⅲ》,第94页。类似的记述,参见〔法〕宋君荣:《有关雍正与天主教的几封信》,第154页。
③ 宋君荣神父在致凯龙神父的信函中,依据满文记录了该谕旨:"朕令诚隐郡王允祉偕同本旗大臣前往审讯乌尔陈。彼若伏罪,万事皆休。若拒不弃教,着该王大臣等会议具奏。"〔法〕宋君荣:《有关雍正与天主教的几封信》,第156页。
④ 参见〔法〕杜赫德编:《耶稣会士中国书简集——中国回忆录Ⅲ》,第98页。类似的记述,参见〔法〕宋君荣:《有关雍正与天主教的几封信》,第157页。
⑤ 第二次审讯乌尔陈的情况,参见〔法〕宋君荣:《有关雍正与天主教的几封信》,第157~158页。

臣们依据雍正帝的旨意和说法,①在同年 5 月 3 日对乌尔陈进行了第三次
审讯。

大臣们在审讯中首先对乌尔陈发问:

> 天主和天是一回事,在地上没有一个民族不敬天。满洲人在家里
> 信仰跳神。您是满洲人,却跟着欧洲人信他们的教,你自己觉得是被吸
> 引而信了此教,您自己说是因为它提出了十诫,它的教规条文,请告诉
> 我们,它们的内容要求。②

对此,乌尔陈答道:

> 第一条要求我们首先敬仰天主,爱天主;第二条,禁止说亵渎天主
> 的话;第三条,节假日的祈祷,举行礼拜天主的仪式;第四条,敬仰国君、
> 父亲、母亲、祖宗、大人和我们所有的长辈们;第五条,禁止杀戮,也不能
> 有损害他人的思想;第六条,要谦虚纯真,不能有违背纯真的思想感情;
> 第七条,不能觊觎别人的财产,也不能有无故侵占、篡夺他人的财产的
> 思想;第八条,不能说谎,恶言中伤、谩骂别人;第九条和第十条,不能谋
> 他人之妻。这就是我要遵循的教规,我不能改变。③

大臣们听后,指出“这十条戒律在我们的书中都有”,“不仅仅只有欧洲
人这么做的”,但是“您抛弃了您祖宗的跳神的礼仪,怎么还能说您是敬仰国
君,孝敬父母呢?”可见,皇帝和大臣们的逻辑是十诫内容仍在中国文化传统
之中,没什么特别的,但乌尔陈作为中国人抛弃祖宗信仰和家族规定是不对
的。接着,他们又将此种行为类比其父苏努的叛逆行为,最终指控其对君主
不忠,对父母不孝。他们说道:

> 说您亵渎了您的法律的这一条不是千真万确的吗?您是满族人,
> 您是血系皇亲,然而,您竟不顾这些,放弃了您的父辈的习俗来遵循外
> 国的法律!您这不是仿效了您父亲的荒唐行为吗?您父亲抛弃了他真
> 正的主子加入了阿其那和塞思黑派(八皇子党——引者注),他得到了

---

① 对于第三次审讯前,雍正帝对众大臣的指示,宋君荣神父依据满文《皇帝与众臣诏》在其信
函中有完整记述。参见〔法〕宋君荣:《有关雍正与天主教的几封信》,第 158～159 页。
② 〔法〕杜赫德编:《耶稣会士中国书简集——中国回忆录 III》,第 101 页。
③ 〔法〕杜赫德编:《耶稣会士中国书简集——中国回忆录 III》,第 101 页。

什么呢？他的骨灰被撒掉了。您对您的合法主子不忠，您对您的父母不孝，您违反了天意，您还说您敬天！①

对于这些指控，乌尔陈答道，基督一千七百年前就降临人间，"天主应该受人信仰，一旦信了基督教，就不能再抛弃它，谁抛弃它，谁就是反叛了天意，因此他不能改变"。同时，他认为基督教的好处在于"调解人的精神和心灵，它制订了恰当的戒律；它责罚人内心最深处的错误，直至坏思想，其他的教理都不是真正的"。②

大臣们对这样的回答非常震惊，指责乌尔陈说："欧洲的教理由欧洲人遵循，您却声称抛弃它的人是反叛天意？什么话！我们的皇上难道不是顺应天命的主子吗？您竟然拒绝听从他！您还能否认您是叛逆的，冒犯了天意吗？"③显然，在官员们心中，中国皇帝受命的"天"才是正统的"天"，也是能够涵盖欧洲人的"天"。乌尔陈不能用欧洲的"天"并列于甚至否定掉中国的"天"。接着，大臣们又讲中国古时圣贤书中的每一页也有"调节精神和心灵"的内容，况且，中国在尧舜时代，即"欧洲邪教还不存在的时候"，就已经在敬天了。乌尔陈否认这些。"顽固坚持欧洲人的邪教图什么呢？您认为我们古代圣贤们的道理是错的，欧洲人的邪教才是唯一正确的吗？"④

对于大臣们的诘问，乌尔陈试图从宗教角度去解释自己的信仰，但这对于根本不知道"信仰"为何物的官员们显然是徒劳的，等同于鸡同鸭讲。更难的是，怀揣真诚信仰的乌尔陈又不能用不真诚的谎言回答他们。于是，官员们得出结论说："他（乌尔陈——引者注）说了许多令人费解的话之后，坚持说他不能改变信仰。"失去耐心的官员们向乌尔陈发出最后通牒："年轻人，您已犯了叛逆罪还不够，您还要跟从邪教执迷不悟，不愿抛弃。仅此一点就足以把您当场处死，但是我们无与伦比的主子，特别地开恩，暂不下令把您正法。他派了几位大臣来开导您，让您清醒，对您说如果您愿意改正错误，离开您那邪教，重新奉行满族人的敬天，一切都可了结，但是，如果您背道而驰，顽固坚持，那就是违抗皇上的旨令了。您选择吧。"⑤

乌尔陈在面对宗教信仰和世俗君权的选择时，既没有放弃信仰也没有背离君王，而选择了"凯撒的归凯撒，基督的归基督"。一方面他说道："皇

---

① 〔法〕杜赫德编：《耶稣会士中国书简集——中国回忆录 III》，第 102 页。
② 参见〔法〕杜赫德编：《耶稣会士中国书简集——中国回忆录 III》，第 102 页。
③ 〔法〕杜赫德编：《耶稣会士中国书简集——中国回忆录 III》，第 102 页。
④ 参见〔法〕杜赫德编：《耶稣会士中国书简集——中国回忆录 III》，第 102～103 页。
⑤ 〔法〕杜赫德编：《耶稣会士中国书简集——中国回忆录 III》，第 103 页。

上对我皇恩浩荡,你们说我不听从皇上,我不能承受你们对我的指责。"另一方面他又说:"我入了教,我至死不渝,只有我死了才能离开它,如果为此要处死我,我就快乐地去死。"①

其实,雍正帝对于乌尔陈在第三次审讯中可能的表现已经有所估计。他曾在审讯前交代大臣们说:"乌尔陈肯定会这么说:我是自愿的,我该死。如果皇帝强把我和天主教挂在一起,又把我处死,这就使得他(雍正帝——引者注)成了可憎恨的人了,他因我敬天主,把我处死,就会臭名远扬了。"②因此,大臣们接到的指令是,如果乌尔陈在审讯中依旧执迷不悟,"朕要处死他,那是因为他和他父亲一样犯了叛逆罪,而不是因为他敬仰天主"③。最后,大臣们经过讨论,奏请皇上按照叛逆罪处死乌尔陈。对于乌尔陈的审讯情况,严嘉乐神父在前述1727年的信函中也有记述。④

在审讯完乌尔陈之后,雍正帝又于5月30日命五亲王和大臣们审问苏努第三子苏尔金和第十一子库尔陈。⑤

大臣们指控苏尔金道:"您对皇上不忠,对祖宗不敬,抛弃了您父辈们的宗教,投身于一个害人的被禁止的邪教。"对于指控,苏尔金辩称:"我跟从的教理要求首先敬仰天主,其次国君,然后父母长辈……我感激皇上的恩德;我忠于皇上,我不事二主。"⑥

按照苏尔金"不事二主"的立场,大臣们反问道,既然如此,"皇上命令您放弃基督教,您顽固地顽抗他的命令,难道不是承认除皇上以外还有一个主人吗?"对于这个问题,苏尔金并没有直接回答,而是说:"我实际确切地学习考察实践了基督教义二十多年","它是非常细致周到、非常深刻的"。听到这样的回答,大臣们很生气,并用自负的口吻追问道:"您说这个教义周到、深刻,那么您说说有哪些事在我们的书上没有的?"⑦实际上,大臣们这样的追问,也是雍正帝的疑问,他们或许与康熙帝不同,缺乏对于西方世界观念层面的太多认知。

苏尔金面对大臣们这样的提问"有点不知怎么回答",他尝试着回答说:

---

① 参见〔法〕杜赫德编:《耶稣会士中国书简集——中国回忆录Ⅲ》,第103页。

② 〔法〕杜赫德编:《耶稣会士中国书简集——中国回忆录Ⅲ》,第100页。

③ 〔法〕杜赫德编:《耶稣会士中国书简集——中国回忆录Ⅲ》,第100页。

④ 参见〔捷克〕严嘉乐:《中国来信(1716—1735)》,第63页。

⑤ 根据宋君荣神父的信函,在1727年5月30日接受审讯前,五亲王曾到右卫审讯过二人,后雍正帝下令将他们二人从右卫押回北京。二人于5月27日被押至京郊,28日被关进监牢。参见〔法〕宋君荣:《有关雍正与天主教的几封信》,第160～162页。

⑥ 参加〔法〕杜赫德编:《耶稣会士中国书简集——中国回忆录Ⅲ》,第108页。

⑦ 参见〔法〕杜赫德编:《耶稣会士中国书简集——中国回忆录Ⅲ》,第108页。

在汉朝时,天主变成人降到人世,他被钉在十字架上,他独身承担了所有人的罪孽而死。这一点在中国的书中是没有的,然而这是确实无疑的。而向我们传道的欧洲的博士们从千万里之外来到中国,难道就是来向我们撒谎,来欺骗我们?①

显然,不信仰基督教的大臣们根本无法理解苏尔金的回答,他们只能认为耶稣"一个人承担了所有的罪孽是不可思议的,这只是要愚弄老百姓的故事而已",一再强调他及其中国的信徒们"上了某个欧洲呆子的当了",并要求其"明白这一点,马上改变信仰"。②

深陷信仰的苏尔金感觉大臣们根本理解不了他的意思,于是请求大臣们说:"如果我说的话,我请求亲王和大臣们把我带去见皇上,让我向皇上解释天主教理,没有比它对皇上更有用的了。"③苏尔金的本意是皇上是聪慧的,一定能像先皇帝康熙一样理解基督教的教理,理解他上述辩解的真实含义。但是,陷入"知识盲点"的大臣们,当然只能从外在语言层面理解苏尔金的回答,认为其声称要教授皇帝是大逆不道的。大臣们说道:"您怎么竟敢如此狂言","难道皇上没有读过所有欧洲的书? 难道他没有深入理解其中最隐蔽的意思? 他很想开导开导您,难道您还不明白? 像您刚才那样口出狂言,您已经犯了比叛逆更重的罪了"。④

于是,大臣们也向苏尔金下达了最后通牒,问他"到底改变不改变信仰",对此,苏尔金回答说"如果我口头上答应改变,心里不改变的话,就是欺骗皇上",并坚定地表示"他至死坚持他所依归的基督教"。⑤

接着,大臣们又审问了库尔陈,而他也作出了与其兄长一样的回答。于是,鉴于苏尔金和库尔陈这样的态度,大臣们"认为必须像对待乌尔陈一样对待他们俩,不是以他们信仰基督教的罪名,而是以其他罪名判他们"⑥。对于苏尔金和库尔陈5月30日的审讯情况,宋君荣神父在其写给凯龙神父的信函中也有相似记述。⑦

雍正帝获悉亲王和大臣们的审讯结果后,大为光火,对他们说:"苏努的子孙们对国君不忠,对祖宗不敬,他们是些思想糊涂、失去理智的人,不能让

① 〔法〕杜赫德编:《耶稣会士中国书简集——中国回忆录 III》,第 109 页。
② 参见〔法〕杜赫德编:《耶稣会士中国书简集——中国回忆录 III》,第 109 页。
③ 〔法〕杜赫德编:《耶稣会士中国书简集——中国回忆录 III》,第 109 页。
④ 〔法〕杜赫德编:《耶稣会士中国书简集——中国回忆录 III》,第 109 页。
⑤ 参见〔法〕杜赫德编:《耶稣会士中国书简集——中国回忆录 III》,第 109 页。
⑥ 〔法〕杜赫德编:《耶稣会士中国书简集——中国回忆录 III》,第 109 页。
⑦ 参见〔法〕宋君荣:《有关雍正与天主教的几封信》,第 162 页。

他们活着。"①同年 6 月 8 日刑部拟凌迟处死乌尔陈。但雍正帝最后并没有同意,只是同意了判决中罪名的认定部分,而不同意凌迟处死他们,并下令继续关押他们。② 对此,严嘉乐在前述 1727 年的信函中也有类似的记述。③

7 月末,雍正帝又从其父康熙帝的朱批手迹中发现苏努"狂书涂抹",并说道:"他对我父亲如此不敬,他竟然在朕父亲的批示旁写上字,而且写得乱糟糟的。把这份奏章送到衙门去,法办他。"在旁的十七亲王提醒雍正帝说:"苏努已经死了,不须再提他了,但是他的罪应由他的子孙们来承担,由他所有的男性后代来承担。"④但是,雍正帝需要找一个确切的罪名惩治他们的子孙,于是 8 月 3 日召集大臣们商议。他说道:

> 尽管已经摘取了苏努的黄腰带,把他革了职,但他始终是皇家的人。现在你们会集在一起,因为他犯了叛逆罪,要求朕灭绝他全族。根据你们的奏报,而且这也是很必要的,朕要求依法处死他们。这件事是有后果的。你们好好考虑考虑:如果这样执法有失公正的话,朕和你们就都有罪过了。可以让几个人在这份反对他们的信仰的声明上签字。⑤

最后,雍正帝将主管亲王和大臣们一致同意处死苏努儿子们的签名意见送交三法司,"让他们决定苏努的子孙们的死法,然后向朕禀报"⑥。然而,没等最后判决下来,8 月 14 日乌尔陈病死在牢房中,尸体后被焚烧。9 月 6 日,刑部向皇帝启奏:"苏努共有儿、孙和曾孙三十九人,刑部判处他们全部斩首;其嫔妃被判处做王宫里最低下的奴隶。"但后来雍正帝撤销了这一判决。9 月 9 日允祉和另外三位王爷向苏努第六子勒什亨、第三子苏尔金和第十一子库尔陈告知了刑部对他们作出的判决,同时告知他们"圣上赐他们活命,只判处他们坐牢蹲监"。⑦

根据 1728 年 9 月 15 日巴多明神父于北京写给耶稣会杜赫德的信可知,1727 年 9 月 16 日和 11 月 13 日苏努的第七子鲁尔金和第三子苏尔金,也分别病死于济南和北京的牢房之中。⑧

---

① 〔法〕杜赫德编:《耶稣会士中国书简集——中国回忆录 III》,第 110 页。
② 参见〔法〕宋君荣:《有关雍正与天主教的几封信》,第 162～163 页。
③ 参见〔捷克〕严嘉乐:《中国来信(1716—1735)》,第 61～62 页。
④ 参见〔法〕杜赫德编:《耶稣会士中国书简集——中国回忆录 III》,第 118 页。
⑤ 〔法〕杜赫德编:《耶稣会士中国书简集——中国回忆录 III》,第 119 页。
⑥ 〔法〕杜赫德编:《耶稣会士中国书简集——中国回忆录 III》,第 119 页。
⑦ 参见〔法〕宋君荣:《有关雍正与天主教的几封信》,第 165～166 页。
⑧ 参见〔法〕杜赫德编:《耶稣会士中国书简集—— 中国回忆录 III》,第 130 页。

后来,根据 1734 年 10 月 15 日巴多明神父于北京写给杜赫德的信又知,1732 年一位路过富尔丹的"宰相"向雍正帝报告了苏努家人在当地的待遇,雍正帝于 1733 年下令把关押在各地的苏努的家人全部送回富尔丹。① 此外,在这封信中,巴多明神父还转述了苏努第三子苏尔金皈依基督教的动机和理由。② 其中有一段苏尔金对于西方宗教与政治、社会关系的论述,指明了宗教的政治和社会意义:

> 欧洲是世界四大部分之一。……在这块地方有三十多个国家,在每一个国家里,从君王到老百姓都信仰基督教,遵循同一教理,不准纳妾,由此我们可以看到基督教的神圣优越。……请看欧洲:自从建立了基督教信仰以后,所有国家都和睦相处,就像同一躯体上的不同部分,法官们不受金钱礼品的诱惑,他们的下级也不耍花巧来欺骗诉讼人,老百姓争先恐后为社会出力,用不着强迫他们,他们的风俗温和让人乐善好施,帮助穷人,废除野蛮的卖孩子的习俗。如果不是严格遵守神圣的信仰,每个人履行自己的义务,这些不同的国家怎么会相安无事、国泰民安呢?如果在此信仰中有什么不完善的事情,不管如何轻微,人们会马上发现并纠正,以有完全的信仰。③

巴多明神父后来在 1736 年 10 月 22 日于北京写给耶稣会杜赫德的信中提到,1735 年 10 月 7 日雍正帝去世后,继位的乾隆帝于 1736 年阴历三月二十七日下旨对苏努一家作出了新的判决。他"下旨把他们的名字列入皇家的名册,放在佩戴黄腰带的人们之后,并注上他们及他们的父亲为之受惩罚的错误,让他们留在原来流放地,受制于原来的将军"④。

此外,巴多明神父在这封 1728 年的信中还描写了雍正帝禁教近十年后,地方对于欧洲传教士和中国信徒的处罚情况。他记载福建总督曾对两个多明我会的传教士进行处罚。声称从广东来的被总督立即押送到澳门,而另一个声称从马尼拉来的则被遣送回该地。⑤ 而对于中国信徒,巴多明神父还通过该案,向西方介绍了中国对于死刑严苛的复核程序。这位中国基督徒因将上述两个欧洲传教士藏在家里,被总督"判处自缢"(死刑中的绞

---

① 参见〔法〕杜赫德编:《耶稣会士中国书简集——中国回忆录 III》,第 141～147 页。
② 参见〔法〕杜赫德编:《耶稣会士中国书简集——中国回忆录 III》,第 177～188 页。
③ 〔法〕杜赫德编:《耶稣会士中国书简集——中国回忆录 III》,第 185 页。
④ 〔法〕杜赫德编:《耶稣会士中国书简集——中国回忆录 III》,第 175 页。
⑤ 参见〔法〕杜赫德编:《耶稣会士中国书简集——中国回忆录 III》,第 147 页。

刑）。但是,巴多明指出:

> 死刑判决书必须经皇上下旨才能执行,他不得不将判决书及案卷
> 送交刑部,由刑部审阅核准后呈交皇上批准,或者下旨。所有死刑判决
> 书都要得到皇上确认,有时他会加重处罚,而最经常的是减轻处罚。但
> 是有时候判决若符合国法,通常就让其保持原判。①

　　刑部按照清代的"审转复核程序",在接到福建总督报送上来的案件后,
认为"既然福建省总督发现了几个欧洲人隐藏在他们的省里,当然可以相信
还有传教士同样隐藏在其他省里,必须命令全国各省普遍进行最严密的搜
查",因此应该同意总督绞刑的建议。② 巴多明等几位在京的神父在得到消
息后,决定帮助这位中国信徒。于是,他们花钱买通刑部官员。被买通的刑
部官员利用"制度空间"给神父们"两种缓和的办法"。
　　第一种办法是刑部利用"驳案功能","把文书发回原地,令总督向朝廷
说明他把重犯(两个欧洲传教士)不加处罚就遣返了,而把一个罪不如他们
重的处以死刑的理由";同时在刑部和福建省"找到能指控总督的人和支持
这指控的人",将总督"置于可怕的困境,给他造成许多麻烦"。③
　　第二种办法则是"在总督的判决书上不加任何东西,说这件案子毋须再
作讨论,按照原来的判决执行",然后寄希望"皇上能够开恩赦免被判了死刑
的罪犯"。为此可以故意拖延时间,让传到福建的死刑执行命令推迟到"秋
冬行刑"之后,这样可以等明年秋季再次执行之前,"可能会有一次大赦,或
者可以想办法把死刑改为充军(军流刑——引者注)"。④
　　刑部官员们(福建清吏司)将奏本呈交刑部主事之一的汉族官员张昭时
并未获批准,于是他们"挑了他不在的一天请满族主管签字"。后来,奏本于
1734年8月5日达到雍正帝手中,他御批道:"把秀才秋季处斩。此外,按判
决书执行。"刑部官员们利用"制度空间"把皇帝的御批留了20天,"秀才的
死刑今年就不能执行了"。⑤

2. 巴多明对"葡萄牙麦德乐使团来华"的记述

　　巴多明神父在1727年10月8日于北京写给耶稣会尼埃尔(Nyel,

①　〔法〕杜赫德编:《耶稣会士中国书简集——中国回忆录Ⅲ》,第147页。
②　参见〔法〕杜赫德编:《耶稣会士中国书简集——中国回忆录Ⅲ》,第148页。
③　参见〔法〕杜赫德编:《耶稣会士中国书简集——中国回忆录Ⅲ》,第148~149页。
④　参见〔法〕杜赫德编:《耶稣会士中国书简集——中国回忆录Ⅲ》,第149页。
⑤　参见〔法〕杜赫德编:《耶稣会士中国书简集——中国回忆录Ⅲ》,第149~150页。

1670～1737,又称"夏德修")神父的信中,提到了1726年葡萄牙国王派遣特使唐·亚历山大·麦德乐·苏赞·梅内兹(Dom Alexandre Metello Souzay Menezes)使团来华事件。①

与麦德乐使团一起来华的还有张安多(Antoine Magalhaens,1677～1735)神父。该神父是之前康熙帝派往欧洲,又回到中国的耶稣会士。使团抵达澳门后,广东官员在了解使团成员、携带礼物以及来华目的后,向礼部进行了禀报。② 张安多和两位葡萄牙数学家于1726年11月9日先行来到北京,并在11月24日得到雍正帝的接见。这里同船来华的张安多和两位葡萄牙数学家之所以能直接到京,而麦德乐使团成员不能,是因为张安多等人在法理上慕化中华文化,属于"既来归附,即是王民"。

之后,雍正帝和十三亲王就使团赴京的礼仪问题进行了讨论。麦德乐呈递的信函表明"他不是国王派来进贡的大使",实际上清廷也不愿让"世界尽头的欧洲人"成为帝国的属下并进贡,因为他们担心"改变老规矩,就会有下例",欧洲各国会纷来沓至。③ 于是,按照帝国礼仪,雍正帝派张安多神父和内务府刑部主管佟赞一起赴澳门迎接大使,大使和他的随从在来京途中"可以自由走动、在皇帝接见前不被关在屋子里受看管,和对莫斯科、高丽和其他外国王朝的大使的待遇相同"④。对此,严嘉乐在前述1727年的信函中也有记述。葡国使团坚持在皇帝的谕旨中删除"进贡"两字,后广州官员们在没有得到皇帝同意的情况下,"同意取消'进贡'的字眼"。⑤

1727年5月18日葡萄牙使团到达北京,同月23日本是雍正帝接见使团的日子,但是葡萄牙大臣就递交国书的礼仪问题与中方发生分歧。按照中方"宾礼"之规定,⑥"属国贡使"递交国书"先把信件放在殿前一张桌子上"就可以了,但大使却认为应按照他们从莫斯科"邸报"了解的信息,"像莫斯科的大使那样直接把信交到皇帝手中"。⑦ 26日,雍正帝"决定大使不用把信件放在桌子上,让他自己直接呈交",但大使却拒绝操练礼部教授的

---

① 有关"麦德乐使团"的相关文献,参见阎宗临:《关于麦德乐使节的文献》,载阎守诚编:《传教士与法国早期汉学》,第197～203页。

② 参见《广东巡抚杨文乾奏西洋国贡使麦德乐入京日程(雍正四年八月十三日,1726.09.08)》,载吴旻、韩琦编校:《欧洲所藏雍正乾隆朝天主教文献汇编》,第39～40页。

③ 参见〔法〕杜赫德编:《耶稣会士中国书简集——中国回忆录III》,第230页。

④ 〔法〕杜赫德编:《耶稣会士中国书简集——中国回忆录III》,第230～231页。

⑤ 参见〔捷克〕严嘉乐:《中国来信(1716—1735)》,第60页。

⑥ 关于清代"属国贡使"在京的"宾礼"活动内容,参见尤淑君:《宾礼到礼宾——外使觐见与晚清涉外体制的变化》,第43～46页。

⑦ 参见〔法〕杜赫德编:《耶稣会士中国书简集——中国回忆录III》,第232页。

觐见皇帝的礼仪,认为"这种操练损害了他的尊严"。① 28 日,雍正帝第一次接见了葡国大使。② 对于这次雍正帝接见大使的"宾礼",巴多明神父在信中有着较为详细的记录:

> 进入次序如下:由两位殿前大臣在前面领路,随后是礼部的一位官员和我,双手托着国王的信件的大使先生,一位官员领着他的两位随从官员(使团秘书弗朗索瓦·沙勿略·德鲁阿博士和弗朗索瓦·沙勿略·贝雷拉·宾多先生——引者注)在最后。我们肃穆无声依次地登上台阶直到大殿前,穿着礼服的官员们每边两排肃立在台阶两旁。大殿两旁坐满了朝廷大臣们,每边四行。皇帝端坐在大殿中央他的宝座上。大使从西门而入,由礼部官员领着登上宝座前的台阶,跪下把国王的信呈递给皇帝。皇帝接过信,交给了一位官员,那位官员双手接过信,始终举着直到觐见礼结束。大使站起来,回转身从西门出殿,走到仍敞开着的中门前。他在中门前的台阶上和他的随从一起向皇帝鞠了九躬。我站在大使身边,告诉他什么时候可以站起身。随后,我把他领到皇帝宝座之下,所有大臣之上,那里已经放了一个垫子给他。这一切都是在肃穆无声中进行的。大使以他的庄重、谦虚、正确无误地遵守礼仪赢得了所有人的好感。他表现得无懈可击,毫不窘迫。③

大使按照大清"宾礼"的规定,在履行完礼仪后,得到了皇帝的赐座与赐茶。④ 7 月 7 日,雍正帝第二次接见了使团。在整个使团来华过程中,大清帝国的"宾礼"始终在进行着微调,有论者甚至认为大清帝国应对这次葡国使团的经验,构成了之后接待马戛尔尼使团的基础。⑤ 对于使团坚持外交原则迫使大清对"宾礼"进行调整的结果,巴多明神父赞叹道:

> 我应该为麦德乐先生说句公道话,虽然他的使命很困难,在这个朝

---

① 参见〔法〕杜赫德编:《耶稣会士中国书简集——中国回忆录 III》,第 234 页。

② 对此,宋君荣神父在信中也有记述。参见〔法〕宋君荣:《有关雍正与天主教的几封信》,第 161 页。

③ 〔法〕杜赫德编:《耶稣会士中国书简集——中国回忆录 III》,第 234～235 页。

④ 根据尤淑君的研究,清代贡使朝觐皇帝有三种方案:第一方案是遇有大朝、常朝之期;第二方案是不遇朝会之期;第三方案是皇帝欲待以优礼,准许贡使入殿、赐坐、赐茶、赏食。显然,麦德乐使团适用的是第三种方案。参见尤淑君:《宾礼到礼宾——外使觐见与晚清涉外体制的变化》,第 45～46 页。

⑤ 参见〔美〕何伟亚:《怀柔远人:马嘎尔尼使华的中英礼仪冲突》,第 193～196 页。

廷每当它接待由各部的公开渠道来的使团时，一味只讲进贡和义务，在这个朝廷的众目睽睽之下，大使先生维护了他的国王和整个欧洲的荣誉。①

3. 宋君荣对雍正帝阐明禁教理由的记述

根据法国耶稣会士宋君荣1727年7月21日于北京写给耶稣会盖雅尔神父的信可知，7月16日使团离京后，雍正帝曾于该日在圆明园接见了苏霖、马盖朗(P. Magaillens)、费隐、戴进贤、雷孝思、巴多明、沃尔方和雷纳尔等神父以及郎世宁修士。② 在这封信中，宋君荣记载了雍正帝对于禁教理由的说明。

巴多明首先对皇帝说，他和其他几个欧洲人一直把大使先生送上了船，并对殿下所赐予的荣誉深感荣幸，特向皇上表示谢意。接着，雍正帝对他们发表了一番很长的讲话。雍正帝首先指责神父们没有向麦德乐大使表明他的主张，所以大使在会谈中才会提出对天主教弛禁，归还所有教堂，像先帝在世一样允许传播天主教的主张。他告诫神父们："尔等要转告在这里和广州的所有欧洲人，并且要尽快转告他们。倘有别的使臣再来，尔等应事先告知他们，要他们注意，不要像麦德乐那样讲话。"③接着，他又说道："朕允许尔等留住京城和广州，允许尔等从这里到广州，又从广州往欧洲通信，这已足够了"；"倘若是一位比朕修养差的君主，早就将尔等驱逐出境了"；"朕不需要传教士，倘若朕派和尚到尔等欧洲各国去，尔等的国王是不会允许的嘛"。④

为了继续论证这一点，他指出"汉明帝任用印度僧人"，因而受到了"中国的憎恶"，"先皇让尔等在各省建立教堂，亦有损圣誉"；正因为如此，"朕岂能容许这些有损于先皇声誉的教堂存在？朕岂能帮助尔等引入那种谴责中国教义之教义？岂能像他人一样让此种教义得以推广？"⑤此外，雍正帝还解释了其禁教的理由："尔等人众不过二十，却要攻击其他一切教义。须知尔等所具有的好的东西，中国人的身上也都具有，然尔等也有和中国各教派一样的荒唐可笑之处。……和我们一样，尔等有十诫，这是好的，可是尔等却有一个成为人的神，还有什么永恒的苦和永恒的乐，这是神话，是再荒

---

① 〔法〕杜赫德编：《耶稣会士中国书简集——中国回忆录 III》，第240页。
② 参见〔法〕宋君荣：《有关雍正与天主教的几封信》，第144页。
③ 〔法〕宋君荣：《有关雍正与天主教的几封信》，第144页。
④ 参见〔法〕宋君荣：《有关雍正与天主教的几封信》，第145页。
⑤ 参见〔法〕宋君荣：《有关雍正与天主教的几封信》，第145页。

唐不过的了。"①最后,雍正帝告诫神父们,"欧洲人大谈什么天主呀,大谈天主无时不在、无所不在呀,大谈什么天堂、地狱呀等等",实际上这些到底是什么,你们可能也并不明白,"有谁见过这些? 又有谁看不出来这一套只不过是为了欺骗小民的? 以后尔等可常来朕前,朕要开导开导尔等"。②

从雍正帝的言语中可知,他禁绝基督教的态度不仅非常坚决,而且内心有着充足的理由和确信。实际上,雍正帝类似的表述在前述严嘉乐神父于1725年11月20日写给布拉格尤利乌斯·兹维克尔的信中也有记述。③

4. 龚当信利用邸报对中国开明君主制的记述

尽管雍正帝继位后对基督教在华传播发布了禁令,一些教案的处置也反映出他对于基督教的不友好,但是1725年12月2日耶稣会龚当信(Cyr Contancin,1670～1732)神父于广州写给耶稣会爱梯埃尼·苏西埃(Etienne Souciet,1671～1744,又称"苏熙业")神父的信中,却对雍正帝及其中国的君主制进行了正面的褒扬。例如,他写道:"这位皇帝不知疲倦地工作,他日夜想着要治理好国家,为他的百姓们谋幸福。讨好他的最好办法就是向他提有益于公众、减轻百姓负担的建议,他总是很高兴接受,不遗余力地去实行这些建议。"④

首先,他对中国的"邸报"⑤进行了介绍,⑥强调其介绍雍正帝所依据的材料就是这种邸报,并用它反思欧洲君主制的不足:

> 中国的邸报对于治理国家非常有用,在欧洲,有些地方此类报告充塞了无稽之谈,恶言中伤,造谣诬蔑,而中国的邸报只登与皇上有关的事情。由于中国政府是很完善的君主制,全国各地事无巨细都要向它汇报,这种邸报在指导各地官员履行他们的职责、告诫文人和老百姓方面能起很大的作用。⑦

---

① 〔法〕宋君荣:《有关雍正与天主教的几封信》,第145页。
② 参见〔法〕宋君荣:《有关雍正与天主教的几封信》,第146页。
③ 参见〔捷克〕严嘉乐:《中国来信(1716—1735)》,第48～53页。
④ 〔法〕杜赫德编:《耶稣会士中国书简集——中国回忆录III》,第189页。
⑤ "邸报"是中国古代传播官方信息的一种载体,起始于唐代,完善于宋明之际。清代邸报是将经六科下发各省的上谕、本章,由各省驻京提塘抄录、领取后,递送本省,其内容基本是公开的,有一定社会地位的人基本都可以看到。
⑥ 有关龚当信神父对于清代邸报介绍的研究,参见吴伯娅:《耶稣会士笔下的清代邸报》,《明清论丛》2015年第1期。
⑦ 〔法〕杜赫德编:《耶稣会士中国书简集——中国回忆录III》,第190页。

对于邸报所记载的信息，龚当信神父写道："在邸报上可以看到被撤职的官员名单及撤职缘由：某人在征收皇赋上疏忽职守，或挥霍浪费了皇赋，某人在惩办罪犯时，太姑息了或者太严厉了；某人贪污，某人才疏学浅、不善治政。如果某个官员得到了高升，或者被降了职，或者因为某个错误被取消了皇上给的年俸，邸报上马上就登出来。"[1]

此外，他还提及邸报会登载帝国内被判处死刑的案例，并介绍了中华帝国"审转复核程序"中对于死刑的判处程序：

> 值得注意的是，除了中国法律规定的特殊情况以外，任何官员、任何高级衙门都不能最后颁布死刑命令，所有的死刑的判决都要经过皇上的审阅，由皇上决定签署。（地方）官员们把案卷、他们的决定及其法律依据呈给朝廷。这些材料送到朝廷后，由刑部审察此案的事实、经过情况和对此案的决定。如果案件事实陈述不清，或者刑部还需要新的材料，它就向皇上呈一奏本，其中包括（地方）官员关于案件的陈述和决定，同时再加上："为了公正判决，还应该有某种情况的补充，因此，我们建议把此案发回某个地方官，请他再向我们提供更多我们需要的情况。"皇帝根据他的好恶下敕令，但是他出于仁慈经常把案件发回，因为有关一个人的生死，不掌握最有说服力的证据，不能轻率做出决定。当刑部收到了它所要的情况，就再把它的决议呈交皇上。于是，皇上就签署了刑部的决议，或者他减轻一些刑部的处罚，有时候他还亲笔在奏本上写上这句话："着令刑部再审议此案向朕禀报。"[2]

对于中华帝国关于死刑处理的审慎程序，龚当信神父感叹道："尊敬的神父，如果您看到当要判决一个人死刑时中国人所采取的一丝不苟的审慎态度，您一定会很惊讶的。"[3]总之，龚当信神父总结说邸报不仅记载了皇帝指导官员的行动和言论，而且"有助于教会官员们更好地治理百姓"[4]。

其次，龚当信神父还分几个方面赞美了雍正帝。例如，有人向皇帝建言说苏州和松江两地赋税过重，他立马下令让两地的赋税分别减轻一百五十万镑和七十五万镑[5]。又如，某省总督向雍正帝奏报全省正遭受旱灾，可能

---

① 〔法〕杜赫德编：《耶稣会士中国书简集——中国回忆录 III》，第190～191页。
② 〔法〕杜赫德编：《耶稣会士中国书简集——中国回忆录 III》，第191页。
③ 〔法〕杜赫德编：《耶稣会士中国书简集——中国回忆录 III》，第191页。
④ 〔法〕杜赫德编：《耶稣会士中国书简集——中国回忆录 III》，第191页。
⑤ 参见〔法〕杜赫德编：《耶稣会士中国书简集——中国回忆录 III》，第189页。

颗粒无收。雍正帝闻讯后,"把自己关在宫里斋戒,祈求上天","牵挂百姓们的苦难",命令官员仔细报告受灾情况,并下诏自责道:"天和人是相通的,人犯了错误天就惩罚他,人祈求天,天就会施恩于他,你们要履行自己的义务,避免犯错误,因为我们有罪孽,天就惩罚我们。"① 当1725年黄河发洪水,高级官员把责任推给下级官员时,雍正帝却将责任归于自己,并说道:"朕有责任。朕的百姓遭了灾,因为朕的德行不完备。想想怎样改正我们的错误,弥补水灾的损失吧。对于你们指控的官员们,朕宽恕他们,朕只怪自己德行不完备。"② 再如,雍正帝在7月份看到天气炎热,就会"关心到监狱里的囚犯和戴枷在街口示众的人",并下旨给四位一品官员道:

> 酷热难忍,监狱里囚犯或戴枷的人一定很难忍受,应该对他们减一些刑,朕不是指关在死牢、等秋天执行的人,对他们不值得赐恩,不能放了他们。朕是指因欠债坐牢,或者因各种原因还待定刑的人。明天你们和有关尚书一起商量一下看看是否能减缓一下这些不幸的人的刑罚。③

这段话不仅体现了中国法源于《尚书》中"眚灾肆赦"的恤刑精神,而且也体现了其中对"怙终贼刑"原则的坚持。④ 第二天,雍正帝的敕令就得到了执行,"有些罪犯找到了保人,被保释出狱,到酷暑过后再回去报到";"找不到保人的囚犯的镣铐被取下,允许他们在相当宽敞的监狱里自由走动"。对此,龚当信神父感叹道:"这措施让百姓看到仁爱的皇上关心着他们所有的臣民,哪怕最不幸的人都能得到他父亲般的关爱。"⑤

作为"君父",龚当信神父在信中还向西方介绍了雍正帝对于百姓的种种鼓励和号召。他奖励国内那些"勤于劳作、善于治家、和睦相邻、简朴节约、远近闻名的农民";让"寡妇们坚持守寡",为她们"建立一座牌坊";"宣扬子女对父母的孝道","封他们为缙绅"。⑥ 对于官员,他奖勤罚懒,"每隔三年对全国的官员进行考核",并对其进行分类。⑦

---

① 〔法〕杜赫德编:《耶稣会士中国书简集——中国回忆录 III》,第192页。
② 〔法〕杜赫德编:《耶稣会士中国书简集——中国回忆录 III》,第192页。
③ 〔法〕杜赫德编:《耶稣会士中国书简集——中国回忆录 III》,第192页。
④ 参见高明士:《〈尚书〉的刑制规范及其影响——中华法系基础法理的祖型》,《荆楚法学》2021年第2期。
⑤ 参见〔法〕杜赫德编:《耶稣会士中国书简集——中国回忆录 III》,第192页。
⑥ 参见〔法〕杜赫德编:《耶稣会士中国书简集——中国回忆录 III》,第193~194页。
⑦ 参见〔法〕杜赫德编:《耶稣会士中国书简集——中国回忆录 III》,第194页。

对于罪犯,雍正帝也是关怀备至。对此,他转引了雍正帝的谕令:"当判某人死刑时,朕想到两件事:第一,我们应该尊重人的生命;第二,朕对百姓应该有仁爱、同情之心。因此,以后,死刑案必须呈报朕三次才能判决。"①对于死刑,龚当信神父在信中还明确区分了"立决"和"监候":

> 对于罪行严重的案犯,皇上在签署死刑时还加批注:"接此令后立即执行。"对于一般的死刑犯,皇上在判决书上写:"把案犯收监,到秋季执行。"秋季有一个固定的日子执行。②

对于中国法中的"秋(朝)审制度",龚当信以欧洲为参照感叹道:"这样,正如您所看到的,这里对最卑贱的人像在欧洲对有地位的人一样,我的意思是,在欧洲,只有最有身份的人才能由各级议会集体审判。"③

通过上述龚当信神父的描写,一个"勤政爱民"的"开明君主"成为雍正皇帝疯狂打击基督教之外,另一种不同的形象表达。

在1727年12月15日龚当信神父于广州写给耶稣会爱梯埃尼·苏西埃的信函中,他继续就邸报进行介绍。他说自己是从1723年"福建教案"才开始阅读邸报的,他认为"这种邸报很有教益,不仅对中国人有用,尤其对一个欧洲人很有用。在邸报上可以获得许多有关中国的宗教、各派学说、法规、风俗习惯等各方面的知识"④。此外,他还提到之前大部分传教士不太知道这种邸报,而少数知道的神父也错误地认为它与欧洲的某些报纸相似。他指出:

> 中国的邸报上只刊登给皇上的报告或者皇上的旨令。谁都不敢添加一字,即使他们本人的意见也不行,否则将受到杖责。去年,某个衙门的书记和某个驿站的书记,因为在文告上加入了几点错误情况被处死刑。刑部判决的理由是他们对皇上不敬。法律规定,任何人对皇上不敬就得处死。⑤

龚当信神父说:"中国邸报几乎包括了这个辽阔帝国的所有公共事务,它刊

---

① 〔法〕杜赫德编:《耶稣会士中国书简集——中国回忆录 III》,第195页。
② 〔法〕杜赫德编:《耶稣会士中国书简集——中国回忆录 III》,第195页。
③ 〔法〕杜赫德编:《耶稣会士中国书简集——中国回忆录 III》,第195页。
④ 〔法〕杜赫德编:《耶稣会士中国书简集——中国回忆录 III》,第241页。
⑤ 〔法〕杜赫德编:《耶稣会士中国书简集——中国回忆录 III》,第242页。

登给皇上的奏折及皇上的批复、旨令及其施予臣民们的恩惠”，它“是一本集子，有六十页至七十页，每天都有”，“每年出三百本小集子”。①

　　龚当信神父在邸报中转引了几则涉及人命的刑案，主要涉及皇帝最后的刑罚权。一则发生在常州市，起因是妻子顶撞了公婆，被丈夫曹清训斥，妻子因不服气与丈夫发生争执，后被丈夫用板凳殴打，第二天致死。当地总督因律法判处其死刑，“等到秋天问斩”，并向朝廷奏报“曹清的父母年迈，没有其他的子女照顾他们”，提供了“规格齐全的证明材料”。总督之所以上报是因为“根据另一条法律，如果一个儿子犯了死罪，而他的父母是残疾或年迈，又没有其他子女或侄孙，为了让他们侍奉父母，总督应该把案件及罪犯的名字上报朝廷，奏报皇上，由皇上根据他的意愿下旨令”。② 后来，皇帝下旨：“朕开恩赦免曹清死罪，为了他年迈的父母得到赡养，得到慰藉，免去他一部分罪罚，朕让他继续活着。他不能忘恩，必须不辜负朕的意愿，确实地履行一个孝子的职责。”③ 于是，“死刑改成了两个月的枷锁和四十大板”。对于清朝的“存留养亲”制度，龚神父还详细地写道：

> 很少有皇帝免去全部罪罚的情况。不管是一品官，或者杀人犯，要注意，如果被杀的人是独生子，他的父母也是年迈，为了平等对待，就不赦免罪犯了。被害人的父母没有儿子侍奉，而让罪犯的父母有儿子侍奉是不合适的，他们将得到同样对待。此外，如果罪犯有兄弟，或者他的兄弟有成年的孩子，能够替代罪犯侍奉他的父母，就根据法律处死罪犯。只有罪行不重的普通杀人犯才有可能得到赦免。④

　　查《大清律集解附例》可知，龚神父描写的不仅与“犯罪存留养亲”律文规定相同，而且与后附几条相关例文也是一致的。⑤

　　另一则刑案则发生在宜黄县。当地两妇女汪氏和张氏因晾晒琐事发生口角，并相互殴打，汪氏被打后，第二天死去。江西总督依律，判处张氏绞刑。然而，张氏之年满十八岁的儿子，哭求代母去死，理由是“爱他生母，也是为了他年幼的弟弟需要母亲教养”。总督觉得此子孝心可嘉，于是禀报皇

① 参见〔法〕杜赫德编：《耶稣会士中国书简集——中国回忆录 III》，第 242 页。
② 参见〔法〕杜赫德编：《耶稣会士中国书简集——中国回忆录 III》，第 246～247 页。
③ 〔法〕杜赫德编：《耶稣会士中国书简集——中国回忆录 III》，第 247 页。
④ 〔法〕杜赫德编：《耶稣会士中国书简集——中国回忆录 III》，第 247 页。
⑤ 参见《大清律集解附例》，载四库未收书辑刊编纂委员会编：《四库未收书辑刊》，壹辑·贰拾陆册，北京出版社 1997 年版，第 58～61 页。

上。后来,刑部核准了总督的判决,皇帝并没有改变判决结果,因为"不能不惩处这样的罪行",但"赞扬了那个儿子的孝心"。① 此外,龚当信神父还从邸报中转述了两江总督对隆科多的指控和对处死年羹尧判决的拥护。②

与龚当信上一封信函赞美雍正帝"开明君主"相同的是,他在这封信中还通过雍正减轻百姓负担、关爱灾民、鼓励各省奖励正直和有功人士、表彰忠贞妇女和烈女、赈济灾荒法令、重申关爱残疾和年迈父母的命令以及开春祭天、耕地等事例,③向西方全面地树立了一个中国"开明君主"的形象:

> 可以看到事无巨细都要呈报皇帝。他什么都知晓,他要了解一切情况,由他来决定一切。这是好的中国治国之道。一个皇帝没有时间消遣,他必须放弃消遣,以他的努力、他的谨慎、他的对臣民的亲情来履行皇帝的义务。说实话,他确是百姓的父母,这是中国人的说法。没有这些,他就沦为被人唾弃的君主。中国人说,天让他登上宝座,不就是让他当我们的父母吗?④

这里龚神父转述了雍正帝的话,向西方指明了中国皇权或统治的正当性与"天"存在着紧密关系。这里的"天"并不是不可捉摸的"鬼神",而是人世间的"民心"。文载:

> 在天和人之间存在着一种关系,因果报应是确实存在的。我们的田地遭受了水灾、旱灾或者虫灾,这些灾害的原因何在呢?可能在于皇帝治国不善,走了歪路,使得上天用这些灾害作惩罚,让他回到正路,尽他的责任。也许是因为地方上的主要官员不想着为百姓造福,不严于律己,不幸就降临到该省了。这些灾害难道不是因为地方官员们办事不公,不以身作则,教民不力,或某省某地官员践踏国法,蔑视祖规造成的吗?人心坏了,天和人之间的和谐就被破坏了,天灾人祸就会层出不穷,因为人们在地上忘了自己的责任,上天就不会再垂顾他们。⑤

对于中国的君主制,马若瑟神父于 1724 年写给耶稣会某神父的信函中

① 参见〔法〕杜赫德编:《耶稣会士中国书简集——中国回忆录 III》,第 248 页。
② 参见〔法〕杜赫德编:《耶稣会士中国书简集——中国回忆录 III》,第 250~252 页。
③ 参见〔法〕杜赫德编:《耶稣会士中国书简集——中国回忆录 III》,第 248~268 页。
④ 〔法〕杜赫德编:《耶稣会士中国书简集——中国回忆录 III》,第 249~250 页。
⑤ 〔法〕杜赫德编:《耶稣会士中国书简集——中国回忆录 III》,第 266 页。

也有评论。他针对 1718 年雷诺多德院长翻译关于中国的书籍中的言论，①对中国君主制进行了评价：

> 我觉得一种治国之道能够延续如此多世纪，不应该受到他的批评。他以中国官员不善治理老百姓来证明他说的话，由此断言中国的法律不值一提。我觉得孔子说的更有道理，孔子说："一个人行为不端不能归咎于法律。"当有基督徒生活不检点，雷诺多德院长先生是否也要怪罪于基督教教理呢？
>
> 中国政府是完美的君主制。它要求治理国家的各级官员的绝对服从，达到一种无可比拟的秩序，中国人并不随心所欲，而是遵循古书上所述的明智的法律行事。②

在赞美中国政制的同时，他也指出了问题：

> 但是在这样一个绝对的政权之下，如果治理百姓的官员们滥施权力的话，老百姓是无权说话的。如果说中国的治国之道有什么缺陷的话，那就是不让老百姓读这些治国之道的书，而只让君王们掌握这些书，启发他们善待百姓，而让老百姓读另外一些书，教他们尊敬顺从君王。③

当然，对于中国政制的这些缺陷和问题，马若瑟神父主张用基督教教义去弥补它：

> 基督教义完全补救了这种缺陷。一方面，它教那些以上帝自居的君王们要当百姓的父亲和牧羊人，有一天上帝会像他们对待子民那样对待他们；另一方面，它教老百姓要像服从上帝一样服从君王，感谢上帝给他们一个好君王；或者当上帝给他们一个坏君王，就视作是因为他们的罪孽而应得的惩罚。④

---

① 据笔者考，这里雷诺多德翻译的关于中国的书，应是前述提及的阿拉伯人商人苏莱曼于公元 851 年著成的《中国和印度游记》(也称《苏莱曼东游记》)一书。参见〔法〕杜赫德编：《耶稣会士中国书简集——中国回忆录 III》，第 269 页。
② 〔法〕杜赫德编：《耶稣会士中国书简集——中国回忆录 III》，第 290~291 页。
③ 〔法〕杜赫德编：《耶稣会士中国书简集——中国回忆录 III》，第 291 页。
④ 〔法〕杜赫德编：《耶稣会士中国书简集——中国回忆录 III》，第 291 页。

这等于说,用基督教教义一方面去规训君王,另一方面帮助统治者规训百姓。

龚当信神父在1730年10月19日于广州写给耶稣会杜赫德的信中,继续通过其阅读的邸报向西方介绍有关中国的信息。在这封年信中,龚神父提到了大清对于官员监督的"记功"(中文称为"记录")制度,即"一品官由北京的各部记功,地方官由总督记功,总督记的功,必须报请北京各部,由各部核准,或者查阅记的功劳"①。

"记功"对地方官员非常有用,如果他们犯了轻微的过错,可以"在他们的功劳簿上抹掉一分或几分的功劳,而不撤他们的职";如果"某个官员犯了轻微的过错,他在功劳簿上有分,就扣分","如果没有分,就扣除他一个月、两个月或几个月的俸禄",但"这一切都是要奏报皇帝的"。② 此外,他还提及:"在中国,如果仆人们、子孙们、属下官员们犯了错误,他们的主人、父亲、上司几乎总是要被问罪的。"如此规定的原因是"他们管教不力",这些人"狐假虎威,滥用主人的权威欺压百姓,滥施淫威"。③ 为了更为具体地说明大清上述"严于治吏"的规定,龚神父还举了如下三四个例子:

> 有一次,某省某地发生了一桩窃案,六个月以后,总督问起该窃贼是否被抓住,如果没有抓住,他要向上禀报。上司审查了该案,决定负责防备偷盗和拘捕窃犯的判官们都扣除一部分俸禄,皇帝签署了这项决定。广州是一个远离朝廷四五百法里的城市,有一个罪犯在墙上挖洞逃出了监狱,此事被作为最严重的事情奏报了皇帝,负责管理罪犯的官员扣除了几个月的俸禄,并奉命去追捕逃犯,直到把他捕捉归案为止。但是,如果证明了其中有所勾结,那官员就会被撤职严办。某个犯人在狱中因病死亡,而监狱官没有及时叫来医生,朝廷得知后就扣除他六个月的俸禄,派往该城的主管官员也扣除三个月的俸禄:"这是上司的过错。"如果他本人履行他的职责,经常去监狱看看,他手下的官吏就会更加小心从事,对病犯更加有点人情味,等等。如果该官员有功劳记载,朝廷根据法律决定扣除该官员六个月的俸禄之后,又会补充一句:由于该官员先前有功劳记载,就不扣除他的俸禄,在功劳簿上扣除他一分、二分或三分。④

---

① 〔法〕杜赫德编:《耶稣会士中国书简集——中国回忆录III》,第319页。
② 参见〔法〕杜赫德编:《耶稣会士中国书简集——中国回忆录III》,第319～320页。
③ 参见〔法〕杜赫德编:《耶稣会士中国书简集——中国回忆录III》,第320页。
④ 〔法〕杜赫德编:《耶稣会士中国书简集——中国回忆录III》,第320～321页。

接着,他还指出"中国特殊的治国之道",就是通过对官员的"加减级"实现的,所有"加减级"的讨论、议决"都得呈报皇帝,由他根据他的判断亲笔核准、修改或赦免",而"部衙门必须始终遵照法律,不讲交情,不看旧功,也不看犯官的等级身份"。①

龚当信神父对于清代中国严于吏治的特点十分感兴趣,在该封信函中又对各地总督因报送考课官员不实而应承担的法律责任进行了记述:

> 吏部是各大部的第一部,它负责处理国家官员任免事务,吏部开会讨论作出了决定:(1)总督们密切监督了解他们下属官员的行为,注意挑选区别他们所要举荐的杰出官员。(2)如果在举荐官员中,出于贪财,受人疏通,或者出于其他利益考虑受人左右,他们就将被革职,以后不得重用。(3)如果朝廷对这些"杰出官员"考查以后,发现他们名不符实,或者他们在为官期间犯了错误,举荐他们的总督也将受到同样的惩罚,革职查办。(4)如果在这一切被发现以前,总督在举荐某官员后又发现了该官员的问题,可以考虑不惩办该总督,因为皇帝将会宽恕他。(5)如果那些"杰出官员"升官以后,表现不好,还得重新考查他在任前职时的行为,如果发现他们已经犯过类似的错误,举荐该官员的总督将被降官三级。(6)如果经过考查以后,发现该官员在任前职时表现良好,但是升官以后他的心灵被腐蚀了,变坏了,将不追究总督的责任,他仍被认为是履行了职责的。②

同时,龚神父还记述皇帝"担心总督们在考查官员中不很公正,或出于报应,或出于厌恶,或出于个人好恶,太草率地给他们的下属官员不好的评语,为了防止这个弊病",特别下达了如下法令:

> 1. 下级官员中掠取百姓钱财的贪官,或者苛待百姓的官员将被永久地革职,不得再用。
> 2. 被吏部根据总督的评语革职或降职的官员,不管何种理由,皇帝允许他们如果不服可上告到朝廷,由吏部听取他们的申诉,皇帝亲自召见他们。
> 3. 为了执行这道旨令,上告的官员在离开他们任职的省份以前,

① 参见〔法〕杜赫德编:《耶稣会士中国书简集——中国回忆录 III》,第 321~322 页。
② 〔法〕杜赫德编:《耶稣会士中国书简集——中国回忆录 III》,第 333 页。

要向总督要一份证明他因某个错误被革职或降职的文书,由于他要向朝廷陈述,省里必须给他此份证明。

4. 有关总督不得拒绝给该官员所要求的证明文书,或者如果他担心其错误或不公正被暴露,他拒绝出证明,该官员回到他出生的省份,去向该省份的总督声明他在某省因某事被革职或降职,而那省的总督拒绝给他出证明让他到朝廷去上告申诉,所以他要求本省总督给他出证明,他本省总督不会拒绝出证明的。

5. 经过审查该官员申诉的理由及他的总督的答复以后,如果该官员的革职或降职是不公正的话,将让他官复原职。但是如果发现他是有罪的,他诬告了总督,不仅将他革职,还要根据罪过轻重给他上刑。

6. 如果总督本人认同处罚不公或有错,他将被革职或降职。①

(四)《耶稣会士中国书简集——中国回忆录 IV》(1730~1750)
1. 巴多明对中国法特点和刑罚的记述

巴多明神父在 1730 年 8 月 11 日于北京写给法国科学院院长德·梅朗(Dortous de Mairan,1678~1771)先生的信中,对梅朗院长基于阅读有关中国法内容而得出的一些结论,表达了自己的看法。

例如,他针对梅朗院长认为的中国法背后所蕴含的"民族之伦理和政府的最正确"的推论,给出了自己的看法。巴多明同意梅朗所说的"中国君主体制的古老性、政府的组成、其皇帝是智慧和公正、其子民对劳动的热爱和驯服的性格上"的看法,但是并不认同其所说的"全民族于其执着法律和古老习惯方面那毫不动摇的稳定性"。巴多明认为,梅朗上述关于中国人执着法律和古老习惯的说法,有过分溢美的倾向,认为中国人的这一做法不是受"理智的支配",而是统治者的"一种政策",在这一点上"完全与基督宗教的立教基础背道而驰"。②

在这封信中,巴多明神父还介绍了中国人对已经死去的人的刑罚,认为这样的刑罚才能真正实现公正,而这种法文化和欧洲对于尸体解剖的认知是完全不同的。他说道:

我们曾在中国发现过将那些于死后才发现了其罪行的恶棍歹徒掘

① 〔法〕杜赫德编:《耶稣会士中国书简集——中国回忆录 III》,第 334 页。
② 参见〔法〕杜赫德编:《耶稣会士中国书简集——中国回忆录 IV》,耿昇译,大象出版社 2005 年版,第 36~37 页。

尸出墓,但并不将其尸体剁成碎块,因为他们的肉体已经腐烂了,而是将遗骨抛扬在城外的大道上,以在那里让驮兽践踏和让车辆碾压。这是依法对他们的罪行所作的公正惩罚。[①]

在此基础上,巴多明神父还指出了中国绞刑、斩刑和凌迟刑三种死刑执行方式背后区分的原因:

> 衙门中尚未判决那些应受法律惩罚的人,为什么在罪犯死后还要受如此折磨呢? 您声称,死者再没有感觉了这是千真万确的。但是,无论是什么人,如果他知道有人在自己死后,还要对尸体剥皮、砍剁和分割肌肉,直到身体的细小部分都被解剖,谁不会不寒而栗呢? 难道人们在这个问题上能控制其想象吗? 更具体地说,人们所害怕的不是死亡,而是死亡的方式。当其罪行应以处死来惩罚时,人们便会绞死罪犯,总之是没有任何流血;如果其罪行比较严重,那就要砍头;但当其罪大恶极时,那就要凌迟处死,即将肢体分割成千上万块。[②]

值得注意的是,与前述利玛窦相类似,巴多明神父则将大清律中的"威逼人致死"罪给梅朗神父进行了介绍:

> 如果某些无耻之徒为报复其仇敌,便前往后者的门前自杀,法庭便会审理此宗案件。这种事件几乎永远是以此家主人的毁灭而告结束,有时甚至还会导致邻居们的毁灭。因此,在讨还公正的借口下,人们却干下了真正不公正的事;还有人大肆渲染地声称"人命要紧",有人便压制这个不幸的人,使之处于失望之中,迫使他自杀。[③]

很明显从这段表述中,他不仅不理解中国法中的这个罪名,而且也不认同它。

2. 卜文气对"雍正十年(1732)广州教案"的记述

1732年12月11日卜文气神父于澳门写给耶稣会法国籍戈维里(Pierre de Goville, 1668～1758)神父的信中,较为详尽地介绍了1724年雍正禁教

---

① 〔法〕杜赫德编:《耶稣会士中国书简集——中国回忆录Ⅳ》,第57页。
② 〔法〕杜赫德编:《耶稣会士中国书简集——中国回忆录Ⅳ》,第57页。
③ 〔法〕杜赫德编:《耶稣会士中国书简集——中国回忆录Ⅳ》,第58页。

后,一场涉及被允许居住在广州的耶稣会士的教案。

卜文气记述说,1732 年 8 月 18 日,居住在广州的耶稣会士被广东番禺县和南海县的知县劝说离开所住辖区,"全部撤退到澳门"。但赫苍壁(Julien-Placide Herrieu,1671~1746)会长却"强硬地向知县禀报说,由于我们是根据'敕'而居住在广州的",所以不离开。①

对此,两知县在神父居住的地方张贴了"告示",指责他们为"邪教",并援引"雍正二年(1724)禁教令"的说法,控诉他们违反了禁令的相关规定,限令其在 8 月 20 日之前撤回到澳门,否则将被治罪。② 接着,两广总督鄂弥达、广东巡抚杨永斌又发布一道新的"告示",张贴在神父们的大门及城中不同的地方。新"告示"虽然在言语措辞上"更富谩骂和侮辱性",但也"显示出一小缕希望的光明",即放逐在华传教士的人数被限制在 14 名。③

8 月 20 日傍晚,根据官吏们的命令,14 名神父坐船离开广州,同时广东地方官员在结合前述两个"告示"的基础上,也将此事件以奏本的形式上奏雍正帝。该奏本全文如下:

> 所有王国都以服从本朝的法律和政府为己任。正是出于这一原因,先皇陛下才对外国人充满宽宏与善意,允许西洋人定居于我国诸省。他的观点是,当西洋人在按照我们的法律生活时,他们将分享一位国君之幸福。他出于这种皇恩浩荡的天性,可以与我们最伟大的圣皇尧舜并列齐名,甚至还会超越他们。我们是否可以认为西洋人滥用了先皇的恩泽呢? 他们蔑视我们的法律,以布讲他们的教法来诱惑我民、推翻我们的所有习俗并在我们的省份中为制造混乱而工作。数年之前,闽浙总督满大人曾参奏过这种混乱,呈奏皇帝陛下,认为必须将他们遣返回国,将他们的住宅用于公益用房,只有这种方法才能使事态恢复秩序。皇帝陛下利用他怀柔远人的宽厚之心,考虑到这些外国人都远离其祖国及其不同王国,仁慈地允许他们在广州权宜暂住一段时间,以便能够更方便地乘某一艘外国船离去。这是一种浩荡皇恩,西洋人在获得此种皇恩之后,并未像他们过去所做的那样,广泛地利用皇帝陛下对他们的宽大为怀,只想在他们的住院中平安地生活,在那里为他们

---

① 参见〔法〕杜赫德编:《耶稣会士中国书简集——中国回忆录 IV》,第 76~77 页。

② "告示"全文,参见〔法〕杜赫德编:《耶稣会士中国书简集——中国回忆录 IV》,第 77~78 页。

③ 这道新"告示"全文,参见〔法〕杜赫德编:《耶稣会士中国书简集——中国回忆录 IV》,第 79~81 页。

自己修身养性而工作,并遵守帝国法律;特别是由于礼部决定禁止他们从帝国的这一端跑到另一端,也禁止他们为其宗教举行集会,否则将受到惩罚,并被直接负责的有司衙门的官吏们驱逐。

　　然而,今天却有一位安多尼,他以行医为借口,煽动混乱;还有一位叫艾子(Ngai-se)的,他开设了一座教堂,并称之为圣母堂,将大众吸引到其宗教中,特别是以一种极其下流的方式行事。这种邪恶日益加剧。在节日期间,基督徒之间互相煽动,如同中邪一般地奔向这些教堂,女子们也在那里与男子混杂在一起,男人们为追逐利益而心不跳脸不红地跪在这些西洋人的面前,女子们也秘密地与他们往来。这一切都是世人不能不痛心疾首的和在忍耐中遭受折磨的事。这就是为什么我们这些人——陛下的奴才,在经过深思熟虑而查清事实之后,我们于农历六月二十八日公布发表了抨击这些动乱的声明,我们在七月二日又令人将所有这些西洋人押解到澳门,以便阻止他们继续将吾民吸引到他们一方并腐化这些人。他们于此拥有的八处住宅仍由其仆人看守。但由于我们害怕他们产生返回本帝国的奢望,为了消除邪恶根源,我们认为应该对他们实施雍正二年颁布的命令,并将这些房子充公用于公益事业。我们认为在此问题上应该等待新的命令,我们仅限于请求皇帝陛下根据其聪慧的天资而对此作出圣裁。①

除了被驱赶的在华神父们,在广州当地信教的基督徒中"有些人被判处笞刑,其他人则被判处戴枷一两个月"②。

　　卜文气在这封信函的最后表达了自己的担心,他"声称这场教案会必然无误地对宗教产生令人遗憾的后果","一旦这条新闻由此而向各省传播,在所有的基督教社团中该会有多大的恐怖",因为基督教"被列于邪教行列","已成为政府攻击的目标"。③

　　从卜文气记述的"广州教案"处罚结果看,前述"雍正元年(1723)福建教案"所形成的"雍正二年(1724)成案"已成为日后处理在华信仰基督教的定例。即对于在华传教士而言,将他们押解澳门,回国了事;对中国信教者而论,则要"从重治罪",违反者或可定"谋反"罪处罚,或可比照"向南海外出售大米者"的罪责处罚,还可比附"禁止师巫邪禁"罪处罚。实际上,正是

① 〔法〕杜赫德编:《耶稣会士中国书简集——中国回忆录 IV》,第 82～83 页。
② 〔法〕杜赫德编:《耶稣会士中国书简集——中国回忆录 IV》,第 85 页。
③ 参见〔法〕杜赫德编:《耶稣会士中国书简集——中国回忆录 IV》,第 89～90 页。

因为清廷在"实体法"层面对在华传教士的刑罚轻于中国信徒,没有彻底贯彻清律"化外人有犯"条一视同仁的规定,因此,天主教在"雍正二年(1724)禁教令"之后,仍在中国继续传播。

3. 冯秉正对"乾隆二年(1737)顺天教案"的记述

冯秉正神父在 1755 年 10 月 18 日于北京写给耶稣会某一神父的信中,对前述卜文气书信中提及的广州教案,进行了后续报道。对于广州方面驱逐传教士到澳门的决定,1733 年 1 月 31 日在京耶稣会士戴进贤等神父针对前述两广总督和广东巡抚的奏本,向雍正帝进行了书面的辩解,并希望雍正帝能够允许三四名传教士留在广州城。①

他们利用同年 3 月 18 日觐见雍正帝的机会,对广东方面的指控和雍正帝对于基督教的误解进行了澄清。在对话中,雍正帝一方面声称"自己既未曾禁止又未曾允许"基督教在华传播;另一方面也表明了自己后来禁教的根本原因是"你们从不祭祀已故的父母和先祖,你们从不去为他们上坟,这是一种很大的不孝",直接原因是在前述"苏努案"中乌尔陈"对其先祖有失敬之处"。② 这从另一个侧面说明,尽管雍正帝一再强调他并不反对基督教,但"苏努案"确实是其下定决心禁教的导火索。

在一封题为《中华帝国 1738 年的宗教形势》的信中,神父们又介绍了 1737 年爆发的一场教案。需要说明的是,由于雍正帝已于 1735 年去世,这里介绍的教案发生在乾隆二年(1737)。

该信记述了葡萄牙传教士的中国传道员刘二因在医院为被遗弃的婴孩举行洗礼被顺天府指控,一同被移送到刑部的还有医院看门人秦季和"举报人"李西偶。刑部的满族官员吴十三本想判处刘二死刑,但却遭到刑部汉族侍郎孙嘉淦反对。他不仅指责吴十三过分严酷,而且判决"基督徒被判处挨一百个'板子'",也就是说打罪犯一百棍,再戴枷一个月,然后再受四十板子"。③

接着,该信把 1737 年 11 月 15 日刑部的"判决"全文进行了誊抄。该"判决"显示,刑部先是根据雍正二年(1724)福建总督满保奏折所形成"禁止国人加入基督教,并勒令那些已经信奉了这种宗教的人都退教"的"雍正二年成案"作出的。

判项一:刘二"未遵守这条法律并坚持其基督信仰。他进入了儿童医院,在那里念巫咒,并向儿童们头上洒水以治愈他们。我们判处打他一百板

---

① 该奏疏全文,参见〔法〕杜赫德编:《耶稣会士中国书简集——中国回忆录 IV》,第 93~98 页。

② 参见〔法〕杜赫德编:《耶稣会士中国书简集——中国回忆录 IV》,第 101 页。

③ 参见〔法〕杜赫德编:《耶稣会士中国书简集——中国回忆录 IV》,第 174~175 页。

子、戴枷整整一个月,然后再打另外四十板子"。① 判项二:医院看门人秦季,"此人不可能不知道刘二利用巫术为婴儿治病,其义务应是阻止他,但却容忍了他。根据严厉的法律,他也应挨八十板子,但只会打他三十大板"。② 判项三:"刘二取水的小铜钵,它将被砸碎。"判项四:"判决被送到北京的顺天府尹和都察院衙门,以使他们将此告知城内五部。"判项五:在北京顺天府管辖的两县内所有十字路口要张贴如下禁令,即"禁止任何人以在那里医治病人为借口,而经常出入于该医院,而且也禁止他们信奉基督教法,并命令那些已信仰此宗教的人,赶快摒弃之"。③

对于刑部的"判决",在京传教士意识到该判决会对在华信教教徒产生毁灭性打击,于是 11 月 20 日钦天监监正戴进贤神父、法国传教区会长巴多明神父、葡萄牙东堂的修道院院长陈善策(Domingos Pinheiro,1688~1748)神父以及正在宫中的沙如玉(Valentin Chalier)神父和郎世宁修士上了一道奏折,试图通过内务府大总管之一的海望向乾隆帝申诉。但由于 11 月 25 日乾隆帝已出发祭陵,上述刑部"判决"被贴满了街道。

12 月 7 日,乾隆帝回銮后,戴进贤等神父们将修改好的奏章呈递皇上。该奏章首先陈述了上述刑部"判决"的梗概,接着从顺治朝汤若望受荣宠开始,列举了康熙帝、雍正帝对于在华传教士的承认和褒扬,并指明乾隆帝在今年 3 月份降旨提及"帝国的法律从未禁行基督教"的说法。然后证明历朝并未废教,指出即便是"在满保掀起的教案中,丝毫既未提到在大街上张贴告示一事,也未提及逮捕基督徒并将他们投入监狱的事件,更未提到对他们进行审讯、拷打并给他们戴枷的事"。④ 从中可见,神父们担心的有两点:第一,怕各级官员通过这个判决以为皇帝"废教"了;第二,害怕之后所有信教者都会被投入监狱,被判刑罚。

乾隆帝接到神父们的奏疏后,下令刑部重审此案。此时刑部尚书已是原云贵总督尹继善。经过审理,尹继善于 12 月 13 日将"再审判决"呈递皇上。该判决除抬头外,共分三大部分。在第一大部分,尹继善尚书通过对"教士们上奏的本章和刑部的判决"的仔细研究,认为该案有两个成案可以

---

① 根据笔者所查《大清律集解附例》的规定,刘二所犯罪名可能是"违制"罪,也有可能是"禁止师巫邪术"罪。参见《大清律集解附例》,第 109、202 页。
② 根据笔者所查《大清律集解附例》的规定,秦季很大可能是以"不应为"罪处罚。参见《大清律集解附例》,第 418 页。
③ 参见〔法〕杜赫德编:《耶稣会士中国书简集——中国回忆录 IV》,第 175~176 页。
④ 此奏章的全文内容,参见〔法〕杜赫德编:《耶稣会士中国书简集——中国回忆录 IV》,第 178~181 页;《西洋人戴进贤等奏恳免诬指查拿天主教(乾隆二年十月十六日,1737.11.17)》,载吴旻、韩琦编校:《欧洲所藏雍正乾隆朝天主教文献汇编》,第 56~58 页。

援引。第一个成案是"雍正元年十二月间,礼部曾审议过浙江和福建总督满保的一道本章",亦即前述"雍正二年(1724)成案"。尹尚书在此案中提取的"规则"是:

> 基督教立即遭禁,虽然可以把欧洲人留在北京,以便在那里从事某种工作,并在其后果无关宏旨的事务中利用他们;但对于那些生活在各省者,他们不会对我们有任何用处,愚昧平民可能会听取其教义并追随他们的宗教,从而使其思想和心灵都充满不安,但却没有任何益处。他据此而要求禁止这种宗教,要强迫那些已经信奉这种宗教的人背弃它。如果以后有人集会以从事其修习,那若必须严加惩处。该判决已获得皇帝恩准。①

他援引的第二个成案是乾隆元年(1736)三月,通政使司赵之恒审理案件的判决。他在此案中提取的"规则"是:

> 他要求严格禁止兵勇和平民百姓信仰基督教。在八旗中已有信奉该宗教的人了,如果他们顽固坚持信仰该宗教,那就命令其军官对他们严惩不贷。礼部将以在所有街道中张贴告示的方法,颁布禁令,禁止西洋人以任何方式邀请兵勇和平民追随其宗教。②

有了这两个成案作为"法律依据",在"判决"的第二大部分,尹尚书认为本案中刘二作为平民加入基督教,并使用巫术水,显然违反法律。此外,因为兵勇和平民可能并不知晓上述法律,所以在本案中刑部将"判决"送达顺天府尹和城内五部大员,"以使诸部以告示而公之于众,法律应受到严格的维护,应唤醒愚昧之人"。③

在"判决"的第三部分,尹尚书对判决的"合法性"进行了论证和说理。第一,他认为刘二"淋在婴儿们头上的水与巫术有关,并与巫术完全相似";第二,他认为基督教是邪教,不仅应"连根拔起",而且不应允许"各处聚集吾民并以邪教教理来扰乱吾民";第三,刑部大员"根据成文法而处理中国人",是完全合情合理的。④

---

① 〔法〕杜赫德编:《耶稣会士中国书简集——中国回忆录IV》,第181~182页。
② 〔法〕杜赫德编:《耶稣会士中国书简集——中国回忆录IV》,第182页。
③ 参见〔法〕杜赫德编:《耶稣会士中国书简集——中国回忆录IV》,第182页。
④ 参见〔法〕杜赫德编:《耶稣会士中国书简集——中国回忆录IV》,第182~183页。

最后,乾隆帝同意了这份"再审判决",并以圣旨的形式向在京传教士表明:"刑部的行为符合出自法典中的法律。给予传教士们于其教堂中修习其宗教的自由,但不希望中国人,尤其是中国的鞑靼人、旗人等公开信仰之。此外,他们只需要照常行使其职务即可。"①听完圣旨后,尽管巴多明神父为此判决又做了口头申诉且有理有据,但结果无法更改。②

同年12月14日乾隆帝偶遇郎世宁,后者向皇帝哭诉了对于"判决"的失望之情。皇帝表示:"就你们这些人面言,朕丝毫没有禁止你们的宗教。你们可以自由地修习它,但我们的人不应该信仰它。"③对此,皇帝许诺要再次研究该案,并指派乾隆元年(1736)主持"庆生案"④的十六王爷再次审理此案。

12月15日王爷召见了神父们,对他们说道:"皇帝绝没有禁止你们的宗教,刘二绝非因为他是基督徒才遭到了惩罚,他是由于其他错误才根据中国的法律而受惩罚的";"在中国,我们要惩罚喇嘛、和尚、道士,他们都以摩顶和念咒的方式为人治病"。当神父们请求王爷把皇帝转告的谕旨变成文字送达刑部,并"不要再允许张贴任何对基督教不利的告示"时,王爷满口答应了这些要求。⑤为此,12月18日,戴进贤神父根据和王爷交谈的内容,又写了一封奏折呈交给皇上。奏折基本上将上述王爷转述乾隆帝的话誊抄了一遍,神父们希望皇上看后以更为明确和官方的方式,将"废教"和各地"张贴告示"的"判项"修正过来。奏折核心部分这样写道:

> 刑部逮捕并审讯刘二,是因为他违犯了中国法律。他当然应受到如此惩罚。这一切既与基督教无关,又与欧洲人没有任何干系,大家应尊重这道命令。吾辈乃陛下最忠诚的臣民,顶礼跪拜,我们将为此而以很卑微的行为作出感激的回报。我们冒昧地向陛下请求,通过其慈善心的作用,不要再张贴反对基督教的告示或揭帖了,基督徒的名称也不应再作为逮捕惩罚人的一种原因,以使我们享受贵荣耀王朝的和平之福。⑥

---

① 〔法〕杜赫德编:《耶稣会士中国书简集——中国回忆录Ⅳ》,第183页。
② 参见〔法〕杜赫德编:《耶稣会士中国书简集——中国回忆录Ⅳ》,第183~184页。
③ 〔法〕杜赫德编:《耶稣会士中国书简集——中国回忆录Ⅳ》,第185页。
④ 该案最后作出了"禁止八旗军信奉基督教的禁令"。参见胡建华:《百年禁教始末:清王朝对天主教的优容与厉禁》,第132~134页。
⑤ 参见〔法〕杜赫德编:《耶稣会士中国书简集——中国回忆录Ⅳ》,第185~186页。
⑥ 〔法〕杜赫德编:《耶稣会士中国书简集——中国回忆录Ⅳ》,第186页。该奏疏及乾隆帝御批,另见《西洋人戴进贤等谢恩并求免指天主教名查拿问罪(乾隆二年十月二十七日,1737.12.18)》,载吴旻、韩琦编校:《欧洲所藏雍正乾隆朝天主教文献汇编》,第58页。

对于神父们的请求,乾隆帝于当日批了几个字:"将来不要再贴辟基督教的告示了。"①当神父们希望王爷将此圣旨"以其原貌而传达到刑部"时,他们后来得知刑部已于12月27日将前述尹尚书作出的"再审判决"下发都察院以及帝国各省,一切都晚了。直隶、山东、陕西以及湖广等地的神父们,都报告了当地因此判决而遭受的不利情况。②

在一封巴多明神父写给耶稣会杜赫德的信中,巴多明侧重介绍了一些中国的习惯法。如在信中,他非常详细地向欧洲介绍了涉及中国人婚姻法律制度的"七出"和"三不去"。③ 巴多明神父指出,"七出"和"三不去"的规定虽是古老习惯,但现在已经无法真正执行。"现在几乎只有已经得到明确证实的通奸才准许离婚。"④

在1741年10月10日沙如玉神父写给韦塞尔(Verchère)神父的信中,他提及巴多明神父于该年去世,享年77岁。在这篇记述巴多明神父功绩的信中,沙如玉提到了巴多明神父在中华帝国外交中所扮演的角色,并特别强调了巴多明在中国和俄罗斯外交中的作用:

> 他始终以某种方式,在北京与莫斯科两个宫廷之间发生的一切争执问题上,充当调解人。正是他起草了在这两个民族之间确定的和约条款,他将它们译成拉丁文和鞑靼文。四十年间他一直在翻译这两个宫廷及其官吏们之间互寄的信件与文书。⑤

4. 尚若翰对"乾隆十一年(1746)福安教案"的记述

在一封至迟写于1748年年底的书信中,尚若翰(Jean-Gasphrd Chanseaume)神父在澳门向圣夏欣特夫人详细介绍了"中华帝国1746年爆发的全面教案",即"乾隆十一年(1746)福安教案"。该教案曾在1746年11月2日蒋友仁(Michel Benoist,1715~1774)神父致耶稣会某神父的信中有所提及,⑥但不如尚若翰神父描述得详细。⑦

福安教案缘起于福建巡抚对"基督教的成见"。1746年6月,一名叫董

---

① 〔法〕杜赫德编:《耶稣会士中国书简集——中国回忆录 IV》,第187页。
② 参见〔法〕杜赫德编:《耶稣会士中国书简集——中国回忆录 IV》,第188~191页。
③ 参见〔法〕杜赫德编:《耶稣会士中国书简集——中国回忆录 IV》,第225页。
④ 〔法〕杜赫德编:《耶稣会士中国书简集——中国回忆录 IV》,第225页。
⑤ 〔法〕杜赫德编:《耶稣会士中国书简集——中国回忆录 IV》,第242页。
⑥ 参见〔法〕杜赫德编:《耶稣会士中国书简集——中国回忆录 IV》,第313~317页。
⑦ 张铠先生对该案也有介绍。参见张铠:《西班牙的汉学研究(1552—2016)》,第508~513页。

继祖的人将诉状上呈福安知府,希望取缔当地基督教,当地知府又将该诉状上报至福建巡抚。该诉状大体诉求有如下 7 点:

1. 天主教是由欧洲人布道,而欧洲人只能是在对抗皇帝钦命的情况下才能够这样做,并定居在中华帝国中;2. 他们鼓动民众参加该宗教,而又送给信仰这种宗教的人各自两个苏,以期望获得天堂且畏惧地狱;3. 人们在基督徒中选择那些最执着于宗教及其全部修持者,以使他们有资格成为各自率领五十多名基督徒的教经先生;4. 基督徒们既不祭祖又不尊孔,但他们却对一个被称为耶稣的外国人百般敬拜;5. 传教士们在基督徒中确立了每年两次前来向他们秘密承认自己的全部罪孽的惯例;6. 基督徒少女和少妇们佯装从不穿丝绸服装,从不以鲜花和宝石装饰头部,在少女中有人永远放弃了结婚;7. 如果在某些基督徒中的家中,有夹墙和适宜藏匿欧洲人隐身之地,这些人在由男女基督徒们专门建造的大厅中集会,送给他们一块面包吃、一点酒喝并为他们敷油。[①]

巡抚在收到诉状后,派范氏军官赴福安抓获了近 20 名基督徒。这些基督徒都属于西班牙多明我会,其中在华传教士有莫里西卡夫特(Mauricastre)主教白多禄(Pierre Martyr Sanz,1680～1747)以及华若亚敬(Joachim Royo,1690～1748,又译"华敬")、费若望(Juan Alcober,1694～1748,又译"费若用")、施方济各(Franciscus Diaz,1712～1748,又译"施黄正国")、德方济各(Franciscus Serrano,1685～1748,又译"德黄正国")神父。同年 7 月 10 日,这些中国基督徒和 5 名神父被押解到福州府,接受审讯。尚若翰神父在信中描写了神父们在福州府审讯中遭遇到的刑讯逼供以及司法腐败等情形。[②]

同年 11 月福建巡抚周学健作出该案"判决"并上奏皇帝。该"判决"的题名是"惩罚白多禄和其他定居在福安县并在那里传播一种倾向于骚乱民心的荒谬教法的人之诉状"[③]。"判决"先是陈述白多禄、华敬、施黄正国、德黄正国和费若用都是欧洲来的传教士,其传教资金来自澳门明安玉神父。康熙五十五年(1716)白多禄偷偷潜入福安县,该县高玉广将其留宿。雍正

---

① 〔法〕杜赫德编:《耶稣会士中国书简集——中国回忆录 IV》,第 323 页。
② 参见〔法〕杜赫德编:《耶稣会士中国书简集——中国回忆录 IV》,第 328～332 页。
③ 该"判决"的中方史料原文,参见《福建诸县会审福安天主教案审语(乾隆十一年,1746)》,载吴旻、韩琦编校:《欧洲所藏雍正乾隆朝天主教文献汇编》,第 75～78 页。

元年(1723)白多禄将华敬召到福安，并住在高玉广之子高惠仁(郭惠人)家。后因雍正帝于同年禁教，于是白多禄被遣返至广东，而华敬一直藏匿在高惠仁家。雍正五年(1727)白多禄返回福安，并带来费若用。乾隆三年(1738)白多禄又将施黄正国召到福安。他们在当地人家修建教堂，宣扬教理，为接受宗教之人额头涂圣油，并"强迫这些人焚烧其先祖灵牌，甚至直到不再承认对于上司或长辈的合法服从为止"。此外，巡抚还指控他们"让男女混居一处"，取外国人名字，进行集会，"分发金钱，从而吸引了大量民众"。更为严重的是，巡抚认为"白多禄和其他人都清楚地知道，他们的宗教已遭禁"，明知故犯。巡抚认为，这些违反法律的做法，一直持续到乾隆十一年(1746)董继祖来告。①

巡抚在所拟"判决"中写道，他通过审讯在查证大量事实与证据的情况下，审结了此案。他指出，雍正二年(1724)因浙闽总督满保上奏，刑部判决"西洋人那迷信的教法受禁"。受到此"成案"的影响，他认为："这条判决涉及，如果将来还出现有共同诵经的聚会，或者是做了其他犯法行为，那就要对犯罪进行起诉。"在巡抚看来，白多禄神父的罪行在于：他曾被公开驱逐，但又私自潜入内地传教，并带来另外四名欧洲传教士，以至于他的传教行为使当地无论"文人还是平民，都再也不想离开他了"。"更有甚者，甚至连衙门中的人和兵勇，也都忠于他们。"②此外，巡抚还认为白多禄神父涉嫌"谋叛罪"，理由是："他们使所有那些加入其宗教的人都取了一个外国名字。他们每年都编写准确的人名清单，然后再寄到他们各自国家，以便被纳入到本国居民的案卷中。"③

在陈述完依据和理由后，巡抚所拟"判决"如下：

> 为了根绝不可避免地会出现的灾难性后果，我们根据我们自己的法律判决了白多禄斩刑，而又未等待正常的行刑时间。对于高惠仁，我们在正常时间内把他处以绞刑。某些基督徒可能仅仅被判处于脸上刺金印，还有些被判以一定数目的杖笞，一切均依罪判处。④

---

① 参见〔法〕杜赫德编：《耶稣会士中国书简集——中国回忆录 IV》，第 332～334 页。
② 参见〔法〕杜赫德编：《耶稣会士中国书简集——中国回忆录 IV》，第 334～335 页。
③ 〔法〕杜赫德编：《耶稣会士中国书简集——中国回忆录 IV》，第 335 页。
④ 〔法〕杜赫德编：《耶稣会士中国书简集——中国回忆录 IV》，第 335 页。由于尚若翰神父在信函中对此"判决"撰写得不甚清楚，笔者查阅中方史料，其完整判决参见《福建诸县会审福安天主教案审语(乾隆十一年，1746)》，载吴旻、韩琦编校：《欧洲所藏雍正乾隆朝天主教文献汇编》，第 77 页。

根据"判决"内容结合《大清律例》可知,对于白多禄神父,可能因为涉及"造妖书妖言"条下,"妄布邪言,书写张贴,蛊惑人心,为首者,斩立决"之例文,判处斩刑;对于高惠仁(郭惠人),因有"隐藏不送官"的行为,因而以"禁止师巫邪术"罪,判处绞刑。①

对于福建巡抚周学健的"判决",尽管在京神父们向乾隆帝据理力争,②但皇帝还是于1747年4月21日批准了刑部及三法司核准的"判决",并作出上谕:

> 刑部经过接受陛下答复福建周巡抚有关白多禄和其他人以邪教教义诱惑人的案件之上谕。
>
> 朕命令将白多禄毫不迟疑地斩首;批准了对华敬志(华敬——引者注)、黄钦德(德黄正国——引者注)、黄敬贵(施黄正国——引者注)和费若用所作出的判决,他们也将被斩首;朕批准了对高惠仁的判决,他将被斩首。朕希望这些人在狱中等到秋后才处决。
>
> 朕御准官吏们对其余所有人的判决。③

通过尚若翰神父记载的这道上谕可知,"斩立决"的只有前述福建巡抚周学健"判决"提及的白多禄神父,而白多禄引来福安的华敬、施黄正国和费若用三位神父以及前述没有提及的德黄正国神父,大概属于从犯,按"妄布邪言,书写张贴,蛊惑人心,为从者,斩监候"之例文,判处"斩监候"。值得注意的是,前述周巡抚"判决"中被判绞刑的高惠仁(郭惠人),在皇帝的"终审判决"中改判斩刑。这里面的区别可能在于,"终审判决"将高惠仁的行为认定为"造妖书妖言"罪条例中的"为从者",因而"皆斩,监候"。④ 后来白多禄神父于1747年5月26日晚5时左右被执行斩刑,⑤华敬等四名神父

---

① 参见田涛点校:《大清律例》,法律出版社1999年版,第277、368页。

② 参见〔法〕杜赫德编:《耶稣会士中国书简集——中国回忆录IV》,第347~351页。

③ 〔法〕杜赫德编:《耶稣会士中国书简集——中国回忆录IV》,第351页。该刑部"判决",另见《刑部议覆福建巡抚周学健疏称福安天主教事(乾隆十一年,1746)》,载吴旻、韩琦编校:《欧洲所藏雍正乾隆朝天主教文献汇编》,第145~147页。

④ 参见田涛点校:《大清律例》,第368页。但依据吴旻、韩琦编校的《欧洲所藏雍正乾隆朝天主教文献汇编》所载,好像皇帝的"终审判决"对郭惠人判处的是绞刑。参见《福建按察使雅尔哈善议处福安天主教禀文(乾隆十二年四月十八日,1747.05.26)》,载吴旻、韩琦编校:《欧洲所藏雍正乾隆朝天主教文献汇编》,第147页。

⑤ 白多禄神父被执行斩刑情况,参见《福建按察使雅尔哈善议处福安天主教禀文(乾隆十二年四月十八日,1747.05.26)》,第147~148页。

在秋后被乾隆帝开恩，停其勾决，改为永远监禁，后又在该年 10 月被秘密处死。①

这里需要指出的是，此教案反映出清乾隆帝中期，涉及斩、绞死罪案件，地方督抚亲审后，常先用奏折上奏皇帝，皇帝再下旨交刑部速议，以奏折形式回奏的程序性变化。② 与此同时，"乾隆十一年（1746）福安教案"对在华传教士产生的影响在于：原先"雍正元年（1723）福建教案"所形成的"留用享有技艺者，其余俱遣澳门"的处罚决定在此发生了改变，"造妖书妖言"罪及其"妄布邪言，书写张贴，蛊惑人心"条例下规定的刑罚，成为打击在华传教士新的罪名与处罚方案。造成这一变化的原因，有论者认为是福建巡抚周学健告诫乾隆帝，不应将在华传教士与中国人区分看待，应坚持适用《大清律例》"化外人有犯"条（凡化外人来降人犯罪者，并依律拟断）的结果。③ 但该论者同时还认为，"乾隆十一年（1746）福安教案"没有"为乾隆一朝严惩天主教立下惯例，只系高宗一时为臣下所迫而致"④。

5. 傅安德对"乾隆十三年（1748）江苏教案"的记述

受"乾隆十一年（1746）福安教案"影响，两名耶稣会士——意大利人谈方济（Tristan de Attimis，1707～1748）和葡萄牙人黄安多（Antoine-Joseph Henriquez，1707～1748，又译"王安多尼"），于 1747 年 12 月在江苏被捕，后经类似的方式，于 1748 年 9 月 12 日被执行绞刑。⑤ 对于这场教案，傅安德神父在 1750 年 12 月 2 日于澳门写给耶稣会帕图耶神父的信中，有详细的描述。⑥

傅安德神父记载，黄安多和谈方济神父以及唐德光、汪钦一等信徒被捕后，于 1748 年 2 月 14 日、20 日、25 日、26 日和 27 日先后被进行了 5 次审讯，其间遭受了残忍的刑讯。如傅安德神父就对中国官府对于黄安多神父的刑讯这样描述和评论道：

> 黄安多神父被强加给了最丑恶的嫌疑；衙役们愤怒地打了他四十

---

① 参见冯尔康：《尝新集——康雍乾三帝与天主教在中国》，第 119 页；胡建华：《百年禁教始末：清王朝对天主教的优容与厉禁》，第 148～150 页。
② 参见郑小悠：《人命关天：清代刑部的政务与官员（1644—1906）》，第 64 页。
③ 参见谭家齐、方金平：《天朝廷审：明清司法视野下天主教的传播与限制》，第 85～86 页。
④ 谭家齐、方金平：《天朝廷审：明清司法视野下天主教的传播与限制》，第 86 页。
⑤ 参见〔法〕杜赫德编：《耶稣会士中国书简集——中国回忆录 IV》，第 356 页。
⑥ 方豪先生对此案也有记述，参见方豪：《中国天主教史人物传》，第 548～554 页。该案详情，另见《江苏巡抚安宁详报会审西洋人王安多尼等事（乾隆十三年，1748）》，载吴旻、韩琦编校：《欧洲所藏雍正乾隆朝天主教文献汇编》，第 198～235 页。

个耳光、相继三次的拷打、在紧固于脚踝骨处的木刑具上砸了二十四锤。这一切都是由极不公正的法官们滥用的,以威逼而证实他们通过同样的暴力和残酷渠道而获得的谎报口供。①

当然,官府刑讯的问题只有三个:(1)传教士们是从哪里获得其津贴的;(2)大堂上审问两名神父,其教皇和国王是否知道他们在中国;(3)他们是出于什么目的前来这里的呢?②

尽管后来神父们也作出了辩解,但巡抚"是一个善于阿谀奉承的人,洞悉皇帝的心意。他不会不知道,迫害基督徒、严惩传教士们,这就是在一个敏感点上讨好了皇帝",因此,审讯结束后,他毫不迟疑地作出了"判决"。③ 傅安德神父记载该案的"判决"要点如下:

> 臣——陛下的奴才,获悉黄安多宣扬一种荒谬的教理,滋扰民心,奴才下令逮捕了他。这个欧洲人在远涉重洋之后,于乾隆二年正月十五日到达昭文(常熟)。他在那里传播一种包括有关生、死、天堂、地狱和这种性质的其他谬论在内的诸多观点。他在那里以这种教理欺骗了许多人,蛊惑他们信仰他在二十多个城乡宣扬的这种教理。我通报了已逮捕了谈方济的消息,此人于乾隆九年前来居住于同一地区,并且也于八个城乡宣讲同一种教理。根据本帝国的法律,这两名欧洲人都应被判处以绞刑。接着是判处流放的人,其中便包括唐德光,他在遭受拷打之后死于狱中。其他人被判处杖一百,还有数人被打八十杖;只有几个人被判处四十杖。④

从这个"判决"并结合《大清律例》可知,两位神父和唐德光应当被判了"禁止师巫邪术"罪,区别在于两位神父属于"为首者,绞监候",唐德光"为从者,流三千里"⑤,而其他信众则以"不应为"罪处罚。巡抚所拟"判决"后来得到皇帝的批准。

有意思的是,谈方济和黄安多按律"斩监候",按道理秋审后还有生还的余地,但傅安德神父却在写给耶稣会帕图耶神父的信中提到两位于1748年

---

① 〔法〕杜赫德编:《耶稣会士中国书简集——中国回忆录 IV》,第 360 页。
② 参见〔法〕杜赫德编:《耶稣会士中国书简集——中国回忆录 IV》,第 359 页。
③ 参见〔法〕杜赫德编:《耶稣会士中国书简集——中国回忆录 IV》,第 362 页。
④ 〔法〕杜赫德编:《耶稣会士中国书简集——中国回忆录 IV》,第 362 页。
⑤ 参见田涛点校:《大清律例》,第 277 页。

9月12日被执行刑罚。其中差异,有论者依据《清实录》认为:"为平衡严正执法与嘉惠外人,皇帝竟命督抚大员绕过正式法例——包括大清律典及雍正谕令——将西教士'瘐毙',即任囚徒于狱中饥寒而死。"①

需要说明的是,尽管受到上述"乾隆十一年(1746)福安教案"的影响,各地基督教传播在中华帝国其他省份受到禁止,②但钱德明(Jean Joseph Marie Amiot,1718~1793)神父在1751年10月20日于北京写给耶稣会阿拉尔(Allart)神父的信中,介绍了1750年至1751年北京基督教传播的情况。在信中他说道:"虽然我圣教在中国始终遭禁,但我们依然在北京自由地于我们的住院内行使我们的使徒使命;甚至在采取某些防范措施的同时,也可以在住院之外依此行事。每个星期日,都在我们的教堂中作神圣的礼拜仪式,就如同在最正规的堂区教堂中一样。基督徒们都毫无恐惧持续地前来。"③至于这一年的传教成果,钱德明神父写道:"自从1750年9月30日起,直到1751年10月19日,我们在北京共举行5200次领圣体仪式,为92名成年人30名基督徒的儿童和2423名非信徒的儿童举行了洗礼,这些儿童均为弃婴或者是已濒临死亡者。"④

6. 宋君荣对琉球法律及中华帝国"宾礼"的记述

值得注意的是,在该卷书简集的最后宋君荣神父以《在北京的耶稣会士宋君荣神父有关中国人称之为琉球群岛的论著》为名,将1721年翰林院编修徐葆光出使琉球归来而撰写的《中山传信录》(描写琉球情况的书籍)向欧洲进行了介绍,其中涉及一些琉球法律和中华帝国"宾礼"的内容。

对于徐葆光出使和撰写的信息,宋君荣写道:"1719年康熙皇帝决定向琉球国王遣天使,为这次重要出使,他选择了帝国一名叫做徐葆光的翰林院编修。这位翰林院的编修于1719年农历五月间乘封舟出发,于1720年农历二月间返回北京,于1721年以2卷本而刊印了其出使记。他是第一个提供了一部有关琉球群岛的正确而又详细知识的著作的人。在这方面他显得特别值得信赖。"⑤

在该信文中,宋君荣对琉球的相关法律有所介绍,如"人们可以于那里发现有关婚葬的两种固定法";"那里尊重已故先祖,严格守丧";"在祭神的大型礼仪中,斗战杀人,便将所杀人祭其神(此俗后来被破除)";"他们要拷

① 谭家齐、方金平:《天朝廷审:明清司法视野下天主教的传播与限制》,第87页。
② 这一时期其他各省之教难,参见徐宗泽:《中国天主教传教史概论》,第180~181页。
③ 〔法〕杜赫德编:《耶稣会士中国书简集——中国回忆录Ⅳ》,第381页。
④ 〔法〕杜赫德编:《耶稣会士中国书简集——中国回忆录Ⅳ》,第381页。
⑤ 〔法〕杜赫德编:《耶稣会士中国书简集——中国回忆录Ⅳ》,第383页。

打犯有某种过失的罪犯。如果罪行'决死',那就'刑以铁锥'"。①

宋君荣记载,1372 年明太祖朱元璋派员赴琉球"鼓动察度",使其成为"中国的藩王"。清军入关后,"琉球尚德国王多次向鞑靼顺治皇帝遣使,并且从皇帝处获得了一枚以鞑靼文字镌刻的大印或御玺";"琉球王只能每两年一次遣使入天朝纳贡,使者的随从人数不能超过一百五十人"。此外,他还记述 1663 年康熙帝登基后派使节赴琉球,"尚德被非常隆重地册封为琉球王,为大清帝国的藩属"。②

宋君荣记载:"在琉球,官制品级略仿中国,分为正从九等。他们以其帽子的颜色、袍带和里子相别。大部分官吏均是在家庭中世袭。"③对于琉球的司法机构,他写道:

> 王城拥有处理收入、大岛及其附属三十六个岛全部事务的衙门,而这些岛屿也都有固定的按司在官中。那里也设有处理民事和刑事事务的衙门,以处理与达官贵人和王公家庭有关的事务,包括有关宗教、官仓、国王收入和税收的事务,有关贸易、制造业和手工业之事务,有关世俗礼仪、航海、公共建筑、文化和战争等事务。④

宋君荣在该信文第 4 篇"册封琉球王为中国藩属的礼仪"对中华帝国"天下体系"下册封藩属国的"宾礼"进行了详细的描述。他写道:"一旦琉球王去世,其世子便会讣告中国皇帝,并派遣使臣请求袭封。"对于藩属国的请求,中国皇帝一般会选择两种方式应对:"或者是亲自遣使去册封新国王,或者是授予琉球使节全权,在他返回后举行这种仪式。"⑤

宋君荣信文记述翰林院编修徐葆光参与的是第一种方式。宋君荣在信文中对这种"礼制"有详细的记载。首先,"皇帝诏令礼部向他提名一人,也就是能够很体面地代表中国皇帝陛下并能支持其观点的人"。其次,"皇帝经过御准这一切之后,便召见使节。他向使节下达自己认为是必要的敕令和训示,并将准备赐琉球国王和王后的礼物交给他"。再次,当中国皇帝使节的封舟到达琉球后,琉球国王"以符合迎接天使(天子之使)的隆重礼仪

---

① 〔法〕杜赫德编:《耶稣会士中国书简集——中国回忆录Ⅳ》,第 389 页。
② 参见〔法〕杜赫德编:《耶稣会士中国书简集——中国回忆录Ⅳ》,第 396 页。
③ 〔法〕杜赫德编:《耶稣会士中国书简集——中国回忆录Ⅳ》,第 399~400 页。
④ 〔法〕杜赫德编:《耶稣会士中国书简集——中国回忆录Ⅳ》,第 401 页。
⑤ 参见〔法〕杜赫德编:《耶稣会士中国书简集——中国回忆录Ⅳ》,第 405 页。

来迎接中国皇帝的使节"。① 具体细节如下:

> 在稍休息之后,天使便前往大厅,他在大厅中一个很漂亮的高台上就坐。一名官吏发出信号,王公大臣和宫中一班大员,立即依次而立,为朝拜中国皇帝而九叩首。天使站立,礼毕,天使立受揖答。当第二和第三班官吏叩头时,天使依然站立。当他们起身时,天使立受拱手答之。礼毕,来自国王一方的某些大官吏们向天使奉安。……在指定的日子,天使前往天妃宫,以向她保护其旅行平安的普济众生行为谢恩。他然后又从那里前往国学,以向孔庙行礼。还有特定的一天,天使率大队人马,前往王城,那里供有三位中山先王的神主位。琉球国王正在那里,但仅仅作为一个普通的国王。天使以中国皇帝的名义,行中国大礼,以朝拜已故先王,即当时执政国王的前任。他还向其他先王行相同的大礼。他奉上了中国皇帝为此目的而赐赠的香、缎匹、彩帛和钱币。国王行中国的三跪九叩之礼,以谢皇恩,并问圣躬万福。国王接着向天使致谢,并与他共进家庭式的不拘礼节之餐。②

复次,在册封一应事务准备就绪后,正式的册封仪式便开始举行。细节如下:

> 在门口处,天使受到王公们的接待,在音乐中将其引入龙亭,在那里为国王设一台,为王后设另一台。那里还有天使的荣誉座位,国王、王后、天使、王公、大臣与宫中要员列班,天使令捧诏官高声宣读诏敕。皇帝于其中对琉球已故先王作了某些赞扬之后,宣称承认世子及其妻、公主承袭琉球国王与王后位。之后,便是皇帝对新国王的鼓励,鼓励他依法治国;鼓励三十六岛的居民忠于其新主。宣读之后,天使又将诏敕亲授国王,国王又传给其大臣以收藏在宫中的档案亭中。其后,国王、王后等人再行三跪九叩礼,以向皇帝顶礼和谢恩。
>
> 天使首先将中国皇帝赐给国王和王后的礼物陈列开。有人宣读了礼单,国王及其整个宫廷都重新开始三跪九叩以谢皇恩。天使被领入一个"别馆"小驻。国王与王后坐在其王座上,接受天公、大臣、宫廷要员、官吏和三十六岛代表的祝贺。王后退出,国王令人富丽堂皇地招待

---

① 参见〔法〕杜赫德编:《耶稣会士中国书简集——中国回忆录 IV》,第 405~406 页。
② 〔法〕杜赫德编:《耶稣会士中国书简集——中国回忆录 IV》,第 406~407 页。

天使。①

最后,承袭王位的琉球王需要回礼,并送别使节,结束整个册封仪式。具体细节如下:

> 数日之后,国王坐在一项由大批轿夫抬的肩舆(轿子)中,后随王公、大臣及一支很体面的仪仗队,前往天使馆。……天使于其天使馆的大门,毕恭毕敬地接待国王,并将他带到大厅。该国王跪在地上以朝拜中国皇帝,然后又以向天使献茶和酒而取悦于他。天使拒绝了他,将杯子还给了国王,然后又取另一只杯子,仅仅在该国王饮后才自斟。这种礼仪完成之后,国王连同其仪仗而返宫。数日之后,国王又任命一名使节,以前往中国皇帝宫中向陛下表谢。他也向皇帝进贡了一些礼物,其礼单已通告了天使。他为自己的使者装备了一只船,它应与天使的封舟同航。最后,这艘船经过确定出发的日子之后,即将告别国王。过了一段时间之后,国王又亲临天使馆,以祝他们旅行顺利,然后又跪下,为向皇帝致谢而行中国叩头礼。②

(五)《耶稣会士中国书简集——中国回忆录 V》(1750~1771)
1. B 神父对中国"家庭法"的记述

在一封 1756 年 1 月 6 日耶稣会神父河弥德(Lamatthe)写给布拉索神父的信中,河弥德向欧洲介绍了乾隆帝由于取得对准噶尔的军事胜利而"颁布减轻刑罚的大赦令"的信息。他写道:"根据这一大赦令,所有原先要被斩首者改判为绞死,原先要被绞死的人改判为终身流放,原先被判处终身流放者则改判为流放三年。"③一些神父因为这一"大赦令"被释放或被减轻刑罚。

在一封 1765 年 9 月 9 日耶稣会 B 神父于北京写给福尔邦(Forben)伯爵夫人的信中,B 神父向她非常详细地介绍了中国的"家庭法"。

首先,他在介绍中国的婚姻仪式之前,就婚姻缔结的一些特点和原则性的规定进行了介绍。第一项原则性规定是,"结婚者的父母亲,或者在其父母亲均不在的情况下,他们的父母,乃至血缘关系最近的亲属,在他们的子

---

① 〔法〕杜赫德编:《耶稣会士中国书简集——中国回忆录 IV》,第 407 页。
② 〔法〕杜赫德编:《耶稣会士中国书简集——中国回忆录 IV》,第 407~408 页。
③ 〔法〕杜赫德编:《耶稣会士中国书简集——中国回忆录 V》,吕一民、沈坚、郑德弟译,大象出版社 2005 年版,第 60 页。

女的婚姻问题上具有一种完全为所欲为的权力"①。同时,B 神父还提到了超越这一原则的两种例外情况:

> 他们的儿子只有在下面两种情况下才可能摆脱男方长辈在这方面权力的影响:其一是如果他们与一位外国女子,例如与一位穆斯林女子或一位犹太女子结婚,因为外国人的生活方式与中国人的生活方式大不相同,外国的法律规定,缔结这种婚姻关系的人享有完全的自由;其二是如果一个出门在外的年轻男子在一个边远的省份里,并于不知道其父母可能在他不在时已经给他定婚的情况下与他人结婚,那么,他的婚姻是有效的,他没有必要与其父亲最初的打算相一致。但是,假如他与女方还只是处于订婚的阶段,那么,他得在接受打八十大板的惩罚的情况下,解除原有婚约,并接受其父母给他定下的妻子。②

其中第二种例外的限制情况与《大清律例·户律》"男女婚姻"律文基本一致。③

第二项原则性规定是,"女方不仅不用携陪嫁财产,而且男方还必须得花钱购买女方,并给女方的父母一笔双方彼此觉得合适的钱款"④。在讲第二项原则性规定时,B 神父还提到了中国法对于"招婿"和"收养"的规定。

对于"招婿",B 神父写道:

> 没有男孩的岳父有时甚至会让其女婿住到自己家中,并让女婿继承自己的一部分财产。但是,他不得不把另一部分家产遗赠给自己家中以及同姓的某个人,以免断了祭拜其祖宗的香火。如果该岳父在去世前尚未选定另一部分家产的继承人,法律会要求他血缘关系最近的亲戚们共同商量并选定能够充任延续香火职责的人选。这里的人们把祭祖视为必不可少的事情,以至于如果某人是独子的话,他在结婚时不得前往其岳父家居住。而即便他去其岳父家居住的话,那么,也只能住到其父亲去世时为止。⑤

---

① 〔法〕杜赫德编:《耶稣会士中国书简集——中国回忆录 V》,第 92 页。
② 〔法〕杜赫德编:《耶稣会士中国书简集——中国回忆录 V》,第 92~93 页。
③ 参见田涛点校:《大清律例》,第 204 页。
④ 〔法〕杜赫德编:《耶稣会士中国书简集——中国回忆录 V》,第 93 页。
⑤ 〔法〕杜赫德编:《耶稣会士中国书简集——中国回忆录 V》,第 93 页。

这里的介绍与《大清律例·户律》"婚姻"门中"男女婚姻"的例文规定完全一致。①

对于"收养",B神父介绍了两种收养方式:"第一种是指定一个外人的男孩做自己的继承人;第二种是选定其亲戚中的某个人来做自己的继承人。"②其中对于第一种"指定外人作为继承人"的法律地位和权利,B神父写道:

> 在第一种情况当中,中国人会向他们收养的男孩的父亲支付一笔钱,而这个男孩今后只承认其养父是自己的父亲。该男孩还要姓其养父的姓,并在其养父去世时为其戴孝。如果被收养的男孩入门后其养父又结了婚,并有了自己的男孩,收养关系会始终继续存在,因为这种收养关系在其养父的婚姻之前,故该养子有权得到和其他孩子同等的财产。③

对于第二种"过继的继承人"的法律地位和权利,他写道:

> 在第二种情况中,一位没有男性继承者的中国人可以收养其弟弟的长子。与之相反,其弟弟若没有儿子,而且其兄长有两个儿子的话,则可以收养其兄长的次子。总而言之,如果在一个有三兄弟的家庭里,若某人有三个儿子,那么,他只能给自己留下其中的一位,余下的两个儿子则由其两位兄弟分别收养。这种被收养的男孩叫做"过继的继承人"。④

在此基础上,B神父还用大量的笔墨介绍了中国"婚姻法"的法理基础。例如,对于中国人婚姻的目的,他写道:"中国人认为婚姻有两个目的:第一个目的是可以有人在祖宗的牌位前接续香火;第二个目的是繁衍后代。"⑤再如,他还在陈述男子各个年龄阶段的基础上,指出了中国法确定男子结婚年龄的"社会学"依据。他写道:"人们从这些关于年龄的划分中可以看到,中国人以前认为三十岁是结婚的最佳年龄。但在今天,人的本性使

---

① 参见田涛点校:《大清律例》,第205页。
② 〔法〕杜赫德编:《耶稣会士中国书简集——中国回忆录Ⅴ》,第93页。
③ 〔法〕杜赫德编:《耶稣会士中国书简集——中国回忆录Ⅴ》,第93~94页。
④ 〔法〕杜赫德编:《耶稣会士中国书简集——中国回忆录Ⅴ》,第94页。
⑤ 〔法〕杜赫德编:《耶稣会士中国书简集——中国回忆录Ⅴ》,第94页。

他们觉得不应该这么晚才结婚。相关的法则会顺从于各个时代的习俗和状况。"①此外,他还提及了在中国"所有的婚姻都得通过不论是来自男方还是女方的媒人或媒婆来形成",并强调了媒人的"勤勉义务"。最后他向福尔邦伯爵夫人概括了中国法关于婚姻的两个法理性原则规定:"其一是在婚姻方面若有欺诈之事必受惩罚;其二是法律在婚姻这一会导致最大后果的事情上要求坦诚和正直。"②

其次,B神父还向欧洲说明了中国婚姻法中的"一夫一妻多妾制"以及"夫—妻—妾"之间的关系。他写道:

> 任何中国人只允许有一位法定的妻子,这条法律几乎与其帝国一样古老。在法定的妻子和小妾之间存在着这样的区别,即前者是丈夫的伴侣,并且能支配其他的女眷;而后者则要完全服从于前者。中国人在寻求婚姻时讲究年龄相当、门当户对,但在纳妾时则比较随意,并根据自己的能力去买她们。小妾生的所有孩子均把其父亲的法定妻子认作他们的母亲。他们在其生母去世时不用戴孝。他们还要向父亲的法定妻子充分显示其温情、服从和敬意。
>
> ……
>
> 在某种意义上,多配偶制在这里与在大多数欧洲国家一样不再受到允许。那些在其法定妻子尚在世时敢迎娶别人的人会受到至少九十棍的惩罚,其第二次婚姻亦会被宣布无效。人们还会让那些把小妾提升为法定妻子,或把法定妻子贬为小妾者遭受同样的惩罚,并强迫后者重新恢复原有状态。③

这些记述与《大清律例·户律》"婚姻"门中"妻妾失序"罪的规定一致。④

再次,B神父尽管认识到"当中国人结婚时,他们所确信的只是其已经被一种不可分离的关系连接在了一起",但也指出中国"同样是这些法律也允许在某些情况下可以离婚"。⑤

为此,他提到了几种可以离婚的情况。第一种属于"和离",即"如果夫妻之间存在着一种明显的相互反感,并到了互不相容的地步,只要双方均同

---

① 〔法〕杜赫德编:《耶稣会士中国书简集——中国回忆录Ⅴ》,第94页。
② 参见〔法〕杜赫德编:《耶稣会士中国书简集——中国回忆录Ⅴ》,第95页。
③ 〔法〕杜赫德编:《耶稣会士中国书简集——中国回忆录Ⅴ》,第96页。
④ 参见田涛点校:《大清律例》,第206页。
⑤ 参见〔法〕杜赫德编:《耶稣会士中国书简集——中国回忆录Ⅴ》,第97页。

意离婚,那么就可允许他们离婚"。第二种情况是"如果一位妇女被证实犯有通奸罪——此罪在中国人当中甚为少见,若她在事情尚较不严重的情况下不能够利用可能对她有利的法律,她将被立即休掉"。第三种情况是"七出",即"法律还规定了另外七种可以离婚的理由,若没有这些理由,做丈夫的就不能休妻,如果他休掉了妻子,他将遭受被打八十棍的惩罚,并且不管他是否愿意,他还得与其妻子一起生活"。①

此外,B神父还将与上述几种可以离婚情形相关的法律进行了非常详细的描述,这些描述与《大清律例·户律》"婚姻"门中"出妻"罪律文和例文的规定基本一致。② 文载:

> 在这方面还有其他的相关法律。如果一位妻子违抗丈夫的意志出逃,她将被人鞭打一百下,她的丈夫可以拍卖的方式将其卖掉。如果她在出逃后结婚,人们将把她勒死。如果丈夫把她留在家中,并且在三年当中未给她任何音讯,她在通知官员之前不得作出任何决定。若她因为冒失或通过欺骗违反了这一规定,那么,如果她抛弃了其丈夫的家庭,将被鞭打八十下;如果她重新结婚,则将被鞭打一百下。与之相反,如果她向官员提出了请求,向官员们叙述了她的处境,她可能会获得再婚的自由,或可以与男人同居。
>
> 在我刚才所说的情况当中,小妾受到的惩罚将会比法定的妻子轻两个等级。但是,奴婢将受到同样的惩罚。还应当注意的是相关的同谋犯,例如,那些与丈夫外出的妻子结婚的男人,撮合这类婚姻的媒人,向出逃的妇女提供避难所的人等等。他们将受到同样严厉的惩罚。
>
> 虽然不允许小妾抛弃其丈夫,但也没有任何法律禁止男人休掉他们的小妾或强迫他们在把小妾赶走后将其接回家来。法律规定,如果某人毫无道理地赶走了其法定妻子,人们会强迫他把法定妻子再接回来,他还得被人打八十棍。法律对小妾却只字未提。法律在此问题上的沉默使中国人在想摆脱小妾时理直气壮地无视任何我所提到过的合法的离婚理由。③

当然,B神父也说道,中国是允许再婚的,但对妇女的守节行为也予以鼓励。

---

① 参见〔法〕杜赫德编:《耶稣会士中国书简集——中国回忆录 V》,第97页。
② 参见田涛点校:《大清律例》,第212～214页。
③ 〔法〕杜赫德编:《耶稣会士中国书简集——中国回忆录 V》,第97～98页。

他写道："中国人可以第二次结婚，即便是妇女也享有同样的特权。当死亡突然中断了把夫妻连接在一起的关系时，不管是活着的丈夫还是妻子，仍然可以在不会受到严厉惩罚的情况下自己给自己作主。此外，在中国，逃避第二次婚姻者是光荣的，人们盛赞那些在其丈夫死后为守节而自杀的年轻女子，这些年轻女子的自杀方式要么是上吊，要么是服毒。"①

复次，B 神父又提到了中国"家庭法"中"废除婚姻或阻止缔结婚约的特殊情况"。他写道："人们阻止缔结婚约的理由有：不能生育，以前有过婚约，冒名顶替，有血缘关系，条件相差悬殊等等，最后还有使用暴力或诱拐。"②

接着，他又详细解释了前四种"阻止缔结婚约理由"背后的深层"社会学"原因：

> 不能生育被当做一种罪行，因为没有生育能力的妇女无法给祖宗提供新的祭拜者，而且她还剥夺了他们在这个国家中的神圣义务。以前的婚约是两家父母之间所做的承诺，它还包括赠送礼物。已被这样许配给别人的女儿与其他人既不能定婚，也不能结婚，否则，其婚姻将被宣布无效，结婚双方与媒人会受到严厉惩罚。冒名顶替是指用某个人来顶替另一个人。至于血缘关系，法律禁止在同姓的人之间通婚，同姓的人只有在其亲等处于二十等时才能结亲。这条法律极为古老，伏羲皇帝是其首创者。③

对于"条件相差悬殊"这一"阻止缔结婚约理由"，他特别指出，与欧洲不同的是，中国尽管"除了那些通过职业或财富取得贵族身份者外，并没有其他贵族"，但是中国"家庭法"中还是对"条件相差悬殊"的婚姻有一定的禁止性规定。他写道：

> 让某个自由人的女儿给自己的奴仆做老婆者，将会受到被打八十棍的惩罚，该婚姻将被取消。相关的媒人和主持婚礼者将受到比前者少挨十棍的惩罚。如果一个奴仆娶了一个自由人的女儿，他将被人打八十棍。如果这个奴仆的主人把这个自由人的女儿当做奴仆对待，其主人将被打一百棍。一个使其奴仆与一个自由人的女儿结婚的主人，

---

① 〔法〕杜赫德编：《耶稣会士中国书简集——中国回忆录Ⅴ》，第 98 页。
② 〔法〕杜赫德编：《耶稣会士中国书简集——中国回忆录Ⅴ》，第 98 页。
③ 〔法〕杜赫德编：《耶稣会士中国书简集——中国回忆录Ⅴ》，第 98～99 页。

若为说服女方的父母而谎称新郎是自己的儿子或亲戚,那么,他将受到打八十棍的惩罚。如果该奴仆在其主人欺诈时充当了同谋,则也要受到同样的惩罚。①

对于最后一种"阻止缔结婚约理由",即"使用暴力或诱拐",他转述了中国法律"犯奸"条的规定:"无论是谁,只要他被证实诱拐和强暴了一位女子,就将被处死。但是,如果这位女子同意被人诱拐,那么,诱拐妇女者与那位女子将分别被人打一百棍。"②

当上述前五种"阻止缔结结婚"的事由发生后,必然涉及女方权益问题。对此,B 神父写道:"婚姻取消,女方恢复其所有的权利,她已经收下的定金和礼物仍归其所有。同样,当女性奴仆以欺诈手段与具有自由身份的男子结婚时,法律亦将对男女双方予以同样的惩罚和处置。"③

除了上述几种"阻止缔结婚姻"的情形外,B 神父还提到了《大清律例》中涉及"娶部民妇女为妻妾""居丧嫁娶"和"父母囚禁嫁娶"三种"禁止婚姻"的情形。④

对于"娶部民妇女为妻妾",他写道:

> 如果一位审理案子的文官在其任职的区域里结婚或纳妾,铁面无私的法律会判他被人打八十棍,他的婚姻亦会被宣布无效。如果这位官员娶的是他应当审理的案子的诉讼人的女儿,人们会对他加重处罚。在这两种情况下,媒人会受到同样的惩罚。女子则被送回其父母家中。如同我已经汇报过的所有其他情况一样,婚礼上收的礼物将由朝廷充公。⑤

对于"居丧嫁娶",他写道:

> 中国人在他们为其父亲或母亲戴孝时不得结婚。由于人们认为孝敬父母是最值得称道的事情,他们根据其与逝者亲缘关系的程度来安排服丧的时间,并一丝不苟地遵守相关规定。若有丧事不期而至,他会

---

① 〔法〕杜赫德编:《耶稣会士中国书简集——中国回忆录 V》,第 99 页。
② 〔法〕杜赫德编:《耶稣会士中国书简集——中国回忆录 V》,第 99 页。
③ 〔法〕杜赫德编:《耶稣会士中国书简集——中国回忆录 V》,第 99 页。
④ 参见田涛点校:《大清律例》,第 206～210 页。
⑤ 〔法〕杜赫德编:《耶稣会士中国书简集——中国回忆录 V》,第 100 页。

摆脱所有的定婚或诺言的束缚。如果其父亲、母亲或某位近亲的逝世发生在准备举行婚礼的时候,那么,未婚夫只有在其亲属郑重地表示同意的情况下才能娶妻。这就是为什么当死者的遗体下葬时,死者的亲属会用文书的形式通知对方,告诉对方其女儿完全拥有与别人结婚的自由。[1]

对于"父母囚禁嫁娶",B 神父这样记述道:

禁止结婚并非仅仅发生在服丧期间,法律还禁止在当事的某一方的父母或母亲,以及某位近亲入狱时操办喜事。那些胆敢在这种悲痛的时刻结婚的人将受到惩罚,其受到的惩罚的方式与人们惩罚不近人情的孩子或违抗父命者时采用的方式一样。如果他仅仅是讨了一个小妾,人们对他的惩罚会减轻两个等级。然而,由于这条法律显得有点严酷,人们对此已作了某种修改,即只要入狱的亲属用文字表示同意就可举行婚礼。但是,在这种情况下,人们不得大摆喜酒。相反,人们应当做的是普遍地取消所有在这种场合中常用的表示喜庆的标志。[2]

最后,B 神父完整而全面地介绍了中国法中婚姻成立的程序,即"六礼"。当然,这里 B 神父对于"纳采、问名、纳吉、纳征、请期和亲迎"组成的"六礼"是根据自己的理解介绍的。他写道:

当男女双方通过媒人觉得这桩婚事合适并签字画押时,人们就开始进行在这个国家尚在时行的各种仪式,这些仪式可归结为六个要点:1. 定下婚事;2. 要女方的生辰八字;3. 就未来的婚姻请教占卜者,并把好的占卜结果带给女方;4. 赠送绸缎和其他礼品,以此作为人们想实现这桩婚事的证据;5. 提出举行婚礼的日子;6. 前往女方家中把新娘娶进夫家。[3]

对于"六礼",B 神父还补充道:"应当始终注意的是,这些仪式仅仅在非同寻常的家庭之间采用,平民百姓并不遵守这些礼节。此外,由于这些仪式耗时

---

① 〔法〕杜赫德编:《耶稣会士中国书简集——中国回忆录 Ⅴ》,第 100 页。
② 〔法〕杜赫德编:《耶稣会士中国书简集——中国回忆录 Ⅴ》,第 100～101 页。
③ 〔法〕杜赫德编:《耶稣会士中国书简集——中国回忆录 Ⅴ》,第 101 页。

过长,老百姓通常把前五项合在一起。"①接着,他又非常详尽地描述了整个婚姻成立程序的各个环节,从纳采直至亲迎的全部过程,其中涉及大量中国婚姻成立礼俗的内容。②

可以说,这封写于 1765 年 B 神父寄给福尔邦伯爵夫人的信是中西法律交流史上较早且最全面地介绍中国家庭法的作品。1765 年 B 神父写给福尔邦伯爵夫人的信虽然没有 19 世纪 80 年代英国汉学家哲美森(Geo. Jamieson,1843~1920)所著《中国家庭法与商事法》(*Chinese Family and Commercial Law*)那样由于关注了《刑案汇览》中相关"家庭法"的判例而更为细致;③但是,该作品却在创作时间上早了哲美森一个多世纪,且在完整性上并不落下风。

2. 汪洪达和晁俊秀对"乾隆三十三年(1768)剪辫案"的记述

在一封 1768 年汪达洪(Jean Matthieu de Ventavon,1733~1787)神父于中国写给布拉索神父的信中,汪神父记述了发生于 1768 年的"剪辫案"以及由此所引发的新一轮的宗教迫害运动。该案后来被美国著名汉学家孔飞力(Philip Alden Kuhn,1933~2016)以《叫魂:1768 年中国妖术大恐慌》(*Soulstealers: The Chinese Sorcery Scare of 1768*)为题,进行了系统研究。④ 对于"剪辫案",汪达洪写道:

> 在 1768 年年中,在几个省份谣言四起,这不能不使政府感到担心,尤其是当时正处在中缅交战的环境下,一切均可遭到怀疑。一些人抱怨说,有人把他们的辫子偷偷地剪掉了,中国人和鞑靼人把蓄辫作为他们的穿着打扮。据他们所说,辫子剪掉后,如果不及时吃药的话,会随之产生无力、昏迷甚至死亡。人们估计已有几千人发生了这样的事。更令人称奇的是,尽管人们尽量提高了警惕,皇帝也答应给予赏金,但事实上剪辫子者无一落网。⑤

由于人们开始普遍认为该案是僧人所为,涉及宗教,于是朝廷对该案的

---

① 〔法〕杜赫德编:《耶稣会士中国书简集——中国回忆录 V》,第 101 页。
② 参见〔法〕杜赫德编:《耶稣会士中国书简集——中国回忆录 V》,第 101~107 页。
③ 有关哲美森《中国家庭法与商事法》的内容与研究,参见于明:《晚清西方视角中的中国家庭法——以哲美森译〈刑案汇览〉为中心》,《法学研究》2019 年第 3 期。
④ 参见〔美〕孔飞力:《叫魂:1768 年中国妖术大恐慌》,陈兼、刘昶译,生活·读书·新知三联书店 2012 年版。
⑤ 参见〔法〕杜赫德编:《耶稣会士中国书简集——中国回忆录 V》,第 144~145 页。

审查影响到基督教,"以至于在帝国范围内各种得到宽容的教派都受到审查,这种追查的自然结果是其中某省的一些基督徒遭到骚扰和逮捕"。其中,一位名为"光胡子"的传教士受到指控,而此人据说是受现任钦天监监正刘松龄(Augustin von Hallerstein,1703~1774)的前任戴进贤神父指派。加之,此时钦天监满族监正 Kita-gin 因为仇教,于 1768 年 11 月 12 日向皇帝上奏,指责基督教为邪教,并指控钦天监 20 多位下级官员为基督教徒,应受严厉的法律制裁。乾隆帝于是责令刑部处理此案。① 关于这份控告书的全部内容,晁俊秀(François Bourgeois,1723~1792)神父在 1769 年 10 月 15 日于北京写给某贵妇人的信中也有记录。②

汪达洪神父记载说刑部在此案中并未对在京神父进行刑讯,只是"过一段时间叫来询问一下,甚至没有将他们关入大牢"。他写道:"由于基督教是被法律禁止的,被告也必然要受到某种程度的处罚。"③但是晁俊秀神父却在信中说该年 11 月 18 日至 19 日,被指控的 22 名官员遭到传讯,一起参与会审的还有礼部和吏部。④ 通过上述书信内容可知,在乾隆帝时,信仰基督教已被法律禁止。最后,汪神父大致记述了刑部关于此案拟具的判决意见:

> 他们受到的判决是,剥夺官职,打板子若干下(仅是形式,他们可通过交付一定的金钱而赎免);已经经常遭禁的基督教这次以新的理由又遭禁止,尽管我们的宗教并不包含任何迷信和邪恶的成分;那些曾归信我们的宗教者要来自首,如果不这样做,一旦遭到指控,就会受到严厉的惩处。⑤

非常凑巧的是,晁俊秀在后来的书信中,全文照抄了此判决,所涉内容详于汪神父的记载。他写道:

> 遭指控之吏回答得体。他们之错皆在信奉帝国内遭禁之宗教。查刑律载,凡违律者,杖一百。又有律载,若全家有罪,惟家长受罚。第三项律法载,如钦天监监员有罪,则剥夺其官职,贬为平民。当前此案比照上述律法,均应将违反法律、宣扬基督教之七家族族长革职。至于其

---

① 参见〔法〕杜赫德编:《耶稣会士中国书简集——中国回忆录 V》,第 145~146 页。
② 参见〔法〕杜赫德编:《耶稣会士中国书简集——中国回忆录 V》,第 151~152 页。
③ 参见〔法〕杜赫德编:《耶稣会士中国书简集——中国回忆录 V》,第 146 页。
④ 参见〔法〕杜赫德编:《耶稣会士中国书简集——中国回忆录 V》,第 152~153 页。
⑤ 〔法〕杜赫德编:《耶稣会士中国书简集——中国回忆录 V》,第 146 页。

余十五人,依照律法,其错已由其父或其兄承担,故不再追究。应当禁止他们中的任何人再宣扬基督教。如不知悔改,当严惩不贷。另在北京五城和所有地区,张贴告示,警告所有基督教徒,如不自首,将受严厉制裁。所有平常贴告示处均应张贴此告示。以上为本部判决,谨奏请旨。乾隆三十三年十一月五日(1768 年 12 月 13 日)。①

乾隆帝后来确认了这一判决。从晁俊秀记载的判决细节可知,此案所涉罪名大致有"禁止师巫邪术"罪、"违制"罪和"天文生有犯"罪。② 这里值得注意的是,与在华传教士传播基督教所判罪名和所处刑罚左右摇摆相比,清廷对于中国信徒的打击一直比较严厉和明确。

此外,根据这一判决,晁俊秀神父记载了信徒在北京所遭受的打击,③而汪达洪神父记载了基督教在各地所遭受到的打击。④ 在这些受牵连的"迫害"中,以户部官员马若瑟案影响最大。1770 年 8 月 26 日蒋友仁神父于北京给嘉类思神父所写的信函中全面地记述了该案。⑤ 马若瑟案一波三折,乾隆帝虽免其死罪,但"将其杖责六十,发配伊犁交予当地某位大人为奴";其在审讯中的情节和回答与前述"苏努案"十分相似。

(六)《耶稣会士中国书简集——中国回忆录 VI》(1771~1778)

1. 晁俊秀对"乾隆三十七年(1772)四川教案"的记述

北京传教士晁俊秀 1773 年 9 月 18 日于北京写给耶稣会的信中谈到了1772 年发生在四川的教案。

该教案涉及在四川传教的巴黎外方传教会的传教士。四川总督桂林指控当地叛乱分子中有基督徒,乾隆帝下令贵州、四川两省高级官员审讯被捕的传教士。经过两三个月审查,他们发现传教士们"不会出于恶意而聚集钱财,也无意拉帮结派",只是"每天祈祷三次,每隔七天则比平时多祈祷几次";但在恶意的驱使下,他们请求"皇帝此后把基督徒等同于帝国中的其他邪教派别,在全国各地拘捕基督徒,将其首领毫不客气地绞死,普通基督徒打一百板子后流放于 300 法里以外,到达流放地后再打三十板子;下级官员若不尽力搜捕基督徒则予以贬降两级,邻人若不举报相邻的基督徒则打三

---

① 〔法〕杜赫德编:《耶稣会士中国书简集——中国回忆录 V》,第 153 页。
② 参见田涛点校:《大清律例》,第 102、158、277 页。
③ 参见〔法〕杜赫德编:《耶稣会士中国书简集——中国回忆录 V》,第 155~160 页。
④ 参见〔法〕杜赫德编:《耶稣会士中国书简集——中国回忆录 V》,第 146~150 页。
⑤ 参见〔法〕杜赫德编:《耶稣会士中国书简集——中国回忆录 V》,第 229~254 页。

十板子"。① 很明显,四川总督建议皇帝将涉案人员以"禁止师巫邪术"罪的相关律文和例文处罚。

乾隆帝"接到这份奏章后按惯例立即交予刑部处置",刑部于1772年8月25日作出了判决。晁俊秀神父对此判决这样记述道:

> 刑部减轻了川贵高官们所作的判决,不把基督教视为帝国中之邪教,也不同意他们对下级官员(即对基督教徒缺乏警惕且追究不力之官员)的惩处意见;至于失踪的江姓基督徒,刑部不赞成马上判他死刑,主张在将其抓获审理后再作判决;川贵高官们奏章中其余内容刑部予以首肯。②

乾隆帝对刑部的裁决予以了认可。

从上述刑部的判决可知,乾隆帝并未将基督教明确界定为《大清律例》"禁止师巫邪术"罪中与"妄称弥勒佛、白莲社、明尊教、白云宗等会"一样的邪教,但似乎又在此案中比附适用了"禁止师巫邪术"罪之下的例文,即"凡有奸匪之徒,将各种避刑邪术,私相传习者,为首教授之人,拟绞监候;为从学者之人,杖一百、流三千里。……保甲邻里知而容隐不首者,照知而不首本律,笞四十。地方官不行查拿者,照例议处"③。由于基督教并非该罪中所指涉的"邪教",在实践中或许不好界定,因而刑部也就不同意地方官员因此而受惩处。

因此,综合前述相关教案的判决可知:清雍正帝之后,凡涉教案,如没有谋反的情形,只有在华传教士聚众传教,且影响较大,清廷一般会比附援引"禁止师巫邪术"罪相关律文和例文作为审判的依据;但对他们的处罚一般轻于中国信徒,很多时候可得宽宥,"被解往澳门"了事。

但是需要注意的是,并不是任何涉及传教的行为一定会严格适用"禁止师巫邪术"罪。很多时候,传教行为是否需要被定罪或者追究,都取决于控告者"态度的积极执着"和皇帝不同时候的意愿。例如,汪达洪神父于1775年10月15日写于北京的信函中就记述了1774年发生在鞑靼地区(盛京)的教案。六名中国传教士在自康熙帝起就不让传教的这一地区传教,后被抓,经审讯,刑部将处理意见交由皇帝裁断。对于这一案件,传教士们"将其

---

① 参见〔法〕杜赫德编:《耶稣会士中国书简集——中国回忆录Ⅵ》,郑德弟译,大象出版社2005年版,第6~7页。

② 〔法〕杜赫德编:《耶稣会士中国书简集——中国回忆录Ⅵ》,第7页。

③ 田涛点校:《大清律例》,第278页。

视为很久以来最可怕的一件事,而且将招致最有害的后果";然而乾隆帝对刑部作出的判决意见,给出了"免究"的决定,即"朕赦免他们,而且不愿意人们另作追究"。① 同样的例子还发生在 1777 年的陕西。一名在华传教士在 1778 年 7 月 31 日写于北京的信函中提到,陕甘总督勒尔谨逮捕了一批在当地于 1777 年圣诞节聚集传教的基督徒,该案经刑部审理后,乾隆帝同样作出了免除刑罚的决定。②

需要特别提到的是,北京传教士蒋友仁在 1773 年至 1774 年间曾致某神父三封信,信中记述了乾隆帝与他的问答。在第二封信的问答中,涉及蒋神父将欧洲的政治法律介绍给乾隆帝的信息。③

2. 在京某神父对"乾隆四十二年(1777)王锡侯所涉文字狱"的记述

在前述 1778 年 7 月 31 日的这封信函中,在京某神父还从邸报中转述了"王锡侯案"。

王锡侯本为江西一举人,"远离宫廷,不担任官职,仅以思考和写作自娱",60 岁时遭嫉妒者告发,后被押至刑部接受审讯。1777 年 12 月 22 日"亲王、大臣及高级官员们会同帝国九卿奉旨那里会审他"。④ 根据神父书信中对刑部"判决书"的记载可知,王锡侯被指控的犯罪行为有四:

> 臣等注意到:一、他竟敢改动《康熙字典》,将其删成了一个节本,而且于其中某些地方竟敢反驳这部如此应受尊重、如此正确可靠的辞书。二、在其节本卷首序言中,他居然放肆地写上了孔子、陛下显赫的先祖和陛下本人的名讳,臣等见了惊恐万分。此等冒失轻率有失恭敬的做法令臣等战栗。三、在其家谱中,他写了他是经由周朝传下来的黄帝的后裔。四、他在诗文中使用应受指摘的词语,再次暗示他这个所谓的血统。看来他在这方面居心叵测。⑤

对于这些指控,尽管王锡侯辩解说改动《康熙字典》是为了便于使用,且在坊间易于销售;不避名讳是为了"让读这个节本的年轻人知道这些名讳";强调血统是"头脑中一闪而过的一种虚荣心";诗文中不甚恰当的词句"是因为诗兴所至"。但是,这些说辞在刑部看来都是无用的。因此,刑部作出

---

① 参见〔法〕杜赫德编:《耶稣会士中国书简集——中国回忆录 VI》,第 79～80 页。
② 参见〔法〕杜赫德编:《耶稣会士中国书简集——中国回忆录 VI》,第 97～99 页。
③ 参见〔法〕杜赫德编:《耶稣会士中国书简集——中国回忆录 VI》,第 15～61 页。
④ 参见〔法〕杜赫德编:《耶稣会士中国书简集——中国回忆录 VI》,第 99～100 页。
⑤ 〔法〕杜赫德编:《耶稣会士中国书简集——中国回忆录 VI》,第 100 页。

了如下"判决",并呈奏皇帝:

> 作为您忠实的臣子,臣等提出,王锡侯作为一个有二等学衔之文人,熟知我国法律和习俗,不能视作一介草民百姓,后者或许会因粗野无知而犯罪,而他所做和所写的则是冒犯皇上,事关叛乱谋逆,实属头等亵渎君主罪。臣等研究了帝国法律,此等罪行应以凌迟惩处。罪犯应被碎尸,其财产应被抄没,其十六岁以上之亲属处死,其妻妾及十六岁以下之孩子发配流放并送与帝国某大员为奴。[1]

从刑部的"判决书"可知,刑部认为王锡侯因为举人身份,不能将其视为草民百姓,故而其辩解的说法也就不能成立,其行为触犯"谋反大逆"罪。[2] 对于刑部经由"审转复核程序"呈奏的"判决书",皇帝运用其最高司法权,在对其进行微调的基础上,作出如下最终判决:"朕在刑罚方式上宽恕王锡侯,免其凌迟,处以斩首。朕宽恕其亲属,其诸子留待秋季大刑期间执行死刑。其余诸项依律执行。"[3]

对于此案,神父给出了负面的评价,他写道:"在这里,说一句反抗政府的话就会遭到死刑的惩罚,甚至读一本说政府坏话的书也是死罪。"[4]这则对于清代"文字狱"的记述,为后来殖民时代法学家们批评中国法的严酷性埋下了伏笔。

3. 艾若望对四川地方司法的记述

在一封可能最早写于 1777 年下半年的信函中,艾若望(M. Glayot)神父向欧洲记述了他自 1769 年 5 月 30 日至 1777 年 6 月 29 日在四川遭受迫害的情况。这封信不仅有艾若望神父自己受刑的经历,也有对中国地方司法的描述。如艾若望神父在这封"迫害的叙述"的"篇首说明"中,先介绍了"刑具"以及地方司法的基本情况。对于"刑具",他写道:

> 我需要提及的一些刑具是:A. 夹棍(Kia-Kouen);这种刑具由三块坚硬的木板组成,其一端连在一起,但各自又开合自如。人们把(受刑人的)脚踝嵌入木板间夹紧。木板上有凹陷的窝用以固定脚踝。夹我脚踝的木板上有一侧的窝不合适,这增加了我的痛苦。B. 掌脸用的刑

---

[1] 〔法〕杜赫德编:《耶稣会士中国书简集——中国回忆录 VI》,第 101 页。

[2] 参见田涛点校:《大清律例》,第 365 页。

[3] 〔法〕杜赫德编:《耶稣会士中国书简集——中国回忆录 VI》,第 101 页。

[4] 〔法〕杜赫德编:《耶稣会士中国书简集——中国回忆录 VI》,第 101 页。

具由两块状如我们欧洲鞋垫的牛皮组成,尾端缝在一起,其余部分是分开的;施刑人拿着这种刑具的尾端打犯人耳光。C.竹杖是用直径约2法寸的大芦竹做成的:将芦竹一劈为三或一劈为四,再做成长约5至6法尺的竹杖。施刑人用竹杖靠近根部节瘤多的一端使劲抽打受刑人裸露的臀部。击打受刑人脚踝时,施刑人把前者脚踝紧压在石头上,然后用长约1法尺、厚度为1法寸半见方的棍子敲击。①

对于四川地方司法的情况,他写道:"该省首府是成都,主管全省称为总督的官员常驻于此。他上面还有一位大官称为按察使(刑事长官)。全省各地的要犯均需带到他们面前受审,案件笔录随之应送往北京,死刑或流放的判决需经北京核准后方能执行。"②

该案本身就实体法方面与前述案件相比并没有太多新的内容,但此案特殊之处在于,艾若望神父较为细致地描述了中国地方"州县—府—省"三级司法组织架构。

艾若望神父首先提到1769年5月24日他在四川荣昌县因传教被抓。5月30日因当地知县不在,先由县丞进行审理。经过两次审讯,6月2日知县回到县城,将案件审讯后交由重庆府处理。按照清代法律规定,府一级司法职能有"审转州县上报徒刑以上案件,提出拟罪意见,再上报省按察使司"③。艾若望神父记载,知府在6月4日审理时"仅核实我们是基督徒而不是白莲教徒",并"试图让我承认我到这里并非为了传教而是企图敛财致富(他想以此方法把我们作民事案件处理),还说如我拒不承认,就要把我斩首"。④ 这里知府之所以诱供艾若望神父,可能是由于如果将此案定性为传播基督教或者更为严重的参与白莲教,因判处刑罚在徒刑以上,按照审转复核程序规定,该案必须上报,徒增周折和未来不确定的麻烦。相反,如果将案件定性为"企图敛财致富",则可以将该案划定在府一级"自理案件"的范围内,直接处以刑罚,结束案件。

然而,艾若望神父基于信仰,不愿作伪证,于是案件被作为"重案"审转至省一级。艾若望神父记载,同年6月21日他们被押至成都,并接受按察使审讯。按察使通过刑讯试图让神父承认自己"生来就是广州人",意思说这样可以减少很多不必要的麻烦。面对按察使的建议,艾若望神父"在此情

---

① 〔法〕杜赫德编:《耶稣会士中国书简集——中国回忆录Ⅵ》,第147页。
② 〔法〕杜赫德编:《耶稣会士中国书简集——中国回忆录Ⅵ》,第147页。
③ 吴吉远:《清代地方政府司法职能研究》,故宫出版社2014年版,第51页。
④ 参见〔法〕杜赫德编:《耶稣会士中国书简集——中国回忆录Ⅵ》,第148~153页。

况下，由于看到他有意释放因我而被捕的基督徒，同时考虑到他提及的我让基督徒们遭遇的危险"；因此，暂时同意了按察使的说法。① 一个月后当与其一起关押的基督徒们被释放后，艾若望神父又被押回至荣昌县关押。由于艾若望后来拒不承认自己生于广州，长于广州，于是从 1770 年阴历二月十四日起又被关押了近八年之久，其间受尽酷刑和折磨。② 1777 年，钦天监监正傅作霖（Félix d'Arocha，1713～1781）利用乾隆帝派其赴四川绘制金川地图的机会，请求皇帝释放了艾若望神父。此过程在 1778 年一封写于北京的信函中有所记述。③

总之，由于"这些书简是如同一种真正的、客观的和几乎是天真的编年史而出现的，它使大众们产生了一种阅读他们所喜欢的文献之一的感觉"，因而这些书简在当时的欧洲传播很广，影响很大。④ 1699 年至 1776 年的《书简集》为这一时期欧洲了解中国法提供了大量的信息，这些信息直接影响了之后启蒙时代的思想家们。如孟德斯鸠就在读书笔记《地理》（Geographica）第 2 册中，摘抄了《书简集》中的很多内容，并作出了评注。⑤ 尽管如此，这些信函中对于中国法的只言片语并不系统，而这一系统化的工作留给了在 1709 年至 1743 年担任《书简集》主编的杜赫德。

三、杜赫德《中华帝国全志》对中国法的提炼

让·巴普蒂斯特·杜赫德 1674 年 2 月 1 日生于巴黎，1692 年 9 月 8 日进入耶稣会。1708 年他在巴黎书院任教，后被选为郭弼恩继承人，负责收集整理各国有关耶稣会士们的信件，并担任法王忏悔神父的秘书，以及奥尔良公爵的忏悔神父。⑥ 法国人杜赫德对这一时期中国法在欧洲的传播影响极大。如法国当代专门研究杜赫德《中华帝国全志》的女汉学家蓝莉（Isabelle Landry-Deron）就认为，启蒙时代的欧洲被"中国化"了，恰是杜赫德著作把欧洲"中国化"了。⑦ 阎宗临先生在其专门研究杜赫德的法文版的博士论文中也说道："任何人（欧洲人——引者注）要谈论中国，即使在现在都

---

① 参见〔法〕杜赫德编：《耶稣会士中国书简集——中国回忆录 VI》，第 153～155 页。
② 参见〔法〕杜赫德编：《耶稣会士中国书简集——中国回忆录 VI》，第 157～165 页。
③ 参见〔法〕杜赫德编：《耶稣会士中国书简集——中国回忆录 VI》，第 104～106 页。
④ 参见〔法〕伊莎贝尔·微席叶、约翰-路易·微席叶：《入华耶稣会士与中西文化交流》，载〔法〕谢和耐、戴密微等：《明清间耶稣会士入华与中西汇通》，第 88 页。
⑤ 参见〔法〕孟德斯鸠：《地理》，许明龙译，载许明龙编译：《孟德斯鸠论中国》，商务印书馆 2016 年版，第 209～221 页。
⑥ 参见阎宗临：《杜赫德的著作及其研究》，第 48 页。
⑦ 参见〔法〕蓝莉：《请中国作证：杜赫德的〈中华帝国全志〉》，许明龙译，商务印书馆 2015 年版，第 1 页。

必须求助于耶稣会士们写的东西,特别要借助于杜赫德神甫的《中华帝国志》。"①

(一)杜赫德的《中华帝国全志》

杜赫德的《中华帝国全志》是 18 世纪欧洲的中国百科全书,自 1735 年在法国出版后②,被迅速译为英、德、拉丁、俄语在欧洲畅销③,影响深远,极负盛誉。如这一时期启蒙时代的领军人物伏尔泰就说道:"杜赫德虽然不曾走出巴黎,不认识一个汉字,但是,他借助教会同僚们撰写的相关报道,编纂了一部内容最丰富的关于中国的佳作,堪称举世无双。"④法国学者蓝莉亦说道:"这部宏大的四卷本作品迅速成为启蒙运动晚期最为重要的唯一的关于中国的原始资料。"⑤

《中华帝国全志》是杜赫德利用自己 1709 年开始编辑、出版《书简集》之便利,在结合当时 27 位在华传教士供稿的基础上完成的。据考证,为杜赫德《中华帝国全志》供稿的 27 位传教士分别为:卫匡国、南怀仁、柏应理、安文思、洪若翰、白晋、张诚、卫方济、李明、刘应、雷孝思、马若瑟、殷弘绪、赫苍璧、龚当信、戈维里、夏德修、巴多明、杜德美、汤尚贤、冯秉正、郭中传、彭加德、卜文气、沙守信、宋君荣和杨嘉禄(Jacques,1688~1728)。其中,张诚、赫苍璧供稿 360 篇,殷弘绪供稿 220 篇,卫匡国 100 篇,马若瑟 60 篇,其余人供稿均少于 50 篇。⑥ 因此该书在某种意义上是当时耶稣会士对中国认知的"集合",极具典型。对此,法国学者毕诺说道:

当我们讲到 18 世纪的中国和耶稣会传教士时,在脑海中首先浮现

---

① 阎宗临:《杜赫德的著作及其研究》,第 2 页。

② 1735 年杜赫德出版的法文版是由巴黎的皮埃尔-吉尔·勒梅西埃(Pierre-Gilles Le Merecier)书局出版的,当时著名的地图家丹维尔(D'Anville,1697~1782)为该书制作了地图雕版。西方将此法文版称为 *Description de la Chine*。

③ 1736 年荷兰海牙舍里尔(Sheurleer)出现了增加索引但去掉地图的盗版。同年 12 月,英国出版家瓦茨(Watts)出版了节译本,1741 年出版家爱德华·凯夫(Edward Cave)在伦敦出版了全译本 *A Description of the Empire of China and Chinese-Tartary, together with the Kingoms of Korea, Tibet, etc.*。参见范存忠:《中国文化在启蒙时期的英国》,译林出版社 2010 年版,第 65~69 页。1749 年德国出版商出版了简略的德文版,1777 年俄国在圣彼得堡出版了 4 卷的俄文版。此书在中国没有全译本,范存忠将瓦茨的节译本翻译为《中国通志》,凯夫的完整版翻译为《中国通史》,石云龙将其翻译为《中华帝国通史》,阎宗临将其翻译为《中华帝国志》,耿昇、许明龙和张明明将其翻译为《中华帝国全志》。

④ 转引自〔法〕蓝莉:《请中国作证:杜赫德的〈中华帝国全志〉》,第 1 页。

⑤ 转引自〔加〕卜正民、〔法〕巩涛、〔加〕格力高利·布鲁:《杀千刀:中西视野下的凌迟处死》,第 179 页。

⑥ 参见〔法〕蓝莉:《请中国作证:杜赫德的〈中华帝国全志〉》,第 56~57 页。

出的第一个名字当然就是杜赫德神父了,但他从未到过中国,他有关中国的全部知识均为第二手。他的名字与这部鸿篇巨作《中华帝国全志》联系起来了,该书成了 18 世纪上半叶有关中国知识的总汇,获得了很大成功。①

阎宗临先生也认为《书简集》中的"这些信件是《中华帝国志》的主要素材"②。

于是,从立场和态度上讲,与前述《书简集》一样,《中华帝国全志》既从好的方面,也从坏的方面对中国加以介绍。对此,杜赫德曾明指出:"我远不想把中国学者引到欧洲让他们来上道德课。"③耶稣会钱德明神父也说道:"关于中国的著作,毫无疑问,当推杜赫德的这部书。他未到过中国,可是掌握许多资料,善于整理,从未将自己的思想夹杂在里面。时间愈久,这部著作的价值愈大。"④

《中华帝国全志》共分 4 卷,第 1 卷主要介绍中华帝国的概况,以及地理位置、民族、历史、耶稣会传教士入华的经历等;第 2 卷描述中国的皇权等级制度、政治体制、军事、农业、刑狱、科技、礼仪、物产等;第 3 卷展示的是与中国人的宗教和科学相关的知识;第 4 卷讲述的是归入满洲帝国版图或附属的地区。关于中国法的内容主要集中在第 2 卷。有论者非常详细地比对了该书所涉内容,与前述门多萨、利玛窦、曾德昭、基歇尔、安文思书籍中的内在关联,认为《中华帝国全志》的目录"几乎都能在前面的几部书的目录里找到对应的内容",其目录"参考了、继承了前人的目录体例"⑤。

在内容上,杜赫德《中华帝国全志》也与前述耶稣会士的作品相近。有论者经过非常细致的比对发现,《中华帝国全志》对于中国官制设置的内容几乎全部来自前述安文思的《中国新史》,甚至"一字不差"⑥。杜赫德"所做的工作仅仅是在开头添加概括性的综述、将辅助介绍的文字进行简化,以及筛去了他认为安文思个人情感太强的部分"⑦。《中华帝国全志》中涉及"刑

---

① 〔法〕维吉尔·毕诺:《中国对法国哲学思想形成的影响》,第 189 页。

② 阎宗临:《杜赫德的著作及其研究》,第 51 页。

③ Du Halde, *A Description of the Empire of China and Chinese-Tartary, together with the Kingdoms of Korea, Tibet, etc.*, Edward Cave, 1738-1741, Vol. I, p. 32.

④ 转引自阎宗临:《十七、十八世纪中国与欧洲的关系》,第 495 页。

⑤ 参见覃春华:《杜赫德〈中华帝国全志〉所涉中国法形象研究》,《中西法律传统》2022 年第 2 期,第 118~123 页。

⑥ 参见覃春华:《杜赫德〈中华帝国全志〉所涉中国法形象研究》,第 129 页。

⑦ 覃春华:《杜赫德〈中华帝国全志〉所涉中国法形象研究》,第 129 页。

狱"的内容,大部分来自前述曾德昭《大中国志》第28章"中国人的监狱、审判和刑法"的内容以及李明《报道》的部分内容。对于"监察制度"和"礼"的介绍内容,则主要参考了李明《报道》的相关内容。①

（二）《中华帝国全志》中的中国法

1.《中华帝国全志》对中国法整体性的论述

具体来说,杜赫德首先向西方赞扬了中国法陈陈相因的特点,他指出:"中国具有任何其他国家所没有的优势:从第一代立法者的母系制度至今四千多年来,国家几乎没有间断地由本土的皇帝治理,无论是服饰、道德、法律,还是风俗习惯都没有改变。"②接着,他在介绍完中国的皇帝制度后,似乎对士大夫"忠谏"皇帝格外推崇。他写道:

> 尽管皇帝被赋予了巨大的权力,但是法律还是规定,无论何时皇帝在治理国家过程中犯了错误,朝廷官员们有权以一种谦卑的方式向他们提出抗议,陈说这些错误在国家治理过程中可能带来的弊端。如果皇帝不听从忠谏,而是为此惩罚这些官员的话,那么,这些遭罪的官员就会得到人民的敬仰,他们的名字就会万古流芳。③

与前述众多耶稣会士一样,杜赫德也特别关注中国的内阁和六部制。他甚至得出"皇家权威"使中国政府能够妥善管理"一个人口众多、本性如此不安稳、极度自私、总是想方设法发财的民族"的结论,并对此极为推崇。④六部之中,他是这样介绍刑部的:"他们为第五个部取名刑部。这个部就像是帝国的刑事法庭,其任务是检查人们是否犯法,根据那些明智地制定的法律来审判他们。刑部有十四个下属机构,其数量与帝国省份相同。"⑤与安文思准确界定都察院不同的是,杜赫德对于该部门的介绍明显含混:

> 要有效遏制各部组成官员的权力,最好的办法是任命一位官员来监督各部的日常事务。这位官员的任务就是协助最高司法机构,审查

① 参见覃春华:《杜赫德〈中华帝国全志〉所涉中国法形象研究》,第131～147页。
② 〔法〕杜赫德:《中华帝国通史》,石云龙译,载王寅生编订:《西方的中国形象》,上册,第174页。
③ 〔法〕杜赫德:《中华帝国通史》,第186页。
④ 参见〔法〕杜赫德:《中华帝国通史》,第196页。
⑤ 〔法〕杜赫德:《中华帝国通史》,第199页。

所有传递给他的法令。他无权决定任何东西,但是,他却是一个关注一切的检察官,负责向朝廷禀报一切。①

值得一提的是,杜赫德在其著作中对中国古代的"无讼"观念以及"教谕性的调解"进行了较为全面的介绍,甚至细致入微地对讼师的"挑词架讼"进行描写:

> 官员的一个主要职责就是教育人民,因为他是皇帝的代表。按照中国人的说法,皇帝不仅是一个管理政务的君王,一个供奉祭品的神父,还是一个教书的先生。为此,皇帝不时召集朝廷王公大臣、各部主要官员,从典籍中给他们以训示。
>
> 同样,每月初一和十五,官员们集中在一个合适的地方,给人民以长篇大论的指示。这种做法是帝国政令中规定的。政令规定,总督要扮演家庭中给予教诲的父亲的角色,甚至皇帝亲自指定了这类演讲中应该涉及的话题。这些话题共十六个,我将详细地提到。
>
> 一、他们必须遵守孝道,长幼有序;从中学到自然界强加给人类的基本义务付诸实施的理念。
>
> 二、永远缅怀家族的祖先,那将是保持团结、和谐和和平的有效方法。
>
> 三、所有村庄团结一致,那就意味着不再有打官司和争吵的现象。
>
> 四、让人们尊崇农民的职业,尊敬为养蚕而种桑的人,这样就再也不愁吃、不愁穿。
>
> 五、人们习惯于勤俭节约、自我克制、谦虚稳重,这会减少许多愚蠢的消费。
>
> 六、想方设法繁荣公学,目的是让年轻学生学会有规律、有道德地生活。
>
> 七、量入为出地生活,这将会是保持心灵平静的有效方法。
>
> 八、将宗派思想和错误扼杀在摇篮之中,为的是让纯真的学说观念保存在心中。
>
> 九、反复向人民灌输最高权威设立的刑罚,因为恐惧会使粗陋、难以描绘的思想受到控制。
>
> 十、他们完满地用民法和道德法教育人民,教养建立起来的好习

① 〔法〕杜赫德:《中华帝国通史》,第200页。

惯应该永远地一成不变地保持下去。

十一、他们竭尽全力给孩子们和小弟弟提供良好的教育,这就使他们免于染上罪恶,不让他们感情冲动。

十二、在各种各样的丑恶犯罪指控中,他们明白清白和正直的人没有任何东西可以惧怕。

十三、他们设法不去保护或隐藏罪犯,因为犯罪会使人被迫过上流浪漂泊的生活,这样人们就会避免卷入别人的不幸之中。

十四、务须按时缴纳皇上要求的税赋,以免收税官员不时来征收、骚扰。

十五、行动要与各城各区官员保持一致,这样可以防止盗窃和罪犯的。

十六、要制怒,才能让人不遭受危险。

……

有时,当他酒兴发作时,他会放任自己到极点,诚实的人们无法避免他的侮辱。忍无可忍的邻居们会发起牢骚,然后他们会求助于无赖的讼师,后者会启动打官司的程序。这些华而不实、用心歹毒的人总会设法将事情弄得更糟,为了使自己参与处理一桩麻烦事,他们会把一个小池塘说成大海,把池塘里的泡沫说成高入云霄的大浪,因此,最小的事情到了他们嘴里就成了最严重的大事。通过这种办法,这桩官司就打到了所有的衙门,打官司的费用就成了后来人们感受到的恶果。

……

不过,既然我谈到了争执与官司可能给你带来的恶劣后果,那么,请注意倾听我下面要说的话。

当官司打到了衙门里,总要有一方取胜,不是你方就是对方。如果你时运不济,而且还不甘心自己的损失,你就会想方设法去得到官员信任的那些人的恩惠,他们给了你帮助就会得到你的丰厚回报,你会希望争取朝廷命官站到你的一方,你需要请多少次客,摆多少次宴席,你有多少资产来支付这些开支呢?

但是,如果你落在了一个恶劣的判官手中,他为了毁掉你,不惜歪曲事实,做出一副正直公道的模样。你联络了那些容易接近他、尊敬他的那些人,但是没有任何用处;那些朝廷官员、那些容易买通的可怜人、那些吮吸人民鲜血的人会信誓旦旦站在你的一边,但是毫无用处。在你花费了所有的金钱想要压倒你的敌人的时候,最后却会被迫达成一个和解的协议。

不过,如果你在下级法庭失败后拒绝这样的调解,你就会申述到上级法院。那时,你就会看到每天申诉书送到各个衙门,官司在那些无赖般的法官的阴谋操纵下会延长到好几年。证人们会受尽折磨,许多人将会卷入你的不幸中去,一些人将会被投入监狱,另一些人将会落入法官之手,没等判决宣布,无数的家庭就已经变得穷困潦倒了。

你可以从我说的话中得出结论:尽管你有铜山、金矿,但那也不够你开支这些费用的;虽然你是铁板的身材,你也很难经得起诉讼过程的疲倦和麻烦。

皇帝对人民的怜悯是无止境的,他禁止诉讼,善意地亲自告诫人民结束彼此中间可能出现的麻烦,希望你们生活在完满的和谐之中。①

这则十分珍贵的史料说明,这一时期的西方人已经对中国法的精神与实质有了较为精准的把握。

与前述李明相类似的是,杜赫德也认为中国法是完美无缺的,只是各级官员没能严格依法办事。他写道:"中国法律建立起来的优良秩序是无与伦比的。如果所有的官员都不放纵自己的感情,而是严格依法办事,人们还可以肯定地说,世界上没有一个王国会有这么快乐。"②

对此,杜赫德列举了8项中国法律规定的预防措施。第一,"增加了官员的官银收入,宣布自己不收受礼品,禁止他们接受份外的收入";第二,"任何省份发生哪怕是很小的骚动,巡抚都难逃其咎,如果不能及时平息,巡抚几乎铁定会丢掉官位";第三,"任何人不得在自己家庭所在的城市甚至省内当官";第四,"每隔三年,他们要对帝国所有的官员进行大检查,检查他们在治理方面的优良品质和不足之处";第五,"皇帝不时派出秘密调查人员深入各省";第六,"皇帝在他们最出人意料之外的时候,亲自到某些身份去聆听老百姓对总督们的怨言";第七,"每天在北京印刷、从那里发行到各省的公文最有教育意义、最能使官员们遵守规矩、防止他们犯错误";第八,"禁止朝廷命官去搞一般娱乐活动"。③ 同时,杜赫德也认识到"礼"在中国古代社会治理中的特殊意义,并提醒西方人应当更为深入地对待中国的"礼":"我们不应该根据自己的喜好对这些礼仪习惯大加褒扬或横加指责。应当说,这些礼节无论看上去多么枯燥乏味,在中国却被视作维持帝国的和平和安宁

① 〔法〕杜赫德:《中华帝国通史》,第210~213页。
② 〔法〕杜赫德:《中华帝国通史》,第214~215页。
③ 参见〔法〕杜赫德:《中华帝国通史》,第215~221页。

所必需的。"①

2.《中华帝国全志》对中国"家庭法"的论述

此外,杜赫德在其著作里第一次较为全面地向西方介绍了中国的"家庭法",早于前述《书简集》中 B 神父 1765 年信函中的完整介绍。

他首先指明了中国婚姻制度的基本原则,即"婚姻首先需要遵守三纲五常,这是中国政治的基础三纲五常",并"需要维护父亲对子女的绝对权威"。之所以要这样,是"因为根据他们哲学准则,君王治理国家时应该具有父亲的所有温情,而父亲在家中应具有帝王的权威"。②

其次,他对养子、妾和妾生子的法律地位进行了介绍:

> 养子拥有亲生孩子的所有权力。他继承养父的姓氏,在养父死后有责任去祭奠他,并且有权继承遗产。如果被过继后,养父又生育其他孩子,他的地位也不变。同样,为了免除绝嗣之虞,律法容许男人拥有法定妻子外还可以纳妾。虽然这些女人从属于大老婆,但小妾或者小老婆的称谓在中国一点也不让人觉得丢脸。不过,律法并不鼓励多妻制,因为纳妾需要一定的财力。甚至有律法规定,除非合法妻子年届已四十且无子嗣,否则普通人不能任意纳妾。
>
> ……
>
> 小妾们完全依附于正妻,她们服侍他,视她为家中唯一的女主人。小妾所生孩子也被视为属于正妻。在中国,这些孩子有平等的继承权。她们只能以父亲的正妻为母亲,如果生母碰巧死了,他们不会被要求辞去公职守孝三年,而且还照样参加科举考试。③

再次,杜赫德还对中国古代婚姻解除的条件以及其中的"七出"规定进行了说明:

> 中国人长期以来形成的这种婚礼风俗是不会轻易改变的。根据律法,那些逼迫妻子卖淫或把她私下卖掉的人会受到惩罚。同样,如果妻子私奔,那么在经历了律法规定的惩戒后丈夫可以把她卖掉。如果丈夫抛妻弃家达三年以上,其妻可以向衙门递交诉状,将她的状况禀告给

---

① 〔法〕杜赫德:《中华帝国通史》,第 284 页。
② 参见〔法〕杜赫德:《中华帝国通史》,第 302 页。
③ 〔法〕杜赫德:《中华帝国通史》,第 303～305 页。

官老爷,官老爷在掌握实情真相后,会容许她再婚,但如果未经过这道正规程序而再婚,她会受到惩罚。

但是,有几种情况男人可以休妻,比如说通奸,这种情况较为罕见,因为他们对女子采取了许多防范措施。律法也容许以厌恶、脾气不和、嫉妒、行为不检、不顺从、不育和患有传染病的原因把妻子休掉。①

最后,作者对五种无效婚姻进行了描述:

以下几种情况妨碍婚约签订,如果签订则会无效。

一、如果一个姑娘已被许配一青年,礼金已被收受,她不能再嫁与他人。

二、任何有欺诈的行为发生,比如说,给媒人看时女方娇艳无比,但结婚却以丑陋女子代替;或将自由公民的女儿嫁给奴仆,或者让奴仆娶自由女公民,欺骗女方说那是他的儿子或亲戚,这种情况下婚姻宣布无效,所有涉嫌欺骗的人受到严罚。

三、不允许文官与巡抚道台联姻。如果碰巧触犯了这项律法,不仅婚约会告无效,他也会被责以鞭刑。

四、父亲或母亲治丧期间,子女不得举行婚礼。如果婚期商定后父母亡故,婚约暂时停止,遭遇父母亡故的年轻人应该书面通知女方,不过他们不会因此而解除婚约,而是等到治丧期满,届时女方写信给这位年轻人,提醒他这桩婚事。如果他不愿听从女方的建议,那么这个女孩就自由了,可以嫁给另一个人。如果家里出了特别烦恼的事,也同样如此,比如父亲或至亲被囚入狱,要等被囚者同意才能举行婚礼,即便那样,也不能举办宴席,不能有任何其他欢乐气氛。

五、简而言之,同一家族的人或者尽管关系很远但是同一姓氏的人不能结婚。律法也不允许兄弟俩娶姐妹俩,不允许鳏夫准备娶寡妇时,让自己的儿子娶寡妇的女儿。②

总之,在杜赫德看来,中国法背后的逻辑与"家庭法"存在紧密关系,是基于一种父母对子女的伦理道德关系。依据这一原则关系,皇帝实现了对于整个帝国的治理。对此,他曾概括道:

① 〔法〕杜赫德:《中华帝国通史》,第306页。
② 〔法〕杜赫德:《中华帝国通史》,第306~307页。

中国政府的政治制度完全把自身变成了父母和子女互负责任的关系。皇帝被称为帝国的父亲；vice-Roy是其所辖的省的父亲；Mandarin是他所辖的城市的父亲。这一原则，是中国人对那些协助皇帝维持政府权力的官员给予高度尊重和随时服从的基础。这让人感到吃惊，当看到一个人口庞大、躁动不安、自私自利、急于求富的国家，却被为数不多的、在各省会的一小群官吏所统治。可以确定的是，当皇权的影子出现在这些官员的身上，他们可以对百姓做任何事。①

3.《中华帝国全志》对中国司法的论述

中国的司法状况、监狱及其刑罚自15、16世纪以来一直是西方关注的重点，在《中华帝国全志》中，杜赫德在参考前述曾德昭神父记述的基础上，也花了一定笔墨对此进行描写。

首先，他给予中国司法正面的评价，认为中国司法程序冗长，但客观上有利于当事人权利的维护。他说道：

> 尽管中国司法由于诉讼程序冗长而显得节奏缓慢，老百姓可能不会蒙冤失去生命或声名受损，但是罪犯却会因其所犯罪行而得到严厉的惩罚。通常，刑事案件会过五六次堂才会最终判决。中国司法部门相互依存，有权对整个案件进行复审，收集有关原告或证人的生活习惯和言行举止方面的信息以及被控方的罪行。
>
> 事实上，诉讼进程缓慢对被告有利，因为这样可以防止无辜者蒙冤而遭受迫害。但是这些人在事情弄清楚之前，不得不在牢里呆很长一段时间。②

其次，杜赫德对中国的监狱进行了非常细致的描写，并给出了积极的评价。他指出："中国的监狱方便宽敞，不像欧洲的监狱那样可怕令人厌恶。"③接着，他分别对中国的杖刑、枷刑、流刑、刺字进行了介绍，并概括性地总结道："中国的治理是依靠杖刑来维持的"，"杖击数量不超过二十下的时候，这一般被认为是一种慈父般的纠错行为，没有什么不名誉的"。④

---

① Du Halde, *A Description of the Empire of China and Chinese-Tartary, together with the Kingdoms of Korea, Tibet, etc.*, Edward Cave, 1738-1741, Vol. I, p. 245.

② 〔法〕杜赫德：《中华帝国通史》，第314页。

③ 参见〔法〕杜赫德：《中华帝国通史》，第314～315页。

④ 参见〔法〕杜赫德：《中华帝国通史》，第316～319页。

最后,杜赫德对中国的死刑制度进行了全景式的描写。一方面,他指出清代中国的死刑分为"吊死""斩首"和"千刀万剐"三种执行方法。[①] 另一方面,他通过比对欧洲,称赞中国古代皇帝对于死刑判处的审慎态度,他指出:"一般情况下,任何官吏或法庭都无权一审宣判死刑。对死刑的判决要经过审查、裁决并且最后得到皇帝的批准";"整个裁决过程从每一个环节来看,都是极为小心谨慎的,毕竟人命关天";"因此,即便是最微不足道的可怜虫在中国也享有基本权利,而在欧洲只有名人才有权享有两院复审和宣判的权利"。[②] 需要指出的是,腓特烈大帝甚至在杜赫德的影响下,在1754年提出了要在境内取缔刑罚的观点。[③]

(三)《中华帝国全志》对中国法形象的建构与影响

杜赫德《中华帝国全志》的意义在于,为西方中国法形象的建构提炼了"伦理道德""礼法结合"和"开明专制"这三个关键词。

首先,他认识到中国法之所以能够很好地实现中国帝国秩序的维系,主要依赖于"伦理道德"。例如,他说道:

> 他的书分为两部分:第一部分包含六章,第二部分是八章。他在这部作品中谈到了良好的政府,在这部作品中,整个帝国充满了动乱和内战,他建议最重要的是内心的正直和公平。因此,他证明,帝国重建和平与安宁,不是靠武力,而是靠美德的榜样。[④]

其次,要具体实现"伦理道德"式的治理,上自皇帝下至各级官员都要像"父母"那样教导和管理"子民",其方法就是"教化与惩罚",表现为"礼与刑"。对此,他说道:

> 政令规定,总督要扮演家庭中给予教诲的父亲的角色,甚至皇帝亲自指定了这类演讲中应该涉及的话题。他们必须遵守孝道,长幼有序;从中学到将自然界强加给人类的基本义务付诸实施的理念。……反复向人民灌输最高权威设立的刑罚,因为恐惧会使粗陋、难以描绘的思想

---

① 参见〔法〕杜赫德:《中华帝国通史》,第319~320页。
② 参见〔法〕杜赫德:《中华帝国通史》,第320~321页。
③ 参见〔加〕卜正民、〔法〕巩涛、〔加〕格力高利·布鲁:《杀千刀:中西视野下的凌迟处死》,第180页。
④ Du Halde, *A Description of the Empire of China and Chinese-Tartary, together with the Kingdoms of Korea, Tibet, etc.*, Edward Cave, 1738-1741, Vol. I, p. 424.

受到控制……他们完满地用民法和得体的举止教育人民,礼节建立起来的好习惯应该永远地一成不变地保持下去。①

最后,"开明专制"则体现为中国皇帝及其官员,一要像父亲一样爱护子民,二要靠内在的伦理道德和外在的"民心"约束自己,三要利用"言谏"和"监察制度"等富有操作性地进行监督。②

总之,作为承前启后的人物,杜赫德对于中国法形象的建构与提炼不仅总结了整个耶稣会时代神父们对于中国法的观察和描述,而且为之后启蒙时代思想家们利用中国法批判西方奠定了基础。对此,法学学者爱德华·沙畹指出:

> 当人们在查阅卷帙浩繁的 4 大卷对开本著作(指《中华帝国志》)时,人们会发现这里蕴藏着 18 世纪汉学的矿藏,他们不能不叹服法国某些宗教人士们所完成的巨大劳动。面对一种多姿而壮阔的古老文明,这些先驱们懂得开辟一条康庄大道的重要意义。它能使后人们一起瞥见这个辽阔的领域并把自己探求的矛头指向这里。③

此外,杜赫德的《中华帝国全志》也为当时欧洲人了解中国提供了重要甚至是"唯一来源"。对此,毕诺指出:"至于那些与北京没有通信关系的大众,杜赫德神父的著作无论如何始终也都是他们有关古今中国知识的一种重要源泉,而且也是他们可以得到这种知识的唯一来源。但这种来源并非是绝对规范和正确的,那些可以利用这些史料的哲学家,无论是情愿还是被迫都必须通过耶稣会士的思想而观察中国人。"④

因此,18 世纪初杜赫德的《中华帝国全志》对于西方的影响很大。加拿大学者夏瑞春(Adrian Hsia)称:"直到 1840 年鸦片战争前,《中华帝国全志》一直是关于中国知识的主要资料来源。"⑤例如,在政治领域,西方各国政客经常会用《中华帝国全志》中的中国法形象打击政敌。以英国为例,原辉格党人切斯特菲尔德勋爵(Lord Chesterfield, 1694～1773)曾在 1737 年 5 月 14

---

① 〔法〕杜赫德:《中华帝国通史》,第 210 页。

② 参见 Du Halde, *A Description of the Empire of China and Chinese-Tartary, together with the Kingdoms of Korea, Tibet, etc.*, Edward Cave, 1738-1741, Vol. I, pp. 243-250。

③ 转引自阎宗临:《杜赫德的著作及其研究》,第 47 页。

④ 〔法〕维吉尔·毕诺:《中国对法国哲学思想形成的影响》,第 206 页。

⑤ 〔加拿大〕夏瑞春:《欧洲化中国:过去和未来》,潘琳译,《中国文化研究》2004 年秋之卷,第 42 页。

日《常识报》(*Common Sense*)中，引用《中华帝国全志》抨击当时不问政治的英王乔治二世(George Ⅱ)任用一帮毫无用处的"小人"。① 此外，切斯特菲尔德勋爵利用自办的《工匠报》(*Craftsman*)抨击首相罗伯特·沃波尔(Robert Walpole)。该报于1739年10月20日刊载了中国的"言谏制度"，认为当君主失德时，首相应当起到类似中国"言谏"的作用。② 这一时期的英国学者萨姆尔·约翰逊在欢呼耶稣会士杜赫德神父《中华帝国全志》英文新版本出版时宣称，读者"将会惊奇地发现一个国家，那里的高尚行为与知识是同时存在的，那里的人是随着他们的学术上的进步而被晋升职务的，晋升职务是工作和道德的结果"③。

在思想方面，启蒙时代的伏尔泰、魁奈、孟德斯鸠等思想家都深受杜赫德《中华帝国全志》的影响。以魁奈和孟德斯鸠为例。魁奈在其著作《中华帝国的专制制度》(*Le Despotisme de la Chine*)中坦言，其关于中国的材料几乎都来自杜赫德的《中华帝国全志》。他说道：

> 杜阿尔德(杜赫德——引者注)神父曾经专心收集了这些报告并将它们编辑成内容相互关联的一个专集。他的这部著作所具有的一般长处为人们所公认。我们研究中华帝国，即以这位作者编辑的史料作为依据；不过，这并不妨碍我们去查考他曾经用过的那些原始资料。④

魁奈著作第3章第2节"皇帝的绝对权力受到制约"中言谏、六部、刑狱、审判以及监察等方面的内容都来自杜赫德的书。⑤ 孟德斯鸠在他的读书笔记《地理》第2册中，摘抄了杜赫德《中华帝国全志》涉及中国的所有内容，并在很多地方给出了评注。⑥

因此，我们可以说杜赫德带给西方的中国法形象是合适的：它既是光明的，也是烟雾缭绕的。"这位汉学家不想为我们制造一个传奇式的中国，因为他声称自己是历史学家。"⑦这与后来的启蒙思想家们是不同的。

---

① 参见范存忠：《中国文化在启蒙时代的英国》，译林出版社2010年版，第79页。
② 参见范存忠：《中国文化在启蒙时代的英国》，第82页。
③ 〔美〕艾德蒙·莱特：《中国儒教对英国政府的影响》，载〔法〕谢和耐、戴密微等：《明清间耶稣会士入华与中西汇通》，第394页。
④ 〔法〕弗朗斯瓦·魁奈：《中华帝国的专制制度》，谈敏译，商务印书馆1992年版，第31页。
⑤ 参见〔法〕弗朗斯瓦·魁奈：《中华帝国的专制制度》，第74～89页。
⑥ 参见〔法〕孟德斯鸠：《地理》，第53～209页。
⑦ 阎宗临：《杜赫德的著作及其研究》，第677页。

四、耶稣会时代中国法之于西方的意义

"在近两个世纪期间,耶稣会的神父们在中西之间充当了具有特权的中间人。"①整个 17 世纪和 18 世纪初,在诸多耶稣会士的努力下,西方对于中国法的介绍和提炼在内容、深度和准确性上,都较之前有明显的提升。尤其是在安文思、李明及杜赫德的作品中,他们对于中国法的记述已经达到了非常高的水准,并出现了抽象意义上的分析和总结,中国法形象凸显。与此同时,《书简集》对清代中国"家庭法""社会法"以及司法案件的记述,从微观具体的角度也对西方对于中国法的看法产生很大影响。

这些作品在当时影响很大。例如,1745 年有位叫做奥斯波涅的人,在他编辑的《航海与旅行丛书》涉及中国法形象的分析中,几乎完全照抄了李明在《报道》中的分析和论证。② 对于神父们的作品,美国学者孟德卫对其特征和意义有较为公允的总结。他指出:

> 对于 17 世纪欧洲人了解有关中国的信息,起决定作用的最重要的资料是耶稣会传教士出版的著作。这些著作内容极为丰富,字里行间透露着对中国人和中国文化总体上较有好感的态度。当然,随着时间的推移,这些著作在回应对耶稣会适应政策的攻击时,其辩护和争辩的味道变得越来越浓。③

于是我们看到,这些神学家们通过自己在中国的观察,在中国法中找到了世俗伦理以及按照世俗伦理行事的"哲学王"。对此,法国学者波维尔(Poivre)在《一位哲学家的旅行》中说道:"如果这个帝国的法律成为所有人民的法律,那么整个地球将出现像中国这样令人陶醉的局面。"④

然而,神学家在中国法中的这些发现使他们走向了基督神学的反面,他们在某种意义上从基督的"圣徒"变为基督的"叛徒"。⑤ 中国法所蕴含的世俗伦理意味着没有上帝、没有教会,人们依据世俗的统治同样可以获得美德,实现伦理。对此,英国学者艾兹赫德指出:"通过耶稣会士的褒扬,中国从道德上对欧洲产生了影响,一旦认为中国不接受启示宗教,就会导致得出

---

①　〔法〕雅克·布罗斯:《发现中国》,第 65 页。

②　参见〔西〕艾斯加兰蒂:《中华帝国概述》,第 265~283 页。

③　〔美〕孟德卫:《奇异的国度:耶稣会适应政策及汉学的起源》,第 393 页。

④　阎宗临:《杜赫德的著作及其研究》,第 53 页。

⑤　参见周宁:《天朝遥远:西方的中国形象研究》,上册,第 109 页。

这样的结论：真正的宗教和良好的道德没有必然的联系。"①毕诺也指出：
"神的启示对于得到中国人引以为荣的伦理法则并不是必须的，其他宗教也
能得到它。"②

对基督教会而言，更为严重的是在世俗伦理盛行的中国，世俗统治者在
"基督的福音"之外，不仅可以实现统治，而且实现了西方长久渴望的那种
"哲学王"的统治。18 世纪初，法学学者希鲁埃(M. de Silhouette) 甚至说：
"中国的这类作品使我们对自然法则的认识要比现代法学家们给我们的认
识好得多。"③至此，基督教神学所宣扬的"神启的美德"和"美好的天国"不
再是人们唯一的选择，这些理想在尘世的东方已经实现。对此，阎宗临先生
指出：

> 与杜赫德相反，对于哲学家来说，中国之所以是一个人间乐园，恰
> 恰是因为它不是基督教式的国度，因此，耶稣会士们所描写的中国的赞
> 赏者们的精神境界，与它的描写者们的精神境界是迥然不同的。④

此外，神父们通过对中国历史的研究，他们发现中国历史与希伯来《圣
经》的某些记录对不上。如前述卫匡国神父在 1658 年的《中国上古史》中把
中国历史中伏羲统治的时间定为耶稣诞生前 2952 年，而《圣经》中全球大洪
水的时间发生在公元前 2348 年，且《圣经》记载大洪水后只有 8 个人活了下
来，而伏羲后中国的历史是未中断的。这些明显与《圣经》的记载存在矛
盾。⑤ 对此，有论者指出："他是中国古老文明的最热情的捍卫者之一，他具
有向被《圣经》肯定下来的记载进攻的勇气。"⑥李明在《报道》中也说道：

> 中国人在世界上是一个十分古老的民族，正如我们几乎无从找到
> 那些巨大的河流的源头一样，中国人的起源也是难以发现的。为此，必
> 须追溯到比我们全部世俗历史更为遥远的年代。甚至拉丁文《圣经》为
> 我们划分的时间，对于验证他们的年表也是不够长的。⑦

---

① 〔英〕S. A. M. 艾兹赫德：《世界历史中的中国》，第 334 页。
② 〔法〕维吉尔·毕诺：《中国对法国哲学思想形成的影响》，第 494 页。
③ 转引自阎宗临：《杜赫德的著作及其研究》，第 73~74 页。
④ 阎宗临：《杜赫德的著作及其研究》，第 67 页。
⑤ 参见李文潮：《莱布尼茨与欧洲对中国历史纪年的争论》，载张西平主编：《莱布尼茨思想中
的中国元素》，第 149~152 页。
⑥ 阎宗临：《杜赫德的著作及其研究》，第 35 页。
⑦ 〔法〕李明：《中国近事报道(1687—1692) 》，第 119 页。

受其影响,17世纪法国思想家帕斯卡(Pascal)发出了"摩西(犹太教的先知者)和中国哪一个更可信"的疑问。①

因此,上述神学家在中国法中的发现,已经远远超过了基督神学的范畴,而且表现出颠覆基督神学的内容。于是我们惊奇地发现,反对基督教神权的开路先锋不是启蒙思想家,而是怀揣基督教理想,试图将基督教在遥远东方发扬光大的传教士。他们本想通过宣扬中国法,一方面赢得中国朝廷的认同,方便传教;另一方面,也希望罗马教廷从中国看到其对于世俗王权规训所能扮演的角色,为天主教在新教冲击下找到新的出路。

然而,令人感到吊诡的是,原本意欲捍卫基督的他们,通过中国法却为之后那些试图颠覆基督神权的启蒙思想家贩运了武器。对此,法学学者雅克·布罗斯指出:

> 事实上,那里从未仅从中国本身去研究它,当时所获得的中国形象都被他们所面对欧洲特有的问题所主宰、限制和歪曲。耶稣会士们所说的中国仅仅被那些对现状不满的人当作一种借口,中国被他们用来批评当时社会,最终不是使中国基督教化,而是耶稣会士们在不自觉地使欧洲非基督教化。②

至于上述这种偏差的生成逻辑,法国学者毕诺有过分析。他认为"前往中国的任何传教士,事实上都未曾抱有这样的意图",即"对这个遥远国家进行研究,以便证明或否认他们自己的传统伦理观念"。相反,神学家们却想把他们的基督教伦理介绍给中国,"使之成为世界性的普遍真理"。至于政治,神父们更是没有改变的想法,因为"无论是属于非常虔诚的基督教国王(法国国王)还是葡萄牙国王陛下的臣民,政治都是君主的事情"。然而,他们在中国的记述中也不会全然拒绝"在中国发现其田园的肥沃、居民的富裕以及他们城市数目之多、规模之大和富裕的程度"这方面的内容。于是,神学家们需要对这些发现的事实进行解释,即与法国、葡萄牙等欧洲君主国相类似的中国为何能够"产生神奇的效果"。因此,中国法及其背后的独特性就成为他们回答此疑问自然而然的结果。③

当然,除了上述这些西方利用中国法作为"武器",反思、批判自身的影

---

① 参见阎宗临:《杜赫德的著作及其研究》,第35页。
② 〔法〕雅克·布洛斯:《从西方发现中国到中西文化的首次碰撞》,载〔法〕谢和耐、戴密微等:《明清间耶稣会士入华与中西汇通》,第25页。
③ 参见〔法〕维吉尔·毕诺:《中国对法国哲学思想形成的影响》,第426页。

响之外，18世纪中叶以后也存在与之相对立的情况。例如，孟德斯鸠就利用上述《书简集》中神父们对于"苏努案"的记述，证明中国是一个用棍棒治理的国家，并在《论法的精神》一书中，用雍正帝惩罚皈依天主教的苏努家族之事，证明中国的专制性。[①]

之所以产生这样相互矛盾的影响，很大程度上是由于"耶稣会士说了中国的好话，但也说了中国的坏话"[②]。对此，阎宗临先生也通过研究《书简集》发现："在巴多明的所有信件中，雍正都被看做是尼禄的同类。他残忍到不放过这个家族的一个孩子，连哺乳的婴儿也要戴锁。"[③]巴多明神父甚至在给当时法国学者麦郎（Mairan）的信中提醒道："欧洲人应该阅读大量这些典籍（耶稣会士作品——引者注）以外的中国书籍，以免上当受骗。"[④]

总之，在传教士记述的中国法中，既有之前马可·波罗时代和伊比利亚航海时代那种正面的赞美，同时也出现了对于中国法的一些负面的批评。中国法在此时对于西方来说，仍旧承担着"二阶观察"的角色。一种开放的、谦逊的、反思的甚至是怀疑的态度与之相伴。发现中国法、了解中国法仍是这一时期西方对中国法的基本态度。

与此同时，这些耶稣会士的辛勤的工作和天职般的努力，在不经意间为之后18世纪欧洲启蒙时代的思想家将目光聚焦在中国打下基础。"传教士的著作是18世纪研究中国的唯一资料，没有一个研究中国的学者不以传教士的著作为依据。"[⑤]两个不同的时代，通过神父们的记述连接了起来。对此，英国学者赫德逊总结道：

> 因为当时欧洲人真正深入到中国内地的只有传教士，他们熟悉中国的文学和思想，他们不仅促进了中国人对欧洲宗教和学术的注意，并且更由于他们的著述和中文的翻译，使欧洲人熟悉了他们所力图使之皈化的那个帝国的哲学。[⑥]

法国学者叶理世夫（D. Elisseeff-Poisle）说道："传教士们忘记了一个无神论的和高度文明的中国会对基督教造成多大威胁！那些不信教的思想家们从

---

① 参见郑朝红：《文化交流中的异变：清朝苏努家族案的欧洲之旅》，《河北学刊》2019年第2期。

② 阎宗临：《杜赫德的著作及其研究》，第56页。

③ 阎宗临：《杜赫德的著作及其研究》，第55页。

④ 参见阎宗临：《杜赫德的著作及其研究》，第56页。

⑤ 许明龙：《欧洲18世纪"中国热"》，第77页。

⑥ 参见〔英〕G. F. 赫德逊：《欧洲与中国》，第246页。

中发现了一些新思想的萌芽,这种新思想又会导致一个现代社会的产生和无情地鞭笞旧社会。"①中国学者阎宗临先生也指出:

> 一方面,耶稣会士是封建统治的卫护者,他们的著作,给资产阶级的扩张提供了十分有用的资料。在另一方面,通过他们对中国的介绍,欧洲的进步人士也得到一种新的知识,他们视中国为理性的象征,中国既不是基督教的国家,又没有受希腊罗马的影响,但中国却有光辉灿烂的文化,这对反封建与反宗教是最有力的支持。②

---

① 〔法〕叶理世夫:《法国是如何发现中国的》,载〔法〕谢和耐、戴密微等:《明清间耶稣会士入华与中西汇通》,第 57 页。

② 阎宗临:《十七、十八世纪中国与欧洲的关系》,第 499 页。

第六章　启蒙时代西方对中国法的
推崇与升华

严格说来,中国法被发现大致开始于 16 世纪。这源于两种迥然不同的精神。一条是 16 世纪大航海时代所激发的唯利是图的商业精神,另一条则是企图向全人类传播福音的宗教精神。在这两条精神线的指引下,18 世纪初的启蒙思想家们开始品味和利用这些来自东方的资源。[①] 对此,英国学者艾兹赫德指出:"启蒙时代的中国是世界中的世界,这为她对世界上其他国家产生的影响提供了最理想的条件。世界历史上任何一个时期都没有像启蒙时期这样,使得中国的商业贸易相对而言如此重要,世界知识界对中国的兴趣如此之大,中国形象在整个世界上如此有影响。"[②]

此外,受到 17 世纪笛卡尔、牛顿以降"科学革命"的影响,人的重要性地位被凸显出来。借由理性人不仅可以思索出整个自然体系的运行,而且也可以把这份理性用于人类生活,让它得到脱胎换骨的改善。于是,到了 18 世纪一场旨在发挥理性,将它运用在政府、道德观念、神学以及社会改造之上的启蒙运动在欧洲席卷开来。

18 世纪的欧洲,无论君主政治,还是贵族政治,皆积弊如山,腐败万分。前者以法国为代表,后者以德国为代表。实际上,启蒙时代西方对中国法关注的思想家也主要来自这两个国家。对此,方豪神父在其巨著《中西交通史》中概括道:

> 18 世纪,欧洲有所谓"启蒙运动",故被称为"理性时代""哲学时代",尊重理性,尊重自由,于是而产生反宗教运动。此一运动之来源,中国实多于希腊。但法国大主教费内隆(Fénelon)则崇拜希腊文化,而

---

① 当然,这种思潮实际上在 17 世纪已经存在。如 1658 年卫匡国的《中国史》发表后,法国的思想家帕斯卡就说道:"中国是黑暗的,但也有可找到的光明,请探寻它吧!"阎宗临:《杜赫德的著作及其研究》,第 32 页。

② 〔英〕S. A. M. 艾兹赫德:《世界历史中的中国》,第 275~276 页。

有"欧洲孔明"之称之魁斯奈（Quesnay），则以为希腊哲学远不如中国。并有人主张希腊宗教实受中国影响。

　　介绍中国思想至欧洲者，原为耶稣会士，本在说明彼等发现一最易接受"福音"之园地，以鼓励教士前来中国，并为劝导教徒多为中国教会捐款。不意儒家经书中原理，竟为欧洲哲学家取为反对教会之资料。而若辈所介绍之中国康熙年间之安定局面，使同时期欧洲动荡之政局，相形之下，大见逊色；欧洲人竟以为中国人乃一纯粹有德性之民族，中国成为若辈理想国家，孔子成为欧洲思想界之偶像。①

当然，中国之所以能够成为欧洲思想家们关注的重点，按照赫德逊的说法是因为此时的中华帝国"不仅是在一个主权国家治理之下，而且是在一个统一的法律制度之下"②。

一、德国思想家眼中的中国法

（一）莱布尼茨

德国人哥特弗里德·威廉·莱布尼茨（Gottfried Wilhelm Leibniz，1646～1716）是 17、18 世纪之交德国最重要的数学家、物理学家、法学家和哲学家，同时也是欧洲启蒙时代对中国文化倾注了最大兴趣和花费最多精力的人。③ 艾田蒲曾说："在 1700 年前后关注中国的人之中，莱布尼茨无疑是最了解实情，最公平合理的一个，他的著作也是唯一一部我们今天还可以阅读的著作。"④

1. 中国法信息的来源

作为与来华耶稣会士同时代的哲学家，莱布尼茨与前述诸多的在华传教士如闵明我、李明、基歇尔、白晋等人，都有着密切的来往。甚至有论者认为，法籍耶稣会士被派往中国，也与他的极力促成有关。⑤ 与之相应的是，他对于 17、18 世纪耶稣会在华传教事业评价极高："我认为这一传教事业无论对于天主的荣耀来说……还是对于人类的普遍幸福以及科学与艺术的发展

---

① 方豪：《中西交通史》，下册，第 886 页。
② 〔英〕G. F. 赫德逊：《欧洲与中国》，第 285 页。
③ 据德国学者顾彬（Kubin）考证，莱布尼茨一生都在和从中国回到欧洲的耶稣会士进行交流，其关于中国的对话书信差不多有 2000 多封。参见〔德〕顾彬：《德国与中国：历史中的相遇》，李雪涛、张欣编，广西师范大学出版社 2015 年版，第 74 页。
④ 〔法〕艾田蒲：《中国之欧洲：从罗马帝国到莱布尼茨》，上卷，第 278 页。
⑤ 有关莱布尼茨与中国文化联系过程中的主要事件，参见忻剑飞：《世界的中国观——近二千年来世界对中国的认识史纲》，第 149～151 页。

来说,无论是在我们西方还是在中国,都是当前最重大的事件。"①

莱布尼茨对于中国的关注是从20岁开始的,1666年他在《论组合的艺术》(De Arte Combinatoria)一文中就首次提到了中国。② 他了解中国的渠道大致有三:③一是耶稣会士撰写的书籍,如利玛窦、卫匡国、基歇尔、柏应理、李明等人的作品;二是与苏霖、安多、利国安(Giovanni Lauréati,1666~1727)、洪若翰和刘应等众多耶稣会士,尤其是与白晋之间的通信;三是中国儒家经典的拉丁文译本以及"中国礼仪之争"中产生的一系列关于中国的文章、法令和文件。④ 例如,有论者指出,莱布尼茨几乎认识所有在1672年之前就与在华修会有联系的、知名的耶稣会士。⑤

1689年他在罗马遇到了正要启程回中国的闵明我。⑥ 闵明我对于康熙帝的描述引发了莱布尼茨的极大兴趣。为了能进一步了解情况,莱布尼茨在接下来几年里与洪若翰、刘应、维利乌斯(Antoine Verjus,1632~1706)等在华耶稣会士频繁通信,后来他还通过维利乌斯与白晋成为通信伙伴。⑦ 据考,1697年,莱布尼茨出版的《中国近事》的主要依据是:

> 斯比塞尔(Theophil Spizelius)所作的《中国文史评析》(De re litteraria Sinensium commentarius)(1660)、基歇尔的《中国图志》(1667),和由耶稣会士殷铎泽、恩理格、鲁日满和柏应理(巴黎,1687)所作的《中国人的哲学家孔子》,以及由柏林修道院院长穆勒(Andreas Müller)当时计划要出版的《中国的钥匙》(Clavis Sinica)。⑧

① 转引自〔法〕伊夫斯·德·博西耶尔夫人:《耶稣会士张诚——路易十四派往中国的五位数学家之一》,"序言",第1页。

② 〔美〕方岚生:《互照:莱布尼茨与中国》,曾小五译,北京大学出版社2013年版,第126页。

③ 关于莱布尼茨了解中国的各种通信和细节,可以参照李文潮先生以莱布尼茨1666年首次提及中国到1716年11月4日去世为止编辑的《编年表:莱布尼茨与中国》。参见李文潮:《编年表:莱布尼茨与中国》,载〔德〕莱布尼茨:《中国近事——为了照亮我们这个时代的历史》,第158~231页。

④ 参见朱雁冰:《莱布尼茨在中国精神之旅的中途》,载朱雁冰:《耶稣会与明清之际中西文化交流》,浙江大学出版社2014年版,第150~151页;许明龙:《欧洲18世纪"中国热"》,第205~206页。

⑤ 参见〔德〕柯兰霓:《耶稣会士白晋的生平与著作》,第35页。

⑥ 关于莱布尼茨与闵明我的交往,参见李文潮:《莱布尼茨〈中国近事〉的历史与意义》,载〔德〕莱布尼茨:《中国近事——为了照亮我们这个时代的历史》,第116~136页。

⑦ 莱布尼茨曾寄赠维利乌斯几本《中国近事》,后者将其中一本转赠给了白晋。后来,回到欧洲的白晋于1697年10月18日将其所写的《康熙皇帝》和一封信寄给了莱布尼茨。同年12月2日,莱布尼茨在回信中请求白晋同意他将康熙皇帝的画像收入《中国近事》的第2版(1699年)中,并获得同意。参见〔德〕柯兰霓:《耶稣会士白晋的生平与著作》,第35~36页。

⑧ 〔德〕柯兰霓:《耶稣会士白晋的生平与著作》,第35页。

　　与白晋的通信使莱布尼茨认识到:"中国典籍里隐含着一种与基督教统一的自然神学,因此值得欧洲人尊敬。"①1701 年至 1703 年他与白晋之间的通信中断了。中断通信或许是因为白晋在康熙帝朝廷中,忙于工作,无暇回信;或许是因为当时"中国礼仪之争"正处于白热化阶段,与新教徒莱布尼茨的通信会给白晋乃至耶稣会带来麻烦。② 之后,莱布尼茨于 1705 年又开始撰写《演讲稿》(Discourse),其目的是"将基督宗教的酒灌入儒家的瓶子里",但这部作品后来并未完成。③

2.《中国近事》对中国法形象的建构

　　莱布尼茨的《中国近事》有 1697 年和 1699 年两个版本。1697 年的版本主要由"莱布尼茨的序言"和"六个附件"构成。"六个附件"分别是:(1)《苏霖神父关于 1692 年"容教诏令"的报告》;(2)《有关现任中国皇帝学习欧洲科学的情况》;(3)《闵明我神父从印度果阿写给莱布尼茨的信》;(4)《安多神父写自北京的信(1695 年 11 月 12 日)》;(5)《1693～1695 年俄罗斯使团访问中国的沿途见闻》;(6)张诚神父写自尼布楚的信(节选)。1699 年的版本又在 1697 年版本的基础上,收入了白晋撰写的《康熙皇帝》。④ 至于莱布尼茨撰写《中国近事》的原因,有论者认为"是唤起并推动欧洲北部国家的新教教会的传教活动"。⑤

　　总体而言,莱布尼茨对于中国的关怀经历了一个由科学技术到伦理道德的转变,如其在去世前一年即 1715 年 4 月 1 日写给法国摄政顾问德雷蒙的长信中明确指出,中国的道德政治才是中国文化最有价值的部分。他写道:"中国是一个大国,其幅员不逊于文明的欧洲,其居民和优良的政治制度甚至还超过欧洲。中国也有一种在一些方面值得惊叹的公共道德,它从属于一种哲学学说,或者更正确地说,它从属于一种自然神学,后者因其古老

---

　　① 〔德〕柯兰霓:《耶稣会士白晋的生平与著作》,第 44 页。

　　② 参见〔德〕柯兰霓:《耶稣会士白晋的生平与著作》,第 43～44 页。

　　③ 手稿原件题目为《莱布尼茨的信:论中国人》(Lettre de Mr. Leibniz touchant les Chinois),现存于德国汉诺威的下萨克森州立图书馆中。参见〔德〕柯兰霓:《耶稣会士白晋的生平与著作》,第 44 页。

　　④ 参见〔德〕莱布尼茨:《中国近事——为了照亮我们这个时代的历史》,第 1～2 页(1699 年拉丁文本第 2 版出版说明)。

　　⑤ "从传教史的角度看,由于礼仪之争的缘故,耶稣会在中国的传教活动已经达到了极限,新教的传教活动将是对天主教活动的补充甚或取代;从政治的角度看,北欧国家的传教活动将是对法国影响的一种对抗与均衡;从宗教神学的角度看,莱布尼茨认为罗马天主教所传播的是充满迷信的堕落了的教义,而新教才是经过清洗的纯真的基督学说;在传教手段上,莱布尼茨认为耶稣会在中国能够成功的主要原因是借用欧洲科学,而在这一点上新教优于天主教。关于新教传教活动的主力军,莱布尼茨认为应该是英国、荷兰、普鲁士,当然还有当时正在筹建的布兰德堡科学院。"参见李文潮:《莱布尼茨〈中国近事〉的历史与意义》,第 143 页。

而受到尊重。"①

　　莱布尼茨之所以对启蒙时代的西方具有意义，关键就在于他"是欧洲第一个将中国知识、哲学和历史跟欧洲的历史与哲学联系起来的思想家"②。他提议融合中国和欧洲的文明来改造世界。如他在 1697 年《中国近事》"致读者"的开篇就说道：

　　　　人类最伟大的文明与最高雅的文化今天终于汇集在了我们大陆的两端，即欧洲和位于地球另一端的——如同"东方欧洲"的"Tschina"。我认为这是命运之神独一无二的决定。也许天意注定如此安排，其目的就是当这两个文明程度最高和相隔最远的民族携起手来的时候，也会把它们两者之间的所有民族都带入一种更合乎理性的生活。③

　　尽管莱布尼茨通过对比中国和欧洲认为，欧洲在"理论科学"和"战争艺术"方面优于中国，在"手工技能"方面与中国不相上下，但却承认中国在"实践哲学"方面，即"在人类生活及日常风俗和伦理道德和政治学说方面"，是远胜欧洲的。④ 因此，他试图依靠中国"实践哲学"的优点去解决欧洲尤其是德国当时所遇到的问题。正如他自己所说的"通过中国我们可以改善自身，可以让我们的生活更好"⑤。他甚至还极力动员欧洲应当主动邀请中国人赴欧布道：

　　　　不管怎样，我觉得鉴于我们目前面对的空前的道德没落状况，似乎有必要请中国的传教士到欧洲给我们传授如何应用与实践自然神学，就像我们的传教士向他们教授启示神学一样。因此我相信，若不是我们借一个超人的伟大圣德，亦即基督宗教给我们的神圣馈赠而胜过他们，如果推举一位智者来评判哪个民族最杰出，而不是评判哪个女神最美貌，那么他将会把金苹果判给中国人。⑥

----

　　① 〔德〕莱布尼茨：《论中国哲学——致德雷蒙先生的信》，朱雁冰译，载朱雁冰：《耶稣会与明清之际中西文化交流》，浙江大学出版社 2014 年版，第 266 页。
　　② 〔德〕顾彬：《德国与中国：历史中的相遇》，第 79 页。
　　③ 〔德〕莱布尼茨：《中国近事——为了照亮我们这个时代的历史》，"莱布尼茨致读者"，第 1 页。
　　④ 参见〔德〕莱布尼茨：《中国近事——为了照亮我们这个时代的历史》，"莱布尼茨致读者"，第 1~2 页。
　　⑤ 转引自〔德〕顾彬：《德国与中国：历史中的相遇》，第 80 页。
　　⑥ 〔德〕莱布尼茨：《中国近事——为了照亮我们这个时代的历史》，"莱布尼茨致读者"，第 6 页。

　　当时的欧洲,德国邦国林立、四分五裂,法国在路易十四的带领下以无可阻挡的军事力量继续"骚扰"着欧洲,但是这在莱布尼茨看来是不明智的。他认为,任何人都不可能以武力征服欧洲,"试图以武力征服文明、好战、同时也热爱自由的民族——欧洲大多数民族都是这样的——这不仅仅是大逆不道,而且还是异想天开";相反,他认为,现在的欧洲应该停止这种相互的谋害,全欧洲应在路易十四的带领下,实现基督教全体教会的统一,进而使"全球最终都信仰基督的宗教的组织事业"。①

　　在这样的背景下,莱布尼茨首先对中国法背后的"伦理道德"和"政治学说"给予了极高的评价,因为它可以使当时的欧洲告别"相互的谋害",维持和平有序的秩序。他说道:

　　　　昔日有谁会相信,地球上还有这样一个民族生存着,它比我们这个自以为在各方面都有教养的民族过着更有道德的公民生活呢?但从我们对中国人的了解加深以后,我们却在他们身上发现了这一点。……的确,我们很难用语言来形容,中国人是如何完美地致力于谋求社会的和平与建立人与人相处的程序,以便人们能够尽可能地减少给对方造成的不适。人类最大的痛苦是由个人以及人与人之间造成的,这是一个不争的事实,"人与人相互为狼"这句话亦是再现实不过了。尽管我们已经面临着如此频繁的自然灾害,人们还是要给自己添加苦难,这特别是我们这里的一件巨大的蠢事,然而全人类亦是如此。

　　　　不管以何种方式,这方式有什么不对,只要有一个民族能找到这些邪恶的解救之道,中国人与其他民族相比无疑取得了更好的方法。②

　　那么,中国能给全欧洲带来的"解救之道"具体又是什么呢? 对此,15岁进入莱比锡大学学习法律,20岁获得法学博士,学习法学出身的莱布尼茨认为礼法秩序使中国社会治理独具成效。他说道:

　　　　中国人如此服从上级,尊敬长者,以至于孩子对父母的关系就像具有某种宗教性一样。对孩子来说,任何图谋反对父母的行为,即使是言语都鲜有听闻。任何触犯者都会为他的行为付出代价,就像欧洲人的

①　参见〔法〕艾田蒲:《中国之欧洲:从罗马帝国到莱布尼茨》,上卷,第273～279页。
②　〔德〕莱布尼茨:《中国近事——为了照亮我们这个时代的历史》,"莱布尼茨致读者",第2页。

杀亲之罪一样受到惩罚。此外,同辈人之间甚或路人之间也都彼此尊重,彼此恪守一定的礼制。在不习惯受规矩约束的欧洲人看来,这些似乎有点低三下四的样子,然而对中国人来说却是通过经常实践而形成的天性,他们很乐于遵守。我们的同胞吃惊地发现,无论是农民还是仆人,当他们必须向朋友们告别或者他们久别重逢时,都会表现得如此彬彬有礼,以至于他们的行为甚至完全可以和欧洲贵族的社交举止相媲美。至于达官文士、显贵阁老之间又如何呢?他们彼此交谈时,几乎没有人出言不逊,故意伤人,也很少有人把仇恨、愤怒或激动之情表露于外。可是在欧洲,人们之间客气而诚恳的交谈很少会长久。随着人们的相互熟识,遵规守礼的言行和谨慎的客气就会被搁置一旁而变得随意起来,随之很快就会引起蔑视、诽谤、愤慨以至敌视。在中国恰恰相反,在邻里甚至家庭成员之间,人们都恪守一定的外在规范习俗,所以他们能一直保持着一种长久的谦恭礼貌。①

以礼治规则为本体的中国法律文明,在他看来能够为当时的欧洲提供解决冲突、保障公共安全、维护社会共同生活的基本准则和法规。他指出:"人们无法用语言来描述:中国人为使自己内部尽量少产生麻烦,对公共安全以及共同生活的准则考虑得何等的周到,较之其他国民的法规要优越得多。"②在这套礼治规则的引导下,虽然人们不可能彻底消除人类生性犯罪的根源,但是却可以缓解人类错误所造成的后果,他们的行为表明在恶性刚刚萌发的时候,有可能部分地得到抑制。正是由于这样一套有效的调整人们行为的规则系统,"肯定无疑的是,中华帝国之大,本身便决定了它的重要性;作为东方最聪明的民族,中华帝国的声望是卓越的,其影响被其他民族视为表率"③。

除了中国的"伦理道德","开明君主制"也是莱布尼茨开给欧洲的"解救之道"。为了实现德国的一统,劝说法王放弃赤裸裸的武力,而采用道德进行欧洲统一化的进程,莱布尼茨还以康熙帝为例,将中国的"开明君主制"④介绍

① 〔德〕莱布尼茨:《中国近事——为了照亮我们这个时代的历史》,"莱布尼茨致读者",第3页。
② 〔德〕莱布尼茨:《〈中国纪事〉序言》,载〔德〕夏瑞春编:《德国思想家论中国》,陈爱政等译,江苏人民出版社1989年版,第5页。
③ 〔德〕莱布尼茨:《中国近事——为了照亮我们这个时代的历史》,"莱布尼茨致读者",第13页。
④ 这里需要说明的是,"开明专制主义"一词迟至19世纪才首次出现在一位德国历史学家的笔下,但作为一种思潮在17世纪的欧洲已经萌发,其常用的表述是"开明君主"或"哲学家国王"。参见许明龙:《欧洲18世纪"中国热"》,第277页。

给西方：

> 　　有谁不对这样一个帝国的君主感到惊讶呢？他的伟大几乎超越了
> 人的可能，他被人们视为人间的上帝，人们对他的旨意奉行无违。尽管
> 如此，他却习惯于如此地培养自身的道德和智慧；位居人极，却认为在
> 遵纪守法、礼贤下士方面超过臣民才是自己的本职。难以理解的是，所
> 有人君中最伟大的、在现世无所不能的统治者，竟对后世在史书中的评
> 价畏敬三分，而且他对史书评价的畏惧远远超过对其他国王、王公大臣
> 的畏惧。因此，他小心翼翼地躲避任何有碍自己在位声誉的行为，以防
> 史官把他不光彩的言行记录入皇家秘密的档案内。
>
> 　　中国的当朝皇帝康熙更是如此。尽管这位几乎是举世无双的君主
> 对欧洲人怀有极大的好感，他还不敢与文武大臣的建议作对，恩准欧洲
> 人合法而公开地传播基督教，直到基督教的神圣性得到确证。①

为此，他还主张欧洲应加强同中国文化的交流，深化对中国思想理解，尽早
劝说中国皇帝康熙皈依基督教，实现"宏图大略"。②

3. "中国礼仪之争"中对罗马教廷的批评

在对待中国宗教、礼仪和文化问题上，莱布尼茨认为应当反对耶稣会士
龙华民神父和方济各会利安当神父诋毁中国礼仪，宗教不宽容的做法。

他对龙华民的《孔子及其教理》(*Traite sur quelques points de la religion des Chinos*)和利安当的《论在华传教的几个重要之点》(*Traites sur quelques points importants de la mission de la Chine*)进行了批判性的研究。③ 他在1700
年《论尊孔的民俗》(*De cultu Confucii civili*，又译为《论尊孔》)一文中就对耶
稣会的"文化适应"传教策略持支持态度，并在"中国礼仪之争"问题上为耶
稣会辩护。④ 例如，他在该文开篇就说道："当我给《中国近事》作序时，我倒
是相信中国文人的尊孔，主要是一种民间的礼俗而不是宗教礼仪。从那时
起，我就开始收到一些反对派也许出于善意发表的著作，对此，我至今尚不

---

　　① 〔德〕莱布尼茨：《中国近事——为了照亮我们这个时代的历史》，"莱布尼茨致读者"，第
3～4页。
　　② 参见〔法〕艾田蒲：《中国之欧洲：从罗马帝国到莱布尼茨》，上卷，第303～311页。
　　③ 参见张铠：《莱布尼茨与利安当》，第100～119页；张铠：《西班牙的汉学研究（1552—
2016）》，第346～358页。
　　④ 参见〔德〕莱布尼茨：《论尊孔的民俗》，张西平译，载张西平主编：《莱布尼茨思想中的中国
元素》，第260～262页。

敢苟同。"①这样的表达在《中国近事》中也有：

> 数年以来，欧洲人以一种值得称赞的献身精神把伟大的天国恩赐传介给中华帝国。特别是耶稣会的努力和功绩是大家有目共睹的，甚至那些敌视耶稣会的人也不得不承认。……中国人对孔子的崇拜似乎并没有任何宗教崇拜的意味。②

甚至他在去世前写给德雷蒙的名为《论中国自然神学》(*Discours sur la Théologie Naturelle des Chinois*，又译为《论中国哲学》）的信中，还全面、系统地对前述龙华民和利安当的文章进行了反驳。③

同时，罗马耶稣会也曾试图借用莱布尼茨的《中国近事》，在"中国礼仪之争"中为自身的立场辩护。应耶稣会长冈萨雷斯的紧急请求，莱布尼茨曾通过意大利托斯卡纳图书馆馆长马利亚贝基寄了一本第 2 版的《中国近事》给他。1709 年"中国礼仪之争"再次爆发后，莱布尼茨还通过科隆耶稣会士德博斯（Des Bosses）把自己一年前写成的《关于中国的礼仪与宗教的几点说明》(*Annotationes de cultu religioneque Sinensium*）转交给了罗马耶稣会总会。④

在"中国礼仪之争"过程中，莱布尼茨一直密切关注，⑤并一再对争论的进展表示失望。如他在 1712 年 9 月 24 日致奥尔班的信中称：铎罗"在北京上演的那一套，放在巴黎或者马德里也同样是无法被接受、被允许的"。他在 1716 年 5 月 20 日致奥尔本的信中称："我始终认为，中国人的祭祖活动以及对其他有贡献的人的崇拜可以被看做是世俗政治性质的，因为有一点是肯定的，这就是他们并不向死者提出任何要求，也不期望得到什么。"他甚至在 1715 年 12 月 24 日致德博斯的信中，希望教皇能够宽容一些，在做决定时温和一些，以后派遣使节前往中国时，能够选派一个没有铎罗那么狂热的人。同时，他在很多场合都在试图说明"尊孔祭祖之类的中国礼仪应是世俗政治一类的活动，因而与基督教中的仪式并不冲突"。⑥

与此同时，他还告诫罗马教廷，尽管"中国皇帝以国法的形式允许基督

---

① 〔德〕莱布尼茨：《论尊孔的民俗》，第 260 页。

② 〔德〕莱布尼茨：《中国近事——为了照亮我们这个时代的历史》，"莱布尼茨致读者"，第 6 页。

③ 参见〔德〕莱布尼茨：《论中国哲学——致德雷蒙先生的信》，第 262～337 页。

④ 参见李文潮：《莱布尼茨〈中国近事〉的历史与意义》，第 148 页。

⑤ 关于莱布尼茨在"中国礼仪之争"中支持耶稣会的原因，参见张西平：《莱布尼茨与"礼仪之争"》，载张西平主编：《莱布尼茨思想中的中国元素》，第 249～252 页。

⑥ 转引自李文潮：《莱布尼茨〈中国近事〉的历史与意义》，第 150～153 页。

教传播",但应"尽力正确地利用这一上帝恩赐的良机",因为"对于基督教的活动中国官方更多的是容忍而不是允许","我们的同胞自身的努力,仅仅促使当地人睁一只眼闭一只眼",因此,应该"更加小心谨慎行事"。① 为此,他在《中国近事》中为罗马教廷提出了最后的忠告:不能把所有的基督教的秘密强加给那些还没有足够准备的心灵,更不能把欧洲信徒的所有礼仪形式强加给那些远离欧洲的基督教徒。② 尽管莱布尼茨的观点和建言,既未得到罗马教廷的承认,也未获得索邦神学院神学家们的认可,但从"中国礼仪之争"最后的结果来看,莱布尼茨或许是正确的。

尽管从时间上看,莱布尼茨所处的时代与前述耶稣会时代是重合的,但笔者之所以将其界定为启蒙时代西方关注中国法的第一个思想家,主要是因为他正式向欧洲倡议要关注中国。甚至与今天仍然流传于西方的"文明冲突论"不同的是,莱布尼茨在启蒙时代之初就告诫欧洲人,如果对中国的文化视而不见,就无法理解其自身所处的时代,如果不能与中国携起手来共同努力,那么人类的幸福与进步也不可能最终实现。于是,中国和欧洲在莱布尼茨那里有了融合的可能,也正是有了这种融合,启蒙运动所宣扬的那种普遍主义(Universalismus)和线性发展才有了存在的前提和可能。

(二) 沃尔夫

在德国,莱布尼茨的思想深刻影响了他的学生克里斯蒂安·沃尔夫(Christian Wolf, 1679~1754)。在莱布尼茨逝世5年以后,沃尔夫在德国哈雷大学作了《关于中国人道德哲学的演讲》(*Oratio de Sinarum Philosophia Practica*)。③ 在这场用拉丁语的演讲中,沃尔夫在其师称赞中国"伦理道德"和"政治学说"的基础上,将中国法中的道德和政治真正连接了起来,将中国的"哲人政治"在欧洲推广开来。对此,美国学者孟德卫评价道:

> 第一个称颂中国的启蒙思想家是德国人克里斯蒂安·沃尔夫。……沃尔夫认为,中国的实用哲学(也就是儒家哲学)包含了一种既有逻辑一致性,又能给个人和社会提供实际利益的理性伦理,沃尔夫和后来的法国启蒙学家都认为,儒学能够建立一种理想的政府形式。④

① 参见〔德〕莱布尼茨:《中国近事——为了照亮我们这个时代的历史》,"莱布尼茨致读者",第7页。
② 参见〔德〕莱布尼茨:《中国近事——为了照亮我们这个时代的历史》,"莱布尼茨致读者",第7页。
③ 参见〔法〕艾田蒲:《中国之欧洲:从罗马帝国到莱布尼茨》,上卷,第318~319页。
④ 〔美〕孟德卫:《1500—1800:中西方的伟大相遇》,江文君、姚菲译,新星出版社2007年版,第170页。

在 1721 年 7 月哈雷大学的演讲中,沃尔夫在一开始就呼吁西方应把中国人治理国家的艺术"作为非凡的东西来把握"①,并欣喜地告诉西方人,他在中国看到了柏拉图式哲人治国理想的现实版:

> 柏拉图有句名言:智者当道的国家,世道必盛,因为帝王就是智者。中国古代帝王本身就是智者,因此,国运兴旺便不足为奇了。
>
> 伏羲是第一个大兴科学,创建国家而受到中国人崇敬的人。神农、黄帝、尧、舜治理国家时都以他为榜样,并不断改进伏羲创建的国家机构,到了夏、商、周,在各位帝王的领导下,不论是朝政还是法都达到了空前的完善。②

是什么原因促使"哲学王"的治国理想在中国而不是西方实现呢? 对此,沃尔夫将原因归结为中国人的哲学符合了"人类理性的自然性"。他说道:"首先要注意的一点是:中国人并不强迫人有所为。他们认为:对于培养道德风尚,至关重要的因素是与人的理性相吻合,他们所做的每一件事情,其根据都在人的自然性中。因此我们就不必感到惊奇,为什么他们做点什么总是一帆风顺。"③中国人正是善于利用这种自然力量,因而才在道德才智方面享有崇高名誉。中国人之所以能做到这一点,是因为"中国人不论面临什么样的情况都以前师为榜样,他们教导后世:只有在达到至高无上的完善时,人才能停下脚步,这就是说,人绝不会停留在任何水平上"④。中国人这种对道德风尚的提倡,使得他们自然地对人性恶的一面竭力避免。

通过观察,沃尔夫发现中国人对道德品质的培养也有一整套方法,即中国人在全国各地设置两种学校,小学以培养心灵低级部分为主要内容,教育 16 岁以下的孩子们养成良好的道德风尚;大学则以培养心灵的高级部分为内容,教育 16 岁以上的成年人如何进行自我管理,帮助君王以合乎道德的方式治国治民。⑤ 于是,"中国人道德之花盛开的黄金时代"就出现了,"中国人所有的活动都以施政贤良为目的,只有这样,每一个生活在这个井井有条的国度中的人才能幸福快乐"⑥。

---

① 〔德〕克里斯蒂安·沃尔弗:《关于中国人道德学的演讲》,载〔德〕夏瑞春编:《德国思想家论中国》,第 29 页。
② 〔德〕克里斯蒂安·沃尔弗:《关于中国人道德学的演讲》,第 29～30 页。
③ 〔德〕克里斯蒂安·沃尔弗:《关于中国人道德学的演讲》,第 33 页。
④ 〔德〕克里斯蒂安·沃尔弗:《关于中国人道德学的演讲》,第 35～36 页。
⑤ 参见〔德〕克里斯蒂安·沃尔弗:《关于中国人道德学的演讲》,第 36～38 页。
⑥ 〔德〕克里斯蒂安·沃尔弗:《关于中国人道德学的演讲》,第 37 页。

更为重要的是,沃尔夫发现中国人对于道德风尚的提倡直接影响了他们的政治统治,因为统治者自身应当具备良好的德行,免沾恶习。对此,他说道:"中国人认为,要想当家长,首先必须行为端正,生活检点;要想入朝参政,首先必须善于治理家政。……因此,帝王对百姓,家长对家庭,父母对儿女总是为人师表,以身作则。这种作法对于那些不能用理性进行统治的人来讲是大有益处的。"①于是我们看到,中国式道德的合理性以及道德与政治的关联在沃尔夫富有哲理性的论证下有机地结合在一起。至此,中国法以"哲学王之治"的样式出现在西方。

如果说沃尔夫1721年在哈雷大学的演讲只是提出了中国是一种"哲学王之治",侧重从学理角度论证中国式道德所具备的合理性;那么,1728年沃尔夫在德国马堡大学所作的题为《哲人王统治下人民的真正幸福》的演讲,则试图将中国这种"哲学王之治"作为一种"乌托邦"的政制设置理想,在整个欧洲实现。

在这篇重要的演讲中,沃尔夫试图论证柏拉图笔下的"哲学王之治"在中国获得了实现。这种政制是优良的,是欧洲人应当学习的。在沃尔夫看来,"哲学王之治"之所以重要是因为"如果哲人是国王,那么社会幸福的目的就实现了"②。哲人之所以重要是因为,较之于一般人而言"哲人应能够对事实存在或可能性进行推理,他不仅能够自己清楚,而且能够向别人解释清楚"③。而所有的这些,在中国最初的三个帝王那里实现了,所以他们的政制是优良的,人民是幸福的。沃尔夫说道:

这就像在中国政府这一例子中所表明的,或者国王成为哲人,或者哲人当了国王,都可以使人民得到幸福。……于是中国皇帝,大帝国的缔造者们拥有优秀的哲学天赋,他们用哲学建立了政府,没有任何可借鉴的先例,没有一个完整公民或哲学体制可以拿来套用。他们在自身聪明才智引导下利用也是所有发明者熟知的归纳原理进行经验总结,从一大堆杂乱无章的现象中理出思路。因为他们已经,并非偶然地,从家庭的组织和行为中归纳出个人修养的道理。又从个人身心修养与行为规范推导到家庭伦理原则,最终在家国同理的原理下,推导出社会政治理念,在一家之长之下,家长就是统治者。我们还可以继续由家及国

① 〔德〕克里斯蒂安·沃尔弗:《关于中国人道德学的演讲》,第41～42页。
② 〔德〕克里斯蒂安·沃尔夫:《哲人王统治下人民的真正幸福》,孙敏译,载王寅生编订:《西方的中国形象》,上册,第364页。
③ 〔德〕克里斯蒂安·沃尔夫:《哲人王统治下人民的真正幸福》,第367页。

的归纳原理来论述公民社会。我们不应该把古代中华帝国的创制想象成仓促草成的,一蹴而就的。他们对这一浩大的工作想前人之未想。首先正其身,端其行,展示人应如何自我调节,自我控制,尤其是对个人行为举止的规范。然后他们想象出家庭的模样,应该是一大家子置于家长领导之下,家长是全家的灵魂。通过这一类比,他们得出结论,需要一个显赫人物统治国家,管理一切社会事务。他们关于国家政治的思考循序渐进,他们根据自己所理解的家庭伦理原则孜孜不倦地努力实践,从中发现自然与社会幽微复杂的道理。他们不断思考不断探索,逐步改进逐步完善,一步步接近自然真理。①

那么,如何才能维系这种优良政制,确保人民幸福呢? 对此,沃尔夫认为:"哲学思考要求假设必须明确,精确地表明在此情况下该如何作为,有了明确的假设,无论是后置的还是前置的都是哲学性的假设,你就可在给定事例中作出明确的判断,哲学在统治事务中必不可少,哲学对于统治本身与建立公众幸福的社会一样是密不可分的。"②而中国历代的编年史以及孔孟等哲学家的著述在沃尔夫看来,就构成了上述"哲学性的假设",因此中国人总能成功地运用哲学指导实践。

当然与前述莱布尼茨的观点相似,在演讲的最后沃尔夫也提到中国实用主义和缺乏理论体系的哲学并非至善至美,相反,欧洲人系统化的哲学则可以弥补中国人的不足,因而他认为"哲学王之治"的完美状态完全可以在欧洲实现。③

二、法国思想家眼中的中国法

如果说上述德国人莱布尼茨和沃尔夫对于中国的赞美主要是为了使当时的欧洲告别"相互的谋害",以中国的"伦理道德"和"政治学说"来维持和平有序秩序的话;那么,这一时期法国的伏尔泰(Voltaire,1694~1778)和弗朗斯瓦·魁奈(François Quesnay,1694~1774)则是从如何使法国避免君主专制统治的角度来赞扬中国法的。

(一) 伏尔泰

按照英国学者赫德逊的说法,18世纪的法国知识界对中国法的了解甚

---

① 〔德〕克里斯蒂安·沃尔夫:《哲人王统治下人民的真正幸福》,第369~371页。
② 〔德〕克里斯蒂安·沃尔夫:《哲人王统治下人民的真正幸福》,第373页。
③ 参见〔德〕克里斯蒂安·沃尔夫:《哲人王统治下人民的真正幸福》,第374~375页。

至超过了对欧洲内部某些地区的了解。① 作为近代欧洲启蒙运动的领袖，伏尔泰集诗人、剧作家、小说家、历史学家、哲学家和自然科学家于一身，引领了 18 世纪欧洲的启蒙时代。然而，就是这样一位百科全书式的人物，却对中国德性主义的法律文化推崇备至，这着实令人玩味。对此，有论者指出："长期以来，伏尔泰在欧美另有一个称呼：'中国迷'乃至'中国狂'。伏尔泰对中国文化具有深刻的同情，对重现世、倡道德的儒家道德赞不绝口，对中国的宽容与法制充满敬意。因此，18 世纪欧洲人心目中的'美好中国'又被称为'伏尔泰之中国'。"②

由于受前述众多耶稣会士著作、书简的影响，伏尔泰虽未到过中国，但对中国文化却十分了解。对此，艾田蒲有过较为全面的介绍：

> 伏尔泰确实如他本人和当时人们所说的，没有"到中国去"过，但他拜访过"二十多个曾游历中国的人"，而且自认为"读过所有谈论这个国家的书"。他专心致志地阅读了这些书籍，同时做了不少笔记。根据他顺笔提到或翔实印证的参考书目，我们看出，他读过金尼阁、基歇尔和李明 3 位神甫的著作；尤其读过杜哈德（杜赫德——引者注）神父那四卷《富有教益而有趣的书信》（《书简集》——引者注），伏尔泰就是从杜哈德那里借到《赵氏孤儿》的；在《富有教益而有趣的书信》里，可以看到那些耶稣会士在遭到巴黎神学院的谴责之后，继续与罗马作斗争，对这部著作，伏尔泰也是很熟悉的；他还读过反耶稣会的多明我会修士纳瓦莱特写的那部著名《论集》；通过当时安托塞塔神甫主持翻译的一些著作，伏尔泰得以阅读了若干儒家道德著作，且不说杜哈德送给他的《大学》《中庸》以及一些概述中国思想的小册子。对于旅行家们，他也是不耻下问，如我论述孟德斯鸠时将参考的安逊《游记》以及朗热的游记，他就读过。③

当伏尔泰 1704 年住读"路易公学"时，他便开始留心中国的事实，他的修辞学老师图尔米纳（Touremine）虽未来华，却深解汉学，给伏尔泰带来许多影响。他与康熙帝所宠幸的白晋常交换信札，因而伏尔泰关于中国的认识有比较正

---

① 参见〔英〕G. F. 赫德逊：《欧洲与中国》，第 287 页。

② 叶潇：《自由中国——伏尔泰、艾田蒲论"中国礼仪之争"》，群言出版社 2007 年版，第 107 页。

③ 〔法〕艾田蒲：《中国之欧洲：西方对中国的仰慕到排斥》，下卷，许钧、钱林森译，广西师范大学出版社 2008 年版，第 150 页。

确的资料。① 之后耶稣会傅圣泽神父也给他带去许多中国的知识。② 有论者统计,伏尔泰论及中国的著作将近 80 种,信件约有 200 余封。③

虽然伏尔泰对于中国法的赞赏最早出现在其 1729 年所作的《哲学通讯》(*Lettres Philosophiques*)中,但较为系统的观点还是记载于 1756 年出版的《风俗论》(*Essai sur les Moeurs*)之中。

为了彰显中国法政之特殊与优良的地位,伏尔泰竟将中国放置在该书第 1 章。对此,艾田蒲评价道:"伏尔泰并不满足于为中国文化的独创性与悠久性辩护,他在《世界史》中还赋予这个国家以更为优越的位置:《风俗论》的第 1 章就是以中国开始的,这无疑意味着世界历史始于中国历史。"④在该章中,作者虽然对中国古代各种技艺和科学进步缓慢提出了批评,但却对中国的"道德和法律"给予了极高的评价,并指出"家国一体"对中国法政秩序的决定性意义:

> 中国人最深刻了解、最精心培育、最致力完善的东西是道德和法律。儿女孝敬父亲是国家的基础。在中国,父权从来没有削弱。儿子要取得所有亲属、朋友和官府的同意才能控告父亲。一省一县的文官被称为父母官,而帝王则是一国的君父。这种思想在人们心中根深蒂固,把这个幅员广大的国家组成一个大家庭。
>
> 正因为全国一家是根本大法,所以在中国比在其他地方更把维护公共利益视为首要责任。因之皇帝和官府始终极其关心修桥铺路,开凿运河,便利农耕和手工制作。⑤

为了证明中国法政制度的优良,伏尔泰还对 18 世纪孟德斯鸠及其之前欧洲一些旅行家、传教士们认为中国是一种"专制制度"的论断进行了批驳。他认为:

> 这些人从表面现象判断一切:看到一些人跪拜,便认为他们是奴隶,而接受人们跪拜的那个人必定是 1.5 亿人生命财产的绝对主宰,他

① 参见〔法〕艾田蒲:《中国之欧洲:西方对中国的仰慕到排斥》,下卷,第 149 页。
② 参见阎宗临:《中国与法国 18 世纪之文化关系》,载阎守诚编:《传教士与法国早期汉学》,第 112 页。
③ 参见许明龙:《欧洲 18 世纪"中国热"》,第 213 页。
④ 〔法〕艾田蒲:《中国之欧洲:西方对中国的仰慕到排斥》,下卷,第 179 页。
⑤ 〔法〕伏尔泰:《风俗论》,上册,梁守锵译,商务印书馆 1997 年版,第 249 页。

一人的旨意便是法律。可实际情况并非如此,而这正是我们将要讨论的。这里我们只须指出:在帝国最早时代,便允许人们在皇宫中一张长桌上写下他们认为朝政中应受谴责之事,这个规定在公元前 2 世纪汉文帝时已经实行;在和平时期,官府的意见从来都具有法律的力量。这一重要事实推翻了[孟德斯鸠]《论法的精神》中对世界上这个最古老的国家提出的笼统含混的责难。

跟其他地方一样,中国也存在各种不良行为,但这些行为肯定会因法律的约束而更有所抑制,因为他们的法律始终如一。《海军上将安森回忆录》的博学作者因广州小民曾经想方设法欺骗英国人,便鄙视和讽刺中国人。但是,难道可以根据边境群氓的行为来评价一个伟大民族的政府吗?假如中国人在我们沿海遇到船难,根据当时欧洲国家的法律可以没收沉船的财货,而按照习惯又允许杀死货主,那么中国人又将怎样评论我们呢?①

对于孟德斯鸠指控中国是"专制主义",伏尔泰在《关于〈犯罪与刑法学〉一书的评论》中写道:

《论法的精神》的作者曾在其著作中撒下了无数美妙的真理,但在证明他提出的原理,即含混的荣誉感是君主专制的基础,道德是共和国的基础的时候,却大错特错了,他在谈及中国人时指出:我不知道在一群受棍棒驱使的民众间有什么荣誉感可言。当然,在中国用棍棒驱赶群氓,对无耻的流氓、无赖动以棍棒,这并不说明中国不是由一些互相监督的司法部门统治的,也并不说明这不是一种极好的统治方式。②

伏尔泰甚至为"雍正二年(1724)禁教令"的颁布给出了"辩护",他认为这一结果完全是天主教徒之间的不和所致。他说道:

我们知道正是在此时,争吵使不同教派的传教士互相敌视,结果是致使基督教在东京被清除;继而在中国又出现了更激烈的争吵,惹得所有的法律机关对前来传播其宗教,而自己又争吵不休的教士们产生了不满,最后,人们得知,在广州有荷兰人、瑞典人、丹麦人和英国人,虽同

---

① 〔法〕伏尔泰:《风俗论》,上册,第 249～250 页。
② 转引自〔法〕艾田蒲:《中国之欧洲:西方对中国的仰慕到排斥》,下卷,第 157～158 页。

是基督徒,但他们却并不信仰澳门基督徒所信仰的宗教。①

对此,他还用一则小笑话对天主教内部的偏执不团结和中国官员的宽容睿智进行了形象的刻画。他写道:

> 一个耶稣会士遇到一位传教士。他开始吹嘘耶稣会的成功。另一位则可惜没早点到中国来与耶稣会士为敌。两人言语不和扭打起来。中国官员看到了,觉得不成体统,将他们二人关进监狱。手下请示他,问这两个传教士要关多久。官员说:"到他们达成共识为止。"手下回答:"那就是说要关一辈子了。"官员想了想,说:"那就关到他们互相原谅为止。"手下回答:"那还是关一辈子。"中国官员最后说:"那就把他们关到看着像互相原谅了为止吧。"②

相反,伏尔泰认为雍正帝在此"中国礼仪之争"中是"最英明、最宽宏大度"的。他指出:

> 所有这些意见汇集到一起,使礼部决定禁止基督教活动,并于1724年1月10日发出正式禁令,但没有采取任何侮辱性行为,没有给予严厉惩罚,也没有一个冒犯传教士的字眼儿;禁令甚至请求皇帝留用那些在数学方面有用的传教士。皇帝批准了禁令,下诏令将传教士遣送澳门,由一位官员陪同,沿路照顾,保证他们不受任何侮辱。这是诏书的原话。③

对于上述伏尔泰赞美雍正帝,批评罗马教廷的观点,法国学者评论道:"在伏尔泰的心目中,雍正的主要品质是宽容。这种对中国皇帝的赞扬是出乎意料的,因为正是雍正迫害基督教并驱逐了传教士。尤其使人感到惊奇的是,这种赞扬竟出自受害人本人之口。……传教士们的争执、他们的贪婪、奢望和思想意识方面的帝国主义倾向实际上对于国家是很危险的,必须采取严格的措施。"④

除了上述论证,伏尔泰还从中国政制设置的角度解释了中国不是一个

---

① 转引自〔法〕艾田蒲:《中国之欧洲:西方对中国的仰慕到排斥》,下卷,第223~224页。
② 转引自叶潇:《自由中国——伏尔泰、艾田蒲论"中国礼仪之争"》,第178页。
③ 转引自〔法〕艾田蒲:《中国之欧洲:西方对中国的仰慕到排斥》,下卷,第224页。
④ 〔法〕伊莎贝尔·微席叶、约翰-路易·微席叶:《入华耶稣会士与中西文化交流》,第91~92页。

专制主义的国家。他指出：

> 一切都由一级从属一级的衙门来裁决，官员必须经过好几次严格的考试才被录用。在中国，这些衙门就是治理一切的机构。……在这种行政制度下，皇帝要实行专断是不可能的。一般法令出自皇帝，但是，由于有那样的政府机构，皇帝不向精通法律的、选举出来的有识之士咨询是什么也做不成的。人们在皇帝面前必须像敬拜神明一样下跪，对他稍有不敬就要冒犯天颜之罪受到惩处，所有这些，当然都不能说明这是一个专制独裁的政府。独裁政府是这样的：君主可以不遵循一定形式，只凭个人意志，毫无理由地剥夺臣民的财产或生命而不触犯法律。所以如果说曾经有过一个国家，在那里人们的生命、名誉和财产受到法律保护，那就是中华帝国。执行这些法律的机构越多，行政系统也就越不能专断。尽管有时君主可以滥用职权加害于他所不认识的、在法律保护下的大多数百姓。①

在这里，中国政制是一种"绝对的和立宪的政府"："一方面，中国的皇帝，像康熙和他的继承者们，是绝对无上的君主；另一方面，由学者、哲学家和文人领导的执法机构，可说是代表人民的精英。"② 对此，他在《哲学辞典》（ *Dictionnaire Philosophique* ）中说道：

> 他们帝国的宪法是世界上最好的宪法，是唯一完全建立在家长权威上的宪法（家长权威不阻止官员随意打他们的孩子）；是唯一的当地方官卸任的时候，若无老百姓欢送，该官员就得受罚的国家；是唯一的在典章上不止于罚恶，更进行赏善的国家；是唯一能够让其征服者采用其法律的国家，而我们却仍处在曾征服我们的勃艮第人、法朗克人与哥特人的习俗之下。③

中国法政制度为何优良？伏尔泰将原因归结为两点：一是中国法律与道德的紧密结合；二是中国的统治者是"哲学家式"的。对此，他说道：

---

① 〔法〕伏尔泰：《风俗论》，下册，谢戊申、邱公南等译，商务印书馆1997年版，第509～510页。
② 参见阎宗临：《杜赫德的著作及其研究》，第88页。
③ 转引自叶潇：《自由中国——伏尔泰、艾田蒲论"中国礼仪之争"》，第155页。

　　在别的国家,法律用以治罪,而在中国,其作用更大,用以褒奖善行。若是出现一桩罕见的高尚行为,那便会有口皆碑,传及全省。官员必须奏报皇帝,皇帝便给应受褒奖者立牌挂匾。前些时候,一个名叫石桂(译音)的老实巴交的农民拾到旅行者遗失的一个装有金币的钱包,他来到这个旅行者的省份,把钱包交给了知府,不取任何报酬。对此类事知府都必须上报京师大理院,否则要受到革职处分;大理院又必须奏禀皇帝。于是这个农民被赐给五品官,因为朝廷为品德高尚的农民和在农业方面有成绩的人设有官职。应当承认,在我们国家,对这个农夫的表彰,只能是课以更重的军役税,因为人们认为他相当富裕。这种道德,这种守法精神,加上对玉皇大帝的崇拜,形成了中国的宗教——帝王和士人的宗教。皇帝自古以来便是首席大祭司,由他来祭天,祭祀天上的神和地上的神。他可能是全国首屈一指的哲学家,最有权威的预言者;皇帝的御旨几乎从来都是关于道德的指示和圣训。①

中国的法律正是靠这样一些一丝不苟地遵循着儒学思想的"哲学家们"才获得了良好的执行。"一方面,司法在人民中得到很好的贯彻,人民从来不是牺牲品;另一方面,这些文人官员们的脑袋里没有半点盲目迷信。"②
　　在伏尔泰眼中,奉行"仁政德治"的开明君王恰是中国优于西方的关键所在。他在赞美康熙帝的继任者雍正皇帝时,这样写道:

　　耶稣会士和其他的教士们都承认这位皇帝是历代帝王中最贤明、最宽厚的一个。他一贯关心减轻穷人的疾苦,让他们劳动,他严格地遵守法律,抑制僧侣们的野心和诡计,保持国家的和平和富裕,奖励一切有益的技艺,特别是土地的耕作。在他的治下,所有的公共建筑、交通要道和联结这个大帝国各河流的运河都得到了维修,工程宏伟而又省钱。在这方面,只有古罗马人才比得上。③

他甚至用下面讽刺欧洲君主的诗句,来赞美中国的"伟大的国王":

　　伟大的国王,你的诗句与思想如此美好,

---

① 〔法〕伏尔泰:《风俗论》,上册,第250~251页。
② 阎宗临:《杜赫德的著作及其研究》,第89页。
③ 〔法〕伏尔泰:《风俗论》,下册,第516页。

> 请相信我,留在北京吧,永远别来吾邦,
> 黄河岸边有整整一个民族把你敬仰;
> 在帝国之中,你的诗句总是如此美妙;
> 但要当心巴黎会使你的月桂枯黄……
> ……
> 宫廷会想方设法加害于你,
> 以法令诋毁你的诗句与上帝。①

可见,正是由于道德、政治和法律在中国是完美地结合在一起的,因而中国法在伏尔泰那里是超越时空的,是可以让征服者主动学习、借鉴的。对此,他在 1763 年出版《中国孤儿》的献词中说道:

> 这是一个伟大的明证,说明理性和智慧对野蛮和盲目的势力具有天然的优越性;鞑靼已经两次提供了这样的证明:当上世纪初他们征服了这一庞大帝国,又一次降服于被征服的民族,两个民族合为一个民族,同受世界上最古老的法律支配:这是令人注目的现象,本剧的主旨就在于此。②

于是,他号召启蒙时代的欧洲应当全盘学习中国法。他指出:"我们给中国带去了我们神圣的宗教,不过没能成功。作为交换,我们本该采取他们的法律,然而我们似乎不懂得做这类买卖。"③伏尔泰甚至在《路易十四时代》(*Le Siècle de Louis XIV*)中认为,中国关于官僚制的法律或许宣告了欧洲习俗的结束。④

1770 年后,他在生命的最后一段时间多次向普鲁士腓特烈大帝介绍中国,并"以同样的方式,向他境外的朋友不厌其烦地说:只有学习中国人的善行和像他们那样提高农业,你将能看到你们的波尔多的荒地与你们的香槟(champagne),将由你双手的劳动而成为沃土和得到丰饶的收益。鉴于整个广大境土内只通行一种法律,你,我的国人,你不想在你的小国里效仿他们吗?"⑤

---

① 转引自〔法〕艾田蒲:《中国之欧洲:西方对中国的仰慕到排斥》,下卷,第 198~199 页。
② 转引自钱林森:《偏见与智慧的混合——孟德斯鸠的中国文化观》,《南京大学学报(哲学·人文·社会科学)》1996 年第 1 期。
③ 转引自叶潇:《自由中国——伏尔泰、艾田蒲论"中国礼仪之争"》,第 150 页。
④ 参见〔法〕艾田蒲:《中国之欧洲:西方对中国的仰慕到排斥》,下卷,第 198~199 页。
⑤ 〔德〕利奇温:《十八世纪中国与欧洲文化的接触》,朱杰勤译,商务印书馆 1962 年版,第 83~84 页。

综上，可以看出伏尔泰致力于在欧洲创造一个关于中国的传奇，陷入了启蒙运动时代那种绝对主义的哲学思维模式。对此，有论者评价道：

> 他不是实事求是地描绘中国，而是按照他对自己所处时代进行评判的需要来谈论中国。伏尔泰是一位卓越的历史学家，但他在自己这些关于中国的著作里却缺乏批判精神。他怀着幼稚的轻信接受了耶稣会士们的全部似乎对他的论点有用的材料。①

（二）魁奈

作为启蒙运动的旗手，如果说伏尔泰对于中国法的赞美立足于整个西方世界，具有极大情怀的话；那么另一名法国人魁奈则将关注中国的最终落脚点具体放在了法国。② 对此，德国学者利奇温指出：

> 魁奈的热烈自承信仰中国，有一个明确的政治目标。他企图把分崩离析的法国帝制置于一个新而健全（即自然）的基础之上；并且希望这样的自承，在一个崇拜中国时代里得到更大的重视。他的最后决定泄露他所受影响的真实来源，真正的原因也许即在于此。③

1.《中华帝国的专制制度》的知识来源

与 18 世纪法国许多启蒙思想家一样，魁奈希望法国能够自上而下地实行开明专制，避免革命的爆发，因而他也将中国法作为关注的重点。为此，他以极大的热情搜集、整理各种中国资料，并于 1767 年春季起以连载的形式，分四期在重农学派的喉舌刊物《公民日志》（*Ephémérides du citoyen*）上发文。④ 这些文章后被汇集为《中华帝国的专制制度》（*Le Despotisme de la Chine*，另译《中国的专制主义》）一书，⑤集中表达他对于中国法的总结和仰慕。对此，有论者指出："我们阅读这些文章（《中华帝国的专制制度》——

---

① 阎宗临：《杜赫德的著作及其研究》，第 92 页。
② 有关魁奈的生平述略，参见〔美〕刘易斯・A. 马弗里克：《英译本绪论》，载〔法〕弗朗斯瓦・魁奈：《中华帝国的专制制度》，谈敏译，商务印书馆 2018 年版，第 5~12 页。
③ 〔德〕利奇温：《十八世纪中国与欧洲文化的接触》，第 97 页。
④ 参见〔法〕艾田蒲：《中国之欧洲：西方对中国的仰慕到排斥》，下卷，第 240 页。
⑤ 美国学者刘易斯・A. 马弗里克（Lewis A. Maverick）曾编写《中国，欧洲的榜样》一书，分上下部。上部为《17、18 世纪欧洲人所赞扬的中国经济与政体》，下部为《中国的专制》。这里的下部就是魁奈所著《中华帝国的专制制度》的英译本。参见〔法〕艾田蒲：《中国之欧洲：西方对中国的仰慕到排斥》，下卷，第 241 页。

引者注）当然不是为了欣赏它们的优美文笔；在我看来，它们提供了丰富的资料……在重农主义者看来，中国是一个榜样，甚至是一切司法政策，一切合理经济的榜样。"①

《中华帝国的专制制度》除前言外，共分 8 章，分别是："导论""中国的基本法""实在法""租税""关于权力""行政管理""中国统治上的所谓缺点"和"中国的法律同作为繁荣政府的基础的自然原则"。

前述耶稣会士的作品是魁奈关于中国法知识的重要来源。魁奈在《中华帝国的专制制度》开篇就坦言："除了传教士的报告以外，我们几乎没有什么可资依据的东西。"②其中，杜赫德的《中华帝国全志》和李明的《报道》是其作品的主要参考。对于杜赫德作品的引用，他说道："杜阿尔德（杜赫德——引者注）神父曾经专心收集这些报告并将它们编辑成内容相互关联的一个专集。他的这部著作所具有的一般长处为人们所公认。我们研究中华帝国，即以这位作者编辑的史料作为依据；不过，这并不妨碍我们去查考他曾经用过的那些原始资料。"③此外，魁奈还交代了其他一些资料来源：

> 我们还参考了其他论述过中国而被杜阿尔德神父所引用的旅行家的著作，如马可·波罗，埃马纽埃尔·班托④，西班牙多明我会传教士纳瓦莱特⑤，荷兰旅行家们⑥和吉米利·卡莱里⑦，彼得大帝驻中国公使劳

---

① 〔法〕艾田蒲：《中国之欧洲：西方对中国的仰慕到排斥》，下卷，第 242 页。

② 〔法〕弗朗斯瓦·魁奈：《中华帝国的专制制度》，谈敏译，商务印书馆 2018 年版，第 30 页。

③ 〔法〕弗朗斯瓦·魁奈：《中华帝国的专制制度》，第 31 页。

④ 费尔诺·门德兹·班托：《游历记行》（*Peregrinations*），里斯本，1614 年。参见〔法〕弗朗斯瓦·魁奈：《中华帝国的专制制度》，第 31 页，页下注。

⑤ 多明戈·费尔南德兹·纳瓦莱特：《中华帝国历史、政治、伦理及宗教论集》（*Tratados Historicos, Politicos, Ethicos, y Religiosos de la Monarchia de China*），马德里，1676 年；以及《耶稣会在中国与日本的传教史》（*Historia de las missiones de la Compania de Jesus en China y Japon*），阿尔卡拉，1676 年。参见〔法〕弗朗斯瓦·魁奈：《中华帝国的专制制度》，第 31 页，页下注。

⑥ 荷兰旅行家们的著作有约翰·纽霍夫：《觐见中国现任皇帝鞑靼大汗的荷兰东印度公司使节》（*The Embassy of the Dutch East India Campany to the Great Tartarian Cham, the Present Emperor of China*），荷兰文版，阿姆斯特丹，1665 年；英文版，阿姆斯特丹，1668 年，并载入班盖尔顿（Pinkerton）的《航海文集》（*Collection of Voyages*）。该公司第二批和第三批赴华使节的报告，荷兰文版，阿姆斯特丹，1670 年；其英文节译见阿诺尔德斯·蒙塔纽斯和约翰·奥吉尔比合著《中国地图集》（*Atlas Chinensis*），伦敦，1671 年。让·于伊热·兰尚当：《东印度航行记》（*Voyage to the East Indies*），荷兰文版，阿姆斯特丹，1596 年；英文版，1598 年。让·阿尔贝·德·芒代尔斯洛：《东印度之行记述》（*Schreiben von seiner Ost Indischen Reise*），施勒斯维格，1645 年；英文版，1662 年，并见于哈里斯：《航海文集》（*Collection of Voyages*）。参见〔法〕弗朗斯瓦·魁奈：《中华帝国的专制制度》，第 31～32 页，页下注。

⑦ 吉奥·弗朗斯哥·热梅·卡莱里：《环球旅行记》（*Giro del mondo*），那不勒斯，1699～1700 年，共 6 卷。参见〔法〕弗朗斯瓦·魁奈：《中华帝国的专制制度》，第 32 页，页下注。

伦·兰格①,勒让蒂尔②,耶布朗·伊德斯③,安松将军④,以及其他一些人。⑤

至于李明的《报道》,有论者考证它构成了魁奈"大部分资料真正的来源"。⑥ 此外,魁奈《中华帝国的专制制度》的英译本作者刘易斯·A.马弗里克在《英译本绪论》中还指出魁奈主要"剽窃"了鲁斯洛·德·苏尔热(Rousselot de Surgy)在 1763 年至 1765 年编辑出版的一部大型地理杂记集《杂录与奇谈,或亚洲、非洲和南北极地区的自然伦理、民俗与政治的历史概念》(*Mélanges intéressans et curieux, ou abrégé d'histoire naturelle, morale, civile et politique de l'Asie, l'Afrique, l'Amérique, et des terres polaires*)中第 4 卷和第 5 卷关于中国的部分。⑦

2. 中华帝国"合法的"专制

在该书的"前言"部分,魁奈首先区分了两种"专制君主":"权力受到以他们为首的政府制定的各种法律所限制或制约的国王"和残暴专横的独裁专制。他说道:

> 用专制一词来称呼中国政府,是因为中国的君主独掌国家大权。专制君主意指主管者或当权者,因此这个称呼可以用于执行法定绝对权力的统治者,也可以用于篡夺专制权力的统治者,而后者执政不论好坏,其政府都不受基本法则的保护。这样就有合法的专制君主与为所欲为的或不合法的专制君主之分。⑧

---

① 劳伦·兰格、约翰·贝尔:《从俄国圣彼得堡到亚洲各地的航海旅行》(*Travels from St. Petersburg in Russia to Divers Parts of Asia*),伦敦,1764 年,2 卷;法文版,巴黎,1766 年,3 卷。参见〔法〕弗朗斯瓦·魁奈:《中华帝国的专制制度》,第 32 页,页下注。

② 德·拉·巴比尔尼斯·勒让蒂尔:《周游世界新记》(*Nouveau voyage autour du Monde*),内附有关中华帝国的叙述,2 卷,巴黎,1727 年。参见〔法〕弗朗斯瓦·魁奈:《中华帝国的专制制度》,第 32 页,页下注。

③ E.耶布朗·伊德斯:《莫斯科到中国三年陆路旅行记》(*Three Years' Travel from Moscow Overland to China*),第 1 版为荷兰文;英文版,伦敦,1706 年。参见〔法〕弗朗斯瓦·魁奈:《中华帝国的专制制度》,第 32 页,页下注。

④ 乔治·安松:《1740～1744 年环游世界旅行记》(*A Voyage around the World in the Years 1740 to 1744*),由理查德·沃尔特编辑出版,伦敦,1748 年;法文版,日内瓦,1750 年。参见〔法〕弗朗斯瓦·魁奈:《中华帝国的专制制度》,第 32 页,页下注。

⑤ 〔法〕弗朗斯瓦·魁奈:《中华帝国的专制制度》,第 31 页。

⑥ 参见周燕:《传教士与中外文化交流——李明〈中国近事报道〉研究》,第 186～199 页。

⑦ 参见〔美〕刘易斯·A.马弗里克:《英译本绪论》,第 17 页。

⑧ 〔法〕弗朗斯瓦·魁奈:《中华帝国的专制制度》,第 28 页。

他认为中国属于前者,是一种在法律之下"合法的"专制,并以此作为全书的核心论点。对此,他说道:"中国皇帝是专制君主,但这个名词适用于哪种含意呢? 在我看来,好像我们欧洲人常对中国政府怀有一种不好的印象;但是我从有关中国的报告中得出结论,中国的制度系建立于明智和确定不移的法律之上,皇帝执行这些法律,而他自己也审慎地遵守这些法律。"①

为了证明这一论点,他用中国早期几位皇帝的事例,展现了这种"合法的"专制:

> 中国早期的几位帝王都是很好的统治者,他们所制定的法规和所从事的主要活动都无可厚非。人们认为他们通过颁布公平的法规,倡导有用的技艺,专心致力于使他们统治的王国繁荣。……曾经有过擅弄兵权的君王,竟敢诉诸武力来实行独裁专制,结果军队不愿受命被利用来祸国殃民,唯一的办法就是放下武器,背弃那些君王。没有哪个民族比中国人更顺从他们的君主,因为他们受到良好的教育,深知统治者和他的臣民的职责是相互联系着的;他们尤其鄙视那些违反自然法则和败坏道德伦理的人,要知道这些伦理戒律构成了这个国家宗教和悠久而令人赞佩的教育制度的基础。政府不遗余力地进行大规模的普及教育。君民之间形成的神圣和稳固的关系,就是建立在这些庄严的戒律之上。②

同时,他认为中国的这种"合法的"专制是建立在政教合一基础上的,"可以消弭许多纷乱与不和",避免欧洲国家出现的那种"作为臣民的身份不相符合的各种特权"。③

为了具体说明中国"合法的"专制,魁奈分别以尧、舜、禹时期的具体制度设计印证这一点。对于尧帝,他写道:"尧的一生都在为他的臣民谋取福利,从无止境;当他面临谁当其继任人的问题时,他决意排除父爱的情感,只考虑人民的利益。"④对于舜帝,他写道,舜帝对于尧帝的去世十分悲痛,遂即"关门不出,居丧达三年之久",于是"这种亲属服丧三年的居丧之礼,便成为中国的风俗"。⑤ 同时,舜帝还颁发诏书,"允许臣民们在公告栏上写下

① 〔法〕弗朗斯瓦·魁奈:《中华帝国的专制制度》,第28页。
② 〔法〕弗朗斯瓦·魁奈:《中华帝国的专制制度》,第40~41页。
③ 参见〔法〕弗朗斯瓦·魁奈:《中华帝国的专制制度》,第41页。
④ 〔法〕弗朗斯瓦·魁奈:《中华帝国的专制制度》,第42页。
⑤ 参见〔法〕弗朗斯瓦·魁奈:《中华帝国的专制制度》,第42页。

他们所发现的帝王言行中的应受指摘之处"①。对于禹帝，他写道，禹帝"一向认为如果不能为其臣民主持正义，就不配做一个统治者"。于是他"为了让臣民更易于向他表达意见，他下令在宫廷门前安置了一口钟，一只鼓，以及铁制、石制和铅制各一的三块牌子；然后诏示天下，准许所有希望向他进言的人，均可以按照他们想要诉说的事情的性质，敲钟击鼓或使用各种牌子"。②

既然中国的专制制度是一种法律下"合法的"专制，那么中国专制的君王应遵守哪些"法律"呢？对此，魁奈将这里的"法律"分为了"中国的基本法"和"实在法"两大部分。

（1）中国的基本法

就第1部分"中国的基本法"而言，魁奈认为它具体包括"自然法""第一级圣书或正经""第二级经书""中国人的学问""教育""科举""财产所有权""农业"和"依存于农业的商业"。

第一，魁奈指出，作为"中国的基本法"最高层级"自然法"的"天"，不仅是"适用于宇宙万物所有部分的普遍法则"，而且也"用来表示物质的天"，同时还指代具体的人，如一家之主、一国之君。③ 中国人的"天"在一定程度上构成了对君王的限制。他说道：

> 无论茅屋寒舍里的穷人，还是他可以随意废黜的位居宝座的国王，都平等地享有他的公正，并根据他们所犯的罪过而受到相应的惩罚。各种社会灾难都是他的警告，用来唤起人们热爱善德；不过他的仁慈和宽厚要胜于他的严厉；防止他动怒的万全之策就是改邪归正。他被称作天公、老天爷；人们确信，如果他们不是发自内心，不是受到内在情感的激励，单凭表面上的崇拜，根本不可能博得天的同情。④

因此，"以德配天"成为中国统治者实现良好统治，承继"天命"的重要保证。对此，他还用中国雍正帝和李明神父所举的皇帝进行了例证。⑤

由此，中国皇帝对于"自然法"的遵从，可以使其汲取更多统治的正当性资源。对此，魁奈指出："中国政府的基本法是建立在如此无可非议的和如

---

① 〔法〕弗朗斯瓦·魁奈：《中华帝国的专制制度》，第43页。
② 〔法〕弗朗斯瓦·魁奈：《中华帝国的专制制度》，第43页。
③ 参见〔法〕弗朗斯瓦·魁奈：《中华帝国的专制制度》，第56页。
④ 〔法〕弗朗斯瓦·魁奈：《中华帝国的专制制度》，第57页。
⑤ 参见〔法〕弗朗斯瓦·魁奈：《中华帝国的专制制度》，第58～60页。

此受到重视的基础之上；自然法的存在使君王不敢违法作恶，能够保证他合法地行使职权，保证最高权力人物积德行善。结果这个权力对于统治者来说是一个福音，对于臣民来说也是一个受到崇拜的力量。"①

与前述耶稣会士安文思和李明一样，魁奈在"中国的基本法"中的"第一级圣书或正经"中介绍了《易经》《书经》《诗经》《春秋》和《礼记》。在"第二级经书"中介绍了《大学》《中庸》《论语》《孝经》以及1150年朱熹编辑的《小学》。② 在此基础上，他总结道："应当看到，中国人对于道德和政治，根本未加区分；在他们看来，美好生活的艺术也就是良好统治的艺术，两门科学合二为一，彼此相同。"③

第二，为了配合"中国的基本法"在帝国的实现，魁奈指出，对百姓进行定期的教育以及帝国发布官方公报是必不可少的措施。例如，他在书中就援引了一则康熙皇帝1691年对官员和百姓进行教育的敕令：

1. 敦促晚辈克守孝道，力劝他们尊重长辈，以此教育青年人知道他们应该怎样遵奉基本的自然法则。

2. 敦促官吏们在家族内部永远尊崇其祖先，以利于统治的安宁与和谐。

3. 官吏们要使所有的村民团结一致，避免争吵和法律纠纷。

4. 官吏们要高度重视从事耕作和从事栽培桑树的工作，如此则将不乏食用之谷或穿戴之衣。

5. 官吏们要使自己养成节约、俭朴、克制、谦逊的习惯；按照这些习惯方式，每个人才能使他的行为和他所处置的事物符合于正常状况。

6. 官吏们要以各种方式赞助公办学校，以便年轻人在那里受到良好的道德教育。

7. 每个官员都要致力于自己的工作，以此作为安心乐业的可靠办法。

8. 每个官员都要将宗派和邪恶消灭于萌芽之中，为的是维护正确和有效的学说的全部纯洁性。

9. 官吏们要向百姓讲解所制定的各种刑法，以便百姓在履行自己的义务时，不会变得难以对付和不守规矩。

---

① 〔法〕弗朗斯瓦·魁奈：《中华帝国的专制制度》，第93页。
② 参见〔法〕弗朗斯瓦·魁奈：《中华帝国的专制制度》，第62～64页。
③ 〔法〕弗朗斯瓦·魁奈：《中华帝国的专制制度》，第64页。

10. 官吏们要教育每个人透彻地了解各种礼仪和礼貌的规则,目的在于保持社会的良好风俗和温文有礼。

11. 官吏们要时时注意管束好自己的子女和内亲,为的是防止他们陷入腐化堕落和无节制的纵欲。

12. 官吏们切忌诽谤中伤,以避免流言蜚语可能伤害无辜和忠良。

13. 官吏们不得包庇罪犯,以免触犯他们自己所定的刑律。

14. 官吏们要按期交纳所规定的赋税,以免自己受到税收官员的审查和催扰。

15. 官吏们要同地方当局协调行动,以防止各种抢劫事件和罪犯逃脱。

16. 官吏们要忍而不怒,这是使自己免遭各种危险的一个办法。[①]

至于官方公报,这也是一种教育官民,规劝统治者的重要途径。对此,魁奈这样描写道:

> 这个公报刊载历史上的教训,介绍各种各样的例证,以此激励人民尊崇美德,热爱民主,厌恶陋习;它向人民通报各种法令,各种正义行为和政府需要加以警戒的事项。在那里可以看到被解职官吏的名单并附有他们遭此羞辱的原因:一种是过于严厉,一种是太多宽容,再一种是玩忽职守,还有一种是疏于判断。这个公报对于准予支付的款项和必须紧缩的费用等等,也加以报道。它详尽叙述朝廷的判决,各省发生的诸种灾害,以及当地官吏按照皇帝的饬令所采取的各种赈济措施。统治者的经常性和非经常性经费支出的摘要,高级官员们就统治者的所作所为而给予他的规劝,皇帝对其臣属所作的表彰或谴责等,统统包括在公报里面。简而言之,公报忠实、具体和详细地报道了帝国内的一切事务。[②]

在介绍"教育"和"科举"时,魁奈特别强调孔子的地位。他写道:"他被尊为该帝国的第一位教育家和学者;他的著作是如此权威,以致有人曾建议对这些著作稍加修改,竟被视为犯罪而受到惩罚。一经引用他的学说中的一段

---

① 〔法〕弗朗斯瓦·魁奈:《中华帝国的专制制度》,第70~71页。
② 〔法〕弗朗斯瓦·魁奈:《中华帝国的专制制度》,第71~72页。

话,便可消弭一切争论,连最固执的学者也不得不放弃他自己的见解。"①

总之,在"中国的基本法"的限制下,"连皇帝也必须遵守这些法规","法律战胜了暴政"。②

第三,魁奈在"中国的基本法"部分,在参考了前述杜赫德《中华帝国全志》的基础上,还对中国的"财产所有权""农业"和"依存于农业的商业"中的法律有过记载。

对于"财产所有权"方面,他首先强调中国是保护"财产所有权"的。他指出:"在中国,财产所有权是相当安全的。我们以前已经看到,财产的权力甚至被扩大到奴婢或契约佣人,而在整个帝国内,子女都是按照继承权的自然秩序来继承自己父母和亲戚的遗产。"③接着,他又介绍中国婚姻制度中的"一夫一妻制"以及"纳妾"的法律规定:

> 虽然按照法律,一个中国人只能有一个合法的妻子,而且选择妻子还得考虑到在地位和年龄上相互般配,不过也允许有几房妾室。不管怎样,允许纳妾的唯一理由就是他死后不能没有子女后代。这个法律只准许那些妻子已到四十岁而没有子女的男人享有纳妾的自由。④

最后,他对于丈夫纳妾后以及妾生子女的法律地位和财产继承问题也进行了介绍:

> 当丈夫想要娶第二个妻子时,他得支付一笔定金给女子的家人,并立约向他们保证要好好对待她。第二房妻室的地位肯定不如合法妻子,她们必须尊奉合法妻子为家庭的女主人。她们的子女被看作是属于第一个妻子,只有第一个妻子才能享有母亲的名义。这些子女在这种独特的宽容情况下,有权与合法妻子的子女一起成为父亲遗产的继承人。⑤

对于涉及"农业"的法律,魁奈首先对中国农民的赋税征收进行了介绍,并拿西欧进行比较,得出中国农民赋税不高的结论:

---

① 〔法〕弗朗斯瓦·魁奈:《中华帝国的专制制度》,第44页。
② 参见〔法〕弗朗斯瓦·魁奈:《中华帝国的专制制度》,第72页。
③ 〔法〕弗朗斯瓦·魁奈:《中华帝国的专制制度》,第74页。
④ 〔法〕弗朗斯瓦·魁奈:《中华帝国的专制制度》,第74页。
⑤ 〔法〕弗朗斯瓦·魁奈:《中华帝国的专制制度》,第75页。

习惯的做法是地主拿走收成的一半并且缴纳赋税，另一半则留给租地农民以偿付他的耕作费用和作为他的劳动所得。在那里，由于土地不负担教会的什一税，所以农夫的所得部分与这个国家的租地农民的收入完全相等。各省的土地都能得到良好的耕种。①

对于"涉及一些地区的关税和通行税，以及一种人头税形式的对人身征课"的非土地税，魁奈也认为"几乎总是一个固定的数额，而且没有大量的征收费用"。② 其次，他还以法国民法学家让·多玛（Jean Domat，1625～1696）所著《自然秩序中的民法》（*Les Loix civiles dans leur ordre naturel*）中的相关规定为对比，证明"在中国，租地农民的地位高于商人和手工业工人"；同时，以雍正帝为例指出中国皇帝"制定了各种法规，全都有助于树立起尊重农民的观念"。最后，他以尧舜禹为例，介绍了中国统治者"重农"的观念与做法。③

对于"依存于农业的商业"，魁奈进行了相关的介绍和分析。一方面，他认为，中华帝国国内市场发达，但"他们的对外贸易与国家的规模相比，是很有限的"。之所以如此，在他看来是因为"一个纯粹的国内贸易对于那些认为国家为了增加货币财富必须与外国人进行贸易的人来说，似乎是完全不适当的"。④ 魁奈这一解读视角不同于以往从政治或观念角度论说中国不注重对外贸易，值得注意。

另一方面，他强调中国商业活动存在一个致命缺陷，即"缺乏良好的信义：中国人不满足于尽可能地贵卖，他们还制造伪劣商品"⑤。关于这一点，魁奈基本认同来华旅行者们的观察和论断。但是魁奈不同意的是来华旅行家们宣称"在中国进行抢劫和掠夺可以不受到惩罚"的说法。他认为，在中国"公众对最微不足道的罪过都要实行最严厉的惩罚"，来华旅行家们之所以产生上述错误认识，源于"他们肯定把中国人在广州口岸同欧洲人所进行的买卖交易"，"与这个帝国国民之间的贸易活动混淆起来"。

换言之，中华帝国对内部国民之间的贸易是有严格法律规定的，但对于对外贸易却睁一只眼闭一只眼。之所以如此，在魁奈看来"这个政府对国外贸易没有什么兴趣，它容忍那里的欺诈行为是因为它难以惩治那些远离本

① 〔法〕弗朗斯瓦·魁奈：《中华帝国的专制制度》，第76页。
② 参见〔法〕弗朗斯瓦·魁奈：《中华帝国的专制制度》，第121～122页。
③ 参见〔法〕弗朗斯瓦·魁奈：《中华帝国的专制制度》，第76～77页。
④ 参见〔法〕弗朗斯瓦·魁奈：《中华帝国的专制制度》，第78页。
⑤ 〔法〕弗朗斯瓦·魁奈：《中华帝国的专制制度》，第79页。

国达3000里格，一旦卖掉他们的商品便消遁而去的外国商人"。① 当然，魁奈并不认同中国这种对内对外具有差别性的做法。他认为这样的做法对于中华帝国的繁荣"更有害而不是有益"，因此希望中国方面作出改变。对此，他说道："甚至更不能想象这种欺诈现象是发生在像中国这样的一个文明的国度中，在那里贸易方面的良好信誉和诚实、正直一直是令人瞩目的；这是孔子伦理学的只要论题之一，而在这个帝国内，伦理就是法律。"②

（2）中国的实在法

就第2部分"实在法"而论，魁奈首先指出中国法律的特征在于"伦理性"，实在法的目的在于维持"政体的形式"。他写道：

> 中国的法律完全建立在伦理原则的基础上，因为像已经指出的那样，在中国，道德和政治合为一门科学，而且在那个帝国，所有的实在法都是以维持其政体形式作为它们的唯一目的。没有凌驾于这些法律之上的权力，这些法律创立于经典著作之中，而经典著作被认为是神圣不可侵犯的，它们被称作五经亦即五部书。……但是，这些五经圣书并非试图将宗教、帝国的统治与民事的和政治的法律三者分开。所有这三者都受到自然法则的绝对支配，而详细地研究自然法则，正是君主及其所任命来执行具体行政管理事务的学者们的主要目标。这样，在那个帝国的统治中，一切都像它赖以建立的普遍和基本的法则之不可改变一样，是永远稳定和永远开明的。③

其次，魁奈介绍了"实在法"在中国产生的大致过程。他写道："在那个帝国，没有哪项官府的决定，可以未经君主的批准而具有法律效力。君主本人所颁布的各项敕令，如果不是违反习俗或侵犯公共利益，应由总督和各省官员记录在案，并在他们的管辖地区内到处张榜公布，自此以后，这些敕令便成为永远有效和确定不移的法律。但是，在这个帝国内，即使是由皇帝颁布的敕令或法令，也只有在最高审议机构核查注册之后，才能生效。"④

最后，魁奈还指出，在中国保证这种"实在法"能够真正实现的机制是监察机构以及高级官员对于皇帝"直率和勇敢"的劝谏。他写道：

---

① 参见〔法〕弗朗斯瓦·魁奈：《中华帝国的专制制度》，第79～80页。
② 〔法〕弗朗斯瓦·魁奈：《中华帝国的专制制度》，第80页。
③ 〔法〕弗朗斯瓦·魁奈：《中华帝国的专制制度》，第82页。
④ 〔法〕弗朗斯瓦·魁奈：《中华帝国的专制制度》，第84页。

劝谏皇帝的风气,一直受到中国法律的鼓励,监察机构和高级官吏们总是直率和勇敢地进行劝谏。他们真诚而大胆地告诫皇帝:使用权力要有所节制,这是加强而不是削弱他的权力;如果他所颁布的这种或那种法令违反百姓的利益,他应当取消这些法令或者对它们加以修改;在他的亲信中,任何人倚仗他的恩宠来压迫百姓,都应当剥夺其所掌管的权力,并且根据其为非作歹的违法行为予以惩处。①

与此同时,魁奈认为这种劝谏是真实的,其效果是"中国的基本法完全不受皇帝的支配"。他写道:

万一发生这类事情,比如皇帝不听从这些规劝,甚至对那些敢维护公众利益的官吏发泄他的不满,那他将遭到人们的蔑视,而那些仗义执言的官吏却会受到高度赞扬;他们将名垂青史,人们会永远以各种形式的赞美之辞和敬仰之情来歌颂他们。即使有某些居心险恶的皇帝采取穷凶极恶的残暴措施,也不能阻止那些敢于直谏的官吏们;他们前仆后继,置死亡的威胁于不顾。……直至暴君为他们的勇气所慑服,被迫接受他们的劝告。不过,在中国,凶恶残暴和固执己见的皇帝是非常少见的;他们所实行的并不是野蛮残酷的统治。中国的基本法完全不受皇帝的支配。②

为此,魁奈还援引了清代年羹尧案作为例证,再次表明在中华帝国"连皇帝本人在他的行为触犯了国家的法律和规定时,也不能免于受到他们批评"③。

总之,在魁奈看来"在中国确实没有什么人类权力能够阻止皇帝的权力",但"中国的皇帝们从不滥用这种尊从而对自己的臣民实行暴政",而"像父亲那样热爱他的人民","任何不合于法律的仁慈措施,都将受到政府所颁布的基本法的公开抵制"。④ 正是在这样"合法的"专制主义的构造下,中华帝国"保持着如此奇迹般的良好秩序,各种法律被如此出色地用来对付所有困难,以致一天有两个小时即足以履行他的全部职责"⑤。

---

① 〔法〕弗朗斯瓦·魁奈:《中华帝国的专制制度》,第84页。
② 〔法〕弗朗斯瓦·魁奈:《中华帝国的专制制度》,第84~85页。
③ 〔法〕弗朗斯瓦·魁奈:《中华帝国的专制制度》,第86~87页。
④ 参见〔法〕弗朗斯瓦·魁奈:《中华帝国的专制制度》,第93~94页。
⑤ 〔法〕弗朗斯瓦·魁奈:《中华帝国的专制制度》,第95页。

此外,魁奈在参考安文思、李明和杜赫德等神父著作的基础上,还对中国的称谓、行政区划、公民等级、军事力量以及朝廷的机构进行了介绍。①

3. 中华帝国的"刑与罚"

魁奈在该书第 6 章对中华帝国的"刑与罚"有特别的说明。

第一,对于中华帝国的"审判机关",魁奈先是介绍了"省级"以下各级"审判机关"的管辖权限:

> 在每个省的首府,都有几个民事和刑事审判机构,它们完全对北京的最高行政机构负责,并且隶属于省级最高地方长官和总督;此外还有许多下级司法机构,负责处理诸如交付给它们的司法事务。所有其他城市也都由当地的最高地方长官和下级官吏来执行审判职能,结果是第一级城市在执法方面依靠第二级城市,而第二级城市反转来又处于第一级城市的司法权之内。省一级法官位列总督之下,总督代表皇帝并且享有特殊威望。②

第二,他提及中华帝国的监察制度,指明各级监察官员是保证"审判机关"秉公执法的制度性设计,且效果良好。对此,他写道:"这些监察官员的权力很大,而且执法严格,坚贞不屈;当皇帝本人的行为背离了国家法规时,也不能免于受到他们的指责。"③

第三,他还对中华帝国的审判制度进行了介绍,其中体现了清代中国"禁止告状不受理"的制度以及皇帝作为最高裁判者的制度设计:

> 没有什么比这种主持正义的方式更令人称赞的了;因为准备审判事宜是一种例行公事而不索取费用,因为审判官员的薪俸是固定的,所以人们根本不必花费什么钱财就能得到公平的处理。在一般情况下,私人自己可以向所在地区的法庭控诉;如果他,假设他是一位城市居民,决定不向他所居住地区的官吏或地方长官提出起诉,那他可以直接向他所在省份的最高地方长官甚至是总督上诉;一旦上级审判官员受理了一桩案件,下级审判官员就不得参与审理这一案件,除非上级审判官将这一案件转交给他们处理。每位审判官员在经过必要的查询和由

---

① 参见〔法〕弗朗斯瓦·魁奈:《中华帝国的专制制度》,第 45～55、87～88 页。
② 〔法〕弗朗斯瓦·魁奈:《中华帝国的专制制度》,第 96 页。
③ 〔法〕弗朗斯瓦·魁奈:《中华帝国的专制制度》,第 97 页。

下属执法人员完成的各项程序之后,应本着公正的判断来宣布判决。打输了官司的人有时被判处杖刑,那是因为他居心不良地挑起官司,或者是因为他对案情的辩护完全有悖于公正原则。对于重要的案件,允许人们不服总督的判决而直接向北京的最高法庭上诉;最高法庭只有在上奏皇帝批准后才能做出判决,有时皇帝本人在掌握了一切确凿可靠的调查资料以后,亲自宣布判决。这种判决以皇帝的名义签发并且派人送交该省总督,饬令他负责监督这一判决的执行。这样一种特殊形式的决定是终审判决;它以神圣的戒律形式出现,也就是说,它成为一项无可争辩的、公正无私的法令。①

在此基础上,魁奈还通过如下一段文字说明地方官员在地方司法案件中扮演着"父母官"的角色,不仅要受理词讼,而且要教化百姓。他写道:

因为官吏的唯一职责就是保护百姓,所以官吏必须随时准备倾听百姓的申诉。在审判公堂附近或者在官府外面,通常设置一只鼓,如果有人要到官府打官司,就击鼓为号,这时官吏不管有多么忙,都必须放下手中的事务去倾听来人的申诉。

对百姓进行训导也是官吏的主要职责之一。每月的初一和十五,所有地方官吏都要出席礼仪性聚会,由一名官吏对百姓发表训导演说,讲演的题目不外乎是父慈子孝、尊重官吏一类,以及最重要的,就是要维护安定和团结。②

第四,为了凸显出中华帝国对于案件审判的审慎以及由此所生发出的公正性,魁奈还特别提及了中华帝国对于"刑事案件"的审判。他写道:

一桩刑事案件要经过五六个具有隶属关系的法庭的审理才能结案,每个法庭都通过一套不同的诉讼程序,了解有关被告和证人的身世和品行的资料。确实,这些审理程序上的耽延,会使清白无辜者在长期拘审期间殚精竭虑,但是它们最终总会使清白无辜者从苦恼中解脱出来。③

① 〔法〕弗朗斯瓦·魁奈:《中华帝国的专制制度》,第97页。
② 〔法〕弗朗斯瓦·魁奈:《中华帝国的专制制度》,第103页。
③ 〔法〕弗朗斯瓦·魁奈:《中华帝国的专制制度》,第98页。

对于中华帝国的"刑与罚",魁奈概括总结了中华帝国刑罚侧重于"罚当其罪",更关注量刑与恶性的统一性,其在整体上是"宽大的"。他写道:"一般说来,中国的刑法是相当宽大的。如果说刑事审理过程中的重复讯问拖延了审判,但最终的审判决定却是确实可靠的,始终是按照法律的规定,做到量刑与所犯的罪行相适合。"①这里他对于中华帝国刑罚中的"恤刑"和"罚当其罪"的概括无疑是准确的。

第五,他介绍了中华帝国的刑罚。首先,他提到了"杖刑"。他写道:"杖刑是最轻的处罚,犯有轻微违法行为者便受到这样的惩罚,这种惩罚没有什么令人感到耻辱的;皇帝本人有时也会让那些享有显贵身份的人受到这种惩罚,而以后并未轻视这些显贵的作用。"②其次,他介绍了"枷号"刑:

> 另一种形式的处罚不那么使人感到痛苦却使人感到名誉扫地,这就是枷(cangae)或枷号(careau)。它由两块木板制成,这两块木板合起来套在脖子上便成为一个木质项圈,这种枷号可以根据审判官员的命令,让犯人昼夜套在身上。枷号刑具的重量依犯人的罪行轻重而定。有时它可重达200磅并且有五六英寸厚。人们戴上枷锁后既看不到自己的脚,也不能把手放到自己嘴边。官吏用一张由官署加印的纸条贴封在枷号的接合处,封条上写明犯人所犯罪行的性质以及上枷处罚的期限,为的是不让犯人在服刑期间自由活动。当服刑期满时,犯人被带回到审判官吏面前,由官吏对他作简短的训话,劝他改邪归正,然后去掉枷锁使其获释;并且为了使他在记忆中留下更为深刻的印象,训话结束后还要罚他大约20大板的杖刑(打板子)。③

再次,魁奈还提及了"刺字刑"。他写道:"还有某些犯罪行为,要在犯罪者的面颊上用中国文字作标记,表明对他判决的理由。"④最后,他还提到了三种死刑的形式:绞刑、斩首和碎尸。对于前两种,他写道:"第一种死刑形式被看作是最温和的,并且被认为不是十分令人羞辱的形式。关于第二种形式,他们的想法与我们完全不同。他们认为,没有什么比一个人在死的时候未能像自然所赐予的那样保全完整的尸身更加令人感到耻辱的了。"⑤对于

---

① 〔法〕弗朗斯瓦·魁奈:《中华帝国的专制制度》,第98页。
② 〔法〕弗朗斯瓦·魁奈:《中华帝国的专制制度》,第98~99页。
③ 〔法〕弗朗斯瓦·魁奈:《中华帝国的专制制度》,第99~100页。
④ 〔法〕弗朗斯瓦·魁奈:《中华帝国的专制制度》,第100页。
⑤ 〔法〕弗朗斯瓦·魁奈:《中华帝国的专制制度》,第100页。

第三种，他写道：

> 第三种死刑形式适用于卖国贼和叛乱者。这类罪犯被绑在一根柱子上，先是剥下他的头皮，再用头皮遮住他的眼睛，为的是不让人们看到他的痛苦表情；然后逐次把他的身体各个部分一块一块肢解。担任这种死刑执行人的是普通士兵，他所承担的任务在中国并不被认为是不光彩的，即使在北京也是一样；他佩戴着一条黄色丝带，以此获得人们的尊重，并显示他的权力是由皇帝授予的。①

第六，在中华帝国"刑与罚"的最后，魁奈还介绍了中国的监狱。他在如下这段介绍中，表达了对中国监狱制度的赞美：

> 中国的监狱看起来并不使人感到恐怖，也不像欧洲的监狱那么脏。它们非常宽敞，安排得井井有条，并且舒适惬意。虽然监狱里平常关满了卑鄙可耻之徒，但监狱看守者却使那里到处保持着安宁和清洁。仅仅在广州一地的监狱里，通常就可以算出 15 000 个囚犯。国家根本不去供养这些囚犯，而是让他们完成各种工作以维持其生计。如果死了一个囚犯，都要向皇帝禀报。而且地方官吏还要列举出许多证据来证明他未曾因受到收买而造成囚犯的死亡，证明他曾亲自探视过囚犯，曾请过医生并为这个囚犯采取过所有适当的治疗措施。
>
> 女囚犯被关押在特别的监狱里，男人根本无法入内。那里的牢门一直是闩上的，囚犯们所需要的一切物品都是通过像堡垒一样的建筑物传递给她们。纳瓦莱特曾与其他传教士一道被关入监狱，他说："关于中国的监狱，特别值得称赞的是这一事实，即我们在那里受到有礼貌的对待，并得到极大的尊重，就好像我们具有显贵的地位一样。"②

4. 对孟德斯鸠指责中国法的辩护

与前述伏尔泰相类似的是，魁奈对于中国法律之下"合法的"专制主义的捍卫是通过批判当时流行于欧洲，以法国人孟德斯鸠为代表的另一种相反的观点而进行的。为此，魁奈在书中逐条批驳了孟德斯鸠对于中华帝国法律的批评。

---

① 〔法〕弗朗斯瓦·魁奈：《中华帝国的专制制度》，第 100 页。
② 〔法〕弗朗斯瓦·魁奈：《中华帝国的专制制度》，第 100～101 页。

第一，孟德斯鸠曾指责中国政体的荣誉是依靠棍棒而获得的。[1] 对此，魁奈批驳道：

> 这种指控由于生动的描写而得到加强。但是，在中国施行杖刑就像鞭挞、作苦工等等一样，是对犯人的惩罚，这同其他国家的作法所要达到的目的没有什么两样。哪一个国家的统治没有刑法呢？但在这个世界上还有哪一个国家采用那么多办法来鼓励人们学习榜样和唤起人们的荣誉呢？对此，孟德斯鸠先生只字不提，这正是他夸大其辞，以及他极力想把中国人描绘成是一群处于专横统治之下的惟命是从之徒和奴隶的一个十分明显的证据。[2]

此外，魁奈对于孟德斯鸠只引用来华商人的资料，而不引用在华传教士的资料也提出了批评。他指出："用欧洲商人的叙述来反对传教士的报道，这是冒险的做法，因为欧洲商人不愿告诉我们，他们与之做生意的中国采取欺诈手段，是否为一种报复行为。但确定无疑的是，即便这位著者利用这种证据，也决不可能得出他所谓帝王的残酷专制主义的结论。"[3]

第二，魁奈还对孟德斯鸠根据前述巴多明神父关于"苏努案"的报道作出"中国是专制主义"的论断[4]，给出了辩护。他指出：

> 关于皇帝惩办了几个基督教的亲王这种说法，似乎意味着这几个亲王之所以受到惩处，是因为他们信奉基督教的缘故。然而，全世界各个国家都存在着由于宗教的原因而惩办大批殉教者的事例，并且完全得到它们的法律的认可。不过，这桩案件实际上与中国的专制主义无关，甚至不能认为这个帝国的统治者是不容异己，因为在那里几乎未曾发生过出于宗教原因的残酷迫害。上述事件的性质并不是由于信奉基督教的缘故，因为当时那位皇帝对基督教是非常宽容的。据说这几个亲王曾"惹起皇帝的不悦"，但没有再作进一步的说明。按照事实真相，这几个亲王曾经密谋反对皇帝，而一些耶稣会士也卷入了这一不幸事件。这仅仅是一桩政治案件，在这桩政治案件中，尚难以深入考察皇帝采取惩办措施的真实动机。因此，这种性质的一桩特殊案件，本来不应

---

① 参见〔法〕孟德斯鸠：《论法的精神》，上卷，许明龙译，商务印书馆 2012 年版，第 150 页。
② 〔法〕弗朗斯瓦·魁奈：《中华帝国的专制制度》，第 106 页。
③ 〔法〕弗朗斯瓦·魁奈：《中华帝国的专制制度》，第 106 页。
④ 参见〔法〕孟德斯鸠：《论法的精神》，上卷，第 150~151 页。

当成为孟德斯鸠先生的论据,并引用它来作为证明"依据常例"对人性进行残害的一个例证。而且采取上述惩办措施的这位皇帝,被公认为是统治这个王国的英明君主之一,所以引用这个例证的做法就显得更加不恰当了。一位著者在发表他的观点时,竟如此缺乏对事情真实性的考虑,这就不能不使人们感到,他未能完全抛弃偏见。①

从魁奈的论述中可以看出,他认为"苏努案"是一件特殊的政治案件,不足以成为孟德斯鸠将其作为判定中华帝国具有专制主义特征的充要证据。况且,对该案作出判决的雍正帝本身是英明正直的,几个信教亲王受到惩罚主要是因为他们"谋反",与信教关联不大。

第三,他对于孟德斯鸠提出的"在中国,不良政府很快就会受到惩罚","数量奇多的人民生计无着时,混乱局面就会突然出现"的观点②,同样很不认同。魁奈认为"大量的人口聚集只能出现于一个良好的统治之下,因为腐败的统治将会毁灭财富和人类","众多的人口使得中国的专制政府成为一种家政统治,并且形成了各种必要的典章制度用以保障这个帝国的居民的生活"。他认为孟德斯鸠的错误在于"倒因为果","没有认识到,人口的众多只能是这个帝国实行良好统治的结果",况且"人们时常谈论的这些良好的典章制度,自远古时代以来就在中国一直为人们所遵奉"。③

第四,魁奈对于孟德斯鸠并不赞同法律与专制主义可以并行不悖的论断,集中给予了反驳。因为此点涉及他与孟德斯鸠根本立场的不同。魁奈认为:"严厉的专制君主通过法律而得到加强,如果他能严格执行法律,他所统治的国家将会呈现良好的秩序。"④为了进一步驳斥孟德斯鸠,他以中国官吏受到监察官员的监督、官员以"人民的父母官"作为荣耀、官员任职回避以及官员要经受严格考课制度为例证,再次表明了专制主义并非一定是"专横和残暴的统治"。⑤ 对于此点,法国学者贾永吉(Michel Cartier)评论道:"我必须指出,'专制'一词在魁奈的笔下完全失去了孟德斯鸠赋予它的所有贬义,中国反倒是创造了一种新的政治制度的雏形,其雏形预示着'开明专制主义'(王道)。"⑥

① 〔法〕弗朗斯瓦·魁奈:《中华帝国的专制制度》,第107～108页。
② 参见〔法〕孟德斯鸠:《论法的精神》,上卷,第152页。
③ 参见〔法〕弗朗斯瓦·魁奈:《中华帝国的专制制度》,第109～111页。
④ 〔法〕弗朗斯瓦·魁奈:《中华帝国的专制制度》,第111页。
⑤ 参见〔法〕弗朗斯瓦·魁奈:《中华帝国的专制制度》,第112～116页。
⑥ 〔法〕贾永吉:《孟德斯鸠与魁奈论中国的专制主义》,载〔法〕谢和耐、戴密微等:《明清间耶稣会士入华与中西汇通》,第268页。

很明显,作为启蒙时代哲学家的代表,魁奈也将中华帝国的法律作为改造欧洲尤其是法国的样板。他甚至在该书最后一章以"中国的法律同作为繁荣政府的基础的自然原则相比较"为标题再次明确这一点。对此,他说道:"到现在为止,我们已经说明了广大的中华帝国的政治制度和道德制度是建立在对于自然法则的认识的基础上,而这种制度也就是认识自然法则的结果。"①

魁奈认为人们所设想的统治方式"不应当授予狂悖的君主","不应当是贵族的权力","不应当同时是君主的,又是贵族的","不应当是民主的",也"不应当同时是君主的、贵族的,又是民主的",因为这些类型都有各自的缺陷。② 相反,他认为:"政权应当是统一的,它在做出决定和实行管理方面,应当是无私的;因此它应当集中在一个统治者的手里,他一个人拥有执行权,并且有权执行以下的工作:使公民遵守法律;保障每一个公民的权利,使不受其他公民的侵犯;保护弱者,使不受强者的欺凌;防止和消除国内外敌人的各种侵占、掠夺和压迫行为。"③而这样理想中的统治方式,在魁奈眼中只存在于中华帝国。因为中华帝国内在的稳固秩序的基础在于遵守了自然法则,而该法则保证了君主和人民之间的一致。④

当然,对于法国重农主义者眼中的中国法以及对于中国法背后"合法的"专制的概括,此一时期的欧洲是存在争议的。如托克维尔(Tocqueville,1805~1859)就说:"我承认'合法专制'这种说法与'方圈'(cercle carré)、'国家社会主义'以及其他类似的愚蠢说法很相像。"卢梭在写给重农主义者德·米拉波侯爵的信中也说道:"无论怎样,不要再对我谈什么合法专制,我不能欣赏它,甚至毫不理解;我从中只看到两个意义相反的词,它们组合在一起,对我来说,没有任何意义。"⑤

对于这些误解,重农主义者们辩解道:"合法专制的意思是法制,它只能是这个意思。因此,它强调的不是专制而是法,一切都依赖于法律的精神,人们也承认法律具有专制的权力。"⑥换言之,前述魁奈之所以推崇中国,很大程度上是因为中国的专制君主符合重农主义学派"自然秩序"口头禅的"法律"以及一系列制度设计。"对于一位重农主义者来说,自然秩序,甚至

① 〔法〕弗朗斯瓦·魁奈:《中华帝国的专制制度》,第125页。
② 参见〔法〕弗朗斯瓦·魁奈:《中华帝国的专制制度》,第127~128页。
③ 〔法〕弗朗斯瓦·魁奈:《中华帝国的专制制度》,第128页。
④ 参见〔法〕弗朗斯瓦·魁奈:《中华帝国的专制制度》,第131~155页。
⑤ 参见〔法〕艾田蒲:《中国之欧洲:西方对中国的仰慕到排斥》,下卷,第243页。
⑥ 〔法〕艾田蒲:《中国之欧洲:西方对中国的仰慕到排斥》,下卷,第243页。

就是孔夫子所依靠的那种秩序。"①中国法这种具有"自然秩序"特征的法类型,既非一种暴虐的专制权力,又非类似"社会契约"的承诺,它更符合农业国家的自然主义特质,因而在魁奈等重农主义者眼中是最合适的。对此,有论者总结道:

> 重农主义者们用"自然的、因而绝对不可缺少的义务与权力的秩序",一方面反对孟德斯鸠界定的专制(那种以恐怖来统治的权力),另一方面,又来反对卢梭的社会契约论。因此政治权力既非一个暴君的任意的权力,亦不是部分自由权利的自由放弃;而是存在于事物本质中的规律经过必要修正而形成的,若要反对这些规律,自然是徒劳无益的。因为地球围绕太阳转,由此产生了四季更迭,而且由此产生了农业民族应该服从的某些规律,一个有条不紊的社会,必须制定能够对自然的自然事实,因而也就是对社会的自然事实加以利用(我理解成将之转化为价值)的经济与政治法规,离开了这些,既不会有自然,自然也不会有社会。②

这里魁奈等重农主义学者们最为重要的贡献就是抓住了中国法具有"自然主义"这一特征。③ 他们利用中国法的这一特征,在一定意义上也解构了启蒙时代那种"进步的""线性的"和"绝对的"法权观念,具有特殊意义。

三、启蒙时代中国法之于西方的意义

如果说整个 17 世纪将中国法带入西方的使者是神学家,那么 18 世纪上半叶彻底祛魅神启、推翻教权的则是启蒙时代的哲学家,而他们使用的正是从神学家那里得来的中国法。18 世纪初,启蒙哲学家面对的一方面是宗教改革后天主教对新教残酷的宗教迫害以及由此所引发的战争;另一方面则是欧陆各国日渐强大的专制王权。因此与神学家相比,启蒙时代的哲学家需要在反教权和反专制王权领域双线作战。

对于前者,他们利用中国的历史攻击《圣经》的历史性,进而反对基督教。例如,伏尔泰就指出:"圣经是没有历史的,每个人须有批评的精神。"他又说:"为何我们的敌人(指罗马教廷——引者注)无情地反对中国呢? 为

---

① 〔法〕艾田蒲:《中国之欧洲:西方对中国的仰慕到排斥》,下卷,第 244 页。
② 〔法〕艾田蒲:《中国之欧洲:西方对中国的仰慕到排斥》,下卷,第 244 页。
③ 参见朱勇:《论中国古代法律的自然主义特征》,《中国社会科学》1991 年第 5 期;〔美〕D. 布迪、C. 莫里斯:《中华帝国的法律》,第 39~43 页。

何反对欧洲与中国正义的人们呢？无知之徒,始敢说中国历史估计过久,将圣经的真实性摧毁了。"①伏尔泰甚至拒绝相信前述耶稣会士在华发现"大秦景教流行中国碑"的事实。在伏尔泰看来,"这不过是基督教徒们一心想为自己在中国捏造出几位先辈而编造的虔诚的谎言","看到天主教徒们得知天主教派了一个景教徒,一个不信天主之母——圣母的家伙,即一个异教徒'去腐蚀中国那个美丽的王国'而欢欣鼓舞,这实在有趣"。② 对于启蒙时代哲学家们用中国解构宗教神权的现象及意义,艾田蒲以伏尔泰为例,这样评价道:"伏尔泰没有利用化石做证据,而只是运用他的理智,在两个世纪前就看清了一个教会拒不承认的事实,即人类不是由一个牧羊人部落的神创造的。"③赫德逊也评论道:"伏尔泰和自然神论者勇敢地把天主教传教士所培植起来的对中国的赞美转用于反击教会,他们以中国为例证明法国可以有道德而治理良好,无须一个教士阶层掌握着法国五分之一的土地。"④

这里需要说明的是,尽管启蒙时代的欧洲哲学家们有不同的哲学主张,如有主张自由主义的,也有主张开明专制或合法性专制的,但他们在利用中华帝国自然伦理,反对宗教神权上是一致的。对此,赫德逊指出:

> 十八世纪的法国"哲学家",不论在政治上是自由主义者或是新君主主义者,几乎都是自然神论者,他们相信没有奇迹、启示或圣事的常识的"自然宗教",这种宗教能够为道德提供基础而不给教权主义和教士权术以可乘之机。……法国的自然神教者相信他们在中国看到了这种作为全国崇拜的"哲学家的宗教"。⑤

对于后一方面,古老的中国法在前述德国和法国哲学家们眼中是建立在自然法则基础上的,体现道德伦理,由一群饱读诗书的学者和教育系统所维系,并通过各种防止擅权的实在法予以监督,体现为一种十分完美的开明专制制度。例如,这种近乎完美的理想模式在魁奈看来,既可以避免暴君的狂悖,也可以防止贵族的内讧,又可以祛除平民的愚昧,同时还能免除混合政体因各自独特利益的主张而导致的紊乱,因此,它是人们所设想的最优统

---

① 转引自阎宗临:《中国与法国18世纪之文化关系》,第116页。
② 转引自〔法〕艾田蒲:《中国之欧洲:西方对中国的仰慕到排斥》,下卷,第150～151页。
③ 〔法〕艾田蒲:《中国之欧洲:西方对中国的仰慕到排斥》,下卷,第181页。
④ 〔英〕G. F. 赫德逊:《欧洲与中国》,第294页。
⑤ 〔英〕G. F. 赫德逊:《欧洲与中国》,第293页。

治方式。① "世界上唯有中国人制定法律是为了实践自然秩序,天道……很显然,欧洲人若要改革他们的社会,只能以中国人为榜样。"②重农学派另外一个代表人物波维尔在《一位哲学家的旅行》中甚至说:"中国提供了世界未来的迷人前景,但愿中华帝国的法律成为世界上所有国家的法律。"③作为启蒙运动旗手的伏尔泰甚至在 1759 年明确提出了"打倒卑鄙"(Ecrasez l'infame)的口号,广泛号召大家与封建专制制度斗争起来。由此可见,与"伦理道德"完美结合的中国法及受其影响的开明君主或"合法性"的专制,成为启蒙时代哲学家改变欧洲暴政,规训王权的一种设计。

对于"开明专制主义"和"合法的专制主义"这些欧洲人基于中国法而产生的新概念,法国学者毕诺认为,这源于欧洲人试图"将专制主义和自由论两种互相矛盾的理论协调起来"的努力。一方面他们需要"先保护国王的绝对权力","使民众的幸福依靠国王的意愿和智慧";另一方面,他们在"承认国王绝对权力的同时,又极力限制他"。④

这里需要注意的是,此时以德国和法国为代表的欧洲对于中国法的认识是建立在伦理意义上的。换言之,在欧洲人眼中,中国法背后的政治和伦理是结合在一起无法分开的,甚至"政治准则与伦理总则完全相同"。对于此一特点,法国学者毕诺指出:

> 当大家讲到中国时,则不可能把政治与伦理分开。伦理在中国不是为了确定抽象观念,或寻找自身修养和自身幸福的一种思辨,而是确定人类在其私生活中的义务总则的系统化,这就是伦理;若是指在他们的公共生活中,无论其社会地位如何,则都是政治。⑤

在此基础上,此处的哲学家们在前述神学家们描述中国法背后的政治有伦理时已经隐约地感觉到"中国人的伦理并不是一种教条的伦理,它不是出自抽象的准则,仅是为获得个人、家庭和社会的幸福而编制的一部法规典章",它们"是支配个人和社会生活的同一准则,也就是说政治仅为一种集体的伦理"。⑥

---

① 参见〔法〕弗朗斯瓦·魁奈:《中华帝国的专制制度》,第 127~128 页。
② 〔法〕艾田蒲:《中国之欧洲:西方对中国的仰慕到排斥》,下卷,第 246~247 页。
③ 转引自周宁:《天朝遥远:西方的中国形象研究》,上册,第 179 页。
④ 参见〔法〕维吉尔·毕诺:《中国对法国哲学思想形成的影响》,第 448~449 页。
⑤ 〔法〕维吉尔·毕诺:《中国对法国哲学思想形成的影响》,第 424 页。
⑥ 参见〔法〕维吉尔·毕诺:《中国对法国哲学思想形成的影响》,第 425 页。

此外，显而易见的是，中国法在启蒙时代的哲学家那里成为一种"历史哲学"，他们的观点甚至已经偏离了耶稣会士们的记述。他们开始根据启蒙时代所赋予他们的时代要求，将中国作为他们改造欧洲的"时代哲学"，甚至不惜根据需要而裁剪中国。对此，艾田蒲曾这样批评伏尔泰："多么令人遗憾，伏尔泰一方面具有过分强烈的批判精神，怀疑真实的碑文是虔诚的谎言，另一方面他又盲目地接受了既是他朋友，又是他的敌人的耶稣会士在《富有教益而有趣的书信》与《中国通志》（《中华帝国全志》——引者注）里描绘的中国的形象！"①

哲学家不仅要认识世界，还力图改造世界。这是西方自柏拉图以降所有哲学家的理想。柏拉图三次去叙拉古，就是担心自己到头来只是一个说空话的人。中国治下的中华帝国可以说就是哲学家孜孜以求的现实版的乌托邦。1740 年普鲁士腓特烈大帝邀请伏尔泰去普鲁士实现他的理想；哲学家狄德罗（Denis Diderot，1713～1784）也收到了来自俄国女皇叶卡捷琳娜的邀请；1736 年威廉国王不仅取消了对于沃尔夫的指控，而且其子腓特烈大帝派 4 辆豪华马车迎接其风光地回到普鲁士。一时间，中国法影响下的开明君主成为欧洲效仿、学习的对象。对此，托克维尔说道："启蒙哲学家们在身边找不到任何可以符合他们理想的制度，就把目光转向亚洲腹地。可以毫不夸张地说，启蒙哲学家几乎每一个人都或多或少地在他们的著作中赞美过中国……他们将中国政体当作举世楷模的最完美的政体。"②

不仅如此，这一时期西方对于中国法的赞美还影响到域外。美国在 1776 年建国之前和之后的一段时间，对中国法是充满好感的。例如：

> 富兰克林谋求散布中国圣人政治观的一种方式，便是在《宾夕法尼亚报》上发表题为《孔子的道德学说》的系列文章，赞同性地介绍了中国式的谦抑型司法审判以及对无关紧要诉讼的劝阻。甚至更值得一提的是，在美国革命前夕，据说富兰克林曾希望请求中国皇帝允许使用其"法典"以作为这个新共和国的法律蓝本。虽然富兰克林深知中国傲慢自大的声名，但据说他相信来自一个"年轻国民"的请求将不大可能"激发这个谨慎政府的忧虑并产生妒忌之心"。虽然美国国父们最终写出了他们自己的宪法，而非拷贝中国的法典，但他们对中央王朝所持的积极观点，至少在某种程度上投射到事后对待中国人的法律层面。例

---

① 〔法〕艾田蒲：《中国之欧洲：西方对中国的仰慕到排斥》，下卷，第 151 页。
② 〔法〕托克维尔：《旧制度与大革命》，冯棠译，商务印书馆 1992 年版，第 126 页。

如,当广州的茶叶商人在费城法院提起对他们美国买家的诉讼时,他们的诉求被认真地加以考虑,总体而言,"获得了毫无偏私的公平与公正对待",或者正如 1818 年肯特大法官在"潘长耀诉范宁案"(Consequa v. Fanning)中督促美国司法当局所做的那般。①

俄国外交官阿历克谢·列昂季耶夫(Aleksey Leontyev, 1716~1786)也在叶卡捷琳娜二世(Yekaterína II Alekséyevna, 1729~1796)对于"中国热"的推崇和感召下,适时地翻译出版了大量的儒家经典和中国法律文献。1778 年至 1779 年,列昂季耶夫节译的《大清律》结成两册出版,而后他又全文翻译《大清会典》分别于 1781 年、1782 年和 1783 年在圣彼得堡出版。②

总之,与 17 世纪神学家不同的是,18 世纪上半叶的哲学家试图让理性导引人的精神生活与政治生活。他们通过阐释并利用中国法,一方面对抗基督教教权,另一方面规训着暴虐的王权。中国法背后的自然主义哲学让西方人相信,道德不需要基督教基础,甚至连宗教基督也不需要;受伦理法规训的君主,可以远离暴政,人类可以通过自己的理性安排世俗政治,实现幸福。

具体而言,启蒙时代法国的哲学家们之所以对中国的"专制主义"进行美化式的解读,是因为"他们认为路易十四的绝对权力并不是一种专制主义","他们在中华帝国中发现了对法国政府的原则更加理想的运用,即一种由于感情而缓和了的专制主义"。③ 对此,赫德逊也指出:"在十八世纪,法国兴起了两个完全不同的思想流派,它们都提出了社会改革。它们可以区分为自由主义者和新君主主义者。"④前者主要受到 17 世纪英国"光荣革命"之影响,"包括所有相信人民主权和议会制度的人,不管他们赞成英国式的君主立宪制还是共和制";而后者则受中华帝国法律之影响,"包括那些希望扫除贵族及教士的特权,却不相信议会制和民主制的人们",提倡"开明君主专制"或者"合法性专制主义"。他们不约而同地"希望使法国君主专制制度本身成为改革的工具;他们期望它恢复先前反对贵族和教会的斗争,通过清除与它相联系的社会反常状态以及废除免税制度和封建主义残余来拯救它自身"。前者"征引议会制度英国的胜利以及罗马的传统";后者"则在

① 〔美〕络德睦:《法律东方主义:中国、美国与现代法》,第 44~45 页。
② 参见张世明:《法律、资源与时空建构:1644—1945 年的中国》,第四卷(司法场域),广东人民出版社 2012 年版,第 714~716 页。
③ 〔法〕维吉尔·毕诺:《中国对法国哲学思想形成的影响》,第 484~485 页。
④ 〔英〕G. F. 赫德逊:《欧洲与中国》,第 291 页。

中国找到了他们的范例和根据"。① 因此,中国成为欧洲尤其是法国建构
"他者"的绝佳存在。对此,有论者精辟地总结道:

> 他们崇拜中国的理由实际上非常简单。他们所以引征亚洲,是因
> 为欧洲的过去没有任何东西可以作为他们的依据。欧洲的全部过去和
> 现在都受到他们所不喜欢的政治倾向的影响。如果他们追溯到中世
> 纪,他们发现的是封建主义、教权主义和自由城市;如果他们回到古典
> 时代,他们到处都遇到共和政体。他们怎能求诸恺撒呢? 恺撒曾是罗
> 马民主派的领导人,而罗马自始至终也不曾放弃主权属于罗马人民和
> 只有通过选举才能授权给皇帝的学说。罗马的传统确实不能为君主专
> 制制度的辩护学说提供牢固的基础,而且共和派很快就把它几乎完全
> 掌握起来为自己所用。但是在远东有一个与罗马同样古老的帝国,现
> 在依然存在,人口和整个欧洲一样多,没有世袭贵族及教会的特权,由
> 天赐的皇权通过学者——官吏的官僚机构来统治。这里的模式适合于
> 新君主主义者,是一个可以引用的范例。新君主主义者抬出孔子和身
> 穿丝袍的中国官员来对抗掌握天堂和地狱的钥匙的教士阶级、对抗
> noblesse d'épée(佩剑贵族)和李维与布鲁塔克的共和派的英雄们。对
> 于热烈崇拜中国的人,距离遥远反而增添了魅力。波维尔(Poivre)在
> 1769 年写道:"只要中华帝国的法律成为各国的法律,中国就可以为世
> 界可能变成什么样子提供一幅迷人的景象。到北京去! 瞻仰世上最伟
> 大的人,他是上天真正完美的形象。"②

与前述耶稣会时代相对客观地描述中国法不同的是,启蒙时代的哲学
家对于中国法的言说出现了过分夸大、美化,甚至将其当作了一种"乌托
邦"。西方正面、积极的中国法形象彻底生成。值得注意的是,中国法在启
蒙时代哲学家那里成为其反封建和反教会的"武器",于是,此时东法西渐背
景下原本对西方法发展扮演"二阶观察"角色的中国法开始蜕变为一种批
判、评判甚至取代西方法的"一阶判断"。申言之,西方那种客观描述中国
法,并借助其拓展西方法想象力,试图交流、融合的倾向逐渐消退,相反,一
种建构在主观想象基础上的"标准"或"典范"意义上的中国法逐渐凸显。
这种"一阶判断"尽管与前述络德睦所言的那种否定的、偏狭的、意识形态化

---

① 参见〔英〕G. F. 赫德逊:《欧洲与中国》,第 291~292 页。
② 〔英〕G. F. 赫德逊:《欧洲与中国》,第 292~293 页。

的"法律东方主义"有所不同，但其已经在另一个对极层面出现了。

　　然而，赞美与想象的背后并不是鲜花与美好。随着资本主义经济的发展以及海外殖民贸易的进行，当越来越多的西方人来到这片"遍地金银，令人神往"的国度时，西方的中国法形象发生了明显的转变。尽管这种转变不是突然出现或瞬间完成的，但转变的幅度依旧令人吃惊，近5个多世纪正面的中国法形象在1750年前后结束了。

第七章　殖民时代西方对中国法的
破坏与否定

"过分的仰慕中国,就有排斥中国的危险! 就像在一切人类活动中,人们总是要走向极端。"①在 1750 年之后的一个世纪里,西方的中国法形象彻底发生了改变,改变速度之快,令人颇感意外。对此,法国学者毕诺说道:"在 1750 年之后,直到 1760 年左右为止,始终作为一种信条的崇拜和仰慕中国再也不是那样的狂热了。"②阎宗临先生也指出:

> 不管中国这种影响有多大,也不该被夸大。当一种全新的文化被引入一个对它完全陌生的国家时,总会出现一个对它充满狂热赞赏的时代,继之而来的,便是一种强烈的反对,这是一个普遍的文化现象。对这种文化的热爱与厌恶,往往不是建立在它的正确价值的基础上,而是建立在对一种意见或学说在自我辩护中所提供的实用价值的基础之上的。③

更为重要的是,随着世界范围内的经济扩张以及对统一市场的需求,"被中国制造的交易障碍激怒的商人们把它变成了一种国家事务",于是殖民时代取代了之前的启蒙时代成为西方对待中国法新的时代背景。"对于西方人来说,国际贸易从此以后就超过了其余全部考虑。此时的中国落后,拥有巨大待开发的市场和使用的劳动力资源。总而言之,一种殖民地的形象开始取代由圣贤们治理帝国之理想化形象。"④

---

① 〔法〕艾田蒲:《中国之欧洲:西方对中国的仰慕到排斥》,下卷,第 250 页。
② 〔法〕维吉尔·毕诺:《中国对法国哲学思想形成的影响》,第 2 页。
③ 阎宗临:《杜赫德的著作及其研究》,第 77 页。
④ 〔法〕雅克·布洛斯:《从西方发现中国到中西文化的首次碰撞》,第 27 页。

一、法国大革命前中国法形象的破坏

对于中国法的赞美与想象可以说是启蒙时代哲学家们言说的重点。正当他们纷纷将中国当作拯救欧洲的理想模型时，还有一批人则不以为然，甚至大唱反调。[①] 由于这些人更强调以法律而不是道德来规训君权，因而这里笔者将其冠以"法学家"的称谓。

（一）黄嘉略对中国法形象的批评

一般认为，启蒙时代对中国法形象开始持否定态度源于 1750 年前后的孟德斯鸠。但促使孟德斯鸠与这个时代主流观点发生不同的推动者，应当是 18 世纪初旅居法国的中国人黄嘉略（Arcadio Huang，1679～1716）。关于此点，对黄嘉略有过系统研究的许明龙先生指出：

> 在欧洲 17、18 世纪"中国热"的大背景下，作为一个思想非常活跃的青年，孟德斯鸠不但早就注意到了耶稣会士与他们的论敌有关中国的激烈争论，并且出于我们至今尚不清楚的原因，对热烈颂扬中国的言论抱有反感，对耶稣会士的中国报道不予置信。对于他来说，认识黄嘉略的重要意义在于打开了一扇了解中国的窗口，经由这个窗口获得的信息可以纠正或补充耶稣会士关于中国的报道。[②]

这里需要强调的是，黄嘉略尽管不能算为"西人"，但是鉴于他对此一阶段"贬华派"的观点起到了推动作用，因而，本书将其关于中国法形象的言论放在此部分介绍。

1. 黄嘉略与《汉语语法》

黄嘉略，本名黄日升，福建莆田人，7 岁后跟随法国巴黎外方传教会神父李岱（Philibert Le Blanc，1644～1720，亦作李斐理）和梁弘任（Artus de Lionne，1655～1713，亦被称为"罗萨利主教"）四处传教，并学习了拉丁语。1701 年 1 月 25 日，因需要向罗马教皇面陈在"中国礼仪之争"中与在华耶稣会不同的事实和意见，阎当、李岱和梁弘任在福建商议由梁弘任亲赴罗

---

① 实际上，对于中国法的批评早在伊比利亚航海时代就已经出现，只不过这些批评只是零星出现，内容涉及刑罚、监狱和司法官员素质等方面，不能代表西方对于"中国法形象"的整体认识和评价。例如，利玛窦神父在他那篇著名札记中就曾对中国法给出批评，他说道："大臣们作威作福到这种地步，以致简直没有一个人可以说自己的财产是安全的，人人整天提心吊胆，唯恐受到诬告而被剥夺他所有的一切。正如这里的人民十分迷信，所以他们也不大关心什么真理，行事总是十分谨慎，难得信任任何人。"〔意〕利玛窦、〔比〕金尼阁：《利玛窦中国札记》，第 94 页。

② 许明龙：《黄嘉略与早期法国汉学》，商务印书馆 2014 年版，第 363 页。

马。1702 年 2 月 17 日,黄嘉略与另一名中国教徒李若望(Jean Ly)作为梁弘任的助手,从厦门登上一艘英国商船前往欧洲。[①] 他们于 1702 年 10 月 31 日到达巴黎外方传教会总会,1703 年 3 月 9 日到达罗马,并受到教皇接见,后于 1706 年 3 月返回巴黎。

值得注意的是,黄嘉略在罗马期间撰写的日记中就表露出对于中国传统礼仪和耶稣会"文化适应"传教策略的不满。对于前者,他在康熙四十四年(1705)五月初五日的日记中写道:

> 呜呼!吾天主圣教之圣人,生平何其修德、谦让、爱人,识天地万物之主,导人行天国之路,明于众有死后天福永祸之赏罚,劝众居世宜轻世,而践一切世荣世乐于足下,惟向身后天国之永福永业者也。岂同中国所谓之圣者,且不识天地万物之真原,又无道及身后之永报,及为善者之所由来,而为善之能力乃从谁乎,惟向今世虚荣暂乐,以父母祖先犹如天地万物之大主祀之。[②]

甚至对于中国传统中的祭祖习俗,黄嘉略也通过对比基督教礼仪,表现出极端的不屑。他在康熙四十四年(1705)十一月初八日的日记中写道:

> 祈祷为已亡之父母亲戚等,盖追思教中先亡之瞻礼,乃西国上坟之日期。其瞻礼之前后日子,西国之大小男女老幼,皆往圣堂中祈祷,或点灯点蜡烛之人,往来不绝,极是好看,而乃正理。非同吾中国,用两块禽兽之肉,呼叫神鬼祭之,亦不知其祖先归于何所,来于何处,祷祝又何人受之。呜呼,尚敢笑西国之人不知祖先,不敬神明。依余之见,真可羞死。[③]

对于在华耶稣会的"文化适应"传教策略,黄嘉略在康熙四十四年(1705)五月初四日的日记中写道:"有闻耶稣会神甫云,中国五千进士、十

---

① 根据许明龙的研究,有文字资料可查最早赴欧的中国人是 1649 年南明永历朝廷派遣随卜弥格使团赴欧求援罗马教皇的中国官员陈安德(西文写作 Cheng An-te-lo,又称 André Tcheng)。同一时期赴欧的中国人还有郑玛诺(本名郑维信,西人称 Emmanuel de Sequeira)和多明(Dominique)。参见许明龙:《欧洲 18 世纪"中国热"》,第 18～21 页。
② 黄嘉略:《黄嘉略罗马日记》,许明龙译,载许明龙:《黄嘉略与早期法国汉学》,商务印书馆 2014 年版,第 404 页。
③ 黄嘉略:《黄嘉略罗马日记》,第 395 页。

二千庠士，俱证彼会所云者皆真，此信传于罗玛京城通知。真可叹哉！"①显然，这里他并不相信在华耶稣会所宣称的有众多中国儒生都同意他们对中国礼仪的理解和解释。

由于 1707 年 1 月教皇特使铎罗在南京宣布了教皇 1704 年关于禁止中国礼仪的谕令，激怒了康熙帝，基督教在华传播遭受挫折。于是黄嘉略决定在法国定居，以免他的"信仰处于险境"。在法定居的黄嘉略得到了法国皇家学术总监让-保尔·比尼昂（Jean-Paul Bignon，1670～1743）的赏识。他不仅被任命为"国王的中文翻译"，而且受命与法国学者弗雷莱（Nicolas Fréret，1688～1749）和艾蒂安·傅尔蒙（Etienne Fourmont，1683～1745）一起编写《汉语语法》和《汉语字典》。1713 年 4 月 25 日黄嘉略与法国人玛丽-克洛德·雷尼埃（Marie-Claude Régnier）喜结连理，并育有一女玛丽-克洛德·黄（Marie-Claude Huang）。

从 1711 年起，黄嘉略在与法国学者弗雷莱和傅尔蒙合作编写《汉语语法》和《汉语字典》过程中，不仅使两位法国人了解了中华帝国，而且帮助他们成为"法国第一代汉学家"。对此，有论者说道："没有黄嘉略的传授和协助，弗雷莱和傅尔蒙也不可能在汉学研究中取得任何成就。"②《汉语语法》一书最终完成于 1716 年冬，是三人共同的成果，后由傅尔蒙呈递给比尼昂，再经蓬夏特兰呈送给时任摄政王的奥尔良公爵。黄嘉略随书稿附上了一封致奥尔良公爵的信。③ 遗憾的是，该书稿现下落不明，但许明龙先生从留存下来该书的序言中可知《汉语语法》一书并非语法专著，而是以汉语语法为主要内容及其他中国知识的一部综合性著作"④。从目录上看，该书在第 1 部分"论汉语语法"和第 2 部分"中华帝国简述"中均有涉及中国法的内容。如在第 1 部分有"中文收条"和"一位欧洲商人因遭辱骂而向中国法官呈递的申诉状"，第 2 部分有"中国政府现状""中国十五省概况""科举"和"宫廷和守边文武官员"。⑤

尽管前述《汉语语法》现今下落不明，但许明龙在弗雷莱的遗稿中发现了第 2 部分"中华帝国简述"的草稿。由于这份草稿与最终呈递给摄政王奥尔良公爵的正式稿相差不大，因此通过该草稿可以基本获知黄嘉略在《汉语

---

① 黄嘉略：《黄嘉略罗马日记》，第 403～404 页。
② 许明龙：《黄嘉略与早期法国汉学》，第 121 页。
③ 该信的法文原件和中文原件现存于法兰西学院图书馆。参见许明龙：《黄嘉略与早期法国汉学》，第 176～177 页。
④ 许明龙：《黄嘉略与早期法国汉学》，第 181 页。
⑤ 完整目录，参见许明龙：《黄嘉略与早期法国汉学》，第 182～184 页。

语法》一书中对中国的介绍。①

与在华耶稣会士以及启蒙时代哲学家赞美孔夫子不同的是,黄嘉略在《汉语语法》中给出了不太一样的说法:

> 中国人对孔子是何等崇敬。中国人崇敬孔子有许多原因,其中之一是文人们都以孔子为师,而在中国掌权的总是这些文人。其实,中国的优秀哲学家不止孔子一个,比他更优秀的也有,但是那些当上了大官的儒生总在皇帝耳边吹风,说孔子如何如何了不起,以至于孔子成了最伟大的先师。事实上,孔子只不过是一个耍嘴皮子的伪善者,有朝一日,我把中国历史翻译出来,就能向公众提供这方面的证据。②

正是由于中国两千年来深受孔子学说的影响,黄嘉略告诫西方人:"在中国建立基督教十分困难,即使是已经入教的那些人,也依然难以摆脱对孔子的崇敬。"③

与前述耶稣会索隐派试图在中国传统经典与基督神学之间寻求某种共同性不同的是,黄嘉略一直极力区分两者的不同。他指出中国儒者认为:"世界上只有两种东西,一是气,一是理。理是最高理性、正义、规律和智慧,气是物质";"理和气都是永恒的,理不能离开物质而独立存在,是散发在物质中的一种形态或品质"。④ 在此基础上,他认为"中国文人的理是一种难以捉摸的物质,是一种至高无上的东西,也就是中国人通常所说的上帝"⑤。中国人语境里的"上帝"与基督教中的"上帝"根本不是一个东西,因而他不赞成耶稣会在"中国礼仪之争"中的说法。此外,他还解释了中华帝国法律中为何死刑分为"绞刑"和"斩刑"两种。他指出:"孔子认为,灵魂绝非不灭,灵魂只不过是一股气,从所有死后的肉体中散发出来。所以,处死贵人用绞刑,处死贱民时则不管他们的灵魂将会如何,一律砍头。"⑥

对于中国法中的政制设置部分,黄嘉略不仅介绍了中央六部,还对翰林院、宗人府、都察院、詹事府、大理寺、太常寺、太仆寺、光禄寺、鸿胪寺以及国子监等进行了介绍。其中对于中国皇帝,他写道:"中国的君主享有无限的

---

① 参见许明龙:《黄嘉略与早期法国汉学》,第240~241页。
② 转引自许明龙:《黄嘉略与早期法国汉学》,第260页。
③ 转引自许明龙:《黄嘉略与早期法国汉学》,第260页。
④ 转引自许明龙:《黄嘉略与早期法国汉学》,第261页。
⑤ 转引自许明龙:《黄嘉略与早期法国汉学》,第261页。
⑥ 转引自许明龙:《黄嘉略与早期法国汉学》,第262页。

权力，集教权和俗权于一身，不但如此，皇帝还是文人教派的首领。所以，臣民的财产和性命都捏在皇帝手中，可以随心所欲地加以处置。"① 对于"礼部"，他写道："礼部管理治安、仪礼、祭祀、学术、法律、规章和习俗等，负责向皇帝推荐翰林中的佼佼者派往外省或担任主考，接待属国使臣和贡品，管理来华的外国人。"② 对于中国的文官制度，除了一般性的介绍，黄嘉略还强调："一个普通进士想要爬上总督位置，至少需要 30 年，除了不断送礼之外，还要有强大的后台，否则根本办不到。"③

对于地方政制的设置，黄嘉略的介绍应该是这一时期最为详尽和准确的。一方面，他对明清时期中华帝国的地方各种政制设置有较为详细的介绍。如对于"府"的介绍，他写道：

> 府的行政首长称知府，两位副手分别称同知和通判。他们的下面还有两位官员，一位称经历，主管文书，另一位称照磨，主持罪犯的死刑执行事宜。每个知府有五个辅助官员：保管税金和管理财务的库房、管理公文的书房、管理祭祀和民事的礼房、管理税务的粮房，管理罪犯的刑房。④

对于省一级政制设置，他写道：

> 总督主管两个省，通常由满人担任，任期一般为三年。但如能通过送礼求阁老向皇帝求情，就有可能延长任期，理由是为了当地百姓的福祉，但事实上都是为了保住官位，以便多多敲骨吸髓。总督下面有一位布政使，管理财政，另一位是按察使，主管刑法，同时又是御史。此外还有四位官员，他们是主管军事的兵道、主管文人的学道、主管财政的粮道、主管海上事务的海道。⑤

此外，他还提到了每年御史会到各省巡视，巡视的御史官员身份虽低于总督，但权力却在总督之上。另一方面，黄嘉略没有像在华耶稣会士和启蒙思想家那样一味赞美中国的文官，而是对他们的贪赃枉法和营私舞弊进行了

---

① 转引自许明龙：《黄嘉略与早期法国汉学》，第 268 页。
② 转引自许明龙：《黄嘉略与早期法国汉学》，第 269 页。
③ 转引自许明龙：《黄嘉略与早期法国汉学》，第 271 页。
④ 转引自许明龙：《黄嘉略与早期法国汉学》，第 272 页。
⑤ 转引自许明龙：《黄嘉略与早期法国汉学》，第 274 页。

揭露。他写道:"官员应该给百姓作出榜样,过俭朴的生活,身教重于言教。所罗门说过,他不向上帝要求财富,只要能活下去就可以了。中国的官员们把这类话只当作门面,嘴上说说而已,实际上不放过任何一个发财机会。"①

2. 黄嘉略对孟德斯鸠的影响

如果说黄嘉略对于中国法的说法囿于合作编写语法和字典的性质,对法国第一代汉学家弗雷莱和傅尔蒙的影响还不甚明显的话,那么他对于孟德斯鸠的影响则表现得极为明显。有论者称:"我们掌握的资料显示,孟德斯鸠是在结识旅居巴黎的中国青年黄嘉略后,才对中国发生兴趣的。"②

孟德斯鸠很可能是在弗雷莱的介绍下结识黄嘉略的。有关黄嘉略与孟德斯鸠交往的记载始于 1713 年 9 月 22 日,止于同年 12 月 5 日。在两人交往短短的 70 多天里,孟德斯鸠至少 8 次造访黄嘉略,听取后者为他讲述有关中国的一切。③ 有论者研究指出,孟德斯鸠后来著作中指名道姓提及黄嘉略的一共有两份资料:一份是他的《随笔》(*Spicilège*);另一份则是《我与黄先生的谈话中关于中国的若干评述》(*Quelques remarques sur la Chine que j'ay tirées des coversations que j'ay eües avec M. Ouanges*,下文简称《评述》)一文。④

在较短的《随笔》中,孟德斯鸠写道:"我听黄先生说,他刚从中国来的时候曾把帽子留在教堂里;因为有人在中国对他说,欧洲的民风极为纯朴,大家都非常和善,从来不曾听说偷盗和死刑。所以,当他听说要对一个杀人犯执行绞刑时,他极为吃惊。"⑤那份长的《评述》则是孟德斯鸠在与黄嘉略交谈后整理而成的。⑥ 尽管这份《评述》的内容"经过孟德斯鸠的咀嚼和消化",但"我们不妨将这份文献看作黄嘉略和孟德斯鸠合作的成果,前者提供素材,后者评述"。⑦ 法国学者弗朗索瓦斯·维尔(Françoise Weil)以孟德斯鸠为视角将《评述》全文归纳为 13 个问题:

1. 中国人有哪些宗教和信仰? 2. 听说对罪犯施行酷刑,究竟有哪些酷刑? 3. 应该如何看待中国人的迷信? 颜珰因此而遭遇什么麻烦?

---

① 转引自许明龙:《黄嘉略与早期法国汉学》,第 275 页。
② 许明龙:《欧洲 18 世纪"中国热"》,第 239 页。
③ 参见许明龙:《黄嘉略与早期法国汉学》,第 339~340 页。
④ 参见许明龙:《黄嘉略与早期法国汉学》,第 340~341 页。
⑤ 〔法〕孟德斯鸠:《随笔》,许明龙译,载许明龙编译:《孟德斯鸠论中国》,第 222 页。
⑥ 根据许明龙的研究,这份《评论》有两份手稿。一份见于孟德斯鸠的笔记《地理》,1950 年收入 Nagel 版《孟德斯鸠全集》;另一份如今收藏在波尔多市立图书馆,与这份手稿同在一册的还有孟德斯鸠阅读柏应理《西文四书直解》和基歇尔《中国图说》的笔记。参见许明龙:《黄嘉略与早期法国汉学》,第 341 页。
⑦ 许明龙:《黄嘉略与早期法国汉学》,第 342 页。

4.中国人特有的习俗,诸如坟墓和衣着等。5.家产分割。6.汉语。7.汉字。8.等级:官员和文人。9.中华帝国的历史为何如此悠久?过去与现在是同一个帝国吗?10.如何看待(中国的)政制?11.中国人真的懂得一切科学吗?12.中国人的礼仪。13.从中国的典籍看中华文明和中华民族的古老,这些典籍中记述的洪水、日食等事件与西方世界对同类事件的记述是否一致?①

在第1个问题中,孟德斯鸠提到了中华帝国死刑缘何分为"斩刑"和"绞刑"两种,其内容与前述黄嘉略在《汉语语法》第2部分"中华帝国简述"手稿中的内容完全一致。② 对于第2个问题,孟德斯鸠对中国人刑罚的残酷性写道:

> 犯了重罪的人被罩在烧红的铁钟下面;或是千刀万剐,究竟割多少刀,由审判官随意决定。最多可割成六十段,罪犯应在割最后一刀时才咽气,倘若早死,刽子手就要被处死。第一刀和第二刀割死囚前额的皮,让皮耷拉下来盖住双眼。
>
> 纣王的妃子妲己发明了一种新刑罚,后来废除了。这种刑罚是让囚犯搂抱一个烧红的铜柱。这些中国尼禄们一天之中就用这种刑罚先后处置二十二个官员。这些官员都曾任阁老;每个阁老主持一个拥有十三名官员的机构,每天都朝见皇帝。阁老的任务是指出皇帝和内阁的过失。这个官职在鞑靼皇帝治下依然存在,被皇帝处死的阁老走向刑场时,就像殉教者一样。③

很显然受到黄嘉略的影响,这里孟德斯鸠对中国人刑罚的描写是极其残酷的,甚至启蒙思想家笔下的"伦理道德"根本无法约束君主,"开明君主"在孟德斯鸠这里变成了罗马帝国暴君尼禄。对此,史景迁也指出:"孟德斯鸠的目标,是以实证方法明确订立法律原则,而非仰赖自然律及宇宙定理的一般法则。显然黄嘉略的见解,在这方面对他助益颇多。"④

---

① 转引自许明龙:《黄嘉略与早期法国汉学》,第342~343页。

② 〔法〕孟德斯鸠:《我与黄先生的谈话中关于中国的若干评述》,许明龙译,载许明龙编译:《孟德斯鸠论中国》,第37页;另见许明龙:《黄嘉略与早期法国汉学》,第420页。

③ 〔法〕孟德斯鸠:《我与黄先生的谈话中关于中国的若干评述》,第38页;另见许明龙:《黄嘉略与早期法国汉学》,第421页。

④ 〔美〕史景迁:《大汗之国:西方眼中的中国》,第118~119页。

　　孟德斯鸠在第 3 个问题的讲述中，直接批评了在华耶稣会士及其在华传教的功绩。他指责他们试图"借助人际关系达到目的，忘了宗徒们所坚持的道路"；并认为"中国的基督徒不足十万，其中大多数都是偶像崇拜者，他们只不过对道和佛的迷信改成对圣沙勿略、圣方济各、圣母的迷信罢了"；"传教士的重要成果是为许多尚不懂事的孩子临死之时施洗。他们到那里去的身份是医生"。① 考虑到黄嘉略来法前一直在中国跟随传教士传教，孟德斯鸠这里的言论具有一定的真实性和代表性；同时，基本可以推断出孟德斯鸠也是耶稣会"文化适应"传教策略的反对者。

　　对于第 5 个问题，孟德斯鸠指出：

　　　　中国人的家庭，财产共有。中国有两种财产，一种为个人所有，另一种为全家所有。每个家庭成员都要先到先祖坟前祭奠，在这个场合认亲戚，凡参加这个集会的人都可参与家庭财产的分割。家中若有人犯了大逆罪，就要满门抄斩。有迹象表明，来到中国的初民就这样分割财产，这样一来，家庭就既不增多，不分开，也不相互有别，而是始终与原来一样。②

　　对于第 8 个问题，孟德斯鸠以巴黎外方传教会在华神父阎当为例，指明在中国"文人"受审可以享有不必到堂、不用下跪等权利：

　　　　有人指控颜珰先生，说他以祈祷为借口，把一些妇女弄进了他的住所。担任审讯的官员来到他的住所，因为，他被视为来自欧洲的文人，而出于对文人的尊重，审讯通常在被控者的家里进行。文人还享有另一种优待，那就是他们不必像普通百姓那样下跪，站在官员一旁即可。官员面前放一张案子，官员和案子都神圣不可侵犯。官员问颜珰先生，对他的指控是否属实；他回答时怒气冲冲，使劲摇动案子，还伸长脖子说，如果指控属实，只管砍他的头好了。官员见颜珰先生这副张狂的模样，就像见到了野人那样吃惊地看着他，立即中断审讯，打道回府。③

_____

　　① 参见〔法〕孟德斯鸠：《我与黄先生的谈话中关于中国的若干评述》，第 39 页；另见许明龙：《黄嘉略与早期法国汉学》，第 422 页。
　　② 〔法〕孟德斯鸠：《我与黄先生的谈话中关于中国的若干评述》，第 39～40 页；另见许明龙：《黄嘉略与早期法国汉学》，第 423 页。
　　③ 〔法〕孟德斯鸠：《我与黄先生的谈话中关于中国的若干评述》，第 44 页；另见许明龙：《黄嘉略与早期法国汉学》，第 427 页。

同时，他又用在华耶稣会神父、时任钦天监监正闵明我的例子说明，在中国高级别官员可以惩罚低级别官员：

> 闵明我神父受皇帝派遣前往欧洲，绕道途经福州，所有官员都前去迎接。走过那条街时，他问眼前这所大屋是什么建筑，恭候路旁的基督徒回答说，此屋原本是教堂，被一位武将占有，改成了马厩。闵明我神甫立即下令把此人找来，亲自用皮鞭抽了他一百下，令他立即把教堂腾出来。品位稍低的官员对没有官品的人也可以如此行事。只有文人首领才能惩治他。①

在第 9 个问题上，孟德斯鸠开始通过自己的论述，试图解构充斥启蒙时代的各种赞美中华帝国历史的观点。他说道：

> 这个帝国延续时间虽然很长，但并非始终如一，曾有过无数次的分裂。我相信，想要对中国皇帝有所认识的人，必须首先摆脱先入为主的成见，摆脱通常对中国政制的仰慕，这种仰慕使我们产生了错误的观念，以为中国是世界上最伟大的帝国。②

接着，孟德斯鸠对西方流传的"中国历史从未中断""中华帝国强大稳定"和"中国皇帝享有绝对权力"等"神话"，都给予了所谓的批判。他声称中华帝国"分裂从未停止过"；"皇帝在各个时期拥有的权力不尽相同"；"没有一个帝国的内战比中国更多"；"全国到处是不和混乱"。在此基础上，他告诫欧洲人不必妄自菲薄，过分仰慕中国："如果中国政府真如人们所说的那样优秀，鞑靼人怎能只用一天时间就成了它的主人呢？""欧洲人如果始终在欧洲人的统治之下，波斯人如果上溯到它的先驱居鲁士，我们就会发现，这些帝国与中国同样悠久。"③因此，他在该部分最后说道："让我们抛弃成见吧，我们对他们说了那么些好话，太奉承他们了，而他们却从来不奉承我们。这个

---

① 〔法〕孟德斯鸠：《我与黄先生的谈话中关于中国的若干评述》，第 44～45 页；另见许明龙：《黄嘉略与早期法国汉学》，第 428 页。
② 〔法〕孟德斯鸠：《我与黄先生的谈话中关于中国的若干评述》，第 46 页；另见许明龙：《黄嘉略与早期法国汉学》，第 429 页。
③ 〔法〕孟德斯鸠：《我与黄先生的谈话中关于中国的若干评述》，第 46～47 页；另见许明龙：《黄嘉略与早期法国汉学》，第 429～430 页。

自负的民族自以为是世界上治理得最好的国家。"①

针对第 10 个问题,孟德斯鸠着墨最多。他先介绍了中国的君主。他写道:"君主享有无限的权力,集教权与俗权于一身。因为皇帝是文人教派的首领,所以,臣民的财产和性命都捏在皇帝手中,反复无常的暴君可以随心所欲地加以处置。"②在他眼里不仅皇帝是专制的,皇帝的省一级大臣也是如此。他写道:

> 每个省只有三名官员有权向朝廷呈递奏折,其他人若想奏闻朝廷,必须首先将折子送交审查。因此之故,那三个有权呈递奏折的官员想整谁就整谁,受指控的人无法为自己辩护。普通百姓极易受他们凌辱和欺压,他们的呼声永远无法达于皇廷。③

至于中国的刑罚,孟德斯鸠更是给出了极其负面的评价:

> 中国刑庭的不公和血腥在世界上无出其右者。我不想说那些残酷的刑法与法拉里斯的发明异曲同工,只想指出一点,那就是无辜者与罪犯同样受到惩罚。某人若犯了大逆罪,他的所有亲戚就得与他一起受戮,不管关系有多远,哪怕已经出了百服,母系亲属同样不能幸免。
>
> 贪污犯的妻子以及所有直系亲属,不管是上代还是下代,统统问斩,兄弟姊妹也不能幸免。
>
> 需要分清受害者是谁,倘若是君主的财产被侵吞,刑罚如上所述;如果百姓的财产被侵吞,只有罪犯本人受惩处。
>
> 一个人若犯了杀人罪,他的亲属就得赶紧逃走。受害人的亲属可以占有罪犯的亲属的所有不动产,并且对他们拳脚相加,用各种方法伤害他们。我不否认,这种律法能产生某些效果,引起互相负有责任的家长们的重视,让自己的孩子接受尽可能好的教育。然而,这种刑罚多么不公啊!④

---

① 〔法〕孟德斯鸠:《我与黄先生的谈话中关于中国的若干评述》,第 47 页;另见许明龙:《黄嘉略与早期法国汉学》,第 430 页。
② 〔法〕孟德斯鸠:《我与黄先生的谈话中关于中国的若干评述》,第 47 页;另见许明龙:《黄嘉略与早期法国汉学》,第 430 页。
③ 〔法〕孟德斯鸠:《我与黄先生的谈话中关于中国的若干评述》,第 47 页;另见许明龙:《黄嘉略与早期法国汉学》,第 430~431 页。
④ 〔法〕孟德斯鸠:《我与黄先生的谈话中关于中国的若干评述》,第 48 页;另见许明龙:《黄嘉略与早期法国汉学》,第 431 页。

当启蒙思想家们夸奖中国人"彬彬有礼"时,孟德斯鸠却说野蛮。他举例说先帝驾崩后,所有宫女"一律送到市场作为奴隶出售",而且说"鞑靼人不像汉人这样野蛮",主动废除了"这种不光彩的习俗"。① 当思想家们赞美中华帝国的文官政治时,孟德斯鸠却借用"八旗制度"指出中国的官僚选任"卑劣如今到了什么地步":

> 鞑靼人入主中国时,有八个被称作八旗的望族,可以说,今天统治中国的就是这八个家族。权力父子相传,就像法国和英国的公爵、伯爵一样,因为他们权势代代相传。他们的出身为他们带来了巨大的特权。六部大臣都由八旗首领担任,阁揆永远是来自他们之中的某一位。这些老爷的权势有多大,从下面这个事例不难看出:他们心血来潮时从家奴中挑选一人,派遣到外省当总督。主子一声召唤,家奴不得不立即回去。此时才惊奇地发现,被派去代表皇帝行使权力的人,原来只听他主子的吩咐,回来以后他又跟从前一样,什么也不是。②

除了《随笔》和《评述》,孟德斯鸠的《波斯人信札》和《论法的精神》也在很大程度上受到了黄嘉略的影响。如有论者研究认为,孟德斯鸠这里所说的波斯人其实就是黄嘉略。③ 而孟德斯鸠在撰写《论法的精神》之前,曾在 1734 年至 1738 年间誊抄了一遍《评述》。"这就让人有理由认为,《评述》的这次整理和誊抄,极有可能是出于准备撰写《论法的精神》的需要。"④《论法的精神》很多涉及中国的段落可以直接在《评述》中找到。⑤

18 世纪中叶以前,对中国法形象不同的声音还在英国海军上将乔治·安逊(George Anson,1697～1762)的《环球航行记》(*A Voyage Round the World*)中出现。1748 年在伦敦出版的《环球航行记》记述了第一艘来到中国的英国兵船"百夫长号"(Centurion)在广州的遭遇。

该书并非安逊将军亲笔,而是"百夫长号"随军牧师理查德·瓦尔特

---

① 参见〔法〕孟德斯鸠:《我与黄先生的谈话中关于中国的若干评述》,第 48～49 页;另见许明龙:《黄嘉略与早期法国汉学》,第 431～432 页。

② 〔法〕孟德斯鸠:《我与黄先生的谈话中关于中国的若干评述》,第 49 页;另见许明龙:《黄嘉略与早期法国汉学》,第 432 页。

③ 参见许明龙:《黄嘉略与早期法国汉学》,第 343～351 页。

④ 许明龙:《黄嘉略与早期法国汉学》,第 369 页。

⑤ 《评述》与《论法的精神》相似之处的比对,参见许明龙:《黄嘉略与早期法国汉学》,第 367～369 页。

（Richard Walter）根据安逊的航海日记整理而成的。① 在该书中，作者将中国描述成了一个极度贫穷落后、愚昧无知且盲目自大的国度，甚至还质问过去这些来自欧洲的传教士们为何把中国描写成为政治清明、道德高尚、百姓富足的国家。实际上，该书涉及中国法的内容不多，但对当时欧洲的影响很大。孟德斯鸠和卢梭等人在各自著作中都援引了该书涉及中国的观点。当时的德国论者评论说："著名的安逊舰长是纠正我们对于这个官僚政府（指中华帝国——引者注）的认识的第一人。"②

孟德斯鸠之前，对中国法形象进行批评的还有法国高级神职人员费内隆（François de Salignac de La Mothe-Fénelon，1651~1715）。据艾田蒲考证，18世纪初法国人费内隆就在《苏格拉底与孔夫子的对话》（Dialogues Confucius et Socrate）一书中，借苏格拉底之口表达了对中国法形象的怀疑和批评。费内隆指出："迄今为止，你们的民族在我看来只是远处一台美丽热闹的戏，很值得怀疑，真假难分。"③

作为一个与"中国礼仪之争"没有直接关系的教会人士，费内隆对中国的全面非议在18世纪初实属少见。对于在华传教士和启蒙思想家所宣扬的中国历史的悠久性，费内隆并不认同。他说道：

> 我们不认识你们的历史学家，只读过缺乏批判精神的人所报道的一些零星片段。应该精通你们的语言，读你们的书，特别是原著，只有当大批学者进行了深入的研究之后，才能通过具有检验能力的人澄清事实。在此之前，你们的民族在我看来，美则美矣，大则大矣，但却非常令人生疑。④

对于中国人，费内隆更是给出了侮辱性的评价：

> 据报道，世界上最虚荣、最迷信、最利欲熏心、最不公正的就是中国人。……中国人生活在宁静和富庶的国度里，他们心灵空虚，蔑视世界上所有其他民族，为自己非同寻常的古代沾沾自喜，为历史久远而自以为不同凡响，尽管他们彬彬有礼，却是一个令人发笑的、迷信得无以复

① 参见许明龙：《欧洲18世纪"中国热"》，第109页。
② 转引自许明龙：《欧洲18世纪"中国热"》，第110页。
③ 参见〔法〕艾田蒲：《中国之欧洲：从罗马帝国到莱布尼茨》，上卷，第234页。
④ 转引自许明龙：《欧洲18世纪"中国热"》，第259~260页。

加的民族。①

总之,在他看来,中国不仅不值得学习,而且是一个没有希望的民族。费内隆说道:"在中国,整个民族的准则就是撒谎,并且以善于撒谎自诩,人们对此丝毫不觉得羞耻;对于这样一个民族,难道能期望从他们那里得到难以企及的真理吗?"②

(二) 孟德斯鸠对中国法形象的指责

18世纪中叶,作为"法国18世纪最伟大的政治思想家",孟德斯鸠对于中国法的批评无疑是具理论性和体系性的。法国学者赫尔曼·哈尔德(Hermann Harder)甚至称,孟德斯鸠"是一名相当典型的欧洲中心主义论者"③。从理论上讲,孟德斯鸠之所以不同意18世纪初启蒙时代哲学家们的"赞华派"观点,很大程度上是因为其所秉持的反对线性思维、绝对主义哲学倾向的"法社会学"立场。作为法社会学的鼻祖,孟德斯鸠试图从政治、经济、文化、地理、风俗甚至天气、性情等多元角度去看待某一问题,而非启蒙运动那种绝对观念的单向度演绎。因此,他对于中国法的不同声音和态度,从大的方面讲是符合其研究立场的。

1. 中国法信息的来源

从具体知识形成角度讲,孟德斯鸠不同意这一时代的中国法观点,显然也与他接触的人和资料有关。对于此点,前述黄嘉略对于孟德斯鸠的影响即是明证。④

从孟德斯鸠接触的人来说,除黄嘉略以外,他还深受在华耶稣会士傅圣泽的影响。傅圣泽(又译为"富凯"),清代法国入华传教士,1699年来华,1722年返回欧洲,曾被康熙帝召进宫与白晋一起研究《易经》,后因在对待中国礼仪问题上与在华的耶稣会士的意见相左,被派往欧洲。

1729年2月1日,傅圣泽在罗马接受孟德斯鸠的造访,并告诉其有关中国的负面信息。例如,傅圣泽对他这位名噪一时的来访者解释说:"中国境内匪患频频。如果适逢荒年庄稼歉收,特别是一个人满为患、女人生育力强、孩子嗷嗷待哺的乡村地区,村民会揭竿而起。起义有时会危及政权。如

---

① 转引自许明龙:《欧洲18世纪"中国热"》,第260页。
② 转引自许明龙:《欧洲18世纪"中国热"》,第261页。
③ 〔法〕赫尔曼·哈尔德:《18世纪的中国"政府"问题》,载〔法〕谢和耐、戴密微等:《明清间耶稣会士入华与中西汇通》,第403页。
④ 当然也有论者认为,孟德斯鸠之所以相信黄嘉略"第一手"的"中国描述",是因为他知道法王路易十四颇为欣赏康熙政府,而他早已认定路易十四政府是专制的。参见刘星:《法的历史实践:从康熙到路易十四》,法律出版社2018年版,第106～107页。

果康熙皇帝发威,人命在他眼里不过如飞蝇。"①对于傅圣泽对孟德斯鸠的影响,艾田蒲指出:"孟德斯鸠在遇到前耶稣会士富凯以前,对中国政体的评价是好的,而在这以后,富凯劝孟德斯鸠绝对不要相信耶稣会士的那些'游记',因此对他的影响很大。"②艾田蒲甚至认为,孟德斯鸠之所以不同于这个时代,对中国进行批评,一是源于孟德斯鸠自己的理论,二是深受傅圣泽的影响。对此,他说道:"耶稣会士进入中国以来,越来越多的人盲目相信这个国家,孟德斯鸠不算在内,因为他早就受到自己理论体系和富凯神甫的影响了。"③

可以说,孟德斯鸠之所以对中国法的观照一开始就采取了一种远非钦佩的否定态度,很大程度上就是因为受到了黄嘉略和傅圣泽的影响。对此,有论者说道:

> 如果说孟德斯鸠与黄嘉略的相识与交谈使之获得了观照中国的一种冷峻的方法和尺度,从而事实上使这位西方学者一开始研究中国就形成了一种偏见,那么他与傅圣泽的相逢与晤谈则加重了这种偏见的分量:他无法抗拒傅圣泽那种"对中国病态性排斥"之影响。④

从孟德斯鸠接触的材料看,他早在 1713 年与黄嘉略接触后就开始有针对性地阅读关于中国的书籍。对此,法学学者路易斯·戴格拉夫写道:"大概在 1713 那年,在对话者的建议下,孟德斯鸠阅读、摘录并评注了柏应理的《中国编年》(*Tabula chronologica*)和《西文四书直解》(*Confucius Sinarum Philosophus*)以及基歇尔的《中国图说》。"⑤与这个时代的其他"知识者"一样,他也阅读了耶稣会士关于中国的作品,如《中华帝国全志》和《书简集》等,并精心做了大量笔记。这些笔记大都收录在孟德斯鸠《地理》第 2 册中。⑥

此外,来华外交官和商人们的作品也是其写作资料的重要来源。这些作品也可在《地理》中找到。它们包括:英国人威廉·丹皮尔(Guillaume Dampier)的《新环球游记》(*Nouveau voyage autour du monde*)、法国使节西

① 参见〔美〕魏若望:《耶稣会士傅圣泽神甫传:索隐派思想在中国及欧洲》,第 286~288 页。
② 〔法〕艾田蒲:《中国之欧洲:西方对中国的仰慕到排斥》,下卷,第 31 页。
③ 〔法〕艾田蒲:《中国之欧洲:西方对中国的仰慕到排斥》,下卷,第 33 页。
④ 钱林森:《偏见与智慧的混合——孟德斯鸠的中国文化观》,《南京大学学报(哲学·人文·社会科学)》1996 年第 1 期。
⑤ 转引自许明龙:《黄嘉略与早期法国汉学》,第 364 页。
⑥ 参见〔法〕孟德斯鸠:《地理》,第 53~221 页。

蒙·德·拉鲁贝尔(Simon de La Loubère)的《暹罗王国》(*Du Royaume de Siam*)、法国学者雷诺多(Eusèbe Renaudot)翻译两位穆斯林旅行家的《两位穆斯林游历印度和中国的记述》(*Anciennes relations des Indes et de la Chine par deux mahométrans*),①以及朗克(Lorenz Lange)的《北方游记》(*Recueil de voyages au Nord*)和前述乔治·安逊的《环球航行记》。

2. 对中国法形象的另种表达

至迟从与黄嘉略接触的1713年起,孟德斯鸠一直对中国保有着浓厚的兴趣。尽管他并未撰写过一部专门论述中国的专著,但有关中国的论述,散见于他生前出版的《波斯人信札》《论法的精神》和19世纪末20世纪初先后被发现的笔记《随想录》《随笔》《地理》以及《真诚赞》(*Eloge de la Sincérité*)、《论西班牙的财富》(*Considérations sur les richesses de l'Espagne*)、《论哥特式》(*De la manière gothique*)、《论影响精神和性格的原因》(*Essai sur les causes qui peuvent affecter les esprits et les caractères*)等论文之中。②

尽管在上述笔记、文章和著作中也有一些关注中国法的内容,但孟德斯鸠对于中国法形象的建构主要集中在1748年于内日瓦出版的鸿篇巨著《论法的精神》中。③

正如前述的那样,在黄嘉略和傅圣泽的影响下,孟德斯鸠已经对中国开始先入为主地抱有一种怀疑和不信任的态度,因而这种否定式的思维定式很可能直接决定了他对于上述这些材料的取舍。换言之,他对于那些揭示中国法负面的资料,自然地抱有一种亲近的态度和热情。例如,孟德斯鸠在看到前述安逊将军撰写的《环球航行记》时,竟抑制不住自己的欣喜之情,大声喊道:"啊!我早说过,中国人不是《耶稣会士书简集》力图让人相信的那样诚实。"④相反,他对那些耶稣会士颂扬中国法的资料则半信半疑或者本能地予以排斥。例如,孟德斯鸠在其所著《地理》第2卷评述杜赫德的《中华帝国全志》时说道:"耶稣会士在描写中国时激情满腔,杜哈德(杜赫德——引者注)提到的那八个省中,一切都令人钦慕……大自然难道总是如此美好而不掺杂有任何丑陋吗?"⑤因此,在孟德斯鸠的书中出现对中国法的指摘也就不足为奇了。

---

① 参见〔法〕孟德斯鸠:《地理》,第22~36页。

② 参见许明龙:《黄嘉略与早期法国汉学》,第367页。

③ 法国学者贾永吉整理了孟德斯鸠《论法的精神》中涉及中国的段落,参见贾永吉:《孟德斯鸠与魁奈论中国的专制主义》,第260~263页。

④ 许明龙:《孟德斯鸠与中国》,国际文化出版公司1989年版,第94页。

⑤ 参见许明龙:《孟德斯鸠与中国》,第95页。

孟德斯鸠对于中国法的评价是在其整个法政理论体系框架下进行的，换言之，中国法只是其分析、演绎、论证其法政理论的素材而已。孟德斯鸠在其理论中首先构想了共和政体、君主政体和专制政体三类政体，并确立了各自的原则。他指出：

> 共和政体的性质是全体人民或若干家族执掌最高权力；君主政体的性质是君主执掌最高权力，但依据确定的法律行使权力；专制政体的性质是单独一人随心所欲，朝令夕改地治理国家。①

与古希腊亚里士多德君主政体、贵族政体和民主政体的传统政体划分不同的是，孟德斯鸠关于政体的划分依据不是理论，而是史实基础上的经验。在他的分类中，共和政体的典范就是古代罗马或雅典，专制政体则指代的是东方诸国，而君主政体则是罗马帝国解体后的近代欧洲诸国。按照此分类，古代中国被认为是一个专制国家。② 他写道：

> 我们的传教士谈及幅员辽阔的中华帝国时，把它说成一个令人赞叹的政体，其原则兼容畏惧、荣宠和美德为一体。这么说，我所确立的三种政体原则，便是徒劳无益的区分了。
>
> 对于一个如果不使用棍棒，人民便什么也不干的国家而言，我不明白他们所说的荣宠是什么。
>
> 此外，传教士们提及的那些美德，从我们的商人的叙述中几乎丝毫也感觉不到。我们不妨听听他们所说的中国官员的欺诈掠夺行径。
>
> ……
>
> 有人曾经试图让法律与专制主义并行不悖，但是，任何东西一旦与专制主义沾边，就不再有力量。专制主义在无数祸患的挤压下，曾经试图用锁链束缚自己，然而却是徒劳无益，它用锁链把自己武装起来，从而变得更加骇人。
>
> 所以，中国是一个以畏惧为原则的专制国家。③

---

① 〔法〕孟德斯鸠：《论法的精神》，上卷，第30～31页。
② 当然，法国学者艾田蒲曾找到孟德斯鸠《论法的精神》的一份资料，该资料显示孟德斯鸠一开始认为"中国的政体是一种混杂政体"，但后来他在《论法的精神》第8章第21节中逐字逐句推翻了自己的观点。参见〔法〕艾田蒲：《中国之欧洲：西方对中国的仰慕与排斥》，下卷，第20～21页。
③ 〔法〕孟德斯鸠：《论法的精神》，上卷，第150～152页。

值得注意的是，这里孟德斯鸠第一次将中国的政制拉到一个来自西方的政制分析框架之中，这为后来西方"东方专制主义"（Oriental Despotism）概念的出现埋下了伏笔。①

为了区别以美德为原则的古代共和国和以荣誉为原则的近代君主制国家，论证说明中国法的专制性特征，孟德斯鸠引用了中国古代的"大逆罪"和"子罪坐父"的例子，并以此来彰显以恐惧为原则的东方专制主义。在这两个例子中，中国统治者拥有至上权力，并不受法律的约束，全凭个人意志行事，动辄以大逆不敬之罪或"子罪坐父"为名目，随意处置臣僚与百姓，草菅人命。"中国的法律规定，任何人对皇帝不敬，就要处死。由于没有确切阐明什么是不敬，所以任何理由都可以用作借口，剥夺想要置其于死地的那个人的生命，毁灭想要灭门的那个家族"②；"中国人根本没有荣宠观念"③。

此外，针对启蒙时代许多思想家对于中国法律与伦理道德完美结合的褒扬，孟德斯鸠给出了不同的解读。在他看来，法律、习俗和风尚之间本是存在区别的，法律着眼于"公民"的行为，而风俗和风尚则关注的是"人"的行为。他指出：

> 习俗和风尚是法律不曾、不能或不愿确立的习惯性行为。
> 法律与习俗的区别在于：法律着重规范公民的行为，习俗着重规范人的行为。习俗与风尚的区别在于：习俗主要与内心活动相关，风尚主要与外部行为相关。④

而中国的"立法者把法律、习俗和风尚混为一谈"⑤。此外，"中国立法者所做的不止于此。他们把宗教、法律、习俗和风尚融为一体，所有这些都是伦理、都是美德。与宗教、法律、习俗和风尚有关的训诫就是人们所说的礼仪"⑥。实际上，孟德斯鸠此处的说法早在18世纪初法国学者费内隆《苏格拉底与孔夫子的对话》一书中就有表达。费内隆"摒弃了中国的形式主义伦理，因为它仅满足于行为和习惯法之间的统一，而不设法使个人的行为与永久的善恶原则联系起来"⑦。坦率地讲，孟德斯鸠这里对于中国法的把握无

---

① 参见李猛：《孟德斯鸠论礼与"东方专制主义"》，《天津社会科学》2013年第1期。
② 〔法〕孟德斯鸠：《论法的精神》，上卷，第229页。
③ 〔法〕孟德斯鸠：《论法的精神》，上卷，第113页。
④ 〔法〕孟德斯鸠：《论法的精神》，上卷，第364页。
⑤ 〔法〕孟德斯鸠：《论法的精神》，上卷，第364页。
⑥ 〔法〕孟德斯鸠：《论法的精神》，上卷，第365页。
⑦ 〔法〕维吉尔·毕诺：《中国对法国哲学思想形成的影响》，第457页。

疑是具有科学意义的,因为"伦理法"以及"礼法之治"恰是中国法的本质属性。①

关于中国古代统治者将其混同的原因,孟德斯鸠认为,这样做对内可以维持帝国的秩序,消除人内心的邪恶:

> 中国立法者的主要目标是让人民太太平平地过日子。他们要求人相互尊敬,人人时刻不忘自己受惠于他人甚多,无人不在某个方面有赖于他人。为此,中国立法者制定了最广泛的礼仪规范。
>
> 比方说,中国的村民和身居高位的人讲究同样的教养,这是一个好办法,借此可以养成宽厚,维持太平和有序,消除因暴戾而产生的一切邪恶。②

对外,这样的混同也有助于"中国并不因为被征服而丧失法律",进而维持陈陈相因的法律传统。他说道:

> 由于中国的习俗、风尚、法律和宗教难以一一分清,所以不可能同时把这些东西统统改变。若想进行变革,不是征服者变,就是被征服者变。在中国,变的一向是征服者。因为,征服者的习俗并不是他们的风尚,他们的风尚并不是他们的法律,他们的法律并不是他们的宗教。所以,征服者折服于被征服者,比被征服者折服于征服者容易。③

可见,孟德斯鸠通过自己的分析,一针见血地指出了中国法律道德化、伦理化远非如启蒙时代大多数思想家所表达的那样正面、积极;相反,这种看似完美的结合只是为了维护专制统治,与自由权利无关。对此,他说道:

> 中国立法者以天下太平为治国的主要目标。在他们看来,俯首听命是维持天下太平的有效手段。基于这种想法,他们认为应该鼓励人们敬重父亲,为此他们不遗余力。……所有这一切构成礼仪,礼仪构成民族的普遍精神。我们将会感到,看似最无关紧要的东西,其实并非与中国的基本政制无关。中华帝国构建在治家的理念之上。倘若削弱父

---

① 参见俞荣根:《礼法中国:重新认识中华法系》,孔学堂书局2022年版。
② 〔法〕孟德斯鸠:《论法的精神》,上卷,第364~365页。
③ 〔法〕孟德斯鸠:《论法的精神》,上卷,第366页。

权,哪怕仅仅削减用以表示尊重父权的礼仪,那就不啻是削弱对被视同父亲的官员的敬重……①

与此同时,孟德斯鸠还观察到,充斥着道德、伦理的法律也并非一定保证民气的优良,虽然"礼仪构成民族的普遍精神",但在这种情况下,民气可以是淳朴憨厚的,也可以是刁钻奸猾的。对此,他说道:"令人十分惊奇的是,中国人的生活完全以礼仪为指导,可是,他们却是世界上最狡黠的民族。这种情形尤其多见于贸易中,尽管贸易最能自然而然地激发人们的诚信,但贸易却从未激发起中国人的诚信。"②

于是,中国古代的法律形象在孟德斯鸠笔下完全呈现出另一种样态,即中华帝国并不存在西方意义上的法律,即便有一些名义上的法律,也是被道德、伦理浸透的,不大有正义、平等、自由的内涵,有的只是刑与罚的意义,至多讲求点"公正"罢了。

显而易见的是,除去前述黄嘉略和傅圣泽的影响外,孟德斯鸠自身对于"三权分立"的强调以及其所秉持的"所有温和并因此正确政体都应该使每个公民享有权利与自由"的立场,使他极力反对这一时期启蒙思想家们所说中国是一种"开明专制主义"的观点。

他在《论法的精神》第8章第21节"试图抹去传教士们赋予中国的形象,以证明中国的政体并不具有孟德斯鸠所定义的主要三种政体形态特征的政体类型,而是纯粹的专制政体"③。当中国皇帝拥有绝对权力,不存在对其形成制衡的权力时;当中国法律与习俗相混,需要皇帝进行区分判断时;当中国皇帝既是立法者,又是执法者,同时还是裁判者时,中华帝国在孟德斯鸠的理论预设下只能是专制主义国家。对于孟德斯鸠此种研究特点,有论者曾指出:"因为孟德斯鸠的治学,不是归纳,而是演绎。他从单纯的意念出发,先提出原则,然后再找事实来佐证。"④

3. 孟德斯鸠论述中国法中的矛盾

然而,法国学者艾田蒲提醒我们对于孟德斯鸠中国法形象的认识不能止步于此,"事实上,第8卷第21章(第8章第21节——引者注)却远远不能被看作是孟德斯鸠对中国所下的最后论断"⑤。因为孟德斯鸠在该书中

① 〔法〕孟德斯鸠:《论法的精神》,上卷,第367~368页。
② 〔法〕孟德斯鸠:《论法的精神》,上卷,第368页。
③ 〔法〕艾田蒲:《中国之欧洲:西方对中国的仰慕到排斥》,下卷,第20页。
④ 阎宗临:《中国与法国18世纪之文化关系》,第108页。
⑤ 〔法〕艾田蒲:《中国之欧洲:西方对中国的仰慕到排斥》,下卷,第25页。

涉及中国法的其他片段,似乎又和上述关于中国法形象的结论是矛盾的。换言之,中国法在某些方面又是独特的,并非那么不堪。

第一,在孟德斯鸠理论中似乎只有共和政体才能建立弹劾制度,如斯巴达的监察官和罗马共和国时期的两名监察官。对此,他写道:"什么政体需要监察官? 以美德为原则的共和政体需要监察官。败坏美德的不仅是罪恶,还有疏忽、失职以及爱国心的降温、危险的先例和腐败的苗头等等。这些东西并不触犯法律,但戏弄法律;并不摧毁法律,但损害法律,所有这一切都应由监察官加以纠正。"①但他在该节结束时又非常矛盾地说道:"大家都觉得,专制政体不需要监察官。这条常规对于中国似乎是个例外。"②

第二,孟德斯鸠认为中国的税收法律制度优于古罗马的包税制。对此,他写道:"在共和国里,国家的收入几乎全部来自直接征税。罗马采用相反的做法,这正是罗马政体的一大弊端。在实行直接征税制的专制国家里,人民享受着无穷的福祉,中国和波斯就是明证。"③

第三,在孟德斯鸠的观念里,"法律一旦与专制主义沾边,就不再有力量"。他实际上在讲,在中国法律是专制主义实行的工具。但他在《论法的精神》第 6 章第 16 节中却用中华帝国法律"罚当其罪"的例子,反对法国法中不区分杀人抢劫和一般抢劫的弊端。他写道:

> 在我们这里,对拦路抢劫和杀人抢劫的人,都判以同样的刑罚。很显然,为了保障公共安全,这两种罪行应该量刑有别。
>
> 在中国,对残忍的抢劫犯处以凌迟,对其他的抢劫则不处以凌迟,量刑上的区别使得中国的强盗抢劫而不杀人。④

第四,在孟德斯鸠看来,"不应把所有权力集中在一个人手中",特别是要把"宗教领袖和国家分开"。但是"政教合一"的中华帝国,代表"知识理性"的"书"却约束了权力。对此,他说道:"中国皇帝是最高宗教领袖,可是,人人手中都有一些书,皇帝本人也要按照书中所说行事。曾有一位皇帝试图把这些书付之一炬,然而却徒劳无功,书战胜了暴政。"⑤

于是,我们看到中华帝国的"暴君"因为书籍似乎又变成了"仁君"。在

---

① 〔法〕孟德斯鸠:《论法的精神》,上卷,第 87 页。
② 〔法〕孟德斯鸠:《论法的精神》,上卷,第 88 页。
③ 〔法〕孟德斯鸠:《论法的精神》,上卷,第 266 页。
④ 〔法〕孟德斯鸠:《论法的精神》,上卷,第 113 页。
⑤ 〔法〕孟德斯鸠:《论法的精神》,下卷,许明龙译,商务印书馆 2012 年版,第 554 页。

《论法的精神》第12章第25节,孟德斯鸠似乎又在褒扬中国皇帝运用权力得当。他写道:"王权是一个巨大的弹簧,它应该无声无息地运转自如,中国人谈到他们的一个皇帝时说,他效天治国,也就说他以天为榜样治理国家。权力有时要用到极致,有时则应适可而止,治国的最高境界就是深谙在不同情况下使用权力中的哪一部分,而且大小适当。"①同时,在一些时候,孟德斯鸠又认为把皇帝作为君父也是不错的选择。如他说道:"在专制政体之下确立某些思想是件好事。比如,中国人把君主视为人民的父亲。"②

对于上述孟德斯鸠在《论法的精神》中彼此相矛盾的现象,艾田蒲也感叹道:

> 同一作者,一会儿给中国套上暴政的模式,一会儿又给中国套上君主立宪的模式,此外又承认中国拥有弹劾机构,而正常情况下,弹劾又只有在民主政体下才起作用,难道这不让人觉得困惑吗?时而把恶劣的君王,亦即把暴君的生动典型作为理论依据,时而又把自己的那套理论建立在中国人对仁君的看法上,这不正是孟德斯鸠的所作所为吗?③

至于出现这种现象的原因,法国学者艾田蒲给出了自己的答案。他指出:"由于过分轻信了富凯别有用心的挑动,又未经仔细鉴别就听取了安逊的胡言乱语,孟德斯鸠最终陷入了困境,难以将耶稣会士们的颂扬之辞与商人们的诅咒之语统一起来。"④"孟德斯鸠犯了一个严重的错误:由于憎恨耶稣会士,他希望找到他们的弱点,并予以打击,然而他却采纳了他所信赖的富凯那些靠不住的建议。"⑤

至此,《论法的精神》出版后,西方人心中便产生了两种中国法形象:一种是由众多耶稣会士所描写,经莱布尼茨、伏尔泰等人所美化的形象;另一种则是由孟德斯鸠所塑造的专制主义帝国的形象。对于此特征,艾田蒲这样总结道:"随着孟德斯鸠,在他之前的那股无保留地仰慕中国的主潮流不复存在了。虽然还不至于因此转向排斥中国,但他确实为此打开了道路。"⑥

---

① 〔法〕孟德斯鸠:《论法的精神》,上卷,第246~247页。
② 〔法〕孟德斯鸠:《论法的精神》,上卷,第249页。
③ 〔法〕艾田蒲:《中国之欧洲:西方对中国的仰慕到排斥》,下卷,第27页。
④ 〔法〕艾田蒲:《中国之欧洲:西方对中国的仰慕到排斥》,下卷,第31页。
⑤ 〔法〕艾田蒲:《中国之欧洲:西方对中国的仰慕到排斥》,下卷,第35页。
⑥ 〔法〕艾田蒲:《中国之欧洲:西方对中国的仰慕到排斥》,下卷,第36页。

当然必须明确的是,孟德斯鸠《论法的精神》所引出的两种不同的中国法形象并不意味着两者是截然相对的。因为即便在前述孟德斯鸠的笔下,也会出现自相矛盾的现象。实际上,孟德斯鸠的观点在那个时代也并未取得支配性地位。对此,1760 年至 1780 年间在北京传教的皮埃尔·马尔锡亚尔·希伯(1727～1780)在《论中国人的语言》(后被收入 1782 年于巴黎出版的《关于中国人的回忆录》)中这样说道:

> 那位《论法的精神》的著名作者也许是想把中国的法典纳入他的理论体系,抑或并未进行深入探讨,只是泛泛而论,总之,凡涉及中国这个大帝国的方方面面,他几乎都是用小说的方式加以表现。与法兰西和西班牙国王相比,中国帝王并不更专制(指作者所理解的专制主义):中国皇帝可以曲解法律,滥用法律赋予他的特权,但却因此超越了他的权限范围。①

(三) 其他学者对中国法形象的否定性说法

随着孟德斯鸠"打开了道路",欧洲 18 世纪中叶以后不断出现了批评中国法的声音。1763 年法国历史学家尼古拉·布朗杰(Nicolas Boulanger)于巴黎出版《东方专制制度的起源》(*Recherches sur l'origine du despotisme oriental*)一书。在该书中作者解释了中国法律专制主义品格形成的原因,即"中国现今所保留的所有古代制度残余,必然会被未来的革命洪流所吞噬;一如部分古代制度在现今中国消失无踪一般;最后,当中国不再能获得任何创新时,她将永远落入失败的一方"②。在此基础上,布朗杰作出了中国专制政体必将灭亡的论断。

1. 狄德罗和亚当·斯密

1772 年法国人狄德罗在为朋友雷纳尔(Raynal)撰写的《欧洲人在两个印度立足和从商的哲学和政治史》(*Histoire Philosophique et Politique des établissements et du commerce des Européens dans les deux Indes*)一书中,认为中国以父权为基础建立的政体并不值得赞扬。他写道:

> 因为,对父辈的无条件服从只能证明儿辈的顺从,却不能证明父辈

---

① 〔法〕艾田蒲:《中国之欧洲:西方对中国的仰慕到排斥》,下卷,第 37 页。
② 转引自〔美〕史景迁:《追寻现代中国:1600—1949》,温洽溢译,四川人民出版社 2019 年版,第 168～169 页。

的善良和正确。父辈可以任意对待儿辈,儿辈不能有任何不满的表示;由于父辈的任何错误行为都不受追究,儿辈的自由便化为乌有。以这种原则建立的政体只能是专制主义的政体,在这种专制君主的统治下,人民只能钳口不言,忍受一切暴政。所以,中国人实际上生活在双重暴政之下,其一是家庭暴政,其二是皇帝暴政。受到广泛赞扬的中国人的温顺、矜持和彬彬有礼,其实都是一种奴性。家庭专制主义的后果是对父辈表面的尊敬和内心的仇恨,国家专制主义的后果则是泯灭一切美德。①

如果说在1750年以前狄德罗对中国法的态度还有所犹豫的话,那么他"在50年代与耶稣会士论战中逐渐产生了对中国的贬斥情结,而这种情结的最终形成是在1766年"②。到这一时期,狄德罗对中国的否定几乎到了咒骂的地步。例如,他说道:

> 在我们看来,处于半开化状态的中国人,是自以为了不起的野蛮人,是腐败透顶的人,这就使他们比纯真和自然的野蛮人更糟糕。在一系列有利条件下,品德的萌芽能够出现在野蛮人身上,但是,我们不知道也无法想象这种有利条件能为中国人提供什么帮助,因为在中国人身上,品德的萌芽不是被遏制,而是被彻底摧毁了。③

与前述孟德斯鸠一致的是,他对于中国法背后的道德也不认可,认为其实施效果很差:

> 在那里,人们最懂得美德,却最少付诸实践。那里多的是谎言、欺诈和盗窃,少的是荣誉、条理、感情和细腻的情感。整个帝国如同一个大市场,缺少我们这里所拥有的安全和诚信。那里的人卑劣、狭隘、利欲熏心、心胸狭窄而且狡诈。如果说世界上有一个最缺乏热情的民族,那就是中国人。④

此外,狄德罗还对之前耶稣会士和启蒙思想家们赞美中国法长久、稳定

---

① 转引自许明龙:《欧洲18世纪"中国热"》,第249~250页。
② 许明龙:《欧洲18世纪"中国热"》,第248页。
③ 转引自许明龙:《欧洲18世纪"中国热"》,第250页。
④ 转引自许明龙:《欧洲18世纪"中国热"》,第251页。

的观点,给出了自己的思考。他认为,中国法之所以具有稳定性,即便遇到异族入侵也能相安无事,很大程度上是因为中国人口众多,在人数上多于征服者。他写道:

> 人们从来不曾想一想,为什么中国人在历次异族入侵中能够保持他们的法律和习俗,请听答案:只需要一小撮人便能征服中国,而改变中国却需要数百万人。六万人占领了这个国家,结果怎样呢? 六万人分散在六千万人中间,也就是一千比一百万;有谁相信,一千人能够改变一百万人的法律、风俗和习惯? 被征服者以其人口优势同化征服者……中国的政制并非因为优良而经久不衰,而是人口过多的必然结果,只要这个原因存在,这个帝国就永远只会更换主人而不会更换制度。①

1776 年,英国著名的经济学家亚当·斯密(Adam Smith, 1723～1790)在他不朽的著作《国民财富的性质和原因的研究》(*An Inquiry into the Nature and Causes of the Wealth of Nations*,又称《国富论》)中,对中国社会的长期停滞给出了分析。斯密认为,中国法律制度的落后是中国社会停滞的重要原因之一:

> 中国似乎长期处于静止状态,其财富也许在很久以前已完全达到该国法律制度所允许有的限度。若易以其他法制,那么该国土壤、气候和位置所可允许的限度,可能比上述限度大得多。一个忽视或鄙视国外贸易、只允许外国船舶驶入一二港口的国家,不能经营在不同法制下所可经营的那么多交易。②

在斯密看来,这种法律制度的滞后应归结为政制的专制主义。他指出:"这是一种国家专制和君主暴虐下的产物。"③

2. 赫尔德

法国大革命前,对中国法批评最为激烈的学者是德国人约翰·戈特弗里德·赫尔德(Johann Gottfried von Herder, 1744～1803),他对一切领域的

---

① 转引自许明龙:《欧洲 18 世纪"中国热"》,第 251 页。
② 〔英〕亚当·斯密:《国民财富的性质和原因的研究》,上卷,郭大力、王亚南译,商务印书馆1972 年版,第 87 页。
③ 〔英〕亚当·斯密:《国民财富的性质和原因的研究》,上卷,第 260 页。

"中国癖"(Diechinoiserie)深恶痛绝。他在 1787 年出版的《关于人类历史哲学的思想》(*Ideen zur Philosophie der Geschichte der Menschheit*)第 3 部第 11 卷中,从历史哲学的角度对中国法进行了分析,他的很多观点直接影响了后来的黑格尔和马克思。

赫尔德首先对 18 世纪中期以后欧洲对于中国法形象出现另种声音的现象,进行了梳理和介绍:

> 中国人这种优越的国家政体主要经传教士介绍,在欧洲家喻户晓、人尽皆知。不仅那些喜爱思辨的哲学家,甚至就连政治家们也都几乎称赞它为安邦治国的最高典范。由于人们在立场、观点上存有分歧,终于有人对中国那高度发达的文化产生怀疑,有人甚至不相信它的那些令人惊叹的特点。欧洲人的某些异议有幸在中国本身得到了印证,尽管这种印证几乎都是中国人自己的作为。[1]

对于这种不同的声音,赫尔德是认同的。他也认为中国法的整体形象是以专制主义为特征的。

与前述孟德斯鸠、斯密等批评者不同的是,赫尔德将中国法形象中专制主义的形成原因归结为人种因素。他说道:

> 中国人是蒙古人的后裔,这从他们的教养、他们的陋俗或者说古怪的趣味、他们圆熟的虚伪以及他们文化最初的发源地上可以看出来。他们最早的帝王起初统治着中国北部地区:半鞑靼人的专制主义在这里奠定了基础,而后它缀上辉煌的道德箴言,几经变革,这种政体的统治一直扩展到南部沿海地区。几千年来,这里始终沿袭着一种鞑靼人的政体:领主作为封臣效忠君主,而他们相互间的频繁战争又往往导致他们亲手推翻王位,甚至整个皇室,出现宦官摄政掌权。这种古老原始的政体并非从成吉思汗或满族人开始才传入中国。所有这些表明:该民族属怎样的一种类型,具有怎样的一种遗传特征。……这种遗传特征都是难以忽略的。[2]

---

[1] 〔德〕约翰·戈特弗里德·赫尔德:《关于人类历史哲学的思想》,载〔德〕夏瑞春编:《德国思想家论中国》,第 84 页。

[2] 〔德〕约翰·戈特弗里德·赫尔德:《关于人类历史哲学的思想》,第 85 页。

不仅如此,在赫尔德看来这种基于人种因素而产生的专制主义对中国的影响是深远的,不仅包括中国的语言文字、房屋设计和人的穿戴打扮以及游戏娱乐,而且还包括法律形象背后的道德。对此,赫尔德这样评价道:"这里,一切都缺乏对真正自然关系的追求,很少给人一种内在宁静、美与尊严的感觉,它只能使人失去真正的感受,而就范于政治文化,从而无法摆脱政治文化的模式。"①

除了人种因素外,赫尔德还对 18 世纪欧洲人津津乐道的"中国儒家的教育"进行了批评。他认为这种教育不顾人类本性,忽略个体内心感受,是一种培养奴性的教育。这种教育与中国专制主义的盛行是密不可分的:

> 人的教化得靠教育。中国的教育方式与其国民性一道使他们成为现在的这样,而不再是过去那般模样。按照蒙古游牧民族传统,孩童般的服从无论在家里还是国家事务中,都被当作所有德行的基础,于是,表面上的谦虚文雅、虚伪的彬彬有礼也就自然逐渐地产生了,它们作为中国人的品行特征甚至受到敌人的交口称赞。可是,游牧民族的这种良好的为人准则带给一个大国却是怎样的后果呢? 在一个国家里,倘若孩童般的顺从没有限度,倘若人们硬要把这种只有未成年的孩子应尽的义务强加给那些已经成了孩子爸爸的成年男子汉,倘若也强加给那些并非心甘情愿,而完全是迫不得已才领受父亲之名的那些官吏的话,那将会出现什么样的情形呢? 这种不顾人的本性而一味要求制造出一种人类新的心灵,这种做法除了使人心由真实变为虚假之外,还能够产生些什么呢? 既然成年人必须像孩子那样顺从听话,那他也就不得不放弃大自然在他那个年龄赋予他的那种自我的力量。无聊的虚情假意取代了内心的真实。……官吏的奴性顺从同样如此:他们不是自然的产物,而是命令的产物。他们是工具,只要他们违背自然,那么这些工具便是软弱、虚伪的。因此,中华帝国的道德学说与其现实的历史是矛盾的。在这个帝国中儿子们多少次罢黜了父亲的王位! 父亲又多少次地对儿子大发雷霆! 那些贪官污吏使得千百万人饥寒交迫,可他们的劣迹一旦被父亲般的上司察觉,便要受到棍杖的毒打,像个无力反抗的孩子。所以说,现实生活中,没有什么男子汉的气概与尊严可言,它们仅存在于对英雄豪杰的描绘之中。尊严成了孩子的义务,气概变成了躲避笞刑的才干。因此,根本不存在气宇轩昂的骏马,而只有温顺

---

① 〔德〕约翰·戈特弗里德·赫尔德:《关于人类历史哲学的思想》,第86页。

听话的蠢驴，它在履行公职时从早至晚扮演着狐狸的角色。①

在上述分析的基础上，赫尔德告诉西方人：专制主义下的中华帝国的法律、道德并不值得吹捧，"这个帝国是一具木乃伊"。他写道：

> 这种束缚人的理智、才干与情感的幼稚做法势必削弱整个国家的实力。如果教育只是矫揉造作的形式，倘若虚假与规矩充斥并束缚生活的各个方面，那么国家还会有什么巨大的作用！人类思想和精神还会有什么崇高的作用……
>
> 拿欧洲人的标准来衡量，这个民族在科学上建树甚微。几千年来，他们始终停滞不前。我们能不对此感到惊讶吗？就连他们那些谈论道德和法令的书本也总是变着法儿，反反复复、详详细细地在同一话题上兜圈子，千篇一律地吹捧那种孩童的义务。他们的天文学、音乐、诗歌、兵法、绘画和建筑如同千百年前一样，仍旧是他们永恒法令和千古不变的幼稚可笑的政体的孩子。这个帝国是一具木乃伊，它周围涂有防腐香料、描画有象形文字，并且以丝绸包裹起来；它体内血液循环已经停止，犹如冬眠的动物一般。所以，它对一切外来事物都采取隔绝、窥测、阻挠的态度。它对外部世界既不了解，更不喜爱，终日沉浸在自我比较的自负之中。②

就连这一时期被西方人奉为神明的"孔夫子"连同他的道德学说，在赫尔德笔下都成为维系中华帝国专制主义的"罪魁祸首"。对此，他说道：

> 对我来说，孔子是一个伟大的名字，尽管我马上得承认它是一副枷锁，它不仅仅套在了孔子自己的头上，而且他怀着最美好的愿望，通过他的政治道德说教把这副枷锁永远地强加给了那些愚昧迷信的下层民众和中国的整个国家机构。在这副枷锁的束缚之下，中国人以及世界上受孔子思想教育的其他民族仿佛一直停留在幼儿期，因为这种道德学说呆板机械，永远禁锢着人们的思想，使其不能自由地发展，使得专制帝国中产生不出第二个孔子。③

---

① 〔德〕约翰·戈特弗里德·赫尔德：《关于人类历史哲学的思想》，第87~88页。
② 〔德〕约翰·戈特弗里德·赫尔德：《关于人类历史哲学的思想》，第88~89页。
③ 〔德〕约翰·戈特弗里德·赫尔德：《关于人类历史哲学的思想》，第91页。

不仅如此,赫尔德还在《中华帝国的基督化》一文中,利用中华帝国专制主义的理论评析了18世纪初的"中国礼仪之争",①并对18世纪上半叶欧洲诸多启蒙思想家对于中国"开明君主专制"的赞扬进行了评述,提出了中国的政治道德学在中华帝国内部最终敌不过皇帝权力的观点。他指出:

> 中国的哲学,首先是中国的政治道德学(Politische Sittenlehre)在欧洲备受欢迎。德国的莱布尼茨、比尔芬格、沃尔夫都对它表示了关注,尤其是沃尔夫对它几乎表现出以往不曾有过的狂热。在法国,中国人的经籍以各种不同版本刊行,法文译本以其优美流畅的文笔表达出中国人的智慧,中国皇帝无论教导他的臣民还是答复他的官吏,其口吻常常是既带有父亲般的慈爱,又带有帝王的威严。对他们这种最地道的道德理性,人们不得不表示佩服。
>
> ……
>
> 从这个使得远大的希望一下子破灭了的事件中,我们学到了什么?学到了娜美西斯那著名的法则:"恶有恶报。"这里是专制与专制争斗,习俗同习俗抗争。在中国,罗马人自然敌不过那天子的威力。皇帝只需寥寥几笔诏书便就了结了这场官司。②

(四) 法国大革命前中国法形象被破坏的原因与影响

"花开自有花落时",启蒙时代对于中国法的推崇在18世纪中叶以后出现了"另种声音"。尽管这些声音还无法彻底改变启蒙时代中国法的整体形象,但人们会惊奇地发现:理性的思考悄悄地取代了感性的赞叹,异种声音在法国乃至整个欧洲逐渐增多,以往那种一边倒的赞美现象不复存在,代之而起的是褒贬互见。对此,艾田蒲说道:"应该承认,仰慕中国的人确实让那些凡事以客观为依据的人感到恼火。从那个世纪的中叶起,尽管在重农主义者中曾一度又掀起中国热,但是中国癖已处在江河日下的状况。……在法国,情况也一样,1760年前后,对中国人的崇拜逐渐削弱。"③

至于欧洲对中国法由"仰慕"到"排斥"的发生时间和原因,有论者指出,从时间上看,它发生在18世纪下半叶,且"没有必要找出某个事件作为

① 参见〔德〕约翰·戈特弗里德·赫尔德:《中华帝国的基督化》,载〔德〕夏瑞春编:《德国思想家论中国》,第94~99页。
② 〔德〕约翰·戈特弗里德·赫尔德:《中华帝国的基督化》,第97~98页。
③ 〔法〕艾田蒲:《中国之欧洲:西方对中国的仰慕到排斥》,下卷,第252~253页。

其开始和终结的标志"。① 英国学者赫德逊认为："1789 年以后对中国的崇拜几乎完全消失。"②对于发生的原因，艾田蒲有过很好的总结，即耶稣会在华传教事业的衰落、欧洲人关注点的转移以及欧洲自身的发展。他写道：

> 下面需要解释清楚的问题，就是为什么对中国的仰慕会转变为对中国的排斥：原因是多方面的。让我们看看普鲁士的腓特烈在 1776 年 3 月 19 日写的一封信中指出的原因，他在这封信中自愿将中国，还有印度人和鞑靼人留给德博院长去研究，因为他说，欧洲国家已经让他够劳神的了，他已经没有任何兴趣去关心那个遥远的国度。原因之一，是人们厌倦了一切，甚至厌倦了中国，人就是人，对中国过分的仰慕必然出现副作用，导致对中国的排斥；此外，中国对欧洲影响的减弱恰巧与耶稣会的被取缔（1773）相一致，其中的奥妙不难明白，因为耶稣会一向充当孔夫子的捍卫者和中国人在欧洲的大使。另一方面，爱尔古拉诺城和庞培城的发现，一下子又使人们对希腊-罗马文化的兴趣复苏了，同时又出现了一个新的神话：南海人间天堂（我们至今尚未摆脱它）。如果说对中国的蔑视开始于 19 世纪，当乾隆去世时，中国的没落就已初见端倪，那么我们倒可以从对中国的排斥中看到对中国局势的一种折射。情况并非如此：当欧洲发生这种转变的时候，仰慕中国的人们无比钟爱的乾隆皇帝还统治着这个国家呢。③

当然，赫德逊却认为，耶稣会在华传教事业的衰落和欧洲关注重心的转移都是次要的，"最大的原因是欧洲文明的巨大进展，它现在开始是在远远超过中国的水平上运动着。工业革命和蒸汽机时代给予欧洲人以一种他们前所未有的优势感和效率感。欧洲人现在觉得自己不仅在自然科学、贸易和发明创造方面，而且也在伏尔泰认为中国人已经是完美了的伦理学方面，都是最优异的"④。

更为重要的是，18 世纪 60 年代以后，随着中国开明专制主义在欧洲受到批判，激进的政治主张和思想逐渐为更多人所接受。例如，这一时期欧洲普鲁士的腓特烈二世、俄国女王叶卡捷琳娜二世都曾被视为开明君主。伏尔泰和狄德罗甚至还应邀赴普鲁士和俄国实践他们的开明专制理论，但他

---

① 参见许明龙：《欧洲 18 世纪"中国热"》，第 287 页。
② 〔英〕G. F. 赫德逊：《欧洲与中国》，第 301 页。
③ 〔法〕艾田蒲：《中国之欧洲：西方对中国的仰慕到排斥》，下卷，第 260 页。
④ 〔英〕G. F. 赫德逊：《欧洲与中国》，第 301～302 页。

们很快发现，这些国王并不是"哲学家"，他们来到宫廷只能为国王们润色文稿，现实政治容不得他们践行自己的设想。叶卡捷琳娜二世在给友人的信中这样描写她和狄德罗的谈话：

> 我与他谈的非常之多而又非常之紧，但总是好奇心多于实际用处。若我效仿他的话，在我的王国内，百事都可来个翻天地覆的大改变；则俄国的立法、行政、财政——所有的一切都会落得一场混乱，而换来的仅是不实际的理论而已……然后，我坦白地对他说："狄德罗先生，很高兴倾听你光芒四射的智慧所孕育的言语。对所有这些高贵的原则，人们可以写出好多伟大美好的书篇，但是用之于实际事业，则非常不适……你只在纸上作业，这当然可以容忍任何事物……但是，像我这样的一个小女皇要处理的是大家的人民事务，比起来，那是比较不稳而棘手的。"……从是时起，他只谈文学。①

国王就是国王，他们成为不了哲学家。于是，我们看到这一时期很多原来支持开明专制的思想家，其政治立场与主张也发生了转变。其中最为典型的就是法国人马布里（Gabriel Bonnot de Mably，1709~1785）。

与18世纪初的大多数法国思想家一样，马布里在其1740年出版的《罗马人与法兰西人比较》（*Parallèle des Romains et des Français*）一书中也坚持认为，君主制对法国而言是必要的。或许是受到这一时期孟德斯鸠等人的影响，18世纪中叶以后，他的思想发生了很大转变。他在1768年写成的《就政治社会的自然和基本秩序向哲学经济家质疑》（*Doutes proposés aux philosophes économistes sur l'ordre naturel et essentiel des sociétés politiques*）中，集中对法国重农学派所推崇的中国开明专制主义的观点，逐条进行了批驳。

关于中国皇帝"依法治国"这一点，他质问道，中国的君主都是世袭的，继位者由在位的皇帝选定，这种制度怎么能保证每位皇帝都是开明的哲学家呢？再者，中国没有与司法机构分离的立法机构，一切权力都集中在皇帝手中，皇帝既是最高立法官，也是最高司法官，他可以随时任意解释或修改甚至取消法律，法律因而形同虚设，怎么能说中国皇帝是依法治国呢？关于深得欧洲嘉许的御史监察制度，马布里问道，连皇帝本人也可能背弃他对国家负有的责任，如何能保证御史们永远忠于职守呢？他们个个都能前赴后

① 转引自〔美〕威尔·杜兰：《世界文明史·卢梭与大革命》，幼狮文化公司译，东方出版社2002年版，第664页。

继地向皇帝死谏吗？倘若皇帝昏庸或残暴,而御史们不敢死谏或谏而无效,老百姓岂不是只有造反一条出路吗？[1]

因此,马布里最终认为,只要是君主一人掌握大权,那便是专制主义,即使是所谓的合法专制主义,也同样存在着向暴政转化的可能,而且没有任何外来的力量能够阻止这种转变。他认为,这种专制主义被说得天花乱坠,其实只是由于自然条件优越和人口众多而显得略为有所节制而已,并未有何值得称赞的地方。[2]

1789年法国大革命爆发,当中国的开明专制主义已经不能拯救法国的时候,人们通过这场革命同样惊奇地发现:哲学家也不可能成为国王。大革命后的混乱,使得法国人乃至西方人懂得,一旦那些信奉道德伦理的哲学家及其信徒掌握了"国王"的权力,集权的暴政一样无法避免,甚至它来得比之前更为隐蔽。

经过法国大革命,西方人基本已经没有人再相信"哲学王"的统治神话,"道德理想国"只是美好的乌托邦,人们权利、自由的实现只能依靠法律,而不是道德。对此,康德在《永久和平论》中这样说道:"不能期待着国王哲学化或者是哲学家成为国王,而且也不能这样希望,因为掌握权力就不可避免地破坏理性的自由判断。"[3]

二、法国大革命前耶稣会士格鲁贤《中国通典》对中国法形象的重申

前已述及,耶稣会的传教活动随着1721年康熙帝发布禁教谕令而日渐衰落,1773年7月该会也被教皇克莱芒十四世解散。于是,18世纪中后期以前引导西方中国法形象的群体是启蒙时代的哲学家。尽管18世纪中叶以后,"法学家们"逐渐开始接过"哲学家们"的接力棒,继续这一进程,并出现前述对中国法形象的另种表达,但这并不意味着耶稣会的神父们已经彻底销声匿迹。实际上,在法国大革命前,耶稣会的神父们仍然继续着他们的工作,如前述《书简集》一直编辑到18世纪80年代末。在18世纪中后期耶稣会士介绍中国法的作品中,格鲁贤(Jean-Baptiste Gabriel Alexandre Grosier, 1743～1823)的《中国通典》(Description Générale de la Chine)无疑最为重要,且长期被国内学界所忽略。

与前述编纂《中华帝国全志》的杜赫德一样,法国耶稣会士格鲁贤一生

---

[1] 转引自许明龙:《欧洲18世纪"中国热"》,第253～258页。
[2] 参见许明龙:《欧洲18世纪"中国热"》,第258页。
[3] 〔德〕康德:《历史理性批判文集》,何兆武译,商务印书馆1996年版,第129～130页。

也未驻足中国。非常巧合且神奇的是,他出生于杜赫德去世的 1743 年。当杜赫德于 1735 年出版《中华帝国全志》总结整个耶稣会时代涉及中国的知识之后,格鲁贤又于 1785 年,在时隔 50 年后再一次以"耶稣会的名义"向西方总结了中国。

《中国通典》是在吸收格鲁贤于 1776 年负责出版的由在华传教士撰写《中国杂纂》(*Mémoires concernant l'histoire, les sciences, les arts, les moeurs, les usages, etc., des Chinois, par les missionnaires de Pekin*)的基础上,作为 1777 年至 1784 年间相继发表 12 卷本的冯秉正《中国通史》(*Histoire générale de la Chine*)的补充卷(第 13 卷)而独立撰写的。对于格鲁贤作品的继承性和创新性,有论者指出:

> 在这一卷中,格鲁贤既传承了杜赫德作品的内容,使之于 50 年后得以重新现实化,又有其个人创新:根据一个特殊的目录,他重新组合提炼了前人的成果,并且刻意收进了自 1776 年以来,在亨利·贝尔坦(Henri Léonard Jean Baptiste Bertin, 1720~1792)内阁部长支持下出版的由当时仍停留在北京的最后一批耶稣会士撰写的《中国杂纂》这样最新到达欧洲的知识。[①]

《中国通典》1785 年首版后影响很大,同年再版,之后的 1787 年和 1818~1820 年间又有两个独立的法文版;1788 年和 1789 年分别在伦敦和莱比锡又出现了英译本和德译本,英译本又于 1895 年再版。值得注意的是,《中国通典》之所以在殖民时代备受重视,很大程度上是因为它对中国的正面形象进行了重申。因为此一时期欧洲对于"中国热"出现了否定甚至诋毁的声音。例如,在《中国通典》的"出版社告读者书"中,出版社就指出了格鲁贤出版此书的目的是"要驳斥索诺拉(Sonnerat)先生在讲述其最近一次印度之旅时对中国人的尖刻讽刺",并消除诸如科尔内耶·迪保尔·鲍(Corneille de Pauw Paw)在《关于埃及人和中国人的哲学研究》(*Recherches philosophiques sur les Égyptiens et les Chinois*)中对中国的诋毁。[②]

作为杜赫德《中华帝国全志》的姊妹篇,格鲁贤《中国通典》的体例与其大致相同,分为上下两部,各 4 卷。上部第 1 卷为"中国十五个省的简述",

---

① 〔法〕格鲁贤编著:《中国通典》(上部),张放、张丹彤译,大象出版社 2019 年版,"译者序",第 iii 页。

② 参见〔法〕格鲁贤编著:《中国通典》(上部),"出版者告读者书",第 i~vii 页。

第 2 卷为"中国的鞑靼地区"，第 3 卷为"中国的从属国"，第 4 卷为"中国的自然历史"；下部第 1 卷为"中国政府"，第 2 卷为"中国人的宗教信仰"，第 3 卷为"道德习俗"，第 4 卷为"中国的文学、科学和艺术"。其中在"中国政府"这一卷中，格鲁贤以大陆法系为标准，以"民法""刑法和刑事诉讼法"为标题，专门介绍了中国的法律。由于格鲁贤对中国法的介绍并不仅限于这两个小部分，因此下文还是以《中国通典》整体为材料，对其中所涉中国法的内容进行整理。

（一）《中国通典》上部中的中国法

与前述伊比利亚航海时代以来，西方对于中国疆域地理风貌介绍的内容相比，《中国通典》的内容无疑是最为全面、准确和细致的。

格鲁贤不仅介绍了中国的 15 个省份，[①]而且还将"鞑靼地区"以及高丽、东京王国、交趾支那、哈密国、琉球群岛等"中国的从属国"进行了介绍。此外，格鲁贤在介绍每个省时，还详细介绍了各省所包括的"府"。当然，此处他对各省信息的撰写内容来自前述耶稣会时代神父们的记述。例如，他在介绍江南省的崇明岛时，就直接援引了前述 1712 年 9 月 1 日彭加德神父于崇明岛写给印度和中国传教区巡阅使信中的信息。[②]

值得注意的是，格鲁贤在这一部分较前述作品最大的不同和贡献还在于，介绍了在中国影响下的民族和从属国，这些内容涉及清初的"土司制度"和"朝贡制度"。

格鲁贤在介绍完 15 个省和东、西鞑靼后，称："作为中华帝国的臣民，除了上述各民族，还应加上西蕃、猓猓族、苗寨山民……"[③]

对于西蕃，格鲁贤写道，"西蕃或吐蕃居住在中国西部以及陕西省和四川省"，分为"黑西蕃"和"黄西蕃"；"黑西蕃人最粗野、最贫穷，他们按小分队居住，由从属于一个大头目的小头目统领"；"黄西蕃人臣服于长子当喇嘛、穿黄色衣服的家庭。这些主事的喇嘛在他们各自的区域里充当领袖，有权断案和惩罚罪人"。[④] 至于他们与中央政府之间的关系，他写道：

> 当他们被官员传唤之时，他们很少听从命令。但是，政府以政策作

---

① 格鲁贤介绍的十五个省份分别为：北直隶省、江南省、江西省、福建省、浙江省、湖广省、河南省、山东省、山西省、陕西省、四川省、广东省、广西省、云南省和贵州省。参见〔法〕格鲁贤编著：《中国通典》（上部），第 7～61 页。

② 参见〔法〕格鲁贤编著：《中国通典》（上部），第 22～23 页。

③ 〔法〕格鲁贤编著：《中国通典》（上部），第 98 页。

④ 参见〔法〕格鲁贤编著：《中国通典》（上部），第 98 页。

保护,尽量对他们采取温和而有节制的措施遏制这些不听话的臣民。……他们的整个宗教就只限于拜佛,他们对佛有一种特殊的虔诚。他们崇拜迷信,乃至波及大臣们,他们相信大臣们理应尊重至高权力和统治国家。①

关于倮倮族②,格鲁贤记述说这一族群散居于云南省。至于该族与清朝统治者的关系,他写道:

> 以前,他们由他们自己的君主统治,但是,他们的君主臣服于中国皇帝,条件是让他们拥有印章,永远享有中国官员的一切荣誉。在协议中,皇帝规定,有关民事事务,他们将从属于省总督,如同同级中国官员从属的方式。他们将接受皇帝授予他们的领地,不过,没有皇帝的首肯,他们不享有裁判管辖权。③

然而,对于倮倮族内部而言,"倮倮族的王公们是其臣民的绝对主人,他们有权惩罚乃至处死臣民,无须等待总督的回命。因此,没有专制君主能像他们那样得到奴隶们的迅捷服从,就像诸侯服从封建主一样"④。

对于"苗寨山民",格鲁贤认为这只是一个统称,它"以苗族统称的不同民族之间,只是以不同的习俗而区别。这个半野蛮的民族分布于四川省、贵州省、广西省和广东省边界"⑤。对于苗寨内部权力关系,格鲁贤写道:"苗寨由苗王统治,苗王对其臣属的权威不亚于倮倮族封建主对其臣属的权威。苗王们有特殊的房屋,有官员和可支配的部队。他们属下甚至有小封建主,小封建主虽然独立自主,但是,当接到命令之时,必须给苗王们派出部队。"⑥至于苗寨与中央皇权的关系问题,他写道:

> 大部分苗寨是独立自主的,但有一些苗寨臣服于中国统治。贵州省中南部的苗寨就这样。他们之中有两类政府,一类服从省级官员,属于中国人民组成部分,他们接受了中国习俗,唯一区别在于他们保留

---

① 〔法〕格鲁贤编著:《中国通典》(上部),第98~99页。
② 彝族的旧称。
③ 〔法〕格鲁贤编著:《中国通典》(上部),第99页。
④ 〔法〕格鲁贤编著:《中国通典》(上部),第100页。
⑤ 〔法〕格鲁贤编著:《中国通典》(上部),第100页。
⑥ 〔法〕格鲁贤编著:《中国通典》(上部),第100~101页。

了一种特殊的发式,不同于中国人戴的普通帽子。另一类政府臣服于世袭官员,被看作民族政府,尽管他们来源于中国人,因为他们的首批定居者属于洪武军队中的小军官,为了奖赏他们的服务,朝廷将一些苗寨的村子交由他们管理。这些小封建主初审裁判他们属下诸侯的案子,他们有权惩罚他们,但是无权判他们死罪。他们立即求助于知府的法院,他们只享有知县的权力。①

值得注意的是,格鲁贤在这里还介绍了欧洲人对于"苗寨山民政权在中华帝国存在问题"的讨论。他写道,"在欧洲政治家看来,在如此强大如中国的帝国内部,这些山民自由而独立地存在兴许显得非同寻常","这些皇帝们怎能在如此漫长的时间里听任这个盗匪民族存在?"他认为欧洲政治家们的上述想法,只"适合我们欧洲政府的",而巴多明神父对此问题给出了公允的答案,即"对中国政府不一定总是可行的。这样的做法除了引起巨额开支,也会带来不幸的后果"。②

在介绍完"其他被中国控制的民族"之后,格鲁贤第一次较为系统地向西方介绍了"中国的从属国"③。

首先介绍的"从属国"是朝鲜。他写道:"朝鲜,中国人称之为'高丽',鞑靼人称作'肃良和'。"就朝鲜和清帝国的关系,格鲁贤写道:

> 这个王国由一位君王统治,对其臣子实施绝对专制,尽管他本身是中国皇帝的封臣,向皇帝纳贡。这位君王死后,朝廷立即为其子派去两位大员,并且授予其子国王称号。朝鲜国王担心自己死后继承人问题引起动乱,他在生前便指定王储,并且恳请皇帝认可。新晋国王跪拜接受其朝廷对臣属国国王的授权仪式,并向皇帝的使臣发放八百两银款和多种按习俗规定的礼品。然后,朝鲜大臣来北京拜倒在皇帝面前,并向皇帝献贡。国王妻子王妃不能自取王后称号,只能接受北京朝廷的封号。④

---

① 〔法〕格鲁贤编著:《中国通典》(上部),第102页。
② 〔法〕格鲁贤编著:《中国通典》(上部),第103页。
③ 这里的"从属国"主要指涉的是"朝贡国",在清代中国的朝贡国处于一个变动的过程,关于康熙朝至乾隆朝朝贡国的具体组成,参见王巨新:《清朝前期涉外法律研究——以广东地区来华外国人管理为中心》,人民出版社2012年版,第80~88页。
④ 〔法〕格鲁贤编著:《中国通典》(上部),第116页。

就朝鲜国内部政治和法律,他写道:

> 它下分八个省,包括四十个县,三十三个一级城市,五十八个二级城市和七十个三级城市。京畿道位于京畿省,是整个王国的首府,君王的府邸亦设在此地。这位君王是其臣民全部财产的绝对主人,臣子死后,其财产由君王继承。君王对其臣民实施严格法规:谋杀、盗窃和通奸要受到酷刑的惩罚。每七年,各省必须相继向朝廷派送其所有自由男人来朝廷保护君王,为期两个月,致使在这一年里,整个朝鲜都在运动之中,处于全副武装之下。①

此外,格鲁贤写到朝鲜"采取了大部分汉族人的习俗、汉族人的书法、汉族人的衣着形式、汉族人的信仰和宗教仪式",但婚礼形式不同于汉族人,即"在朝鲜,是由契约双方相关人自己做出选择,不顾及他们父母的态度,父母也不能阻碍他们的结合"。②

其次,格鲁贤又介绍了"东京王国"。格鲁贤笔下的"东京王国"实际上指的就是安南。他先是细述了"东京王国"与中华帝国在历史上的复杂关系,以及 1644 年清军入关后,其与大清建立的朝贡关系。接着,他也介绍了安南国内的政治和法律情况:

> 东京王国分为八个省份,每个省都有自己的总督和行政官员。但是在朝廷上可以上诉他们的判决,朝廷有 100 名国务参事,评论王国的上诉案件,还有皇家参院 32 名参事,在公开廷议中陪伴国王。长子不一定继承王位,国王选定他的一个儿子,加以任命,作为他的继承者。被指定的太子的其他兄弟被关闭在宫中,他们一年只有四次机会出宫。……婚姻嫁娶必须获得地方官员或法官的同意。结婚后第二天,丈夫喊他的妻子为姐妹,妻子喊她的丈夫为兄弟。在东京王国,允许一夫多妻,但是,只有最受宠的女子享有妻子的称号。法律规定男人可以离婚,女人不能离婚,如果男子离婚了孩子归男子。③

至于越南南部"交趾支那"的情况,格鲁贤写道:"我们不准备细谈交趾支那

---

① 〔法〕格鲁贤编著:《中国通典》(上部),第 116 页。
② 参见〔法〕格鲁贤编著:《中国通典》(上部),第 117 页。
③ 〔法〕格鲁贤编著:《中国通典》(上部),第 125 页。

这个民族的情况,因为他们与东京国人有共同的渊源,他们的信仰、法律、习俗相差无几,大部分都是从汉人那里借用过来的。"①

最后,格鲁贤还介绍了"哈密国"和"琉球群岛"。他写道,位于中国西北部的哈密国于 1696 年自愿向大清臣服,进行朝贡。"康熙以习惯的礼仪接受了他的致敬,并且颁布证书,决定哈密王在朝贡君主之中的地位、将来来北京致敬的时间、将来朝贡礼品的性质和种类、战争期间必须提供的支援,以及将来承认其继承人的方式。所有这些规定一致持续到今天。"②

格鲁贤对于"琉球群岛"的介绍基本照抄了前述《书简集》中宋君荣神父所著《在北京的耶稣会士宋君荣神父有关中国人称之为琉球群岛的论著》的内容。对此,他非常清楚地写道:

> 耶稣会士宋君荣神甫的《回忆录》(Mémoire)会给我们提供一些关于这些岛民的有趣细节。这些细节是他本人在一次旅行之后,从 1721 发表的《中国故事》(Relation Chinoise)中撷取的内容。其缘由如下:康熙皇帝于 1719 年决定向琉球派出使臣,为此差事,他选定了帝国的大学士之——徐葆光。这位文人于 1719 年离开中国,1720 年回到北京,并于下一年在北京印制出版了两卷本的《旅行故事》(la Relation de fon voyage)。他是提供关于这些岛屿准确而详细描述的第一人。③

格鲁贤在《中国通典》"中国的自然历史"的"人口"部分还依据乾隆八年(1743)100 卷的《大清一统志》(Indication de ce qu'il ya d'essentiel à savoir sur la China)对中国的纳税人数、官民人数和人口总数进行了介绍和分析,内容十分翔实。他之所以探讨此问题是因为"在欧洲,最被质疑和最矛盾的问题之一,就是关于中国的庞大人口"④。

格鲁贤称,《大清一统志》中表明的是各省纳税人的数目,但是,"中国政典所指'纳税人数',表示的是'家庭'人数,其含义所指的只是户主数目",因此,假设每个中国家庭只有 5 口人,那么根据 1743 年户部呈报给皇帝的纳税人数 28 516 488 计算,中国的家庭人口数大致为 142 582 440。⑤ 接着,他还指出,由于中国各级官员"享受免税特权",统计者根本没有将他们

---

① 〔法〕格鲁贤编著:《中国通典》(上部),第 140 页。
② 〔法〕格鲁贤编著:《中国通典》(上部),第 152 页。
③ 〔法〕格鲁贤编著:《中国通典》(上部),第 154 页。
④ 〔法〕格鲁贤编著:《中国通典》(上部),第 167 页。
⑤ 参见〔法〕格鲁贤编著:《中国通典》(上部),第 167~168 页。

计算在纳税人人数里,因此要想推算出中国人口总数,需要先将各级官员人数计算出来。

对于官员的人数,他按照官职从高到低的顺序逐个介绍。他写道,"享受免税特权"的官员首先是"各省的总督,其中 11 位享有总督身份,15 位享有巡抚身份"。接着,他又列举了各部的官员。以刑部为例,他写到该部有 18 名长官,刑部长官有 14 名总务助手,18 位助手负责查看监狱,27 位助手负责司法信息。[①] 在写完中央一级"有全面监察帝国各省责任"的官员后,格鲁贤又介绍了"他们之后一级、二级和三级城市的长官"。具体如下:

> 一级城市知府有 179 名:他们的属下有 204 名同知,176 名通判,220 名经历,73 名司狱管理监狱、监督囚犯,10 名税大使监督县总海关,12 名副税大使监督城市个别海关,5 名仓大使监督公共粮仓,以及 186 名教授监督学校。
>
> 二级城市知州有 211 名:他们属下有 64 名州同,90 名州判,224 名吏目,4 名库大使监管公共仓库,4 名税大使监管海关,4 名直隶厅和 217 名学正监管学校。
>
> 三级城市知县有 1290 名:他们属下 418 名县丞,1100 名教谕,1520 名训导,108 名主簿(最后三级官员只与学校和文人有关),960 名巡检负责监管村庄,1297 名典史,7 名税大使监管全城的海关,8 名仓大使监管公共谷仓,55 名驿丞监管邮政,以及 44 名闸官监管船闸。[②]

他称:"皇帝为管理其帝国各省的事务,官员总数达到 8965 名。"

即便如此,格鲁贤认为这一官员总数并不准确,因为"还有大量的由高官任命的下级官员。虽然政治历书根本没有提及这些官员人数,但是必须把他们计算在内,还有他们属下使用的其他下级官员"。他推算这些下级官员人数大约是他们上级官员数量的 10 倍,即 89 650。这样帝国各省的上级和下级官员总数为 98 615 人。这些官员人数的家庭,按每家 5 口计算,官员家庭总人数应该是 493 075。这一数字再加上之前已经确定的中国家庭人口的 142 582 440 人,其总数大约是 143 075 515 人。此外,再加上每年因科举进入"享受免税特权"家庭总数的 2 470 100 人和军人家庭人数的

---

① 参见〔法〕格鲁贤编著:《中国通典》(上部),第 169 页。
② 〔法〕格鲁贤编著:《中国通典》(上部),第 169 页。

4 113 105,这样便会得出中国人口总数为 149 658 720 人的结论。① 接着,格鲁贤称这一数字是《大清一统志》印刷时 1743 年的人口数量,此后人口数一定会逐年增长,于是他根据钱德明神父所引 1761 年《汇奏各省民数谷数清册》(*Tribunal même des fermes de l'empire*)的数据,得出 1760 年中国人口数量为 196 837 977 人,1761 年为 198 214 553 人,一年间人口增加 1 376 576 人的结论。②

对于中华帝国"产生这样过多人口"的成因,格鲁贤将其归结为中国的"法律管理",即"人们会认为世界上没有任何君主能够统治这么多的人口,而且这么多的人汇聚在同一个社会之中,接受同样法律的管理"。③ 这些"法律管理"的具体内容有:

1. 在这个伟大的国家里一直保持着孝道的美德,而父亲身份的各种特权使儿子成为父亲最富有、最可靠的财产;2. 死后无后为耻;3. 根据一般风俗习惯,孩子的婚姻成为父母最操心事儿;4. 政府授予不二婚的寡妇各种荣誉;5. 频繁地收养能减轻家庭的后顾之忧,确保了家庭谱系的延续;6. 女孩儿丧失继承权,其财产回归本家;7. 妇女的孤独使她们对丈夫百依百顺,虽出现过多次生产事故,丈夫仍坚持让她们怀孕生子,并且迫使她们悉心照顾她们的孩子;8. 士兵的婚姻;9. 总是与土地有关的赋税不变原则只是间接地落在商人和手工业者身上;10. 海员和旅行者数量少;11. 大多数人只是不时地待在家里;12. 帝国享有长久的和平;13. 简朴而勤劳的生活,甚至大人物亦如此;14. 虚妄的门当户对成见消除;15. 看重个人而非家庭的古老政策,高贵身份只授予职位和天才,而非世袭;16. 长久建立的公共道德深入人心,富有约束力。④

(二)《中国通典》下部中的中国法

格鲁贤编著《中国通典》的下部共分 3 卷,其中第 1 卷"中国政府"和第 3 卷"道德习俗"涉及大量介绍中国法的内容。

在第 1 卷"中国政府"部分,格鲁贤首先介绍了"中国的统治权力"。他指出:"中国的政体让我们想起族长式政体。族长们对于各自家族的权威,就如同中国皇帝面对他的子民们所拥有的完全权威。"通过中国的政体,他

① 参见〔法〕格鲁贤编著:《中国通典》(上部),第 169～173 页。
② 参见〔法〕格鲁贤编著:《中国通典》(上部),第 175～186 页。
③ 〔法〕格鲁贤编著:《中国通典》(上部),第 186 页。
④ 〔法〕格鲁贤编著:《中国通典》(上部),第 186～187 页。

还提出了自己对于君主政体起源的观点,即"族长式政体从其最广的意义上讲,就是君主政体的源头"。①

与前述启蒙时代哲学家们所宣扬的"开明君主制"相类似,格鲁贤在这里也指出中国的统治者虽享有无上的权力,但从不滥用。他写道:

> 地球上没有任何一个宗主可以堪比这个统治众多民族的君主,拥有如此无限的权力。所有的权力集中在他身上,并且只在他一人身上。他是他的子民们生与死的不容置疑的裁判。不过在日常情况下,他只是在维护他们的安全时才使用这个权力。任何一个法庭宣判的死刑,没有他的许可都不能够执行;对于一个地域如此广袤的、人口如此众多的帝国,这是非凡的关照,也是必要的关注,以此迫使法庭自我监督。在中国,极少有法庭会轻率地进行如此严重的宣判。
>
> 那些民事判决也受制于同样的审核。任何一个判决在得到君主确认之前都没有效力。与其相反,任何一个判决在得到君主确认之后都会被立即执行。君主发出的每一个政令,对于整个帝国来说都是神圣的谕旨,没有抗议,它们会被立即归档和公布。君主从来不会被怀疑压迫自己的子民。在这个帝国里,首领的这种绝对权力好像与其帝国的历史一样久远。这是帝国最重要的根本法之一。②

很明显,格鲁贤这里的观点与这一时期孟德斯鸠等人的说法不同。换句话说,格鲁贤试图再次通过自己的著作,向西方重申一个世纪以前耶稣会神父们在中国得出的结论。

为了进一步说明中华帝国的"开明君主制",格鲁贤还以欧洲为参照指出中国没有欧洲意义上的贵族,他们"既没有力量,也没有威望","绝不是世袭的,而是由君主来授予或者延续它"。③ 即便是中国由"官员们,或文官或武官"组成的所谓贵族,他们的作用也是积极向上的,即他们"享有一个宝贵的特权,就是在需要的情况下,以个人或者集体的形式,就君主有可能对帝国利益造成不利的某个行动或疏忽,向君主净谏的权利。这些净谏很少会被恶劣地对待,而君主有权肯定它们"④。

---

① 参见〔法〕格鲁贤编著:《中国通典》(下部),张放、张丹彤译,大象出版社 2019 年版,第273 页。
② 〔法〕格鲁贤编著:《中国通典》(下部),第 273 页。
③ 参见〔法〕格鲁贤编著:《中国通典》(下部),第 273~274 页。
④ 〔法〕格鲁贤编著:《中国通典》(下部),第 274 页。

格鲁贤在"中国的统治权力"部分最后,再一次总结了中国政制的道德性基础,并再次向欧洲申明这一点。文载:

> 我们因此看到,君主的权威没有任何边界,但是在他的广大的权力范围之内,也同样有不滥用权力的坚实理由。他的利益与国家的利益融合在一起,没有什么能够分开它们。中国人将他们的王朝看作一个大家庭,君主就是父亲,也应该像父亲一样治理。君主本人在同样的原则下得到培养。这个国家从没有产生过不道德的君主,这个国家从没有产生过如此众多的俊杰。这都是他们所获得的教育的结果……道德有着强大的影响,几乎所有法律的力量都来自道德。这些法律不仅对人民有更大的约束力,对君主本人也同样。这种道德的影响具有强大的力量,因为它战胜了已经征服中原的鞑靼人。他们服从法律、习俗,甚至可以说遵从刚刚被他们征服的人民的性格。这个由鞑靼人建立的新王朝的前五位皇帝,已经可以被列为中国历史上最杰出的君主之列,其中康熙的名字将会光辉地永远载入他们的史册。[①]

其次,格鲁贤在第 1 卷还细述了大清帝国的"高级官署"(tribunaux supérieurs)。其中他不仅介绍了中央六部,而且提到了"议政王大臣会议"(Grand-Conseil de l'Empereur):

> 它们当中位列第一的是议政王大臣会议,由所有的国务大臣(Ministres d'Etat)、我们将要讲到的六个部的尚书和侍郎,以及其他三个官署的大臣组成。这个议政王大臣会议只在最重要的时刻才召集,在其他情况下由军机处(Conseil privé de l'Empereur)替代。[②]

该会议在前述很多教案的审判中都有所涉及。此外,格鲁贤还对"都察院"和中国的监察制度进行了介绍。他不仅指出了监察官的功能和监察范围,而且还以欧洲人的视角分析了其性质,值得注意。他写道:

> 这些监察官组成了一个监察整个帝国的特别机构,名叫都察院。对于所有涉及君主或是公共利益的事务,它都有权向皇帝诤谏。它的

---

① 〔法〕格鲁贤编著:《中国通典》(下部),第274～275 页。
② 〔法〕格鲁贤编著:《中国通典》(下部),第284 页。

监察范围包括文武百官和所有阶层的公民。从道德角度讲,他们是处于君主和官员之间,处于统治者和百姓之间,处于家庭和个人之间。与他们重要的职务相结合的是廉洁正直和不败的勇气。君主可以处死他们,可是许多人宁愿死也不愿违背真相或容忍一个违法行为。①

再次,格鲁贤还在第 1 卷中以"民法"为标题,向欧洲概括总结了他眼中的中华帝国的"民法"。他首先指出了中国"民法"的基础是"孝道","皇帝的谕旨,尤其是祖制礼仪"构成了其余部分,而"中国的律例提供了最佳道德伦理之基础"。②

为了具体展示中华帝国的"民法",他先是讲各级官员有"讲读律令"的法律义务。③ 他写道:"所有巡抚官员,不管是省级的还是城市的,都必须每月两次,召集其所辖子民并向其宣教。一条特别的法律指明了宣教的必要内容。在中国,有关律例的传授就如同其他地方传授宗教的神秘、准则和戒律一样。"④接着,他又按照自己的理解,详细列举了康熙九年(1670)颁布的《圣谕十六条》的内容:

> 第一条:严格执行孝道所规定的义务,以及弟对兄的尊重。这是唯一使得所有人都知道自然所赋予他们的基本职责的方法。第二条:永远保存一件祖上值得尊敬的纪念物,它将会为家族带来平安和团结。第三条:村庄中保持团结,是消除争吵和诉讼的方法。第四条:耕农和蚕农享有公众的尊重,吃穿不愁。第五条:勤俭持家是你们的行为准则。第六条:注重维护公共学堂,尤其是教授学生们好的道德思想。第七条:每个人遵守自己所应当承担的职责,并且贯彻执行。第八条:一旦产生任何邪教,立即严格清除,以绝后患。第九条:经常向人民灌输政府制定的刑法。粗野和不逊的人只能用恐吓来管束。第十条:完善公民法和诚信教育,这将有助于建立和谐社会。第十一条:注重儿童和弟弟们的教育。第十二条:禁止诽谤。第十三条:禁止收留和窝藏赃犯,窝藏就变成他们的同伙。第十四条:准确缴纳君主制定的各种税务,可以避免征税人员的追索和气恼。第十五条:每个城镇之街区长要相互配合,这样可以防止偷盗,也使罪犯难以逃跑。第十六条:控制愤

---

① 〔法〕格鲁贤编著:《中国通典》(下部),第 286~287 页。
② 参见〔法〕格鲁贤编著:《中国通典》(下部),第 288 页。
③ 参见田涛点校:《大清律例》,第 157 页。
④ 〔法〕格鲁贤编著:《中国通典》(下部),第 288 页。

怒,可以避免灾难。①

此外,格鲁贤还用大量的篇幅介绍了中国的"家庭法"。需要说明的是,格鲁贤此处所载内容,与前述1765年9月9日耶稣会B神父于北京写给福尔邦伯爵夫人信函的有些内容是一致的,也有些是新增的。就新增的内容而言,格鲁贤提到,当妾生子女的亲生母亲去世时,他们没有像父亲正妻去世时为其"守孝三年,放弃考试,离开他们的工作和职务的要求"。格鲁贤还提及,"鳏夫和寡妇可以再婚,但门当户对和年龄不再是必要条件了"。②

对于寡妇,格鲁贤介绍得最为详细。他先是说道:"一个有孩子的寡妇绝对变成了女主人,她的父母既不能强迫她守寡,也不能强迫她再嫁。"但是,当寡妇没有男孩子时,情况就发生了变化。对于没有男孩的寡妇们,他提及"她们前夫的父母可以不经她们同意就将他们嫁出去,甚至都不通知她们。法律允许如此操作,她们以这种方式来补偿前夫迎娶她们时的花费:这等于是卖掉她们"。但是,这条法律存在三个例外情况或限制性规定:(1)"如果她们当时是怀孕的,交易会被延迟。一旦生下来的是男孩,交易取消";(2)"当寡妇的父母给予其女足够的生活费,并且补偿亡夫家足够的费用时";(3)"当她出家做尼姑之时"。③

在新增的"家庭法"内容中,格鲁贤还列举了5种"法律禁止结婚的结合,或者宣布婚姻无效"的情况:

1. 某一个女孩已经被许配给一个男孩,而且聘礼也已经由男方父母送交女方父母,女孩就不得再嫁给其他的男人。

2. 如果给媒婆看到的是个俊俏的人,而婚嫁时用另一个丑陋的人替代,或者如果将一个良家女子嫁给其奴隶,还有如果是某人使自己的奴隶娶一名良家女子,而在其父母面前假称奴隶是其子或亲属。在所有这些假设下,婚姻无效,所有作弊之人都要受到严惩。

3. 禁止所有省市的文官总督与当地的任何家族联姻。如果违背此条法律,婚姻无效,并且当事人将遭受严厉的杖刑。

4. 所有在守孝期内的青年人都不准结婚,不论是为其父亲还是其母亲守孝。如果婚约在父母死亡之前确定,所有程序即刻停止。未婚

① 〔法〕格鲁贤编著:《中国通典》(下部),第288~289页。
② 参见〔法〕格鲁贤编著:《中国通典》(下部),第289页。
③ 参见〔法〕格鲁贤编著:《中国通典》(下部),第290页。

夫必须将情况通知其未婚妻父母。未婚妻父母的允诺丝毫不会被解除。他们会等待守孝时间过去后,再向未婚夫写信提醒其婚约。如果他不坚持,女孩重获自由。

如果家庭中发生了某些不幸的事情,比如一名近亲被捕入狱,婚姻也会被推迟,但是如果双方同意,婚礼也可以如期举行。

5. 兄弟二人不能娶姊妹二人;鳏夫不能自由地将他娶的寡妇的女儿嫁给他自己的儿子。近亲不得结婚,不论其血缘关系的远近。①

同时,他还强调在中国"所有家长都是其子女行为的负责人,甚至其家仆行为的负责人。他有责任预防出现的错误一旦出现,就由他负责。……任何父亲或主人对其子女或奴仆而言都拥有绝对的权威"②。

复次,格鲁贤在第 1 卷中还以"刑法和刑事诉讼法"为标题,向欧洲概括介绍了中华帝国的"刑事法律"。对于 1750 年前后欧洲对中国刑罚严酷的指责,格鲁贤在这里针锋相对地给出了批评。他不仅认为中国的刑罚不严酷,而且称赞中国刑罚规定得很有层次、很合理。他说道:

> 如果我们相信某些对中国知之甚少的作家所言,没有什么比中国的刑法更可怕的了。一个天生温和的民族,怎么能够想象得出来? 肯定是罪恶之深重使得立法者们严厉对待。有人曾经问德拉古(Dracon)——雅典的第一个立法者,为什么他将轻微的过错也处以死刑。他回答说:"我认为最小的罪也值得判死刑,而对于最大的罪,我没找到其他的惩罚。"他的法律后来被梭伦(Solon)减轻了。但是中国人的法律不需要减轻。
>
> 这些法律组合得如此之好,以至于没有过错能逃脱惩罚,处罚也从不会超出过错。有些在法兰西要判死刑的罪行,而在中国只是判处体罚。③

格鲁贤不仅对中国刑事实体法给予了正面的评价,而且对刑事程序法也给出了极高的赞扬。对此,他写道:"中国人的刑事诉讼程序可能是世存当中最完美的。"④为了证明这一点,格鲁贤给出了三点例证。第一,"它(刑

---

① 〔法〕格鲁贤编著:《中国通典》(下部),第 290～291 页。
② 〔法〕格鲁贤编著:《中国通典》(下部),第 291 页。
③ 〔法〕格鲁贤编著:《中国通典》(下部),第 295 页。
④ 〔法〕格鲁贤编著:《中国通典》(下部),第 295 页。

事诉讼程序——引者注)缓慢的速度变成了诬告人的救生索。罪犯不会赢得什么,因为时间会使真相显露,而不能对他们有利。所有被告都会受到五至六个法庭的审理,每个法庭按程序复审"。第二,"侦讯不只是针对被告的,也可以是针对原告和证人的。这种可赞的也是必要的措施只在中国有"。第三,"被告确实是一直被关在监狱之中直到诉讼结束,但是这些监狱一点儿也不像其他国家的那些可怖的肮脏窝。它们很宽敞,从某种程度讲甚至是舒适的"。[1]

接着,格鲁贤又逐一介绍了中国的刑罚。他先是提及了"笞刑"和"枷刑"。对于"枷刑",他写道:

> 对于偷盗者,对于职业赌徒,以及其他扰乱治安或滋扰某个家庭者,这个刑罚的期限都是三个月。这期间,罪犯毫无回家的自由:他被滞留在某个广场,或是城门前,或是寺庙前,或是判他刑罚的衙门前。刑期结束后,罪犯被重新带到官员面前,这个法官友好地勉励他改过自新,解除他的枷,最后再给他二十杖笞刑后释放。[2]

之后,他提到了"徒刑",即"对于其他的过错,等级低于杀人的,惩罚是徒刑,如果是流放到鞑靼地区常常是无期的,或是判处为皇家大船拉纤三年,或是脸上被烙下印记[3]。这里,格鲁贤顺便还提及了"刺字刑"。

值得注意的是,格鲁贤在这里还注意到服制对于刑罚的影响问题。为此,他举了6个例子:第一,"所有亲属间的偷盗行为将会比偷盗外人遭到更严厉的惩罚";第二,"弟或侄预先侵占长兄或叔伯的继承财产被视为最严重的偷盗";第三,"针对父母的,或祖父母的,或叔伯,或长兄的告密者,如果指控成立,会被判处一百板子和三年的流放。如果是诬告,会被判处绞刑";第四,"所有异性之间的罪恶交往会受到惩罚。血缘关系越是亲近的,惩罚越是严重";第五,"儿孙疏于服侍其父母或其祖父母,将会被法律判处一百板子;辱骂他们,将会被绞死;殴打他们,将会被砍头;打伤他们,将会被钳烙并碎尸";第六,"如果弟弟辱骂兄长,法官判处一百板子。如果是殴打兄长,判处流放"。[4] 此外,他还指出,墓地在中国法律中也有特殊的保护。他写道:"每个家族的墓地都是神圣的、不可转让的和不可抵押的。那里禁止伐木,

---

① 参见〔法〕格鲁贤编著:《中国通典》(下部),第 295 页。
② 〔法〕格鲁贤编著:《中国通典》(下部),第 296 页。
③ 〔法〕格鲁贤编著:《中国通典》(下部),第 297 页。
④ 参见〔法〕格鲁贤编著:《中国通典》(下部),第 297 页。

违者将被判死刑。如果有人偷拿墓葬的任何装饰品,他将会被缉拿并按亵渎罪论处。"①

　　另外,格鲁贤提到了"绞刑""斩刑"和"凌迟"。对于"绞刑",他提及了两种方式:第一,"他们用一个活扣套在罪犯的脖子上,绳头六七法尺长,两名法庭的仆役向相反的方向拉扯,然后突然松手,稍等片刻后,他们再次拉绳子";第二,"在中国的某些地区,绞刑是用一种弓执行的。罪犯跪在地上,行刑者将弓弦套在其脖子上,收紧放松的弓弦,罪犯立即会窒息而死"。② 对于"斩刑",他写道:

　　　　一种对我们来说并无侮辱的刑罚,对中国人来说却被认为是最屈辱的惩罚,它就是砍头。一般是用于谋杀犯,或是几个同样严重的罪行。以下是中国人所说的,为什么砍头被看作是最屈辱的? 头颅是人体最高贵的部分,如果死时身首异处,父母所授的身体就不是完整的了。这种思想来源于这个民族的风俗和他们对父辈的崇敬。③

对于"凌迟",他写道:

　　　　这种刑罚只在中国有。针对国家罪犯、反叛者。罪犯被绑在柱子上,行刑人割开其头皮,剥皮并褪到眼部,然后割除他身体上的几个不同部位,切成小块。他只是由于疲乏才会停止这恐怖的工作。他将人体的残余部分留给凶恶的围观贱民,他们会结束他未完成的部分。④

　　尽管格鲁贤对于中国刑事法律给出了积极的评价,但却对中国的刑讯给出了批评。他以法兰西为参照,指出法兰西因为有很多言论反对刑讯,所以普通刑讯已经被取消了;而中国不仅存在着普通刑讯,而且普通刑讯和特别刑讯都特别残酷、恐怖。⑤

　　即便如此,从整体上讲格鲁贤对中国的刑事法律和刑事程序法还是十分肯定的。他在这部分的最后,又重申了这一点。对于中国"刑法"而言,他指出,中国历史上的确存在"几位君主嗜血成性",但"他们的行为并不是法

---

① 〔法〕格鲁贤编著:《中国通典》(下部),第297页。
② 参见〔法〕格鲁贤编著:《中国通典》(下部),第297页。
③ 〔法〕格鲁贤编著:《中国通典》(下部),第297页。
④ 〔法〕格鲁贤编著:《中国通典》(下部),第298页。
⑤ 参见〔法〕格鲁贤编著:《中国通典》(下部),第298页。

律所允许的","他们直到今天还被看作暴君,他们的名字使整个帝国感到恐怖",因此,提醒欧洲人不要混淆,并因此"蔑视这个国家刑法"。① 对于"中国的刑事诉讼程序",他写道:

> 中国人在其刑事诉讼程序上比其他国家有一个重大优势:清白之人几乎不可能被诬告所击倒,对于诬告者、造谣者和证人来说这太危险。诉讼程序的缓慢和多次复审,对于被告人来说是有帮助的。最后,任何一个死刑判决,没有皇帝的批准都不能被执行。官员向皇帝呈上诉讼过程副本,用中文和鞑靼文两种文字,皇帝再将副本交与几位鞑靼人或汉族人博士复核。
>
> 这就是上亿子民的主宰所必须要关心的,为了避免任何一个冤案。②

他甚至为了进一步证明这一点,还用一些具体的事例和规定予以说明。例如,他指出:"被判处流放的人的儿孙们、妻子和兄弟们,被允许跟随犯人并和他住在一起、所有类型的被告人的亲属,都可以向狱中人提供他们力所能及的帮助。"③总之,经过格鲁贤的重申,一种文明的中国司法再次呈现在欧洲人面前。

值得注意的是,尽管格鲁贤在第1卷专题介绍完"民事性法律"和"刑事性法律"之后,没有再以标题的形式介绍中国的"行政法律",但是从该卷剩下的内容看,其内容大致对应的是"行政性法律"。

在"城市的内部治安"方面,他称中国城市"每个街区都有一名首领监护","负责区域内所有涉及公共秩序的事务";此外,"家族中的父辈是另一种形式的监督员","邻居们甚至要相互负责"。每个城市实行严格的"宵禁"和"出入检查"制度,他声称:"这种措施来自中国人的古老准则,即不让任何外人混入他们当中。他们认为,随着时间的流逝,人们混杂会破坏道德、习俗和习惯,能够引发纠纷、争执、反叛和国家的动乱。"④此外,他还表达了中国城市治安良好的观点。为此,他举例说,因为"在中国杀人需要偿命",他们通常会放下棍棒或其他手头的工具,通过法律的方式解决问题,即

---

① 参见〔法〕格鲁贤编著:《中国通典》(下部),第298页。
② 〔法〕格鲁贤编著:《中国通典》(下部),第298页。
③ 〔法〕格鲁贤编著:《中国通典》(下部),第299页。
④ 参见〔法〕格鲁贤编著:《中国通典》(下部),第301页。

"最经常的现象是,他们一起去找官员,并请他裁判"。① 他还称,佩带武器、妓女和赌博行为在中国都是要受到限制的。比较有趣的是,他在这里还以巴黎"公营当铺"为参照,提及了中国的"当铺"和一些涉及典当制度的信息。文载:

> 这是一个中国人叫作当铺的办公处,等于我们的公营当铺,规则基本上是相同的。抵押借款当时就可以实现,不需要任何事先的程序。隐私是被保护的,抵押借款人可以保守自己的秘密。如果他说出了自己的名字,名字会被记录下来。如果他想要隐藏自己的名字,也没有人强求他说出来。如果情况特殊,针对某些事件,需要向警察汇报,当铺也只是记录下抵押人的体貌特征。如果某人所当的物品看起来超出了其人的状况和生活水平,当铺甚至会派人跟踪和监视抵押人。但是,除非有足够的证据证明当铺与抵押人勾结,当铺是从来也不会损失什么的。而且,当铺的流行取决于它对客户的忠诚度,这个理由也就成了一个相当好的保证。
>
> 在中国,利息一般情况下是百分之三十,这就说明钱并不充裕。当铺里使用的就是这个利率。所有的典当品进入柜台后都会被按号码登记保存。典当品自典当书到期后的第二天起,就属于当铺了。其他的条件完全与我们的公营当铺相似,在这里重述就多余了。②

在"财政税收"方面,他称中国的"关税可能是全世界最轻微的了,它们几乎只是针对商贩的,而且商贩们并不会被过分地盘查"③。对于税收征管制度,他写道:"每个省的总督在每个县任命一名他所信任的官员管理整个县的关税。广东港和福建港的海关分别由一名特别的官员管理,这些官员同时也监察驿站。"④具体表现为:"财政部(Tribunal de Finances,应为户部——引者注)全权负责行政、征税、和租税管理。赋税的征收被简单化到极致。村镇的税收被送到三级城市;从三级城市再被送到二级城市;从二级城市再被送到一级城市;最终送到帝国的首都。"⑤此外,他说道,中国政府收取的是实物税,这可以极大减轻纳税人的负担;同时,银钱的捐税则主要

---

① 参见〔法〕鲁贤编著:《中国通典》(下部),第301～302页。
② 〔法〕格鲁贤编著:《中国通典》(下部),第302页。
③ 〔法〕格鲁贤编著:《中国通典》(下部),第305页。
④ 〔法〕格鲁贤编著:《中国通典》(下部),第306页。
⑤ 〔法〕格鲁贤编著:《中国通典》(下部),第307～308页。

来自关税、直属于皇帝的盐税、港口的进口关税和其他商业税费。总之,他称,在中国"政府有细密的措施,以免他们税费过重和征收时被欺压"。①

在商业管制方面,格鲁贤称"中国人在商业上,有一个与欧洲完全相反的系统"。中国人的商业理念是:"他们认为有用的,刨除多余事物,只局限于必需品。因此,他们将广东的事看作是有害的。他们说,我们的丝绸、茶叶、瓷器被拿走了:这些物品使得我们带来的银钱和那些珍贵的小玩意,对于我们这个国家来说是完全多余的。"基于这样的理念,格鲁贤称"皇帝刚刚在广东设立了一个贸易商行",但这"对他们的政府而言完全不需要"。②

此外,他还提到中国的"高利贷习俗"由来已久,"可以上溯到两千年前","这种做法时而被允许,时而被禁止,最终,法律允许其中的部分存在"。③ 为了具体说明中国此制度,他以法国法为比较对象,介绍了中国的法律规定:

> "凡放贷银钱或是其他财物,只能收取每月三分利,不论多少年月的积累,本金与利息保持不变。违反法律者,打四十板,如果造假将利息加入本金者,打一百板。"这就是原文,以下有关于此法的扩展阐述。我们将它抄写到关于中国的新的回忆录中。
>
> "未付一个月利息而被告至官府者,笞一十,两个月笞二十,三个月笞三十,如此直到六十,也就是说直到六个月;欠债人必须偿还本金和利息,但是那些私放钱债者将被判笞八十。"④

查阅《大清律例·户律·钱债》,格鲁贤这里所谓的"原文"和新回忆录中的"扩展阐述"都属于"违禁取利"律文的内容。⑤ 值得注意的是,格鲁贤还从"法经济学"的视角,分析了中国"允许如此过高利息的法律缘由"。他给出的解释是:"过高的借贷利率,阻碍有钱人购买过多的土地。拥有过多的土地只会使其困扰,使其变穷,因为土地的产出远低于其放贷的收益。"⑥

在"官员的职责"方面,格鲁贤不仅介绍了中华帝国上至总督下至县官的职责,而且对官员严格的考课制度也进行了说明;⑦同时还对"皇族事务

① 参见〔法〕格鲁贤编著:《中国通典》(下部),第307页。
② 参见〔法〕格鲁贤编著:《中国通典》(下部),第310~311页。
③ 参见〔法〕格鲁贤编著:《中国通典》(下部),第311页。
④ 〔法〕格鲁贤编著:《中国通典》(下部),第311~312页。
⑤ 参见田涛点校:《大清律例》,第263页。
⑥ 〔法〕格鲁贤编著:《中国通典》(下部),第312页。
⑦ 参见〔法〕格鲁贤编著:《中国通典》(下部),第328~330页。

的管理"进行了较为完整的介绍。就其内容而言,他比前述巴多明神父在1724 年 8 月 20 日于北京致耶稣会某神父信函所涉内容更为丰富。他称,"他们只拥有一些很简单的特权,并且只能受到宗族的审判","人们只有从黄色的腰带能够辨别出其皇族身份"。对于黄色腰带的拥有者,他写道"这个黄色腰带只属于帝国奠基者的那些直系子孙",他们的爵位"都是每一代降一级","到了第七代,这一支族的最年长者将会成为一名简单的黄腰带拥有者,而其他人就降为庶民了"。对于"满八旗的亲王"情况则有所不同,他们的权力可以代代相传。① 尽管亲王们在中华帝国是一个特殊的存在,但"亲王的名号并不给他们带来任何执掌哪个官署的权力","只能受到针对他们所设的并由他们中的成员所组成的专门法庭的审理"。格鲁贤指出:"任何人如果辱骂皇家亲王,哪怕他除了黄腰带,没有任何名号,必将会被判处死刑。如果这个被辱骂的亲王忘记或忽视了佩戴黄腰带,那就变成了简单的民事诉讼,侵犯者只会受到杖刑。亲王即使被宗人府判定有罪,也从不需要出庭。针对亲王的死刑判决只有得到皇帝的认可才能执行,他也可以以罚金的形式免除所有肉体处罚。"②在这部分内容的最后,格鲁贤还不忘再一次总结赞美帝国法律对于官员们的严格规定。对此,他写道:

> 触犯人民利益的罪行将会受到最严厉的惩罚,而遍布全国的各级酷吏使得一旦犯法就很难逃脱追捕。所有高级官员都为其下属的错误负责。他既是他们的监管人,又是他们的保证人。由此,疏于管理下属或者没有上报问题就会受到处罚。③

关于中华帝国为何如此,他说道:"现政府针对权势阶层很严厉,对平民很温和并乐于施与救济,以至于老百姓害怕失去他们的新主人,就像这些新主人害怕失去他们的子民一样。"④

最后,格鲁贤在第 1 卷"中国政府"的最后还提到了"孝道"。他解释了为何在此要提及这一点,并将其与前述的"民事性法律"和"刑事性法律"联系起来:

> 每个文明的民族都有其民事法则和刑事法则。通过第一类法则,

---

① 参见〔法〕格鲁贤编著:《中国通典》(下部),第 332 页。
② 〔法〕格鲁贤编著:《中国通典》(下部),第 333 页。
③ 〔法〕格鲁贤编著:《中国通典》(下部),第 338 页。
④ 〔法〕格鲁贤编著:《中国通典》(下部),第 339 页。

每个公民可以知道他的权利和尊重他人的权利。第二类法则使他们知道如果违犯第一类法则,如果触犯公共治安和自然秩序所要受到的处罚。这里还有第三类法则,它从道德、习俗那里获得的力量,甚至超过权力。孝道在中国是如此受到尊崇和信仰,以至于我们忘记,没有任何立法者需要做出规定。这在中国并不是一种简单的礼仪和纯粹自然的责任。它几乎等同于宗教,受到极度关注的宗教。①

很明显,格鲁贤将中国的"孝道"等同于西方"实定法"背后的"自然法"或"高级法",指出"孝道"构成了中国"民事法则"和"刑事法则"的理论原则基础。

为了进一步解释说明中国法的这个基础,格鲁贤先是指出,"孝道的目的是让君主将他的子民看作是他的孩子,也让子民们将他们的君主看作是他们共同的父亲"。接着,他认为孝道的功用在于"管理着父亲和孩子的权利,以及被看作是所有人之父亲的君主的权利"。② 此外,他还借孔子的话,指明中国将孝道放置如此位置的理由:

> 他说如果皇帝和高官们给人民做出服从其父母亲的榜样,帝国中就没有人敢于轻视或厌恶自己的父母。由此及彼,国家中会建立服从的秩序,而这种服从会带来平静。因为,他补充说,当每个家庭充满和平,君主的所有子民也会喜爱国家内部的和平。皇帝做出敬老的表率,就会被宫廷里面的高官们所模仿,而官员们再向他们学习,人民再向官员们学习。③

接着,为了具体展示关于"孝道"的原则性规定,他说"《礼记》是一种关于孝道的法典",并较为具体地转述了《礼记》中涉及"孝道"的规定。④

纵观格鲁贤《中国通典》的内容可以发现,其内容基本上重复总结了前述耶稣会士涉华的报告和信函,尤其是1735年杜赫德出版《中华帝国全志》至1773年耶稣会被解散之前的内容。该书在内容的完整性和体系性上可能略胜于前述杜赫德《中华帝国全志》,而且在内容上有很多自己的分析和观点。最为重要的是,格鲁贤针对18世纪中叶以后出现的贬低或否定中国

---

① 〔法〕格鲁贤编著:《中国通典》(下部),第313页。
② 参见〔法〕格鲁贤编著:《中国通典》(下部),第313页。
③ 〔法〕格鲁贤编著:《中国通典》(下部),第313~314页。
④ 参见〔法〕格鲁贤编著:《中国通典》(下部),第314~319页。

法的"不同声音",通过该书重申了一个多世纪以来耶稣会对于中国法的肯定性态度。于是,中国法形象在此时期的欧洲依旧毁誉参半,不甚明朗。

三、马戛尔尼使团对中国法形象的修正

如果说 18 世纪中叶后法国大革命前,欧洲出现的对中国法形象的另种声音还只是当时热烈赞颂中国浪潮中的不和谐之音的话;那么,1793 年马戛尔尼使团对于中国法的报道不仅改变了西方的赞美,而且在一定程度上印证了 1750 年之后孟德斯鸠、赫尔德等学者对于中国法的批评。

18 世纪末随着工业革命的进行,英国扩大海外市场的需求越来越强烈,然而从康熙二十五年(1686)起,清廷只允许英商通过"广州十三行"进行贸易。为进一步打开中国市场,1792 年英国政府任命乔治·马戛尔尼(George Macartney,1737～1806)为全权特使,率领由 800 多人组成的使团以为乾隆皇帝祝寿之名来到中国。然而,在旅华的半年里,马戛尔尼使团从军事到政治,从社会到法律,对中国进行了较为详细的记载和考察,并将其带回欧洲。其中有关中国法的报道,足以令中华帝国声名扫地。

(一) 马戛尔尼

与前述孟德斯鸠等人相似的是,马戛尔尼通过自己在华的实地观察,在其私人日记中首先告诫西方人,[①]应该对启蒙时代的传教士和早期旅行家们对中国褒扬的观点予以怀疑。他指出:"若仅从早期旅行家乃至后来传教士的撰述去认识中国及其居民,那往往会是不够详细和不公正的。因为这些作者,尽管他们可能无意编造故事,仍然在他们谈事情时并不总是谈全部真相,这是一种导致几乎和虚构一样错误的叙述方式。"[②]

与启蒙时代不同的是,马戛尔尼认为在过去的 150 年西方是进步的,而中国是停滞的,对此中国人浑然不知,且极度自负。他写道:

> 自北方满洲鞑靼人最后征服以来,至少在这过去的 150 年,没有发展和进步,甚至在后退;而在我们科技日益前进时,他们和今天的欧洲民族相比较,实际变成了半野蛮人。正是因此他们保持了半罐子水通常有的自大、自负和自傲,而且,尽管在他们和使团交际期间感觉到我

---

① 除了私人日记,马戛尔尼还于 1798 年出版的《乾隆英使觐见记》(*Lord Macartney Embassy to China*)中以日记的形式记载了他从 1793 年 6 月 15 日至 1794 年 1 月 10 日在中国的所见所感。参见〔英〕马戛尔尼:《乾隆英使觐见记》,刘半农译,李广生整理,百花文艺出版社 2010 年版。

② 〔英〕乔治·马戛尔尼:《马戛尔尼勋爵私人日志》,载〔英〕乔治·马戛尔尼、〔英〕约翰·巴罗:《马戛尔尼使团使华观感》,何高济、何毓宁译,商务印书馆 2013 年版,第 5～6 页。

们在许多方面比他们强，他们仍然显得惊奇而不自愧，有时假装对所见无动于衷。在跟外国人交谈中他们毫无羞愧和自卑，反显得满不在乎，好像他们自己是优胜者，言行中找不到缺点和失误。①

接着，他认为司法中的腐败是中国衰亡的主要原因：

> 众所周知，在他们法庭上金钱万能，钱多的总是有理。而及时送礼行贿在其他各部也奏效。没有钱就得不到接待，就办不成事。拒绝接受被诉讼人认为是明显的敌对表示。东方人的这个恶习带有普遍性，我以为，这是他们腐败和衰亡的主要原因。我们知道其他东方大君主一个接一个因此被打倒，很可能这一点某一天将在中国的大动乱中发挥它的作用。②

除了司法腐败外，他还指出中国百姓的财产权在皇权面前是得不到保护的。对此，他说道："在中国，皇帝的利益始终是头等重要的事，违反他的旨令，任何人的财产都是不安全的。"③

（二）乔治·伦纳德·斯当东

除了马戛尔尼本人外，使团的其他成员如乔治·伦纳德·斯当东（George Leonard Staunton，1737～1801，下文简称"老斯当东"）和约翰·巴罗（John Barrow，1764～1848）也对中国法进行了自己的记述。

马戛尔尼回国后，1798年使团副使老斯当东在伦敦出版了《英使谒见乾隆纪实》（*An Authentic Account of an Embassy from the King of Great Britain to the Emperor of China*），以一名法学博士的视角描述了中国法。

老斯当东在该书的开始就提到了中华帝国封闭自大的心理。他指出："中国长期以来的闭关锁国和排外偏见仍然存在，中国人对自己的文化有着高度的优越感，在他们眼中，其他国家都是蛮荒之地。而且中国只设有一个通商口岸。"④或许是学习过法律的缘故，老斯当东极其敏锐地发现，中华帝国不存在英国的那种自由。相反，它向民众极力灌输一种顺从观念，进而维持专制；当有民众无法忍受时，要么改朝换代，要么只能期待下一位圣君明主替他们改变一切。他写道：

---

① 〔英〕乔治·马戛尔尼：《马戛尔尼勋爵私人日志》，第6页。
② 〔英〕乔治·马戛尔尼：《马戛尔尼勋爵私人日志》，第29页。
③ 〔英〕乔治·马戛尔尼：《马戛尔尼勋爵私人日志》，第31页。
④ 〔英〕乔治·斯当东：《英使谒见乾隆纪实》，钱丽译，电子工业出版社2016年版，第5页。

　　在中国的政治、伦理和历史文献著作中找不到任何有关自由的理论,中国人认为这种理论会导致民众犯上作乱。据说,法国人提倡的民主自由原则和《人权宣言》等文章被译成梵文在印度流传时,未能在性情温顺、体格羸弱的印度人中起多大的煽动作用。而中国人天性好动,颇有进取心,这种学说若是传到中国,后果不堪设想。中国纬度较印度靠北,寒冷干燥的气候使得中国人能干而有决断力。中国以农立国,农民人数大大超过其他行业,民众的身家性命大都操纵在官吏们手中,受了委屈也很难找到申诉的机会。有时由于长期受到压迫,民众忍无可忍,聚众引发骚乱,惊动了政府,政府也可能把一两个相关负责官吏撤职查办,但这毕竟只是少数。一般说来,官吏随意压迫民众往往能逃脱罪责,但如果他们违背上级的命令,则会受到严格处分。官吏们有监督百姓之责,老百姓若犯上作乱都将被认为是他们的失职,因此官吏们自身都有一种不安定感。而英国民众的利益植根于政府的稳定基础上,因此英国政府是世界上最稳固的。中国的情况则与之截然相反,大多数人把政府的更迭看作是改善自身命运的机遇。这种心理使得经常有人引发暴乱,但是由于害怕失败,大多数情况下只是零星的暴乱,由民众起义导致朝代更迭的情况很少。而且,每个王朝都在民众心中极力灌输忠君思想,起到一定的束缚作用;但如果老百姓真没有活路,他们也会抛弃忠君思想,希望能有明君来代替他。尽管反对压迫、神圣人权等新理论在它的兴起国已经发生了异变,但中国政府知道,这种平等观念若传至中国,在下层社会的青年人中一定会获得共鸣,因此极力预防;于是政府更加褒扬忠君敬老观念,在年轻人中树立起顺从命运的观念,这种束缚力远比严刑峻法有效的多。①

　　在马戛尔尼使团从北京返回的途中,老斯当东通过对一些具体事件的观察,在与英国司法进行比较的情况下,对中国的司法制度进行了描述和评价:

　　被体罚打竹板,在欧洲人看来是一件奇耻大辱。但在中国,打板子是一种常见惩罚。总督不但有权撤换下级官员,而且可以行使除了杀头外的其他任何处分。中国政府采取体罚制度的目的在于维持社会秩序。对下层百姓可以随意责罚,但死刑必须经过法庭审判才能判定,只

①　〔英〕乔治·斯当东:《英使谒见乾隆纪实》,第291~292页。

是中国没有陪审制度。法官判案不注重口头证据,只注重事实证据。处理小案件时,犯罪人按照宗教仪式宣誓后,略施惩罚,就可以释放。有时为了逼问口供,让犯罪人供出其同谋党羽,庭上也会施行拷打。只不过这种办法极其失策,因为任何无罪之人都可能因莫须有的怀疑而遭受酷刑,进而为免遭折磨而承认与己无关的罪责。①

此一描述中尽管有不实之处,如总督可以随意撤换官员,决定除杀头以外的刑罚,但对中国法中没有陪审制度,存在刑讯以及对刑罚目的的描述还是准确的。

当然老斯当东也认为,尽管中国司法在程序意义上欠缺权利保护的内容,但也不是一无是处,中华帝国还是十分重视死刑案件审判的,秉持"人命关天"的理念。他说道:

> 一般情况下,判处死刑必须由皇帝批准,但在紧急情况下,如果发生叛乱或暴动等,总督可以先斩后奏。被判处死刑的罪犯一般都要押解到北京去执行。北京有一个专门审理死刑案件的法庭,皇帝在批准死刑前都要征询一下大臣的意见,看看在不损害国家安全的前提下能否适当减刑,以彰显皇帝仁慈宽厚、重视人命。②

此外,他还指出中华帝国的司法不是平等适用的,存在司法特权的现象。他指出:"在中国,皇权至高无上,其他都是次要的。拖欠皇帝款项的人,若是有意欺骗,将会被判绞刑:如果是因为不可预知的灾难,他得变卖家产和家人来还债,自己也会判充军。"③由于法官的薪金不高,司法腐败也是存在的,他说道:

> 在中国和其他东方国家,下级向上级,当事人向法官送礼的风气很盛行。如果原告和被告都向法官送礼,若是送的礼物同样重,法官仍可能做出公正的判决;但礼物的轻重大多是以人的富有程度为依托的,自然富人胜诉的机会更多。中国官吏的薪金不高,因而易受诱惑。因此,为富不仁的人大多可能通过贿赂官员而达到自己的目的。④

---

① 〔英〕乔治·斯当东:《英使谒见乾隆纪实》,第 350～351 页。
② 〔英〕乔治·斯当东:《英使谒见乾隆纪实》,第 351 页。
③ 〔英〕乔治·斯当东:《英使谒见乾隆纪实》,第 352 页。
④ 〔英〕乔治·斯当东:《英使谒见乾隆纪实》,第 353 页。

值得注意的是,具有比较法视野的老斯当东敏锐地发现中国的诉讼案件中,有关财产的民事案件非常少,且没有律师职业。究其原因,他认为这是中华帝国家庭本位和民众的厌讼观念所引发的。他写道:

> 在中国的诉讼案件中,关于财产纠纷的案件所占比重很小。因为中国人对打官司有顾虑,也没有完备的法律手续和诉讼程序,有时一个官司可能经年累月也没有判决结果,在此期间双方当事人均无心处理其他事务。因而一旦官司结束,无论胜诉或败诉,当事人都会很快忘掉这件事,继续生活。他们的产权继承问题,也没有财产清算问题,不易引起纠纷。而在其他国家,家庭权益是以个人为本位的,因此往往纠纷很多。中国人很少和外国人做生意,而且他们一向有自己的原则和习惯,尤其是家庭本位制和其他社会制度等都不易引起财产纠纷。因而,中国的法官处理人事纠纷多,审判经济类的诉讼案件少。在中国,没有律师这门职业,但有文化和有口才的人可以担任未成年人或无知识者的辩护人,也就是讼师。①

(三) 约翰·巴罗

作为马戛尔尼的内务总管和私人秘书,约翰·巴罗回国后于1804年出版了《中国行纪》(*Travels in China*),较为全面地对使团出使中国的情况进行了介绍,其中很多内容是涉及中国法的。

与马戛尔尼一样,巴罗在著作的开始明确指出了之前传教士对于中国的赞美是不真实的,他们的论述夹杂着自己的动机。他写道:

> 这些宗教人士对这个奇异的国家大加吹捧,是有其动机的。他们把这个国家描绘得越强大越辉煌,越有文化越有修养,那么他们改革其本国宗教的必要性就越大。他们也觉得他们至少真正需要赞美的是他们自愿在其中终老并受它保护的国家。有种种理由认为,总的说他们想讲真话,但隐瞒了一些事,或者委婉地谈到,以便有朝一日可以在中国用中文予以公布。因此,他们的话往往出现自我矛盾。他们一面颂扬稀少的忠孝之道,一面又记录遗弃婴儿的罪行;一面谈百姓的品德和礼貌,一面又列举大量伤风败俗的事;一面夸奖文人的品德和学识,一

---

① 〔英〕乔治·斯当东:《英使谒见乾隆纪实》,第352~353页。

面则指出他们的无知和荒谬。①

巴罗在游历中国期间,发现妇女和普通民众的权利并不受到尊重和保护。他认为这是中国专制制度造成的结果。他说道:

> 或许可以立下一条不变的法则:一个国家妇女的社会地位可作为判断该国达到文明程度的标准。妇女的风俗、习惯和丰富的感情,对所在社会的方方面面都产生很大的影响,往往促使社会性质发生变化,因此我们看到重视女性道德和才智的国家,必定有良好的法制保护全民的福利。但是,相反的,以性别歧视为重的国家,如亚洲各国的专制政府,必定实施独裁、压迫和奴役的统治。如女性的个人才能至今仍未得到发挥,那么她只能失去自由,失去参与社会的权利,使她沦为贱奴,屈服于专制男人性的需要,受到任意的侮辱。野蛮民族中的重活和劳役必定落在妇女身上。②

对于中国法律得以维系的基础——孝道,巴罗通过观察也给出了自己的认识。他认为:"他们的家庭生活方式不宜于产生他们非常珍视的、传教士认为对社会起到稳定作用的极端的孝道,即对父母的恪尽孝敬。事实上,孝道在中国不是道德观,而是长期以来取得独断法律效能的规定;不妨如实说它存在于政府的准则上,而非存在百姓的思想中。"③既然孝道的目的是为了政府,那么在孝道精神生活下的人们显然是没有任何权利可言的。对此,巴罗写道:

> 只要你的父母在世,你就要为他们效劳,而为赡养父母,你必须终身成为仆役,并且把你的生命任由他们支配。这种父母权威性得到法规和风俗的肯定,从各方面看都如同具有最强的法律效力。它授予父母无限的和任意的支配子女的权力。因此作为共同父辈的皇帝,也拥有统治其子民的权力。和罗马人一样,父亲有权卖子为奴,而这种因滥用亲权,或者因家庭贫困及其他原因出卖子女的交易,往往是有效的。④

---

① 〔英〕约翰·巴罗:《巴罗中国行纪》,载〔英〕乔治·马戛尔尼、〔英〕约翰·巴罗:《马戛尔尼使团使华观感》,第129页。
② 〔英〕约翰·巴罗:《巴罗中国行纪》,第193页。
③ 〔英〕约翰·巴罗:《巴罗中国行纪》,第196页。
④ 〔英〕约翰·巴罗:《巴罗中国行纪》,第197页。

在巴罗看来,在中国专制体制下,上自王公大臣,下至市井小民,人性的尊严对于他们来说几乎是不存在的。他说道:

> 在这种制度下,人人都沦为奴隶。只要最小官一点头,人人都得挨竹板,而且挨了打还得被迫亲吻打他的板子,跪下感谢暴君纠正他的过失,根本谈不到还有什么面子和自尊。政府的规章作指导,百姓的思想跟上,可以说肉体惩罚是官员赐给被罚者的恩惠,一条确立的顺从原则,足以抹杀、消除人性的一切尊严。①

可见在巴罗眼中,专制制度对中国人的本性和品质影响极大。他认为:"这些例子清楚表明中国人吹嘘的道德品行中巨大的缺陷。但如我在前面指出,这类缺失似亦由政治制度造成,不是人民的本性和品质。"②

巴罗通过切身观察所作出的这些判断,在一定程度上印证了半个世纪前孟德斯鸠那些还不太被欧洲人所认可的有关中国法形象的论断。

在该书的第 7 章,巴罗集中论述了中国的法律和政治。他认为,中华帝国的治理原理就是单纯的权力原则,是建立在父权制基础上的。他写道:

> 不管怎样,在今天,强有力的统治者已经完全控制,而且按照他的思维塑造百姓的形象,百姓的伦理和品行则受政府律法的支配,几乎完全受其统治。
>
> 这种促使社会稳定的思想,是基于所谓的权力原则,也就是政府一直向民众灌输、现在已完全确立的原则,父母有天赋予管教子女的明确的权利,这种权利终生都不能取消,需要绝对维持,直到其中一方死亡才能解除。皇帝被捧为众黎庶共同之父,因此也被赋予统治百姓的权力,犹如一家之主。……按照完全建立在父权制上的原则,各省官员成为管辖省份的父母官,各县市的官员也是父母官;各部的首脑同样像一家之主治理他负责的部门。③

这种关于国家治理的理论尽管理论上可行,但是弊端很多,且效果不佳。对此,巴罗认为:"所谓统治者父母般的关爱,被统治者的忠顺,不如更恰当地

---

① 〔英〕约翰·巴罗:《巴罗中国行纪》,第 216 页。
② 〔英〕约翰·巴罗:《巴罗中国行纪》,第 218 页。
③ 〔英〕约翰·巴罗:《巴罗中国行纪》,第 333 页。

解读为一方专制、独裁和压迫,另一方畏惧、虚伪和反抗。"①尽管"后人向祖先公开献祭的宗法制度,对于权力的形式有一定的约束作用","然而根据中国和其他国家提供的许多例子,对专制者而言,所谓留得身后名难以抑制他的恶行"。②或许是受到之前耶稣会士著作的影响,巴罗也相信中国的"言谏制度"客观上能对皇帝专制的权力进行限制。

对于中国的司法,尽管巴罗认为重视人命可能是中国法的优点,③甚至援引嘉庆朝刊载的一则完整的成案进行说明,但是从总体上讲,他对于中国司法的评价是负面的。对此,巴罗从如下几个方面进行说明。第一,从立法技术上讲,"中国的立法者,看来对过失杀人和预谋杀人之间没有作出区别"④。第二,刑罚存在株连的规定。⑤第三,除"涉及百姓生命时",其他"民事诉讼和一般犯法"没有上诉制度。⑥第四,刑罚的设定种类存在缺陷。⑦第五,存在严刑逼供。⑧

总之,这样的司法尽管不至于使社会失序,但很难说它符合正义。对此,巴罗这样评价道:"总之,法律虽未完善到保护百姓的利益,也没有失误到使人沦于普遍的贫困,否则只有引起叛乱。执法中出现缺点,司法官有权任意而为,执行的好坏全由他的品德而定。"⑨

此外,在巴罗看来,在中国上自皇帝的中堂宰相,下至平民百姓,他们的财产权是得不到法律保护的。对于前者,巴罗以和珅的例子进行了说明:"如皇帝本人成为原告,谁能逃脱?从和中堂的命运看,很容易看到,在执行者和司法权威之间没有划定独立的界线,法制精神的机智作者清楚地证明是公正合法,及百姓生命和财产安全的根本。实际上,在所有重大罪行中,

---

① 〔英〕约翰·巴罗:《巴罗中国行纪》,第333页。

② 〔英〕约翰·巴罗:《巴罗中国行纪》,第334~335页。

③ 对此,他说道:"根据认真的判断,我肯定中国的法律明确无误地规定了几乎各类罪行,及相关的刑罚,最值得关注的是各种罪行和刑罚的裁决,法律绝非残忍的,而若实践和理论一致,那么没有国家能够自吹拥有比这更宽大、更有效的司法。现存的专制政府中,肯定没有像中国法律那样重视人命的。"〔英〕约翰·巴罗:《巴罗中国行纪》,第336~337页。

④ 〔英〕约翰·巴罗:《巴罗中国行纪》,第337页。

⑤ 〔英〕约翰·巴罗:《巴罗中国行纪》,第339~341页。

⑥ "在政府的关注下,涉及百姓生命时,一旦判刑,还可以提出上诉,但民事诉讼和一般犯法则不行。因此这类案子仅让一名法官判决,即使判刑得当,中止上诉仍有碍法律公正的实施,当事者被拒绝向上一级,也许更公正的法庭上诉,只能接受法官任意的、不利的,或有害的判决。"〔英〕约翰·巴罗:《巴罗中国行纪》,第342页。

⑦ "中国的立法者在制订罪行的各种刑罚中,不给罪犯补偿他对社会造成损失的机会,或者让他干公家的劳役,或单独拘囚。没有拘留的刑罚。流刑或杖刑被认为是大辟以下的刑法。"〔英〕约翰·巴罗:《巴罗中国行纪》,第342页。

⑧ 〔英〕约翰·巴罗:《巴罗中国行纪》,第342~343页。

⑨ 〔英〕约翰·巴罗:《巴罗中国行纪》,第343页。

皇帝都成了原告和法官。"①对于后者,他指出:

> 政府官员虽然按制度是君王和百姓之间的中介,却是百姓的最大压迫者,百姓投诉无门,无法把冤情上达圣听。中国没有中等阶层,这类人拥有财产,思想独立,在所在四方有一定的影响力和势力,不亚于当局。然而,事实上,中国只有官和民。如果有人靠做生意,或搞生产发了财,他只能私下享受。他不敢住进大宅,穿好衣裳,以免邻居发现他比别人富有,向当地官员举报,官员控以奢侈罪名,轻易将他绳之以法,没收他的财产。②

综上,巴罗通过自己在中国的观察认为,中国法并不像传教士所说是令人向往的。相反,通过比对,他认为英国的法政状况才是真正值得称赞的。他写道:

> 中国政府猜疑和警惕的态度,不符合大不列颠人自由民主的精神。被囚在旅舍的范围内,人口众多的中国都城不比沙漠好。因此,离开一个他们认为不过是体面牢房的地方,向天性充满自傲、自卑和冷漠的民族告别,没有什么留恋的。在一个小官都是暴君、人人都是奴隶的国家度过一些时光后,令人倍感真正自由之可贵。我们的好宪法提供所有人在家里享用物资,那里财产是安全的,老百姓的生命和君王的同样受到保护。让那些乐于构建乌托邦政府的空想家,还有那些或因不满或出于无知而感受委屈失望的人,去访问其他国家,体验别国的司法,那么他们将受到教育,承认真正的自由仅存在于大不列颠——在这个幸福的岛上,引用一位杰出作家论国家法律的话说:"人民的爱国精神是合法执政者最坚定的支持;在君王心里,它是百姓安全的保证,激发他们的自信。"③

马戛尔尼及其使团成员通过自己的亲身经历与感受,向西方人揭开了古老中国的神秘面纱。他在行将结束赴华旅程时,写下了一段生动的预言文字,并坚定地认为有生之年能见到大清王朝的瓦解。他写道:

---

① 〔英〕约翰·巴罗:《巴罗中国行纪》,第347页。
② 〔英〕约翰·巴罗:《巴罗中国行纪》,第347～348页。
③ 〔英〕约翰·巴罗:《巴罗中国行纪》,第364～365页。

中华帝国是一艘破旧的摇摇晃晃的巨大战船,一系列有能耐的警醒的值班军官有幸在过去一百五十年间设法使其浮于水面,并仅以其巨大的身躯和外表吓住邻居。但是任何时候只要一位无能的人碰巧掌握了舱面上的指挥权,则该船的风纪与安全即会消失。她可能不会马上沉没,她可能像一艘失事的船漂浮一阵子,然后将在岸边撞成碎片,但她将永远不可能在旧底板上重建起来。①

马戛尔尼使团对于中国法的记述和评价一定程度上印证了 18 世纪中叶以后孟德斯鸠、赫尔德等人的"另种声音",西方人眼中那种令人称颂、赞美的中国法形象在他们那里开始修正。对此,法国学者佩雷菲特(Alain Peyrefitte)说道:

英国使团所反映的对中国的看法预示着西方在 19 世纪对中国的态度,马戛尔尼使团在西方与远东的关系中是个转折点。它既是一个终点,又是一个起点。它结束了一个世纪来的外交与商业上的接近;它在西方人中开始了对中国形象的一个修正阶段。

当然,使团所揭露的事实并不完全是个晴天霹雳。已经有人提出:中国并不像莱布尼茨、伏尔泰或耶稣会教士所吹嘘的那样是个理想中的乐园。孟德斯鸠就不愿随波逐流,陷入这种盲目的崇拜。勒让蒂伊从 1731 年起发表了《环球记游》,他一下子击中了中国人的要害:"他们体制的恒久不变并不证明他们的优越,因为这阻止了他们取得任何进步。"海军上将安逊在他的《回忆录》中第一个主张炮舰政策:这发生在 1734 年,即鸦片战争之前整整一个世纪。②

四、小斯当东对《大清律例》的英译及其引发的评论

尽管马戛尔尼使团对于中国法的记述修正了之前启蒙时代的看法,且在真实性上有所提升,但颇为遗憾的是,使团成员对于中国法的记述方式仍

---

① 转引自郭世佑:《晚清政治革命新论》,中国人民大学出版社 2010 年版,第 60 页。
② 〔法〕佩雷菲特:《停滞的帝国:两个世界的撞击》,王国卿、毛凤支等译,生活·读书·新知三联书店 2014 年版,第 425 页。

然是宏大叙事的,缺乏微观、具体的内容。① 尤其是他们始终忽略掉中国古代陈陈相因几千年的成文法典。② 对于这一紧要问题,乔治·伦纳德·斯当东之子乔治·托马斯·斯当东(George Thomas Staunton, 1781~1859,下文称"小斯当东")发现并解决了它。

小斯当东对《大清律例》的翻译,不仅意味着西方人对中国法的认知开始从具体文本展开,而且该英译本的出现引发了西方对中国法更为深入的分析和讨论,其结果直接助推了"法律东方主义"或"西方法律中心主义"的形成。

(一)《大清律例》的英译

尽管作为马戛尔尼使团的侍童(page),小斯当东 12 岁就随同父亲来到过中国,并亲手接受过乾隆皇帝的赏赐,但真正促使他关注中国法律的原因是 1800 年他在担任英国东印度公司驻广州商馆书记员不久后所经历的"朴维顿事件"③(providence,又称"天佑号事件")。

在解决这场纠纷过程中,时任东印度公司驻广州商馆主席理查德·霍尔(Richard Hall)注意到清政府审理此案援引的依据是《大清律例》。审理结束后,他向清廷索要一份中国正式刊行的法律条文,以便日后使用。清廷

---

① 实际上,据国内著名法律古籍收藏家田涛先生考,英国人威廉·米勒(William Miller)曾于 1801 年在伦敦出版《中国的刑罚》(*The Punishments of China*)一书,以关于中国司法的 22 幅铜版画的形式,向西方较为详细地介绍了中国的具体刑罚。该书的出版使西方人对原有的关于中国古老而又野蛮的刑罚之说有了新的认识。田涛先生在其《接触与碰撞:16 世纪以来西方人眼中的中国法律》一书中,全文转载了此书。参见田涛、李祝环:《接触与碰撞:16 世纪以来西方人眼中的中国法律》,第 124~144 页。但据杨植峰先生考据,该书作者应是乔治·亨利·梅森少校(George Henry Mason),威廉·米勒只是英国出版社的名字。之前的 1800 年,梅森少校还在该出版社出版了《中国服饰》(*Costume of China*)一书。参见杨植峰:《帝国的残影:西洋涉华珍籍收藏》,第 55~69 页;另见〔加〕卜正民、〔法〕巩涛、〔加〕格力高利·布鲁:《杀千刀:中西视野下的凌迟处死》,第 188~192 页。

② 据已故田涛先生考,在马戛尔尼使团之前,德国人亚力克司·里纳德夫(Alexis Leontiev)曾经将清朝刑罚的一些内容介绍给西方,并于 1781 年在柏林出版过德文本的《中国法律》(*Code Penal des*)。参见田涛、李祝环:《接触与碰撞:16 世纪以来西方人眼中的中国法律》,第 93 页。此外,1778 年俄国汉学家列昂季耶夫(1716~1786)也选译了《大清律例》部分,在俄国出版。但是,学者张世明却认为:"所谓的德国人亚力克司·里纳德夫(Alexis Leontiev),就是俄国汉学家阿历克谢·列昂季耶夫,在西方文献中亦通常译作 Alexei Leontyev。"张世明:《法律、资源与时空建构:1644—1945 年的中国》,第四卷(司法场域),第 716 页。

③ 1800 年 2 月 10 日夜,英国兵船"朴维顿号"的水手向中国渔民开枪,打伤一人,造成另一名搭船的中国人落水而死。清政府要求英方彻查此事,并交出凶手。英国方面则提出请求,希望英方官员出席案件审理过程,获得中方应允。3 月 12 日,英国兵船"朴维顿号"船长狄克斯(Dikes)借证人进入广州城。广东按察使、广州知府、南海县令、番禺县令会同审理此案。在审理最初阶段,中国政府官员态度强硬,要求严惩凶手,给英人造成很大压力,但后来突然改变态度,主动取消审讯,这一命案不了了之。参见侯毅:《欧洲人第一次完整翻译中国法律典籍的尝试——斯当东与〈大清律例〉的翻译》,《历史档案》2009 年第 4 期,第 98 页;另见〔美〕马士:《中华帝国对外关系史》,第 1 卷,张汇文、姚曾廙等译,上海书店出版社 2005 年版,第 115 页。

官员摘录了《大清律例》中的 6 条①,交给英国人。小斯当东在翻译这 6 个条文的过程中,对中国法律产生了浓厚的兴趣,萌生了翻译《大清律例》的想法。② 对此,他自己说道:

> 译者之所以选择翻译这部作品,主要是因为一些偶发事件。他亲眼目睹了许多没有必要的挑衅、毫无根据的逮捕,以及令人尴尬的讨论,凡此种种归咎于一个原因:自从我们与中国人开展重要的商业和国家交往以来,我们对中国法律的精神就存在错误的或不完善的认识。③

遂即,他找到了 1799 年和 1805 年两个版本的《大清律例》④,开始着手翻译,并将英译本于 1810 年正式在伦敦出版。《大清律例》的英译是中西法律文化交流史上的重要事件,标志着"东法西渐"在西方进入一个新的阶段。对此,有学者指出:"这是西方人第一次完整地将中国法律原典翻译成西方文字,西方人终于能够通过译文,直接阅读中国的法律条文了。以此为标志,西方人对中国法律的认识与研究进入了一个新阶段。"⑤

---

① 这 6 个条文的具体内容是:(1)疑窃杀人,即照斗杀论,拟绞。(2)将鸟枪施放杀人者,以故杀论,斩;杀(伤)人者,充军。(3)罪人已就拘执,及不拘捕而杀之,以斗杀论,绞。(4)诬良为窃,除实犯死罪外,其余不分首从,充军。(5)误伤人者,以斗殴伤论,验伤之轻重,坐罪。(6)酗酒生事者,该发遣者,其发烟瘴地方为奴。参见侯毅:《欧洲人第一次完整翻译中国法律典籍的尝试——斯当东与〈大清律例〉的翻译》。实际上,前述 1804 年马戛尔尼使团成员巴罗在其《中国行纪》中也对《大清律例》这 6 个条文进行过介绍。文载:"在广州港不同时期发生对中国臣民的各种案件,一般来说都导致与中国政府的意见分歧,东印度公司的货物经管人认为,就近期有人被英战舰枪击受伤的案件,应当使用从有关谋杀的法律犯罪规则的一个摘要,将其译为英文,并公之于众。这个摘要所包括的条文如下:1. 因怀疑盗窃而杀人者,被处以绞刑,根据斗殴中杀人的处死法律。2. 用枪射击他人,并因此将其杀死者将被斩首,作为故杀的案件。如被击者受伤未死,开枪者将处以流放。3. 杀死已被逮捕、未遇抵抗者,处以绞刑,根据斗殴中杀人罪的法律。4. 诬控他人盗窃(情节特别严重者)犯下大辟罪;其余情况下误控者,不论主犯从犯,将被处以流放。5. 非故意伤害按照有关斗殴打击的法律审判,按伤害轻重程度予以惩罚。6. 因酗酒犯法,将流放到荒漠,在那里服劳役。社会上各种犯罪都有明确和决定的这种惩罚;它由总督通报给英商馆,不管犯罪人的地位、身份或职位,法官心里都不会考虑减轻或加重惩罚。"〔英〕约翰·巴罗:《巴罗中国行纪》,第 338 页。

② 据游博清、黄一农考,小斯当东于 1801 年 11 月已经陆续购得《大清律例》全部卷数。参见游博清、黄一农:《天朝与远人——小斯当东与中英关系(1793—1840)》,《"中央研究院"近代史研究所集刊》第 69 期。转引自〔英〕乔治·托马斯·斯当东:《小斯当东回忆录》,屈文生译,上海人民出版社 2015 年版,第 27 页,页下注。

③ 〔英〕小斯当东:《小斯当东论中国与中国法——小斯当东〈大清律例〉译者序(1810 年)》,屈文生、靳璐茜译,《南京大学法律评论》2015 年春季卷,第 102 页。

④ 关于这两个版本的具体情况,详见赵长江:《〈大清律例〉英译:中英文化交流史上的首次直接对话》,《西安外国语大学学报》2012 年第 3 期。

⑤ 侯毅:《欧洲人第一次完整翻译中国法律典籍的尝试——斯当东与〈大清律例〉的翻译》,第 98 页。

小斯当东英译《大清律例》采用的底本是嘉庆六年(1801)颁行的。他将《大清律例》的436条律文全部译出作为正文,英译本附录包含了少量翻译的例文以及一些相关的谕旨。① 全书分为序言、目录、正文前引文、正文、勘误表、出版社书目六个部分。正文分为七部分,与《大清律例》的结构相对照,分别是:名例律(General Law)、吏律(Fiscal Law)、户律(Civil Law)、礼律(Ritual Law)、兵律(Military Law)、刑律(Criminal Law)、工律(Law relative to Public Work)。②

需要说明的是,小斯当东翻译的《大清律例》只是将其中的436条律文进行了翻译,而另外的1042条例文则没有被全面翻译。对此,他说道:"请允许译者自由地对原本进行删节,同时努力做到安排更为系统,风格更令人愉快,所用措辞更为和谐。"③小斯当东认为,这种删减是很必要的,如果将《大清律例》全部内容翻译,会显得中国法律过于繁琐无序,删减后读者可以轻松地了解中国法律的基本内容。值得一提的是,小斯当东对翻译例文的安排非常巧妙:"这些条例并未如原版那样编入律文,而是集中开列于附录。因其量少,尤其瞩目。"④

此外,小斯当东还自主添加了一些皇帝谕令和京城邸报等内容。对于皇帝的谕令,小斯当东认为其虽未收入《大清律例》,但是与律条有着相同的效果。为了避免中英互译中可能出现的理解偏差,小斯当东在英译本的《大清律例》中还加入了小注,这些小注主要是起到疏通和阐明的作用,多夹于律文或者例文相应的行文之间。⑤ 小斯当东在处理这些小注的时候大都直接将其融入译本,解释事实细节的小注可能有些不做论述,有些直接被剔除。⑥ 最后,小斯当东在所有的律条前面都加上了罗马序数进行编号,而且将《大清律例》中原律文所附例文的数目都标注在律文后面。"这一细节弥补了中国传统法典编纂技术的缺陷,即不注重条文序号。"⑦可以说,小斯当

---

① 有关《大清律例》翻译的技术性问题,参见熊德米:《〈大清律例〉英译比较研究》,法律出版社2020年版。

② 参见 George Thomas Staunton, *Ta Tsing Leu Lee*, London: Printed for T. Called and W. Davies, in the Strand, 1810。

③ 参见 George Thomas Staunton, *Ta Tsing Leu Lee*, London: Printed for T. Called and W. Davies, in the Strand, 1810, Translator's Preface, pp. xx–ix。

④ 参见 George Thomas Staunton, *Ta Tsing Leu Lee*, London: Printed for T. Called and W. Davies, in the Strand, 1810, Translator's Preface, pp. lviii–lxi。

⑤ 参见孙家红:《〈大清律例〉的百年综述》,《法律文献信息与研究》2008年第2期。

⑥ 参见腾超:《权力博弈中的晚清法律翻译》,中国社会科学出版社2014年版,第137页。

⑦ 王健:《沟通两个世界的法律意义——晚清西方法的输入与新词初探》,中国政法大学出版社2001年版,第35页。

东的这种做法调和了中西方人的阅读习惯，为《大清律例》在西方的传播提供了便利。

（二）小斯当东述评下的中国法形象

如果说之前西方对于中国法形象的描述可能过于宏大，评价略带主观的话；那么小斯当东通过对中国成文法典《大清律例》（*Ta Tsing Leu Lee*）的翻译而得出的评价，或许更能赢得西方人的认同和确信。对此，小斯当东在回忆录中颇为自豪地说道：

> 在这一时期，我追求的还有另外一个目标：虽然它占用了我大量的时间，在当时也并未令我感到多么兴奋，但它赋予我的声誉也许比我一生中经历的其他任何事件都要大——我说的正是《大清律例》或《中国刑法典》的翻译。……没有人指望这样一本书能大受欢迎，或被摆在会客厅的桌上；然而它在学界受到的喜爱和热衷程度远远超出了我最为乐观的期待。本书自出版后，常常被引用或提及，正因为如此，35 年过去后，它仍能让我自诩说，如今它已在英国的东方学文献中占据了一种非常牢靠且受人尊敬的位置。①

作为译者，小斯当东自然最有资格对这部来自中国的法典进行评价。他的观点主要集中在《大清律例》英译本前面的"译者序"之中。

在"译者序"的开始，小斯当东显然已经意识到翻译法典是展现中国政治、社会等方方面面情况最为有效的方式。他写道："如实翻译《中国刑法典》本身就十分有趣，因为翻译其他任何一部中国作品都无法像本书一样，简明地解释中国政府的独特体系、组织结构及国内政策的基本原则，国民习惯和性格与它们的关系，以及它们之于中国人总体情形的影响。"②然而，他通过长期在中国的观察，认为西方已经在经济、军事、政治和法律领域获得了长足的发展，但是中华帝国却对此茫然无知，且不愿意了解。他指出："时至今日，虽然西方国家已经凭借政策和武力的总体优势成功拓展了权力，并影响着几乎每一个现存的人类社会，但这个帝国依旧无视它们，且不受任何西方国家支配。"③当然，小斯当东给出了自己的解释，将原因归结为地理方

---

① 〔英〕乔治·托马斯·斯当东：《小斯当东回忆录》，第 43～44 页。
② 〔英〕小斯当东：《小斯当东论中国与中国法——小斯当东〈大清律例〉译者序（1810 年）》，第 90 页。
③ 〔英〕小斯当东：《小斯当东论中国与中国法——小斯当东〈大清律例〉译者序（1810 年）》，第 91 页。

面。他说道：

> 中国人生活在一片独特的地区,这里因类型多样的土壤气候和物产丰饶而闻名。在这种条件下,中国人不会因为物资匮乏,或出于好奇而越过这片海洋和土地,它们是保障安全和繁荣的自然屏障。……中国人本来就不怎么了解外面的世界,周边那几个可怜而野蛮的邻国更给他们留下了一个糟糕的印象。因此他们对自己毋庸置疑的优越条件沾沾自满,并渐渐形成如今这种出了名的民族虚荣和傲慢。①

同时,小斯当东敏锐地发现,之前西方传教士关于中国的记述和翻译虽然包罗万象,但问题也有很多。例如,他们对于中华帝国的描述缺乏和本国相关制度的比较。再如,出于传教的原因,"他们的作品缺乏公正性和辨别力"。小斯当东认为这些研究最大的缺憾是,没有对中国法更为细致而具体的研究。对此,他写道：

> 不得不承认的是,很多除此以外的资料,比如那些提供大量事关中国现状的民事,政治和法律制度的出版物,常常被传教士忽略了。他们或许认为这些问题相比之下不那么重要,或者虽然中国人的性格和中国政府的办事原则令他们印象深刻,但他们觉得这些内容不足以,也不适合传达。②

对于马戛尔尼使团的出使意义,小斯当东认为使团用实际的考察,改变了西方之前那种认为中华帝国是充满道德伦理的"孔夫子的中国"的观念。他写道：

> 这趟行程已足以表明,中国人惯于认定他们在知识和美德方面优于其他民族,这种盲目自信的心理及其欧洲史学家对此的默认大都是错误的。近年来,欧洲在某些知识领域取得了巨大的进步,并特别热衷于此,但中国人在这些方面的知识水平并不尽人意。他们的美德则更多地表现在礼节仪式而非道德义务中,而且往往言过其实,言行不一。

---

① 〔英〕小斯当东:《小斯当东论中国与中国法——小斯当东〈大清律例〉译者序(1810年)》,第97页。
② 〔英〕小斯当东:《小斯当东论中国与中国法——小斯当东〈大清律例〉译者序(1810年)》,第92页。

他们不合时宜的恶习也理应遭到强烈谴责。

欧洲人到后来发觉,许多书中记载的中国人和中国政府令人期待的美德,在很多方面与事实截然相反,所以他们对中国的第一印象不怎么好。①

除去上述这些总体性的看法,小斯当东对于中国法精神和特点的评论,是以《大清律例》为材料展开的。他认为这样做的好处在于,《大清律例》这一"官方材料肯定具备最高的权威性"②。

第一,小斯当东认为,中国法律似乎不具备独立性品格,没有从其他社会规范中独立出来。他指出:"令人尴尬的是,中国的法律还常与民事、政治和礼仪制度的历史及现状等诸多细节混杂在一起,以至于单个探讨这些主题的作品有时候会长达一百卷,总数便更是达到了惊人的程度。"③

第二,中国所有的法规似乎都与刑罚相关。"《大清律例》虽然只由刑部一个部门制定,但它间接涉及中国政府的其他各个组成部门,它可传达出有关民事和军事事务、公共岁入和工程、仪式制度规章等信息。"④

第三,中国法律传统悠久,陈陈相因。他指出:

根据其中的信息,中国第一部系统的刑法典由李悝制定,并以他的名字命名为《李悝法经》。这部法典的安排和结构简单,而且只有六篇。其中两篇是引言,第三篇关于审判,第四篇关于执法,第五篇关于轻罪或其他各种罪行,第六篇关于危及公共正义的重大犯罪。

关于李悝其人和他所生活的时代,我们不甚了解。但我们有理由推断,以他命名的法典是在公元前249年的秦国生效实行的第一部法典。

……

秦之后的汉、魏、晋、齐、隋、唐、宋、元、明各朝对法典的大纲和条款都进行过修改和补充,直到公元1644年的清朝(即现在的朝代),最终

① 〔英〕小斯当东:《小斯当东论中国与中国法——小斯当东〈大清律例〉译者序(1810年)》,第93页。
② 〔英〕小斯当东:《小斯当东论中国与中国法——小斯当东〈大清律例〉译者序(1810年)》,第95页。
③ 〔英〕小斯当东:《小斯当东论中国与中国法——小斯当东〈大清律例〉译者序(1810年)》,第95页。
④ 〔英〕小斯当东:《小斯当东论中国与中国法——小斯当东〈大清律例〉译者序(1810年)》,第96页。

演变成今天在全国范围内颁布执行的法律。

因此,中国现行法典的起源非常久远,虽然结构比较新,但却由于因循守旧而显得难以理解,古老的法典设计和现在的情况毕竟无法完全兼容。出于对法律渊源的尊重,法典只做了谨慎甚至艰难的调整,而不是根据形势变化对部分内容弃之不用或作出大幅更改。①

第四,"父权制和君主制"是中国实证法的支撑。他写道:

中国式统治的一大原则就是服从家长权威,这个权力归长辈或其代表所有。虽然家长权力常常被冠以孝道的名号,实际上它更像一条行为准则,而非任何情感表露。这一传统可以追溯到中国最古老的文献中,最早的哲学家和立法者也在书中对人们谆谆教导。历经朝代的更迭和各种变革,时至今日,这个传统依然凭借着实证法和民意的支持而生生不息。②

第五,中国法律追求的是"实质公正的目标"。对此,他说道:"至于中国的立法在多大程度上考虑到了实质公正的目标,人们持有不同的意见。当然,中国法律在很多方面都难以定义。我们不可能在其中找到诸如'无罪推定'和'不可自证其罪'等英国法律的显著原则。中国的司法体制不认可,也无法理解这些法律原则。"③

第六,中国法律在执行的平等性和效果上是存在问题的。一方面,"中国法律中其实包含了许多能减轻罪责的理由,以及有利于特定阶级的例外规定";另一方面,"中国法律的执行者和制定者经常带头违反法律"。④

此外,值得一提的是,小斯当东在此序言中第一次向西方清楚地介绍了清代法律的"律例体系",并尝试用西方法理学的概念界定它。

小斯当东首先将"律文"界定为"基本法",把"例文"定性为"补充法"。值得注意的是,20世纪中叶美国学者布迪(Bodde)和莫里斯(Morris)在《中

---

① 〔英〕小斯当东:《小斯当东论中国与中国法——小斯当东〈大清律例〉译者序(1810年)》,第98～99页。

② 〔英〕小斯当东:《小斯当东论中国与中国法——小斯当东〈大清律例〉译者序(1810年)》,第96页。

③ 〔英〕小斯当东:《小斯当东论中国与中国法——小斯当东〈大清律例〉译者序(1810年)》,第99页。

④ 参见〔英〕小斯当东:《小斯当东论中国与中国法——小斯当东〈大清律例〉译者序(1810年)》,第100页。

华帝国的法律》(*Law in Imperial China*)中对此问题的看法,与小斯当东基本一致。①

其次,他清晰地认识到律文"至少名义上具有永久效力",后来"不经任何修订,保留在所有的后续版本中";而例文则是对"基本法的修改、扩充和限制",其产生程序是经过"律例馆"(Supreme Councils)仔细商议,在得到皇帝最终批准后,"编入法典的每个条款或章节末尾","五年修订一次","政府因时制宜,进行修改"。当然,他也认识到上述"例文"产生方式所引发的弊端,即"由于君主每一次表达出的真实意愿都具有法律效力",因而"有法律效力的无名文件数不胜数",十分杂乱。

再次,就"律例关系"而言,小斯当东并不以后来论者提出的"以例破律"来界定二者关系,相反,他坚持一种"结合论"。他认为"中国刑法由律和例两部分组成","补充法和基本法"应当结合在一起为人熟知和遵守。

最后,小斯当东还提到了清代的注释律学,并指出"这些评论家(律学家——引者注)的撰写目的就是给地方官员提供指导",而这些律学家的著述反过来可以"为政府提供司法意见"。② 应该说,小斯当东这里非常准确地指明了清代律学与清代司法之间的关系,并向西方暗示出中国在一定意义上存在"法律科学"。

尽管小斯当东在此序言中极力表明是用一种"同情理解"的态度审视中国法,甚至在文中用大量的文字批判类似孟德斯鸠所说"中国政府的主要手段就是皮鞭加大棒"这样彻底否定中国法的观点。但是,他最终还是表明了他对于中国法的整体态度以及翻译《大清律例》的目的。他说道:"如果人们认为,译者通过这部作品客观地呈现了中国强制性刑法的精神和具体内容(这个庞大帝国政府长期以来之所以得以维系,受到规范,全部有赖于这部法典),那么译者就心满意足了。"③

实际上,这一时期小斯当东这种实证主义的态度在前述英国人威廉·米勒 1801 年所作《中国的刑罚》中也有所表现。例如,米勒用具体的材料和研究向西方人解释说,中国的法典充满了"公正、宽容和智慧",一定程度上修正了自孟德斯鸠以降欧洲人对于中国法的误解;但是与此同时,作者又用具体的材料告诫西方人中国法并非传教士笔下那样美好。对此,米勒在该

---

① 参见〔美〕D. 布迪、C. 莫里斯:《中华帝国的法律》,第 58~59 页。
② 参见〔英〕小斯当东:《小斯当东论中国与中国法——小斯当东〈大清律例〉译者序(1810年)》,第 101 页。
③ 〔英〕小斯当东:《小斯当东论中国与中国法——小斯当东〈大清律例〉译者序(1810 年)》,第 102 页。

书的前言写道:

> 与中国公布的刑法典中的这种公正、宽容和智慧相比,在实际操作中,我们却能够看到另外一些令人感到不舒服的法令。……除了本书描述的刑罚之外,在西方还有许多作者提到过其他一些严酷的刑罚,被中国人用来针对犯有下列罪行的人:如弑君、弑父母、叛乱、谋逆或者煽动暴乱。但是无论是通过绘画或者语言对这些刑罚的描述,都会给人一种情感上的伤害,使我们不得不对被如此广为称道的中国政府的宽容和智慧产生疑问。①

(三)英国主要杂志述评下的中国法形象

小斯当东翻译的《大清律例》一经出版,迅速得到西方世界的广泛关注。1812 年法国人弗里克斯(M. Felix)将其翻译为法文,刊印出版,同年意大利文版也刊发出版。与此同时,欧洲许多知名杂志,如《爱丁堡评论》(*Edinburgh Review*)、《每月评论》(*Monthly Review*)、《学衡》(*Critical Review*)、《折衷评论》(*Eclectic Review*)、《不列颠评论》(*British Critic*)等刊物,也陆续刊发了许多针对《大清律例》的评论性文章。从这些文章中可知,西方对于中国法的评价已经发生了较大的改变,他们似乎在之前的赞美与批评之间寻找到一种平衡,试图还原中国法的本来面目。

这种观念的转变在 1810 年英国《爱丁堡评论》第 16 期杰弗里(Francis Jeffrey, 1773～1850)的一篇文章里表现得十分明显。需要说明的是,这篇文章原是佚名发表,但被国内外很多学者认为是小斯当东的作品,如英国学者约·罗伯茨(J. A. G. Roberts)在其编著的《十九世纪西方人眼中的中国》一书中就节选了该文的部分内容,并将其作者认定为小斯当东。② 后来,这个观点被国内学者大量引用。可幸的是,李秀清教授在《中法西绎》的附录中不仅全文收录了此篇文章,而且通过考证认为该篇文章的作者应该是杰弗里。③ 实际上这个问题也可以在小斯当东的回忆录中得到印证。《爱丁堡评论》所刊载的这篇文章在小斯当东的回忆录中有所引用。他在回忆录

---

① 〔英〕威廉·米勒:《中国的刑罚》,田涛译,载田涛、李祝环:《接触与碰撞:16 世纪以来西方人眼中的中国法律》,第 125 页。

② 参见〔英〕约·罗伯茨:《十九世纪西方人眼中的中国》,蒋重跃、刘林海译,中华书局 2006 年版,第 7～8、23～24 页。

③ 参见〔英〕杰弗里:《小斯当东英译〈大清律例〉述评》,陶亚骏译,载李秀清:《中法西绎:〈中国丛报〉与十九世纪西方人的中国法律观》,上海三联书店 2015 年版,第 130～131 页。

中明确表达这篇评论是他人所写的，甚至还表达出对此文赞扬其观点的喜悦之情。①

在文章的开篇，作者认为小斯当东对于《大清律例》的翻译，在某种程度上避免了之前传教士和哲学家们对于中国不甚客观的描述，同时也避免了一些批评家对中国法"狡黠恶意地贬低"。由于这部成文法典所包含的信息要远远大于其他材料，其更加真实、权威、可信，因而，一种更加温和的、理性对待中国法的观点更易被得出。

杰弗里指出 16 世纪"第一批去中国的传教士"，"倾向于夸大他们的所见所闻，对于中国人的优点和成就给予最为言过其实的评价"。17、18 世纪的"哲学家们"要么"将这些遥远的亚洲人提升到欧洲人之上"，"来贬低他们自己了解的民族"，认为中国法中"拥有一种纯粹的理性（pure reason）与开明进步的仁慈"；要么"将中国人描绘成为欧洲野蛮人（barbarian）中最卑劣下贱的一类"。总之，中国法在"哲学家们"那里出现了两种对极的表达。直到 1793 年马戛尔尼使团的到来，才出现一种客观、公正看待中国法的倾向，他们"既不会因为自己前辈们的过度赞誉而幼稚简单地称誉中国，也不会仅因为中国人古怪的着装外形而狡黠恶意地贬低中国真实的优点"。②

尽管马戛尔尼使团为西方看待中国法带来了些许变化，但在杰弗里看来他们的工作还远远不够，"目前几乎没有任何可信的文件公之于众，能让他们稳妥地以之得出结论"。杰弗里认为《大清律例》的翻译对于西方认识中国法而言非常重要且珍贵，至此西方人"可以通过他们的法律找到可靠的证据，而且这些法律不是中国的崇拜者或是仇恨者带有偏见的空洞说辞，而是这个国家丰富的、原原本本的成文法"。这样的实证法可以避免传教士们的"想象与情感"，也可以减少哲学家们的"争吵与热情"，因为只有"一个民族的法律是他们的才智和性格的真实样本，而且它将会引导沉思的观察者，无论他身处世界的哪个角落，都能够得出法律的汇编者所没有得出过的一系列重要结论"。③

正是基于这种不偏不倚的态度，作者认为中国法既有值得褒扬的一面，也有严重的缺陷。

就值得褒扬的方面来说，作者认为《大清律例》较之其他地方的法律，甚至是某些欧洲国家的法律而言，在立法技术上表现出很高的水准。杰弗里

---

① 参见〔英〕乔治·托马斯·斯当东：《小斯当东回忆录》，第 45～47 页；另见〔加〕卜正民、〔法〕巩涛、〔加〕格力高利·布鲁：《杀千刀：中西视野下的凌迟处死》，第 195～196 页。
② 参见〔英〕杰弗里：《小斯当东英译〈大清律例〉述评》，第 131 页。
③ 参见〔英〕杰弗里：《小斯当东英译〈大清律例〉述评》，第 131～132 页。

认为，《大清律例》"最突出的特点是合理、清晰、前后连贯——各种不同的条款都能简明扼要，有条不紊，明白而有分寸"。这一点使中国法较之其他亚洲国家的法律而言，更为优秀，他指出在中国法中"看不到多数亚洲作品中的怪诞言词，没有迷信的胡言乱语，支离破碎的陈述，大量不合逻辑的推论，玄妙隐晦的无休止的重复，甚至也没有华而不实的奉承话，形容词的堆积，其他东方专制政体下的自我吹嘘"①。杰弗里在这里通过观察发现，中国法实际上具有"形式理性"的某些特征。他指出《大清律例》"更接近于这种进步的观念"，"汇集的合乎情理和务实的气氛"。他甚至认为，《大清律例》在法典上这种清晰和务实的立法成就，优于当时西方的法律，即"这样的法律许多方面内容丰富而细致，我们简直不知道欧洲法典有如此丰富和始终如一的内容，或几乎摆脱烦琐费解、偏见盲从和虚构捏造的毛病"②。为了展现这部法典高超的立法技术，作者不仅列举了法律条文设计的精细化表现，还十分具体地介绍了很多制度设计的合理性。③

尽管在作者杰弗里看来，中国的法律在立法技术方面是值得称赞的，但在法律精神方面，尤其是在"政治自由或个人独立方面"则存在严重缺陷。对于这一核心观点，杰弗里给出了详细而严密的论证。

他首先表达了中国对私人自由和权利保护缺失的观点。他指出："我们也可从这部刑法典中看到中国的整个立法体系，这个怪异的体系对于几乎所有违反和忽视个人间义务的行为都施加刑罚。"④他发现在中国"私人生活中的几乎所有行为都处于政府的管控之下，家庭内部的不正当行为大多也将招致刑法的制裁，甚至大部分单纯的普通交易，如若未获得政府特殊的许可，也会受到严厉的惩罚"⑤。

接着，他从法律发展史的眼光，分析了这种忽视"政治自由或个人独立方面"的形成原因，认为这是传统社会时期各个国家为了实现秩序而通常采取的方式，且在价值上本无可厚非。他指出：

> 在所有国家，第一次立法的成果往往都较简洁、笼统。其内容大多仅止于阐述一种朴素但却权威的基本道德准则，或者是这个社会中此前业已形成的惯例，比如摩西十诫、十二表法、波斯人或其他野蛮国家

---

① 〔英〕杰弗里：《小斯当东英译〈大清律例〉述评》，第 136 页。
② 〔英〕杰弗里：《小斯当东英译〈大清律例〉述评》，第 137 页。
③ 参见〔英〕杰弗里：《小斯当东英译〈大清律例〉述评》，第 142～151 页。
④ 参见〔英〕杰弗里：《小斯当东英译〈大清律例〉述评》，第 131 页。
⑤ 〔英〕杰弗里：《小斯当东英译〈大清律例〉述评》，第 138 页。

的原始法律。但当社会稍显进步,政府变得强大了之后,立法者就有更大的野心与目标。当立法者醉心于所制定的治安法律所达到的效果,以及专断的诉讼裁判规则所带来的便捷时,他就会企图将同样僵硬的规则推行到生活的方方面面。仅仅为了实现这一理想化的完美概念,他会压制社会中的参差不齐与不规律,将整个人类社会统统塞进一部统一的法典及其从属法规之中,而这种做法并非是为了使社会得到繁荣发展。

……他们最担心骚乱和社会失控的危险,因此赋予强制性的法律规则以言过其实的价值,但却忘记了压制个人自由将导致苦难和堕落,相反,却一味只是想着强制实现永久控制与全方面监督的计划。

就是根据呈现给我们的这一原理,世界各地,通常先是被早期统治者以暴力塑造成充满既强制又不自然的形式,进而被压制成具有人为规律的社会,因而遏制了社会恰当、健康的发展。我们认为,这方面的例子包括:印度的种姓制度(castes);古埃及的等级制度;斯巴达那令人难以忍受的僵化的纪律;封建制度下的大部分军队编队;南太平洋和北美的各部落的特点与仪式;我们古英格兰也有阿尔弗雷德大帝所构建的繁琐的治安制度;在晚近的欧洲大陆,横亘在贵族与平民之间那无法逾越的界线。在所有这些制度中,我们都看到了对于规律与整齐的偏执追求,以及对于早期社会人的自然的自由与平等的完全控制与干预。统治者们满怀戒备,利用暴力压制个人的欲望与追求。当然,在更大程度上,那个时期的社会也更需要保护。①

但是,作者认为当社会发展到文明时期,"这种控制就显得既不人道也无必要了,更加自由的制度逐渐建立起来"②。因此,作者极力认为,自由应该是政府所追求的目标,也是法律的精义之所在。对此,他说道:

作为所有政府终极目标的个人幸福和安乐,比维护徒劳与虚妄的统一性更为重要,而偶尔无序的危险只是我们彰显进取与努力精神的小小代价。我们皆知,玉不琢不成器,但人更似植物,唯有任其自由才能茁壮成才。如果在园艺上,刻意将草木修剪成三角形及锥形是极为糟糕的话,那么将个人行为置于政府掌控之下,并用亘古不变的法律抽

① 〔英〕杰弗里:《小斯当东英译〈大清律例〉述评》,第 138~139 页。
② 〔英〕杰弗里:《小斯当东英译〈大清律例〉述评》,第 139 页。

干人类的灵魂,则更为恶劣。①

　　按照这一具有浓厚"启蒙话语"色彩的审视标准,杰弗里很自然地找到了中国法律在法律精神方面存在的缺陷。于是,在这样缺乏"政治自由或个人独立方面"的法律里,政府的统治才是立法者所追求的目的,酷刑才充斥在法律规定的方方面面。对此,他举例说"他们对于反对政府的犯罪处罚极其严厉残酷",政府"对于危害皇帝人身或尊严的,哪怕最轻微的行为都要予以镇压","这部法典不加区别且频繁地规定肉体刑(corporal punishment)"。② 此外,他发现中国法的刑罚中存在很多"笞杖刑",该刑罚在中国是"重建道德的一剂良药"。接着,他站在比较法的角度,认为这种刑罚在"有独特的骑士精神"和"一整套有教养的高贵礼仪"绅士的西方人那里是无法接受的,但在中国"笞杖仅是意味着肉体的疼痛",与个人的"荣誉感无关"。③

　　值得注意并饶有兴趣的是,杰弗里在这篇文章中还运用英国所独有的普通法思维④来批评中国法典事无巨细的规定,甚至他还将矛头对准了19世纪在英国倡导"法典编纂运动"的领军人物边沁。实际上,19世纪初的英国正面临这场法律改革运动,其核心就是边沁所主张的用体现人类理性的简明易懂的法典,来代替充满专业术语的卷帙浩繁的普通法判例。有趣的是,杰弗里这里用中国法作为反例,认为《大清律例》就是边沁所期待的那种"凭借人类的智慧能够考虑到所有可以影响犯罪的细微差别,通过一部全面永久的法典,适时地调节刑罚的适用,最后认真执行这部法典的条款,正义总能够如期而至"的存在;但中国法的事实"不仅已证明这种目标根本无法实现,同时也没有必要",因为"期望通过法律去穷尽所有情形,针对特定行为规定僵化的刑罚,在我们看来,只能显露出愚蠢与幼稚"。⑤

　　尽管杰弗里极力以一种温和、客观的态度向西方还原中国法的本来面目,但这并不表明他对此并无自己的观点和态度。在文章的最后,他再次强调通过《大清律例》,他发现中国"就是一个没有荣誉感的国家(a Nation

---

① 〔英〕杰弗里:《小斯当东英译〈大清律例〉述评》,第139~140页。
② 参见〔英〕杰弗里:《小斯当东英译〈大清律例〉述评》,第141页。
③ 参见〔英〕杰弗里:《小斯当东英译〈大清律例〉述评》,第142页。
④ 英国普通法思维的实质就是,它不是先预定何种价值是优先的,而把这种设定权交给参与社会生活的每一个人,通过具体场景、个案的实际,通过司法的方式,来确定某种价值在特定情境下的优先性。参见李猛:《除魔的世界与禁欲者的守护神:韦伯社会理论中的"英国法"问题》,载《韦伯:法律与价值》,上海人民出版社2001年版,第111~241页。
⑤ 参见〔英〕杰弗里:《小斯当东英译〈大清律例〉述评》,第140~141页。

without Honour)",国民是否拥有"荣誉感"是检验"国家的强盛和幸福的程度"的标准。至于此一法典特点的得来,"政府独裁专制,普通人的交易习惯,长期沉湎于太平盛世,缺少与其他国家的交流,或许这些都是原因";但这也决定了"静静地生活了两千年之久"的中国法在此时不再值得西方学习,因为"如果将这样一部法典强加给一个值得尊敬的、宽厚的民族,那就是对他们所能施加的最残忍、最卑鄙的暴行";因此,未来需要改变的是中国,而不是西方,"当世界上其他政府开始将改善国民生活状况作为自己责任的时候,中国政府将有更多的事情需要去做"。① 同时,他也预言了另外一种可能,即"当中国政府关心的仅仅却是如何使属民臣服守序,约束个人间的犯罪与伤害时,他们就会吹嘘,自己为此拥有的有效的法律制度,丝毫也不逊色于其他国家"②。

(四) 英译本《大清律例》述评的影响

1810 年《大清律例》的英译与述评,使西方对中国法的认知有了直观的把握。尽管由于文化传统和语言等方面的问题,小斯当东的翻译还存在诸多不尽如人意的地方,甚至在 20 世纪末英国人威廉·C. 琼斯(William C. Jones)重新翻译了《大清律例》,③但小斯当东的翻译在很大程度上还是给西方的中国法形象带来了新的变化。

一方面,它澄清了 19 世纪以前,尤其是启蒙运动时代西方对于中国法形象的争论。前已述及,启蒙时代出现了对于中国法形象的"赞华派"和"贬华派"。前者由于反对王权和教权,需要通过美化中国法来实现启蒙运动的目标;而后者尤其是孟德斯鸠则从"法社会学"的立场,否定中国法,质疑启蒙运动背后的绝对主义倾向。因此,可以说无论"赞华派"还是"贬华派",他们对于"中国法形象"的观点背后都夹杂着自己的主观愿景,并非对中国法的客观表达。他们甚至不惜从旅行家、耶稣会士书写的涉及中国法的素材中,裁剪史料,以求论证。与之相对,1810 年《大清律例》的翻译使得西方第一次从实证文本角度分析中国法,并试图在赞美和批评之间寻求一种平衡。有关这一点,前述小斯当东和杰弗里的述评中都有交代和反映,一种力求客观而具体的中国法是他们想表达的。他们非常明确地指出了中国法在历史的久远性和外在形式上是值得赞美的;相反,中国法在法律精神和对个体自由维护等实体内容方面又是不尽如人意的。由此,启蒙时代对于

---

① 参见〔英〕杰弗里:《小斯当东英译〈大清律例〉述评》,第 152 页。
② 〔英〕杰弗里:《小斯当东英译〈大清律例〉述评》,第 152 页。
③ 参见 *The Great Qing Code*, Translated by William C. Jones, Oxford University Press, 1994。

中国法形象的含混表达,在英译本《大清律例》述评之后有了相对清晰的处理。

另一方面,中国法形象在西方经过赞美与批评的起伏震荡后,在《大清律例》被翻译后趋向平稳。这一特点在之后 1816 年阿美士德使团的有关报道中就有所表现。例如,该使团书记官亨利·埃利斯(Henry Ellis)在日记中就这样写道:

> 许多人可能会对他们在这个国家的旅行感到失望,我感觉这个国家在欧洲引起的兴趣有些过度。就造就一个真正伟大国家的所有方面来说,它在很大程度上比不上文明的欧洲。不过在我看来,中国在国家治理和社会总体面貌上要优于其他亚洲国家。……大多数匆忙的旅行者们在其他亚洲国家所看到的那些暴虐事例,以及随之而来的触目惊心的野蛮惩罚,在中国几乎看不到。统治国家的理论宣称法律高于所有人,尽管在具体案件中可能并不完全如此,但是敢于公然违犯法律既定原则的实例少之又少。[①]

阿美士德使团书记官埃利斯对于中国法的整体性评论基本代表了《大清律例》被翻译后,欧洲 19 世纪初对于中国法的基本态度。

第一,他认为法律在"中国政治体系"的设置中占据基础性地位。他写道:"如果我们把古代的基本律令、皇帝的谕旨和朝廷的诏告当作评价中国政治体系的标准的话,应该说,历史上还从未有过任何一个占地球如此大比例的国家,有着比中国更为智慧更为开明的管理体系。……鼓励和推动下级官员表达意见,甚至皇帝的决定也公开承认要接受帝国律令、法律机构、职能部门和监察官的控制、矫正和引导。"[②]但同时他也指出,这种类似于"法律的统治"只是一种理论,在实践中法律总被"规避",且民众没有主动调整它的渠道和途径。他写道:"当然这只是统治国家的理论,而实际的统治可以说是几乎完全依赖君主的个人性格。律令的确有着无限权威,几乎不可能加以改变,但是律令的执行却可以调整或者规避。由于百姓没有代表,他们除了叛乱没有别的纠正办法。"[③]

第二,他看到了中国官僚制的高效,"如果职能的区分能够提高政治管

---

①　〔英〕亨利·埃利斯:《阿美士德使团出使中国日志》,刘天路、刘甜甜译,商务印书馆 2013年版,第 294 页。

②　〔英〕亨利·埃利斯:《阿美士德使团出使中国日志》,第 331 页。

③　〔英〕亨利·埃利斯:《阿美士德使团出使中国日志》,第 331 页。

理的效率,那么中国还确实有优秀之处。我们可以认为,商议制定各种法令的国家权力属于由 9 个部门联合组成的内阁"[1];并承认在此种官僚制下涉及人命的案件会得到谨慎的处理,但同时也指出中国刑罚的残酷性和非人道性。他写道:

> 在治理国家的全部体系中,关乎臣民生命的部分在理论上要比任何部分都更为完美。每一个死刑判决都必须得到皇帝个人的批准,因为除了在叛乱的情况下,任何一名官员,无论他品级多高,都不具有执行死刑的权力。在这之前,他必须将有关罪行以及证实这些罪行的证据正式报告给北京的最高部门,在那里对案件进行审查,最终再提交给皇帝。
>
> 实际执行的惩处既残忍又令人厌恶。斩首被认为比绞刑更让人蒙受耻辱,因为斩首使人身首异处,从而毁损了尸体的尊严。[2]

第三,他也承认中国法中对于官员权力的限制是值得称道的。他指出:

> 朝廷采取了许多防范措施,以杜绝可能造成官员渎职的一些出自人的本性的诱因。官员们在一个省内任职的年限受到一定限制,不得在其出生地甚至出生的省份担任官职,不得在其管辖地区内签订婚约。……为了确保正义能够伸张,法律规定,原告在任何时候两次击打安放在官府门口的锣或者鼓,他就有权要求听取他的诉讼,但是如果这件事被证明是无关紧要的,他就有可能受到处罚。这样,通过一些可以施加刑罚的预防性规定,限制了我们本性中的软弱和邪恶发挥作用。[3]

第四,他对于中国司法是持否定态度的。一方面,他指出中国法背后尽管是以伦理道德作为基础的,但这些并不能保证基层民事案件审判正义的实现。对此,他写道:

> 尽管对国家官员个人可能出现的弊端进行了这样一些限制,然而令人不解的是,民事案件的最终决定几乎毫不例外地全部都由督抚做

---

① 〔英〕亨利·埃利斯:《阿美士德使团出使中国日志》,第 331 页。
② 〔英〕亨利·埃利斯:《阿美士德使团出使中国日志》,第 332 页。
③ 〔英〕亨利·埃利斯:《阿美士德使团出使中国日志》,第 332 页。

出,而由于这类案件中导致不公的诱惑因素十分多见,所以无论这些限制是来自道德感,还是来自被察觉的可能性,都没有太多作用。①

需要说明的是,埃利斯这里的说法实际上存在着错误,因为中国基层"民事案件"的"判决"是由州县官作出的,而非督抚。另一方面,他认为地方司法根本不顾及底层百姓之权利,存在刑讯逼供、自证其罪以及缺乏上诉机制等违背正义的问题。对此,他写道:

> 事实上,中国的司法行政被认为非常腐败,充满弊端。在民事案件中,地方官的判断一般取决于有关各方的钱包分量。即使案件涉及人的生命,那些遭到不公平对待的无助者们"微小而低沉的声音",在专横的官方权势面前,根本没有表达的机会。通过严刑拷打强迫囚犯坦白,让他们做出不利于自己的证词的习惯做法,是这一体系的一个根本缺陷,无疑会在实践中产生最大的弊端。最后,中国法学理论中关于上诉的一系列规定,在实际中经常遭遇推诿拖延,从而使得正义难以伸张。②

在此基础上,埃利斯对中国法又着重从如下几点,提出了自己的看法。他首先指出,专制统治是中国法律的基础:

> 在中国,父母对于孩子的绝对权威得到法律的支持,人们在个人生活中对此也都欣然遵从。这是君主的专制统治最大的基础,他是他的人民的父亲,因而是他们的生命、自由和财产的主人,没有任何界限,有的只是父亲慈爱感情的所谓自然迸发。他的权力不能废止,反抗他就是不孝。不过,就像已经提到的那样,公共舆论对于君主的行为有一定的影响。治理国家的家长制原则虽然经常遭到背离,但仍然要公开宣示。天子把人民称为他的孩子而不是他的奴隶,即便是实行暴政,也是通过歪曲法律来完成,而不是像亚洲其他国家的专制君主那样,按照个人反复无常的命令立即实施,既不受任何控制,也不需要作出任何解释。③

---

① 〔英〕亨利·埃利斯:《阿美士德使团出使中国日志》,第 332 页。
② 〔英〕亨利·埃利斯:《阿美士德使团出使中国日志》,第 333 页。
③ 〔英〕亨利·埃利斯:《阿美士德使团出使中国日志》,第 333 页。

其次,他对中国法律的基础——道德进行了评价。他指出:"他们的哲学家——包括古代和现代的——的著作中充满了最纯洁的道德格言,他们的法律表面看也建立在同样的原则之上。不过,我感觉,一个又一个的具体事例中的实际情况背离了他们的理论,我在中国所能看到的与其他亚洲国家的唯一区别,是善的外表维持得更好一些。"①

再次,就应该如何看待中国这一问题上,埃利斯认为"规整性"既是中国历史上优于其他民族的优点,同时也是中国取得进步的致命缺陷。他指出:

> 在世界各国范围内,应该把中国人放在什么位置呢? 是应该把他们归之于西方文明还是归之于东方的半野蛮状态呢? 我认为,无论要把他们归到哪一边,都会发现最大的困难在于他们和他们的政策一样,都是与世隔绝和排他性的。他们在军事知识方面比不上土耳其人、波斯人或者印度人,但他们谋取和谐安宁的艺术却大大超过了那些国家。他们的政治、道德和科学存在着某种具有破坏作用的规整性,这种规整性使他们有资格要求被看作真正的文明国家,同时又让他们远远落在那些不容置疑的文明国家的后面。②

最后,埃利斯试图分析中国法上述特征形成的原因。他认为地理环境的封闭性,虽然在一定程度上阻碍了中国接触异域法律文明的可能,但更为重要的原因应该是中国"政治和道德体系的根本性质"。对此,他说道:

> 究竟是什么原因让中国拥有构成一个伟大国家的所有因素,是一个需要考察的有意义的问题,但是它超出了这个摘要的范围,当然也不是作者的能力所能做到的。可以推测,帝国的广阔幅员、邻近民族的野蛮状态以及缺少与其他国家的频繁交往,在造就这一奇特的政治实体中发挥了重要的作用。不过,更深的根源可能要到他们政治和道德体系的根本性质中去寻找,由于较早地产生出一个华而不实的外表和对于其他国家的明显优势,使得他们的统治者和哲学家感到十分满足,从而让他们认为没有必要冒着扰乱如此有效的制度的危险去进行变革了。结果,便造就了一个持续存在的政治集合体而不是政治联合体,因为尽管帝国一直保留着差不多相同——只有一些相对较小的变化——

---

① 〔英〕亨利·埃利斯:《阿美士德使团出使中国日志》,第 333 页。
② 〔英〕亨利·埃利斯:《阿美士德使团出使中国日志》,第 334 页。

的地理界线,而国家的治理却可以随时交到不同人的手中。每一个后继王朝出于利益或者信念的考虑,都维持着同样的行政制度,这样,外来的征服——通常是既给被征服者带来改善,也给他们造成了伤害——对中国没有造成太大影响。事实上,有关公共管理的律条以及家庭生活的习俗是如此有利于专制统治,以至于一个征服者需要具有非同寻常的自由精神或者顽强意志,才敢于冒着失去权力的危险,去激励他的臣民焕发出进行革新的个人精力,或者去鼓动他的臣民强行颠覆那些无数个世代曾经给予权威和尊重的律条和制度。这样一些因素现在仍然发挥着作用,尽管在位皇帝的个人性格会使之发生一些好或坏的变化。而它们会不会继续发挥作用,将取决于那些最为古老的教训和这个特殊而又乏味的国家的实际情况之间能否和谐一致。①

这里需要明确的是,尽管在《大清律例》被翻译后,西方评价中国法的态度趋于平稳;但同时也应当注意到的是,平稳的背后则是西方对中国法的摒弃和对西方法律发展正当性的确信。对此,法国学者佩雷菲特说道:

> 这道鸿沟不但区分了乌托邦的中国和真实的中国,而且隔开了真实的中国和欧洲。大家越来越认识到:"一个民族不进则退,最终它将重新堕落到野蛮和贫困的状态。"
> ……
> 在马戛尔尼访华后,大家了解的中国的情况反过来损及了这个国家——包括它的可尊敬的古代文明。伏尔泰曾经严肃地表示过:"使中国人超过世界上所有民族的东西是:无论是他们的法律,他们的风俗习惯,或者他们的文人所说的语言四千年以来都没有变过。"在英国人的实用主义目光中看来这些纯属开玩笑,让它继续下去则同他们正在宣传的并且还要大声地向全世界宣传下去的对自由和进步的看法是完全背道而驰的。②

换言之,启蒙时代孟德斯鸠等人批评中国法专制主义特征的观点逐渐得到认同。以往支撑中国法形象的"开明君主制"和"伦理法"的观点,都在上述的述评中得到了批判。

① 〔英〕亨利·埃利斯:《阿美士德使团出使中国日志》,第336~337页。
② 〔法〕佩雷菲特:《停滞的帝国:两个世界的撞击》,第428~429页。

因此,19 世纪初受到英译本《大清律例》述评的影响,一种"法律东方主义"或"西方法学中心主义"的观念很明显地开始形成。中国法的专制性、落后性、封闭性逐渐成为一种截然不同于启蒙时代的形象出现在西方,成为一种新的"他者",并以此来确认西方所主导的现代性法律的正确性和合理性。

五、黑格尔对中国法形象的理论定位

19 世纪初,受到小斯当东翻译的《大清律例》以及所引发评价的影响,西方对于中国法形象不再像 18 世纪那样"摇摆不定",中国法对此时的西方似乎不再那么具有吸引力。对此,我们可以从上述阿美士德使团书记官亨利·埃利斯的日记中清楚地看出这种变化:

> 中国幅员辽阔,物产丰富,人口众多,但是缺乏活力和变化,令人乏味的单调一致统治着一切,也让一切都失去了活力。就我自己来说,我宁愿再次回到阿拉伯的贝多因人(Bedouins)或者波斯的伊利亚人(Eeliats)中间经历疲乏和贫穷,也不愿意像我们即将去做的那样,一直舒服地航行在平静的大运河上。①

然而,中国法在"实证性"层面被否定,并不意味着中国法在"理论性"层面一定也是被否定的,因为中国法的"世俗化、伦理化"色彩依旧不能让西方人所忽略。因此,如何在理论上证成中国法的局限性,不仅关涉西方对于中国法的彻底放弃,而且也意味着以自由主义为精神的法政秩序能否成为西方终结"东西之争"的重要标志。当然,在西方这个特殊的历史节点,德国古典哲学的集大成者黑格尔(Georg Wilhelm Friedrich Hegel,1770～1831)不仅发现了这一问题,而且在理论上论证了它。

(一)黑格尔定位中国法形象的知识来源和理论预设

黑格尔虽未到过中国,但他对中国政治和法律乃至中国文化是十分熟悉的。据学者考:

> 黑格尔阅读和运用的材料是相当丰实的,他曾经看过当时译成西文的各种中国经籍,看过 13 大本中国皇帝通鉴:《通鉴纲目》,读过耶稣会士所搜集的《中国通史》(冯秉正译)和《中国丛刊》,利用过法国学者

---

① 〔英〕亨利·埃利斯:《阿美士德使团出使中国日志》,第 32 页。

如亚培·累蒙萨和圣·马丁关于中国文学的研究，英国使臣马嘎尔尼出访中国的记录，甚至 19 世纪前期才在欧洲出现译本的《玉娇梨》等中国小说。黑格尔对前人的中国文化观也是熟稔的，马可·波罗的游记当然不在话下，再往前的中西交通史他也知道些，如景教的东渐等。对近代欧洲思想巨子们的研究成果，他同样相当了解，其中一再提到的是莱布尼茨和孟德斯鸠。①

从某种意义上讲，黑格尔对于中国法的理论分析是建立在之前几个世纪西方对中国法考察、记述基础上的，因而他的分析具有一定的客观性。对此，专门研究黑格尔的学者魏特夫（K. A. Wittfogel）在《黑格尔的中国观》一书中这样评论道："黑格尔借着这种巨量的参考材料，自己感觉着有了不少的知识上的培养，我们现在确已十分认识中国了。我们已有了中国文学和它的全部生活，以至它的历史之深切的知识。"②

黑格尔对中国法形象的理论分析主要集中在《哲学史讲演录》（Vorlesungen über die Geschichte der Philosophie）第 1 卷和《历史哲学》（Philosphie der Weltgeschichte）两部著作中。

在这两部著作中，黑格尔首先表明了自己的哲学观和理论预设。在他看来，"绝对精神"是构成一切自然和社会的本源和基础，人类历史和精神文化只是这一"绝对精神"自我展现、自我认识过程的一个环节。与自然世界万事万物缺乏自我意识或反思意识，只能依据自然律发展不同的是，人类社会具有反思能力，能够以自己为对象，进而可以脱离自然世界那种自然律的习惯，创造出新的行为或思想，影响社会历史进程。因此，"绝对精神"是人类社会所特有的并能借此改变历史的"新的事物"。对此，黑格尔指出：

> 凡是在自然界里发生的变化，无论它们怎样地种类庞杂，永远只是表现一种周而复始的循环。在自然界里真是"太阳下面没有新的东西"，而它的种种现象的五光十色也不过徒然使人感觉无聊。只有在"精神"领域里的那些变化之中，才有新的东西发生。③

此外，黑格尔认为，此种"绝对精神"在本性上应是"单一和同一的"④，

① 忻剑飞：《世界的中国观——近二千年来世界对中国的认识史纲》，第 218 页。
② 转引自忻剑飞：《世界的中国观——近二千年来世界对中国的认识史纲》，第 218 页。
③ 〔德〕黑格尔：《历史哲学》，王造时译，上海书店出版社 2003 年版，第 54 页。
④ 〔德〕黑格尔：《历史哲学》，第 10 页。

但它是借由各"民族精神"的次第过渡来实现的;而决定这一进程先后、高下的关键性因素或划分原则就是"自由意识的发达程度"。由此,我们看到"自由意识的发达程度"在他的哲学观中显得尤为重要。对此,《历史哲学》的英译者约翰·西布利(J. Sibree)说道:黑格尔关于历史哲学种种"论点的目的便是'精神'的自己认识、'精神'的完全发展,这'精神'的正式本性便是'自由'——这种'自由'有着两个意义,一个就是从外在的控制下得到解放——也就是说,它所服从的法律是得到它自己的明白认准的——一个就是从情欲内在的束缚得到解放"①。

黑格尔认为,思想必须独立,必须达到自由的存在,必须从自然事物里摆脱出来,并且从感性直观里超拔出来。思想既是自由的,则它必须深入自由,因而达到"自由的意识"。而这种"自由的意识"的状况直接会影响到一国法律的制定,即谓:"一个有这种自由意识的民族,就会以这种自由原则作为它存在的根据。一个民族的法律制定,和这民族的整个情况,只是以它的精神所制定的概念和所具有的范畴为根据。"②

需要注意的是,在黑格尔那里,这种"自由的意识"的获得有赖于现实"政治的自由"。申言之,现实的政治的自由仅开始于当个人自知其作为一个独立的人的时候,或者当主体达到了人格的意识,因而要求本身得到单纯的尊重的时候,自由思维里就包含着实践自由的成分。"这就是政治自由与思想自由出现的一般联系。所以在历史上哲学的发生,只有当自由的政治制度已经形成了的时候。"③

以此标准衡量,很显然西方特别是日耳曼各国家在黑格尔眼中才是具备这种"自由意识"的。对此,他说道:

> 在东方的黎明里,个体性消失了,光明在西方才首先达到灿烂的思想,思想在自身内闪光,从思想出发开创出自己的境界。在东方,精神并没有与其自然意欲分开,还处在精神与自然直接合一(而非真正统一)的阶段;而于西方,个体的精神认识到它自己的存在是有普遍性的,这种普遍性就是自己与自己相关联。自我的自在性、人格性和无限性构成精神的存在。精神的本质就是这样,它不是别的样子。一个民族之所以存在即在于它自己知道自己是自由的,是有普遍性的;自由和普

① 〔德〕黑格尔:《历史哲学》,"英译者序言",第 6 页。
② 〔德〕黑格尔:《哲学史讲演录》,第 1 卷,贺麟、王太庆译,商务印书馆 1983 年版,第 94 页。
③ 〔德〕黑格尔:《哲学史讲演录》,第 1 卷,第 95 页。

遍性就是一个民族整个伦理生活和其余生活的原则。这一点我们很容易用一个例子来表明：只有当个人的自由是我们的根本条件时，我们才知道我们本质的存在。这时如果有一个王侯想要把他的武断的意志作为法律，并且要施行奴隶制时，则我们便有了这样的意识，说这是不行的。每个人都知道他不能作奴隶。睡觉、生活、做官——都不是我们本质的存在，当然更不用说作奴隶了。只有自然存在才意味着那些东西。所以在西方我们也已进到真正哲学的基地上了。①

既然"自由意识"存在于西方而不是古老的东方，那么"东方世界"里的国家，尤其是中华帝国又为何不具备这种"自由意识"，他们的政治与法律又将如何评判？在哲学上该如何分析？对于这些问题，黑格尔在其《历史哲学》中给出了详尽的回答。

（二）黑格尔对中国法的理论论述

与前述伏尔泰相一致的是，黑格尔在其百科全书式的《历史哲学》中，也将东方世界的中国放在了全书第一部分的第一篇；与伏尔泰《风俗论》不同的是，中华帝国在黑格尔笔下并不是那样光彩夺目。

黑格尔在"东方世界"开篇就指出，东方国家"道德"方面的"实体性"原则是导致他们"自由意识"缺失的根本性原因。他写道：

> 东方世界在"道德"方面有一种显著的原则，就是"实体性"。我们首先看见那种任意被克服了，它被归并在这个实体性里面。道德的规定表现为各种"法则"，但是主观的意志受这些"法则"的管束，仿佛是受一种外界力量的管束。一切内在的东西，如像"意见"、"良心"、正式"自由"等主观的东西都没有得到承认。在某种情况之下，司法只是依照表面的道德行使，只是当做强迫的特权而存在。我们的民法实在包含若干完全属于强迫性的敕令。我可以被迫放弃他人的财产，或者被迫遵守自己所订的契约；但是我们并不把"道德"当作是自己的心灵和对人的同情。这一点在东方在表面上也同样地作为要求，虽然道德的规定是怎样的完善，然而内在的情调却作了外在的安排。可以指挥道德行动的那一种意旨虽然不缺少，但是从内心发出来从事这些道德行动的意志却没有。"精神"还没有取得内在性，所以在表面上依旧没有脱离"天然"的精神状态。外在的和内在的东西，法律和知识，还是一个

———————————

① 〔德〕黑格尔：《哲学史讲演录》，第1卷，第98~99页。

东西——宗教和国家也是一样。"宪法",整个来说,还是一种"神权政体""上帝的王国"和世俗的王国混在一起。我们西方人所称的"上帝"还没有在东方的意识内实现,因为我们的"上帝"观念含有灵魂的一种提高,到了超肉体的境界。在我们服从的时候,因为我们被规定要做的一切,是为一种内部的制裁所认准的,但是在东方就不是如此,"法律"在那里被看作是当然地、绝对地不错的,而并没有想到其中缺少着这种主观的认准。东方人在法律中没有认出他们自己的意志,却认见了一种全然陌生的意志。①

具体到中华帝国,黑格尔认为,这种"实体性"原则不仅使古老的中国陈陈相因,缺乏变化,而且主观性的"个体意识"无法形成,整个帝国长期处于"君主的专制"之下。他写道:

历史必须从中华帝国说起,因为根据史书的记载,中国实在是最古老的国家;它的原则又具有那一种实体性,所以它既是最古老的,同时又是最新的帝国。中国很早就已经进展到了它今日的情状;但是因为它客观的存在和主观运动之间仍然缺少一种对峙,所以无从发生任何变化,一种终古如此的固定的东西代替了一种真正的历史的东西。中国和印度可以说还是世界历史的局外,而只是预期着、等待着若干因素的结合,然后才能够得到活泼生动的进步。客观性和主观自由的那种统一已经全然消弭了两者间的对峙,因此,物质便无从取得自己反省,无从取得主观性。所以,"实体的东西"以道德的身份出现,因此,它的统治并不是个人的识见,而是君主的专制政体。②

为了具体论证和展现中华帝国由于"实体性"原则所导致"自由意识"的缺失问题,黑格尔用详尽的文字从帝国"宪法的精神"、行政管理、法制以及宗教和科技等多方面进行了说明。

就中华帝国"终古无变的宪法的精神"来说,黑格尔认为,这种宪法的精神就是"家庭的精神",这种精神使得主观性的个人意志无从生长,进而对权力这个"实体"无法反省、对峙;尽管中国皇帝有着严父般的关爱,但是理智的、自由的"理性"和"想象"始终无法得出。对此,他写道:

---

① 〔德〕黑格尔:《历史哲学》,第113~114页。
② 〔德〕黑格尔:《历史哲学》,第117~118页。

现在让我们从中国历史上的这些年月日,转而探索那终古无变的宪法的"精神"。这个,我们可以从那条普通的原则——实体的"精神"和个人的精神的统一中演绎出来;但是这种原则就是"家庭的精神",它在这里普及于世界上人口最多的国家。在发展的这个阶段上,我们无从发现"主观性"的因素;这种主观性就是个人意志的自己反省和"实体"(就是消灭个体意志的权力)成为对峙;也就是明白认识那种权力是和它自己的主要存在为一体,并且知道它自己在那权力里面是自由的。那种普遍的意志径从个人的行动中表现它的行动:个人全然没有认识自己和那个实体是相对峙的,个人还没有把"实体"看作是一种和它自己站在相对地位的权力……在中国,那个"普遍的意志"直接命令个人应该做些什么。个人敬谨服从,相应地放弃了他的反省和独立。假如他不服从,假如他这样等于和他的实际生命相分离,那末,在这番分离之后,他既然不反求他自己的人格,他所受的刑罚也就不致于影响他的内在性,而只影响他外在的生存。所以这个国家的总体固然缺少主观性的因素,同时它在臣民的意见里又缺乏一种基础。"实体"简直只是一个人——皇帝——他的法律造成一切的意见……

因此,这种关系表现得更加切实而且更加符合它的观念的,便是家庭的关系。中国纯粹建筑在这一种道德的结合上,国家的特性便是客观的"家庭孝敬"。中国人把自己看作是属于他们家庭的,而同时又是国家的儿女。在家庭之内,他们不是人格,因为他们在里面生活的那个团结的单位,乃是血统关系和天然义务。在国家之内,他们一样缺少独立的人格;因为国家内大家长的关系最为显著,皇帝犹如严父,为政府的基础,治理国家的一切部门……

这种家族的基础也是"宪法"的基础。因为皇帝虽然站在政治机构的顶尖上,具有君主的权限,但是他像严父那样行使他的权限。他便是大家长,国人首先必须尊敬他。……做皇帝的这种严父般的关心以及他的臣民的精神——他们像孩童一般不敢越出家族的伦理原则,也不能够自行取得独立的和公民的自由——使全体成为一个帝国,它的行政管理和社会约法,是道德的,同时又是完全不含诗意的——就是理智的、没有自由的"理性"和"想象"。①

黑格尔对中国帝国宪法的其他方面并未展开,因为在他看来,中华帝国

---

① 〔德〕黑格尔:《历史哲学》,第121~124页。

可能根本就没有宪法。因此，他话锋一转，直接开始论述帝国的"行政管理"："我们不能够说中国有一种宪法；因为假如有宪法，那末，各个人和各个团体将有独立的权利——一部分关于他们的特殊利益，一部分关于整个国家。但是这里并没有这一种因素，所以我们只能谈谈中国的行政。"①

关于帝国的行政，黑格尔通过将其与西方进行比较，认为中国人虽人人绝对平等，但由于缺乏对私产和"特殊利益"的保护，因而，政府的形式必然是专制的。他说道：

> 在中国，实际上人人是绝对平等的，所有的一切差别，都和行政连带发生，任何人都能够在政府中取得高位，只要他具有才能。中国人既然是一律平等，又没有任何自由，所以政府的形式必然是专制主义。在我们西方，大家只有在法律之前和在对于私产的相互尊重上，才是平等的；但是我们同时又有许多利益和特殊权限，因为我们具有我们所谓自由，所以这些权益都得到保障。在中华帝国内就不同了，这种特殊利益是不被考虑的，政令是出于皇帝一人，由他任命一批官吏来治理政事。②

在这种专制主义的体制下，尽管有许多饱读诗书且具有担当精神的文武官员为皇帝执行政务，但是帝国是否能运转良好的关键只能最终依赖于皇帝个人，"因为除了天子的监督、审察以外，就没有其他合法权力或机关的存在"；且官吏的行政不是基于职业的伦理，而是"外界的命令和严厉的制裁"。对此，他写道：

> 从上述种种，可知天子实在就是中心，各事都由他来决断，国家和人民的福利因此都听命于他。全部行政机构多少是按照公事成规来进行的，在升平时期，这种一定的公事手续成了一种便利的习惯。就像自然界的途径一样，这种机构始终不变地、有规则地在进行着，古今并没有什么不同；但是做皇帝的却须担任那个不断行动、永远警醒和自然活泼的"灵魂"。假如皇帝的个性竟不是上述的那一流——就是，彻底地道德的、辛勤的、既不失掉他的威仪而又充满了精力的——那末，一切都将废弛，政府全部解体，变成麻木不仁的状态。因为除了天子的监督、审察以外，就没有其他合法权力或者机关的存在。政府官吏们的尽

① 〔德〕黑格尔：《历史哲学》，第 125 页。
② 〔德〕黑格尔：《历史哲学》，第 125 页。

职,并非出于他们自己的良知或者自己的荣誉心,而是一种外界的命令和严厉的制裁,政府就靠这个来维持它自己。①

在评析完行政管理之后,黑格尔用大量的篇幅直接讨论中华帝国的法制。对于帝国的法制,他是从如下 5 个方面展开的:

第一,帝国法制的原则是基于"家长政治的原则",臣民权利都受到皇权的"指导和监督",处于"幼稚的状态里"。②

第二,帝国的法律以一般道德为立足点,"自由的情调"缺失,道德的法律化色彩浓重。是谓:

> 一切合法的关系都由各种律例确实地加以规定:自由的情调——就是一般道德的立足点因此便完全被抹杀了。家族中长幼尊卑间相互应有的礼节,都由法律正式加以决定,凡是违犯这些法律的,有时便要遭受严重的刑罚。这里要注意的,就是家庭关系的外表性,这几乎等于一种奴隶制度。③

第三,各种刑罚通常是对肉体的鞭笞。文载:

> 对于我们,这简直是加在荣誉上的一种侮辱;在中国就不同了,荣誉感还没有发达。一顿笞打原是极易忘怀的,但是对于有荣誉感的人,这是最严厉的刑罚,这种人他不愿意他的身体可以随意受人侵犯,他有比较细致的感觉的其他方面。中国人就不一样,他们认不出一种荣誉的主观性,他们所受的刑罚,就像我们的儿童所受的教训;教训的目的在于改过自新,刑罚却包含罪恶的正当处罚。刑罚警戒的原则只是受刑的恐惧心,而丝毫没有犯罪的悔过心,因为犯罪的人对于行为本身的性质没有任何的反省。④

第四,不区分具体责任地使用"株连"。是谓:

> 无论什么人,凡是和犯人有任何联系的——尤其是犯上作乱、危害

---

① 〔德〕黑格尔:《历史哲学》,第 127 页。
② 〔德〕黑格尔:《历史哲学》,第 127～128 页。
③ 〔德〕黑格尔:《历史哲学》,第 127～128 页。
④ 〔德〕黑格尔:《历史哲学》,第 128 页。

皇帝的大罪——应当和真犯同受刑谴——他的近亲全体都要被拷问打死。……中国人受了伤害是非常敏感的,他们的本性又可以说是有仇必报的。为了达到复仇的目的,被害的人并不把仇人暗杀,因为杀人的凶手,他的全家都要处死的;所以他就自己伤害自己,以便嫁祸于他的仇人。……责任和不负责任的情形是如此的可怕;每一桩行动上,它主观的自由和道德的关系是一概不顾的。①

第五,帝国的所有权制度使得自由民和奴隶在身份上区别不大,因而普遍缺乏荣誉感。对此,他说道:

> 在中国人的法律关系内,我们还必须注意到所有权的变迁,以及和它相连的奴隶制度的推行。作为中国人主要财产的土地,直到较晚的时候才被看做是国家的产业。从那时起,田租的全部收入,有九分之一依法应该摊归皇帝。后来,农奴制度成立了,它的创始人相传是秦始皇,就是他在西历纪元前二一三年建筑成长城,他焚毁了一切记载中国古代人民权利的书籍,又使中国许多独立的小邦加入了他的版图。他的战争使略得的土地都成为私有财产,而土地上的居民也跟着变成了农奴。在中国,既然一切人民在皇帝面前都是平等的——换句话说,大家一样是卑微的,因此,自由民和奴隶的区别必然不大。大家既然没有荣誉心,人与人之间又没有一种个人的权利,自贬自抑的意识便极其通行,这种意识又很容易变为极度的自暴自弃。正是由于他们自暴自弃,便造成了中国人极大的不道德。②

通过上述的分析、说明与论证,黑格尔再一次阐明了自己的观点。一方面,中华帝国的法律严重缺乏培养"个体自由意识"的土壤。他写道:

> 以上所述,便是中国人民民族性的各方面。它的显著特色就是,凡是属于"精神"的一切——在实际上和理论上,绝对没有束缚的伦常、道德、情绪、内在的"宗教"、"科学"和真正的"艺术"——一概都远离他们很远。皇帝对于人民说话,始终带有尊严和慈父般的仁爱和温柔;可是人民却把自己看作是最卑贱的,自信生下来是专给皇帝拉车的。逼他

---

① 〔德〕黑格尔:《历史哲学》,第129页。
② 〔德〕黑格尔:《历史哲学》,第130页。

们掉到水深火热中去的生活的担子,他们看做是不可避免的命运,就是卖身为奴,吃口奴隶的苦饭,他们也不以为可怕。因为复仇而作的自杀,以及婴孩的遗弃,乃是普通的甚至每天的常事,这就表示中国人把个人自己和人类一般都看得是怎样轻微。虽然没有因为出生门第而起的差别,虽然人人能够得到最高的尊荣,这种平等却适足以证明没有对于内在的个人作胜利的拥护,而只有一种顺服听命的意识——这种意识还没有发达成熟,还不能够认出各种的差别。①

另一方面,与之相联系的是,帝国的"法律与道德"是被异化的"法律与道德",亦即:

> 道德在中国人看来,是一种很高的修养。但在我们这里,法律的制定以及公民法律的体系即包含有道德的本质的规定,所以道德即表现并发挥在法律的领域里,道德并不是单纯地独立自存的东西,但在中国人那里,道德义务的本身就是法律、规律、命令的规定。所以中国人既没有我们所谓的法律,也没有我们所谓道德。那乃是一个国家的道德。当我们说中国哲学,说孔子的哲学,并加以夸美时,则我们须了解所说的和所夸美的只是这种道德。这道德包含有臣对君的义务,子对父、父对子的义务以及兄弟姐妹间的义务。这里面有很多优良的东西,但当中国人如此重视的义务得到实践时,这种义务的实践只是形式的,不是自由的内心的情感,不是主观的自由。②

(三) 黑格尔对中国法评论的内在逻辑与意义

黑格尔的理论像一张无所不包的大网,把中华帝国的政治和法律有机地安放在他整个的历史哲学体系当中。

黑格尔对中国法理论分析的意义在于,他用自己的历史哲学将中华帝国的政治和法律在西方定格在缺乏"主体的自由"的"历史幼年时期",至此流行于整个西方一个多世纪的"中国热"几乎被彻底拂去。他的研究结论对西方对待中国法的认知产生了深远影响。对此,美国学者络德睦说道:"该书(这里指黑格尔的《历史哲学》——引者注)碰巧对于诸多东方主义观念提供了一种准确的经典描述。直至今日,这些观念仍旧建构着欧洲、美国甚

---

① 〔德〕黑格尔:《历史哲学》,第137页。
② 〔德〕黑格尔:《哲学史讲演录》,第1卷,第125页。

至中国的中国法研究的认知。"①

由于黑格尔的历史哲学在本质上"只不过是历史的思想的考察罢了",而在对历史的思想考察中"哲学用以观察历史的唯一的'思想'便是理性这个简单的概念。'理性'是世界的主宰,世界历史因此是一种合理的过程"。② 因而,理性在黑格尔眼中对于人类社会之发展极为重要。有论者认为:"黑格尔体系的根本论旨就是:人类历史是理性或精神在其中展现的历史。"③前已述及,理性在自然世界和人类社会的表现是不同的,理性在自然世界表现为律则性,即只能受自然律所指引,无法改变;而理性在人类社会所表现的则是精神,它能够通过自我意识或反思意识脱离自然律,影响人类社会的发展。而促使这一精神能够产生如此效果且自足存在的关键就是自由。是谓:

> "精神"正相反,它刚好在它自身内有它的中心点。它在它自身以外,没有什么统一性,它已经寻找到了这个统一性;它存在它本身中间,依靠它本身存在。"物质"的实体是在它的自身之外,"精神"却是依靠自身的存在,这就是"自由"。因为我如果是依附他物而生存的,那我就同非我的外物相连,并且不能离开这个外物而独立生存。相反地,假如我是依靠自己而存在的,那我就是自由的。④

尽管自由这个概念在黑格尔哲学体系中甚为重要,它不仅是精神的本质,而且也是人的本质,但此自由的获得并不那么容易。对于这个问题,黑格尔用一个寓言力图说明这一点:

> 试想,一个盲人,忽然得到了视力,看见灿烂的曙色、渐增的光明和旭日上升时火一般的壮丽,他的情绪又是怎样呢? 他的第一种感觉,便是在这一片光辉中,全然忘却了他自己——绝对的惊诧。但是当太阳已经升起来了,他这种惊诧便减少了;周围的事物都已经看清楚了,个人便转而思索他自己内在的东西,他自己和事物之间的关系也就渐渐被发觉起来了。他便放弃了不活动的静观而去活动,等到白天将过完,

---

① 〔美〕络德睦:《法律东方主义:中国、美国与现代法》,第42~43页。
② 〔德〕黑格尔:《历史哲学》,第8页。
③ 石元康:《从中国文化到现代性:典范转移?》,生活·读书·新知三联书店2000年版,第51页。
④ 〔德〕黑格尔:《历史哲学》,第17页。

人已经从自己内在的太阳里筑起了一座建筑；他在夜间想到这事的时候，他重视他内在的太阳，更过于他重视那原来的外界的太阳。因为现在他和他的"精神"之间，结了一种"关系"，所以也就是一种"自由的"关系。①

在此寓言中，黑格尔认为真正的自由应是盲人在经历完日出到日落后，自己在内心里修筑的"内在的太阳"，这是一种"主观的自由"，而非"实体的自由"。它的获得取决于主体能否主动地与外在客观产生分裂，并超越客观。

具体到国家与个人的关系上，这种"主观的自由"即是个人如何在个人"识见和意志"的作用下，对基于国家而产生的"实体的自由"及其所表现的命令、法律、风俗、道德等进行反思、修正与确认，乃至创造，进而形成一种"有反省的、有个性的、有一种主观的和独立的生存"。对此，黑格尔这样说道：

> 国家既然是那种普遍精神生活，各个人自呱呱坠地就跟它发生一种信赖和习惯的关系，并且在国家里边才有他们的存在和现实性——那末，第一个问题便是，究竟他们在国家里边的现实生活是这种统一的、没有反省的习惯和风俗呢？还是构成国家的各个人是有反省的、有个性的、有一种主观的和独立的生存的个人呢？在这点上实体的自由和主观的自由必须分别清楚。实体的自由是那种中间的、在本身存在的意志的"理性"开始在国家里边发展它自己。但是在这方面的"理性"中，仍然缺少那个人的识见和意志，就是主观的自由；这只能在"个人"里边实现，并且构成"个人"自己良心上的反省。在只有客观的自由的地方，命令和法律是被看作是固定的、抽象的，是臣民所绝对服从遵守的。这类法律不需要适合个人的意志，一般臣民因此好像孩童那样，只一味服从父母，没有自己的意志或者识见。但是主观的自由发生以后，人类从思索外物转而思索他自己的精神，于是反省的对峙就发生了，而且这种对峙在本身中包含了"现实的否定"。从现在的世界退出，在本身就形成了一种对峙，一方面是上帝和神圣的东西，另一方面是个人和特殊的东西。②

---

① 〔德〕黑格尔：《历史哲学》，第 106 页。
② 〔德〕黑格尔：《历史哲学》，第 107 页。

于是,按照黑格尔"主观的自由"和"实体的自由"这一区分标准,包括中国在内的东方国家被认为处于"历史的幼年时期",仅具有空间意义。对此,他写道:

> 在东方所特别具有的那种直接的、未反省的意识中,这两者是没有分开的。实体的东西和个别的东西是有区分的,但是这种对峙还不存在于精神之间。
>
> 我们首先必须讨论的是东方。它的基础是直接的意识——实体的精神性;主观的意志和这种意志最初发生的关系是信仰、信心和服从。在东方的国家生活里,我们看到一种实现了的理性的自由,逐渐发展而没有进展成为主观的自由。这是"历史的幼年时期"。客观的种种形式构成了东方各"帝国"的堂皇建筑,其中虽然具有一切理性的律令和布置,但是各个人仍然被看作是无足轻重的。他们围绕着一个中心,围绕着那位元首,他以大家长的资格——不是罗马帝国宪法中的君主——居于至尊的地位。因为他必须执行道德法范,他必须崇奉已经规定了的重要律令;因此,在我们西方完全属于主观的自由范围内的种种,在他们东方却自全部和普遍的东西内发生。东方观念的光荣在于"唯一的个人"一个实体,一切隶属于它,以致任何其他个人都没有单独的存在,并且在他的主观的自由里照不见他自己。想象和自然的一切富丽都被这个实体所独占,主观的自由根本就埋没在它当中。它只能在那绝对的对象中,而不能在它自身内觅得尊严。……一方面是持久、稳定——可以称为仅仅属于空间的国家——成为非历史的历史;例如中国……另一方面,时间的形式和这种空间的稳定却断然相反。上述各个国家本身不必有什么变化,它们生存的原则也不必有什么变化,但是它们相互间的地位却在不断变化之中。它们相斗相杀,从不停息,促成了迅速的毁灭。那个相反的个性的原则也加在这些冲突的关系里边,但是那个性本身还长在不知不觉的、仅仅是天然的普遍性之中——这个光明,还不是个人灵魂的光明。这部历史,在大部分上还是非历史的,因为它只是重复着那终古相同的庄严的毁灭。那个新生的东西凭借勇敢、力量、宽大,取得了先前的专制威仪所占的地位,随后却又走上了衰退的老圈子。这里所谓衰退,并不是真正的衰退,因为在这一切不息的变化中,还没有任何的进展。[①]

---

① 〔德〕黑格尔:《历史哲学》,第 107~109 页。

而西方是存在这种"主观的自由"的,只不过"希腊和罗马世界知道'有些'是自由的;日尔曼世界知道'全体'是自由的"①。

因此,在黑格尔看来,中华帝国历史虽然悠久,但却黯淡;西方历史虽不如东方悠久,但却充满光明。对此,他写道:"那个外界的物质的太阳便在这里升起,而在西方沉没那个自觉的太阳也是在这里升起,散播一种更为高贵的光明。"②

黑格尔的理论及其历史哲学尽管从表面上看,存在"法律东方主义"或"西方中心主义"的倾向,尤其是其理论对日尔曼国家有过度褒扬之嫌。但是作为一个敏锐的观察者,黑格尔在200年前就看到了今天仍被认为是束缚中国传统法律向近代转型的症结,这不得不让我们心存敬意。

更为重要的是,黑格尔的历史哲学理论向西方澄清了应如何正确评价"中华帝国法律充满道德性、伦理性、家长性"这一具有根本性的问题。他的分析与回答,在某种程度上统一了之前一个多世纪以来,西方对于中国法律问题的种种争论,进而向西方指明了法律发展的方向,即应果断放弃对于中华帝国法律的想象乃至借鉴,并从中汲取教训,坚持走"法理型统治"③的道路。

对于"中国法律充满道德性和伦理性"这一问题,黑格尔认为,中华帝国法律中的道德、伦理因素缺乏主体自由和自觉意识,因而它不但不是主体自由客观化的结果,即内心情感的真实反映,反而成了束缚,乃至压制人主体自由生长的力量。文载:

> 在中国人心目中,他们的道德法律简直是自然法律——外界的、积极的命令——强迫规定的要求——相互间礼貌上的强迫的义务或者规则。"理性"的各种重要决定要成为道德的情操,本来就非有"自由"不可,然而他们并没有"自由"。在中国道德是一桩政治的事务,而它的若

---

① 〔德〕黑格尔:《历史哲学》,第106页。

② 〔德〕黑格尔:《历史哲学》,第106页。

③ "法理型统治"是黑格尔之后,德国学者马克斯·韦伯提出的描述西方社会处理统治者与被统治者关系的一种支配类型。法理型权威强调权力的正当性源自合理的规则的制度,在此制度之下,当根据规则所"委任"的人要求服从时,服从乃是服从于具有一般性约束力的规范。法理型权威建立在一个形式理性化的国家之上,借助于民主制度与程序性规则将民众的意志上升为国家意志,并以此为根基制定法律,选举领袖。法理型权威下的支配方式是以理性官僚制为载体的,国家的权力借助于官僚体系有效运转,具有稳定性与逻辑的可计算性。这里使用这一概念,主要用于描述黑格尔之后,西方国家治理的一般样态。参见〔德〕马克斯·韦伯:《支配社会学》,康乐、简惠美译,广西师范大学出版社2014年版,第19页。

干法则则由政府官吏和法律机关来主持。①

关于这一点,如果我们将黑格尔的理论用以分析先秦诸子的论说,就很能洞察出中国传统法律思想所存在的某些问题。这里我们用先秦荀子对于"礼"起源的说法,做一例证:

> 礼起于何也? 曰:人生而有欲,欲而不得,则不能无求,求而无度量分界,则不能不争。争则乱,乱则穷。先王恶其乱也,故制礼义以分之,以养人之欲,给人之求。使欲必不穷乎物,物必不屈于欲,两者相持而长,是礼之所由起也。②

在荀子看来,先王之所以制礼,主要是用以防乱。这一方面说明礼是先王而不是所有人制定的;另一方面,先王制定的礼是用以约束所有人的,是一种外在的约束。这样的解读虽有"用西方理论肢解中国"之嫌,但理论所呈现出的问题是我们始终需要面对和回答的。当然,这里说中国古代的道德缺乏"主体性的自由",很多学者会有不同的意见。如牟宗三先生在讨论黑格尔对中国的看法时就指出,中国文化虽然缺乏政治主体,但是却拥有道德主体及艺术主体。③ 中国古代儒家的"修平"思想以及良心在中国道德中的主体地位无不具有主观修为的意涵。对此,我们用黑格尔的理论该如何作答呢? 实际上,前面已经提到,在黑格尔的历史哲学理论中,道德必须是人经由自由活动的创造品,只有当它具备这样的品格时,它才不构成对于人本身的束缚。因为这时每个人所追求的道德律实际上是在遵循他们自己,他们才是自由的。职是之故,尽管在逻辑上道德的确源自人的本性,但是,道德的实现并不当然地意味着自由的实现。如果每个人不能实现自由,则意味着我们没有真正地实现人性。道德实践如果不是人的自由创造,则自律就无法实现,而不包含自律的道德,我们很难说它是一种真正的道德,反而很容易成为压抑人自由实现的障碍。因此我们说,虽然中国古代的道德中不乏主体的因素,但是中国人的道德观却很少把道德视为自由意志所创造的东西,所以它还是外在的。即便这种道德是"上天"赐予我们的,具有一定正当性的因素,但仍然不能说明它来自人自己。

---

① 〔德〕黑格尔:《历史哲学》,第 71 页。
② 《荀子·礼论》。
③ 参见牟宗三:《历史哲学》,人生出版社 1962 年版,第 53~82 页。转引自石元康:《从中国文化到现代性:典范转移?》,第 78 页。

对于"中国法律具有家长性"这一问题,黑格尔认为,由于中华帝国的百姓缺乏主体性的自由,因而他们的政治组织组成的原则是以血缘和自然的关系建立起来的,表现为一种"父母官型"的家长政治。尽管这种家长政治很大程度上体现了伦理亲情,注重人与人之间关系的一面,但它只是一种偶然,缺少理性的成分,不利于个人人格和自由的培养。对此,黑格尔说道:

> 家长制度的基础是家关系,这种关系自觉地发展为道德的最初形式,继之而起的国家道德便是它的第二形式。家长制度是一种过渡的情况,在那里边家族已经进展到了一个种族或者民族的地位,所以其中的团结已经不再是一种爱和信赖的单纯结合,而已经成为一种服务的联系。我们首先要研究"家庭"的道德。"家庭"简直可以算做是一个个人,它的各分子,例如父母,是已经相互放弃了他们的个人人格(因此又放弃了他们相互间的法律地位,以及他们的特殊利益和欲望);或者还没有取得这样一种独立的人格,例如儿童——他们根本上还是处在前述那种纯系天然的状态之中。所以全家都生活在一种相互爱敬、相互信赖和相互信仰的统一里面。而在一种爱的关系中,一个人在对方的意识里,可以意识到他自己。他生活于另一个人的身上,换句话说,就是生活于自身之外。①

由于法律是建立在权利上的一种关系,而非家长制下"爱和信赖"的关系,因此中华帝国的法律观念自然很淡薄,甚至被排斥。因为在家长制下,依靠法律来维持的社会秩序一定会破坏善良、淳朴的风俗,这也是中国历代王朝不单单适用法家主张的原因所在。

更为重要的是,这种以家庭伦理关系为背景的法律使个人的自由与人格无法从家庭中独立出来,个体始终埋没在国家这个实体之中。尽管这个实体在表面上是统一的,但这种统一在黑格尔看来,只是一种没有经过特殊性分化的统一。② 如有论者就认为:"特殊性是在个人权利被肯定,每个个体都成为一个独立的人格后才能出现的。缺少这一个发展的统一不可能是一种奠基在普遍原则上的统一,而只能是一种统一于某一实体性的东西内的统一。"③而这种没有经过特殊性分化的统一在黑格尔的理论中是不具备

---

① 〔德〕黑格尔:《历史哲学》,第42页。
② 参见〔德〕黑格尔:《历史哲学》,第25页。
③ 石元康:《从中国文化到现代性:典范转移?》,第81页。

正当性的，是不道德的，它违背了国家存在的唯一目的。因为只有经过全体自由意志认可、接受的"普遍意志"才是合理的，才是真正的道德。对此，黑格尔指出：

> 这个本质的事物便是主观的"意志"和合理的"意志"的结合，它是那个道德的"全体"，就是"国家"。国家是现实的一种形式，个人在它当中拥有并且享有他的自由。但是有一个条件，就是他必须承认、相信并且情愿承受那种为"全体"所共同的东西。但是这一点不容误解为：好像个人的主观意志是从那个普遍的"意志"取得它的满足和享受的；好像这个普遍的"意志"是供它利用的一种手段；好像个人在他对于其他个人的关系上，这样限制了他的自由，使这种普遍的限制——一切个人的相互约束——可以给予每个人少许的自由。并不如此，我们宁肯说，法律、道德、政府是，并且只有它们是"自由"积极的现实和满足。有限的"自由"只是放纵，它只同特殊的需要相关联。
>
> 主观的意志——热情——是推动人们行动的东西，促成实现的东西。"观念"是内在的东西，国家是存在的、现实的道德的生活。因为它是普遍的主要的"意志"同个人的意志的"统一"，这就是"道德"。生活于这种统一中的个人，有一种道德的生活，他具有一种价值，这价值只存在于这种实体性之中。……各种道德的法则不是偶然的，而是本质上是合理的。国家的唯一目的就是：凡是在人们的实践的活动上和在他们的本性上是主要的东西，都应该适当承认。它应该有一种明显的生存，并且应该维持它的地位。……要知道国家乃是"自由"的实现，也就是绝对的最后的目的的实现，而且它是为它自己而存在的。[①]

很显然，中华帝国的法律在这种家长制下，不仅无法使个人的自由与人格获得独立，而且缺乏独立性的状况使得经过特殊性分化的统一无法真正形成，进而这样所形成的国家也就不值得称赞，更不值得学习了。

至此，黑格尔用自己严密的历史哲学彻底论证、解释了西方不应再迷恋中华帝国法律的理由。

六、殖民时代中国法之于西方的意义

可以说，1750以后中国法形象开始在西方人眼中发生了翻转，以至于

---

① 〔德〕黑格尔：《历史哲学》，第38～39页。

人们不禁怀疑,西方看到的中国,是否还是同一个中国? 实际上,中国陈陈相因的法律传统在此期间并未发生太大变化。然而,从另外的角度看,与前述启蒙时代相类似,此一时期中国法对于西方法而言,是作为西方反衬自身、论证自身正当性的"一阶判断"而存在的。只不过在 1750 年之前,中国法是启蒙运动者为了反封建,企图"用一盏灯点亮另一盏灯";而 1750 年之后,当启蒙运动获得胜利,西方现代性得以确立,中国法则成为西方现代性自我肯定的参照物,是"用一盏没有光亮的灯陪衬另一盏亮灯"罢了。

申言之,殖民时代"法学家"之所以取代"哲学家",并主导对于中国法的评价,主要原因有二:

一方面,从当时历史发展的具体事件上看,当哲学家们利用中国法实践他们在欧洲"开明君主制"理想的时候,他们发现无论是国王成为哲学家还是哲学家成为国王,都无法建立他们心中的"理想国"。例如,这一时期伏尔泰和狄德罗虽应邀赴普鲁士和俄国,实践他们的开明专制理论,但他们很快发现,这些国王并不是"哲学家",他们来到宫廷只能为国王们润色文稿,现实政治容不得他们践行自己的设想。狄德罗称腓特烈大帝是个十足的暴君,叶卡捷琳娜脑子里只有暴君的常识,根本没有哲学。1789 年法国大革命之后,当哲学家"变成"国王,直接实现其政治抱负时,法国动荡的历史足以证明那是另一种集权下的暴政,因为所有暴行都是以卢梭笔下"公意"的名义进行的,自由之神突然变成了扼杀自由的刽子手。

另一方面,从理论上说,以法律的方式而不是道德的方式,更契合于之前启蒙时代实现"人"的目标。按照德国当代著名法哲学家科殷(Helmut Coing)的说法,整个启蒙时代的哲学家们都在社会契约的思维模式中进行推演,但他们大致可以分为一种保守的"开明专制的理论"和一种激进的"人权和公民权理论"。前者之所以推崇"开明专制",是因为社会契约缔结的目的是给人们提供"安全",因此,它只有通过建立某种绝对的统治权力才能实现;后者则认为社会契约的目的是"保障人的各种自然的权利、他的自由、他的财产和人人平等",因此,通过社会契约而建立的国家也要受到这些权利的约束,而约束的方式只能是法律。[①] 很显然,殖民时代西方法学家对于人的"自然权利"而不是"安全"的强调和保护,更符合之前启蒙时代的主题。

更为重要的是,殖民时代"法学家"对于"哲学家"的取代意味着西方对于中国法的"使用方式"发生了改变。如果说之前启蒙时代"哲学家"正面

---

① 参见〔德〕H. 科殷:《法哲学》,林远荣译,华夏出版社 2004 年版,第 24～25 页。

褒扬中国法,甚至号召西方学习中国法是为了反对残暴的教权和专制的王权;那么,殖民时代当西方完成了"宗教祛魅"和"政治理性"这两大目标后,"法学家"则需要通过批判中国法,来证立自身历史发展和法律品格属性选择的正当性和合理性。

黑格尔之后,在整个殖民时代,我们不仅很难看到西方对于中国法的赞美,而且受其影响,中国法在西方的地位也急转直下。① 例如,美国学者络德睦就指出,美国加利福尼亚州参议院中国移民委员会1878年之所以作出《排华法案》(Chinese Exclusion Laws),很大程度上是因为受到黑格尔《历史哲学》的影响。② 美国一位联邦法官在20世纪20年代作出排斥中国移民的判决时曾指出:

> 黄色人人种或棕色人种是东方专制主义的标志,或在最初的归化法颁行之时曾是东方专制主义的标志。当时人们认为,这些专制主义的臣民——通过使个人屈从于作为国家象征的君主的个人权威而为其福利工作——秉持着他们对其文明类型的天生和根深蒂固的自满,不适合为一个共和政府的成功贡献力量。由此,应当拒绝授予他们公民资格。③

络德睦在《论法律东方主义》一文中,直言不讳地说道:"通过勾勒黑格尔在其《历史哲学》中所持的中国观,我开始对中国的法律主体性抑或法律主体性进行论述。"④

因此,可以说在黑格尔涉及中国的学说影响下,中国法的正面形象在西方宣告终结,"东方专制主义"成为19世纪之后如马克斯·韦伯、马克思、恩格斯、魏特夫等西方学者笔下描述中国的代名词。⑤ "黑格尔的历史哲学为19世纪西方的帝国主义扩张提供了正义的理由。在这里,哲学变成了神话,知识变成了意识形态,既然历史是民族与国家的存在方式,进步是绝对的,那么,停滞在过去的东方就没有任何存在的意义或者说是完全不合理的存在,西方文明征服、消灭它,也就成为合理、正义必然的行动。行动的西方

---

① 参见李栋:《中国法形象在西方启蒙时代的争议和终结——以黑格尔对中国法的评论为中心》,《华中科技大学学报(社会科学版)》2017年第5期。
② 参见〔美〕络德睦:《法律东方主义:中国、美国与现代法》,第45页。
③ 转引自〔美〕络德睦:《论法律东方主义》,第67页。
④ 〔美〕络德睦:《论法律东方主义》,第62页。
⑤ 参见周宁:《天朝遥远:西方的中国形象研究》,下册,北京大学出版社2006年版,第539～696页。

与思想的西方正默契配合,创造了一个在野心勃勃扩张中世界化的西方现代文明。"①

　　综上,我们必须认识到,对于殖民时代西方对中国法的理解,必须将其放在西方现代性思想的历史体系之中,在西方自我怀疑与确认、自我批判与自我合法化的动态结构中予以认识和理解。此一时期西方的中国法已经出现了前述络德睦所界定的"法律东方主义"的特征,其中西方对中国法的否定化和意识形态化的评价逐渐占据支配性地位。但同时也应当注意到,西方对于中国法态度的这一转变,并非简单地被认为是种族主义或霸权主义的直接结果,其中也存在上文所说的选择和论辩的过程。

---

① 周宁编:《世界之中国:域外中国形象研究》,南京大学出版社 2007 年版,第 56 页。

结语　中国法在东法西渐背景下的应有定位

如果抛开前述络德睦所限定的"法律东方主义",通过上述文字可以清晰看出,19世纪之前中国法始终是西方关注的重点。可以说中国法在某种意义上是作为西方法参考、反思和构建的重要资源而存在的,这些内容也应该属于"法律东方主义"的范畴。

申言之,在马可·波罗时代之前,虽然古希腊罗马时代以及后来的阿拉伯人在其各种地理书或游记之中存在一些关于中国法的记载,但这些记载是零星的、无意识的。中国法不仅没有在此时成为西方人关注的核心问题,也不存在一种在整体上被描述的"形象"。

13世纪中叶开始的马可·波罗时代,作为"他者"的中国法在西方开始出现。此时的中国法开始成为西方认识自己、反思自己的"二阶观察",中国法背后的财富、秩序和权威,恰恰映衬的是西方法背后的贫困、混乱和分裂。

16世纪伊比利亚航海时代,中国法之于西方法"二阶观察"的特点则表现得明显起来。一方面,此时以葡萄牙人和西班牙人为代表的西方,开始更加关注中国法内部;另一方面,以门多萨的《中华大帝国史》为代表的著述,开始为西方提供了一个较为完美的中国法形象。

之后的耶稣会时代、启蒙时代以及殖民时代,中国法之于西方的作用和意义则表现得更为明显。这一时期,西方对于中国法的关注经历了一个从神学家的引进与发现,到哲学家的阐发与利用,再到法学家的批判与放弃的过程。其中既有神学家感同身受的体悟,也有哲学家激情澎湃的主张,还有法学家审慎理性的分析,是一个从感性到理性,从肤浅到深刻的变化过程。其间,既有耶稣会时代神父们较为客观、真实的"事实描述",也有启蒙时代哲学家们和殖民时代法学家们夸张的、偏狭的"意识形态"表达。就后者而言,这些"意识形态"的表达,在性质上改变了之前"法律东方主义"的方向,亦即出现了由"二阶观察"到"一阶判断"的转化。

至此,"法律东方主义"在启蒙时代以后出现了两种走向,它们在时间上存在一定的先后关系。先出现的是积极的、正面的、"乌托邦式"的"法律东方主义"。此种"法律东方主义"使西方以谦逊、博大的精神将中国法作为调节自身的武器,同时,在包容与开放中将西方法升级为一种普遍意义上的表达。稍后出现的则是消极的、负面的"意识形态性"的"法律东方主义"。此种"法律东方主义"表现出对西方法律文化的坚信和自信,并通过将中国法置于客体的位置,来证成自己。后一种消极的、负面的"意识形态性"的"法律东方主义"大致可以对应前述络德睦所限定的那种"法律东方主义"。

一、超越西法东渐叙事框架的中国法

令人颇感意外的是,作为上述殖民时代东法西渐叙事的结果,近代以来充斥中国法自身表达的内容表现为一种具有"尾随者"色彩的西法东渐。一系列冠以"西法东渐"字眼的著作,或是蕴含此理论预设的学术作品成为 20世纪中国法表达的集体性特点,法律移植抑或是法律继受成为述说这一过程的外在特征。在此西法东渐背景下,中国传统法一方面被看作是西方法之对立物,后者是法律文明的输出者,是需要前者效仿学习的"文明类型";另一方面,西方法也成为检视传统中国法的参照和标准,传统中国法中具备西方法精神的内容会被冠以"理性"之名,才是当下需要被弘扬和挖掘的。此种西法东渐范式下的中国传统法研究在形式上虽名为"中国法",但在实质上已变为契合或暗合于西方法的"中国法"。学界因此也一般认为,支配此西法东渐研究范式的理论是以美国学者费正清(John King Fairbank,1907~1991)、列文森(Joseph R. Levenson,1920~1969)为代表的哈佛学派于 20 世纪五六十年代提出的"冲击-反应"(impact-response)模式。

或许是对于西法东渐背后"冲击-反应"模式所蕴含的"文明-野蛮"话语叙事的警惕和不满,西法东渐范式逐渐遭受质疑。而后国内学者普遍受到以美国学者柯文(Paul A. Cohen,1934~)为代表于 20 世纪 70 年代以后提出的"中国中心观"(China-centered approach,或译为"中国中心取向")的启发,[1]从中国社会内部发掘新质因素,[2]批判之前西法东渐背后浓厚的"西方中心主义"倾向。前述络德睦所界定和批判的"法律东方主义"也大致属于受其影响而产生的作品。

如果揆诸上述整个东法西渐的历史全貌,殖民时代及其之后中国近代法学发展的西法东渐缘起于殖民时代的"法律东方主义",其所具有的"一

---

[1]　日本学者沟口雄三在其著作《作为方法的中国》一书中也提出过相类似的观点。参见〔日〕沟口雄三:《作为方法的中国》,孙军悦译,生活·读书·新知三联书店 2011 年版。

[2]　参见〔美〕柯文:《在中国发现历史——中国中心观在美国的兴起》,林同奇译,中华书局2002 年版。

阶判断"的"西方法律中心主义"特征在某种意义上是从属于整个东法西渐的。换言之,西法东渐脱胎于东法西渐,但又内嵌于其中;同时,西法东渐下的"法律东方主义"也是东法西渐从"二阶观察"转变为"一阶判断"的结果。而受柯文"中国中心观"影响的络德睦对"法律东方主义"的界定和批判从表面上看是对"西方法律中心主义"及其所支配下西法东渐的反对,但其反对方式大致仍停留在"一阶判断"的思维下,其结果很可能会导致一种与"西方法律中心主义"具有同等缺陷的替代物——"东方法律中心主义"。

因此,如何超越非此即彼的从属于"一阶判断"的"西方法律中心主义"或者"东方法律中心主义",重新检视和评价中国法在东法西渐背景下的定位问题,意义重大。如果我们不是将中国法作为西方法背后亦步亦趋的"尾随者",同样也不将中国法视为凌驾于西方法之上的"征服者",在全球化的今天我们需要了解中国法在历史上曾经如何进入世界,参与到西方法的构建过程之中,中国的学问如何在那时能成为世界性的学问,中西法律之间究竟该如何交流、对话与融合。因为当下中国仍面临这些紧要问题。

二、参与早期全球化法律构建的中国法

如果站在全球法律史的角度,从长时段角度重新审视中国法在东法西渐下的应有定位,可以发现:与络德睦所谓"法律东方主义"相对的是,16世纪地理大发现以后,中国法兴起于西方试图建立一个包含中国在内的全球知识体系的过程之中。有论者倾向认为:"汉学主义的早期是一个黄金时代,当时人们纯粹是为了了解中国而去研究中国,知识的异化几乎没有触及它。至少它没有受到帝国主义和殖民主义的政治意识形态的污染。"[1]前文的研究基本可以证明,无论是伊比利亚航海时代的商人、使团成员,还是耶稣会时代在华的传教士,抑或是启蒙时代部分的哲学家,他们分别通过自身的发现、展开和推崇,让中国法变得可以被西方人所理解、所接受。只不过伊比利亚航海时代的葡萄牙人、西班牙人通过尽可能翔实的内容,让西方告别了马可·波罗时代那种对中国法宏大的、传奇般的叙事;耶稣会时代在华传教士则通过亲身经历和体验,以及耶稣会提倡的"文化适应"的传教策略,为中国法在西方的被接受提供了基本交流框架;启蒙时代的哲学家则将中国法作为他们革命的武器,使其无形中进入一种普遍性的全球化话语之中。即便是殖民时代那些批判中国法的法学家们,他们也是将中国法置入其全

① 〔美〕顾明栋:《汉学主义——东方主义与后殖民主义的替代理论》,张强、段国重等译,商务印书馆2015年版,第104页。

球性的政治和知识体系之中进行言说。

如果仅从历史进程看,中国法在过去是被作为一种世界性知识而存在的,构成了人类共同精神文化财富的内容之一。中国法知识并不像络德睦"法律东方主义"那样被视为"意识形态"的存在,相反,在启蒙运动之前"事实描述"一直是西方人关注中国法的重点。例如,作为"二阶观察"完善阶段的耶稣会时代,耶稣会士在传统的"宪法性法律""刑事性法律"以及"行政性法律"之外,还在努力发现中国其他类型的法律并向西方介绍。殷弘绪神父发现清初中国基层社会存在大量的"社会法",彭加德神父发现了清初中国华东地区的"公司法",B 神父在 1765 年最早向西方非常全面地介绍了中国的"家庭法"。此外,耶稣会士对于清初诸多教案和若干重大法律事件的细致描写,让西方从法律实践和运作的角度加深了对于中国法的认识。例如,聂仲迁神父在《鞑靼统治时代之中国史》中对清初"历狱"的记载,让西方人知晓中国人是以"法律"而非"政治"的方式处理教案的。又如,张诚和徐日升神父的出使日记让西方人知晓 1689 年中俄《尼布楚条约》之所以能够签订,很大程度上是因为中国的"宾礼"与欧洲国际法存在很多相通的地方,耶稣会士在其中很好地将两者弥合。

因此,中国法之于东法西渐研究的学术意义在于,长久以来,我们习惯性地认为法律是西方人的发明,西方法对于世界法律文明而言,贡献极大。与之相反的是,鸦片战争以来,中国被迫放弃中华法系,走上学习、移植、继受西方法的道路。在这一大背景下,中国法的主体性不仅无法凸显,而且中国法似乎与西方乃至世界是绝缘的或背道而驰的。本书的研究表明,中国法不仅曾在历史上对于西方法发展起到了非常重要的构建作用,而且为全球化初期的世界法律文明贡献了自己的力量和智慧。这一结论性的认识对于我们重新认识中国法以及中华法系的世界意义,具有十分重大的理论价值和现实意义。

三、构筑跨文化交流范式的中国法

中国法在东法西渐背景下的历史除了在整体上说明,中国法之于西方法而言并非仅是作为客体而存在的,其在 1500～1800 年这 300 年间的主体性价值也是客观存在的。更为重要的是,中国法在东法西渐下的这段历史对我们理解和实现法律文明之间如何交流、对话与融合也具有典范价值。

法国汉学家弗朗索瓦·朱利安(François Jullien)在跨文化交流中曾概括出两种交流类型,并给予了批评。这两种类型是"不用脑子的普遍主义"(天真幼稚地将自己的世界观投影到世界各地)和"偷懒的相对主义"(将文化禁闭在独具个性的特色价值观内）。① 联系到本书的研究，朱利安这里"不用脑子的普遍主义"大致可以等同于前述络德睦所限定的"法律东方主义"；而"偷懒的相对主义"则恰恰可能是破除"法律东方主义"之后，那个可能被无限放大主体性的"东方法律主义"。因此，在中西法律交流、对话与融合过程中则需要一种能够既超越"肤浅的普遍主义"，又避免"懒惰的相对主义"的新范式。无独有偶，在上述19世纪前东法西渐的历史中，中国法之所以能够成为世界性的知识，很大程度上是因为西方那时秉持的是一种"批判性法律东方主义"，或者说是上文笔者所讲的具有更为宽广视角和更为丰富内容，超越络德睦所界定的那种"法律东方主义"。

申言之，西方对于中国法的认知在古希腊罗马时代和马可·波罗时代并不存在"不用脑子的普遍主义"，即用西方法所蕴含的立场和价值随意指责中国法。相反，他们在伊比利亚航海时代和耶稣会时代也不是一种"偷懒的相对主义"，仅仅搁置或无视中国法的存在，而是通过对中国法的逐渐探索和了解，在其中发现一些西方法所未知和阙如的内容，并以一个学习者和批判者的心态认真地对待中国法，反思并构筑自身版本的法律。本书大量的史实可以证明，在启蒙时代以前西方关于中国法的记载中，其讨论重心根本不是中国法哪里不合适，哪里不进步；相反，西方的商人、旅行家、传教士和部分哲学家们在兹念兹的是中国法中有什么是西方所不知道和所欠缺的。对此，有论者对这种理想化的"批判性法律东方主义"进行了描述：

> 自觉的主体意识到了西方法律在现代社会中的特殊理性价值及其阴暗面。同时，它也意识到，其他传统对（现代）法律和社会有着截然不同的思考方式。与它们保持对话是学习的良机。这包括学会质疑自己的传统，而不将其置之不理，或对其认为在其他法律传统中不公正的社会实践保持沉默。因此，它将在自己的公开讨论中和批判性的跨文化对话中仔细评估不同的法律标准。对于自觉的主体来说，这个对话过程永远不会终结。正如它的文化特性一样，它的法律也从未永久确定下来，而是一直在移动。②

更为重要的是，东法西渐视角下西方"法律东方主义"的历史发展阶段

---

① 参见〔法〕朱利安：《论普世》，吴泓缈、赵鸣译，北京大学出版社2016年版，第113页。

② 〔瑞士〕康允德：《批判性法律东方主义：对中国法律比较话语的思考》，谭琦译，载魏磊杰编：《法律东方主义在中国：批判与反思》，第158页。

全貌,从正反两个方面向我们展示了一种跨文化法律交流的良好范式。一方面,在启蒙时代之前,中国法在东法西渐背景下,大体上在与西方法的交流过程中,能够实现良好对话与融合。究其原因,很大程度上是因为在启蒙时代前西方人对待中国法能够坚持一种"可理解的(intelligible)共同",以对等的方式向中国法及其背后的价值观敞开自身,"在思想上保持间距,在精神上追求对话",进而借助中国法构筑、更新了西方法。前述利玛窦的"文化适应"传教策略,耶稣会士在中俄《尼布楚条约》谈判中的调和以及莱布尼茨秉持的文化多元观等都是明证。按照法国学者朱利安的理论,这一时期中国法在东法西渐中的过程和经历恰恰符合其对于文化互通、对话的理想模式。他认为在不同文化交往之中,"间距"比"差异"更具有意义,因为前者强调"距离",而后者强调"甄别"。"间距"在文化交流中的价值在于"为分析目标服务,它拉开一个距离,让被隔开者之间生出张力",并能"着眼于前景,让人远观异邦,然后探索之以发现有可能开辟的新路,从中获得启迪";而强调"差异"会强化"非我族类"的观念,进而走向"划一"与"雷同"。①

以此为据,作为"间距"的中国法,在此时的西方获得了"在多种多样的可理解性中穿行的机遇",西方通过中国法"促进了一种共同智力"的发生。"间距"使文化实现了"变"与"化"的本质,而不是从"差距"中走向一种没有生命的雷同。② 非常巧合的是,朱利安这里的说法基本等同于前述中国法在东法西渐中所扮演的"二阶观察"的意涵。

另一方面,在启蒙时代之后,中国法在东法西渐背景下前后呈现出极度地被赞美和被贬低的反差性境遇。启蒙时代之前那种基于"间距"而富有张力的启迪,在此之后沦变为一种基于"差异"的具有律令性质的"普遍"与"划一"。申言之,无论是启蒙时代哲学家们通过赞美中国法而批评、否定西方法,还是殖民时代法学家们通过贬低中国法来证成、映衬西方法,其共同的错误都在于,将一种法当成了绝对的标准或普遍的存在,试图用一种法代替另外一种法。按照朱利安的说法,此种"普遍"和"划一"会让文化交流丧失掉普遍的"交流性"或"共享性",放弃掉开放自己的"可理解性",进而使文化偏离了"变"与"化"的本质,异化为"好"与"坏"或"新"与"旧"的争吵。③

---

① 参见〔法〕朱利安:《论普世》,第 167 页。
② 参见〔法〕朱利安:《论普世》,第 172~189 页。
③ 参见〔法〕朱利安:《论普世》,第 116 页。

因此,启蒙时代之后,中国法之于西方所呈现出的对极化反差及源于这种反差而衍生出的"法律东方主义"或"西法东渐"等话语或表达,无不是上述背离文化交流本质和应有范式而出现的结果。无独有偶,中国法在此阶段由"间距"到"差异"的转变,以及由"共同"到普遍或"划一"的改变,恰恰也说明了前述中国法在东法西渐中所扮演角色的转变,即由"二阶观察"下降至"一阶判断"。

中国法在东法西渐过程中正反的事例说明,跨文化交流的良好范式应当构筑在"可理解性"和"共同性"基础之上。"可理解性"意味着文化价值体系之间一旦出现冲突或不吻合时,不应相互排斥或相互妥协,既不能主动强加于人,也不能被动示弱于人,而是应该让"每种文化每个人都让他者的价值在自己的语言中变得可理解,而后再根据这种价值来反思自身,亦即'用它们工作'"[①];用"间距"思维取代"差异"或者"划一"思维。"共同性"则强调每种文化都可以利用"间距"汲取文化中的营养,但"条件是我们放弃仅将其视为附加属性,或,由它集合在一起的主体的简单产品";对内既反对专有,呼唤参与,超越差异,确保交流成功,对外也会"闭关锁国,高筑长城",把未参与者"抛往虚空"[②]。显而易见的是,中国法在启蒙时代之前的东法西渐历史上大体符合了这里跨文化交流对"可理解性"和"共同性"的内涵,因而,中国法不仅成功参与了西方法的发展,而且西方法也因此获得了异域法律文明的滋养,较好地实现了跨文化的法律交流、对话与融合。与之相对,"可理解性"和"共同性"在启蒙时代被西方放弃掉了,于是中国法之于东法西渐对极性的反差不仅出现,而且也异化了西方法的发展和跨文化法律的交往。

总而言之,东法西渐的漫长历程表明,中国法从正反两个方面都在支撑、维系着西方法的发展。对于西方而言,中国法到底是什么,这一问题可能并不重要,重要的是他们能从中国法中得到什么。换言之,中国法在西方法发展的过程中,很多时候是作为一种"二阶观察"而存在的,西方以自己的方式和态度很好地观照、使用了中国法。可以说,对于西方而言,中国法就像一个"投标者"那样,被他们认真地对待,在全面对其考量的基础上,作出诊断。实际上,欧洲人自己也清楚地认识到多元文明对他们自身发展的特殊意义。如学者马丁·伯纳尔就说道:"18 世纪(1780 年之前)时没有一个

---

① 〔法〕朱利安:《论普世》,第 161~162 页。

② 参见〔法〕朱利安:《论普世》,第 26 页。

欧洲人会声称欧洲是由自身创造出来的。"①对此,英国学者艾兹赫德也指出:"尤其值得强调的是,欧洲之所以发展成为世界的中心,离不开中国的贡献。如果不对中国的贡献作出评价,我们对那个世界秩序的理解就是不完全的。"②

　　现代化不是西方的,只不过他们通过开放、多元、参与的心态,通过自己的努力,为世界提供了优良产品,暂时地走在了世界其他民族的前列。中国若想真正地引领世界,再次实现"世界历史的中国时刻"③,就必须首先融入世界,关注世界其他国家的法律文明。西方法不仅是中国法发展无法绕过的好望角,同时也是中国法发展的重要资源。德国人通过近 500 年的时间把罗马法作为"法源意义上的法"而非"历史意义上的法"进行研究,终究超越罗马法,引领世界法学发展。

---

　　①　〔英〕约翰·霍布森:《西方文明的东方起源》,孙建党译,山东画报出版社 2009 年版,第 177 页。

　　②　〔英〕S. A. M. 艾兹赫德:《世界历史中的中国》,第 431 页。

　　③　相关讨论参见高全喜、姚中秋、许章润等:《世界历史的中国时刻》,《开放时代》2013 年第 1 期。

参 考 文 献

一、史料类

《1689 年 8 月 28 日签署的尼布楚条约拉丁文本译文》，载苏联科学院远东研究所等编：
《十七世纪俄中关系(1686—1691)》，第二卷，第三册，黑龙江大学俄语系翻译组、黑龙
江哲学社会科学研究所第三室合译，商务印书馆 1975 年版。

《大清律集解附例》，载四库未收书辑刊编纂委员会编：《四库未收书辑刊》，壹辑·贰拾
陆册，北京出版社 1997 年版。

《费·阿·戈洛文出使报告(1686 年 1 月 20 日—1691 年 1 月 10 日)》，载苏联科学院远
东研究所等编：《十七世纪俄中关系(1686—1691)》第二卷，第一册，第二册，第三册，
黑龙江大学俄语系翻译组、黑龙江哲学社会科学研究所第三室合译，商务印书馆 1975
年版。

《费·阿·柯罗文等使节全权证书(1685 年 1 月 20 日)》，载〔苏〕普·季·雅科夫列娃：
《1689 年第一个俄中条约》，贝璋衡译，商务印书馆 1973 年版。

《平定罗刹方略》，载苏联科学院远东研究所等编：《十七世纪俄中关系(1686—1691)》，
第二卷，第三册，黑龙江大学俄语系翻译组、黑龙江哲学社会科学研究所第三室合译，
商务印书馆 1975 年版。

《威斯特伐利亚和约——帝国、瑞典和德意志新教诸邦代表在俄斯那布鲁克签订和约》，
载王绳祖主编：《国际关系史资料选编》，上册，第一分册，武汉大学出版社 1983 年版。

《威斯特伐利亚条约——神圣罗马帝国和法兰西国王以及他们各自的同盟者之间的和
平条约》(1648 年 10 月 24 日订于蒙斯特)，载《国际条约集(1648—1871)》，世界知识
出版社 1984 年版。

《致柯罗文·费要多罗·阿历克塞维奇的训令》，载〔法〕加斯东·加恩：《彼得大帝时期
的俄中关系史》，江载华、郑永泰译，商务印书馆 1980 年版。

〔西〕巴托洛梅·莱昂纳多·德·阿亨索拉：《征服马鲁古群岛》，范维信译，载(澳门)
《文化杂志》编：《十六和十七世纪伊比利亚文学视野里的中国景观》，大象出版社
2003 年版。

〔英〕亨利·埃利斯：《阿美士德使团出使中国日志》，刘天路、刘甜甜译，商务印书馆
2013 年版。

〔西〕艾斯加兰蒂：《中华帝国概述》，载〔葡〕巴洛斯、〔西〕艾斯加兰蒂等：《十六世纪葡萄

牙文学中的中国、中华帝国概述》,何高济译,中华书局 2013 年版。

安双城编译:《清初西洋传教士满文档案译本》,大象出版社 2015 年版。

〔葡〕安文思、〔意〕利类思、〔荷〕许理和:《中国新史(外两种)》,何高济译,大象出版社
　　2016 年版。

〔葡〕安文思:《中国新史》,何高济译,大象出版社 2004 年版。

〔葡〕D. 热罗尼莫・奥索里奥:《光荣之歌(手稿)》,黄徽现译,载(澳门)《文化杂志》编:
　　《十六和十七世纪伊比利亚文学视野里的中国景观》,大象出版社 2003 年版。

〔英〕约翰・巴罗:《巴罗中国行纪》,载〔英〕乔治・马戛尔尼、〔英〕约翰・巴罗:《马戛尔
　　尼使团使华观感》,何高济、何毓宁译,商务印书馆 2013 年版。

〔葡〕若昂・德・巴罗斯:《亚洲十年(第三卷)》,古城译,载(澳门)《文化杂志》编:《十
　　六和十七世纪伊比利亚文学视野里的中国景观》,大象出版社 2003 年版。

〔葡〕若奥・德・巴洛士:《亚洲(节选)》,载〔葡〕费尔南・门德斯・平托等:《葡萄牙人
　　在华见闻录》,王锁英译,澳门文化司署、东方葡萄牙学会、海南出版社、三环出版社
　　1998 年版。

〔葡〕若昂・德・巴洛斯:《亚洲》,载〔葡〕巴洛斯、〔西〕艾斯加兰蒂等:《十六世纪葡萄牙
　　文学中的中国、中华帝国概述》,何高济译,中华书局 2013 年版。

〔法〕白晋:《康熙皇帝》,赵晨译,黑龙江人民出版社 1981 年版。

〔摩洛哥〕伊本・白图泰:《伊本・白图泰游记》,马金鹏译,华文出版社 2015 年版。

〔古罗马〕包撒尼亚斯:《〈希腊道程〉节录》,载〔英〕裕尔:《东域纪程录丛:古代中国闻见
　　录》,〔法〕考迪埃修订,张绪山译,商务印书馆 2021 年版。

〔意〕马可・波罗:《马可波罗行纪》,〔法〕沙海昂注,冯承钧译,中华书局 2004 年版。

〔葡〕伯来拉:《中国报道》,载〔英〕C. R. 博克舍编注:《十六世纪中国南部行纪》,何高济
　　译,中华书局 1998 年版。

〔葡〕曾德昭:《大中国志》,何高济译,商务印书馆 2012 年版。

〔法〕杜赫德:《中华帝国通史》,石云龙译,载王寅生编订:《西方的中国形象》,上册,团
　　结出版社 2015 年版。

〔法〕杜赫德编:《耶稣会士中国书简集——中国回忆录 I》,郑德弟、吕一民、沈坚译,大象
　　出版社 2001 年版。

〔法〕杜赫德编:《耶稣会士中国书简集——中国回忆录 II》,郑德弟、朱静等译,大象出版
　　社 2001 年版。

〔法〕杜赫德编:《耶稣会士中国书简集——中国回忆录 III》,朱静译,大象出版社 2001
　　年版。

〔法〕杜赫德编:《耶稣会士中国书简集——中国回忆录 IV》,耿昇译,大象出版社 2005
　　年版。

〔法〕杜赫德编:《耶稣会士中国书简集——中国回忆录 V》,吕一民、沈坚、郑德弟译,大
　　象出版社 2005 年版。

〔法〕杜赫德编:《耶稣会士中国书简集——中国回忆录 VI》,郑德弟译,大象出版社 2005

年版。

〔意〕鄂多立克:《鄂多立克东游录》,何高济译,中华书局1981年版。

〔法〕伏尔泰:《风俗论》,上册,梁守锵译,商务印书馆1997年版。

〔法〕伏尔泰:《风俗论》,下册,谢戊申、邱公南等译,商务印书馆1997年版。

复旦大学文史学院编:《西文文献中的中国》,中华书局2012年版。

〔法〕戈岱司编:《希腊拉丁作家远东古文献辑录》,耿昇译,中华书局1987年版。

〔荷〕格劳秀斯:《战争与和平法》,〔美〕A.C.坎贝尔英译,何勤华等译,上海人民出版社
    2020年版。

〔荷〕格劳秀斯:《战争与和平法》,第2卷,〔美〕弗朗西斯·W.凯尔西等英译,马呈元、谭
    睿译,中国政法大学出版社2016年版。

〔荷〕格劳秀斯:《战争与和平法》,第3卷,〔美〕弗朗西斯·W.凯尔西等英译,马呈元、谭
    睿译,中国政法大学出版社2017年版。

〔法〕格鲁贤编著:《中国通典》(上、下部),张放、张丹彤译,大象出版社2019年版。

〔阿拉伯〕阿蒲·赛特·阿尔·哈桑:《续叙关于中国的消息》,载〔阿拉伯〕苏莱曼:《苏
    莱曼东游记》,刘半农、刘小蕙译,华文出版社2016年版。

韩琦、吴旻校注:《熙朝崇正集·熙朝定案(外三种)》,中华书局2006年版。

〔德〕约翰·戈特弗里德·赫尔德:《关于人类历史哲学的思想》,载〔德〕夏瑞春编:《德
    国思想家论中国》,陈爱政等译,江苏人民出版社1995年版。

〔德〕约翰·戈特弗里德·赫尔德:《中华帝国的基督化》,载〔德〕夏瑞春编:《德国思想
    家论中国》,陈爱政等译,江苏人民出版社1995年版。

〔德〕黑格尔:《历史哲学》,王造时译,上海书店出版社2003年版。

〔德〕黑格尔:《哲学史讲演录》,第1卷,贺麟、王太庆译,商务印书馆1983年版。

怀效锋点校:《大明律》,法律出版社1999年版。

黄嘉略:《黄嘉略罗马日记》,许明龙译,载许明龙:《黄嘉略与早期法国汉学》,商务印书
    馆2014年版。

〔德〕阿塔纳修斯·基歇尔:《中国图说》,张西平、杨慧玲、孟宪谟译,大象出版社2010
    年版。

〔意〕约翰·普兰诺·加宾尼:《蒙古史》,载〔英〕道森编:《出使蒙古记》,吕浦译,中国社
    会科学出版社1983年版。

〔英〕杰弗里:《小斯当东英译〈大清律例〉述评》,陶亚骏译,载李秀清:《中法西绎:〈中国
    丛报〉与十九世纪西方人的中国法律观》,上海三联书店2015年版。

〔比〕金尼阁:《金尼阁致读者》,载〔意〕利玛窦、〔比〕金尼阁:《利玛窦中国札记》,何高
    济、王遵仲、李申译,中华书局2010年版。

〔葡〕瓦斯科·卡尔渥:《广州葡囚书简》,载〔葡〕巴洛斯、〔西〕艾斯加兰蒂等:《十六世纪
    葡萄牙文学中的中国、中华帝国概述》,何高济译,中华书局2013年版。

〔葡〕费尔南·洛佩斯·德·卡斯塔内达:《葡萄牙人发现和征服印度史》,载〔葡〕巴洛
    斯、〔西〕艾斯加兰蒂等:《十六世纪葡萄牙文学中的中国、中华帝国概述》,何高济译,

中华书局 2013 年版。

〔葡〕加斯帕尔·达·克鲁斯:《中国概说》,陈用仪译,载(澳门)《文化杂志》编:《十六和十七世纪伊比利亚文学视野里的中国景观》,大象出版社 2003 年版。

〔葡〕克路士:《中国志》,载〔英〕C. R. 博克舍编注:《十六世纪中国南部行纪》,何高济译,中华书局 1998 年版。

〔法〕弗朗斯瓦·魁奈:《中华帝国的专制制度》,谈敏译,商务印书馆 1992 年版。

〔西〕马丁·德·拉达:《记大明的中国事情》,载〔英〕C. R. 博克舍编注:《十六世纪中国南部行纪》,何高济译,中华书局 1998 年版,第 185 页。

〔德〕莱布尼茨:《〈中国纪事〉序言》,载〔德〕夏瑞春编:《德国思想家论中国》,陈爱政等译,江苏人民出版社 1989 年版。

〔德〕莱布尼茨:《论中国哲学》,载秦家懿编译:《德国哲学家论中国》,生活·读书·新知三联书店 1993 年版。

〔德〕莱布尼茨:《论中国哲学——致德雷蒙先生的信》,朱雁冰译,载朱雁冰:《耶稣会与明清之际中西文化交流》,浙江大学出版社 2014 年版。

〔德〕莱布尼茨:《论尊孔的民俗》,张西平译,载张西平主编:《莱布尼茨思想中的中国元素》,大象出版社 2010 年版。

〔德〕莱布尼茨:《中国近事——为了照亮我们这个时代的历史》,梅谦立、杨宝筠译,大象出版社 2005 年版。

〔法〕李明:《中国近事报道(1687—1692)》,郭强、龙云、李伟译,大象出版社 2004 年版。

〔意〕利玛窦、〔比〕金尼阁:《利玛窦中国札记》,何高济、王遵仲、李申译,中华书局 2010 年版。

〔意〕利玛窦:《耶稣会与天主教进入中国史》,文铮译,〔意〕梅欧金校,商务印书馆 2014 年版。

〔意〕利玛窦:《利玛窦书信集》,文铮译,〔意〕梅欧金校,商务印书馆 2018 年版。

〔法〕威廉·鲁不鲁乞:《鲁不鲁乞东游记》,载〔英〕道森编:《出使蒙古记》,吕浦译,中国社会科学出版社 1983 年版。

〔明〕罗洪先:《广舆图》,明万历七年(1579)钱岱刻本。

〔葡〕胡安·包蒂斯塔·罗曼:《中国风物志(手抄稿)》,陈用仪译,载(澳门)《文化杂志》编:《十六和十七世纪伊比利亚文学视野里的中国景观》,大象出版社 2003 年版。

〔西〕马尔丁·依纳爵·德·罗耀拉:《自西班牙至中华帝国的旅程及风物简志》,陈用仪译,载(澳门)《文化杂志》编:《十六和十七世纪伊比利亚文学视野里的中国景观》,大象出版社 2003 年版。

〔英〕马戛尔尼:《乾隆英使觐见记》,刘半农译,李广生整理,百花文艺出版社 2010 年版。

〔英〕乔治·马戛尔尼:《马戛尔尼勋爵私人日志》,载〔英〕乔治·马戛尔尼、〔英〕约翰·巴罗:《马戛尔尼使团使华观感》,何高济、何毓宁译,商务印书馆 2013 年版。

〔古罗马〕马赛利努斯:《〈历史〉节录》,载〔英〕裕尔:《东域纪程录丛:古代中国闻见录》,〔法〕考迪埃修订,张绪山译,商务印书馆 2021 年版。

〔美〕马士:《中华帝国对外关系史》,第 1 卷,张汇文、姚曾廙等译,上海书店出版社 2005
　　年版。

〔古代阿拉伯〕马苏第:《黄金草原》,耿昇译,中国藏学出版社 2013 年版。

〔英〕约翰·曼德维尔:《曼德维尔游记》,郭泽民、葛桂录译,上海书店出版社 2010 年版。

〔英〕曼德维尔:《曼德维尔游记》,任虹译,载王寅生编订:《西方的中国形象》,上册,团
　　结出版社 2015 年版。

〔古罗马〕梅拉:《〈世界志〉节录》,载〔英〕裕尔:《东域纪程录丛:古代中国闻见录》,
　　〔法〕考迪埃修订,张绪山译,商务印书馆 2021 年版。

〔西〕门多萨:《中华大帝国史》,何高济译,中华书局 2013 年版。

〔西〕儒安·贡萨列斯·德·门多萨:《大中华帝国志》,梅子满、林菁译,载王寅生编订:
　　《西方的中国形象》,上册,团结出版社 2015 年版。

〔法〕孟德斯鸠:《论法的精神》,许明龙译,商务印书馆 2012 年版。

〔法〕孟德斯鸠:《随笔》,许明龙译,载许明龙编译:《孟德斯鸠论中国》,商务印书馆 2016
　　年版。

〔法〕孟德斯鸠:《我与黄先生的谈话中关于中国的若干评述》,许明龙译,载许明龙编译:
　　《孟德斯鸠论中国》,商务印书馆 2016 年版。

〔葡〕孟三德:《日本天正遣欧使节团》,陈用仪译,载(澳门)《文化杂志》编:《十六和十七
　　世纪伊比利亚文学视野里的中国景观》,大象出版社 2003 年版。

〔英〕威廉·米勒:《中国的刑罚》,田涛译,载田涛、李祝环:《接触与碰撞:16 世纪以来西
　　方人眼中的中国法律》,北京大学出版社 2007 年版。

〔比〕南怀仁:《鞑靼旅行记》,薛虹译,载杜文凯编:《清代西人见闻录》,中国人民大学出
　　版社 1985 年版。

〔葡〕匿名:《一位在中国被囚禁六年之久的正人君子在马六甲神学院向贝尔西奥神父讲
　　述中国的风俗和法律》,载〔葡〕费尔南·门德斯·平托等:《葡萄牙人在华见闻录》,
　　王锁英译,澳门文化司署、东方葡萄牙学会、海南出版社、三环出版社 1998 年版。

〔法〕聂仲迁:《清初东西历法之争》,解江红译,暨南大学出版社 2021 年版。

〔西〕庞迪我:《1603 年 3 月 6 日从北京致耶稣会菲律宾副省会长迭戈·加尔西亚函》,
　　载叶农整理:《耶稣会士庞迪我著述集》,金国平、罗慧玲、蒋薇译,广东人民出版社
　　2019 年版。

〔西〕庞迪我:《1605 年 3 月 4 日从北京致马尼拉耶稣会总院院长格雷戈里奥·洛佩斯神
　　父函》,载叶农整理:《耶稣会士庞迪我著述集》,金国平、罗慧玲、蒋薇译,广东人民出
　　版社 2019 年版。

〔西〕庞迪我:《具揭》,载叶农整理:《耶稣会士庞迪我著述集》,金国平、罗慧玲、蒋薇译,
　　广东人民出版社 2019 年版。

〔西〕庞迪我:《耶稣会士庞迪我神父致托莱多省会长路易斯·德·古斯曼之函》,载叶
　　农整理:《耶稣会士庞迪我著述集》,金国平、罗慧玲、蒋薇译,广东人民出版社 2019
　　年版。

〔葡〕加里奥特·佩雷拉:《关于中国的一些情况(1553—1563)》,载〔葡〕费尔南·门德斯·平托等:《葡萄牙人在华见闻录》,王锁英译,澳门文化司署、东方葡萄牙学会、海南出版社、三环出版社1998年版。

〔葡〕加里奥特·佩雷拉:《我所了解的中国)》,裴杨健译,载(澳门)《文化杂志》编:《十六和十七世纪伊比利亚文学视野里的中国景观》,大象出版社2003年版。

〔葡〕托梅·皮雷斯:《东方概要(手稿)》,杨平译,载(澳门)《文化杂志》编:《十六和十七世纪伊比利亚文学视野里的中国景观》,大象出版社2003年版。

〔葡〕多默·皮列士:《多默·皮列士〈东方志〉中记中国》,载〔葡〕巴洛斯、〔西〕艾斯加兰蒂等:《十六世纪葡萄牙文学中的中国、中华帝国概述》,何高济译,中华书局2013年版。

〔葡〕费尔南·门德斯·平托:《游记》,载〔葡〕费尔南·门德斯·平托等:《葡萄牙人在华见闻录》,王锁英译,澳门文化司署、东方葡萄牙学会、海南出版社、三环出版社1998年版。

〔古罗马〕普林尼:《〈自然史〉节录》,载〔英〕裕尔:《东域纪程录丛:古代中国闻见录》,〔法〕考迪埃修订,张绪山译,商务印书馆2021年版。

〔古罗马〕普罗可比:《〈哥特战争〉记蚕种传入罗马帝国》,载〔英〕裕尔:《东域纪程录丛:古代中国闻见录》,〔法〕考迪埃修订,张绪山译,商务印书馆2021年版。

沈之奇:《大清律辑注》,上册,怀效锋、李俊点校,法律出版社2000年版。

〔英〕乔治·斯当东:《英使谒见乾隆纪实》,钱丽译,电子工业出版社2016年版。

〔英〕乔治·托马斯·斯当东:《小斯当东回忆录》,屈文生译,上海人民出版社2015年版。

〔英〕亚当·斯密:《国民财富的性质和原因的研究》,上卷,郭大力、王亚南译,商务印书馆1972年版。

〔法〕宋君荣:《有关雍正与天主教的几封信》,沈德来译,罗结珍校,载杜文凯编:《清代西人见闻录》,中国人民大学出版社1985年版。

〔阿拉伯〕苏莱曼:《苏莱曼东游记》,刘半农、刘小蕙译,华文出版社2016年版。

〔葡〕苏霖:《苏霖神父关于1692年"容教诏令"的报告》,梅谦立译,载〔德〕莱布尼茨:《中国近事——为了照亮我们这个时代的历史》,大象出版社2005年版。

田涛点校:《大清律例》,法律出版社1999年版。

〔古罗马〕托勒密:《〈地理志〉节录》,载〔英〕裕尔:《东域纪程录丛:古代中国闻见录》,〔法〕考迪埃修订,张绪山译,商务印书馆2021年版。

王宏治、李建渝点校:《顺治三年奏定律》,载杨一凡、田涛主编:《中国珍稀法律典籍续编》,第五册,黑龙江人民出版社2002年版。

〔葡〕克利斯多弗·维埃拉:《广州葡囚书简》,载〔葡〕巴洛斯、〔西〕艾斯加兰蒂等:《十六世纪葡萄牙文学中的中国、中华帝国概述》,何高济译,中华书局2013年版。

〔意〕卫匡国:《鞑靼战纪(鞑靼在中国战争的历史)》,戴寅译,载杜文凯编:《清代西人见闻录》,中国人民大学出版社1985年版。

〔意〕卫匡国:《鞑靼战纪》,何高济译,大象出版社 2004 年版。

〔德〕克里斯蒂安·沃尔夫:《哲人王统治下人民的真正幸福》,孙敏译,载王寅生编订:
    《西方的中国形象》,上册,团结出版社 2015 年版。

〔德〕克里斯蒂安·沃尔弗:《关于中国人道德学的演讲》,载〔德〕夏瑞春编:《德国思想
    家论中国》,陈爱政等译,江苏人民出版社 1995 年版。

吴旻、韩琦编校:《欧洲所藏雍正乾隆朝天主教文献汇编》,上海人民出版社 2008 年版。

〔古希腊〕希罗多德:《历史》(详注修订本),上册,徐松岩译注,上海人民出版社 2018
    年版。

〔英〕小斯当东:《小斯当东论中国与中国法——小斯当东〈大清律例〉译者序(1810
    年)》,屈文生、靳璐茜译,《南京大学法律评论》2015 年春季卷。

〔葡〕徐日升:《徐日升神甫的日记》,载〔美〕约瑟夫·塞比斯:《耶稣会士徐日升关于中
    俄尼布楚谈判的日记》,王立人译,商务印书馆 1973 年版。

〔捷克〕严嘉乐:《中国来信(1716—1735)》,丛林、李梅译,大象出版社 2006 年版。

杨光先:《不得已(附二种)》,陈占山点校,黄山书社 2000 年版。

佚名:《〈厄立特里亚海周航记〉节录》,载〔英〕裕尔:《东域纪程录丛:古代中国闻见录》,
    〔法〕考迪埃修订,张绪山译,商务印书馆 2021 年版。

佚名:《中国报道(手稿)》,黄徽现译,载(澳门)《文化杂志》编:《十六和十七世纪伊比利
    亚文学视野里的中国景观》,大象出版社 2003 年版。

〔伊儿汗国〕佚名:《拉班·扫马和马克西行记》,朱炳旭译,大象出版社 2009 年版。

〔英〕裕尔:《东域纪程录丛:古代中国闻见录》,〔法〕考迪埃修订,张绪山译,商务印书馆
    2021 年版。

〔法〕张诚:《对大鞑靼的历史考察概述》,陈增辉译,许崇信校,载杜文凯编:《清代西人
    见闻录》,中国人民大学出版社 1985 年版。

〔法〕张诚:《张诚日记(1689 年 6 月 13 日—1690 年 5 月 7 日)》,陈霞飞译,商务印书馆
    1973 年版。

张维华:《明史欧洲四国传注释》,上海古籍出版社 1982 年版。

张星烺编注:《中西交通史料汇编》,华文出版社 2018 年版。

中国政法大学法律古籍整理研究所编:《中国历代刑法志注释》,吉林人民出版社 1994
    年版。

Du Halde, *A Description of the Empire of China and Chinese-Tartary*, *together with the Kingdoms of Korea, Tibet, etc*., Edward Cave, 1738-1741.

George Thomas Staunton, *Ta Tsing Leu Lee*, London: Printed for T. Called and W. Davies, in the Strand, 1810.

The Great Qing Code, Translated by William C. Jones, Oxford University Press, 1994.

二、著作类

〔法〕艾田蒲:《中国之欧洲:从罗马帝国到莱布尼茨》,上卷,许钧、钱林森译,广西师范大

学出版社 2008 年版。

〔法〕艾田蒲:《中国之欧洲:西方对中国的仰慕到排斥》,下卷,许钧、钱林森译,广西师范大学出版社 2008 年版。

〔英〕S. A. M. 艾兹赫德:《世界历史中的中国》,姜智芹译,上海人民出版社 2009 年版。

〔法〕安田朴、谢和耐等:《明清间入华耶稣会士和中西文化交流》,耿昇译,巴蜀书社 1993 年版。

〔法〕安田朴:《中国文化西传欧洲史》,耿昇译,商务印书馆 2000 年版。

〔美〕柏理安:《东方之旅:1579—1724 耶稣会传教团在中国》,毛瑞方译,江苏人民出版社 2017 年版。

〔美〕包华石:《西中有东:前工业化时代的中英政治与视觉》,王金凤译,上海人民出版社 2020 年版。

〔法〕维吉尔·毕诺:《中国对法国哲学思想形成的影响》,耿昇译,商务印书馆 2013 年版。

〔法〕伊夫斯·德·博西耶尔夫人:《耶稣会士张诚——路易十四派往中国的五位数学家之一》,辛岩译,大象出版社 2009 年版。

〔加〕卜正民、〔法〕巩涛、〔加〕格力高利·布鲁:《杀千刀:中西视野下的凌迟处死》,张光润、乐凌、伍洁静译,商务印书馆 2013 年版。

〔美〕D. 布迪、C. 莫里斯:《中华帝国的法律》,朱勇译,江苏人民出版社 2010 年版。

〔法〕雅克·布罗斯:《发现中国》,耿昇译,广东人民出版社 2016 年版。

陈钦庄:《基督教简史》,人民出版社 2004 年版。

陈旭麓:《近代中国社会的新陈代谢》,中国人民大学出版社 2012 年版。

成一农:《〈广舆图〉史话》,国家图书馆出版社 2017 年版。

〔英〕道森:《出使蒙古记》,吕浦译,中国社会科学出版社 1983 年版。

〔美〕邓恩:《一代巨人:明末耶稣会士在中国的故事》,余三乐、石蓉译,社会科学文献出版社 2014 年版。

邓沛勇、孙慧颖:《俄国外交史(1700—1971)》,社会科学文献出版社 2021 年版。

董少新:《葡萄牙耶稣会士何大化在中国》,社会科学文献出版社 2017 年版。

〔美〕威尔·杜兰:《世界文明史·卢梭与大革命》,幼狮文化公司译,东方出版社 2002 年版。

范存忠:《中国文化在启蒙时代的英国》,译林出版社 2010 年版。

方豪:《中国天主教史人物传》,宗教文化出版社 2007 年版。

方豪:《中西交通史》,上、下册,上海人民出版社 2015 年版。

〔美〕方岚生:《互照:莱布尼茨与中国》,曾小五译,北京大学出版社 2013 年版。

〔苏〕Д. 费尔德曼、Ю. 巴斯金:《国际法史》,黄道秀等译,法律出版社 1992 年版。

冯尔康:《尝新集——康雍乾三帝与天主教在中国》,天津古籍出版社 2017 年版。

〔法〕雷奈·格鲁塞:《东方的文明》,下册,常任侠、袁音译,中华书局 1999 年版。

〔日〕沟口雄三:《作为方法的中国》,孙军悦译,生活·读书·新知三联书店 2011 年版。

〔德〕顾彬:《德国与中国:历史中的相遇》,李雪涛、张欣编,广西师范大学出版社 2015

年版。

〔美〕顾明栋:《汉学主义——东方主义与后殖民主义的替代理论》,张强、段国重等译,商务印书馆 2015 年版。

郭筠:《阿拉伯地理典籍中的中国》,商务印书馆 2020 年版。

韩琦:《康熙皇帝·耶稣会士·科学传播》,中国大百科全书出版社 2019 年版。

韩琦:《通天之学:耶稣会士和天文学在中国的传播》,生活·读书·新知三联书店 2018 年版。

〔美〕何伟亚:《怀柔远人:马嘎尔尼使华的中英礼仪冲突》,邓长春译,刘明校,社会科学文献出版社 2019 年版。

〔英〕G. F. 赫德逊:《欧洲与中国》,王遵仲、李申、张毅译,中华书局 1995 年版。

洪煨莲:《利玛窦的世界地图》,中华书局 1981 年版。

胡建华:《百年禁教始末:清王朝对天主教的优容与厉禁》,中共中央党校出版社 2014 年版。

黄一农:《两头蛇:明末清初的第一代天主教徒》,台湾清华大学出版社 2007 年版。

〔英〕约翰·霍布森:《西方文明的东方起源》,孙建党译,山东画报出版社 2009 年版。

〔法〕加斯东·加恩:《彼得大帝时期的俄中关系史》,江载华、郑永泰译,商务印书馆 1980 年版。

靳润成:《明朝总督巡抚辖区研究》,天津古籍出版社 1995 年版。

〔德〕柯兰霓:《耶稣会士白晋的生平与著作》,李岩译,大象出版社 2009 年版。

〔美〕柯文:《在中国发现历史——中国中心观在美国的兴起》,林同奇译,中华书局 2002 年版。

〔美〕孔飞力:《叫魂:1768 年中国妖术大恐慌》,陈兼、刘昶译,生活·读书·新知三联书店 2012 年版。

〔美〕唐纳德·F. 拉赫:《欧洲形成中的亚洲》,第一卷(发现的世纪),第一册上,周云龙译,人民出版社 2013 年版。

〔美〕唐纳德·F. 拉赫:《欧洲形成中的亚洲》,第一卷(发现的世纪),第二册,胡锦山译,人民出版社 2013 年版。

〔美〕唐纳德·F. 拉赫、埃德温·J. 范·克雷:《欧洲形成中的亚洲》,第三卷(发展的世纪),第一册下,许玉军译,人民出版社 2013 年版。

〔美〕唐纳德·F. 拉赫、埃德温·J. 范·克雷:《欧洲形成中的亚洲》,第三卷(发展的世纪),第四册,朱新屋、孙杰译,人民出版社 2013 年版。

〔美〕欧文·拉铁摩尔、埃莉诺·拉铁摩尔编著:《丝绸、香料与帝国:亚洲的"发现"》,方笑天、袁剑译,上海人民出版社 2021 年版。

〔法〕蓝莉:《请中国作证:杜赫德的〈中华帝国全志〉》,许明龙译,商务印书馆 2015 年版。

黎英亮:《现代国际生活的规则:国际法的诞生》,长春出版社 2012 年版。

李明倩:《〈威斯特伐利亚和约〉与近代国际法》,商务印书馆 2018 年版。

李天纲:《中国礼仪之争:历史、文献和意义》,中国人民大学出版社 2019 年版。

〔德〕利奇温:《十八世纪中国与欧洲文化的接触》,朱杰勤译,商务印书馆 1962 年版。

刘双舟:《明代监察法制研究》,中国检察出版社 2004 年版。

刘星:《法的历史实践:从康熙到路易十四》,法律出版社 2018 年版。

〔英〕约·罗伯茨:《十九世纪西方人眼中的中国》,蒋重跃、刘林海译,中华书局 2006 年版。

〔美〕络德睦:《法律东方主义:中国、美国与现代法》,魏磊杰译,中国政法大学出版社 2016 年版。

吕颖:《法国"国王数学家"与中西文化交流》,南开大学出版社 2019 年版。

马伟华:《历法、宗教与皇权:明清之际中西历法之争再研究》,中华书局 2019 年版。

马小红、史彤彪主编:《输出与反应:中国传统法律文化的域外影响》,中国人民大学出版社 2012 年版。

马肇椿:《中欧文化交流史略》,辽宁教育出版社 1993 年版。

〔美〕孟德卫:《1500—1800:中西方的伟大相遇》,江文君、姚菲译,新星出版社 2007 年版。

〔美〕孟德卫:《奇异的国度:耶稣会适应政策及汉学的起源》,陈怡译,大象出版社 2010 年版。

〔意〕菲利浦·米尼尼:《利玛窦——凤凰阁》,王苏娜译,大象出版社 2012 年版。

那思陆:《清代中央司法审判制度》,北京大学出版社 2006 年版。

庞乃明:《明代中国人的欧洲观》,天津人民出版社 2006 年版。

〔法〕佩雷菲特:《停滞的帝国:两个世界的撞击》,王国卿、毛凤支等译,生活·读书·新知三联书店 2013 年版。

钱亦石:《中国外交史》,上海三联书店 2014 年版。

秦国经、高换婷:《乾隆皇帝与马戛尔尼》,紫禁城出版社 1998 年版。

〔法〕荣振华、方立中等:《16—20 世纪入华天主教传教士列传》,耿昇译,广西师范大学出版社 2010 年版。

〔美〕爱德华·W. 萨义德:《东方学》,王宇根译,生活·读书·新知三联书店 2007 年版。

〔美〕约瑟夫·塞比斯:《耶稣会士徐日升关于中俄尼布楚谈判的日记》,王立人译,商务印书馆 1973 年版。

〔美〕史景迁:《大汗之国:西方眼中的中国》,阮叔梅译,广西师范大学出版社 2013 年版。

〔美〕史景迁:《利玛窦的记忆宫殿》,章可译,广西师范大学出版社 2015 年版。

〔美〕史景迁:《追寻现代中国:1600—1949》,温洽溢译,四川人民出版社 2019 年版。

史习隽:《西儒远来——耶稣会士与明末清初的中西交流》,商务印书馆 2019 年版。

苏联科学院远东研究所等编:《十七世纪俄中关系(1686—1691)》,第二卷,第三册,黑龙江大学俄语系翻译组、黑龙江哲学社会科学研究所第三室合译,商务印书馆 1975 年版。

苏亦工:《明清律典与条例》,中国政法大学出版社 2000 年版。

谭家齐、方金平:《天朝廷审:明清司法视野下天主教的传播与限制》,香港城市大学出版社2021年版。

腾超:《权力博弈中的晚清法律翻译》,中国社会科学出版社2014年版。

田涛、李祝环:《接触与碰撞:16世纪以来西方人眼中的中国法律》,北京大学出版社2007年版。

〔法〕托克维尔:《旧制度与大革命》,冯棠译,商务印书馆1992年版。

万翔:《映像与幻想——古代西方作家笔下的中国》,商务印书馆2015年版。

王健:《沟通两个世界的法律意义——晚清西方法的输入与法律新词初探》,中国政法大学出版社2001年版。

王健:《西方法学邂逅中国传统》,知识产权出版社2019年版。

王巨新:《清朝前期涉外法律研究——以广东地区来华外国人管理为中心》,人民出版社2012年版。

王天有:《明代国家机构研究》,北京大学出版社1992年版。

王寅生编订:《中国的西方形象》,团结出版社2015年版。

〔德〕马克斯·韦伯:《支配社会学》,康乐、简惠美译,广西师范大学出版社2014年版。

〔美〕魏若望:《耶稣会士傅圣泽神甫传:索隐派思想在中国及欧洲》,吴莉苇译,大象出版社2006年版。

吴吉远:《清代地方政府司法职能研究》,故宫出版社2014年版。

吴莉苇:《中国礼仪之争:文明的张力与权力的较量》,上海古籍出版社2007年版。

吴艳红、姜永琳:《明朝法律》,南京出版社2016年版。

〔英〕弗朗西斯·伍德:《马可·波罗到过中国吗?》,洪允息译,新华出版社1997年版。

〔德〕夏德:《大秦国全录》,朱杰勤译,大象出版社2009年版。

〔法〕谢和耐、戴密微等:《明清间耶稣会士入华与中西汇通》,耿昇译,东方出版社2011年版。

〔法〕谢和耐:《中国与基督教——中西文化的首次撞击》,商务印书馆2013年版。

谢子卿:《中国礼仪之争和路易十四时期的法国(1640—1710)——早期全球化时代的天主教海外扩张》,上海远东出版社2019年版。

忻剑飞:《世界的中国观——近二千年来世界对中国的认识史纲》,学林出版社2013年版。

熊德米:《〈大清律例〉英译比较研究》,法律出版社2020年版。

徐爱国主编:《无害的偏见:西方学者论中国法律传统》,北京大学出版社2011年版。

徐宗泽:《中国天主教传教史概论》,商务印书馆2017年版。

许明龙:《黄嘉略与早期法国汉学》,商务印书馆2014年版。

许明龙:《孟德斯鸠与中国》,国际文化出版公司1989年版。

许明龙:《欧洲18世纪"中国热"》,山西教育出版社1999年版。

〔苏〕普·季·雅科夫列娃:《1689年第一个俄中条约》,贝璋衡译,商务印书馆1973年版。

阎守诚编:《传教士与法国早期汉学》,大象出版社 2003 年版。

阎宗临:《传教士与法国早期文学》,大象出版社 2003 年版。

阎宗临:《中西交通史》,商务印书馆 2021 年版。

杨植峰:《帝国的残影:西洋涉华珍籍收藏》,团结出版社 2009 年版。

叶潇:《自由中国——伏尔泰、艾田蒲论"中国礼仪之争"》,群言出版社 2007 年版。

尤淑君:《宾礼到礼宾——外使觐见与晚清涉外体制的变化》,社会科学文献出版社 2013 年版。

俞荣根:《礼法中国:重新认识中华法系》,孔学堂书局 2022 年版。

张国刚:《中西交流史话》,社会科学文献出版社 2012 年版。

张国刚:《中西文化关系通史》,上、下册,北京大学出版社 2019 年版。

张铠:《庞迪我与中国》,大象出版社 2009 年版。

张铠:《西班牙的汉学研究(1552—2016)》,中国社会科学出版社 2017 年版。

张铠:《中国与西班牙关系史》,五洲传播出版社 2013 年版。

张群:《上奏与召对:中国古代决策规则和程序研究》,上海人民出版社 2011 年版。

张世明:《法律、资源与时空建构:1644—1945 年的中国》,第四卷(司法场域),广东人民出版社 2012 年版。

张维华:《明清之际中西关系简史》,齐鲁书社 1687 年版。

张西平、马西尼主编:《中外文学交流史 • 中国—意大利卷》,山东教育出版社 2015 年版。

张西平:《跟随利玛窦来中国:1500—1800 年中西文化交流史》,中国社会科学出版社 2020 年版。

张先清:《帝国潜流:清代前期的天主教、底层秩序与生活世界》,社会科学文献出版社 2021 年版。

郑戈:《法学是一门社会科学吗?》,法律出版社 2022 年版。

郑小悠:《人命关天:清代刑部的政务与官员(1644—1906)》,上海人民出版社 2022 年版。

周宁:《风起东西洋》,团结出版社 2005 年版。

周宁:《天朝遥远:西方的中国形象研究》,上、下册,北京大学出版社 2006 年版。

周宁编:《世界之中国:域外中国形象研究》,南京大学出版社 2007 年版。

周燕:《传教士与中外文化交流——李明〈中国近事报道〉研究》,浙江大学出版社 2012 年版。

〔法〕朱利安:《论普世》,吴泓缈、赵鸣译,北京大学出版社 2016 年版。

朱谦之:《中国哲学对于欧洲的影响》,福建人民出版社 1983 年版。

朱雁冰:《耶稣会与明清之际中西文化交流》,浙江大学出版社 2014 年版。

邹小站:《西学东渐:迎拒与选择》,四川人民出版社 2008 年版。

Arthur Nussbaum, *A Concise History of the Law of Nations*, The Macmillan Company, 1954.

Colin Mackerras, *Western Images of China*, Oxford University Press, 1982.

George Minamiki, *The Chinese Rites Controversy: From Its Beginning to Modern Times*, Loyola University Press, 1985.

Henri Baudet, *Paradise on Earth: Some Thoughts on European Images of Non-European Man*, Yale University Press, 1965.

Paul Ricoeur, *Lectures on Ideology and Utopia*, Edited by George H. Taylor, Columbia University Press, 1986.

三、论文类

《满人入侵阿穆尔河沿岸地区和 1689 年的尼布楚条约》，载苏联科学院远东研究所等编：《十七世纪俄中关系(1686—1691)》第二卷，第一册，黑龙江大学俄语系翻译组、黑龙江哲学社会科学研究所第三室合译，商务印书馆 1975 年版。

〔法〕雅克·布洛斯：《从西方发现中国到中西文化的首次碰撞》，载〔法〕谢和耐、戴密微等：《明清见耶稣会士入华与中西汇通》，耿昇译，东方出版社 2011 年版。

〔法〕戴密微：《入华耶稣会士与西方中国学的创建》，载〔法〕谢和耐、戴密微等：《明清见耶稣会士入华与中西汇通》，耿昇译，东方出版社 2011 年版。

方金平：《所谓"暗伤王化"：南京教案与晚明司法》，载《北大法律评论》第 14 卷第 2 辑，北京大学出版社 2013 年版。

高明士：《〈尚书〉的刑制规范及其影响——中华法系基础法理的祖型》，《荆楚法学》2021 年第 2 期。

高全喜、姚中秋、许章润等：《世界历史的中国时刻》，《开放时代》2013 年第 1 期。

〔法〕赫尔曼·哈尔德：《18 世纪的中国"政府"问题》，载〔法〕谢和耐、戴密微等：《明清见耶稣会士入华与中西汇通》，耿昇译，东方出版社 2011 年版。

何桂春：《〈中俄尼布楚条约〉的签订与耶稣会士》，《福建师范大学学报(哲学社会科学版)》1989 年第 4 期。

侯毅：《欧洲人第一次完整翻译中国法律典籍的尝试——斯当东与〈大清律例〉的翻译》，载《历史档案》2009 年第 4 期。

〔法〕贾永吉：《孟德斯鸠与魁奈论中国的专制主义》，载〔法〕谢和耐、戴密微等：《明清见耶稣会士入华与中西汇通》，耿昇译，东方出版社 2011 年版。

金国平：《庞迪我于澳门逝世日期及葬地考》，载叶农整理：《耶稣会士庞迪我著述集》，金国平、罗慧玲、蒋薇译，广东人民出版社 2019 年版。

〔瑞士〕康允德：《批判性法律东方主义：对中国法律比较话语的思考》，谭琦译，载魏磊杰编：《法律东方主义在中国：批判与反思》，商务印书馆 2022 年版。

〔美〕艾德蒙·莱特：《中国儒教对英国政府的影响》，载〔法〕谢和耐、戴密微等：《明清见耶稣会士入华与中西汇通》，耿昇译，东方出版社 2011 年版。

李栋：《16 世纪西方对中国法的最初发现与表达》，《社会科学家》2017 年第 12 期。

李栋：《16 世纪之前中西法律的相互认知及其解析》，载张志铭主编：《师大法学》2017 年第 2 辑，法律出版社 2018 年版。

李栋：《19 世纪前中西法律形象的相互认知及其分析》，《学术研究》2017 年第 8 期。

李栋：《启蒙时代中国法形象在西方的演变及其历史意义》，载何勤华主编：《外国法制史研究》，法律出版社 2017 年版。

李栋：《中国法形象在西方启蒙时代的争议和终结——以黑格尔对中国法的评论为中心》，《华中科技大学学报（社会科学版）》2017 年第 5 期。

李猛：《孟德斯鸠论礼与"东方专制主义"》，《天津社会科学》2013 年第 1 期。

李文潮：《编年表：莱布尼茨与中国》，载〔德〕莱布尼茨：《中国近事——为了照亮我们这个时代的历史》，梅谦立、杨宝筠译，大象出版社 2005 年版。

李文潮：《莱布尼茨〈中国近事〉的历史与意义》，载〔德〕莱布尼茨：《中国近事——为了照亮我们这个时代的历史》，梅谦立、杨宝筠译，大象出版社 2005 年版。

李文潮：《莱布尼茨与欧洲对中国历史纪年的争论》，载张西平主编：《莱布尼茨思想中的中国元素》，大象出版社 2010 年版。

李毓中：《"建构"中国：西班牙人 1574 年所获大明〈古今形胜之图〉研究》，《明代研究》2013 年第 21 期。

梁治平：《有法与无法》，载魏磊杰编：《法律东方主义在中国：批判与反思》，商务印书馆 2022 年版。

林金水：《试论南怀仁对康熙皇帝天主教政策的影响》，《世界宗教研究》1991 年第 1 期。

鲁楠：《迈向东方法律主义？——评络德睦〈法律东方主义〉》，《交大法学》2017 年第 3 期。

〔美〕络德睦：《论法律东方主义》，魏磊杰译，载魏磊杰编：《法律东方主义在中国：批判与反思》，商务印书馆 2022 年版。

马伟华：《国家治理与君臣之谊：康熙颁布容教诏令的考量》，《世界宗教研究》2015 年第 5 期。

〔法〕梅谦立：《〈孔夫子〉：最初西文翻译的儒家经典》，《中山大学学报（社会科学版）》2008 年第 2 期。

倪军民、三英：《耶稣会士与〈中俄尼布楚条约〉》，《北方论丛》1994 年第 5 期。

庞乃明：《"南京教案"所表现的明人天主观》，《明史研究》2003 年第 1 期。

钱林森：《偏见与智慧的混合——孟德斯鸠的中国文化观》，《南京大学学报（哲学·人文·社会科学）》1996 年第 1 期。

屈文生：《从治外法权到域外规治——以管辖理论为视角》，《中国社会科学》2021 年第 4 期。

任婷婷：《天主教改革与"利玛窦规矩"的兴衰》，《世界历史》2017 年第 1 期。

〔法〕舒特：《耶稣会士进入中国的过程》，载〔法〕安田朴、谢和耐等：《明清间入华耶稣会士和中西文化交流》，耿昇译，巴蜀书社 1993 年版。

孙家红：《〈大清律例〉的百年综述》，《法律文献信息与研究》2008 年第 2 期。

〔法〕伊莎贝尔·微席叶、约翰-路易·微席叶：《入华耶稣会士与中西文化交流》，载〔法〕谢和耐、戴密微等：《明清见耶稣会士入华与中西汇通》，耿昇译，东方出版社

2011 年版。

吴伯娅:《耶稣会士白晋与莱布尼茨》,载张西平主编:《莱布尼茨思想中的中国元素》,大
　　象出版社 2010 年版。

吴伯娅:《耶稣会士笔下的清代邸报》,《明清论丛》2015 年第 1 期。

武乾:《清代江南民间慈善习惯法与传统法源结构》,《法学》2016 年第 12 期。

〔美〕戴维·J. 希尔:《格劳秀斯的著作与影响》,载〔荷〕格劳秀斯:《战争与和平法》,
　　〔美〕A. C. 坎贝尔英译,何勤华等译,上海人民出版社 2020 年版。

阎宗临:《〈身见录〉校注》,载阎守诚编:《传教士与法国早期汉学》,大象出版社 2003
　　年版。

阎宗临:《拜占庭与中国的关系》,载阎宗临:《中西交通史》,商务印书馆 2021 年版。

阎宗临:《杜赫德的著作及其研究》,葛雷译,载阎守诚编:《传教士与法国早期汉学》,大
　　象出版社 2003 年版。

阎宗临:《关于麦德乐使节的文献》,载阎守诚编:《传教士与法国早期汉学》,大象出版社
　　2003 年版。

阎宗临:《碣石镇总兵奏折之一》,载阎守诚编:《传教士与法国早期汉学》,大象出版社
　　2003 年版。

阎宗临:《票的问题》,载阎守诚编:《传教士与法国早期汉学》,大象出版社 2003 年版。

阎宗临:《十七、十八世纪中国与欧洲的关系》,载阎宗临:《中西交通史》,商务印书馆
　　2021 年版。

阎宗临:《元代西欧宗教与政治之使节》,载阎宗临:《中西交通史》,商务印书馆 2021
　　年版。

阎宗临:《中国与法国 18 世纪之文化关系》,载阎守诚编:《传教士与法国早期汉学》,大
　　象出版社 2003 年版。

杨共乐:《关于"Lithinos Pyrgos"之谜》,载杨共乐:《早期丝绸之路探微》,北京师范大学
　　出版社 2011 年版。

杨共乐:《两汉与马其顿之间的关系》,载杨共乐:《早期丝绸之路探微》,北京师范大学出
　　版社 2011 年版。

杨共乐:《罗马人对丝来源的认识与再认识》,载杨共乐:《早期丝绸之路探微》,北京师范
　　大学出版社 2011 年版。

姚宇:《"禁止师巫邪术"与明末清初的天主教案:以南京教案和康熙"历狱"为例》,《法
　　律适用》2019 年第 8 期。

〔法〕叶理世夫:《法国是如何发现中国的》,载〔法〕谢和耐、戴密微等:《明清见耶稣会士
　　入华与中西汇通》,耿昇译,东方出版社 2011 年版。

游博清、黄一农:《天朝与远人——小斯当东与中英关系(1793—1840)》,《"中央研究
　　院"近代史研究所集刊》第 69 期。

于明:《晚清西方视角中的中国家庭法——以哲美森译〈刑案汇览〉为中心》,《法学研
　　究》2019 年第 3 期。

余三乐:《徐日升、张诚与中俄〈尼布楚条约〉的签订》,《北京行政学院学报》2000 年第
　　5 期。

俞江:《论清代九卿定议——以光绪十二年崔霍氏因疯砍死本夫案为例》,《法学》2009
　　年第 1 期。

张铠:《莱布尼茨与利安当》,载张西平主编:《莱布尼茨思想中的中国元素》,大象出版社
　　2010 年版。

张丽、张晓刚:《中俄〈尼布楚条约〉文本的差异及其原因新析》,《社会科学》2021 年第
　　3 期。

张守东:《鬼神与脸面之间——中国传统法制的思想基础概观》,《清华法学》2002 年第
　　1 期。

张廷茂:《16 世纪葡萄牙海外文献中关于中国贸易的记载》,载复旦大学文史学院编:
　　《西文文献中的中国》,中华书局 2012 年版。

张西平:《关于卜弥格与南明王朝关系的文献考辨》,载张西平:《游走于中西之间——张
　　西平学术自选集》,大象出版社 2019 年版。

张西平:《基歇尔笔下的中国形象——兼论形象学对欧洲早期汉学研究的方法论意义》,
　　载张西平:《游走于中西之间——张西平学术自选集》,大象出版社 2019 年版。

张西平:《莱布尼茨与"礼仪之争"》,载张西平主编:《莱布尼茨思想中的中国元素》,大
　　象出版社 2010 年版。

张西平:《神奇的东方——中译者序》,载〔德〕阿塔纳修斯·基歇尔:《中国图说》,张西
　　平、杨慧玲、孟宪谟译,大象出版社 2010 年版。

张绪山:《亨利·裕尔与〈东域纪程录丛〉》,载〔英〕裕尔:《东域纪程录丛:古代中国闻见
　　录》,〔法〕考迪埃修订,张绪山译,商务印书馆 2021 年版。

赵长江:《〈大清律例〉英译:中英文化交流史上的首次直接对话》,《西安外国语大学学
　　报》2012 年第 3 期。

郑朝红:《文化交流中的异变:清朝苏努家族案的欧洲之旅》,《河北学刊》2019 年第
　　2 期。

朱雁冰:《莱布尼茨在中国精神之旅的中途》,载朱雁冰:《耶稣会与明清之际中西文化交
　　流》,浙江大学出版社 2014 年版。

朱勇:《论中国古代法律的自然主义特征》,《中国社会科学》1991 年第 5 期。

后　记

与其他研究者略有不同的是,学术研究对我个人而言,是个不断丰富自我认知的过程。尽管本书在内容和思想上还有太多可以继续推进和完善的地方,但本人想尽快结束它。或许是对学术研究有不同的理解和执拗,本人虽也十分赞同学术研究应该朝着一个固定的主题,持续用功,但终究抵不过自己对各种主题的好奇心,而"游于艺"。过去二十年,本人由于好奇超大规模共同体的治理问题,所以关注过英国宪制、罗马宪制以及中国近代宪制变革,由于好奇中西法律存在法秩序原理的不同,所以关注 19 世纪以来西方法在中国的输入与影响问题,以及本书所涉及的 19 世纪之前西方法对中国法的观照问题。坦率地讲,这些研究都属于"非法学的法律史"研究,更多属于满足自我好奇心的"猎奇性"作业,很难谈得上专业和精深。然而,从另外的角度讲,这些过往的研究不仅使我获得了"二阶观察"的视角,养成了运用比较法进入问题的习惯,而且满足了我"学贵博"的好奇心,更坚定了接下来"而能约"的决心。治学与做人其实都是相通的,可能都需要经历一个"由博返约"的过程。因此,本书的出版既是一个结束,也是一个开始。

大约在 2019 年初,本人详细梳理了 19 世纪历史学法派代表人物萨维尼的法学方法论,终于明白萨维尼如何通过"历史—体系"的研究方法,将古代的罗马法变成了现代的罗马法,完成了"法学的法律史"研究工作,让法律史学成为那个时代的显学,用法律史支配了 19 世纪西方的法理论和法教义。尽管时空存在不同和差异,但 200 年前德国法学面临的问题与当下中国法学所面对的并无二致。如何将他人的讨论和关注变成我们的,并从中汲取有益的经验,我想这是任何一个伟大和开放的国度都不该拒绝的。我设想"由博返约"新的开始就是沿着萨维尼倡导的"历史—体系"的研究方法,再结合比较法律史的方法,对传统中国法,尤其是清代法,进行一种"法学的法律史"研究,并尝试在此过程中让自己沉潜下来,获得达至幸福的道路。

这里我想特别感谢朱勇教授和王健教授。本书写作的缘起来自朱老师对我的课业要求,而王老师关于这一主题的开拓性研究则构成本书写作的前进动力。最后,我想特别感谢中南财经政法大学。这个特殊的地方和生活在这里的人们都会成为我最美好的记忆。

李栋

2024 年 5 月 8 日于文治之巅